Visual C++ 2008
MFC System Programming

Visual C++ 2008
MFC System Programming

Visual C++ 2008

MFC System Programming

Visual C++ 2008 기반의
MFC
시스템
MFC v9.0
프로그래밍
MFC
프로그래밍
입문서의
결정판!

저자 이창현 jamsuham75@empal.com

강의

- 연희정보통신 넥스터디에서 HTML Plus 온라인 강의
- 아이빌 소프트 온스터디에서 C++ 프로그래밍 온라인 강의
- 한미 정보처리학원에서 C++ 프로그래밍 강의
- 현) 엠투엠 사이버에서 C++ 프로그래밍 강의

약력

- (주) SU 기술연구소 근무
- (주) PSDTech 신기술팀 근무
- (주) 에이디칩스 신규사업부 근무
- (주) 웹젠 3D엔진팀 근무
- 현) (주) SK 이노에이스 인터넷개발그룹 재직중

초판 인쇄일 _ 2009년 5월 22일
초판 발행일 _ 2009년 5월 29일
초판 2쇄 발행일 _ 2010년 11월 10일

지은이 _ 이창현
기획 · 진행 _ 이영희
디자인, 본문편집 _ 송유선, 박애리
표지디자인 _ 박혜경
영업마케팅 _ 김남권, 황대일, 김보균, 서지영
ISBN _ 978-89-8379-604-2
정가 _ 25,000원

발행인 _ 박정모
발행처 _ 도서출판 혜지원
주소 _ 서울시 동대문구 장안 1동 420-3호
전화 _ 영업부 02)2212-1227, 2213-1227
    _ 편집부 02)2249-7975
팩스 _ 02)2247-1227
홈페이지 _ http://www.hyejiwon.co.kr

Visual C++ 2008 기반의
MFC
시스템 프로그래밍
MFC v9.0
MFC 프로그래밍 입문서의 결정판!

도서출판
혜지원

머리말

윈도우 프로그래밍 입문시 가장 고민되는 것이 어떤 언어(Language)를 선택하느냐 입니다. Visual Basic, 델파이, 자바 등이 유명하고, 또 근래에 새로운 스크립트 언어들이 생겨나고 있는 추세이지만, 아직까지 대세는 C++이고, 윈도우 프로그래밍의 대표격은 단연 Visual C++입니다. 그만큼 Visual C++은 강력한 기능을 지원하고, 다양한 분야에서 활용되고 있지만, 그만큼 배우고 습득하기가 그리 만만치 않습니다.

특히나 MFC라는 라이브러리는 마이크로 소프트사에서 개발자들이 윈도우 프로그램을 신속하고 빠르게 개발할 수 있도록 윈도우 API를 랩핑한 것으로 초급자 입장에서는 배우기가 굉장히 난감하지 않을 수 없습니다.

필자가 MFC로 처음 개발할 당시에도 초급자를 위한 서적보다는 대부분 중급자 이상의 번역서 서적이 대부분이었고, MSDN이 전부였지요. 당시에 몇권의 관련 서적을 보면서 책은 두껍고, 내용은 많지만 설명도 난해한 부분도 많고, 예제 하나 따라 하기 쉽지 않았던 시절이었습니다.

굳이 왜 이렇게 어려운 설명을 이해하며 어렵게 배울 필요가 있을까 생각했습니다. 개념을 쉽게 설명하고, 알기 쉽고 간단하게 예제를 만들면 충분히 성취감을 가지고, 다음 단계로 넘어갈 수 있을텐데...

그래서 제가 어렵게 배우고 익힌 만큼 제가 초급자였을 때의 마음을 헤아려서 MFC에 입문하시는 분들에게 이런 책을 내면 조금이나마 도움이 될 것 같아서 본책을 내게 되었습니다.

본 책은 MFC에 처음 입문하시는 분이나 윈도우 시스템 프로그래밍을 쉽게 익히고자 하시는 분들을 대상으로 쓰여졌습니다. 윈도우 API에 대한 개념이 부족하거나 C++에 대한 지식이 부족하여도 충분히 따라갈 수 있도록 쉽게 쓰여졌으므로, 이 책이 책꽂이 장식의 하나가 아니라 정말 실용적으로 학습하여서 성취감과 자신감을 심어줄 것입니다.

이 책의 내용은 크게 두 가지로 분류할 수 있습니다.
첫 번째는 **MFC 프로그래밍**에 대해서 설명하고, 두 번째는 **윈도우의 시스템 프로그래밍**에 관해 설명합니다. 전체 커리큘럼을 대략 살펴 보면

MFC 프로그래밍
- 윈도우 API와 MFC의 구조
- 윈도우 메시지
- 리소스
- GDI 인터페이스

- 대화상자
- 도큐먼트 / 뷰 구조
- DLL

시스템 프로그래밍

- 파일 입출력
- 메모리
- IPC
- 스레드
- 예외 처리

그리고 마지막으로 필자가 진행했었던 실전 프로젝트로 마무리합니다.

시스템 프로그래밍은 실제 프로젝트에서 필수적인 개념 요소이고, 대부분 사용합니다. 그러나 이에 대한 개념을 설명하는 책은 많지 않습니다. 설명한다 하다라도 바이블과 같은 두꺼운 책에서 간단하게 소개하거나, 중급서 이상의 난이도 있는 서적을 구해서 보아야 합니다. 필자는 이러한 단점을 보완하고자, MFC 프로그래밍에서 자연스럽게 시스템 프로그래밍으로 넘어올 수 있도록 쉽게 구성하였습니다.

이 책을 가지고 공부하시는 모든 분들이 학생으로서 또한 개발자로서 건투를 빌겠습니다.

지면을 통해 감사 드리고 싶은 분들이 있습니다. 이 책을 통해 작은 영광이라도 될 수 있다면 내 인생의 목자되시고, 모든 것 되시는 하나님께 이 모든 영광을 드립니다.
항상 저를 위해 새벽마다 기도해주시는 분이 계십니다. 그 분은 바로 사랑하는 저의 어머니이십니다. 어머니의 기도가 없었다면 지금의 제가 존재할 수 없었을 것입니다. 그리고 회사일로 집필로 인해 많은 시간을 함께 하지 못한 아내 경화와 아들 주성이에게 미안한 마음과 함께 사랑한다고 전하고 싶습니다. 또 저희 가정을 위해 늘 기도해주시는 저의 영적 스승님이신 권태경 교수님과 정근수 목사님께 두 손 모아 감사드립니다.
제가 프로그래머로서 포기하지 않도록 버팀목이 되어준 형준이형, 집필의 계기를 마련해준 철희 선배, 게임업계로 새로운 계기를 만들어준 마이어스 게임즈의 안준형 대표님, 최용봉 팀장님께 감사의 마음 전합니다. 또한 제 원고를 믿고 진행해 주신 이영희 편집부장님과 혜지원 식구들에게 감사드립니다.
끝으로 늘 부족한 아들 잘되기만을 걱정하시다가, 얼마전 하나님의 품으로 돌아가신 사랑하는 나의 아버지께 죄송한 마음을 담아 이 책을 바칩니다.

2009년 어느 따뜻한 봄날에...　　　저자　이 창 현

MFC SYSTEM PROGRAMMING

이 책을 보는 방법

SECTION 01 비주얼 스튜디오 닷넷 (Visual Studio.NET)

비주얼 스튜디오의 전반적인 구성과 원리에 대해서 알아보고, 닷넷이 지향하는 방향은 무엇인지, 닷넷 프레임 워크란 무엇인지 알아보도록 하자.

섹션 제목 각 섹션의 제목입니다.

섹션 개요 각 섹션의 개요를 간략히 설명해 놓았습니다.

마이크로소프트사(Microsoft Corporation)의 통합개발 환경에서 최근에 이루어진 가장 큰 변화를 꼽으라면 단연 닷넷(.NET)이다. 개발자가 아닌 사람들도 ASP 닷넷이나 VB 닷넷 등에 대해 들어 보았을 것이다. 그만큼 닷넷은 개발자만이 아닌 일반인에게까지도 영향을 미치고 있다.

그렇다면 닷넷이란 과연 무엇인가? 앞으로 알아보겠지만 닷넷은 실로 방대한 내용을 담고 있다. 하지만 이 책의 목표는 닷넷이 아니라 Visual C++에 있으므로 닷넷에 대해서는 이해를 돕는 수준으로 설명을 한정하겠다.

우선 닷넷의 등장 배경에 대해서 알아보는 것이 닷넷을 이해하는데 도움이 될 것이다. 80년대 초 PC 시장을 시작으로 마이크로소프트사는 MS-DOS라는 운영체제를 출시하였다. 이것이 PC 대중화의 시발점이 되었다. 그 이후 그래픽 기반의 윈도우 3.1이 출시되고, 윈도우 95가 인기를 얻으면서 PC 운영체제 시장을 석권하게 되었다. 이에 더불어 다양하고 강력한 개발 언어와 개발 도구들을 개발자에게 제공함으로써 윈도우 프로그래밍 개발자를 꾸준히 늘려 가게 되고 업그레이드도 활발하게 이어짐으로써 운영체제 시장 전반을 확보하였다.

그러나 인터넷이 등장하고 인터넷 환경이 빠르게 대중화되면서 현재의 운영체제와 기존 기술의 업그레이드만으로는 분명 한계가 있음을 알고, 이에 마이크로소프트사가 자사의 기술을 통합하고 진보시킬 그 무언가를 탄생시켜야만 했는데, 그것이 바로 닷넷이다.

1 닷넷이 지향하는 전략

닷넷이 지향하는 전략은 크게 두 가지로 볼 수 있다. 하나는 인터넷 시장에서 온라인 PC 시장으로 지향시장이 바뀌었고, 다른 하나는 지 판매 중심에서 소프트웨어 서비스 중심으로 바뀌었다. 쉽게 말하 되고, 운영체제와 소프트웨어는 이를 보조하는 역할을 하게 되는 것 터넷 환경에서 통합 지원할 수 있는 방안으로 XML을 활용하고 있 된 워드 프로세서에서 프리렉을 입력하고 클릭하게 되면 홈페이지 라 출판사 정보 등을 워드 프로세서 안에서 직접 찾아볼 수 있다.

제목 주제별로 큰 제목과 작은 제목으로 나누었습니다.

---

8 오류 해결하기

프로그램을 실행하면 여러 이유로 해서 오류가 발생한다. 이런 오류에는 컴파일 오류, 링크 오류, 실행 오류 등이 있다.

1) 컴파일 오류

컴파일 오류는 문법에 맞지 않는 구문이 있을 때 발생한다. 오류의 내용을 살펴보려면 결과 창에서 오류 메시지를 더블 클릭하면 된다. 그러면 오류가 난 해당 위치로 이동한다. 여기 주변에서 잘못된 구문이 있는지 살펴보고 있다면 수정하면 된다. 예를 한번 들어 보자. TextOutW( )이라는 함수명을 잘못 입력하고 컴파일 했다면 다음과 같은 오류가 뜬다.

```
void CMFCBasicView::OnDraw(CDC* pDC)
{
        CMFCBasicDoc* pDoc = GetDocument();
        ASSERT_VALID(pDoc);
        if (!pDoc)
                return;

        pDC->TextoutW(100, 100, _T("Hellow World"));
}
```

```
출력 보기 선택(S): 빌드
1>------ 빌드 시작: 프로젝트: MFCBasic, 구성: Debug Win32 ------
1>컴파일하고 있습니다...
1>MFCBasicView.cpp
1>d:\mfc 예제\2장\mfcbasic\mfcbasic\mfcbasicview.cpp(55) : error C2039: 'Textout' :
1>        c:\program files\microsoft visual studio 9.0\vc\atlmfc\include\afxwin.h(524)
1>빌드 로그가 "file://d:\MFC 예제\2장\MFCBasic\MFCBasic\Debug\BuildLog.htm"에 저장되었
1>MFCBasic - 오류: 1개, 경고: 0개
========= 빌드: 성공 0, 실패 1, 최신 0, 생략 0 =========
```

2) 링크 오류

링크 오류는 함수, 전역 변수, 라이브러리 등이 누락되었을 때 발생한다. 링크 오류의 내용을 살펴보려면 마찬가지로 결과 창에서 오류 메시지를 더블 클릭한다. 일단 알려주는 메시지의 의미를 잘 파악하여 오류 메시지가 알려주는 함수나 전역 변수등이 누락되었는지 살펴보아야 한다. 만약 누락된 것이 없다면 라이브러리가 누락되었는지 확인하고 필요한 라이브러리를 링크한다.

예를 들어보겠다. 일부러 링크 오류를 일으키기 위해서 OnDraw( ) 함수를 주석 처리하자. 즉, 문법적으로는 이상이 없지만, 필요한 함수인 OnDraw( ) 함수가 누락되어 있다. 이런 경우에는 다음과 같은 링크 오류가 발생한다.

참고 — 매개변수와 인수의 차이

인수(Argument)와 매개변수(Parameter)는 서로 다른 의미를 가지고 있음에도 실제로 많은 프로그래머들이 혼용해서 사용하고 있다. 엄밀히 두 개를 구분한다면, 매개변수는 함수 내부에서 사용되는 변수라고 말할 수 있고, 인수는 함수 밖에서 함수를 호출할 때 사용되는 변수를 말한다.

예를 들면 「int Multiple(int a, int b);」라는 함수를 정의한다고 가정할 때,

```
int Multiple(int a, int b)
{
        int nRet;
        nRet = a * b;
        return nRet;
}
```

a, b는 매개변수가 되는 것이고, 「k = Multiple(m, n);」처럼 함수를 호출할 때에,

```
void main()
{
        .................
        int k, m, n;
        k = Multtple(m, n);
        .................
}
```

사용되는 m, n은 인수라고 할 수 있다.

요약하면 인수는 함수를 부르는 쪽에서 사용하는 변수이며, 매개변수는 불리워진 함수 내부에서 사용하는 변수이다. 요새는 매개변수, 인수, 인자, 아규먼트 등으로 혼용해서 사용되고 있으나, 이 책에서는 위 개념에 의거해서 매개변수와 인수에 대한 용어를 문맥에 맞게 적절하게 사용할 것이다.

3. Win32 API(Application Programming Interface)

API(Application Programming Interface)란 영어 해석 그대로 응용 프로그램을 만드는 데 필요한 함수들의 집합이라고 생각하면 된다. 흔히 SDK(Software Development Kit)라는 말로도 사용되는데, 둘 다 같은 의미이다. 마이크로소프트사가 제공하는 윈도우 프로그래밍용 라이브러리 함수들을 통상 API 함수라고 부른다. API는 특정 컴파일러에 종속된 함수가 아니라 윈도우 운영체제 차원에서 소유하고 있는 함수이므로 윈도우 기반의 프로그래밍 언어라면 언어가 달라도 사용할 수 있다. 앞으로 이 책에서 사용할 MFC의 근간은 API에서 비롯된다.

마치면서

지금까지 API를 이용한 윈도우 프로그램의 기본 구조와 개념에 대해서 알아보았다. 이 책은 API의 요소들을 분석하고 정복하고자 하는 것이 아니라 MFC의 근간이 되는 API의 개념을 이해하고, 윈도우 프로그램에 대한 이해를 넓히고자 함이다. 다른 것은 잊어버려도 윈도우 프로그램의 전체적인 기본 구조는 꼭 알고 넘어가도록 하자.

1. 윈도우 프로그램의 전체적인 기본 구조

```
int WINAPI WinMain(.................) //프로그램의 시작점
{
        // 기본적인 윈도우의 형태를 생성한다.
        // 메시지 루프를 돌린다.
}

LRESULT CALLBACK WndProc(..................) //메시지를 처리하는 프로시저
{
        // 윈도우 메시지를 처리한다.
}
```

1-1. 윈도우 프로그램의 시작점은 WinMain( ) 함수이다.

1.2. 메시지를 처리하는 함수는 WndProc( )이다. (물론 사용자 임의로 이름 변경이 가능하다.)

2. 윈도우 프로그램의 구성 요소
① 윈도우 클래스 만들기
② 윈도우 객체 생성하기
③ 윈도우 객체 화면에 띄우기
④ 메시지 루프 돌리기
⑤ 메시지 처리하기

① ~ ④까지는 WinMain( ) 함수에서 처리하고, ⑤는 WndProc( ) 함수에서 처리한다.

MFC SYSTEM PROGRAMMING

부록 CD 보는 방법

부록 CD에는 이 책을 공부하면서 꼭 필요한 예제 소스 파일이 각 장별로 폴더로 구성되어 수록되어 있습니다.

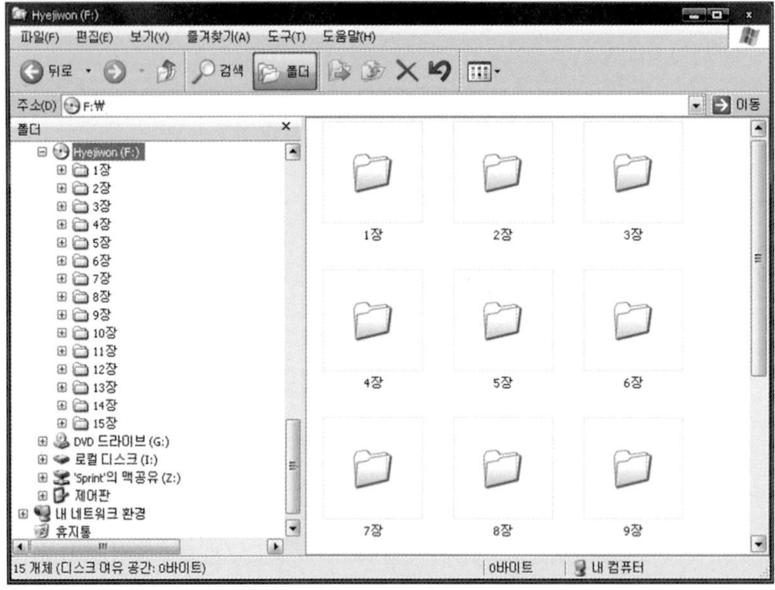

각 장별 폴더에는 공부하면서 필요한 장별 예제 소스가 들어있기 때문에 언제든지 불러 들여 테스트 할 수 있습니다.

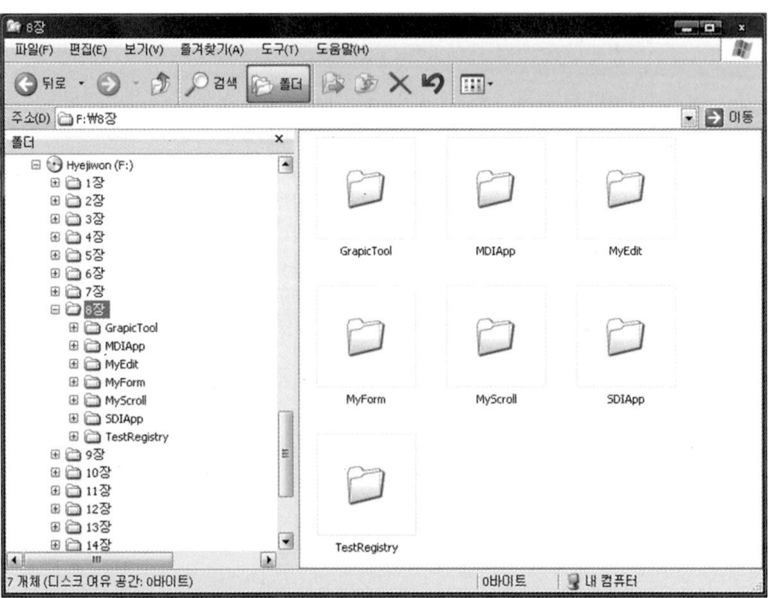

폴더별로 예제 파일을 수록하여 언제든지 필요한 예제를 불러 사용할 수 있습니다.

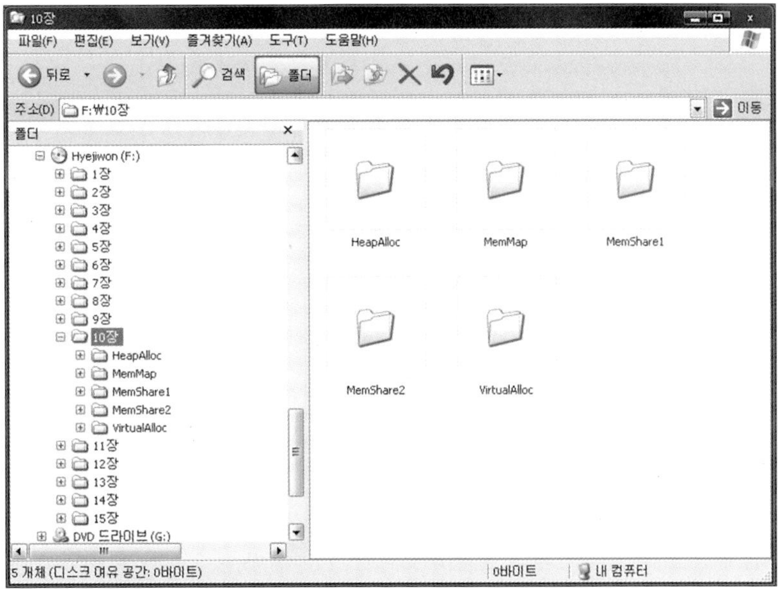

차례

Visual C++ 2008 기반의
MFC 시스템 프로그래밍
CONTENTS

PART 00 　비주얼 스튜디오 닷넷

PART 01 　윈도우프로그래밍의 이해

PART 12   스레드

PART 13   프로세스 간의 통신(IPC)

PART 14 예외 처리

PART 15 프로젝트 실습

PART 00

비주얼 스튜디오 닷넷

이번 장에서는 비주얼 스튜디오 닷넷(Visual Studio.NET)이란 무엇이며 어떤 개발 환경을 제공하는지에 대해서, 그리고 이것이 개발 환경에서 차지하는 비중과 개발 모델에 대해서 알아볼 것이다. 참고로 MFC는 닷넷 기반에서 그다지 영향을 받지 않는다.

SECTION 1 비주얼 스튜디오 닷넷(Visual Studio.NET)
SECTION 2 Visual C++ 닷넷
SECTION 3 Visual C++ 닷넷 개발 환경

비주얼 스튜디오 닷넷 (Visual Studio.NET)

비주얼 스튜디오의 전반적인 구성과 원리에 대해서 알아보고, 닷넷이 지향하는 방향은 무엇인지, 닷넷 프레임 워크란 무엇인지 알아보도록 하자.

마이크로소프트사(Microsoft Corporation)의 통합개발 환경에서 최근에 이루어진 가장 큰 변화를 꼽으라면 단연 닷넷(.NET)이다. 개발자가 아닌 사람들도 ASP 닷넷이나 VB 닷넷 등에 대해 들어 보았을 것이다. 그만큼 닷넷은 개발자만이 아닌 일반인에게까지도 영향을 미치고 있다.

그렇다면 닷넷이란 과연 무엇인가? 앞으로 알아보겠지만 닷넷은 실로 방대한 내용을 담고 있다. 하지만 이 책의 목표는 닷넷이 아니라 Visual C++에 있으므로 닷넷에 대해서는 이해를 돕는 수준으로 설명을 한정하겠다.

우선 닷넷의 등장 배경에 대해서 알아보는 것이 닷넷을 이해하는데 도움이 될 것이다. 80년대 초 PC 시장을 시작으로 마이크로소프트사는 MS-DOS라는 운영체제를 출시하였다. 이것이 PC 대중화의 시발점이 되었다. 그 이후 그래픽 기반의 윈도우 3.1이 출시되고, 윈도우 95가 인기를 얻으면서 PC 운영체제 시장을 석권하게 되었다. 이에 더불어 다양하고 강력한 개발 언어와 개발 도구들을 개발자에게 제공함으로써 윈도우 프로그래밍 개발자를 꾸준히 늘려 가게 되고 업그레이드도 활발하게 이어짐으로써 운영체제 시장 전반을 확보하였다.

그러나 인터넷이 등장하고 인터넷 환경이 빠르게 대중화되면서 현재의 운영체제와 기존 기술의 업그레이드만으로는 분명 한계가 있음을 알고, 이에 마이크로소프트사가 자사의 기술을 통합하고 진보시킬 그 무언가를 탄생시켜야만 했는데, 그것이 바로 닷넷이다.

1 닷넷이 지향하는 전략

닷넷이 지향하는 전략은 크게 두 가지로 볼 수 있다. 하나는 인터넷의 보급과 함께 오프라인 PC 시장에서 온라인 PC 시장으로 지향시장이 바뀌었고, 다른 하나는 운영체제와 소프트웨어 패키지 판매 중심에서 소프트웨어 서비스 중심으로 바뀌었다. 쉽게 말해서 닷넷이 인터넷의 중심이 되고, 운영체제와 소프트웨어는 이를 보조하는 역할을 하게 되는 것이다. 이때 소프트웨어를 인터넷 환경에서 통합 지원할 수 있는 방안으로 XML을 활용하고 있다. 예를 들어 닷넷으로 제작된 워드 프로세서에서 프리렉을 입력하고 클릭하게 되면 홈페이지로 직접 연결해 줄 뿐만 아니라 출판사 정보 등을 워드 프로세서 안에서 직접 찾아볼 수 있다.

다음은 마이크로소프트사가 공개한 닷넷 전략이다.

- 마이크로소프트사의 새로운 인터넷 전략
- 새로운 인터넷 환경을 주도할 마이크로소프트사의 차세대 비전
- 닷넷 전략을 기술적으로 구현하는 마이크로소프트사의 모든 제품군과 기술의 총칭
- 서비스로서의 소프트웨어
- 차세대 인터넷 환경의 구현에 필요한 마이크로소프트사의 새로운 기반 구조

말만 좀 거창하지, 결국 앞에서 말했던 두 가지 지향 전략을 여러 각도로 이야기한 것뿐이다. 다시 말해서 닷넷 전략의 핵심은 인터넷 환경을 주도할 차세대 솔루션과 소프트웨어의 서비스 방안이라고 할 수 있겠다.

2 닷넷 플랫폼의 구성 요소

지금까지 닷넷이 무엇인지 무엇을 지향하고 있는지에 대해서 추상적으로나마 알아보았다. 닷넷이 지향하는 전략을 넘어 이제는 닷넷 플랫폼 안으로 한걸음 더 들어가서 구성 요소에는 어떤 것이 있는지 알아보도록 하자.

〈닷넷 플랫폼의 구성 요소〉

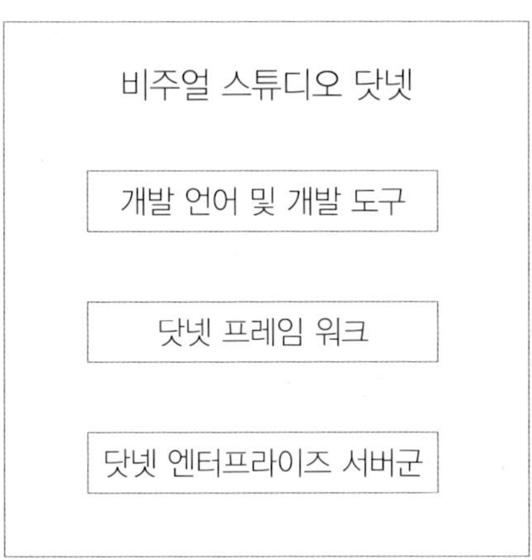

그림을 보면 비주얼 스튜디오 닷넷은 다음과 같이 세 가지 구성 요소로 이루어져 있다.

■ 닷넷 엔터프라이즈 서버군

여기에는 새로운 서버 운영체제인 윈도우 서버 2003 제품군과 익스체인지 서버 2000, SQL 서버 2000, BizTalk 서버 2000 등이 포함된다. 이들 서버 제품군들은 닷넷 플랫폼 안에서 각자 나름대로의 특화된 기능을 발휘한다. 예를 들어 윈도우 서버 2003은 서버 운영체제로서, SQL 서버 2000은 데이터베이스 저장소로서, 익스체인지 서버 2000은 전자 메일 및 커뮤니케이션 서버로서, 저마다의 기능을 담당하고 있다.

■ 닷넷 프레임워크

닷넷 프레임워크는 닷넷의 핵심적 특징을 가지면서 윈도우 운영체제와 개발 도구 사이에 가교 역할을 한다. 이 부분은 워낙 중요해서 자세한 설명은 뒤에서 할 것이다. 사실 닷넷 프레임워크에 대해서만 제대로 이해한다면 앞으로 우리가 다룰 Visual C++과 MFC의 현재 위치를 파악하고 이해하는데 많은 도움이 될 것이다.

■ 개발 언어 및 개발 도구

닷넷 응용 프로그램을 구현하기 위한 개발 언어로 기존 개발 언어들을 한층 강력하게 업그레이드하였으며(Visual Basic 닷넷, Visual C++ 닷넷 등), 닷넷 플랫폼에 최적화된 개발 언어인 C#과 자바 개발자를 위한 Visual J# 닷넷 등 새로운 개발 언어들을 포함시켰다.

3 닷넷 프레임워크

앞에서 닷넷 플랫폼의 핵심은 닷넷 프레임워크라고 했다. 그러면 닷넷 프레임워크가 어떤 녀석인지 한번 알아보도록 하겠다. 먼저 구조를 보면 다음과 같다.

〈닷넷 프레임워크의 구조〉

XML Web Service	ASP.NET	Windows Form

XML & Database

Base Class Library

CLR(Common Language Runtime)

닷넷 프레임워크 또한 매우 광범위하기 때문에 한마디로 '이거다'라고 말할 수는 없지만, 프레임 워크라는 말의 의미에서 알 수 있듯이 어떤 응용 프로그램을 구현할 때 필요한 것들을 지원하고 도와주는 기반 기술이라고 생각하면 된다. 아직은 개념이 명확하게 가슴에 와 닿지 않을 테지 만, 지금부터 구체적으로 하나씩 파헤쳐 보도록 하자.

1) CLR(Common Language Runtime)

CLR은 닷넷 프레임워크의 핵심적인 기능을 하는 부분으로써 닷넷 응용 프로그램이 실행되는 기반 구조를 마련하고 관리한다. 나중에 관리 코드와 비관리 코드에 대해서 배우게 되겠지만, 관리라는 단어가 닷넷에서 특히 CLR에서 중요한 의미를 갖는다.

기존 방식에서는 모두 비관리 코드 방식이였던 것을 닷넷 체제에서는 CLR에 의해 관리 코드 방식으로 실행이 바뀌었기 때문이다. 닷넷 언어로 개발된 코드들은 닷넷 컴파일러에 의해서 MSIL(Microsoft Intermediate Language)로 컴파일이 된다. MSIL로 컴파일되어 CLR의 관 리를 받으면 관리형 코드라고 하고, CLR의 관리를 받지 않는 코드라면 비관리형 코드라고 한다.

비주얼 스튜디오에서는 다양한 언어들을 이용하여 응용 프로그램을 개발할 수 있었다. 그러나 각 언어들은 서로 다른 자료형을 제공함으로써 상호 언어 간의 호환성에 문제가 있었다. 이러한 문제를 해결하기 위해 닷넷 프레임워크 환경에서 CTS(Common Type System)를 제시하였다. 다양한 개발 언어들이 지원하는 자료형은 컴파일 단계에서 CTS에서 정의된 자료형과 연결되기 때문에 개발 언어에 상관없이 동일한 자료형을 표현할 수 있게 된 것이다.

또한 자료형뿐만 아니라 각 언어마다 기준이 되는 문법의 차이도 있을 것이다. 예를 들어 대소 문자의 경우 C/C++에서는 a라는 변수와 A라는 변수는 다른 변수로 취급되지만, Visual Basic 의 경우에는 대소문자를 구별하지 않기 때문에 동일한 변수로 취급하게 된다. 이러한 문제를 해 결하기 위해 닷넷 프레임워크 환경에서 CLS(Common Language Specification, 공통 언어 명 세)를 제시하였다. CLS를 따름으로써 컴파일러 개발 업체들은 닷넷 환경을 지원하는 개발 언어 를 구현할 수 있게 되었다.

2) 기반 클래스 라이브러리

닷넷에서는 언어에 관계 없이 응용 프로그램 구현에 있어서 통합적으로 제공하는 다양한 클래 스들을 제공하는데, 이것을 기반 클래스 라이브러리(Base Class Library)라고 한다. 프로젝트 를 진행하다 보면 MFC 기반에서 작성하다가 Visual Basic 닷넷으로 개발된 클래스라던지, 간 단한 프로그램 모듈을 제작하여 MFC 기반에 붙이고 싶을 때가 있다. 그럴 때 하나의 언어를 터 득하는데 들어가는 노력에 대한 비용이 만만치 않았다. 닷넷에서는 기반 클래스 라이브러리를 제공함으로써 Visual Basic 닷넷을 사용하든 C#을 사용하든 관계 없이 닷넷 기반에서 제공되는 클래스를 이용하여 동일한 성능을 가진 응용 프로그램을 개발할 수 있게 되었다.

3) XML 및 데이터베이스

데이터베이스 관련 클래스들을 지원하는 부분으로써 관리되는 데이터 제공자 클래스와 데이터
셋(Data Set) 관련 클래스로 구분이 된다. 관리되는 데이터 제공자 클래스는 데이터베이스에
대한 연결 및 설정 그리고 실행을 하는데 필요한 클래스를 제공하며, SQL 서버나 오라클에 대
해서 각각 최적화된 클래스를 제공한다. 반면 데이터 셋 관련 클래스들은 관리되는 데이터 제공
자 클래스와는 다르게 비연결형 데이터 클래스로서 데이터 간의 관계 설정, 수정, 삭제 등의 작
업을 한 번에 수행할 수도 있고, XML과의 통합으로 데이터 셋에서 XML로 변환이 자유롭게 이
루어질 수 있다.

4) XML 웹 서비스, ASP 닷넷, 윈도우즈 폼

닷넷의 가장 상위에 위치함으로써 각각 다음과 같은 역할을 한다.

■ XML 웹 서비스

웹 서비스 기반에서 인터넷 프로토콜을 이용한 분산 응용 프로그램의 구현에 필요한 클래스들
을 제공한다.

■ ASP 닷넷

ASP 닷넷 웹 응용 프로그램을 구현하는데 필요한 클래스들을 제공한다.

■ 윈도우즈 폼

일반 윈도우 응용 프로그램을 구현하는데 필요한 클래스들을 제공한다.

닷넷 프레임워크의 전반적인 구조에 대해서 살펴보았다. 여기서 기억해야 할 정도로는 닷넷의
방향은 개발자로 하여금 좀더 쉽고 빠르게 그리고 강력한 개발을 돕기 위한 관리형 개발도구로
진화하고 있다는 것과 그 핵심에는 CLR(공용 언어 런타임)이 있다는 정도로만 알고 넘어가자.

Visual C++ 닷넷

비주얼 스튜디오 안에서 Visual C++은 어느 영역에 해당하는지 위치를 파악하고,
관리 코드와 비관리 코드의 개념에 대해 이해하도록 하자.

지금까지 비주얼 스튜디오 닷넷이 새롭게 제시하는 부분만 설명하였다. 하지만 이것 외에도 기존에 사용했던 방식으로 여전히 개발 가능하다. 앞에서 언급했던 관리 코드와 비관리 코드를 다시 한번 보도록 하자. 두 개의 분류 기준은 닷넷 프레임워크 이용 여부를 말하며, 더 자세하게 말하면 CLR에 의해 관리되는 코드인지의 여부가 기준이 된다고 앞에서 언급했었다.

〈비주얼 스튜디오 닷넷의 프로그래밍 영역〉

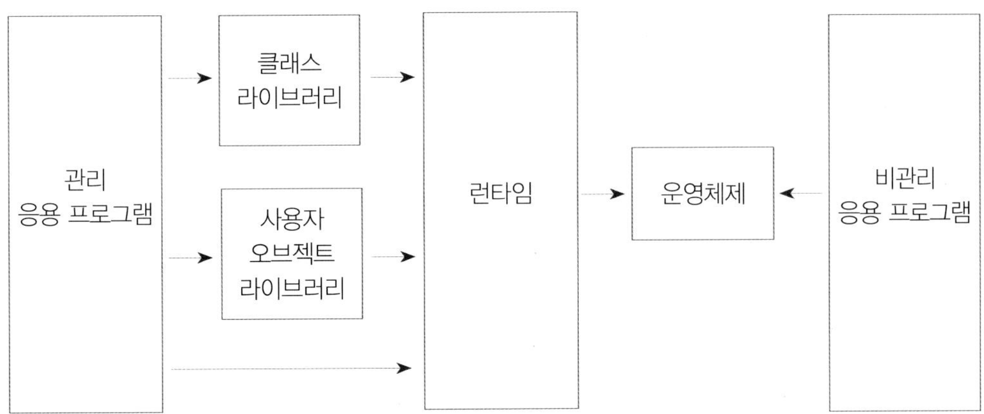

비주얼 스튜디오 닷넷으로 관리 코드와 비관리 코드를 모두 생성할 수 있는 언어로는 Visual C++ 닷넷이 유일하다. 즉, Visual Basic, ASP, C#은 관리된 코드만을 생성할 수 있으나 Visual C++ 닷넷은 닷넷 프레임워크에 접근할 수 있는 기존의 네이티브(Native) 윈도우 환경에서 실행될 수 있는 코드를 모두 생성할 수 있기 때문에 가장 강력한 언어다.

따라서 서버 제작, 게임 제작, 고성능 솔루션 및 응용 프로그램 제작, 하드웨어 관련 소프트웨어 개발 등은 여전히 비관리 코드 Visual C++을 선호할 것으로 생각되며, 고성능의 웹 서비스는 관리 코드 Visual C++을 사용할 것으로 생각된다. 또한 Visual C++ 닷넷은 기존의 코드를 100% 그대로 사용할 수 있으며 관리 코드와 비관리 코드를 혼합하여 사용할 수 있다. 단, 관리 클래스와 비관리 클래스는 서로 상관 관계를 맺을 수 없다.

Visual C++ 닷넷은 두 종류의 코드를 사용하여 프로그램을 제작할 수 있는데, 그 중 하나는 닷넷 플랫폼을 거쳐 운영체제에서 실행되는 프로그램을 만들 수 있고, 또 하나는 운영체제에서 바로 실행되는 프로그램을 만들 수 있다.

전자의 경우는 정확히 말해서 닷넷의 CLR(공용 언어 런타임)에 의해 제어되는 중간 단계의 언어로 컴파일된 프로그램을 말하는 것으로 CLR에 의해 관리되는 코드라는 뜻으로 관리 코드라고 부른다. 후자의 경우는 기계어로 컴파일되어 CLR과 상관 없이 운영체제 상에서 직접 수행되어 CLR의 관리를 받지 않기 때문에 비관리 코드라고 부른다.

〈관리 코드의 구조〉

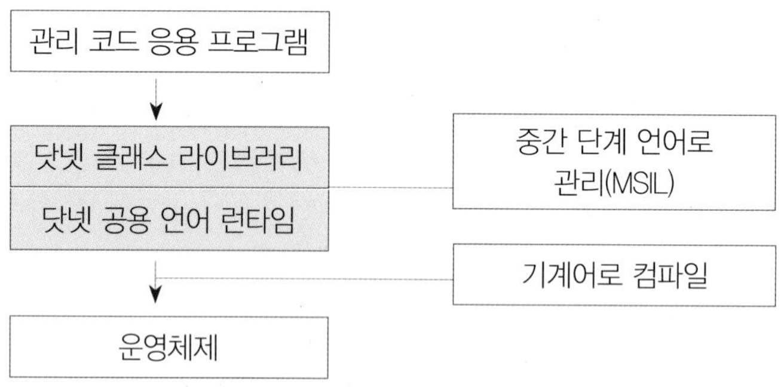

그림에서 색이 칠해진 부분이 닷넷 플랫폼이다. 이것은 관리 코드 응용 프로그램이 실행 중에 링크해서 사용할 수 있는 클래스 라이브러리와 관리 코드 응용 프로그램을 컴파일해서 코드를 실행하고 관리하는 공용 언어 런타임(CLR)으로 구성된다. 닷넷 클래스 라이브러리는 자바의 경우에 자바 엔진과 함께 기본적으로 제공되는 여러 클래스와 비슷한 기능을 하고 공용 언어 런타임은 자바의 가상 머신과 비슷한 기능을 한다.

반면에 기계어로 컴파일되는 비관리 코드 응용 프로그램은 운영체제에서 직접 수행된다. 관리 코드는 CLR에 의해 수행될 때 CLR에 의해 기계어로 컴파일되지만 비관리 코드 프로그램은 컴파일 시에 CLR의 통제를 받지 않고 바로 운영체제 상에서 실행된다.

<비관리 코드의 구조>

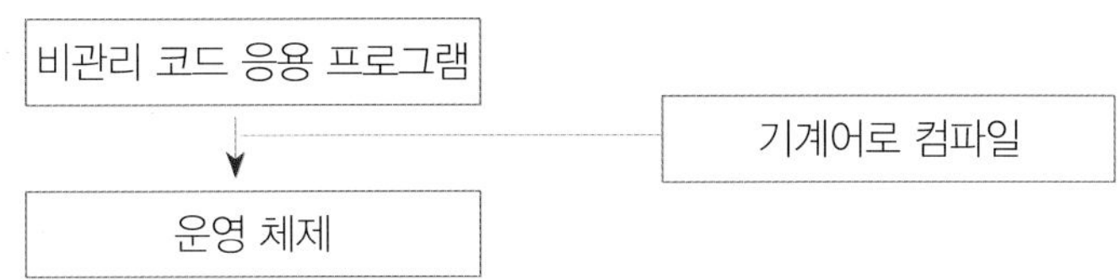

Visual C++ 닷넷에서는 관리 코드를 Managed C++이라고 한다. 비관리 코드는 Unmanaged C++ 또는 네이티브 코드(Native Code)라고 한다. Visual C++이 닷넷을 지원하기 위해서는 기존의 Visual C++에서 전처리 지시어, 키워드 등이 추가 확장되었는데, 이것을 Managed Extensions라고 한다.

Visual C++ 닷넷 개발 환경

앞으로 우리가 사용해야 할 개발 환경이다. 이 환경에 익숙하기 위해서 가장 기본적인 개발 환경 구성을 살펴보도록 하자.

Visual C++ 닷넷 개발 환경은 비주얼 스튜디오 닷넷에서 제공하는 여러 환경 중 하나이다. 기존의 개발 환경과 비교해서 달라진 점은 크지 않다. 닷넷 2005을 사용했던 사용자라면 크게 어려움은 없을 것이다. 다음 그림의 영역을 보면서 개발 환경을 살펴보도록 하겠다.

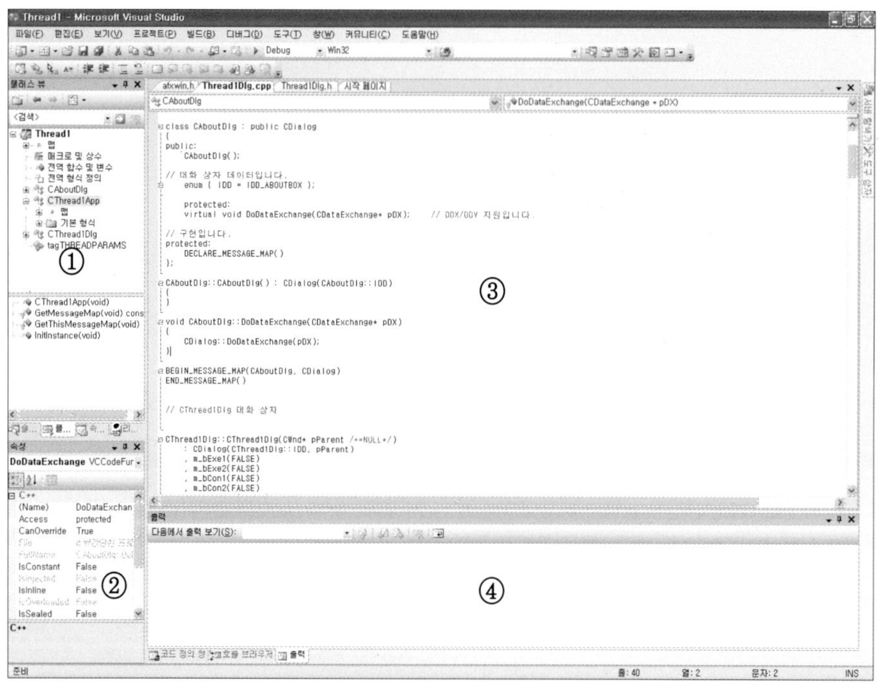

① 솔루션 탐색기, 클래스 뷰, 리소스 뷰

솔루션 및 프로젝트의 내용과 해당 파일들을 보여주는 솔루션 탐색기와 클래스의 내용을 보여주는 클래스 뷰, 해당 솔루션에 포함된 리소스의 내용을 출력하는 리소스 뷰로 구성되며, MSDN 도움말 항목, 검색 기능도 추가될 수 있다.

② 속성 창

이벤트 처리, 메시지 처리, 리소스 속성 편집 등을 속성 창에서 할 수 있다.

③ 소스 창

소스 코드 및 리소스를 편집할 수 있는 창이다. 전에는 텍스트 편집기였지만, 지금은 HTML 편집기로 제공된다.

④ 출력 창

각종 디버깅 정보, 테스트 실행, 작업 목록 등 코드에 대한 실행 결과를 보여준다.

그 외에 동적 도움말은 소스 코드에 커서 또는 마우스를 위치시키고, F1 키를 누르면 해당 단어에 해당하는 MSDN 도움말이 자동적으로 호출된다.

이 책에서 닷넷에 관한 설명은 이것으로 끝이 난다. 말하자면 닷넷에서 지원하는 닷넷 프레임워크를 이용하여 관리 코드를 작성하지 않는다는 말이다. 왜냐하면 이 책은 닷넷을 이용한 관리 코드를 작성하는 것이 아니라 비관리 코드를 작성하는 것이 목표이다. 즉, 이 책의 주제는 MFC이고, MFC는 비관리 코드이다. 그렇다면 왜 1장에 굳이 닷넷에 관한 설명을 하였는가? 그 이유는 닷넷에서의 전체적인 흐름과 현재 우리가 배워야 할 MFC의 위치를 알기 위해서이다.

마치면서

Visual C++ 닷넷 2008 플랫폼을 기준으로 하여 특징과 기능을 살펴보았다. 닷넷 플랫폼이 각광을 받으면서 MFC의 입지가 좁아질 것이라는 예상과는 달리 오히려 관리 코드와 비관리 코드에서 살펴본 바와 같이 C++은 양면으로 코드를 관리할 수 있는 장점을 갖는다. 개발 환경 및 개발 도구는 개발자에게 작업을 위한 연장과 환경이다. 닷넷을 아직 사용해 보지 못한 개발자라면, 혹은 사용하고 있지만 특징에 대해서 잘 인지하지 못하고 사용했던 개발자라면, 이번 장을 다시 한번 숙지하고 개발 환경에 대한 이해의 폭이 넓어지길 바란다.

PART 01

윈도우
프로그래밍의 이해

이번 장은 Windows 의 특징과 장점 그리고 윈도우 프로그램의 기본 구조에 대해서 알아보기로 한다. 기존 도스 프로그램은 순차적 프로그램 방식이었으나, 윈도우 프로그램에 와서는 이벤트를 받았을 때 처리되는 메시지 처리 방식으로 바뀌었다. 윈도우 프로그램의 가장 기본 로직을 이해하고, 메시지 처리 방식에 대한 개념을 잡는다면 윈도우 프로그래밍을 하는데 있어서 큰 어려움이 없을 것이라 생각한다.

윈도우 프로그래밍으로의 전환

PC가 윈도우 환경으로 접어든지도 거의 15년 20년이 다 되어 간다. 독자들은 윈도우에 너무 익숙해져 있을 것이다. 하지만 초창기 DOS와의 차이점과 장점에 대해서 간략하게 알아보고 넘어 가자.

우리는 도스(DOS) 환경의 C/C++에 익숙하다. 물론 그렇지 않은 독자도 있을 것이다. 하지만 지금 배울 윈도우 프로그래밍은 실행 기반도 다르고, 프로그램의 구조 또한 다르기 때문에 도스 기반의 지식이 없다 하더라도 크게 걱정할 일은 아니다. 하지만 한번쯤 도스 기반에서 윈도우 기반으로 프로그래밍이 전환되었을 때의 차이점을 알아볼 필요가 있다.

■ 그래픽 환경으로

도스에서는 기본이 텍스트 모드였다. 모든 명령을 사용자로부터 입력받고 그에 따라서 순차적으로 처리하는 방식이었다. 따라서 사용자는 도스 명령어를 알고 있어야만 프로그램을 실행시킬 수 있었으므로 범용적이지 못했다고 볼 수 있겠다. 하지만, 윈도우즈에서는 그래픽 모드이므로 특별한 명령어가 필요없이 마우스로 조작 가능하고, 사용자에게 친숙한 UI를 제공함으로써 PC의 대중화를 이끄는데 지대한 영향을 주었다.

■ 마우스 입력으로

도스에서는 키보드로만 입력받을 수 있었다. 당연히 텍스트 기반이기 때문이다. 하지만 윈도우에서는 키보드로도 입력을 받지만 마우스로도 입력을 받을 수 있어서 매우 편리해졌다. 특별히 편집기를 쳐야 할 경우가 아니라면, 거의 마우스와 메뉴만으로 모든 기능을 수행할 수 있다.

■ 멀티태스킹으로

도스에서는 하나의 프로그램만 실행시킬 수 있었다. 그러나 윈도우즈에서는 워드 작업을 하면서 음악을 들을 수 있고, 인터넷 검색도 동시에 할 수 있다. 즉, 멀티태스킹이 가능하다는 말이다.

이 외에도 여러 차이점이 있지만 이 정도로 마치겠다.

앞에서 도스 기반에서 윈도우 기반으로의 전환에 대해서 알아보았다. 전환이 되었다는 것은 발전을 했다는 것이고, 그만한 장점이 있다는 말이다. 윈도우 기반의 장점에 대해서 간략하게 알아보도록 하자.

■ 장치에 무관하게 프로그램이 실행된다.

도스 시절에는 시스템에 장착된 장치에 따라서 제어 코드를 작성해야 했으나, 윈도우에서는 어떤 장치가 시스템에 장착되었는지 알 필요 없다. 윈도우 운영체제가 알아서 처리해 주기 때문이다.

■ 멀티태스킹으로 동작한다.

여러 개의 프로세스를 동시에 실행하며, 모든 자원을 나누어 사용한다. 자원에 대한 분배는 윈도우 운영체제 스스로 스케줄링하는 알고리즘이 있다. 때문에 한 개의 프로세스가 자원을 독점하지 않도록 효율적으로 분배를 한다.

■ 메시지 드리븐(Message-driven) 방식이다.

도스 프로그램은 대부분 순차적 실행방식이었다. 즉, 실시간으로 사용자의 요구에 반응하는 것이 아니라, 현재 실행되고 있는 프로그램에 이미 작성된 코드의 기능대로 수행되는 형태여다. 그러나 윈도우 기반의 프로그램은 특정 이벤트 메시지나 윈도우 메시지가 발생하였을 때 발생한 메시지를 윈도우 운영체제가 받고 다시 그 메시지를 응용 프로그램으로 보낸다. 응용 프로그램 코드는 메시지를 받았을 때 개발자가 사전에 코딩한 대로 사용자 조작에 따라 실행된다.

윈도우 프로그래밍 기초

윈도우 프로그래밍의 가장 기초적인 개념에 대해서 숙지하도록 하고, 가장 기본이 되는 최소화된 윈도우 프로그램을 만들어 보도록 하자.

본격적인 윈도우 프로그래밍에 앞서 사전에 확인하고 넘어가야 할 것들이 있다.

1 ······ 프로그램의 시작점 WinMain( ) 함수

C/C++에서 알고 있는 도스 프로그램의 시작점은 main( ) 함수이다. 하지만 윈도우 프로그램의 시작점은 WinMain( ) 함수에서 시작된다.

〈main( )과 WinMain( ) 함수〉

main( )	도스 프로그램의 시작점이다. 반드시 소문자로 써야 한다.
WinMain( )	윈도우 프로그램의 시작점이다. 대소문자를 반드시 구분해서 사용해야 한다.

main( ) 함수는 통상 인수 없이 사용되지만, main(int argc, char *argv[ ])처럼 인수를 사용하기도 한다. 그러나 WinMain( ) 함수는 인수를 반드시 갖고 있는데, 총 4개의 인수로 구성되어 있다. WinMain( ) 함수의 원형은 다음과 같다.

```
int WINAPI WinMain(
        HINSTANCE hInstance,
        HINSTANCE hPrevInstance,
        LPSTR lpCmdLine,
        int nCmdShow)
```

인수	설명
hInstance	현재 실행되고 있는 프로그램의 인스턴스 핸들
hPrevInstance	바로 앞에 실행된 프로그램의 인스턴스 핸들, 통상 NULL 값을 준다.
lpCmdLine	명령행 인자. Main() 함수의 argv에 해당
nCmdShow	윈도우를 보여주는 형태의 플래그

인스턴스 핸들이란 한마디로 얘기한다면 메모리에 생성된 클래스의 실체를 말한다.
이렇게만 정의 해놓으면 도무지 무슨 말인지 감이 잡히질 않는다. 예를 들어 내 방에 여러 가지 물건(객체)들이 있을 것이다. 컴퓨터, 책상, 장롱, 책 기타 등등의 큰 물건부터 작은 물건들까지 존재한다. 존재하고 있는 모든 물건들이 클래스라고 할 수 있고, 내가 이 물건들을 활용한다면 이 물건들(클래스의 실체)을 메모리에 생성한다고 말할 수 있다. 내 방에 컴퓨터는 존재한다. (클래스가 존재한다.) 내가 컴퓨터의 전원을 켠다.(메모리에 클래스를 생성한다.) 좀 더 철학적으로 말하자면, 데카르트의 "나는 생각한다. 고로 나는 존재한다"는 명제와 일맥 상통하는 개념이다. 물건들(클래스)이 존재한다. 그런데 이 물건들(클래스)이 그 존재의 가치가 있으려면 메모리에 생성되어야만 한다. 존재하고 있는 그 자체로는 아무 의미가 없는 것이다.
즉, 정리하면 인스턴스 핸들은 프로그램(클래스들의 집합) 메모리에 실제로 올라온 것을 의미하며, 각 프로그램마다 고유하다. 예를 들어서 메모장 프로그램을 동시에 두 개 실행시키면 같은 프로그램이더라도 두 개가 독립적으로 실행이 된다. 두 프로그램은 각각 메모리에 올라온 프로그램이고, 각각 고유의 인스턴스를 가지고 있다. 핸들은 인스턴스 핸들 외에도 여러가지 핸들이 사용되는데, 핸들은 윈도우 프로그램에 있어서 중요한 요소이고 빈번하게 사용되므로, 핸들의 일반적인 특성에 대해서 이해하고 넘어가도록 하자.

■ 핸들에 대한 이해

핸들이란 어떤 대상에 붙여진 레이블(Label)과 같은 것으로, 대상을 식별하는데 주로 사용된다. 그리고 핸들을 이용하여 특정 대상을 관리할 수도 있다. 여기서 대상이란, 내가 조작할 타겟을 말하는데, 윈도우가 될 수도 있고, 컨트롤이 될 수도 있다. 예를 들어서 자동차가 10대가 있다고 하자. 각각의 자동차가 윈도우라고 가정했을 때, 각 자동차에는 핸들이 있고, 이 핸들을 가지고 원하는 방향으로 끌고 갈 수 있듯이, 윈도우의 핸들을 이용하여 내가 원하는 방향으로 윈도우를 조작할 수 있는 것이다.

– 핸들 값은 예외 없이 모두 접두어 h로 시작한다.
– 핸들은 정수형이며 32비트 값이다.
– 핸들은 운영체제가 발급하며, 사용자는 할당된 핸들을 쓰기만 하면 된다.
– 같은 종류의 핸들끼리는 절대 중복된 값을 가지지 않는다.
– 핸들은 단순한 구분자이므로 핸들에 어떤 값이 들어가 있는지 알 필요가 없다.

WinMain( ) 함수에서 보았던 인수들의 타입은 윈도우 프로그래밍에서 새로 도입한 것이 아니라, 기존의 것을 재정의한 것이다. 윈도우 프로그래밍을 하기 앞서서 재정의 타입들을 숙지한다면 프로그램을 이해하는데 많은 도움이 될 것이다.

C++의 기본 모토는 재사용성이다. 즉, 있는 것을 재활하자는 취지로 다형성, 상속성, 재정의 등등의 기법들을 필수적으로 사용하고 있다. 앞으로 배울 MFC의 내부 구조도 이러한 기법들을 사용하고 있다. 여기서 말하는 타입 재정의는 A를 B로 정의한다는 단순 논리로, 예를 들어 기존에 정의되어 있는 C 표준 타입인 unsigned char 라는 타입을 BYTE라는 이름으로 바꾸어 사용하겠다는 의미다. BYTE가 마음에 안든다면 우리가 임의로 HELLO 라고 재정의 하여 사용하여도 된다. 타입이 재정의 되었다면 BYTE I; 라고 선언한 것은 unsigned char i; 라고 선언한 것과 같은 의미이다.
C++의 재정의(Overrring) 개념 설명은 거의 한 챕터 분량이므로 좀 더 자세한 내용을 공부하고자 한다면 C++ 전문 서적이나 자료를 참고하길 바란다.

〈재정의 타입〉

자료형	의미
BYTE	unsigned char형
WORD	unsigned short형
DWORD	unsigned long형
LONG	long형과 같다.
LPSTR	char*형과 같다.
BOOL	정수형이며 TRUE 혹은 FALSE 값을 갖는다.

왜 윈도우 프로그래밍에서는 타입을 재정의해서 사용할까? 이유는 두 가지로 볼 수 있겠다. 첫 번째는 오래된 코드를 보거나 남의 코드를 볼 때 해석이 쉽도록 하기 위해서이다. 예를 들어서 HINSTANCE와 같은 경우에 정수형이지만 핸들이라는 의미를 가지고 있다. 만약 정수형이라고 「int a;」 라고만 사용한다면 a라는 변수가 정수라는 정보 외에는 어떤 값이 저장될 것인지는 누구도 예측할 수 없다. 이에 반해서 「HINSTANCE a;」 일 경우에는 a라는 변수에 정수형이면서 인스턴스 핸들이 저장될 것이라는 것을 쉽게 알 수 있다.
두 번째는 나중에 시스템이 업그레이드되었을 경우를 대비하기 위해서이다. 예를 들어서 현재 시스템이 WORD를 2바이트로 인식하는데, 추후에 시스템이 업그레이드되어서 WORD를 4바이트로 인식하게 된다면 소스마다 모두 확장된 타입으로 변경해야 하지만, 헤더에 정의된 WORD의 unsigned short형의 정의만 변경하면 문제가 없다.

매개변수와 인수의 차이

인수(Argument)와 매개변수(Parameter)는 서로 다른 의미를 가지고 있음에도 실제로 많은 프로그래머들이 혼용해서 사용하고 있다. 엄밀히 두 개를 구분한다면, 매개변수는 함수 내부에서 사용되는 변수라고 말할 수 있고, 인수는 함수 밖에서 함수를 호출할 때 사용되는 변수를 말한다.

예를 들면 「int Multiple(int a, int b);」라는 함수를 정의한다고 가정할 때,

```
int Multiple(int a, int b)
{
        int nRet;
        nRet = a * b;
        return nRet;
}
```

a, b는 매개변수가 되는 것이고, 「k = Multiple(m, n);」처럼 함수를 호출할 때에,

```
void main()
{
        ..............
        int k, m, n;
        k = Multtple(m, n);
        .............
}
```

사용되는 m, n은 인수라고 할 수 있다.

요약하면 인수는 함수를 부르는 쪽에서 사용하는 변수이며, 매개변수는 불리워진 함수 내부에서 사용하는 변수이다. 요새는 매개변수, 인수, 인자, 아규먼트 등으로 혼용해서 사용되고 있으나, 이 책에서는 위 개념에 의거해서 매개변수와 인수에 대한 용어를 문맥에 맞게 적절하게 사용할 것이다.

3. Win32 API(Application Programming Interface)

API(Application Programming Interface)란 영어 해석 그대로 응용 프로그램을 만드는 데 필요한 함수들의 집합이라고 생각하면 된다. 흔히 SDK(Software Development Kit)라는 말로도 사용되는데, 둘 다 같은 의미이다. 마이크로소프트사가 제공하는 윈도우 프로그래밍용 라이브러리 함수들을 통상 API 함수라고 부른다. API는 특정 컴파일러에 종속된 함수가 아니라 윈도우 운영체제 차원에서 소유하고 있는 함수이므로 윈도우 기반의 프로그래밍 언어라면 언어가 달라도 사용할 수 있다. 앞으로 이 책에서 사용할 MFC의 근간은 API에서 비롯된다.

C 언어로 간단한 프로그램을 만들어 보라고 하면 아마도 다음과 같이 코딩할 것이다.

```
main( )
{
        printf("Hello World~!!\n");
}
```

이 코드를 실행하면 콘솔 창에 "Hellow World~!!"라는 문자열이 출력될 것이다. 일반 C 언어 책에서 가장 첫 페이지에 나오는 가장 간단한 코드이다. 윈도우 프로그래밍에 입문하는 과정에서 이와 같은 가장 간단한 프로그램을 만들어 보지 않을 수 없다. 처음부터 복잡한 프로그램을 만들어 가는 것보다 기본 구조에 입각하여 살을 붙여 나가는 것이 이해하는데 더 바람직할 것이다. 앞에서 WinMain( ) 함수에 관해 알아보았으므로 다음 예제를 쉽게 이해할 수 있을 것이다.

먼저 Visual C++ 닷넷 2008를 실행시키고 [새 프로젝트] 메뉴를 선택한다. 그러면 다음 그림과 같이 [새 프로젝트] 대화 상자가 나타나는데, 이 대화상자의 왼쪽 트리에서 [Win32] 항목을 선택한 다음, 오른쪽 템플릿 항목 중에 [Win32 프로젝트] 항목을 선택한다. 프로젝트명은 [MsgOutput]으로 하겠다.

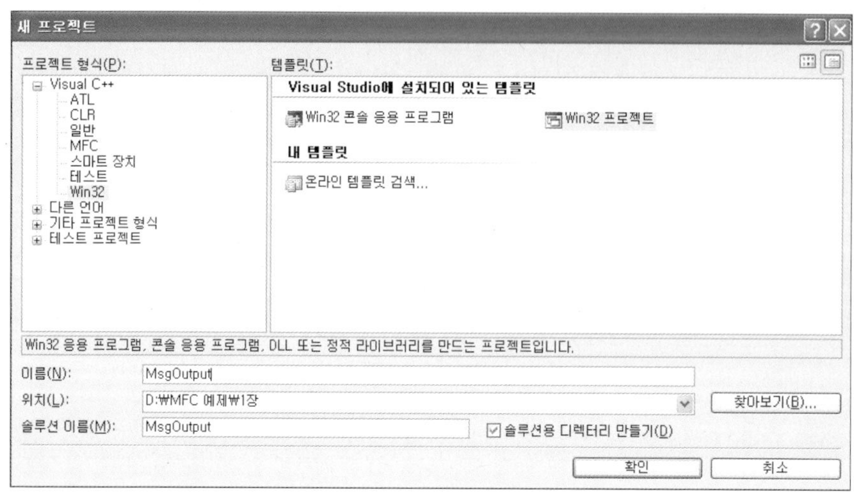

그런 다음 그림에서처럼 응용 프로그램 종류 중 [Windows 응용 프로그램] 항목을 선택하고 추가 옵션에서 [빈 프로젝트] 항목에 체크하도록 한다.

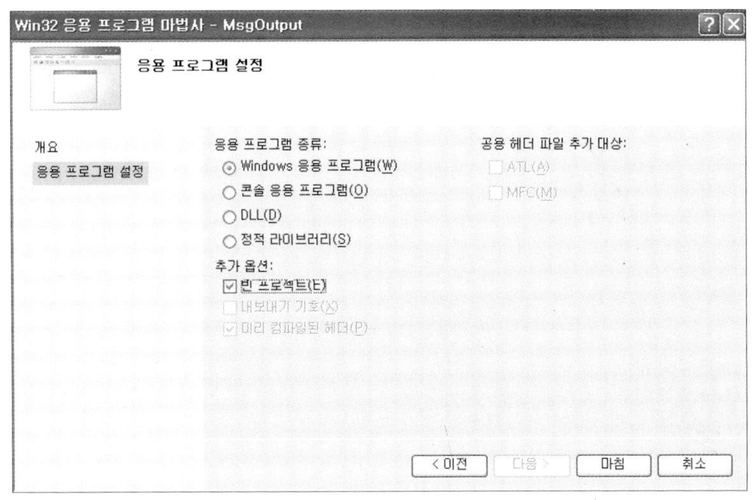

[마침] 버튼을 누르면 프로젝트가 생성이 완료된다.

소스를 작성할 소스 파일을 생성하기 위해서 마우스로 솔루션 탐색기를 선택하고, 그림과 같이 컨텍스트 메뉴를 통해서(오른쪽 마우스 클릭) cpp 파일을 생성한다.

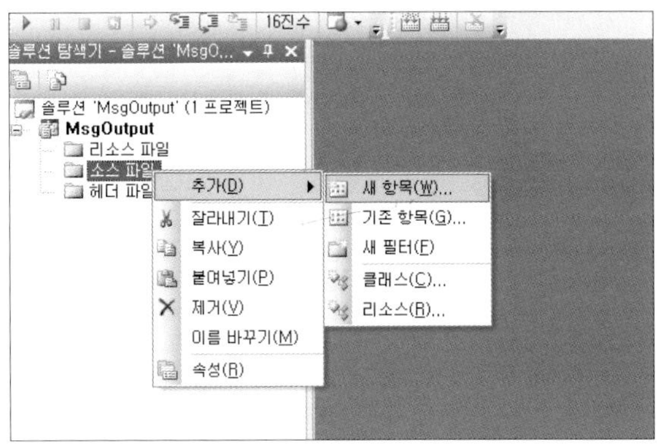

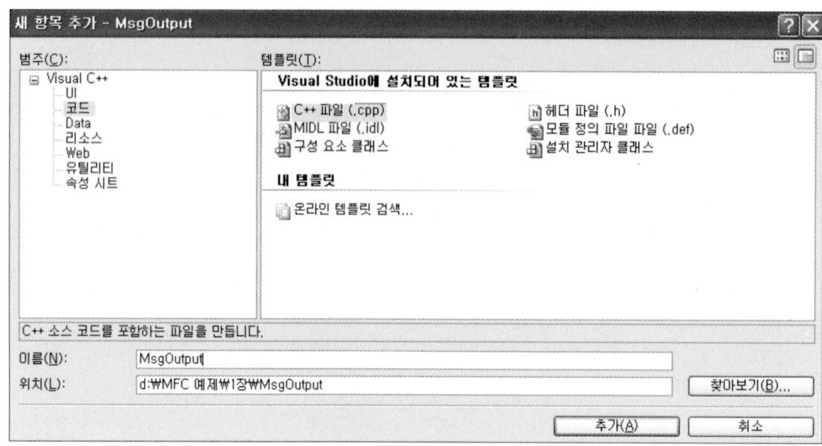

cpp 파일명도 MsgOutput.cpp로 하자. 파일이 생성되었으면 편집기 화면이 다음 그림과 같이 나타날 것이다. 편집기 화면에 다음과 같이 코드를 작성해 보도록 하자.

소스를 작성할 소스 파일을 생성하기 위해서 마우스로 솔루션 탐색기를 선택하고, 그림과 같이 컨텍스트 메뉴를 통해서(오른쪽 마우스 클릭) cpp 파일을 생성한다.

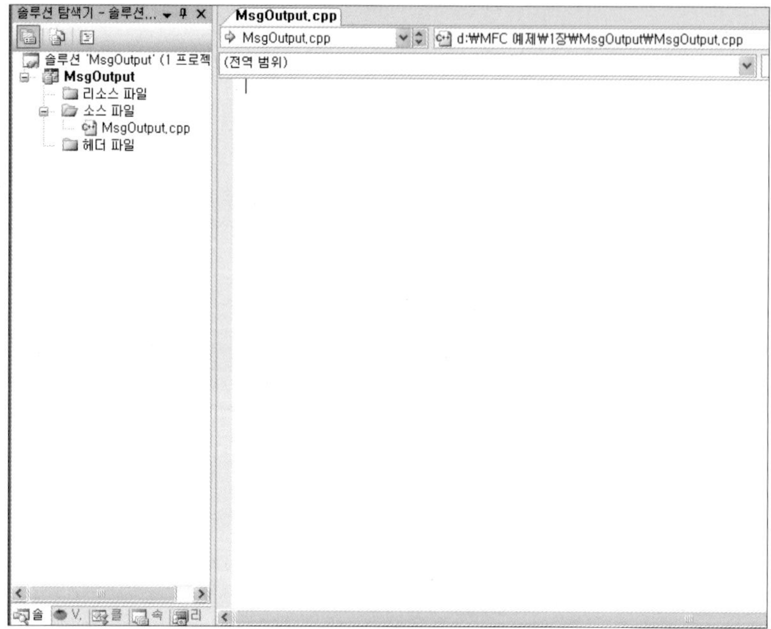

⟨MsgOutput.cpp⟩

```cpp
#include <windows.h>
#include <tchar.h>

int APIENTRY WinMain(
        HINSTANCE hInstance,
        HINSTANCE hPrevInstance,
        LPSTR lpCmdLine,
        int nCmdShow)
{

        MessageBox(NULL, _T("Hellow World~!!"), _T("메시지"), MB_OK);
        return 0;

}
```

코드 작성이 끝났다면 다음과 같이 실행해 보자.

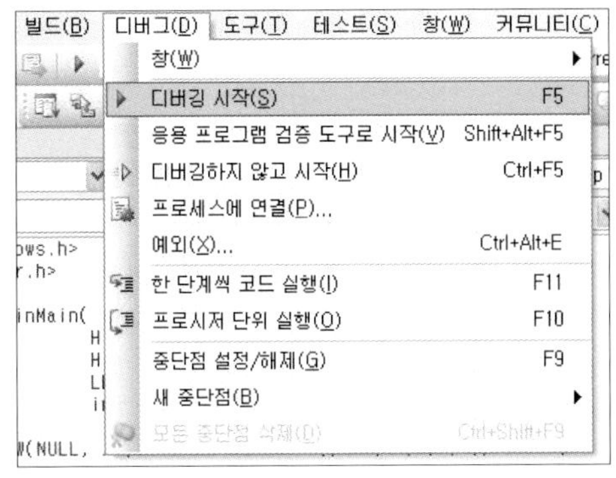

혹은 단축키 [F5]버튼을 누르면 바로 디버깅 시작을 할 수 있다.

MessageBox( ) 함수 외에는 특별한 것이 없다. 실행하면 "Hellow World~!!" 라고 쓰여진 메시지 박스가 뜨고, 확인 버튼이 하나 있을 것이다. 가장 간단한 윈도우 프로그램이다. 아직은 윈도우 프로그램이 동작한다는 것만 확인했을 뿐, 사실 메시지 박스 하나뿐이다. 윈도우의 형태도 없고, 윈도우 메시지를 받아서 처리할 능력도 없는 프로그램이다. 이제 바로 다음에 배울 윈도우 프로그램의 기본 구조를 통해서 윈도우 프로그램에 필요한 기본 요소와 각 요소들의 기능 그리고 역할에 대해서 알아보도록 하겠다.

헤더 파일 Window.h

윈도우 프로그램을 만들 때 반드시 인클루드(Include)해야 하는 헤더 파일이다. 이 파일에는 또다시 여러 개의 파일(Windef.h, Winnt.h 등등)이 인클루드되어 있으며, 앞서 설명했던 typedef으로 재정의된 자료형들이 선언되어 있다.

윈도우 프로그램의 구조와 구성요소

윈도우 프로그램이 동작하는 가장 기본적인 구조를 이해하고, 그 과정을 살펴보도록 하자.

1 ········ 윈도우 프로그램의 기본 구조

윈도우 프로그램은 기본적으로 WinMain( ) 함수와 WndProc( ) 함수로 구성된다. 두 함수는 없어서는 안 될 필수 함수이다. 물론 WndProc( ) 함수는 이름이 WndProc로 정해져 있는 것이 아니며 사용자 임의대로 바꿀 수 있다. 윈도우 프로그램의 기본 구조는 다음과 같다.

```
WinMain( )
{
        윈도우_클래스_만들기
        윈도우_객체_생성하기
        윈도우_객체_화면에_띄우기
        메시지_루프_돌리기

}
WndProc( )
{
        전달된_메시지_처리하기

}
```

WinMain( ) 함수는 프로그램의 윈도우 자체를 생성만 하고, 실제 일어나는 윈도우 메시지 는 메시지 처리 함수인 WndProc( )가 처리한다고 생각하면 된다. 윈도우 프로그램이 생성되는 과 정을 상식선에서 생각해 보면서 생성 과정에 필요한 부분을 생각해 보고, 직접 코드로 확인해 보도록 하겠다. 참고로 코드는 윈도우 API 코드이다.

화면에 보여지는 윈도우는 객체에 의해 보여진다. 그렇다면 객체는 무엇으로 만들어지는가? 당연히 클래스를 통해서 만들어질 것이다. 다음은 WinMain( ) 함수가 순차적으로 하는 일이다.

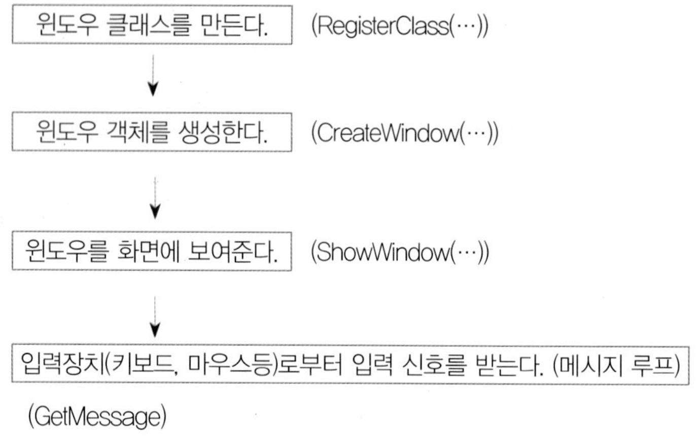

클래스 생성 및 등록 후 CreateWindow() 함수를 통해서 객체를 생성한다. 그리고 메시지 루프를 돌며 입력 신호를 기다린다.

다음은 메시지 처리 함수인 WndProc()의 일이다.

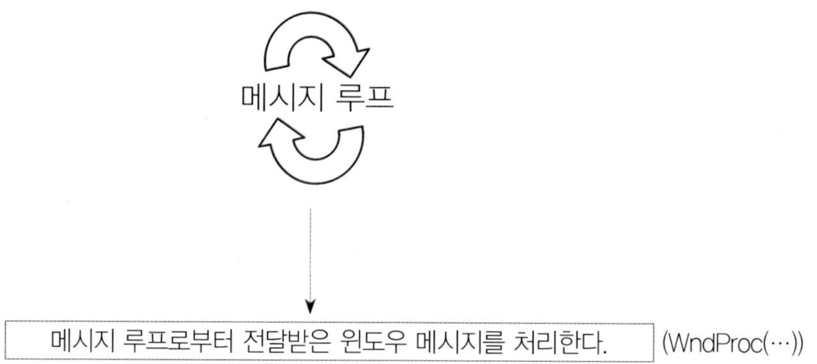

메시지 루프에서 입력 신호를 받으면, 입력된 메시지 처리는 메시지 처리 함수인 WndProc() 함수에서 처리한다. 메시지 처리 함수인 WndProc()을 다른 말로 윈도우 프로시져 혹은 윈프록이라고 부른다. 편의상 우리는 앞으로 윈도우 프로시져라고 명명하도록 하겠다.

위의 구조를 간략히 정리하면, WinMain() 함수에서는 윈도우를 생성한 후, 메시지 루프를 통해 들어오는 윈도우 메시지를 감시한다. 윈도우 메시지가 들어오면 윈도우 프로시져로 윈도우 메시지를 보내고, 모든 윈도우 메시지는 윈도우 프로시져 내에서 처리된다.

앞에서 윈도우를 생성하는데 있어서 4단계를 설명하였다. 그 중에 첫번째 단계인 윈도우 클래스를 만드는 부분부터 보도록 하자. WinMain( ) 함수에서 가장 먼저 해야 할 일은 윈도우 클래스를 만드는 일이다. 여기서 클래스는 C++에서 배웠던 class라는 예약어를 통해서 만드는 것이 아니라 구조체를 이용해서 만들고, 그 클래스를 이용하여 윈도우 객체를 만든다. Winuser.h 파일에 윈도우 클래스 생성을 위한 구조체가 다음과 같이 정의되어 있다.

```
typedef struct tagWNDCLASS
{
        UINT style;
        WNDPROC lpfnWndProc;
        int cbClsExtra;
        int cbWndExtra;
        HINSTANCE hInstance;
        HICON hIcon;
        HCURSOR hCursor;
        HBRUSH hbrBackground;
        LPCSTR lpszMenuName;
        LPCSTR lpszClassName;
} WNDCLASS;
```

윈도우를 한개 생성하는데 10개나 되는 멤버가 필요하다는 것인데, 간단한 윈도우 하나에도 이러한 많은 조건이 필요함을 엿볼 수 있다. 앞서 윈도우 생성 구조 순서를 설명했듯이 [윈도우 클래스 만들기] - [윈도우 객체 생성하기] - [윈도우 객체 화면에 띄우기] - [메시지 루프 돌리기] 순서로 부분적인 코드를 보일 것이다. 원래는 여러분이 직접 프로젝트를 생성하여 작성해야 할 코드이지만, 윈도우 생성 원리에 대한 설명이므로, 지금은 직접 작성할 것은 없고, 읽고 이해하는데 중점을 두도록 하자. 작성은 뒤에 [프로그램 전체 소스]에서 다룰 것이다. 다음에 나오는 소스 코드는 윈도우 클래스를 생성하는 코드이다. 클래스 선언하고 클래스 멤버를 설정하는데 중점을 두고 보자.

```
LPTSTR  lpszClass = L"MyClass";

int APIENTRY WinMain(HINSTANCE hInstance,HINSTANCE hPrevInstance
                ,LPSTR lpszCmdParam,int nCmdShow)
{
        HWND hWnd;
        MSG Message;

        WNDCLASS WndClass;
```

```
        WndClass.cbClsExtra = 0;                                    //클래스 여분 바이트 수
        WndClass.cbWndExtra = 0;                                    //윈도우 여분 바이트 수
        WndClass.hbrBackground = (HBRUSH)GetStockObject(WHITE_BRUSH);//윈도우의 배경색
        WndClass.hCursor = LoadCursor(NULL,IDC_ARROW);              //프로그램에서 사용할 커서
        WndClass.hIcon = LoadIcon(NULL,IDI_APPLICATION);           // 프로그램에서 사용할 아이콘
        WndClass.hInstance = hInstance;                            //프로그램의 인스턴스 핸들
        WndClass.lpfnWndProc = (WNDPROC)WndProc;                  //프로시저 함수명
        WndClass.lpszClassName = lpszClass;                        //구조체로 만들어질 클래스명
        WndClass.lpszMenuName = NULL;                             //프로그램에서 사용할 메뉴
        WndClass.style = CS_HREDRAW | CS_VREDRAW;                 //윈도우 스타일


        }
```

각각의 의미에 대해서 자세히 알 필요는 없고, 이런 것들이 있다는 정도만 보고 넘어가자. 구조체 변수의 각 멤버에 필요한 값을 모두 대입했으면 이제 구조체 변수를 클래스로 만들어야 한다. 그럼 어떻게 만들 수 있을까? RegisterClass( )라는 API 함수를 이용하면 아주 간단하게 해결된다. 방금 앞에서 작성했던 클래스 멤버 설정 코드 바로 다음에 다음과 같이 RegisterClass() 함수가 위치하면 된다. 앞서도 말했지만, 지금 보는 코드들은 뒤에서 작성할 것이므로 지금은 윈도우를 생성하는 각 단계를 이해하는데 중점을 두도록 하자.

```
int APIENTRY WinMain(HINSTANCE hInstance,HINSTANCE hPrevInstance
                ,LPSTR lpszCmdParam,int nCmdShow)
{
        HWND hWnd;
        MSG Message;

        WNDCLASS WndClass;

        WndClass.cbClsExtra = 0;                                    //클래스 여분 바이트 수
        WndClass.cbWndExtra = 0;                                    //윈도우 여분 바이트 수
        WndClass.hbrBackground = (HBRUSH)GetStockObject(WHITE_BRUSH);//윈도우의 배경색
        WndClass.hCursor = LoadCursor(NULL,IDC_ARROW);              //프로그램에서 사용할 커서
        WndClass.hIcon = LoadIcon(NULL,IDI_APPLICATION);           // 프로그램에서 사용할 아이콘
        WndClass.hInstance = hInstance;                            //프로그램의 인스턴스 핸들
        WndClass.lpfnWndProc = (WNDPROC)WndProc;                  //프로시저 함수명
        WndClass.lpszClassName = lpszClass;                        //구조체로 만들어질 클래스명
        WndClass.lpszMenuName = NULL;                             //프로그램에서 사용할 메뉴
        WndClass.style = CS_HREDRAW | CS_VREDRAW;                 //윈도우 스타일


        RegisterClass(&WndClass);
}
```

이 함수는 의미 그대로 클래스를 등록해 준다. 구조체 변수 WndClass를 클래스로 등록한다는 말이다. 클래스를 생성했다면 클래스명은 어떻게 결정할까? 앞의 WndClass 구조체의 멤버 중에 WndClass.lpszClassName의 값이 클래스명으로 등록이 된다. 예를 들어「WndClass.lpszClassName = "MyClass";」라고 구조체에 등록되어 있었다면 RegisterClass( ) 함수를 통해 만들어진 클래스는 아마도 다음의 형태가 될 것이다.

```
class MyClass
{
        ...
}
```

자, 일단 여기까지 WinMain( ) 함수에서 가장 먼저 해야 할 클래스 생성이 끝났다.

3 윈도우 객체 생성하기

클래스를 만들었다고 윈도우가 만들어진것은 아니다. 앞서 만든 클래스로 윈도우 객체를 만들어야 한다. 윈도우 객체 또한 CreateWindow() API 함수를 이용하여 만들 수 있다.

```
int APIENTRY WinMain(HINSTANCE hInstance,HINSTANCE hPrevInstance
                ,LPSTR lpszCmdParam,int nCmdShow)
{
        HWND hWnd;
        MSG Message;

        WNDCLASS WndClass;

        WndClass.cbClsExtra = 0;                                        //클래스 여분 바이트 수
        WndClass.cbWndExtra = 0;                                        //윈도우 여분 바이트 수
        WndClass.hbrBackground = (HBRUSH)GetStockObject(WHITE_BRUSH);//윈도우의 배경색
        WndClass.hCursor = LoadCursor(NULL,IDC_ARROW);                  //프로그램에서 사용할 커서
        WndClass.hIcon = LoadIcon(NULL,IDI_APPLICATION);               // 프로그램에서 사용할 아이콘
        WndClass.hInstance = hInstance;                                 //프로그램의 인스턴스 핸들
        WndClass.lpfnWndProc = (WNDPROC)WndProc;                        //프로시저 함수명
        WndClass.lpszClassName = lpszClass;                            //구조체로 만들어질 클래스명
        WndClass.lpszMenuName = NULL;                                   //프로그램에서 사용할 메뉴
        WndClass.style = CS_HREDRAW | CS_VREDRAW;                      //윈도우 스타일

        RegisterClass(&WndClass);

        hWnd = CreateWindow(lpszClass, LPTSTR(_T("ApiBasic")),
```

```
        WS_OVERLAPPEDWINDOW, CW_USEDEFAULT, CW_USEDEFAULT,
        CW_USEDEFAULT, CW_USEDEFAULT, NULL, (HMENU)NULL, hInstance, NULL);
        ...................................
}
```

이 함수는 말 그대로 윈도우 객체를 생성하는 함수이다. 보다시피 인수가 11개나 된다. 원형은
다음과 같다.

〈CreateWindow( )〉

```
HWND CreateWindow(
        LPCTSTR lpClassName,
        LPCTSTR lpWindowName,
        DWORD dwStyle,
        int x, int y,
        int nWidth, int nHeight,
        HWND hWndParent,
        HMENU hMenu,
        HANDLE hInstance,
        PVOID lpParam);
```

다음은 함수의 인수들에 대한 설명이다.
- lpClassName : 윈도우의 클래스를 지정하는 문자열이다.
- lpWindowName : 윈도우의 제목 표시줄에 보여줄 문자열이다.
- dwStyle : 윈도우의 스타일을 지정한다.
- x, y : 윈도우의 좌표를 지정한다.
- nWidth, nHeight : 윈도우의 폭과 높이를 장치 단위(픽셀)로 지정한다.
- hWndParent : 부모 윈도우 또는 소유주 윈도우의 핸들을 지정한다.
- hMenu : 겹쳐진(Overlapped) 윈도우나 팝업 윈도우의 경우 메뉴의 핸들을 지정한다.
- hInstance : 윈도우를 생성하는 인스턴스 핸들을 지정한다.
- lpParam : WM_CREATE 메시지의 인수 lParam으로 전달될 CREATESTRUCT 구조체의
포인터이다.

앞에서 예를 들었던 클래스 명은 MyClass였다. 그래서 lpClassName에 MyClass를 쓰고, 윈
도우 객체를 생성하였다. CreateWindow ( ) 함수를 통해서 만든 윈도우 객체의 반환 값은
HWND hWnd인데, 이것을 윈도우 핸들이라고 한다.

원도우 클래스에 이어 원도우 객체를 만들었다. 이제 원도우가 존재하는 것이다. 그러면 이젠
무엇을 해야 하는가? 원도우의 존재를 밖으로 들어내야 한다. 즉, 원도우 객체를 화면에 띄워야
한다. 이것은 ShowWindow( ) 함수가 해준다.

〈ShowWindow( )〉

```
BOOL ShowWindow(
        HWND hWnd,
        int nCmdShow);
```

첫번째 인수 hWnd는 화면에 보여줄 원도우 객체의 핸들이고, 두번째 인수 nCmdShow는 화면
에 보여줄 원도우의 형태이다. 여기에는 최대화, 최소화, 기본 창 등 다양한데, 일반적으로 기
본 창(SW_SHOW)으로 설정한다.

〈nCmdShow 설정 값〉

설정 값	설명
SW_FORCEMINIMIZE	2000 이후에만 쓸 수 있는 플래그로 원도우를 소유한 스레드가 차단(Block)된 상태에서도 원도우를 최소화시킨다.
SW_HIDE	원도우를 숨긴다.
SW_MAXIMIZE	원도우를 최대화시킨다.
SW_MINIMIZE	원도우를 최소화시킨다.
SW_RESTORE	최대화나 최소화된 원도우를 이전 상태로 복구한다.
SW_SHOW	원도우를 활성화시켜서 화면에 띄운다.
SW_SHOWDEFAULT	STARTUPINFO 구조체가 지정하는 보기 상태로 만든다.
SW_SHOWMAXIMIZED	원도우를 최대화된 상태로 활성화한다.
SW_SHOWMINIMIZED	원도우를 최소화한 상태로 활성화한다.
SW_SHOWMINNOACTIVE	원도우를 최소화 상태로 화면에 띄우며 활성화 상태 그대로 변경되지 않는다.
SW_SHOWNA	원도우를 현재 상태로 화면에 띄우며 활성화 상태 그대로 변경되지 않는다.
SW_SHOWNOACTIVATE	최근 크기와 위치에 원도우를 띄우며 활성화 상태 그대로 변경되지 않는다.
SW_SHOWNORMAL	원도우를 화면에 띄우며 활성화한다. 만약 원도우가 최소화되어 있거나 최대화되어 있다면 원도우를 원래 크기로 복구한다.

실제 코드상에서는 ShowWindow(hWnd,nCmdShow) 함수가 다음과 같이 위치한다.

```c
int APIENTRY WinMain(HINSTANCE hInstance,HINSTANCE hPrevInstance
                ,LPSTR lpszCmdParam, int nCmdShow)
{
        HWND hWnd;
        MSG Message;

        WNDCLASS WndClass;

        WndClass.cbClsExtra = 0;                                        //클래스 여분 바이트 수
        WndClass.cbWndExtra = 0;                                        //윈도우 여분 바이트 수
        WndClass.hbrBackground = (HBRUSH)GetStockObject(WHITE_BRUSH);//윈도우의 배경색
        WndClass.hCursor = LoadCursor(NULL,IDC_ARROW);                 //프로그램에서 사용할 커서
        WndClass.hIcon = LoadIcon(NULL,IDI_APPLICATION);              // 프로그램에서 사용할 아이콘
        WndClass.hInstance = hInstance;                                //프로그램의 인스턴스 핸들
        WndClass.lpfnWndProc = (WNDPROC)WndProc;                       //프로시저 함수명
        WndClass.lpszClassName = lpszClass;                            //구조체로 만들어질 클래스명
        WndClass.lpszMenuName = NULL;                                  //프로그램에서 사용할 메뉴
        WndClass.style = CS_HREDRAW | CS_VREDRAW;                      //윈도우 스타일

        RegisterClass(&WndClass);

hWnd = CreateWindow(lpszClass, LPTSTR(_T("ApiBasic"), WS_OVERLAPPEDWINDOW, CW_USEDEFAULT,
CW_USEDEFAULT, CW_USEDEFAULT, CW_USEDEFAULT, NULL, (HMENU)NULL, hInstance, NULL);

        ShowWindow(hWnd,nCmdShow);
}
```

5 .... 메시지 루프 돌리기

윈도우 객체를 만들었으니까 이제 윈도우의 껍데기는 만든 것이다. 그러나 껍데기만 가지고 무
엇을 하겠는가? 실질적으로 동작을 하도록 사용자로부터 명령을 받아 수행할 수 있어야 한다.
하지만, 사용자의 명령은 정해져 있지 않고, 언제 어느때 어떤 명령을 내릴지 모른다. 그렇다면
윈도우는 사용자로부터의 명령을 언제 어떻게 받아서 인식을 할까? 그에 대한 해답은 메시지
루프에 있다. 즉, 윈도우는 항시 루프를 돌며 사용자의 메시지를 기다리고 있다가 메시지가 들
어오면 받아서 처리한다.

1) 이벤트 처리 방식

이와 같은 처리 방식을 이벤트(Event) 처리 방식이라고 하는데, 임의의 이벤트가 발생했을 때 즉각적으로 반응하여 처리하는 방식이다. 윈도우에서의 이벤트라고 하면 마우스 입력이나 키보드 입력 등을 말한다.

흔히 일상에서 교통사고와 같은 일이 벌어졌다고 가정하자. 물론 그다지 기분 좋은 예는 아니지만, 이런 경우 사고 경위에 대해서 적어 본다면, 먼저 사고가 발생한 대상을 우선 알아야 한다. 가해자, 피해자 등등. 그리고 그 다음은 사고의 종류에 대해서 알아야 한다. 어떤 종류의 교통사고인지 등등. 그 다음은 사고의 접수 시각을 알아야 하고, 장소를 알아야 한다. 윈도우에서도 이벤트가 발생했을 때 다음과 같은 메시지 내용이 취합된다.

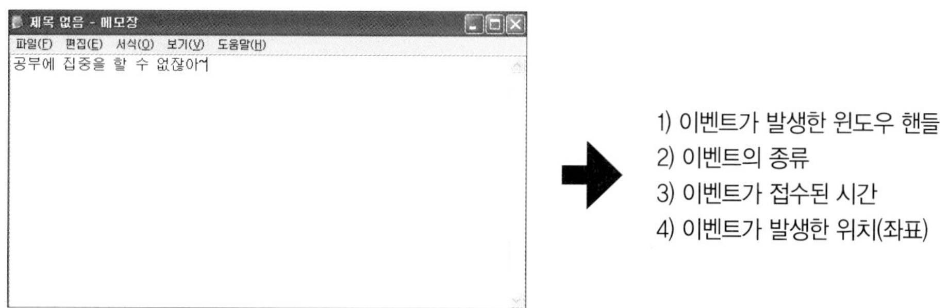

2) 메시지 루프

편집기 프로그램의 경우 키보드로부터 입력받은 문자를 화면에 출력하는 기능을 처리해야 하는데, 이때 키보드 입력으로 발생된 이벤트를 메시지 루프에서 감지하고 그 메시지를 윈도우 프로시져 함수로 보내주면, 화면에 해당하는 문자를 출력해준다. 바로 윈도우 프로시져 함수로 메시지를 보내는 역할을 하는 것이 바로 메시지 루프이다. 이벤트 발생시 처리 과정은 다음과 같다.

〈메시지 큐의 구조〉

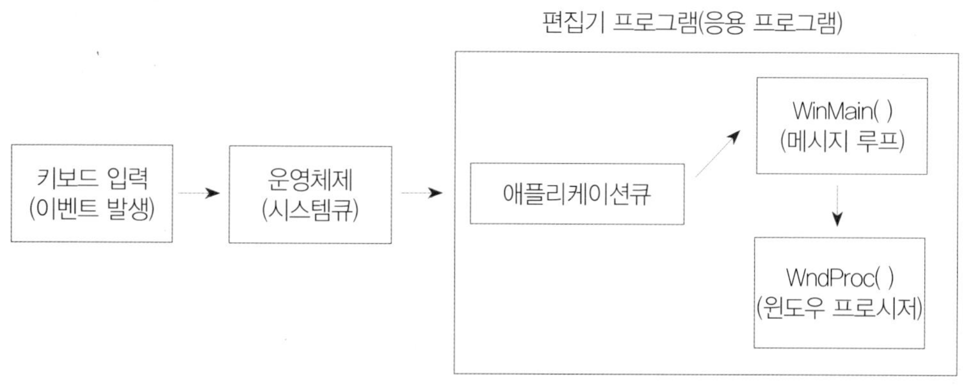

일반적으로 어떤 이벤트가 발생하면 가장 먼저 운영체제가 가지고 있는 시스템 큐에 저장이 된다. 그리고 시스템 큐에 저장된 메시지는 순서대로 해당하는 애플리케이션 큐로 옮겨 저장되는데, 여기까지는 운영체제에서 자동으로 알아서 처리해 준다. 그 다음에는 애플리케이션 큐에 있는 메시지를 가져오는 일인데, 바로 이러한 일을 메시지 루프에서 한다. 그리고 메시지 루프는 가져온 메시지를 윈도우 프로시저 함수로 보내는 일도 한다. 다음은 메시지 루프의 형태가 동작하는 코드이다.

```cpp
int APIENTRY WinMain(HINSTANCE hInstance,HINSTANCE hPrevInstance
                ,LPSTR lpszCmdParam, int nCmdShow)
{
        HWND hWnd;
        MSG Message;

        WNDCLASS WndClass;

        WndClass.cbClsExtra = 0;                                        //클래스 여분 바이트 수
        WndClass.cbWndExtra = 0;                                        //윈도우 여분 바이트 수
        WndClass.hbrBackground = (HBRUSH)GetStockObject(WHITE_BRUSH);//윈도우의 배경색
        WndClass.hCursor = LoadCursor(NULL,IDC_ARROW);                 //프로그램에서 사용할 커서
        WndClass.hIcon = LoadIcon(NULL,IDI_APPLICATION);              // 프로그램에서 사용할 아이콘
        WndClass.hInstance = hInstance;                               //프로그램의 인스턴스 핸들
        WndClass.lpfnWndProc = (WNDPROC)WndProc;                      //프로시저 함수명
        WndClass.lpszClassName = lpszClass;                          //구조체로 만들어질 클래스명
        WndClass.lpszMenuName = NULL;                                //프로그램에서 사용할 메뉴
        WndClass.style = CS_HREDRAW | CS_VREDRAW;                    //윈도우 스타일

        RegisterClass(&WndClass);
hWnd = CreateWindow(lpszClass, LPSTR(_T("ApiBasic"),WS_OVERLAPPEDWINDOW, CW_USEDEFAULT,
CW_USEDEFAULT, CW_USEDEFAULT, CW_USEDEFAULT, NULL, (HMENU)NULL, hInstance, NULL);
        ShowWindow(hWnd,nCmdShow);

        while(GetMessage(&Message,0,0,0))
        {
                TranslateMessage(&Message);
                DispatchMessage(&Message);
        }
}
```

참고

- 시스템 큐 : 시스템 큐는 운영체제가 가지고 있는 메시지 저장소로서 저장된 이벤트 메시지를 애플리케이션 큐로 넘겨준다.
- 애플리케이션 큐 : 애플리케이션 큐는 실행 중인 응용 프로그램마다 하나씩 가지고 있는 메시지 저장소이다.

while( ) 문으로 이루어진 메시지 루프는 GetMessage( ) 함수의 반환 값이 거짓일 때까지 계속 루프를 반복해서 돈다. 바로 이 함수가 애플리케이션 큐에 저장된 메시지를 인수 Message에 담아 온다. 인수 Message는 메시지를 저장할 수 있도록 구조체로 선언되어 있다.

```
typedef struct tagMSG {
        HWND hwnd;                      //이벤트가 발생한 윈도우 핸들
        UINT message;                   //이벤트 메시지 종류
        WPARAM wParam;  //부가 정보
        LPARAM lParam;                  //부가 정보
        DWORD time;                     //이벤트가 접수된 시각
        POINT pt;               //이벤트가 발생한 위치(좌표)
} MSG;
```

만약 GetMessage( ) 함수가 애플리케이션 큐에서 메시지를 인수 Message에 담아 오면 Message의 인수 message에는 메시지의 종류를 구분할 수 있는 값이 들어 있다. 이때 이 값이 WM_QUIT일 경우, GetMessage( ) 함수는 거짓 값을 반환하고, 그 외의 값일 경우에는 참 값을 반환한다. 참일 경우에는 TranslateMessage( ) 함수와 DispatchMessage( ) 함수를 수행하며 계속 루프를 돌게 된다.

■ TranslateMessage( ) 함수

키보드 입력 이벤트 중 문자 입력을 처리하는 함수이다. 예를 들어서 사용자가 A라는 키를 눌렀다 떼면 WM_KEYDOWN, WM_CHAR, WM_KEYUP 세 가지 메시지가 발생한다. 이 중에서 WM_CHAR 메시지는 사용자에 의해서 생긴 메시지가 아니라 메시지 루프에서 인위적으로 생긴 메시지이다. GetMessage( ) 함수로 읽은 메시지는 TranslateMessage( ) 함수로 넘겨지고, 메시지가 WM_KEYDOWN 키가 눌려졌는지 문자 키가 눌려졌는지 검사한 후에 문자 키가 눌려졌다면 WM_CHAR 메시지를 발생시킨다. 물론 문자 입력이 아닐 경우에는 DispatchMessage( ) 함수로 바로 넘어간다. 한마디로 요약하자면 TranslateMessage() 함수는 문자 키가 눌려졌는지를 검사하고, 문자키가 눌려졌다면 WM_CHAR 메시지를 발생시키는 기능을 한다.

■ DispatchMessage( ) 함수

GetMessage( ) 함수로부터 전달된 메시지를 윈도우 프로시저로 보낸다. 이 함수는 윈도우 프로시저가 메시지를 완전히 처리하기 전까지는 반환하지 않는다.

앞에서 메시지큐 구조를 설명하면서 애플리케이션큐에 대한 언급을 하였다. 애플리케이션 큐는 응용 프로그램이 소유한 메모리 버퍼라고 생각하면 되는데, 우리는 때때로 애플리케이션큐에 직접 메시지를 보내야 하는 경우가 있다. 이 때 사용되는 메시지 전달 API 함수로는 SendMessage()와 PostMessage() 함수가 있다.

■ SendMessage( ) 함수

모든 메시지는 시스템 큐에서 애플리케이션 큐를 거쳐 윈도우 프로시저 함수로 전달된다고 하였다. 하지만 이런 과정을 모두 무시하고 윈도우 프로시저 함수로 바로 전달되는 메시지가 있는데, 이 경우 SendMessage( ) 함수가 메시지를 전달하는 역할을 한다. 이 함수는 메시지가 완전히 처리되기 전까지 반환하지 않는다. 그러므로 메시지 처리 후 반드시 처리 확인이 필요한 경우에 이 함수를 사용한다.

■ PostMessage( ) 함수

PostMessage( ) 함수를 이용하면 메시지는 시스템 큐를 거치지 않고, 직접 애플리케이션 큐에 보내진다. 이 함수로 메시지를 보내면 곧바로 반환되므로, 해당 메시지를 바로 처리하지 않고도 해당 메시지를 붙인 스레드는 다른 작업을 할 수 있다. 즉, 메시지가 비동기적으로 처리 되어도 상관없는 경우에 이 함수를 사용한다.

6 메시지 처리하기

메시지 루프를 통해서 윈도우 프로시저로 전달된 메시지는 윈도우 프로시저가 구분하여 작업을 처리하게 된다. 따라서 실질적인 코딩은 대부분 여기서 이루어진다. 다음은 윈도우 프로시저 WndProc()의 코드이다.

```
LRESULT CALLBACK WndProc(HWND hWnd, UINT iMessage, WPARAM wParam, LPARAM lParam)
{
        HDC hdc;
        PAINTSTRUCT ps;
        switch(iMessage) {
        case WM_CREATE:
                return 0;
        case WM_PAINT:
                hdc=BeginPaint(hWnd, &ps);
                EndPaint(hWnd, &ps);
                return 0;
        case WM_DESTROY:
                PostQuitMessage(0);
                return 0;
        }
        return(DefWindowProc(hWnd, iMessage, wParam, lParam));
}
```

다음은 WndProc( )의 인수들에 대한 설명이다.

인수	설명
hWnd	메시지를 받을 윈도우 핸들이다.
iMessage	전달된 메시지 값이다. 어떤 종류의 메시지인지, 즉 어떤 변화가 발생했는지에 대한 정보를 가지고 있다.
wParam	iMessage에 따른 부가 정보를 갖는다. 예를 들어서 마우스 왼쪽 버튼이 눌려졌을 때, 즉, WM_LBUTTONDOWN 메시지가 발생했을 때, 화면 어디쯤 위치에 마우스 버튼이 눌려졌는지, 조합된 형태로 키가 눌려졌는지 (Ctrl, Alt, Shift)등의 정보들이 필요한데, 이러한 정보들이 wParam, lParam으로 전달되며, 실제로 wParam, lParam에 각각 저장되는 정보들은 메시지 별로 다르다.
lParam	

■ 메시지 구분

윈도우 프로시저의 4개의 인수 중에 iMessage에는 전달된 메시지 값이 담겨 있다. 바로 이 값으로 어떤 메시지가 들어왔는지 구분한다. 이 때 switch 문이 쓰인다. switch 문의 괄호 에 iMessage 값에 따라 case 문으로 분기하여 처리 되는데, 만약 마우스의 왼쪽 버튼을 클릭했다고 한다면, case 문에 다음과 같이 코드를 추가할 수 있다.

```
case WM_LBUTTONDOWN:
        작업_처리
        return 0;
```

case 문에서 처리되지 않는 메시지는 DefWindowProc( ) 함수로 넘겨 처리된다.

■ DefWindowProc( ) 함수

이 함수는 윈도우 프로시저에서 case 문으로 처리하지 못한 메시지를 처리해준다. 윈도우 프로시저에서처럼 4개의 인수를 사용한다. 이 함수의 소스 코드는 볼 수 없지만 아마도 윈도우 프로시저와 비슷할 것이라 추측된다.

```
LRESULT CALLBACK DefWindowProc(HWND hWnd, UINT iMessage, WPARAM wParam, LPARAM lParam)
{
        switch(iMessage)
        {

        case....

        }
}
```

switch 문의 iMessage는 윈도우 프로시저에서 처리하지 못한 메시지일 것이고, 이 함수 안에 서 메시지를 적당히 처리할 것이다.

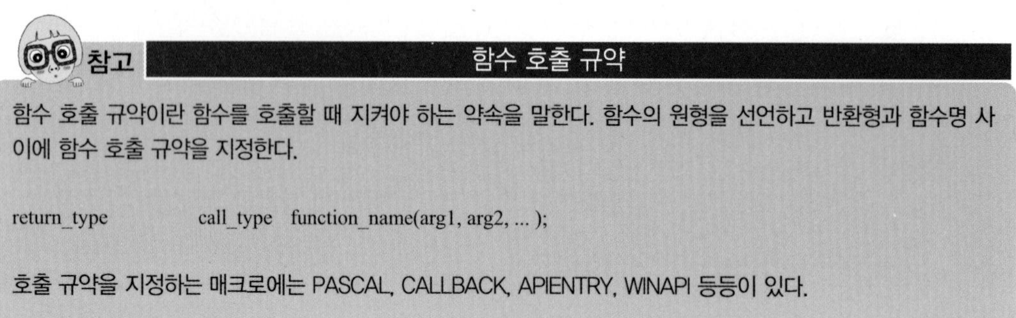

7 프로그램 전체 소스

앞에서 분석했던 소스들을 하나로 묶어 보도록 하자. 먼저 실제 소스 코드를 위해서 프로젝트를 생성하자. 앞서 간단한 예제 프로그램을 생성했던 방식과 같다. [파일]−[새로 만들기]−[프로젝트]를 선택한다.

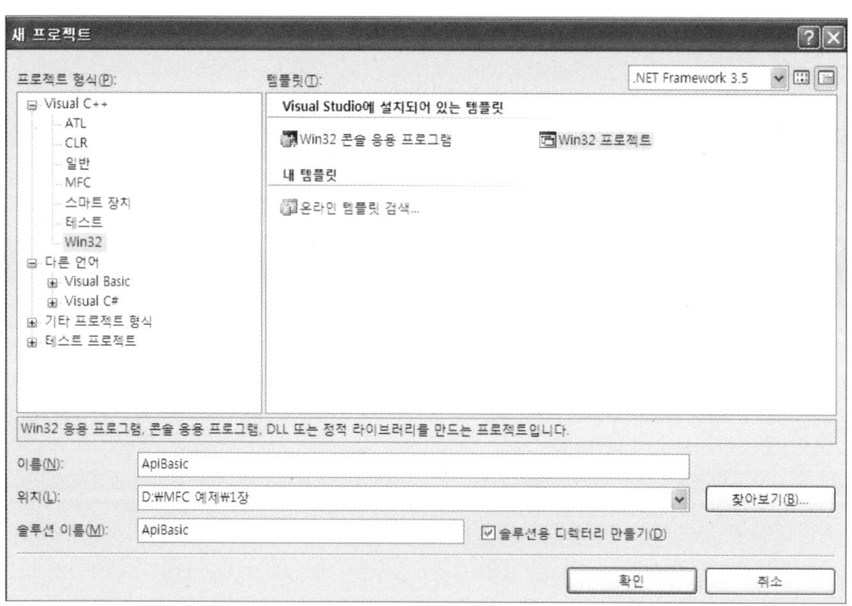

프로젝트 형식은 [Visual C++]-[Win32]을 선택하고 템플릿은 [Win32 프로젝트]를 선택한다. 프로젝트명은 ApiBasic이라고 하자. 입력이 되었으면, [확인] 버튼을 누르자. 그럼 다음과 같은 대화상자가 나타나는데, 왼쪽의 [응용 프로그램 설정]을 누르고, 오른쪽의 [응용 프로그램 종류]란에서 [Windows 응용 프로그램(W)]에 체크하자. 그리고 [추가 옵션]에서 [빈 프로젝트 (E)]를 체크하자. 설정이 끝났으면 [마침]버튼을 누르자.

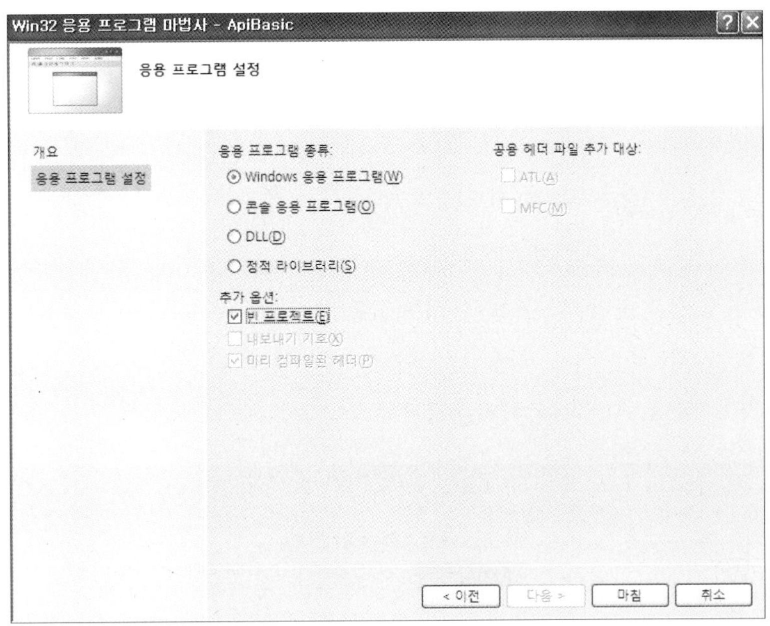

프로젝트는 생성되었지만, 소스 코드를 입력할 파일이 생성되지 않았다. 다음과 같이 파일을 생성해보자. 솔루션 탐색기에서 소스파일 폴더에 오른쪽 마우스를 클릭하고, [추가]-[새항목]을 선택하자.

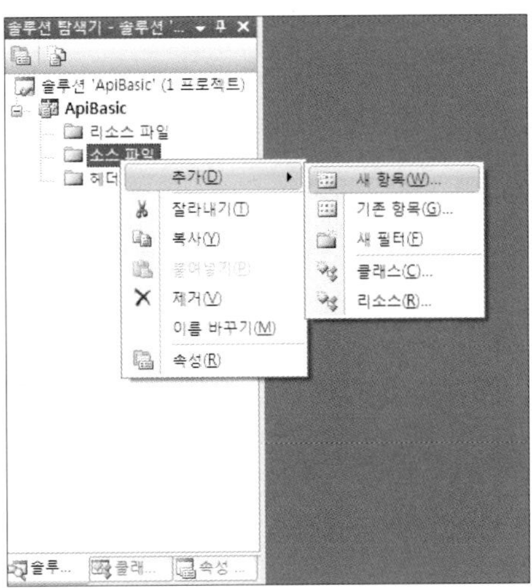

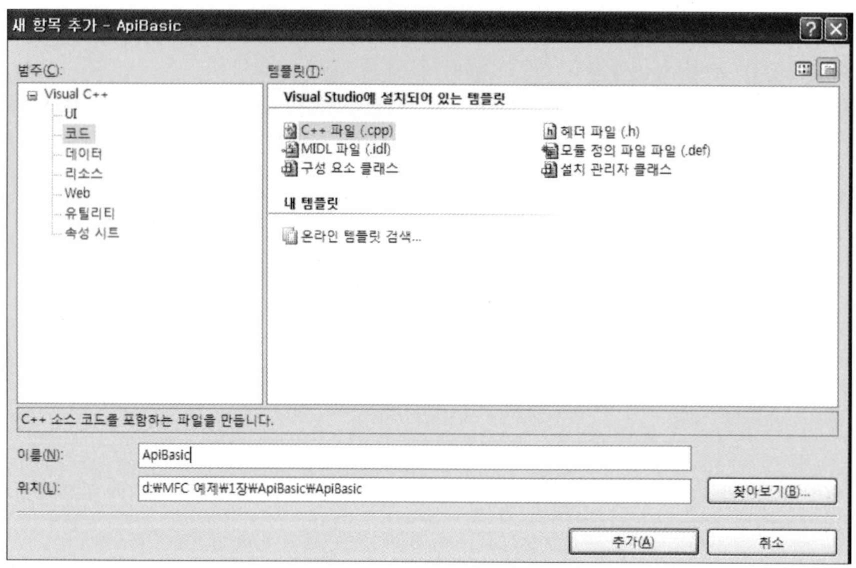

왼편 [범주]부분에서는 [코드]를 선택하고, 오른쪽 [템플릿]에서는 [C++ 파일(.cpp)]를 선택한다. 그리고 파일 이름을 ApiBasic 으로 입력하자.

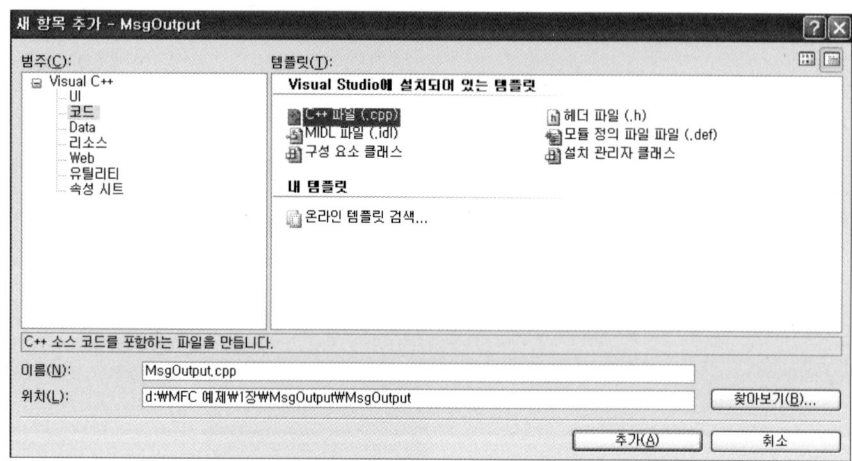

입력이 끝났으면 [추가]버튼을 누른다. 그러면 파일이 생성되고, 편집기 형태로 열리게 되는데, 이 곳에 다음의 소스 코드를 입력하면 된다.

〈ApiBasic.cpp〉

```cpp
#include <windows.h>
#include <tchar.h>

LRESULT CALLBACK WndProc(HWND, UINT, WPARAM, LPARAM);
LPTSTR  lpszClass = _T("ApiBasic");
int APIENTRY WinMain(HINSTANCE hInstance, HINSTANCE hPrevInstance, LPSTR lpszCmdParam, int nCmdShow)
{
        HWND hWnd;
        MSG Message;
        WNDCLASS WndClass;
                                                원도우를 생성하기 위한 구조체를 만든다.

        WndClass.cbClsExtra = 0;
        WndClass.cbWndExtra = 0;
        WndClass.hbrBackground = (HBRUSH)GetStockObject(WHITE_BRUSH);
        WndClass.hCursor = LoadCursor(NULL, IDC_ARROW);
        WndClass.hIcon = LoadIcon(NULL, IDI_APPLICATION);
        WndClass.hInstance = hInstance;
        WndClass.lpfnWndProc = (WNDPROC)WndProc;
        WndClass.lpszClassName = lpszClass;
        WndClass.lpszMenuName = NULL;
        WndClass.style = CS_HREDRAW | CS_VREDRAW;

RegisterClass(&WndClass);                    구조체를 클래스로 등록한다.

                                                원도우 클래스 객체를 생성한다.

        hWnd = CreateWindow(lpszClass, LPTSTR(_T("ApiBasic")), WS_OVERLAPPEDWINDOW, CW_
USEDEFAULT, CW_USEDEFAULT, CW_USEDEFAULT, CW_USEDEFAULT, NULL, (HMENU)NULL,
hInstance, NULL);
                                                원도우를 화면에 보여준다.
        ShowWindow(hWnd, nCmdShow);

                                                들어오는 메시지를 원도우 프로시저로 보낸다.

        while(GetMessage(&Message, 0, 0, 0))
        {
                TranslateMessage(&Message);
                DispatchMessage(&Message);
        }

        return Message.wParam;
}
                                                들어온 메시지를 처리한다.
LRESULT CALLBACK WndProc(HWND hWnd, UINT iMessage, WPARAM wParam, LPARAM lParam)
{
        HDC hdc;
        PAINTSTRUCT ps;
        switch(iMessage) {
        case WM_CREATE:
```

```
            return 0;
    case WM_PAINT:
            hdc=BeginPaint(hWnd, &ps);
            EndPaint(hWnd, &ps);
            return 0;
    case WM_DESTROY:
            PostQuitMessage(0);
            return 0;
    }
    return(DefWindowProc(hWnd, iMessage, wParam, lParam));
}
```

앞에서 설명했던 의미를 되새기면서 소스를 분석해 보길 바란다. 아마도 어려움이 없을 것이다.
한번 실행해 보자. 실행은 앞서 설명한 것과 같이 단축키 [F5]키를 누르자.

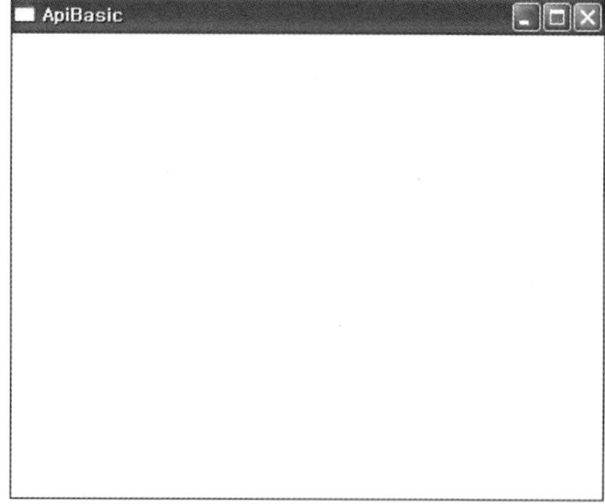

현재 아무것도 없는 윈도우 하나만 덩그러니 보인다. 왜냐하면 아직 윈도우 프로시저를 통해 어
떤 이벤트를 처리해 주는 코드를 작성해 주지 않았기 때문이다.

윈도우 프로그램의 종료는 윈도우를 띄운 윈도우 객체를 제거하는 일과 WinMain( ) 함수의 메시지 루프를 빠져나오는 일 두가지가 처리되어야 완벽하게 종료된다. 일반적으로 윈도우 프로그램을 종료하려면 우측 상단의 [종료] 버튼이나, 단축키 [Alt + F4]를 사용한다. 이렇게 프로세스가 종료하겠다는 의사를 표현하면 운영체제로부터 종료 메시지를 받게 되는데 그 메시지가 바로 WM_CLOSE이다.

윈도우 프로시저 함수에서는 WM_CLSOE 메시지를 디폴트로 DefWindowProc( ) 함수에서 처리한다. 그래서 별도로 WM_CLOSE 메시지를 처리하는 코드를 따로 만들지 않아도 되지만, 우리가 WM_CLOSE 메시지 처리 코드를 작성한다면 다음과 같이 작성할 수 있다.

```
LRESULT CALLBACK WndProc(HWND hWnd, UINT iMessage, WPARAM wParam, LPARAM lParam)
{
        HDC hdc;
        PAINTSTRUCT ps;
        int nReturn;
        ……………………..
        case WM_PAINT:
                hdc=BeginPaint(hWnd, &ps);
                EndPaint(hWnd, &ps);
                return 0;
        case WM_CLOSE:
        nReturn = MessageBox(hWnd, _T("정말 종료하시겠습니까?"), _T("종료"), MB_YESNO);
        if(nReturn == IDYES)
        {
                DestroyWindow(hWnd);
        }
        return 0;

        case WM_DESTROY:
                PostQuitMessage(0);
                return 0;
        }
        return(DefWindowProc(hWnd, iMessage, wParam, lParam));
}
```

종료 메시지가 들어 오면 다음과 같은 코드를 수행하게 되는데, "정말로 종료하시겠습니까?"라
는 메시지가 담긴 메시지 박스를 보여준다.

[예] 버튼을 누르면 DestroyWindow( ) 함수를 만나서 종료가 되고, [아니오] 버튼을 누르면 아
무런 처리를 하지 않고 「return 0;」를 만나 switch 문을 빠져나가게 된다. DestroyWindow( )
함수는 윈도우 객체를 제거하고 WM_DESTROY 메시지를 윈도우 프로시저 함수로 직접 전달
하는 역할을 한다. 윈도우 프로시저에 전달된 WM_DESTROY 메시지는 PostQuitMessage( )
함수를 수행하는데, 이 함수는 애플리케이션 큐에 WM_QUIT 메시지를 보내는 역할을 한다. 그
리고 메시지 루프에서 메시지를 얻어 오는 GetMessage() 함수는 WM_QUIT 메시지를 가져올
때 거짓을 반환하므로 메시지 루프인 while 문을 빠져나오게 된다. 그리고 프로그램은 종료된다.

마치면서

지금까지 API를 이용한 윈도우 프로그램의 기본 구조와 개념에 대해서 알아보았다. 이 책은 API의 요소들을 분석하고 정복하고자 하는 것이 아니라 MFC의 근간이 되는 API의 개념을 이해하고, 윈도우 프로그램에 대한 이해를 넓히고자 함이다. 다른 것은 잊어버려도 윈도우 프로그램의 전체적인 기본 구조는 꼭 알고 넘어가도록 하자.

1. 윈도우 프로그램의 전체적인 기본 구조

```
int WINAPI WinMain(................)  //프로그램의 시작점
{
        // 기본적인 윈도우의 형태를 생성한다.
        // 메시지 루프를 돌린다.
}

LRESULT CALLBACK WndProc(..................)  //메시지를 처리하는 프로시저
{
                // 윈도우 메시지를 처리한다.
}
```

1-1. 윈도우 프로그램의 시작점은 WinMain( ) 함수이다.

1.2. 메시지를 처리하는 함수는 WndProc( )이다. (물론 사용자 임의로 이름 변경이 가능하다.)

2. 윈도우 프로그램의 구성 요소
① 윈도우 클래스 만들기
② 윈도우 객체 생성하기
③ 윈도우 객체 화면에 띄우기
④ 메시지 루프 돌리기
⑤ 메시지 처리하기

① ~ ④까지는 WinMain( ) 함수에서 처리하고, ⑤는 WndProc( ) 함수에서 처리한다.

PART 02

MFC 프로그래밍의 기초

이번 장은 MFC 응용 프로그램 마법사를 이용하여 간단한 MFC 프로그램을 작성해 보고 응용 프로그램 마법사의 역할은 무엇인지, MFC 클래스 라이브러리의 전체적인 구성은 어떤지, 그리고 MFC 구조의 흐름등에 대해서 공부해 보도록 하겠다. MFC에 입문하기 위해 필요한 과정으로 생각하면 된다.

MFC(Microsoft Foundation Class)

드디어 MFC의 세계로 입문하였다. 이번 섹션에서는 MFC의 개념과 MFC 라이브러리가 상속되는 계층도 등에 대해 알아보도록 하자.

MFC는 Microsoft Foundation Class의 약자이다. 굳이 해석하자면 마이크로소프트사에서 만든 클래스라고 할 수 있겠다. 그럼 왜 MFC를 만들었을까? 윈도우 API를 공부해 본 독자라면 알겠지만, 윈도우 운영체제는 수천 가지나 되는 다양한 기능의 API 함수들을 제공한다. 개발자가 이 무지막지한 함수를 모두 다 기억하기도 힘들고, 일일이 모든 기능을 처음부터 끝까지 학습하는 것 또한 굉장히 어려운 일이 아닐 수 없다. 그래서 이런 수고를 덜어 주고자 API 함수를 각 기능별로 클래스화한 것이 MFC이다.

MFC는 AFX(Application Framework)에서 유래하였다. AFX는 1990년 마이크로소프트사가 윈도우 API 함수를 캡슐화하여 만든 라이브러리이다. 그런데 앞에서 윈도우 API 함수를 캡슐화해서 MFC를 만들었다고 하지 않았는가? 정리하면 AFX는 MFC의 바로 전 단계로 수정 보완을 거쳐 MFC가 완성되었다고 보면 된다. 1993년 이후부터 MFC 라이브러리는 Visual C++에 포함되어서 제공되고 있다.

〈MFC의 기원〉

참고

Visual C++의 MFC는 AFX에 근간을 두고 있다고 했다. 지금도 AFX의 흔적이 곳곳에 남아 있는 것을 확인할 수 있다. 예를 들어 MFC 헤더 파일 이름은 afxwin.h, afxext.h 등으로 되어 있고, MFC 전역 함수 이름은 AfxGetAPP( ), AfxGetMainWnd( ) 등에서처럼 접두어 Afx가 붙어 있는 것을 쉽게 볼 수 있다.

MFC 라이브러리는 윈도우 프로그래밍을 위한 응용 프로그램 프레임워크이다. C++로 만들어진 MFC는 창, 메뉴, 대화 상자 등의 관리와 기본 입출력 작업 및 데이터 객체 컬렉션 저장 등에 필요한 코드를 제공한다. 이 프레임워크에 응용 프로그램에서 지원하려는 기능을 지원하려는 코드를 추가하기만 하면 된다. C++ 프로그래밍의 특징을 사용하면 MFC 프레임워크의 기본 기능을 편리하게 확장 또는 재정의할 수 있다.

MFC 프레임워크는 어떻게 보면 MS 소속 개발자가 미리 작성해 놓은 것으로 이것을 근간으로 하여 개발자가 프로그래밍을 쉽게 할 수 있도록 해주는 강력한 도구이다. 그리고 개발 시간을 단축하되 이식성이 좋은 코드가 만들어 지며, 프로그래밍의 자유와 유연성을 그대로 유지하면서도 ActiveX 기술, OLE 및 인터넷 프로그래밍과 같이 사용자 인터페이스 요소와 기술을 쉽게 사용할 수 있다. 또한 MFC는 DAO(Data Access Objects)와 ODBC(Open Database Connectivity)를 통해 데이터베이스 프로그래밍을 단순화하고 윈도우 소켓을 통해 네트워크 프로그래밍을 단순화한다. MFC를 사용하면 속성 시트(탭 대화 상자), 인쇄 미리 보기, 도구 모음의 도킹 등과 같은 기능을 단순하게 프로그래밍할 수 있다.

Visual C++이 1992년 4월에 처음 세상에 발표된 이후 개발자의 요구와 전반적인 환경의 변화로 버전업이 여러 차례 이루어졌으며 지금은 어느 정도 역사라고 할 수 있을 만큼의 계보가 만들어졌다. Visual C++과 MFC의 버전별 주요 특징을 살펴보도록 하겠다.

〈Visual C++과 MFC의 발전사〉

Visual C++	MFC	주요 특징
MS-C 7.0	1.0	Win16 API 캡슐화
1.0	2.0	Document/View 구조 정립 DDX/DDV 매카니즘 지원 응용 프로그램 프레임워크 구조 도입
1.5	2.5	ODBC 관련 클래스 및 OLE 2.01을 지원
2.0	3.0	Win16에서 Win32로 전환 Winsock API와 MAPI 클래스 추가 멀티스레드 관련 클래스 추가 템플릿과 예외 처리 기능 강화
4.0	4.0	DAO 클래스 지원 ODBC 2.5 지원 윈도우95 공통 컨트롤 지원 멀티스레드 동기화를 위한 클래스 지원 ActiveX 문서 서버 클래스 지원

5.0	4.21	인터넷 프로그래밍 지원 ATL 포함 온라인 도움말 제공
6.0	6.0	데이터베이스 기능 강화 향상된 디버깅 환경 제공 공통 컨트롤 추가
7.0 ~ 8.0	7.0 ~ 8.0	MFC와 ATL 라이브러리 일부 통합 닷넷 프레임워크 라이브러리 추가 비주얼 스튜디오 내 각 개발 언어 간의 개발 환경 통합
9.0	9.0	Office 리본 스타일의 인터페이스 고급 GUI 컨트롤들의 추가 STL 필수 지원

대략 발전사는 이렇다. 버전별로 주요 특징이 있으므로 취향이나 기능에 따라서 자신에게 맞는 버전을 찾아 선택하는 것이 정석이지만, 요즘과 같이 PC 사양이 높은 경우에는 가장 최신 버전을 사용하는 것이 여러모로 유리하다. 웬만하면 MFC 9.0을 쓰는 것이 좋다는 말이다. 이 책의 예제도 9.0 기준으로 되어 있으므로 참고하길 바란다.

3 MFC 계층도

MFC는 기본적으로 상속성을 기반으로 한다. 객체지향 프로그래밍에서는 필수적이면서, 효율성을 극대화하기 위한 매커니즘이라고 볼 수 있다. MFC가 제공하는 클래스에는 무엇이 있는지, 클래스 간의 상속 관계는 어떤지 계층도를 보면서 알아 보도록 하자.

〈MFC 계층도〉

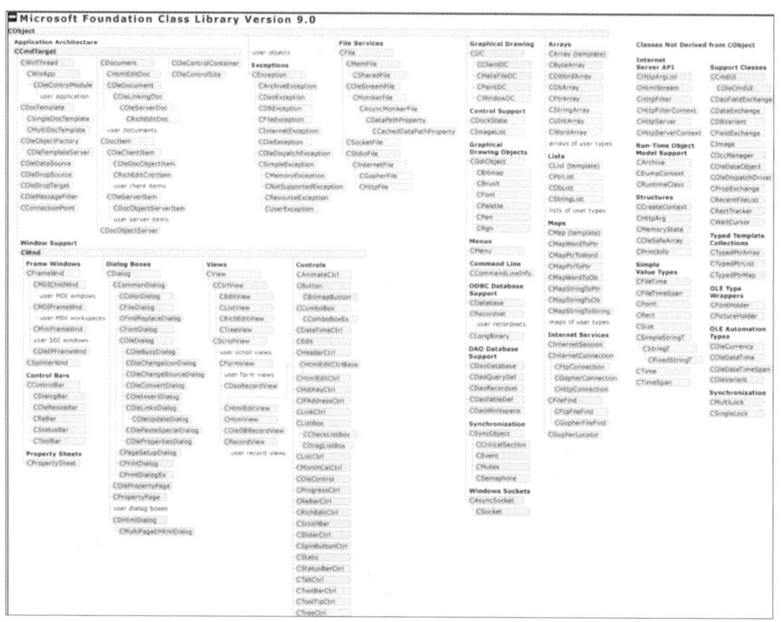

MFC는 거의 모든 윈도우 API 함수를 클래스화하였고, 응용 프로그램 프레임워크를 강력하게 제공하는 방대한 클래스들의 집합이다. 여기 있는 클래스를 모두 외운다고 해서(물론 그럴 필요도 없겠지만) MFC의 메커니즘을 이해할 수 있는 것은 아니다. 단지 MFC의 전체 구조에 대해서 약간 감이 온다는 느낌이 들면 그걸로 충분하다. 이 책을 완독하고, 다시 MFC 계층도를 보면 그 느낌이 사뭇 달라져 있을 것이다. 자, 그럼 MFC 라이브러리의 계층 구조를 보도록 하자.

〈MFC 계층 구조〉

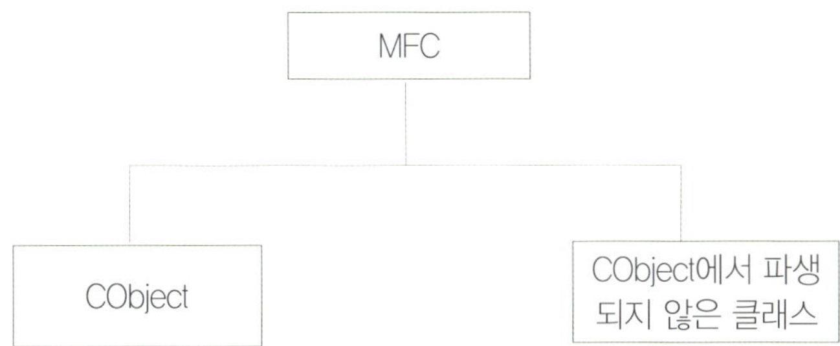

MFC는 크게 CObject 클래스로부터 파생되는 클래스와 CObject 클래스로부터 파생되지 않은 클래스로 나눌 수 있다. MFC 계층도를 보게 되면 CObject 클래스가 최상위 클래스이고, MFC의 거의 대부분의 클래스가 CObject 클래스로부터 파생된다는 것을 알 수 있다. 지면 관계상 클래스 계층도가 일부만 나왔지만 CObject 클래스로부터 파생되는 클래스가 헤아릴 수 없음을 알 수 있다. MFC는 이러한 수많은 클래스들을 잘 정립해서 개발자들로 하여금 강력한 기능을 구현할 수 있도록 한다.

지금부터 최상위 클래스인 CObject 클래스에는 어떤 기능이 있으며 어떠한 클래스들에게 상속을 하는지, 그리고 CObject 클래스로부터 파생되지 않은 클래스들에는 어떤 것들이 있는지 알아보도록 하겠다.

1) CObject 클래스

MFC의 최상위 클래스인 CObject 클래스는 다음과 같이 구성된다.

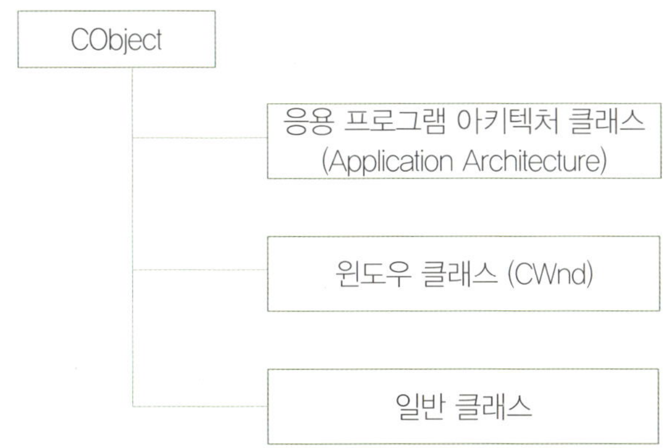

CObject 클래스로부터 파생된 클래스군인 응용 프로그램 아키텍처 클래스의 구성은 다음과 같다.

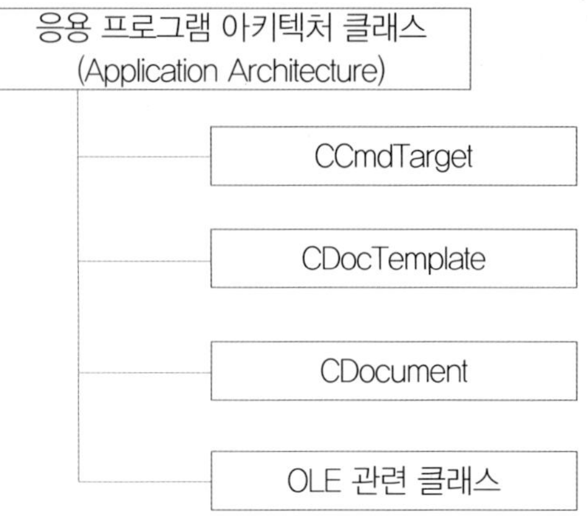

윈도우 응용 프로그램의 가장 기본적인 구조를 제공하는 클래스군이다. 뒤에서 배우겠지만, MFC는 기본적으로 전체 프레임 구성을 위한 근간을 이루는 클래스가 제공되고, CCmdTarget 으로부터 파생된 CWinApp 클래스가 그 기능을 수행한다. 그리고 메시지 루프를 돌면서 윈 도우 프로시저는 원하는 메시지만을 선별하고, 나머지 메시지는 기본 처리 함수에게 역할을 맡기게 된다. 이러한 구조에 도큐먼트(Document)와 뷰(View) 구조가 결합된 것이 응용 프 로그램 아키텍처 클래스이다. 즉, 정리해서 말하자면 MFC의 기본 구성 클래스들이 응용 프 로그램 아키텍처 클래스에 집결되어 있다는 말이다. 이러한 구성을 해주는 상위 클래스로 는 명령(Command) 메시지를 처리하는 CCmdTarget 클래스, 메시지 루프를 가지고 있는 CWinThread 클래스, 문서 관련 CDocTemplate 클래스 등이 있다.

2) 윈도우 클래스(Window Support Classes)

CObject 클래스로부터 파생된 클래스군인 윈도우 클래스의 구성은 다음과 같다.

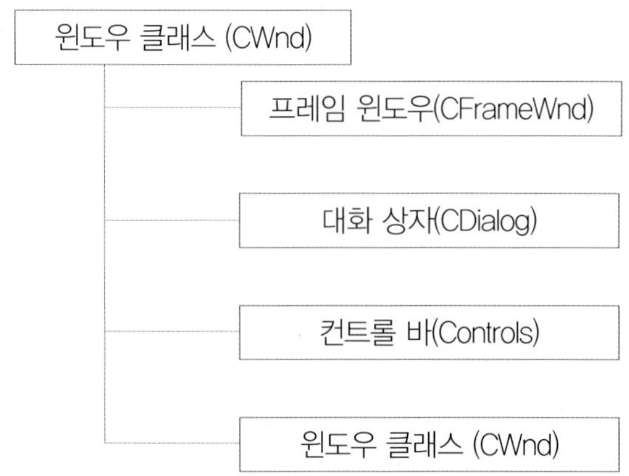

사용자 인터페이스를 제공하는 모든 윈도우 관련 클래스의 최상위에 CWnd 클래스가 있다. CWnd 클래스에서 파생된 클래스로서 응용 프로그램의 주 골격을 만들어주는 CFrameWnd 클래스, 대화 상자인 CDialog 클래스, 사용자 영역을 담당하는 CView 클래스 그리고 윈도우가 제공하는 각종 컨트롤 등이 있다.

■ 일반 클래스(General Classes)

CObject 클래스로부터 파생된 클래스군인 일반 클래스의 구성은 다음과 같다.

〈일반 클래스의 구조〉

응용 프로그램 아키텍쳐와 윈도우 관련 클래스를 제외한 나머지 클래스를 말한다. 즉, 기본적인 윈도우의 골격에 영향을 미치지 않는 클래스라고 보면 되겠다. 소켓과 같은 원속 클래스나 데이터베이스에 관련한 클래스는 추가 기능에 속하는 것이지, 윈도우의 구조에 영향을 주는 클래스는 아니다. 그래서 일반 클래스는 필요에 따라 추가하여 사용하는 클래스군이다.

3) CObject 클래스로부터 파생되지 않은 클래스

CObject 클래스로부터 파생되지 않은 클래스의 구성은 다음과 같다.

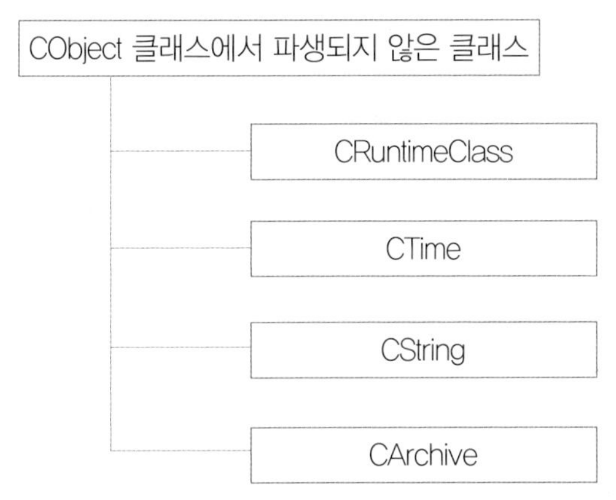

CObject 클래스로부터 파생되지 않은 클래스로 시간, 영역, 문자열, 직렬화 등을 담당하는 독립적인 클래스군이다. 이와 같은 클래스들이 상호 연결되어 하나의 거대한 응용 프로그램을 이루게 된다.

마법사를 이용하여 응용 프로그램 만들기

MFC의 대략적인 개념이 생겼다면, 응용 프로그램 마법사를 통해서 실제 응용 프로그램을 만들어보고, 가장 기초적인 Hello World를 화면에 찍어보는 프로그램을 작성해보자.

이제 여러분들은 직접 MFC를 이용하여 응용 프로그램을 만들 것이다. 물론 코딩 한 줄 없이 응용 프로그램 마법사(Appwizard)만을 이용하여 만들 것이기 때문에 행여나 MFC 사용이 쉽고 간단하다고 착각할 수도 있을 것이다. 하지만 그러지 않기를 바란다. MFC 클래스를 이용하여 응용 프로그램의 기본 골격을 만들어 주는 것이 응용 프로그램 마법사이다.

여러분은 마법사가 만들어 준 프로그램의 구조를 확실히 알고, 생성 원리를 알아야 한다. 이번 장의 목적 또한 MFC의 기본 구조를 뜯어보기 위해서이다.

일단 여러분이 프로젝트를 생성하기 전에 앞으로 작성할 프로젝트를 저장하고 관리할 폴더를 하나 만들어야 한다. 물론 여러분이 사용하기 편한 드라이브에 폴더를 생성하길 바란다. 이 책에서는 「D:₩MFC 예제」라는 폴더를 만들어서 앞으로 작성할 예제를 저장하도록 하겠다.

1 ······· 비주얼 스튜디오 닷넷 실행

먼저 비주얼 스튜디오 닷넷을 실행해 보도록 하자. [시작 〉 프로그램 〉 Microsoft Visual Studio.NET 〉 Microsoft Visual Studio.NET] 메뉴를 실행한다. 그러면 다음과 같이 비주얼 스튜디오 실행 화면이 보인다.

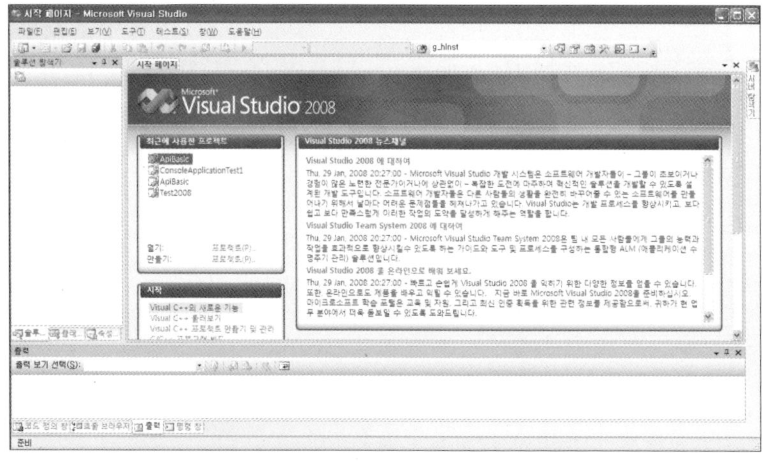

실행 화면을 보면 [최근에 사용한 프로젝트]란에 [열기]와 [만들기]가 나란히 나열되어 있다. 최근에 작업하던 프로젝트가 있다면 수정한 날짜를 기준으로 나열되어 있는 프로젝트 중 하나를 클릭하면 열린다. 혹은 기존 프로젝트이지만 나열되어 있지 않은 프로젝트라면 [열기]를 클릭해서 해당 프로젝트를 불러오거나 [파일 〉 열기 〉 프로젝트] 메뉴를 선택하면 된다. 새 프로젝트를 만들고 싶다면 [만들기]를 클릭하거나, [파일 〉 새로 만들기 〉 프로젝트] 메뉴를 선택하면 프로젝트 생성 단계가 진행된다.

2 ········ 프로젝트의 형식 설정

처음엔 다음과 같이 새 프로젝트 대화 상자가 나타난다. 왼쪽 패널의 트리에서는 [프로젝트 형식]을 결정할 수 있고, 프로젝트 형식이 결정되면 오른쪽 패널에서는 그에 따른 [템플릿]을 결정할 수 있다.

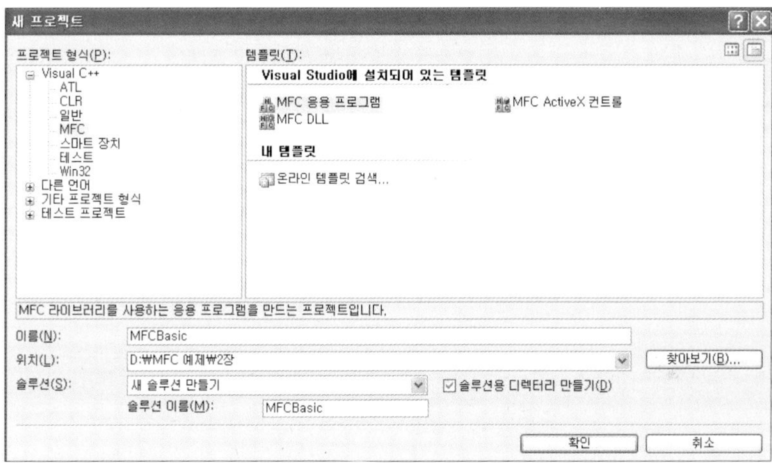

프로젝트 형식에는 6가지가 있으며 템플릿 또한 종류가 다양하다. 현재는 MFC 라이브러리를 이용하여 응용 프로그램을 만들고 있으므로, 프로젝트 형식은 [Visual C++] 항목을 선택하고, 그에 따른 템플릿은 [MFC 응용 프로그램] 항목을 선택한다. 그리고 프로젝트 이름은 MFCBasic 이란 이름으로 정하자.

〈Visual C++ 템플릿의 종류〉

구분	종류	내용
ATL	ATL 서버 웹 서비스 ATL 서버 프로젝트 ATL 프로젝트	* COM 컴포넌트를 만들기 위한 라이브러리 * 각종 컨트롤 제작시 사용 * MFC보다 가벼움
CLR	ASP.NET 웹 서비스 클래스 라이브러리 CLR 콘솔 응용 프로젝트 CLR 빈 프로젝트 SQL Server 프로젝트 Windows Forms 응용 프로그램 Windows Forms 컨트롤 라이브러리 Windows 서비스	* 공용 언어 런타임으로써 닷넷 프레임 워크의 핵심 기능인 관리 코드 모드로 프로젝트 생성
MFC	MFC ActiveX 컨트롤 MFC DLL MFC ISAPI 익스텐션 DLL MFC 응용 프로그램	* MFC 응용 프로그램을 만들 수 있는 핵심 라이브러리 * 응용 프로그램, DLL, Active X, ISAPI 서버 컴포넌트 등 작성
Win32	Win32 프로젝트	* 윈도우 응용 프로그램, 콘솔 응용 프로그램 DLL, 정적 라이브러리 등 작성

당장 이 템플릿들을 모두 사용할 것은 아니다. 앞으로 이 책에서 주로 사용할 템플릿은 MFC 관련 MFC 응용 프로그램이고, 경우에 따라서 Win32 관련 Win32 프로젝트를 사용할 것이다. 나머지는 그냥 참고로 보고 넘어가도록 하자.

3 응용 프로그램 종류 설정

응용 프로그램 마법사(AppWizard)는 개발자가 만들고자 하는 프로젝트에 대해서 7단계에 거쳐 질문을 할 것이다. 물론 이 예제에서는 AppWizard만을 사용하는 아주 간단한 프로그램이기 때문에 첫 단계에서의 질문에만 응하고, 나머지 단계를 넘어가도 무방하다. 하지만, 각 단계별로 궁금한 사람들은 각 단계별의 옵션에 대해서 미리 공부해 보는 것도 나쁘지 않다. 다음 절부터는 단계별 옵션에 관한 내용이다.

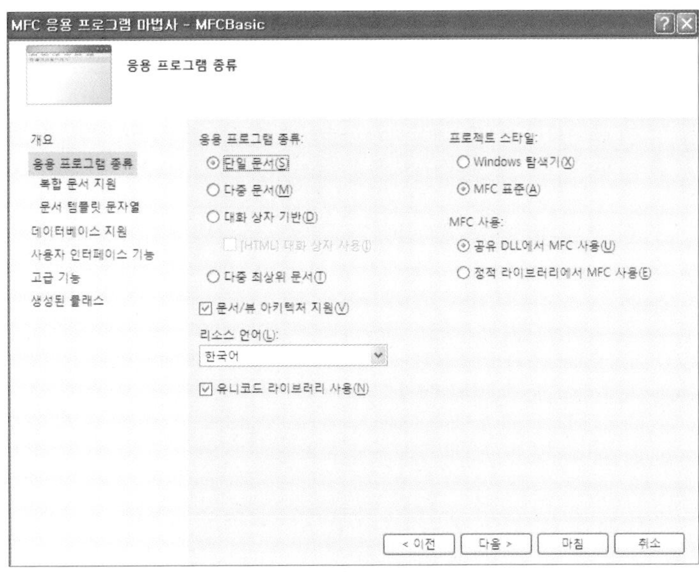

여기서는 응용 프로그램의 종류로 [단일 문서] 항목을 선택하도록 한다. 뒤에서 배우겠지만, 단일 문서를 SDI(Single Document Interface)라고 한다.

〈응용 프로그램의 종류〉

항목	내용
단일 문서	단일 문서(SDI) 기반의 응용 프로그램을 생성한다.
다중 문서	다중 문서(MDI) 기반의 응용 프로그램을 생성한다.
대화 상자 기반	대화 상자 기반의 응용 프로그램을 생성한다.
다중 최상위 문서	다중 문서 구조이지만 새로운 문서를 열 때 자식 프레임이 생성되는 것이 아니라 주 프레임(MainFrame)이 다시 생성된다. (예 MS Office)
도큐먼트/뷰 아키텍처 지원	도큐먼트/뷰 구조로 생성할지를 결정한다.
리소스 언어	리소스에서 사용할 언어를 선택한다.

〈프로젝트 스타일〉

항목	내용
Windows 탐색기	윈도우 운영체제에 내장된 탐색기처럼 왼쪽에 트리, 오른쪽에 리스트 구조를 갖는 응용 프로그램을 생성한다.
MFC 표준	뷰(View)가 하나인 기본적인 구조의 응용 프로그램을 생성한다.

〈MFC 사용〉

항목	내용
공유 DLL에서 MFC 사용	MFC 응용 프로그램 관련 코드를 실행할 때에 라이브러리를 동적으로 링크한다.
정적 라이브러리에서 MFC 사용	MFC 응용 프로그램 관련 코드를 컴파일 시 라이브러리를 정적으로 인크루드(Include) 한다.

여기부터 이후 단계의 옵션들은 지금 프로젝트에서는 기본 설정으로 가도 무방하다. 즉, [마침]
버튼을 누르고 응용 프로그램 마법사를 종료해도 상관없다는 말이다.

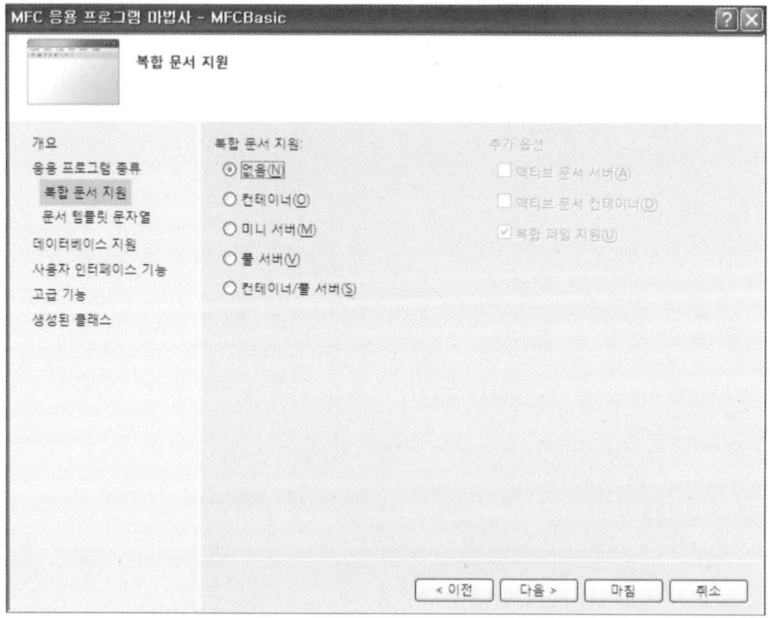

〈복합 문서 지원〉

항목	내용
없음	OLE를 지원하지 않는 응용 프로그램을 생성한다.
컨테이너	OLE 컨테이너 응용 프로그램을 생성한다.
미니 서버	OLE 복합 문서를 생성하고 관리하는 OLE 서버 응용 프로그램을 생성한다.
풀 서버	OLE 복합 문서를 생성하고 관리하는 OLE 서버 응용 프로그램을 생성한다. 미니 서버와 다른 점은 응용 프로그램을 독립적으로 실행할 수 있다는 점이다.
컨테이너/풀 서버	OLE 컨테이너와 서버 역할을 동시에 수행하는 응용 프로그램을 생성한다.

〈추가 옵션〉

항목	내용
엑티브 문서 서버	ActiveX 문서를 만드는 OLE 로컬 서버 응용 프로그램을 생성한다.
엑티브 문서 컨테이너	ActiveX 문서를 출력하는 컨테이너 응용 프로그램을 생성한다.
복합 파일 지원	데이터 전송 및 OLE 문서 저장을 쉽게 할 수 있도록 ActiveX 구성 저장소 모델을 사용한다.

다음 단계에서는 문서 템플릿 문자열을 선택한다.

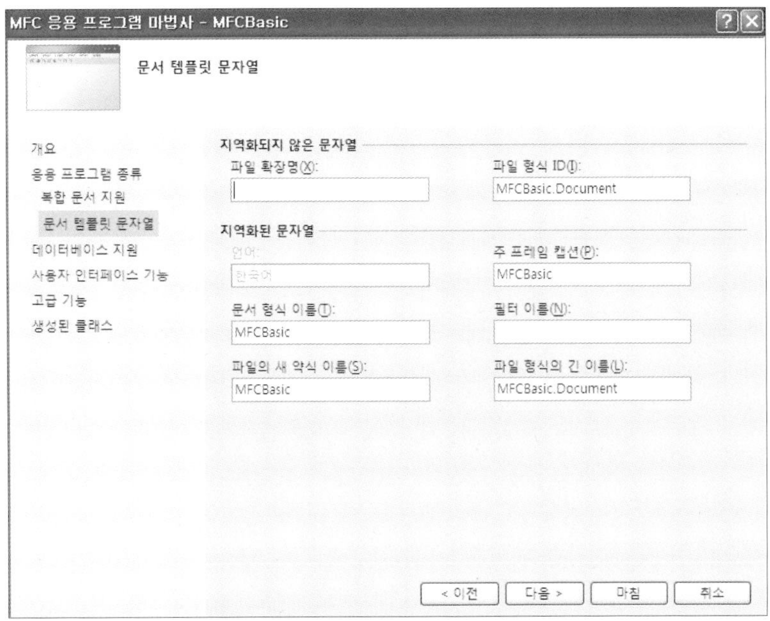

〈지역화되지 않은 문자열〉

항목	내용
파일 확장명	응용 프로그램 문서의 확장자 이름이다.
파일 형식 ID	윈도우 운영체제의 레지스트리에 저장될 문서 형식의 식별자이다.

〈지역화된 문자열〉

항목	내용
언어	사용할 언어를 지정한다.
주 프레임 캡션	주 응용 프로그램의 캡션에 표시할 문자이며, 일반적으로 응용 프로그램의 이름이다.
문서 형식 이름	새 문서 파일의 루트 이름이며, 디폴트 값은 프로젝트이다.
필터 이름	문서 형식이며 와일드 카드 필터 이름이다. 즉, 파일 열기, 다른 이름으로 저장 등에서 파일 형식 콤보 박스에 출력할 문자열을 지정한다.
파일의 새 약식 이름	문서 형식의 약식 이름으로 OLE 객체의 이름으로 사용한다.
파일 형식의 긴 이름	윈도우 운영체제의 레지스트리에 저장할 파일 형식의 이름이다.

다음 단계에서는 데이터베이스 지원을 선택한다. 마찬가지로 기본 설정 그대로 사용한다.

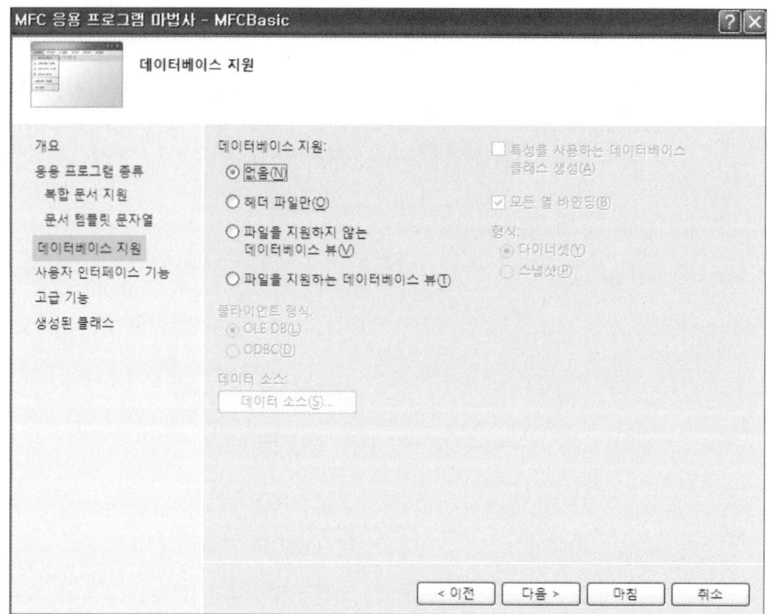

〈데이터베이스 지원〉

항목	내용
없음	데이터베이스를 지원하지 않는다.
헤더 파일만	도큐먼트와 뷰에 데이터베이스 또는 레코드셋(RecordSet) 객체를 저장하는 기능을 지원한다.
파일을 지원하지 않는 데이터베이스 지원	데이터베이스 문서 지원 및 다중 레코드 셋(Set) 뷰를 지원하지만 직렬화는 지원하지 않는다.
파일을 지원하는 데이터베이스 뷰	직렬화 및 문서 관련 메뉴 명령을 포함해서 모든 데이터베이스 문서 기능을 지원한다.

〈클라이언트 형식〉

항목	내용
OLE DB	OLE DB 클라이언트를 지정한다.
ODBC	ODBC 클라이언트를 지정한다.
특성을 사용하는 데이터베이스 생성	OLE DB 데이터 소스에 접근(Access)할 수 있는 OLE DB 사용 클래스를 만든다.
모든 열 바인딩	테이블의 모든 열에 자동으로 바인딩(Binding)한다.

〈형식〉

항목	내용
다이너셋	레코드셋(RecordSet)을 소스와 동기화한다.
스냅샷	레코드셋(RecordSet)은 스냅샷이 만들어질 당시의 데이터에 대한 정적 뷰를 반영(Reflect)한다.

다음 단계에서는 사용자 인터페이스 기능을 선택한다. 물론 기본 설정 그대로 한다.

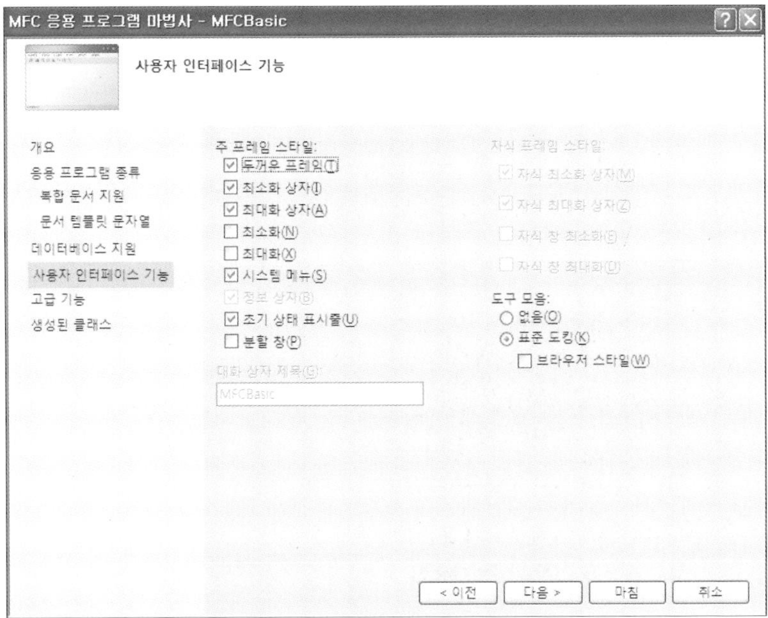

〈주 프레임 스타일〉

항목	내용
두꺼운 프레임	주(Main) 프레임의 윈도우의 크기 조절 여부를 설정한다.
최소화 상자	주 프레임의 최소화 버튼 사용 여부를 설정한다.
최대화 상자	주 프레임의 최대화 버튼 사용 여부를 설정한다.
최소화	처음부터 최소화 상태로 주(Main) 윈도우 출력 여부를 설정한다.
최대화	처음부터 최대화 상태로 주 윈도우 출력 여부를 설정한다.
시스템 메뉴	주 윈도우의 시스템 메뉴 사용 여부를 설정한다.
정보 상자	응용 프로그램에 대한 정보 상자의 추가 여부를 설정한다.
초기 상태 표시줄	상태 표시줄의 생성 여부를 설정한다.
분할 창	분할 윈도우 사용 여부를 설정한다.
대화 상자 제목	대화 상자 기반일 경우에 캡션 제목이다.

〈자식 프레임 스타일〉

항목	내용
자식 최소화 상자	자식 윈도우의 최소화 버튼 사용 여부를 설정한다.
자식 최대화 상자	자식 윈도우의 최대화 버튼 사용 여부를 설정한다.
자식 창 최소화	처음부터 최소화 상태로 자식 윈도우 출력 여부를 설정한다.
자식 창 최대화	처음부터 최대화 상태로 자식 윈도우 출력 여부를 설정한다.

<도구 모음>

항목	내용
없음	도구 모음을 사용하지 않는다.
표준 도킹	표준화된 도구 모음 사용 여부를 설정한다.
브라우저 스타일	리바(Rebar) 컨트롤 사용 여부를 설정한다.

다음 단계에서는 고급 기능을 선택한다. 이것도 물론 기본 설정 그대로 사용한다.

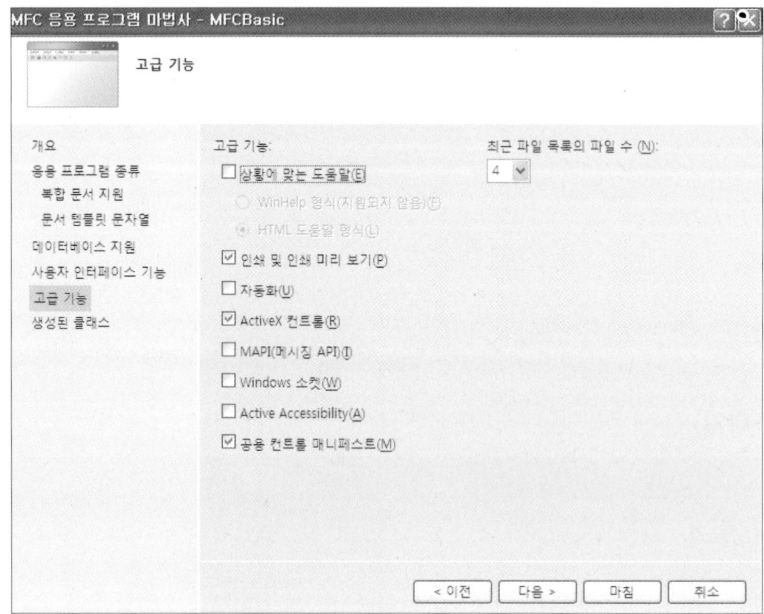

<고급 기능>

항목	내용
상황에 맞는 도움말	응용 프로그램 마법사에서 상황에 맞는 도움말이 들어 있는 도움말 파일을 생성한다.
인쇄 및 인쇄 미리 보기	파일 메뉴에 인쇄와 미리 보기 메뉴가 추가되고 관련 코드가 생성된다.
자동화	자동화 기능을 지원하는 응용 프로그램을 생성한다.
ActiveX 컨트롤	응용 프로그램에서 ActiveX 컨트롤을 지원한다.
MAPI(메세징 API)	Messaging API 지원용 헤더 파일이 추가되고 파일 메뉴에 Send 메뉴와 관련 코드가 생성된다.
Windows 소켓	응용 프로그램에서 윈속(Winsock)을 지원한다.
Active Accessibility	Active Accessibility를 지원한다.
공용 컨트롤 매니페스트	새로운 공용 컨트롤을 사용할 수 있는 응용 프로그램 매니페스트(Manifest)를 생성한다.
최근 파일 목록의 파일 수	파일 메뉴에 보여주는 최근에 사용한 파일 개수를 지정한다.

이제 마지막 단계로 생성된 클래스를 선택한다. 지금까지 총 6단계를 거치면서 옵션에 맞게 생성된 클래스들을 보여준다. 물론 여기서도 기본 설정으로 가자.

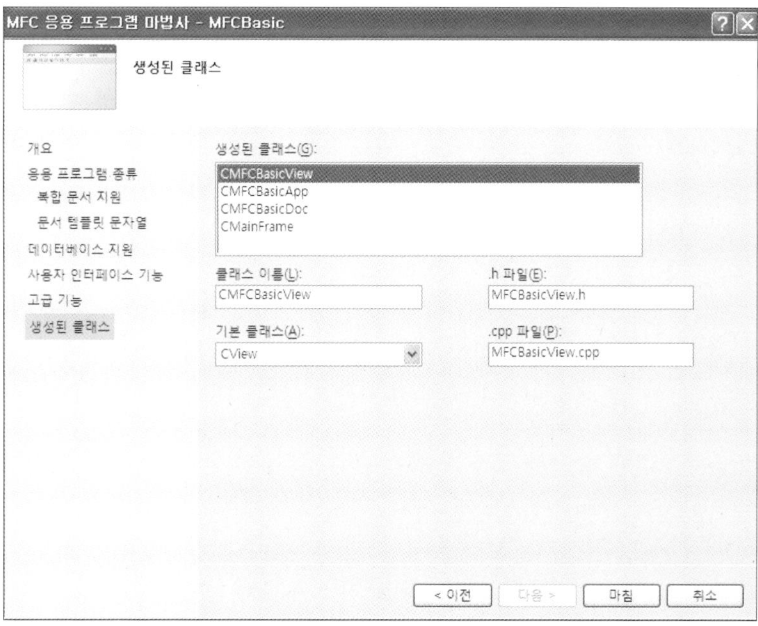

여기서는 응용 프로그램 마법사가 생성한 클래스들의 이름이나 소스와 헤더 파일의 이름 및 상속해 주는 클래스까지 바꿀 수 있다. 특별한 경우가 아니라면 굳이 이름을 바꿀 필요는 없다. 여기서 [마침] 버튼을 누르면 현재 생성된 클래스를 기반으로 하여 하나의 프로젝트가 생성된다. 마치 우리가 자동차를 구입할 때 같은 차종이더라도 옵션에 따라 그 종류가 다르고, 기능이 다르게 출고가 되듯이, 지금까지 7단계에 걸쳐서 살펴본 응용 프로그램 마법사의 과정도 같은 맥락으로 생각하면 이해가 좀더 빠를 것이다.

5 프로젝트 구성 확인

앞선 AppWizard로 인해서 다량의 파일과 클래스를 자동으로 생성하였고, 이런 것들이 모여서 하나의 프로젝트를 이루게 되었다. 이제 앞으로의 코딩은 여러분들의 몫이다. 코드를 주무르기 위해서는 방대한 소스들과 클래스들을 관리할 편리한 개발 도구가 필요하다. 그것이 바로 클래스 뷰, 리소스 뷰, 솔루션 탐색기이다.

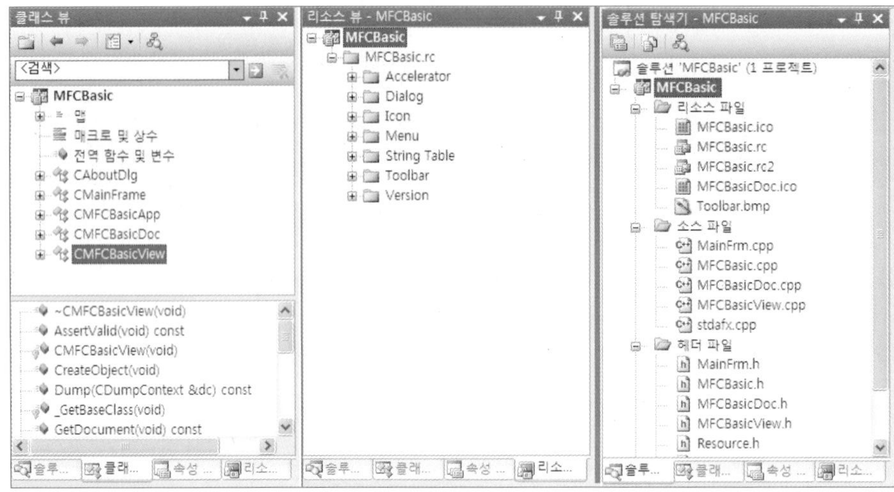

■ 클래스 뷰

클래스 뷰는 이름 그대로 클래스를 분류해서 보여준다. 트리 구조로 클래스의 목록과 클래스의
멤버 함수 및 멤버 변수를 보여주고, 여기서 멤버 함수 및 멤버 변수를 추가하는 것이 가능하다.
클래스 뷰에서 해당 클래스를 더블 클릭하면 해당 클래스의 헤더 파일이 열린다.

예를 들어 CMFCBasicView 클래스 항목을 더블 클릭하면 이 클래스의 헤더파일인
MFCBasicView.h 파일이 열린다. 구현 파일(.cpp)을 보기 위해 + 표시를 클릭하여 확장하면
클래스의 멤버 함수들과 멤버 변수들이 나타난다. 멤버 함수들이나 멤버 변수들을 더블 클릭하
면 해당 구현 파일이 열린다.

■ 리소스 뷰

리소스 뷰는 리소스의 목록을 보여주며 리소스를 추가하거나 편집할 수 있도록 해준다. 리소스
란 프로그램에서 사용하는 자원을 말하며, 비트맵, 커서, 메뉴, 아이콘, 문자열과 같은 데이터
를 말한다. 리소스 뷰 또한 트리 구조로 보여주고 해당 리소스를 더블 클릭하면 리소스를 편집
할 수 있는 편집 모드로 들어간다.

■ 솔루션 탐색기

클래스 뷰가 프로젝트의 논리적인 구성을 보여준다고 하면 솔루션 탐색기는 프로젝트의 물리적
인 구성을 보여준다고 할 수 있다. 왜냐하면 솔루션 탐색기의 목록은 실제 프로젝트를 구성하는
파일의 목록이기 때문이다. 솔루션 탐색기 또한 트리 구조이고, 해당 파일을 더블 클릭하면 해
당 파일이 열린다.

지금까지 응용 프로그램 마법사를 통해서 각 단계별로 옵션을 선택하고 코딩 한 줄도 입력하지 않은 채 결국 하나의 프로젝트를 생성하였다. 이 프로젝트를 빌드(Build)하여 응용 프로그램 마법사가 만든 응용 프로그램을 확인해 보도록 하겠다.

[빌드 〉 솔루션 빌드] 메뉴를 선택하거나, F7 키를 누르면 프로젝트가 빌드된다.

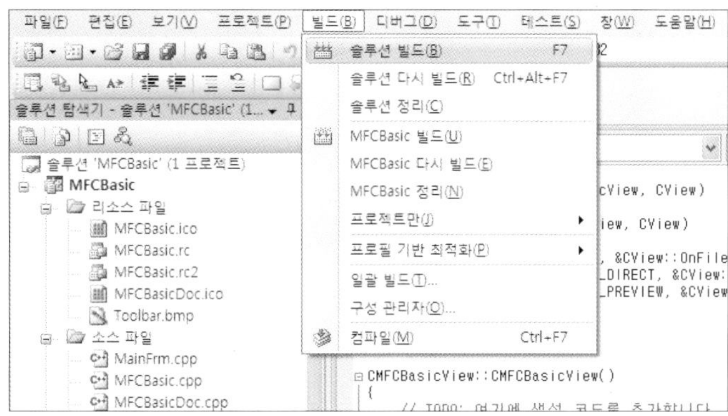

만일 [보기] 메뉴에서 [도구모음 〉 빌드] 그리고 [도구모음 〉 디버그]가 체크되어 있다면 도구모음에 다음과 같은 [빌드] 및 [디버그] 도구 모음이 보일 것이다. 빌드 도구모음은 왼쪽부터 [빌드], [솔루션 빌드], [빌드 취소] 디버그 빌드 모음은 왼쪽부터 [디버깅 하지 않고 시작], [디버깅 시작], [모두 중단], [디버깅 중지] 기능을 한다.

보통 프로그램을 디버깅할 때는 [디버깅 시작] 버튼을 눌러서 하지만, 결과를 바로 보고 싶을 때는 [디버그 〉 디버깅하지 않고 시작] 메뉴를 선택하기도 한다. 단축키로는 [Ctrl + F5]를 사용해도 된다.

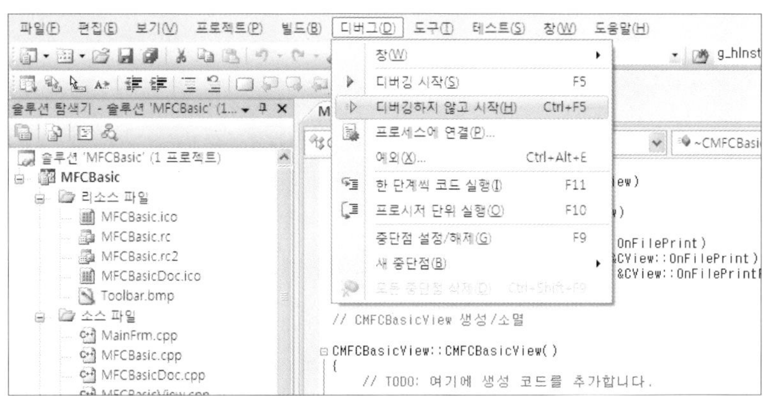

또한 다음의 [디버깅 하지 않고 시작] 버튼을 클릭하면 바로 실행 결과를 확인할 수 있다.

다음 그림은 실행 화면이다. 코딩 한 줄 없이 응용 프로그램 마법사만을 이용해서 만든 응용 프로그램이다. 처음 단계의 응용 프로그램의 종류에서 선택한 단일 문서 형태의 메뉴와 도구 모음이 지원되는 가장 기본적인 응용 프로그램이다. 왠지 앞에서 공부했던 CObject 클래스로부터 상속받은 응용 프로그램 아키텍처 클래스와 윈도우 클래스에 충실하다는 생각이 들지 않는가? 물론 전부 다 충족하는 것은 아니지만, 윈도우 응용 프로그램 내의 메시지 루프의 기능과 도큐먼트/뷰 구조가 모두 포함된 형태라고 언급한 적이 있다. 그 형태가 아무것도 아닌 것처럼 허접해 보이기는 하지만, 이러한 조건을 다 포함하고 있는 것이다.

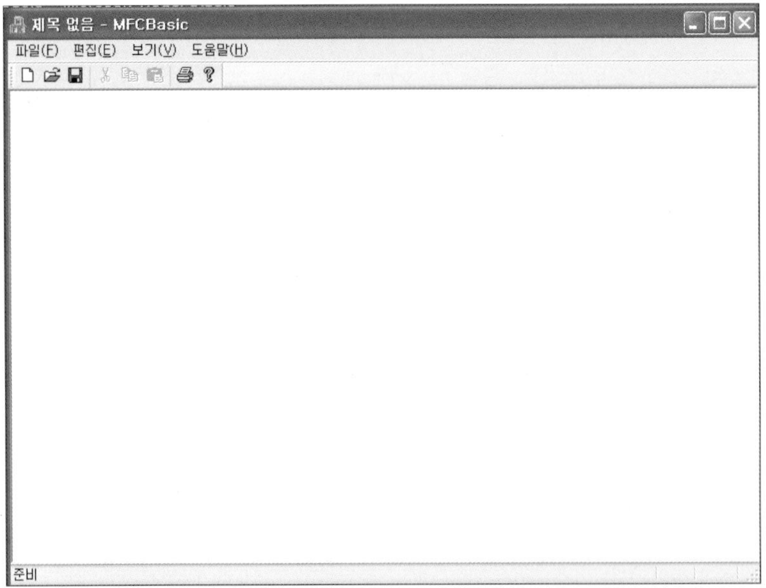

여기에 소켓이나 데이터베이스 혹은 그래픽 관련 기능을 추가하고 싶다면 CObject 로부터 파생된 일반 클래스를 추가하면 될 것이다. 즉, 외견상으로는 윈도우 구조가 변하지 않으나 내부적으로 특수한 기능을 추가하고자 할 때 일반 클래스를 추가한다고 설명했었다.

실행 중 주의점

빌드한 프로그램을 실행하고 있는 상태에서 다시 빌드 하고 실행하면 다음과 같은 오류가 발생한다.

"LINK : fatal error LNK1168: D:\MFC 예제\2장\MFCBasic\Debug\MFCBasic.exe을(를) 쓰기용으로 열 수 없습니다."

현재 실행중인 프로그램을 다시 빌드하여 변경할 수 없다는 말이다. 이런 경우에는 현재 실행 중인 응용 프로그램을 종료한 다음에 빌드해야 한다.

응용 프로그램 마법사가 만든 프로그램은 단지 그 존재만 있을 뿐이지 어떠한 유익한 기능도 아직 없다. 이제 기본적으로 존재하는 프로그램에 생명을 불어넣는 작업은 여러분이 해야 할 몫이다. 생명을 불어넣는 첫 단계로 가장 기본적인 문자열(Hello World) 출력 예제를 다루어 보도록 하겠다.

프로젝트에 이제 코드를 추가할 때가 왔다. 그럼 어디에 할까? 화면에 문자열을 띄우는 프로그램이므로 CView 클래스를 상속받은 CMFCBasicView 클래스에 코드를 작성하는 것이 좋을 것이다.

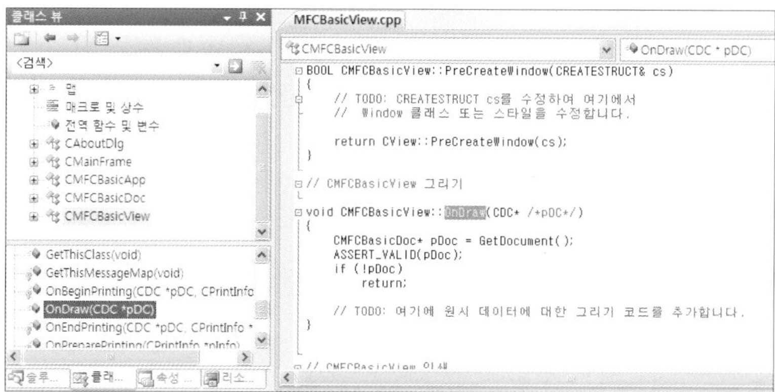

클래스 뷰에서 CMFCBasicView 클래스의 + 확장 표시를 클릭하면 이 클래스의 멤버 목록을 볼 수 있다. 멤버 목록 중 함수의 목록을 보면 OnDraw( )라는 함수가 있다. 이 함수를 더블 클릭하면 함수의 정의 코드 위치로 이동하고, 함수의 코드를 볼 수 있다. 물론 이 코드는 응용 프로그램 마법사가 개발자의 요청에 따라 만든 것이다.

무슨 의미를 가지는지는 잘 모르겠으나 OnDraw( ) 함수의 내용에는 두 줄의 코드가 이미 작성되어 있으며 그 아래쪽에는 주석문으로 "여기에 원시 데이터에 대한 그리기 코드를 추가합니다"라는 안내문이 친절하게 기재되어 있다. 그리고 이 함수의 매개변수인 CDC* pDC은 디폴트로 주석처리가 되어 있는데, 주석처리를 해제하도록 하자. 아래에 다음과 같이 코드를 추가한다. 대소문자를 구분하므로 유의하고 정확하게 입력하도록 하자.

```cpp
void CMFCBasicView::OnDraw(CDC *pDC)
{
        CMFCBasicDoc *pDoc = GetDocument( );
        ASSERT_VALID(pDoc);
                if (!pDoc)
                        return;

        pDC->TextOutW(100 , 100 , _T("Hellow World"));
}
```

이 예제를 빌드하자. 빌드 과정은 앞에서 설명했기 때문에 다시 설명하지 않겠다. 빌드한 후에
실행하면 다음과 같이 윈도우에 "Hellow World"라는 문자열이 출력된다.

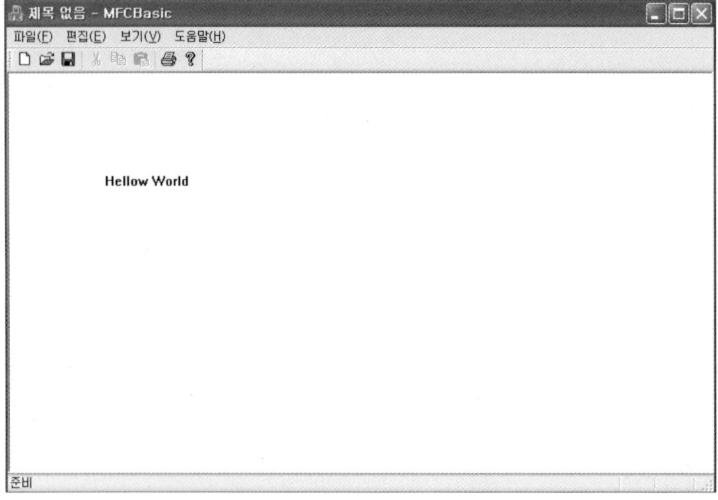

문자열을 출력해 준 TextOutW( )이라는 함수에 대해서 알아보도록 하자. 다음은 TextOutW( )
함수의 원형이다.

```
virtual BOOL TextOutW(
        int x, int y,
        LPCTSTR lpszString,
        int nCount)

BOOL CDC::TextOutW(
        int x, int y,
        const CString &str);
```

- x, y : 문자열을 출력할 x, y 좌표이다.
- lpszString : 출력할 문자열이다.
- nCount : 문자열의 길이이다.

따라서 다음 문장은 클라이언트 영역의 (0, 0) 좌표에 Hellow World라는 문자열을 출력하겠다
는 의미이다.

```
pDC->TextOutW(0, 0, _T("Hellow World"));
```

참고

"// TODO: 여기에 원시 데이터에 대한 그리기 코드를 추가합니다."와 같은 응용 프로그램 마법사가 만들어 준
주석문은 지워도 상관없다.

프로그램을 실행하면 여러 이유로 해서 오류가 발생한다. 이런 오류에는 컴파일 오류, 링크 오류, 실행 오류 등이 있다.

1) 컴파일 오류

컴파일 오류는 문법에 맞지 않는 구문이 있을 때 발생한다. 오류의 내용을 살펴보려면 결과 창에서 오류 메시지를 더블 클릭하면 된다. 그러면 오류가 난 해당 위치로 이동한다. 여기 주변에서 잘못된 구문이 있는지 살펴보고 있다면 수정하면 된다. 예를 한번 들어 보자. TextOutW( ) 이라는 함수명을 잘못 입력하고 컴파일 했다면 다음과 같은 오류가 뜬다.

```
void CMFCBasicView::OnDraw(CDC* pDC)
{
        CMFCBasicDoc* pDoc = GetDocument();
        ASSERT_VALID(pDoc);
        if (!pDoc)
                return;

        pDC->TextoutW(100, 100, _T("Hellow World"));
}
```

```
출력
출력 보기 선택(S): 빌드
1>------ 빌드 시작: 프로젝트: MFCBasic, 구성: Debug Win32 ------
1>컴파일하고 있습니다...
1>MFCBasicView.cpp
1>d:\mfc 예제\2장\mfcbasic\mfcbasic\mfcbasicview.cpp(55) : error C2039: 'Textout\' : 'CDC'의 멤버가 아닙니다.
1>        c:\program files\microsoft visual studio 9.0\vc\atlmfc\include\afxwin.h(524) : 'CDC' 선언을 참조하십시오.
1>빌드 로그가 "file://d:\MFC 예제\2장\MFCBasic\MFCBasic\Debug\BuildLog.htm"에 저장되었습니다.|
1>MFCBasic - 오류: 1개, 경고: 0개
========== 빌드: 성공 0, 실패 1, 최신 0, 생략 0 ==========
```

2) 링크 오류

링크 오류는 함수, 전역 변수, 라이브러리 등이 누락되었을 때 발생한다. 링크 오류의 내용을 살펴보려면 마찬가지로 결과 창에서 오류 메시지를 더블 클릭한다. 일단 알려주는 메시지의 의미를 잘 파악하여 오류 메시지가 알려주는 함수나 전역 변수등이 누락되었는지 살펴보아야 한다. 만약 누락된 것이 없다면 라이브러리가 누락되었는지 확인하고 필요한 라이브러리를 링크한다.

예를 들어보겠다. 일부러 링크 오류를 일으키기 위해서 OnDraw( ) 함수를 주석 처리하자. 즉, 문법적으로는 이상이 없지만, 필요한 함수인 OnDraw( ) 함수가 누락되어 있다. 이런 경우에는 다음과 같은 링크 오류가 발생한다.

```
/*

void CMFCBasicView::OnDraw(CDC* pDC)
{
        CMFCBasicDoc* pDoc = GetDocument();
        ASSERT_VALID(pDoc);
        if (!pDoc)
                return;

        pDC->TextOutW(100, 100, _T("Hellow World"));

}
*/
```


3) 실행 오류

실행 오류는 잘못된 함수 호출이나 호출 생략, 잘못된 초기화나 초기화 생략 등과 같이 프로
그램이 논리적으로 잘못되었을 때 발생한다. 예를 들어 CMainFrame 클래스의 소스 파일에
OnCreate( ) 함수가 있다. 이 함수는 도구 모음과 상태 표시줄을 생성하는 역할을 한다. 즉, 윈
도우가 생성되는 과정으로써 이 과정 후에 ShowWindow( ) 함수를 통해서 비로소 바람직한 응
용 프로그램이 생성 되지만, 다음과 같이 도구 모음과 상태 표시줄을 생성하는 부분을 주석 처
리하였다. 이런 경우에는 다음과 같은 실행 오류가 발생한다.

```cpp
int CMainFrame::OnCreate(LPCREATESTRUCT lpCreateStruct)
{
        if (CFrameWnd::OnCreate(lpCreateStruct) == -1)
                return -1;
/*
        if (!m_wndToolBar.CreateEx(this, TBSTYLE_FLAT, WS_CHILD | WS_VISIBLE | CBRS_TOP
                | CBRS_GRIPPER | CBRS_TOOLTIPS | CBRS_FLYBY | CBRS_SIZE_DYNAMIC) ||
                !m_wndToolBar.LoadToolBar(IDR_MAINFRAME))
        {
                TRACE0("도구모음을 만들지 못했습니다.\n");
                return -1
        }

        if (!m_wndStatusBar.Create(this) ||
                !m_wndStatusBar.SetIndicators(indicators,
                  sizeof(indicators)/sizeof(UINT)))
        {
                TRACE0("상태표시줄을만들지못했습니다.\n");
                return -1;
        }
*/
        m_wndToolBar.EnableDocking(CBRS_ALIGN_ANY);
        EnableDocking(CBRS_ALIGN_ANY);
        DockControlBar(&m_wndToolBar);

        return 0;
}
```

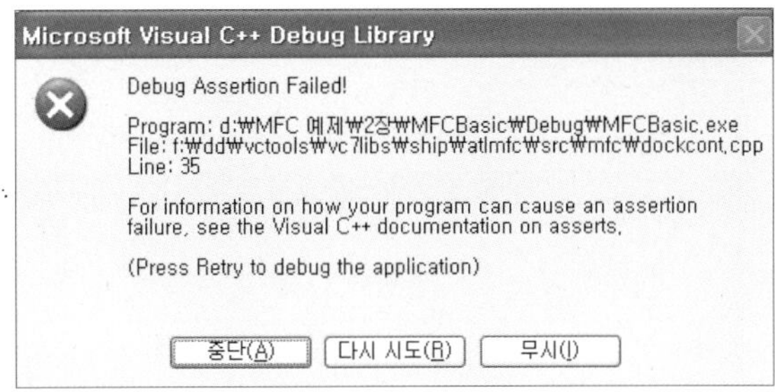

방대한 클래스의 홍수 속에서 무지막지한 클래스와 API 함수들을 모두 외우고 있어야 하는가? 아니면 모두 숙지하고 있어야 하는가? 아마 그래야 한다면 일단 개발자는 한 1년여 간 키보드에서 손을 떼고, 고시원에 들어가서 클래스와 API 함수 사전을 열심히 뜯어먹으며 지내야 할 것이다. 하지만, 그럴 일도 없고 그럴 필요도 없다. 윈도우 운영체제에는 수많은 API 함수들이 포함되어 있으며 개발자가 사용하는데 무리가 없도록 Visual C++의 도움말을 통해서 쉽게 검색이 가능하도록 하고 있다.

예를 들어 앞에서 TextOut( )이라는 함수를 이용하였다. 그런데 이 함수의 원형 및 사용법에 대한 모든 것을 알고 싶을 때 TextOut( ) 함수명 위에 커서가 있는 상태로 F1 키를 누르면 해당하는 도움말 문서를 보여준다.

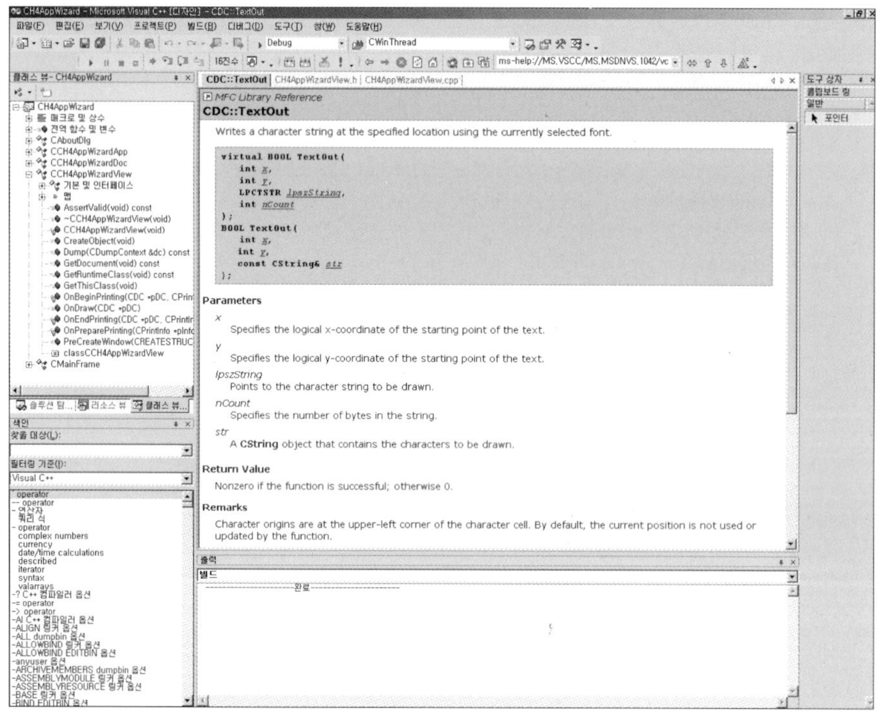

유능한 개발자는 많은 클래스와 많은 API 함수를 외우고, 알고 있는가에서가 아니라 얼마나 적시에 적절하게 도움말을 통해서 클래스와 함수를 이용할 수 있는가의 능력에서 차이난다. 그래서 필자의 개인적인 견해는 머리가 좋고 암기를 잘하는 사람보다는 꼼꼼하게 정리 잘하고 탐구정신이 강해서 잘 찾아내는 사람이 개발자의 자격 요건을 갖춘 사람이라고 생각한다.

도움말이 닷넷 버전으로 넘어오면서 한글로 번역된 양도 이전보다 훨씬 많아졌다. 그만큼 도움말을 참고하기가 훨씬 수월해졌다는 얘기다. 어떤 참고서보다도 마이크로소프트사의 도움말이 가장 신뢰할 수 있는 문서이고, 여타의 다른 문서들도 결국 이 도움말로부터 파생되는 것들이기 때문에 여러분은 직접적으로 도움말을 자주 이용하는 습관을 갖기 바란다.

MFC의 기본 흐름

MFC의 구조와 구성을 정확하게 알고 있어야 MFC 프로그래밍을 잘할 수 있다. MFC의 기본 흐름에 대해 파악하고 각 구성 요소들에 대해서 이해하도록 하자.

앞에서 응용 프로그램 마법사를 이용하여 응용 프로그램을 만들었고, 기본적인 MFC 사용법과 특징에 대해서 배웠다. 하지만, 여기까지는 단지 사실들에 대한 나열일 뿐이지, 그 안에 숨은 의미나 원리에 대해 이야기하지는 않았다. 이 절에서는 응용 프로그램 마법사를 이용하지 않고 직접 응용 프로그램을 제작하면서, MFC 내부의 원리와 흐름에 대해서 배워 보는 시간을 갖도록 하겠다.

1 ···· 마법사 없이 직접 응용 프로그램 만들기

MFC 라이브러리 자체가 견고하게 만들어졌기 때문에 응용 프로그램 마법사가 기본으로 생성하는 코드만 해도 클래스 파일 4개와 소스 파일 8개이다. 괜스레 코드의 양에 지레 겁먹고 'MFC는 복잡한 라이브러리'라는 선입관을 갖지 않도록 하기 위해 이 시간에는 응용 프로그램 마법사를 이용하지 않고, 직접 코드를 작성해 보도록 하겠다.

[새 프로젝트] 메뉴를 선택하고 왼쪽 패널의 프로젝트 형식에서 [Visual C++ 〉 Win32] 항목을 선택한다. 그리고 오른쪽 패널의 템플릿에서 [Win32 프로젝트] 항목을 선택한다. 프로젝트 이름은 MakeApp 라고 정하고 프로젝트를 생성하자.

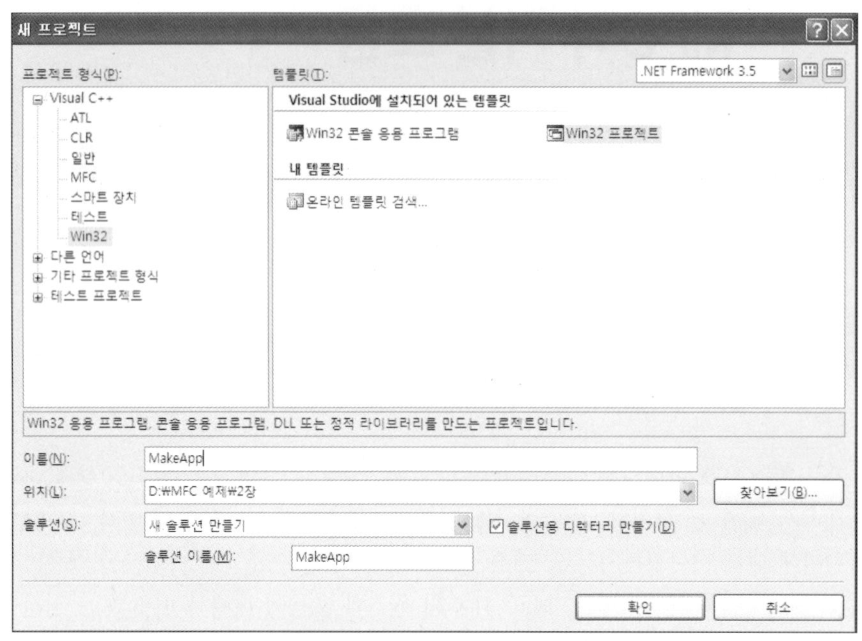

윈도우 응용 프로그램 생성이 목표이므로 [응용 프로그램 종류] 중 [Windows 응용 프로그램]
항목을 선택하고, 추가 옵션에서는 [빈 프로젝트] 항목에 체크한다. 즉, 마법사의 도움 없이 스
스로 모든 코드를 작성하겠다는 의미이다.

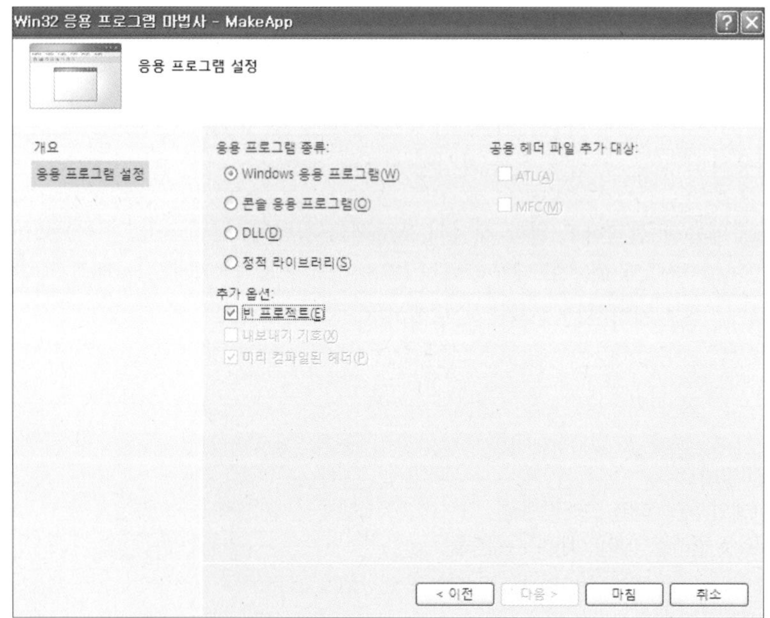

[마침] 버튼을 누르면 MakeApp라는 이름으로 프로젝트가 생성된다.

[솔루션 탐색기] 탭을 누르면 MakeApp 프로젝트가 나오고, 그 밑에 하위 디렉토리로 소스 파일과 헤더 파일, 리소스가 있다. 소스 코드를 작성할 소스 파일을 생성하는 것이 목적이므로 소스 파일 위에서 마우스 오른쪽 버튼을 클릭하여 팝업 메뉴 중 [추가 〉새 항목 추가]를 선택한다.

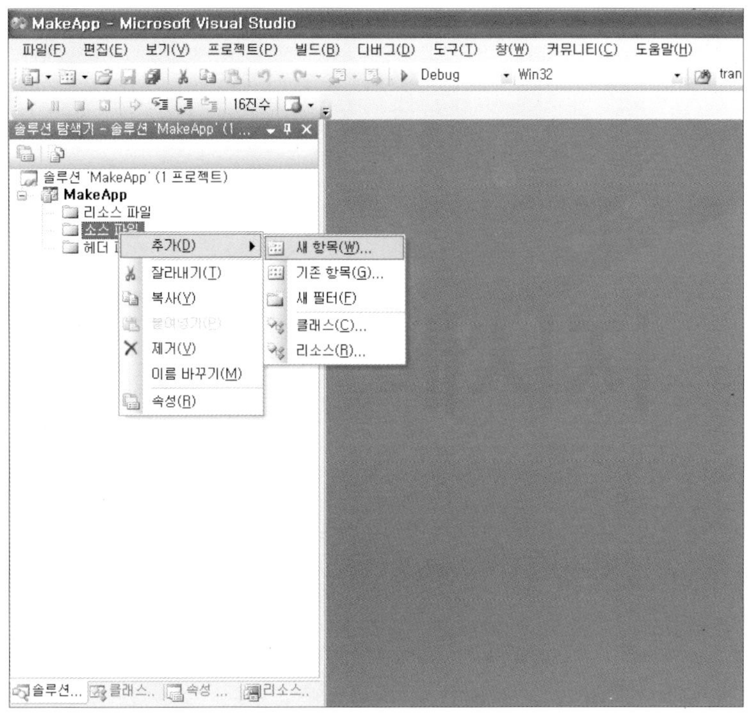

새 항목 추가 대화 상자가 나타난다. 왼쪽 패널의 범주에서 [Visual C++ 〉 코드]를 선택하자. 그리고, 오른쪽 패널의 다양한 템플릿들을 볼 수 있는데, 이 중에서 다른 것은 볼 것 없고, 목표가 C++ 소스 파일 생성이므로 [C++ 파일] 항목을 선택하자. 그리고 이름에 MakeApp.cpp라고 입력하여 파일을 생성한다.

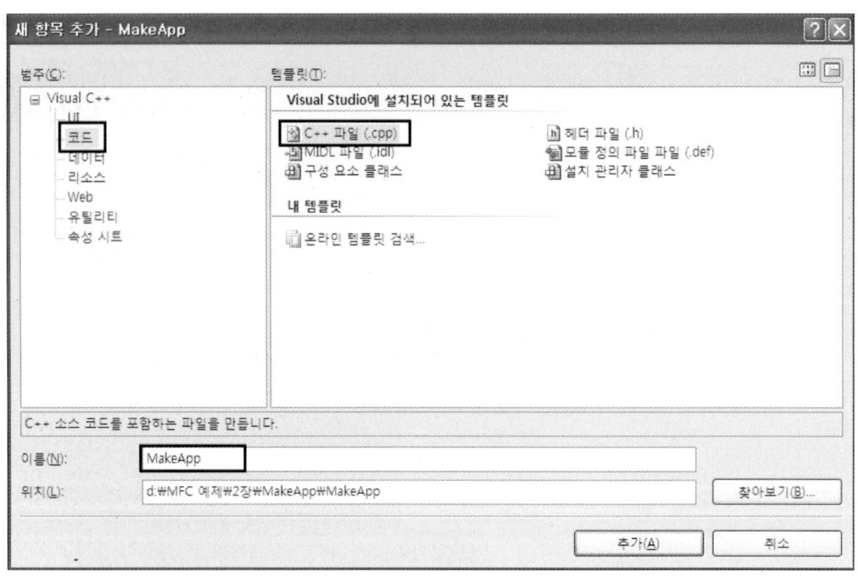

소스 파일을 추가했으면 헤더 파일도 당연히 추가해야 마땅하다. 물론 C와 같은 구조적 프로그 래밍에서는 거의 시스템 라이브러리를 사용했기 때문에 굳이 필요 없었던 경우도 많았지만, 객 체지향 언어인 C++에서는 사용자 라이브러리가 필요하다. [솔루션 탐색기] 탭에서 헤더 파일 위에서 커서를 위치시키고 마우스 오른쪽 버튼을 클릭한다. 팝업 메뉴 중 [추가 〉 새 항목 추가] 메뉴를 클릭한다.

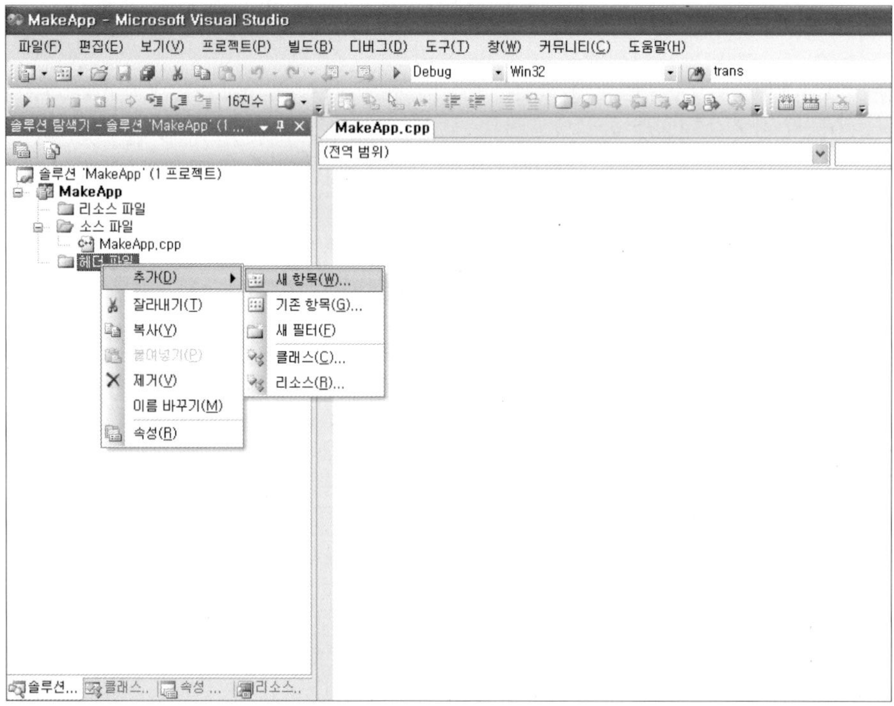

새 항목 추가 대화 상자가 뜨고, 오른쪽 패널의 템플릿에서 [헤더 파일]항목을 선택하고,
MakeApp.h라는 이름으로 헤더 파일을 생성한다.

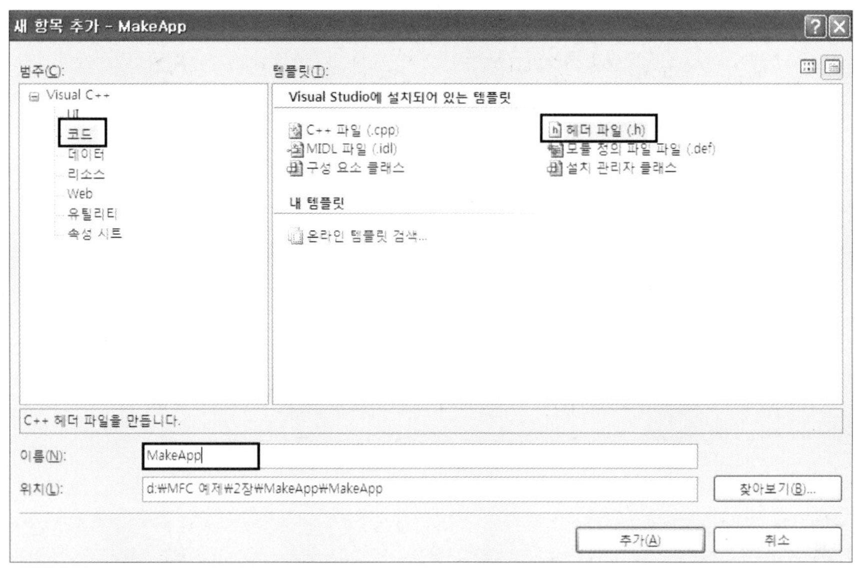

표준 윈도우 라이브러리가 아닌 MFC 공유 DLL을 사용하기 위해서 속성 페이지에서 설정을 바
꾸도록 하겠다. [솔루션 탐색기] 탭에서 MakeApp 프로젝트명 위에 커서를 놓고 마우스 오른쪽
버튼을 클릭한다. 이때 팝업 메뉴 중 [속성] 메뉴를 선택하면 속성 페이지 대화상자가 다음과 같
이 뜬다. 왼쪽 패널의 [구성 속성 〉 일반]을 클릭하고, 오른쪽 패널에 [프로젝트 기본값 〉 MFC
사용] 항목에서 [공유 DLL에서 MFC 사용]으로 변경한다.

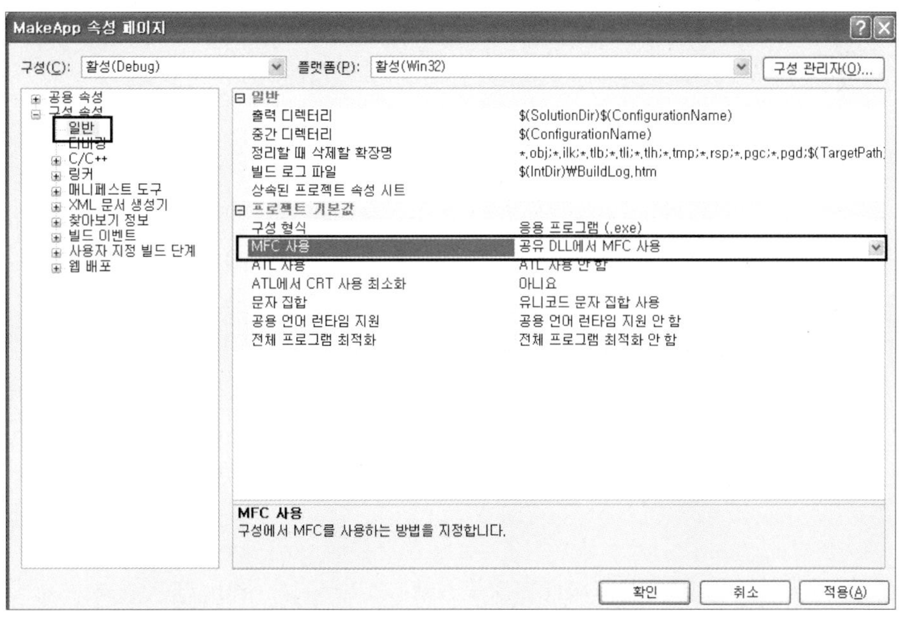

이제 헤더 파일(MakeApp.h)과 구현 파일(MakeApp.cpp)을 작성해보자. 다음은 헤더 파일이다.

```cpp
#include <afxwin.h>

class CMakeAppApp : public CWinApp {
        public:
        virtual BOOL InitInstance ( );
        };
```

첫째 줄에 있는 〈afxwin.h〉 헤더 파일에는 MFC의 기반(Base) 클래스들이 정의되어 있다. 여기에는 CWinApp 클래스에서 파생된 CMakeAppApp 클래스가 정의되어 있는데, CWinApp 클래스를 사용하려면 〈afxwin.h〉파일을 인클루드(Include)해야 한다. 그리고 가상 함수 InitInstance( )를 선언해 줌으로써, CWinApp 클래스의 InitInstance( ) 함수를 재정의 (Overriding)할 것을 암시한다.

다음은 구현 파일이다.

```cpp
#include "MakeApp.h"

BOOL CMakeAppApp::InitInstance()
{
        CFrameWnd* pFrame = new CFrameWnd;
        m_pMainWnd = pFrame;

        pFrame->Create(NULL, _T("MakeApp"));
        pFrame->ShowWindow(SW_SHOW);
        pFrame->UpdateWindow();

        return TRUE;
}

CMakeAppApp app;
```

방금 우리가 작성한 MakeApp.h 헤더 파일을 인클루드 하고, 재정의하기로 한 InitInstance( ) 함수에 대한 정의를 코딩하였다. InitInstance( ) 함수는 응용 프로그램이 생성되고, 보여지는 사이에 처리되는 초기화 작업을 담당한다. 즉, WinMain( ) 함수가 응용 프로그램 전역 객체 app를 찾은 후에 호출하는 가상 함수로서 주(Main) 프레임 윈도우를 구성하고 출력하는 데 필요한 함수를 호출한다. 그런데 이상하지 않는가? 전역 객체 app를 찾아서 호출한다는 WinMain( ) 함수가 보이지 않기 때문이다.

MFC 라이브러리는 WinMain( ) 함수를 겹겹으로 포장을 해서 개발자로 하여금 명시적으로 볼 수 없도록 하고 있다. 보고 싶으면 여러 단계를 거쳐 찾아야 한다. 어떤 프로그램이든 시작은 무 조건 main( ) 함수에서 시작됨은 자명한 사실이다. 물론 Win32 프로그램에서는 WinMain( ) 함수가 시작점이 될 것이다. afxwin.h 파일을 열어 보면 다음 그림과 같은 코드를 볼 수 있다.

```
class CWinApp : public CWinThread
{
    DECLARE_DYNAMIC(CWinApp)
public:

// Constructor
    /* explicit */ CWinApp(LPCTSTR lpszAppName = NULL);        // app name defau

// Attributes
    // Startup args (do not change)

    // This module's hInstance.
    HINSTANCE m_hInstance;

    // Pointer to the command-line.
    LPTSTR m_lpCmdLine;

    // Initial state of the application's window; normally,
    // this is an argument to ShowWindow().
    int m_nCmdShow;

    // Running args (can be changed in InitInstance)

    // Human-redable name of the application. Normally set in
    // constructor or retreived from AFX_IDS_APP_TITLE.
    LPCTSTR m_pszAppName;
```

CWinApp 클래스의 멤버 변수 중에 m_hInstance, m_lpCmdLine, m_nCmdShow를 볼
수 있는데, 세 변수는 WinMain( ) 함수의 인수 값임을 알 수 있다. WinMain( ) 함수의 정확
한 위치는 다음에 배울 MFC 생성 흐름에서 더 자세하게 설명할 것이다. 일단은 인크루드한
afxwin.h 파일에 WinMain( ) 함수가 숨겨져 있다는 사실만 알고 넘어가도록 하자.

어쨌든 프로그램이 시작되면 윈도우 운영체제는 프레임워크에 숨어 있는 WinMain( ) 함수를
호출한다. 그리고 이 함수는 CWinApp 클래스로부터 파생된 클래스의 응용 프로그램 전역 객
체 app를 찾는다.

소스 작성이 끝났으면 메뉴로 가서 [디버그 〉 디버깅 시작] 나 [디버그 〉 디버깅하지 않고 시작]
메뉴를 클릭하여 실행해 보도록 하자.

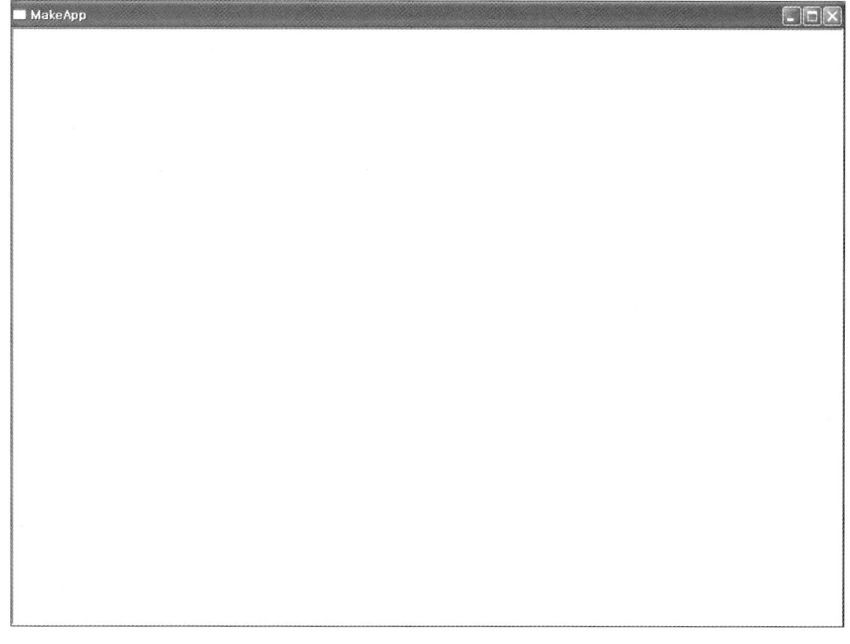

단지, CWinApp 클래스와 CFrameWnd 클래스에 대해서만 코드를 작성했기 때문에 실행 결과 또한 그림에서처럼 응용 프로그램과 프레임만 생성이 되었다. 물론 MFC 공유 DLL 라이브러리를 사용하긴 했지만, 응용 프로그램 마법사를 이용한 것보다는 보람이 크지 않은가? 필자는 MFC 입문 당시 처음부터 응용 프로그램 마법사만을 이용하다 보니, 그 원리에 대해서도 무지했고, 이와 같은 방법으로 직접 응용 프로그램을 생성하리라고는 생각하지도 못했었다. 물론 원리에 대한 탐구를 하면서 마법사를 이용하지 않고 직접 만들게 되었을 때는 그 놀라움에 감동한 적이 있었다.

MFC 응용 프로그램의 실행 흐름

MFC 프로그램의 진입점 함수(WinMain : 프로그램이 시작되는 지점)는 MFC에 의해 내부적으로 제공된다. 앞에서 afxwin.h 헤더 파일에 정의되어 있던 AfxGetThread 클래스에 WinMain( ) 함수의 인수들이 정의되어 있다는 것을 확인하였다. 즉, 추리 소설을 보게 되면 사건 현장에 남아 있는 단서처럼 말이다. 그럼 이 단서를 가지고 역추적해 보도록 하자.

〈MFC 응용 프로그램 진입점의 흐름〉

먼저, 프로그램의 최초 시작을 어디서 하는지 알기 위해서 다음과 같이 [디버그 〉 한 단계씩 코드 실행] 메뉴를 선택하던지, 아니면 F11 키를 눌러 보도록 하자.

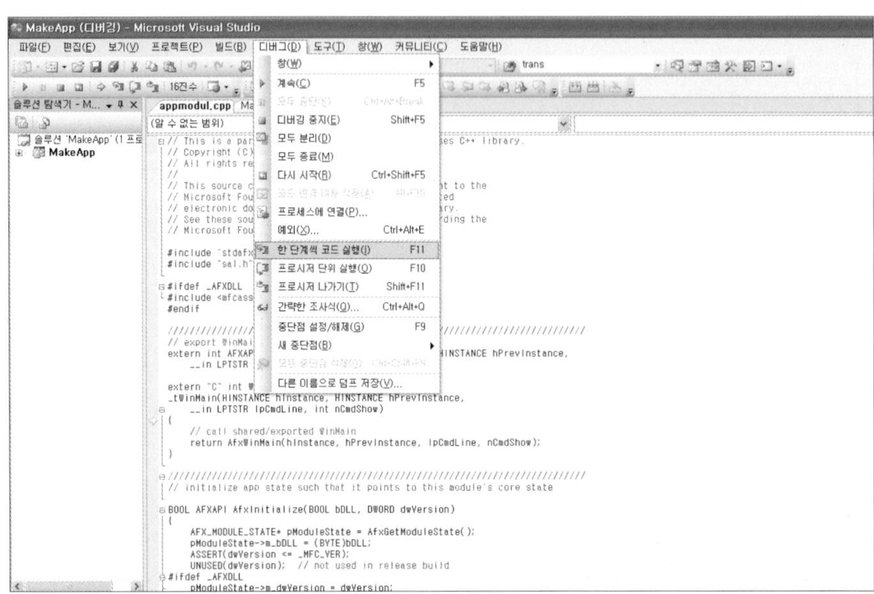

한 단계씩 코드를 실행하면 가장 먼저 appmodule.cpp라는 소스 파일로 이동하게 된다.

```
// Microsoft Foundation Classes product.

#include "stdafx.h"

/////////////////////////////////////////////////////////////////////////////
// export WinMain to force linkage to this module
extern int AFXAPI AfxWinMain(HINSTANCE hInstance, HINSTANCE hPrevInstance,
    LPTSTR lpCmdLine, int nCmdShow);

extern "C" int WINAPI
_tWinMain(HINSTANCE hInstance, HINSTANCE hPrevInstance,
    LPTSTR lpCmdLine, int nCmdShow)
{
    // call shared/exported WinMain
    return AfxWinMain(hInstance, hPrevInstance, lpCmdLine, nCmdShow);
}

/////////////////////////////////////////////////////////////////////////////
// initialize app state such that it points to this module's core state

BOOL AFXAPI AfxInitialize(BOOL bDLL, DWORD dwVersion)
{
    AFX_MODULE_STATE* pModuleState = AfxGetModuleState();
    pModuleState->m_bDLL = (BYTE)bDLL;
    ASSERT(dwVersion <= _MFC_VER);
    UNUSED(dwVersion);  // not used in release build
#ifdef _AFXDLL
```

여기가 WinMain( ) 함수부이다.

가장 먼저 _tWinMain() 함수로부터 시작한다. hInstance, lpCmdLine, nCmdShow 인수는 WinMain( ) 함수의 필수 인수이므로 우리에게는 익숙한 멤버 변수들이다. 이 멤버 변수들은 다시 AfxWinMain( ) 함수로 전달이 되고, 인수 값은 그대로 넘겨진다. 결국 시작은_tWinMain() 함수였지만, 이 함수가 하는 일은 AfxWinMain( ) 함수로 인수 값을 넘기는 역할이다. 그렇다면 우리는 AfxWinMain( ) 함수의 구현부를 보지 않을 수 없다.

```
/////////////////////////////////////////////////////////////////////////////
// Standard WinMain implementation
//  Can be replaced as long as 'AfxWinInit' is called first

int AFXAPI AfxWinMain(HINSTANCE hInstance, HINSTANCE hPrevInstance,
    LPTSTR lpCmdLine, int nCmdShow)
{
    ASSERT(hPrevInstance == NULL);

    int nReturnCode = -1;
    CWinThread* pThread = AfxGetThread();
    CWinApp* pApp = AfxGetApp();

    // AFX internal initialization
    if (!AfxWinInit(hInstance, hPrevInstance, lpCmdLine, nCmdShow))
        goto InitFailure;

    // App global initializations (rare)
    if (pApp != NULL && !pApp->InitApplication())
        goto InitFailure;

    // Perform specific initializations
    if (!pThread->InitInstance())
    {
        if (pThread->m_pMainWnd != NULL)
        {
            TRACE(traceAppMsg, 0, "Warning: Destroying non-NULL m_pMainWnd\n");
            pThread->m_pMainWnd->DestroyWindow();
        }
        nReturnCode = pThread->ExitInstance();
        goto InitFailure;
    }
    nReturnCode = pThread->Run();
```

CWinThread 및 CWinApp 클래스로부터 전역 객체 생성

MFC 내부 초기화

CWinThread 클래스의 가상 함수

메시지 루프 처리 가상 함수

앞에서 만들었던 예제를 참조하면서 분석해 보도록 하겠다. CWinThread 클래스와 CWinApp 클래스는 전역 객체를 생성한다. 이렇게 이야기하면 전역 객체 두 개를 각각 생성하는 것처럼 들릴 수 있으나, 사실 AfxGetThread( ) 함수로 구한 포인터와 AfxGetApp( ) 함수로 구한 포인터는 실제로 동일하다. 그리고 AfxWinInit( ) 함수는 AfxWinMain( ) 함수의 인수를 받아서 MFC 내부를 초기화하고, 「pThread->InitInstance( )」함수로 넘어간다.

앞에서 InitInstance( ) 함수를 재정의했던 적이 있다. 그때는 CWinApp 클래스의 멤버 함수였는데, 왜 CWinThread 클래스의 멤버 함수로 등록되어 있는가? 그 이유는 MFC 계층도를 보면 CWinApp 클래스는 CWinThread 클래스로부터 상속받는 구조로 되어 있기 때문이다. 이제 응용 프로그램이 생성되고 초기화 작업이 끝나면, 「pThread->Run( )」함수로 넘어가게 된다. 이 부분은 매우 중요하다. 왜냐하면 앞으로 윈도우의 모든 이벤트들은 Run( )이란 메시지 루프를 통해 처리되기 때문이다. 이 또한 가상 함수이기 때문에 재정의가 가능하다.

지금까지 배운 것을 요약하자면 이렇다. MFC 응용 프로그램 마법사를 이용하여 응용 프로그램을 생성하는 방법과 마법사를 이용하지 않고 직접 코딩하여 만드는 방법을 배웠다. 그리고, MFC 프로그램이 어디서부터 시작해서 어디로 흘러가는지에 대해서 그 흐름을 배웠다. MFC 응용 프로그램을 이용하던지, 안 하던지는 중요하지 않다. 어차피 내부적인 구조와 원리는 똑같고, 어떤 방식이 가장 생산적이고 효율적이냐에 따라 코딩 방식을 선택하면 된다. 그 선택은 여러분의 몫이다.

3 ········· MFC 프로젝트의 구성

MFC 응용 프로그램의 실행 흐름을 알아보기 위해서 마법사를 이용하지 않고 코딩을 했었지만, 효율성을 고려해서 앞으로는 MFC 응용 프로그램 마법사를 통해 생성된 응용 프로그램을 가지고 설명할 것이다. MFC 프로그래밍에서 배워야 할 마지막 이야기로 MFC 프로젝트는 기본적으로 어떤 파일과 클래스로 이루어지는지 자세히 뜯어보고 넘어가도록 하자. 앞에서 응용 프로그램 마법사로 만든 MFCBasic 프로젝트를 가지고 설명하겠다.

1) 전체적인 파일 구성

마법사를 이용하여 프로젝트를 생성하면, 다음 표에 있는 파일들이 만들어진다. 크게 응용 프로그램 클래스, 주(Main) 프레임 클래스, 도큐먼트 클래스, 뷰 클래스로 나눌 수 있고, 네 가지를 모두 통합해서 관리하는 프로젝트 파일(.vcproj)과 프로젝트 단위를 관리하는 솔루션 파일(.sin)로 구분할 수 있다.

파일	설명
MFCBasic.sln	솔루션 파일이다.
MFCBasic.h MFCBasic.cpp	응용 프로그램 클래스가 정의되어 있다.
MFCBasic Frm.h MFCBasic Frm.cpp	주(Main) 프레임 클래스가 정의되어 있다.
MFCBasic Doc.h MFCBasic Doc.cpp	도큐먼트 클래스가 정의되어 있다.
MFCBasic View.h MFCBasic View.cpp	뷰 클래스가 정의되어 있다.
MFCBasic.rc	리소스 정의 파일이다.
MFCBasic.vcproj	프로젝트 파일이다.

각 파일들은 제각기 고유한 역할들이 있으며 파일들이 모여서 하나의 프로젝트가 된다. 프로젝트의 구성을 보면 각각 헤더 파일(*.h)과 구현 파일(*.cpp)로 나누어져 있다. 이런 방식은 C++에서 클래스를 선언해서 사용하는 일반적인 방식이다. 그 외의 리소스 정의 파일(.rc)과 프로젝트 파일이 생성되고, 정보 보관을 위해 추가적으로 다음 표와 같은 파일이 더 생성이 된다.

〈정보 보관용 추가 파일〉

파일	설명
MFCBasic.aps	Control의 정보가 들어있다.
MFCBasic.ncb	클래스 및 메시지에 관한 정보가 담겨 있다.
MFCBasic.txt	프로젝트에 관한 설명이 들어 있다.
StdAfx.h, StdAfx.cpp	PCH 파일을 만드는데 사용된다.

사실 컴파일러가 정보 보관용으로 사용하는 것이므로 크게 신경 쓰지 않아도 되는 파일이다. 그나마 눈여겨 볼 것이 있다면, PCH (PreCompiled Header) 기법을 사용한다는 것이다. StdAfx.h와 StdAfx.cpp 파일은 PCH 파일 생성에 필요한 파일이며, PCH 기법을 사용함으로써 C++의 컴파일 시간을 매우 효율적으로 단축할 수 있다.

2) 응용 프로그램 클래스

응용 프로그램 클래스란 윈도우 프로그램 그 자체를 의미한다. 응용 프로그램 클래스는 보통 프로젝트 이름과 같은 이름으로 저장되며, 클래스 이름 뒤에는 App가 추가된다. 즉, MFCBasic 프로젝트에서 응용 프로그램 클래스는 MFCBasic.h 헤더 파일에 선언되고, MFCBasic.cpp 구현 파일에 구현되며, 클래스의 이름은 CMFCBasicApp가 된다. 소스에 포함된 주석문들은 개발자가 소스를 쉽게 파악할 수 있도록 하기 위해 응용 프로그램 마법사가 추가해 준 것이다.

```cpp
// MFCBasic.h : MFCBasic 응용 프로그램에 대한 주 헤더 파일
//
#pragma once

#ifndef __AFXWIN_H__
    #error "PCH에 대해 이 파일을 포함하기 전에 'stdafx.h'를 포함합니다."
#endif

#include "resource.h"        // 주 기호입니다.


// CMFCBasicApp:
// 이 클래스의 구현에 대해서는 MFCBasic.cpp를 참조하십시오.
//

class CMFCBasicApp : public CWinApp
{
public:
    CMFCBasicApp( );


// 재정의입니다.
public:
    virtual BOOL InitInstance( );

// 구현입니다.
    afx_msg void OnAppAbout( );
    DECLARE_MESSAGE_MAP( )
};
```


소스를 보면 프로젝트의 응용 프로그램 클래스인 CMFCBasicApp 클래스는 CWinApp 클래스로부터 상속받고 있다는 것을 알 수 있다. CWinApp 클래스에는 프로그램의 초기화를 담당하는 멤버 함수와 프로그램의 실행을 담당하는 멤버 함수 등 프로그램 전체에 영향을 미치는 모든 기능이 들어 있다. 따라서 이 클래스의 객체를 만드는 것 자체가 곧 응용 프로그램을 만드는 것이다.

CWinApp 클래스는 MFC 클래스 라이브러리에 이미 정의되어 있는 클래스이다. 앞에서 설명했던 클래스 계층도를 보면 쉽게 알 수 있다. MFC를 만든 마이크로소프트 개발자들이 CWinApp 클래스에 응용 프로그램 실행에 관련된 일반적인 코드를 작성해 놓았으며, 우리는 CWinApp 클래스를 상속받아 사용하기만 하면 된다. 소스의 양이 그리 많은 것도 아니지만, 그 양에 비해서 사실상 실질적으로 주의를 기울일 만한 내용은 그리 많지 않다. 응용 프로그램 클래스 구현 파일의 내용은 다음과 같다. 한번 그냥 훑어보고 넘어가도록 하자.

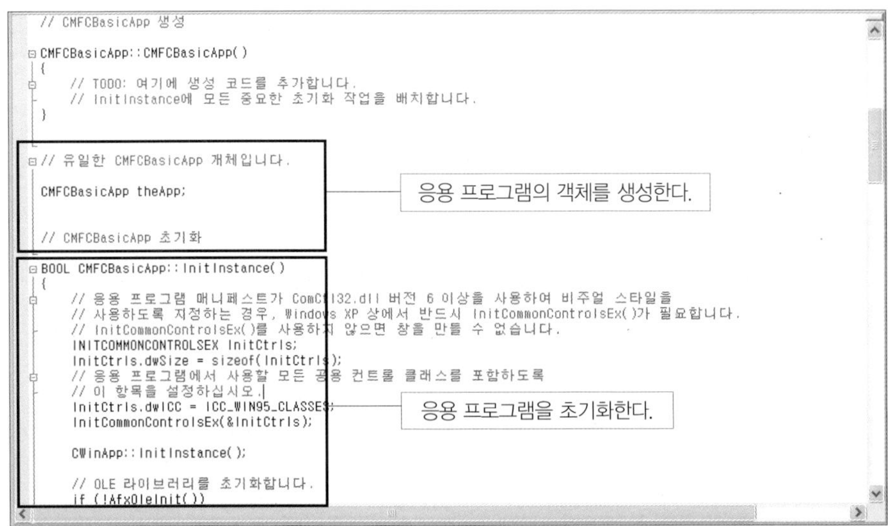

3) 메인 프레임 클래스

메인(Main) 프레임 클래스는 MainFrm.h 파일에 정의되어 있으며, 구현 파일은 MainFrm.cpp이다. 이 파일들은 프로젝트 이름과 상관 없이 고정되어 있다. 먼저 헤더 파일을 보도록 하자.

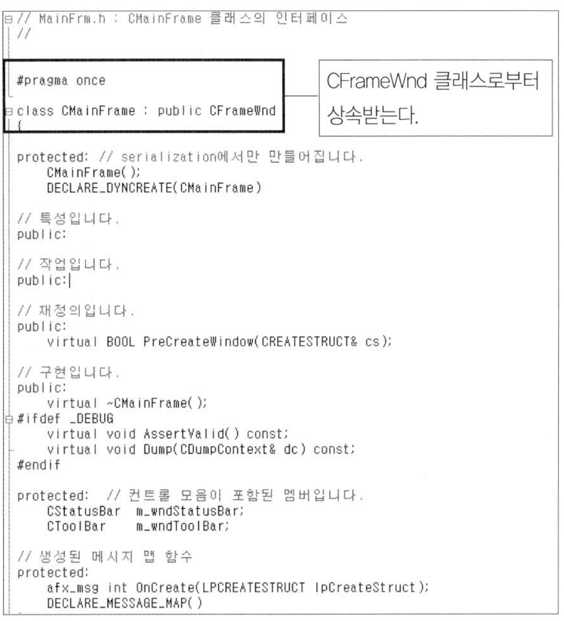

CMainFrame 클래스는 CFrameWnd 클래스로부터 상속받고 있다. CFrameWnd 클래스는 MFC에 정의되어 있는 클래스이며 다음과 같은 많은 기능을 가지고 있다.
- 현재 활성화된 윈도우가 어떤 윈도우인지 감시하고 활성화된 윈도우에게 입력 포커스를 전달한다.
- 스크롤 메시지를 처리하며 윈도우의 스크롤을 관리한다.
- 도구 모음과 상태 표시줄(Status Bar)을 관리한다. 도구 모음의 버튼들이 사용 가능한지를 감시하고, 상태를 변경해 주며, 상태 표시줄에 현재 프로그램의 상태를 읽어 문자열로 출력해 준다.
- 키보드 입력을 받아 단축키 메시지로 전환해 준다.
- 윈도우 제목 표시줄(Title Bar)에 어떤 제목을 출력할 것인가를 관리한다. 주로 현재 열려 있는 파일의 이름이 제목 표시줄에 보여진다.

물론 이보다 더 많은 일들을 하겠지만, 일일이 다 열거할 수는 없다. 상위 클래스인 CFrameWnd 클래스에서 이렇게 많은 일들을 처리하기 때문에 상속받은 CMainFrame 클래스는 그다지 할일은 없으며 단지 상속만 받을 뿐이다. 구현 파일을 보도록 하자.

```
// CMainFrame 생성/소멸

CMainFrame::CMainFrame()
{
    // TODO: 여기에 멤버 초기화 코드를 추가합니다.
}

CMainFrame::~CMainFrame()
{
}

int CMainFrame::OnCreate(LPCREATESTRUCT lpCreateStruct)
{
    if (CFrameWnd::OnCreate(lpCreateStruct) == -1)
        return -1;

    if (!m_wndToolBar.CreateEx(this, TBSTYLE_FLAT, WS_CHILD | WS_VISIBLE | CBRS_TOP
        | CBRS_GRIPPER | CBRS_TOOLTIPS | CBRS_FLYBY | CBRS_SIZE_DYNAMIC) ||
        !m_wndToolBar.LoadToolBar(IDR_MAINFRAME))
    {
        TRACE0("도구 모음을 만들지 못했습니다.\n");
        return -1;        // 만들지 못했습니다.
    }

    if (!m_wndStatusBar.Create(this) ||
        !m_wndStatusBar.SetIndicators(indicators,
          sizeof(indicators)/sizeof(UINT)))
    {
        TRACE0("상태 표시줄을 만들지 못했습니다.\n");
        return -1;        // 만들지 못했습니다.
    }

    // TODO: 도구 모음을 도킹할 수 없게 하려면 이 세 줄을 삭제하십시오.
    m_wndToolBar.EnableDocking(CBRS_ALIGN_ANY);
    EnableDocking(CBRS_ALIGN_ANY);
    DockControlBar(&m_wndToolBar);

    return 0;
```

프레임을 생성할 때 도구 모음과 상태 표시줄을 생성하고, 도킹 유무에 대해서 코드로서 지정하고 있다. 물론 우리가 코딩한 것이 아니라, CFrameWnd 클래스로부터 상속받은 기능들이다.

메인 프레임 윈도우의 작업 영역에는 뷰(View)가 놓이게 되며, 메인 프레임은 뷰를 감싸는 껍데기가 된다. 일반적으로 메인 프레임은 내부적인 동작을 하며 밖으로는 그 역할과 모습이 잘 들어나지 않을 뿐 아니라 메인 프레임 자체적으로 하는 일이 너무 표준적이라 사실 바꿀 일이 별로 없으므로 개발자의 주된 프로그래밍 대상은 아니다. 즉, 당분간은 신경 쓰지 않아도 되는 클래스이다. 여러분이 가장 신경 써야 할 클래스는 지금부터 나오는 도큐먼트(Document) 클래스와 뷰(View) 클래스이다.

4) 도큐먼트 클래스

MFCBasicDoc.h 파일에 도큐먼트 클래스가 정의되어 있고, 구현 파일은 MFCBasicDoc.cpp이다. 먼저 헤더 파일을 살펴보도록 하자.

```cpp
#pragma once


class CMFCBasicDoc : public CDocument
{
protected: // serialization에서만 만들어집니다.
    CMFCBasicDoc();
    DECLARE_DYNCREATE(CMFCBasicDoc)

// 특성입니다.
public:

// 작업입니다.
public:

// 재정의입니다.
public:
    virtual BOOL OnNewDocument();
    virtual void Serialize(CArchive& ar);

// 구현입니다.
public:
    virtual ~CMFCBasicDoc();
#ifdef _DEBUG
    virtual void AssertValid() const;
    virtual void Dump(CDumpContext& dc) const;
#endif

protected:

// 생성된 메시지 맵 함수
```


CMFCBasicDoc 클래스는 CDocument 클래스로부터 상속받고 있다. CDocument 클래스는 응용 프로그램이 사용하는 정보를 만들고, 읽어 오고, 저장하는 역할을 담당한다.

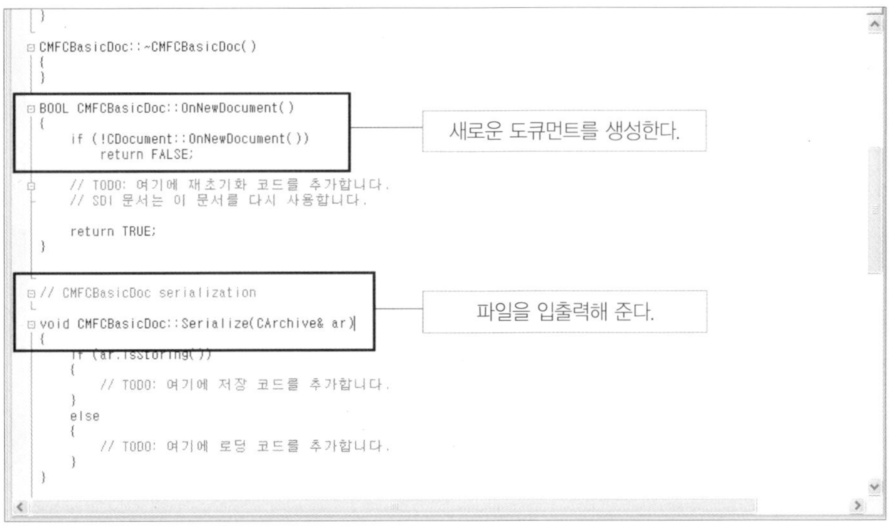

```cpp
    }
}

CMFCBasicDoc::~CMFCBasicDoc()
{
}


BOOL CMFCBasicDoc::OnNewDocument()
{
    if (!CDocument::OnNewDocument())
        return FALSE;

    // TODO: 여기에 재초기화 코드를 추가합니다.
    // SDI 문서는 이 문서를 다시 사용합니다.

    return TRUE;
}


// CMFCBasicDoc serialization

void CMFCBasicDoc::Serialize(CArchive& ar)
{
    if (ar.IsStoring())
    {
        // TODO: 여기에 저장 코드를 추가합니다.
    }
    else
    {
        // TODO: 여기에 로딩 코드를 추가합니다.
    }
}
```


구현 파일에는 생성자와 소멸자가 있으며 새로운 도큐먼트를 만드는 OnNewDocument( ) 함수와 도큐먼트의 내용을 하드디스크로부터 읽어 오고 저장하는 Serialize( ) 함수가 정의되어 있다. 함수만 정의되어 있을 뿐 실제 코드는 비어 있다. 아직은 하드디스크로부터 입출력하는 기능이 필요 없기 때문에 CMFCBasicDoc 클래스의 내용은 현재는 아무 기능도 없는 상태나 마찬가지이다. 파일 저장 기능이 필요할 때 도큐먼트 클래스에 코드를 작성하게 될 것이다.

5) 뷰 클래스

다음은 가장 코딩 빈도가 높은 클래스인 뷰 클래스에 대해서 알아보도록 하자. 뷰 클래스는
MFCBasicView.h 파일에 정의되어 있다.

```cpp
// MFCBasicView.h : CMFCBasicView 클래스의 인터페이스
//

#pragma once

class CMFCBasicView : public CView
{
protected: // serialization에서만 만들어집니다.
    CMFCBasicView();
    DECLARE_DYNCREATE(CMFCBasicView)

// 특성입니다.
public:
    CMFCBasicDoc* GetDocument() const;

// 작업입니다.
public:

// 재정의입니다.
public:
    virtual void OnDraw(CDC* pDC);  // 이 뷰를 그리기 위해 재정의되었습니다.
    virtual BOOL PreCreateWindow(CREATESTRUCT& cs);
protected:
    virtual BOOL OnPreparePrinting(CPrintInfo* pInfo);
    virtual void OnBeginPrinting(CDC* pDC, CPrintInfo* pInfo);
    virtual void OnEndPrinting(CDC* pDC, CPrintInfo* pInfo);

// 구현입니다.
public:
    virtual ~CMFCBasicView();
```


CMFCBasicView 클래스는 CView 클래스로부터 상속받았다. CView 클래스는 도큐먼트에 저
장된 정보를 사용자에게 보여주는 역할을 한다. 즉, 응용 프로그램이 출력하는 클라이언트 영
역(흰 부분의 영역)이라고 생각하면 되겠다. 뷰 클래스는 프로그램 실행 중에 키보드나 마우스
로부터의 입력을 처리하는 중요한 역할을 한다. 메뉴를 선택한다거나 마우스 클릭, 키보드 누름
등의 입력이 있으면, 이에 반응하여 적절한 처리를 수행한다. 사용자 입장에서 입력과 출력이
명백하게 보여질 수 있도록 처리해 주는 클래스이므로 주로 프로그래밍 대상이 되는 클래스이
다. 구현 파일을 보도록 하자.

```cpp
CMFCBasicView::~CMFCBasicView()
{
}

BOOL CMFCBasicView::PreCreateWindow(CREATESTRUCT& cs)
{
    // TODO: CREATESTRUCT cs를 수정하여 여기에서
    //  Window 클래스 또는 스타일을 수정합니다.

    return CView::PreCreateWindow(cs);
}

// CMFCBasicView 그리기

void CMFCBasicView::OnDraw(CDC* pDC)
{
    CMFCBasicDoc* pDoc = GetDocument();
    ASSERT_VALID(pDoc);
    if (!pDoc)
        return;

    pDC->TextOutW(100, 100, _T("Hellow World"));
}

// CMFCBasicView 인쇄

BOOL CMFCBasicView::OnPreparePrinting(CPrintInfo* pInfo)
{
    // 기본적인 준비
    return DoPreparePrinting(pInfo);
```

지면 관계상 일부 생략하였다. 여러분이 직접 CMFCBasicView 클래스의 구현 파일 전체를 훑어보길 바란다. 중간쯤에 보면 OnDraw( )라는 멤버 함수가 있다. 뷰 클래스의 OnDraw( ) 함수는 화면에 무엇인가가 그려져야 할 경우, 예를 들어서 화면이 갱신 되었을 경우 자동으로 호출된다.

앞에서 다루었던 예제로서 TextOut( ) 함수를 OnDraw( ) 함수에 작성한 적이 있기 때문에 약간은 친숙할 것이다. TextOut( ) 함수를 이용하여 문자열을 화면에 출력하였다. 뷰 클래스의 OnDraw( ) 함수는 이해하기 쉽고 결과를 확인하기도 쉽기 때문에 MFC를 배우는 사람들이 가장 먼저 알게 되는 함수라고 할 수 있겠다.

마치면서

이상으로 MFC에 대해서 전체적으로 훑어보았다. 아마 모든 것을 다 이해하고 넘어간다는 것은 무리이다. 그냥 약간의 감만 잡고 가면 된다. 당장은 구조가 이렇다라는 설명이 피부로 와닿지 않겠지만, 여러분이 직접 코드를 하나하나씩 작성해 나가다 보면 앞에서 했던 얘기들이 어떤 의미인지 깨닫게 되는 감동을 맛볼 수 있을 것이다.

다음 장으로 넘어가기 전에 MFC 클래스 구조에 대한 모식도를 다시 한번 복습하고 넘어가도록 하자.

1.   MFC 클래스의 구조

CObject 에서 파생된 클래스

    응용 프로그램 아키텍처 클래스
        (CCmdTarget, CDocTemplate,
        CDocument, OLE 관련 클래스 등)

    윈도우 클래스
        (프레임 윈도우, 대화 상자, 컨트롤 바, 뷰)

    일반 클래스
        (예외 처리, 파일, 그래픽 관련,
        소켓 클래스, 데이터베이스 관련 등)

CObject 에서 파생되지 않은 클래스

    CRuntimeClass

    CTime

    CString

    CArchive

2. MFC 프로젝트의 구성
    CWinApp – 응용 프로그램 그 자체이다.
    CFrameWnd – 응용 프로그램의 프레임을 구성한다.
    CDocument – 데이터를 저장하고 관리한다.
    CView – 윈도우 화면을 구성한다.

PART 03
윈도우 메시지

이번 장은 윈도우 메시지에 대해서 배워 보도록 하겠다. 프로그램 실행 방식이 메시지 처리 방식으로 바뀐 것은 프로그램 구현에 있어서 패러다임의 전환이라고 말할 수 있을 정도로 큰 변화였다. 즉, 메시지 처리를 이해하는 것이 윈도우 시스템을 이해하는데 있어서 가장 기본이고, MFC 프로그래밍을 하는데 있어서도 필수적이라 하겠다. 윈도우 프로그래밍을 배운다는 것은 메시지를 얼마나 적절하게 사용하느냐를 배우는 것이라고 해도 과언이 아니다. 윈도우 메시지의 전체적인 구조의 끈을 놓치지 않도록 긴장하면서 알아보도록 하자.

메시지

원도우 프로그래밍은 메시지 방식으로 구동된다. 원도우 상에서의 메시지의 원리에 대해 알아보고, MFC에서 메시지를 어떻게 생성하고 구동하는지 배워보도록 하자.

도스(DOS) 시절의 프로그램 구동 방식은 순차적이면서 구조적인 실행 방식이였다. 개발자는 명령들이 사전 정의대로 순차적으로 실행되게끔 예상 가능한 시나리오로 코딩을 했었다. 즉, 애드리브가 전혀 없는 각본대로만 움직이는 프로그램이라 할 수 있었다. 하지만, 원도우 프로그래밍은 다르다.

원도우 프로그래밍의 가장 기본적인 철학은 메시지이다. 메시지라는 것은 각본이 있기는 하지만, 애드리브를 충분히 고려한 방식이라고 볼 수 있겠다. 즉, 특정 시점에 메시지가 발생할 수도 있고, 아니면 프로그램 사용자의 상황 변화에 따라 메시지가 발생할 수도 있는 것이다. 아직까지는 메시지라는 것이 굉장히 추상적으로만 느껴질 것이다. 하지만, 차근차근 메시지의 껍질을 벗겨 보도록 하겠다.

〈사용자와 프로그램 간의 메시지 통신〉

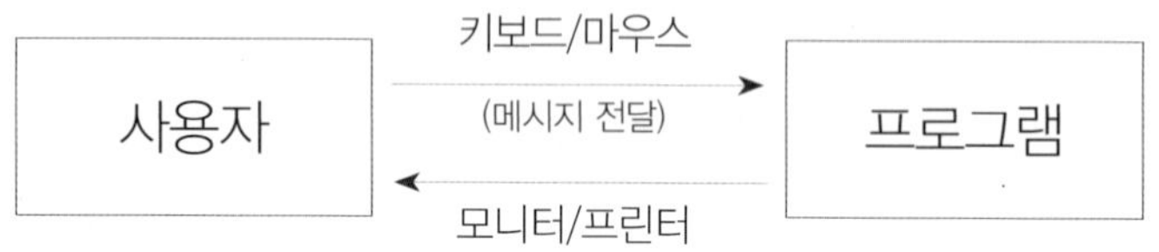

그림을 보면 사용자와 프로그램 간에 서로 메시지를 주고받는 간단한 그림이다. 사실, 간단하지만, 여기에 앞으로 배워 나가야 할 메시지에 관한 의미가 모두 들어가 있다. 사용자의 입장에서 특정 프로그램에 키보드와 마우스를 통해서 입력하고, 그에 따른 반응을 모니터나 프린터를 통해 받기를 기대한다.

쉬운 예로, 메모장을 열어서 키보드로 LOVE라는 문자를 입력한다면, L, O, V, E 각각의 키보드를 칠 때마다 KEY_DOWN이라는 메시지가 발생한다. 이 메시지는 운영체제로 전달되고 일정한 처리 후에 응용 프로그램으로 넘겨져서 해당 기능을 후에 사용자가 결과를 볼 수 있도록 모니터에 출력된다.

프로그램이 실행되는 동안에 프로그램이 사용자 혹은 운영체제로부터 받아들이는 의미 있는 신호를 메시지라고 할 수 있겠다. 즉, 프로그램은 자신에게로 보내지는 메시지를 받아서 그 의미를 해석하고, 해당 메시지에 해당하는 함수를 호출하여 메시지를 처리한다. 이때 각 메시지에 대응하여 메시지를 처리하는 함수를 메시지 처리기라고 한다.

〈사용자와 프로그램 간의 메시지 통신〉

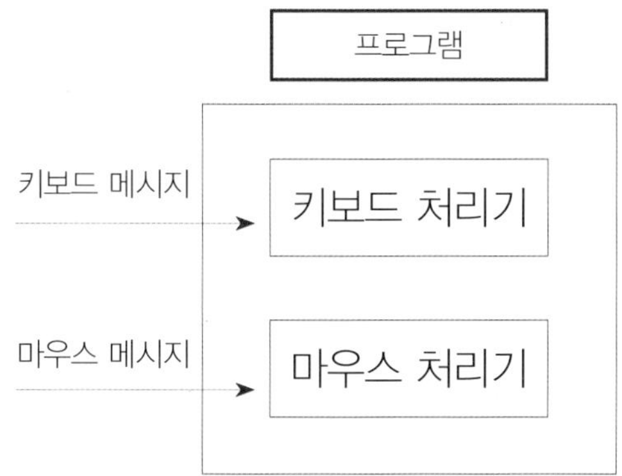

MFC에서는 메시지를 처리하는 함수를 자동으로 생성해 준다. 앞에서 메시지를 처리하는 함수를 메시지 처리기라고 했었는데, 받은 메시지를 프로그램 내에서 처리하는 역할을 한다. 그림에서처럼 키보드와 마우스에 의해 메시지가 발생했을 때 프로그램 내에서는 각각 키보드 처리기와 마우스 처리기가 메시지를 받아 처리하게 된다. 즉, 키보드의 특정 키를 눌렀을 때, 어떤 키를 눌렀는지에 대한 처리나, 마우스 버튼을 클릭했을 때, 왼쪽 아니면 오른쪽, 혹은 클릭인지 더블 클릭인지에 대해서 각각 처리하게 된다.

예제를 하나 만들어 보도록 하자. 마우스 메시지가 발생했을 때, 어떤 메시지 처리기가 처리를 하는지 설명하는 예제이다.

먼저 Visual C++ 닷넷을 실행해서 [파일 〉 새로 만들기 〉 프로젝트] 메뉴를 선택하거나, 메인
화면의 [만들기] 버튼을 누른다. MFC 응용 프로그램을 제작할 것이므로 왼쪽 패널의 프로젝트
형식에서는 [Visual C++ 〉 MFC]를 선택한 후, 오른쪽 패널의 템플릿에서는 [MFC 응용 프로
그램] 항목을 선택하고, 프로젝트명을 TestMessage라고 하겠다.

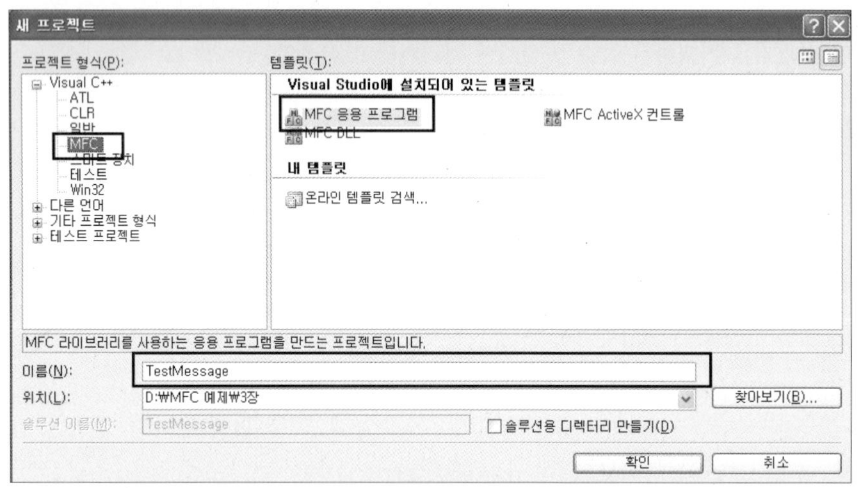

마우스 메시지 발생과, 메시지 처리기에 대한 예제이므로, 특별히 다중 문서 기반에서 차일드
윈도우를 생성할 필요도 없고, 대화 상자 기반에서 컨트롤들을 이용할 필요도 없다. 그래서 응
용 프로그램 종류로는 [단일 문서]항목을 선택하고, 나머지는 모두 디폴트 상태로 놓고, [마침]
버튼을 누른다.

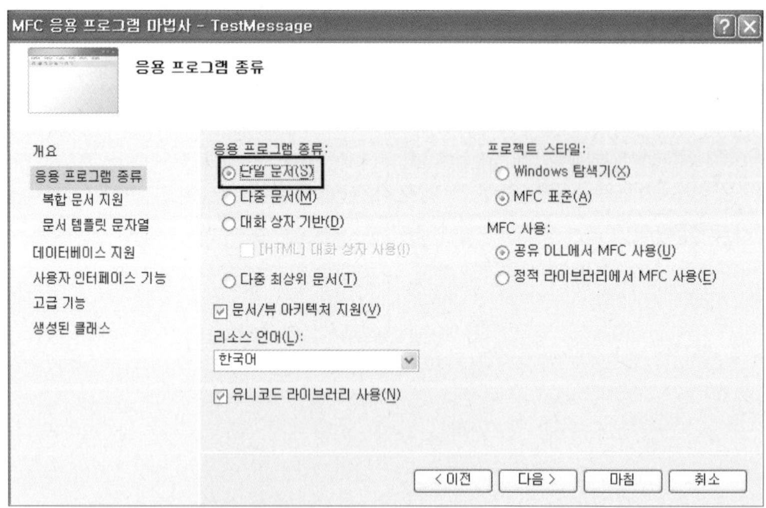

이제 응용 프로그램 마법사로 TestMessage라는 프로젝트를 만들었다. 빌드(Build)하고 실행하
면 제목 표시줄, 메뉴, 도구 모음이 갖추어진 응용 프로그램이 나타난다. 물론, 응용 프로그램
마법사로 만든 가장 기본적인 형태이다. 이제 여기에 살을 하나씩 입혀 나가면 된다.

1) 메시지 처리기 추가

앞에서 마우스 메시지를 발생시킬거라고 말했었다. 그러면 어떻게 해야 할까? 여기서 눈여겨
봐야 할 부분은 속성 창이다. 속성 창은 프로젝트 생성 후 보통 [클래스 뷰] 아래쪽에 위치한다.
각 클래스에 대한 속성값을 보여준다. 혹시 속성 창이 나타나 있지 않은 경우에는, 다음 세가지
방법으로 속성 창을 열 수 있다. 첫번 째 방법은 클래스 뷰 위에서 임의의 클래스에 마우스 오른
쪽 버튼을 클릭하여 [속성] 메뉴를 선택하면 된다.

두번 째 방법은 [보기 〉 다른 창 〉 속성 창]을 클릭하면 나타난다.

세번 째 방법은 도구 모음에서 [속성 창] 아이콘을 클릭하면 나타난다.

속성 창의 위치는 각자 편한 위치에 놓고 쓰면 되는데, 필자는 주로 클래스 뷰 아래쪽에 배치하여 사용하는 것이 편하다.

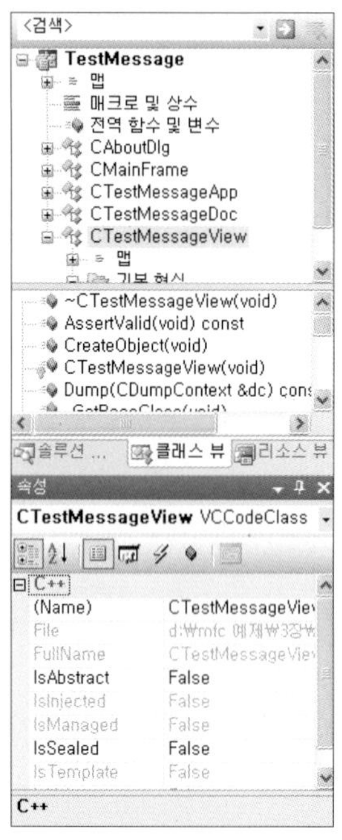

아무튼 속성 창이 열렸다면, 클래스 뷰에서 CTestMessageView를 선택하자. 그러면 선택한 해당 클래스에 대한 속성 정보가 속성 창에 나타난다. 속성 창에서는 메시지, 이벤트, 재정의의 기능을 갖고 있다. 윈도우 프로그램에서는 아주 중요한 핵심 기능들이다.

여기서는 먼저 메시지 발생 시 처리에 관해서만 해 볼 것인데, 마우스 왼쪽 버튼을 클릭했을 때 발생하는 메시지에 대해 뭔가를 처리하도록 해보겠다. 그림에서처럼 WM_LBUTTONDOWN 메시지의 오른쪽 리스트 박스에 있는 메시지 처리기 중에서 OnLButtonDown( )을 선택한다. 그러면 CTestMessageView 클래스에 생성이 된다.

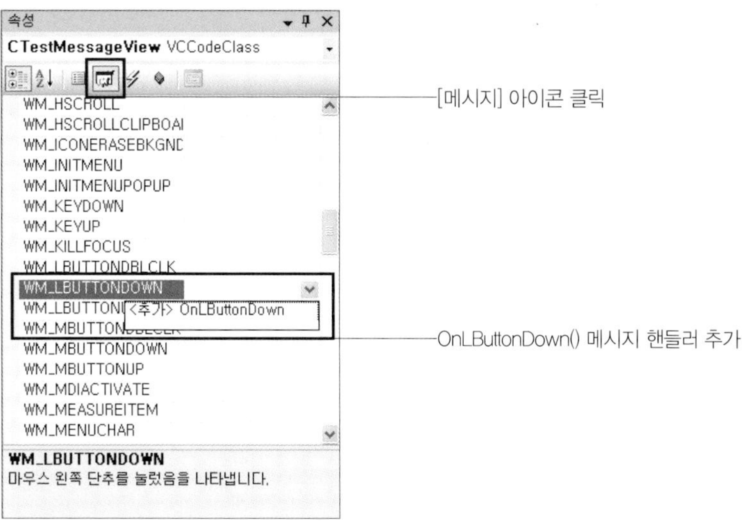

2) 메시지 처리기 생성

OnLButtonDown( )이라는 메시지 처리기의 이름은 우리가 정하는 것이 아니라, WM_LBUTTONDOWN 메시지 발생 시 이러한 메시지 처리기를 생성하겠노라고 MFC에 사전에 등록되어 있는 것이다. 그러므로 개발자는 정해진 메시지 처리기 이름을 사용하고, 생성된 메시지 처리기 안에 필요한 코딩을 하면 된다.

〈OnLButtonDown( ) 메시지 처리기〉

```
void CTestMessageView::OnLButtonDown(UINT nFlags, CPoint point)
{
        CView::OnLButtonDown(nFlags, point);
}
```

사용자가 마우스 왼쪽 버튼을 클릭하면 메시지가 발생해서, 연결된 메시지 처리기에 의해 처리된다고 했다. 그러므로 여기서는 메시지 처리기가 "왼쪽 버튼을 눌렀습니다."라는 메시지 박스를 띄우도록 해보겠다. 메시지 처리기에 다음과 같이 코딩하자.

```
void CTestMessageView::OnLButtonDown(UINT nFlags, CPoint point)
{
        AfxMessageBox(_T("왼쪽 버튼을 눌렀습니다."));
        CView::OnLButtonDown(nFlags, point);
}
```

메시지 처리기 OnLButtonDown( )의 매개변수 nFlags와 point는 각각 키 상태와 좌표에 관한
정보를 저장하고 있다. 자세한 내용은 뒤의 마우스 메시지에서 다루게 될 것이다. 일단 코딩한
내용을 빌드 및 실행시켜 보도록 하자. 실행 화면에서 클라이언트 영역 아무데나 마우스 커서를
대고 왼쪽 버튼을 눌러 보자. 그러면 메시지 박스가 나타날 것이다.

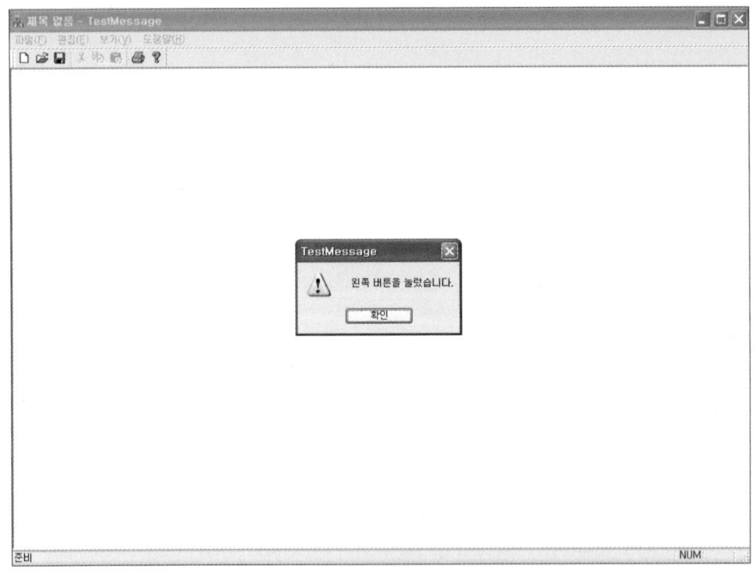

지금까지 메시지란 무엇이며, 메시지와 연결된 메시지 처리기가 어떻게 처리하는지 과정에 대
해서 배웠다. 단지 무작정 따라한 것이기 때문에 방법만 익혔을 뿐이지 큰 의미는 없다. 더 나아
가서 메시지가 발생했을 때, 처리되는 메시지 코드와 메시지 맵의 구성과 원리에 대해서 알아보
도록 하겠다. 즉, 표면적으로 MFC를 이용하여 메시지를 처리하는 방법을 넘어서, 윈도우에서
내부적으로 메시지가 어떻게 처리되는지 원리를 알아보자. 이 과정에서 윈도우 메커니즘의 기
본 개념을 접하게 된다고 해도 과언이 아니다.

Spy++ 유틸리티를 소개하는 이유는 메시지를 후킹(Hooking)하는 능력을 가지고 있기 때문이다. 물론 Spy++은 특정 객체로부터 제목이나 클래스를 알아내는 능력도 가지고 있고, 프로세스나 스레드의 정보까지 보여주는 윈도우 프로그래밍에 있어서는 없어서는 안 될 유용한 도구이다. 비주얼 스튜디오 닷넷을 제대로 설치한 경우 [시작 〉 프로그램 〉 Microsoft Visual Studio 2008 〉 Visual Studio Tool 〉 Spy++] 메뉴를 선택하면 된다.

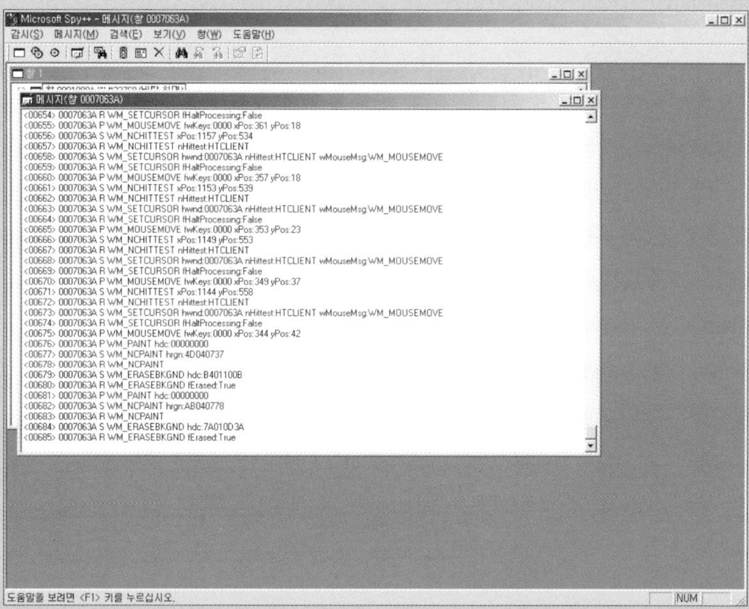

그리고 메모장을 하나 실행하자. 왜냐하면 목표(Target) 프로세스를 메모장으로 잡고, 메모장에서 일어나는 모든 메시지를 후킹(Hooking)하기 위해서이다. 메모장을 실행시켰으면 다시 Spy++로 돌아오자. [창] 윈도우 안에 현재 내 컴퓨터에서 실행되고 있는 프로세스 및 스레드 목록이 열거되어 있다. 이 중에서 방금 실행한 메모장 프로세스를 찾아서 마우스 클릭하고 [감시 〉 로그 메시지] 메뉴를 선택한다. 그러면 [메시지 옵션] 대화 상자가 나타날 것이다.

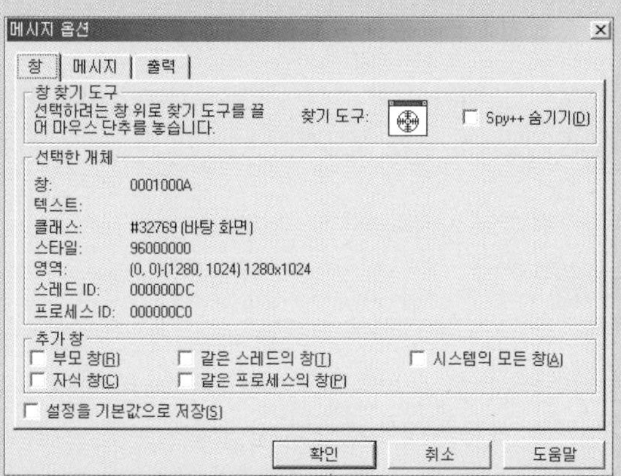

선택한 메모장 프로세스에 관한 정보가 메시지 옵션 대화 상자에 뿌려진다. 찾기 도구 아이콘에 마우스 커서를 놓고 메모장으로 끌어다 놓는다. 그러면 다음과 같은 창이 하나 새로 나타난다.

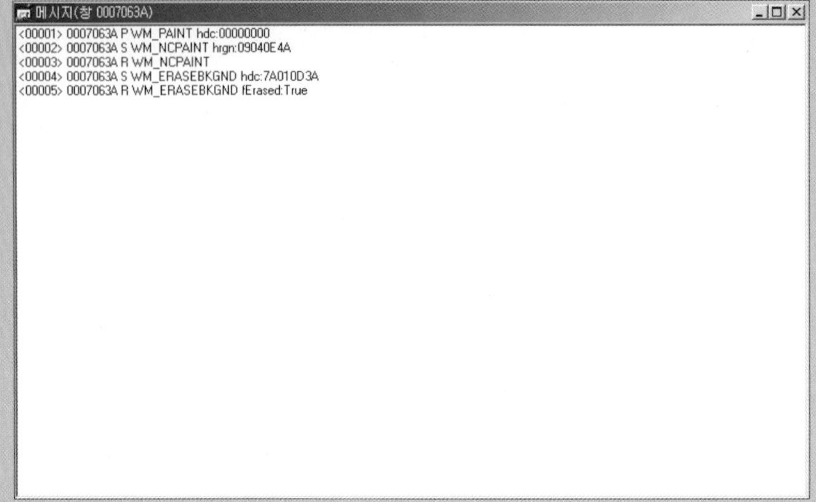

메모장 프로세스에서 일어나는 모든 메시지 내역이 이 창에 나타난다. 메모장에서 마우스를 움직여 보고 어떤 메시지가 일어나는지 관찰해 보도록 하자.

2 MFC 메시지 맵

앞의 예제에서는 메시지 발생과, 메시지 처리기에 의한 처리만을 다루었다. 하지만, 여기에는 생략했던 중요한 코드가 있었다. 그것이 바로 메시지 맵이다.

메시지 맵이란 메시지와 메시지 처리기를 연결해 주는 테이블(Table)로 MFC 프로그램에서 사용하는 메시지 처리 메커니즘이다. 메시지 맵은 다음과 같은 요소들로 구성된다.
- DECLARE_MESSAGE_MAP : 메시지 맵을 선언한다.
- BEGIN__MESSAGE_MAP : 메시지 맵을 시작한다.
- END_MESSAGE_MAP : 메시지 맵을 종료한다.

1) 코드 상의 메시지 맵

TestMessage 프로젝트의 예를 보면 TestMessageView.h 헤더 파일에서는 DECLARE_MESSAGE_MAP으로 메시지 맵을 사용하겠다고 선언되어 있고, TestMessageView.cpp 구현 파일에서는 BEGIN_MESSAGE_MAP과 END_MESSAGE_MAP를 통해 발생한 메시지와 메시지 처리기를 연결해 주고 있다.

〈TestMessageView.h 파일〉

```
protected:
        DECLARE_MESSAGE_MAP( )
```

〈TestMessageView.cpp 파일〉

```
BEGIN_MESSAGE_MAP(CTestMessageView, CView)
        ON_COMMAND(ID_FILE_PRINT, CView::OnFilePrint)
        ON_COMMAND(ID_FILE_PRINT_DIRECT, CView::OnFilePrint)
        ON_COMMAND(ID_FILE_PRINT_PREVIEW, CView::OnFilePrintPreview)
        ON_WM_LBUTTONDOWN( )
END_MESSAGE_MAP( )
```

2) Win32 SDK의 WndProc( )에서 MFC 메시지 맵으로

메시지 맵은 Win32 SDK의 WndProc( ) 함수에서 볼 수 있는 switch~case 문으로 구분된 긴
메시지 처리 부분에 대한 대안으로 제시되었다. 다음 그림을 보도록 하자.

〈Win32 윈도우 프로시저와 MFC 메시지 맵〉

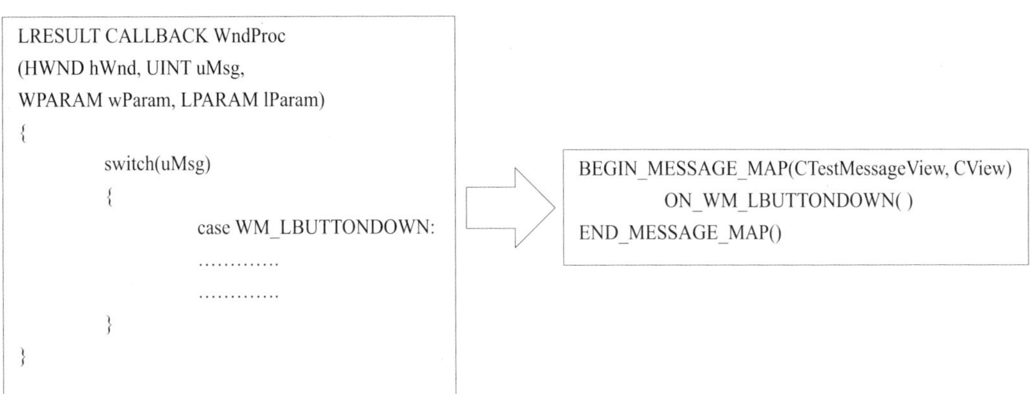

Win32 SDK의 경우 메시지 처리가 많아질수록 윈도우 프로시저 내의 switch~case 문은 계속
늘어날 수밖에 없다. 그만큼 프로그램의 효율성이 떨어지게 된다. 그리고 소스 코드의 분석이나
유지 보수에도 악영향을 미치기 때문에 MFC에서는 이를 보완하여 각 메시지에 해당하는 처리
함수를 별도로 관리할 수 있게 하였다.

MFC 내부에 구현된 메시지 매크로는 복잡한 편에 속하지만 그것을 이용하는 개발자는 각 메시지에 맞는 메시지 엔트리를 추가함으로써 간결하게 메시지를 처리할 수 있다. MFC의 메시지 맵을 구현할 때는 다음과 같은 절차를 따른다.

① 메시지 맵 선언
② 메시지 맵 구현
③ 메시지 처리기 선언
④ 메시지 처리기 정의

■ 메시지 맵 선언

클래스 내부에 DECLARE_MESSAGEMAP( ) 매크로를 이용하여 선언한다. 예제의 경우 CTestMessageView 클래스를 보면 다음과 같이 선언되어 있다.

〈TestMessageView.h 파일〉

```
protected:
        DECLARE_MESSAGE_MAP( )
```

■ 메시지 맵 구현

메시지 맵을 구현할 때에는 BEGIN_MESSAGE_MAP과 END_MESSAGE_MAP 매크로 사이에서 구현한다. BEGIN_MESSAGE_MAP 매크로의 첫 번째 인수는 메시지 맵이 정의된 클래스 이름이고, 두 번째 인수는 상속받은 상위 클래스 이름이다.

〈TestMessageView.cpp 파일〉

```
BEGIN_MESSAGE_MAP(CTestMessageView, CView)
        ON_WM_LBUTTONDOWN( )
END_MESSAGE_MAP( )
```

이 문장에 의해 메시지 처리기와 실제 메시지가 연결되는 것이다.

■ 메시지 처리기 선언

전달받은 메시지를 적절히 처리하는 함수를 메시지 처리기라고 한다. 메시지 처리기는 일반 클래스의 멤버 함수와 몇 가지 다른 점이 있다. 메시지 처리기도 함수이기 때문에 함수의 원형을 선언한 후에 정의가 뒤따르게 된다. 예제의 경우에 WM_LBUTTONDOWN 메시지에 대한 메시지 처리기의 원형이 다음과 같이 선언된다.

〈TestMessageView.h 파일〉

```
public:
        afx_msg void OnLButtonDown(UINT nFlags, CPoint point);
```

여기서 afx_msg 매크로는 실제로는 아무런 의미가 없는 빈 매크로이지만 개발자에게 이 함수가 메시지 처리기라는 것을 알려준다. 즉, 일반 멤버 함수와 메시지 처리기를 구분하기 위함이라고 보면 되겠다. 일반 멤버 함수는 개발자가 직접 적절한 함수명을 부여할 수 있지만, 메시지 처리기의 경우에는 MFC에 의해 미리 정의된 가상 함수를 사용하기 때문에 개발자 임의로 메시지 처리기의 이름을 부여할 수 없다.

■ 메시지 처리기 정의

메시지 처리기도 다른 멤버 함수처럼 구현 파일에 정의한다. 다음은 메시지 처리기의 정의 부분 코드이다.

〈TestMessageView.cpp 파일〉

```
void CTestMessageView::OnLButtonDown(UINT nFlags, CPoint point)
{
        AfxMessageBox(_T("왼쪽 버튼을 눌렀습니다."));
        CView::OnLButtonDown(nFlags, point);
}
```

일반 함수는 함수의 선언과 정의만 해주면 되지만, 메시지 처리기는 선언과 정의뿐만 아니라 메시지를 사용하겠다는 메시지 선언과 구현이 수반되어야 한다. 메시지만 놓고 보았을 때 뭐가 이리 복잡하고 해주어야 할 절차도 번거로운가 하는 생각이 들지 모르겠다. 하지만, 잠시 눈을 감고, 냉철한 이성으로 곰곰이 따져 보자. 일반 함수 구현이라면 함수 선언하고 정의하면 잘 동작한다. 그리고 특정 프로그램 내에서 적절한 시점에 이 함수를 호출하여 적절하게 잘 쓰고 적절하게 끝낼 것이다.

하지만, 메시지의 경우는 어떤가? 메시지는 일정하게 주기적으로 발생하기 보다는 사용자에 의해 예측불허의 상태로 발생하는 경우가 다반사다. 그리고 주로 외부의 입력이나 출력 또는 프로그램 윈도우의 생성과 소멸에 관련된 필수적인 처리에 관하여 메시지 형태로 이미 MFC에서 지원하고 있다. 즉, 메시지가 처리하는 부분을 직접 일반 함수처럼 구현한다면 아마도 디바이스 드라이버 부분까지 처리해야 하는 번거로운 상황이 되었을지 모른다.

지금처럼 개발자는 메시지를 사용하겠다는 선언만 하면 운영체제에서 선처리는 모두 해주기 때문에 마치 일반 함수 사용하듯이 처리할 수 있는 것이다. MFC의 여러 장점 중에 하나이고, 이러한 MFC의 랩핑(Wrapping)은 개발 속도와 효율면에서 많은 기여를 하였다. 하지만, 랩핑된 부분만 보고 내부를 들여다 보지 않는다면 눈먼 장님이 코끼리 만지는 것과 같을 것이다. 항상 MFC 내부 원리에 관심을 갖도록 하자.

클래스 마법사

클래스 마법사(Class Wizard)는 Visual C++ 6.0까지만 지원되었던 개발 도구이다. 보통 메시지 맵이나 클래스 멤버의 추가 및 삭제 등등 클래스 마법사 하나에 MFC에서 사용할 수 있었던 유용한 기능들이 통합되어 있었다고 해도 과언이 아니었다. 하지만, 초보자들에게는 클래스 마법사를 이해하는데 꽤 많은 시간이 필요했을 것이다. 그만큼 MFC의 구조나 원리를 알아야 클래스 마법사를 충분히 이해하고 쓸 수 있었기 때문이다.

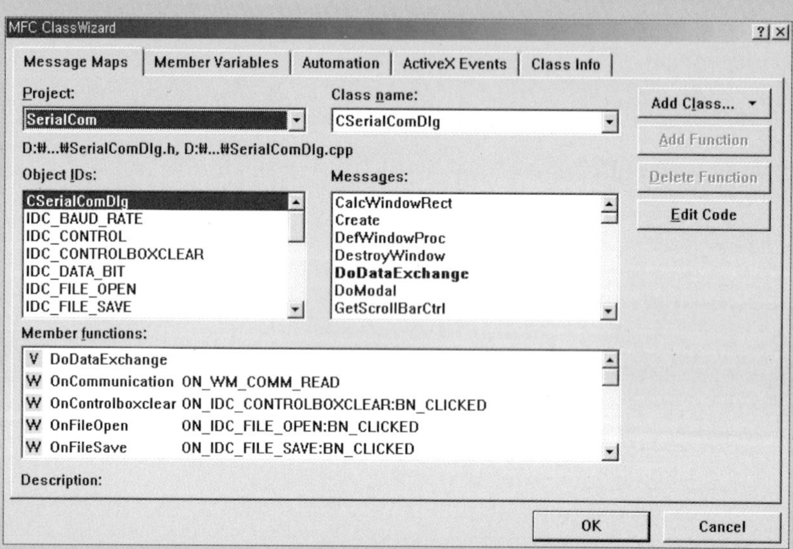

아마도 개발자의 편리성을 좀더 고려해서 Visual C++ 7.0에서는 개발 환경 구조를 대폭 바꾸었다고 할 수 있다. 클래스 마법사의 속성들이 분산이 되어서 메시지 맵과 같은 기능은 속성 창으로 이전하게 되었고, 별도로 클래스 마법사를 이용하지 않아도 되게 되었다.

결국 기능 자체가 수정된 것이 아니라, 기능들을 여러 도구에 분산했다고 할 수 있다. 마이크로소프트사에서 버전업하면서 효율성을 고려하여 수정한 것이지만, 결국 선택은 개발자 본인이 편리한 대로 구성하고 선택하여 사용하면 되는 것이다.

윈도우 운영체제는 메시지 기반의 운영체제라고 말했었다. 그러므로 메시지가 발생하면 운영체제는 프로그램에 메시지 발생을 알리고, 개발자는 메시지 처리기를 통해서 처리를 해준다고 하였다. 이것이 앞에서 배웠던 메시지 기반의 처리 과정이다. 처음부터 메시지를 노래 부르다시피 얘기를 하는데, 정작 메시지의 실체에 대해서는 언급한 적이 없다. 그래서 메시지의 구조체나 메시지를 어떻게 식별하는지에 대해서 알아보도록 하자.

1) 메시지 구조체

MSDN에서 색인란에 msg를 입력하면 MSG 구조체에 관한 자세한 정보를 볼 수 있다. 구조체의 6개의 멤버 중에 주로 쓰이는 멤버는 hwnd, message, wParam, lParam, 이렇게 4개이다. 이 중 가장 중요한 멤버는 메시지 식별 번호를 담고 있는 message이다. 이것에 관하여 좀더 자세하게 알아보자.

〈MSG 구조체〉

```
typedef struct tagMSG { // msg
        HWND hwnd;
        UINT message;
        WPARAM wParam;
        LPARAM lParam;
        DWORD time;
        POINT pt;
} MSG;
```

- hwnd : 윈도우 핸들이다.
- message : 메시지 식별 번호이다.

메시지 식별 번호인 message는 0x0000에서 0xFFFF 사이의 값을 갖는데, 메시지의 유형에 따라 다음과 같이 네 영역으로 나눌 수 있다. 10진수로 기술한다면 0부터 65,535까지의 범위를 가지고 있는 셈이다.

메시지 구분	범위	범위의 10진수 표현
시스템 정의 메시지	0x0000 ~ 0x03FF	0 ~ 1,023
사용자 정의 창 메시지	0x0400 ~ 0x7FFF	1,024 ~ 32,767
사용자 정의 프로그램 메시지	0x8000 ~ 0xBFFF	32,768 ~ 49,151
사용자 정의 문자열 메시지	0xC000 ~ 0xFFFF	49,152 ~ 65,535

이해를 쉽게 하기 위해서 16진수를 10진수로도 같이 표기하였다. 구분은 네 가지로 했지만, 실

질적으로 시스템 정의 메시지와 사용자 정의 메시지 두 가지로 구분할 수 있고, 시스템 정의 메시지는 이미 운영체제가 미리 예약해 놓은 메시지이므로 사용할 수 없는 영역이다. 즉, 앞에서 WM_LBUTTONDOWN과 같이 속성 창의 메시지 리스트 박스에 나타났던 많은 메시지들이 시스템 정의 메시지로 예약이 되어 있다는 말이다. 메시지를 정의하여 쓰고 싶다면 0x0000 ~ 0x03FF 범위 값만 피하고 그 이상의 (물론 0xFFFF까지) 값을 정의해서 사용해도 무방하다.

2) 메시지 식별 매크로

대부분의 시스템 정의 메시지는 winuser.h 파일에 매크로로 정의되어 있다. 이 파일에 정의 되어 있는 메시지는 다음과 같다.

```c
 * Window Messages
 */

#define WM_NULL                         0x0000
#define WM_CREATE                       0x0001
#define WM_DESTROY                      0x0002
#define WM_MOVE                         0x0003
#define WM_SIZE                         0x0005

#define WM_ACTIVATE                     0x0006
/*
 * WM_ACTIVATE state values
 */
#define       WA_INACTIVE      0
#define       WA_ACTIVE        1
#define       WA_CLICKACTIVE   2

#define WM_SETFOCUS                     0x0007
#define WM_KILLFOCUS                    0x0008
#define WM_ENABLE                       0x000A
#define WM_SETREDRAW                    0x000B
#define WM_SETTEXT                      0x000C
#define WM_GETTEXT                      0x000D
#define WM_GETTEXTLENGTH                0x000E
#define WM_PAINT                        0x000F
#define WM_CLOSE                        0x0010
#ifndef _WIN32_WCE
#define WM_QUERYENDSESSION              0x0011
#define WM_QUERYOPEN                    0x0013
#define WM_ENDSESSION                   0x0016
#endif
#define WM_QUIT                         0x0012
#define WM_ERASEBKGND                   0x0014
#define WM_SYSCOLORCHANGE               0x0015
#define WM_SHOWWINDOW                   0x0018
#define WM_WININICHANGE                 0x001A
#if(WINVER >= 0x0400)
#define WM_SETTINGCHANGE                WM_WININICHANGE
#endif /* WINVER >= 0x0400 */


#define WM_DEVMODECHANGE                0x001B
#define WM_ACTIVATEAPP                  0x001C
#define WM_FONTCHANGE                   0x001D
#define WM_TIMECHANGE                   0x001E
#define WM_CANCELMODE                   0x001F
#define WM_SETCURSOR                    0x0020
#define WM_MOUSEACTIVATE                0x0021
#define WM_CHILDACTIVATE                0x0022
#define WM_QUEUESYNC                    0x0023
```

표에서 시스템 정의 메시지 범위는 0x0000 ~ 0x03FF라고 하였다. 여기서 눈여겨 보아야 할 부분이 있다. 메시지 정의 중에 다음과 같이 정의되어 있는 부분을 볼 수 있을 것이다.

```c
#define WM_USER                 0x0400

#if(WINVER >= 0x0400)
#define WM_APP                  0x8000
#endif /* WINVER >= 0x0400 */
```

0x03FF까지는 시스템 정의 메시지로 사용할 수 있었고, 그 이후로는 사용자 정의 메시지로 사용할 수 있다. 즉, 시스템 정의 메시지와 사용자 정의 메시지가 충돌이 나지 않도록 하기 위함이다. 그래서 사용자 정의 메시지를 사용할 때는 보통 WM_USER 매크로를 이용한다. 값은 0x400이므로 시스템 정의 메시지로부터 벗어난 값이고, 사용 시 WM_USER를 더한 값으로 정의한다. 때로는 WM_APP 매크로를 이용해도 무방하다. 사용 예를 보도록 하자.

```
#define WM_REBOOT                    WM_USER + 1        //껐다 켜도록 하는 사용자 메세지
#define WM_RCV                  WM_APP + 333      //서버로부터 받는 사용자 메세지
```

WM_USER 메시지는 이미 사용자 메시지로 정의되어 있고, 값은 0x400이다. 여기에 1을 더하였으므로 0x401이 될 것이고, 이 값 또한 사용자 메시지 식별 번호로써 손색이 없다. 사용자 메시지로는 WM_REBOOT라고 정의해 주었다. 그리고 WM_APP 또한 0x8000이므로 여기에 333을 더한 값이 WM_RCV 메시지의 메시지 식별 번호가 된다.

3) 메시지 전달

발생한 메시지는 일단 운영체제로 전달된다. 좀더 자세하게 말하면 윈도우 프로시저로 전달이 되어서 처리하게 된다. 앞에서 메시지 맵에 관하여 공부할 때 설명을 했으므로 더 자세하게 언급하지 않겠다. 하지만, 한가지 짚고 넘어가야 할 것은 윈도우 프로시저로 전달되는 과정에서 메시지 큐를 통해 전달되는 메시지가 있고, 메시지 큐를 통하지 않고 전달되는 메시지가 있다는 것이다.

■ 메시지 큐를 경우하는 경우

급하게 처리할 필요가 없는 메시지들은 메시지 큐를 경유하여 메시지 루프를 통해 윈도우 프로시저에게 전달된다. 예를 들면 WM_PAINT나 WM_QUIT 메시지들이 그렇다. 그리고 입력 메시지와 같은 경우에도 메시지 큐를 경유한다. 예를 들면 WM_LBUTTONDOWN, WM_RBUTTONDOWN, WM_KEYDOWN, WM_TIMER와 같은 메시지들이 그러하다. 간단한 모식도를 보도록 하겠다.

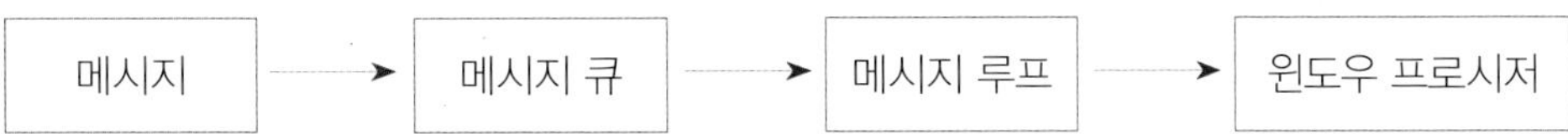

입력 메시지를 제외한 대부분 메시지들은 메시지 큐와 메시지 루프를 경유하지 않고 바로 윈도 우 프로시저에게 전달된다. 예를 들면 WM_CREATE, WM_SIZE, WM_CLOSE 등등이 이에 해당하는 메시지들이다. 간단한 모식도를 보도록 하겠다.

메시지 큐를 경유하는 메시지와 경유하지 않는 메시지를 보았는데, 이 둘을 어떤 기준으로 나눈 것인가? 간단하다. 각 메시지의 메시지 처리기를 보면 반환 값이 있는 메시지 처리기가 있고, 반환 값이 없는 메시지 처리기가 있다. 반환 값이 있는 메시지의 경우에는 메시지 큐를 경유하 지 않고, 반환 값이 없는 메시지의 경우에는 메시지 큐를 경유한다. 왜냐하면 반환 값 자체가 중 요하기 때문에 만약에 메시지 큐가 처리한다면 반환 값을 받기 전까지 처리하지 못하는 경우가 생길 수도 있기 때문이다.

참고	윈도우 프로그램을 잘 하는 방법

영어 잘하는 사람에게 어떻게 해야 영어를 잘할 수 있냐고 묻곤 한다. 그러면 십중팔구 왕도가 없다는 말을 하고, 무조건 많이 듣고, 많이 해보면 된다고 한다. 물론 그 와중에 한가지 첨가한다면 어휘를 많이 알고 있으면 실력 향상에 도움이 될 것이라고 한다. 맞는 말이다.

누군가가 어떻게 해야 윈도우 프로그래밍을 잘할 수 있냐고 물어 본다면, 마찬가지로 프로그래밍에도 왕도가 없다고 말해 주고 싶다. 마찬가지로 많이 짜보면 된다. 물론 이번 시간에 배운 메시지에 대해서 그리고 윈도우 프로그래밍에서 자주 쓰이는 함수에 대해서 많이 알고 있으면 큰 도움이 된다. 즉, 영어에 있어서 어휘에 해당한다고 볼 수 있겠다.

하지만 영어처럼 무작정 외울 필요는 없다. 도움말이 있기 때문이다. 외우지는 말고, 눈에 많이 익히고, 익숙해지면 된다. 결국 프로그래밍에 시간을 많이 투자하라는 얘기다. 특히 한번 사용했던 함수 혹은 메시지에 대해서는 MSDN을 참고해서 눈도장을 꽉 찍고 잊어버리지 않도록 하자. 가끔 메모나 기록을 해놓는 꼼꼼한 사람들도 있지만, 필자는 게을러서 그렇게는 못하고 있다.

메시지 이벤트를 많이 발생 시키는 장치 중에 하나가 마우스이다. 우리가 사용하는 마우스를 통해서 어떤 메시지가 어떻게 전달 되는지 살펴보도록 하자.

마우스는 윈도우 운영체제로 넘어가면서 비주얼 환경에 유용한 입력 장치로 개발되었다. 마우스 커서를 통해서 마우스의 위치를 표시할 수 있고, 버튼이나 메뉴 같은 컨트롤 대상을 클릭, 더블 클릭, 혹은 드래그를 통해서 메시지 발생이 가능하다. 아직은 이런 말들이 약간 어렵게 느껴질 수 있겠지만, 쉽게 말하면 개발자로서 마우스를 사용할 때 윈도우 운영체제 내부적으로 어떤 메시지들이 발생하는지 알아보고 싶다는 말이다.

마우스를 그냥 한 번 클릭해 보고 더블 클릭도 해보자. 그리고 약간의 시간차를 두고 두 번 클릭도 해보자. 평소에는 으레 당연하게 더블 클릭 및 클릭을 했던 것이 약간은 새롭게 느껴질 수 있을 것이다. 무심코 클릭했던 바탕 화면의 폴더들과 마우스 간에 발생하는 메시지 가 다양하게 일어난다는 것. 복잡하게 느껴질 수도 있지만, 신기하지 않은가? 마우스 조작 시에 어떤 메시지들이 발생하는지, 또 윈도우 프로시저의 lParam과 wParam 인수로 어떠한 정보들이 들어오는지 이번 시간에 알아보도록 할 것이다.

1······ 마우스 메시지

마우스 조작법은 그리 복잡하지 않다. 보통은 왼쪽 버튼을 많이 사용하고, 팝업 메뉴를 이용할 때 오른쪽 버튼을 사용하기도 한다. 실제로 중간 버튼은 거의 사용하지 않는데, 간혹 착각하기 쉬운 부분 중에 하나가 마우스 중간의 휠을 중앙 버튼으로 오인하기 쉬운데, 중앙 버튼이 있는 마우스가 따로 있다. 하지만, 일반적으로 사용하지 않을 뿐이다. 가운데 휠과 중앙 버튼과는 아무런 상관이 없다는 것을 명심하기 바란다. 왼쪽 버튼을 많이 쓰는 만큼 더블 클릭도 많이 사용한다.

사용자 입장에서 마우스 조작은 왼쪽, 오른쪽, 가운데 버튼을 클릭하거나 더블 클릭을 한다. 각 버튼을 클릭했을 때, 혹은 더블 클릭했을 때 어떤 메시지가 발생하는지에 대해서 알아보도록 하자.

〈마우스 메시지〉

버튼	누름	놓음	더블 클릭
왼쪽	WM_LBUTTONDOWN	WM_LBUTTONUP	WM_LBUTTONDBLCLK
오른쪽	WM_RBUTTONDOWN	WM_RBUTTONUP	WM_RBUTTONDBLCLK
가운데	WM_MBUTTONDOWN	WM_MBUTTONUP	WM_MBUTTONDBLCLK

표를 보면 각 버튼의 위치에 따라서 왼쪽, 오른쪽, 가운데로 나누었고, 각 버튼의 발생한 메시지에 따라서 누름, 놓음, 더블 클릭, 세 가지로 분류하였다. 한 가지 예를 들자면, 만약 마우스 왼쪽 버튼을 클릭했을 때는, 표에서 왼쪽/누름에 해당하는 WM_LBUTTONDOWN 메시지가 발생할 것이다.

그리고 마우스 메시지에서는 부가 정보가 따라온다. 즉, 윈도우 프로시저의 인수 lParam과 wParam을 통해서 각각 마우스 좌표와 키 상태 정보가 같이 들어오게 된다.

마우스 버튼을 클릭했을 때, 마우스를 클릭한 지점의 좌표 정보가 윈도우 프로시저 인수의 lParam에 HIWORD와 LOWORD로 나누어서 (x, y)로 입력이 된다. lParam은 전체 8바이트 크기의 자료형인데, 앞의 4바이트는 X 좌표를 나타내고, 뒤의 4바이트는 Y 좌표를 나타낸다. 각각의 좌표 값을 분리하기 위해서 LOWORD와 HIWORD 매크로를 사용한다.

윈도우 프로시저 인수의 wParam으로는 키 상태 정보가 들어온다. 파일 여러 개를 선택할 때 Ctrl이나 Shift 키를 마우스 버튼과 같이 사용하는데 적용된다. 인수 wParam으로 다음과 같은 키 상태가 전달 된다.

〈키 상태 상수〉

상수	설명
MK_CONTROL	Ctrl 키가 눌려져 있다.
MK_LBUTTON	마우스 왼쪽 버튼이 눌려져 있다.
MK_RBUTTON	마우스 오른쪽 버튼이 눌려져 있다.
MK_MBUTTON	마우스 중간 버튼이 눌려져 있다.
MK_SHIFT	Shift 키가 눌려져 있다.

2 클라이언트/비클라이언트 영역

윈도우 운영체제에서 응용 프로그램을 생성하면 기본적으로 제목 표시줄, 메뉴, 도구 모음, 그리고 상태 표시줄 등이 프레임을 이루고, 그 안쪽에 흰 빈 공간이 만들어진다. 이것이 윈도우 응용 프로그램의 기본 폼이라 할 수 있겠다. 예를 들어서 메모장과 같은 일반 편집기를 보더라도 그렇다. 여기서 안쪽의 흰색 영역을 클라이언트 영역이라고 한다.

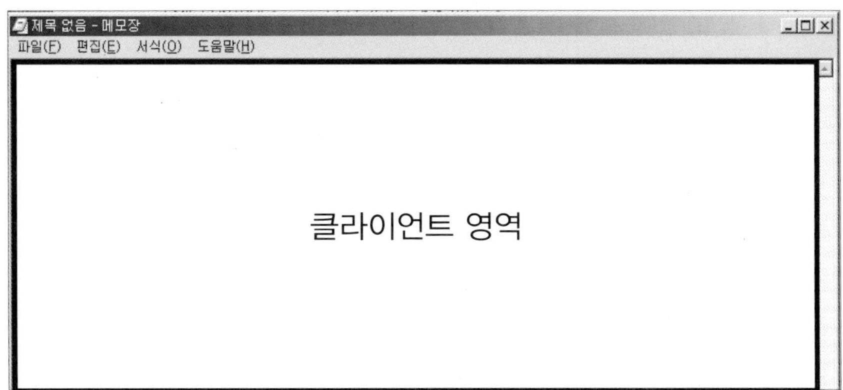

마우스 커서가 항상 클라이언트 영역에만 머무르지는 않을 것이다. 메뉴나 스크롤 바나 제목 표시줄과 같이 클라이언트 영역을 둘러싸고 있는 응용 프로그램의 프레임 부분을 비클라이언트 영역이라 부른다.

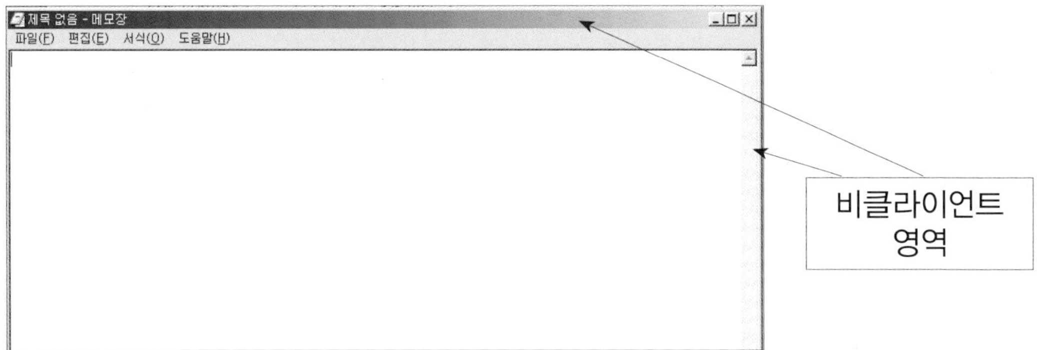

윈도우 운영체제는 사용자가 마우스를 조작할 때 커서가 클라이언트 영역에 있는지 아니면 비클라이언트에 있는지에 따라서 다른 메시지가 발생한다. 메시지 이름을 표기할 때 기준은 클라이언트 영역이다.

예를 들어서 마우스의 왼쪽 버튼을 클릭했을 때 클라이언트 영역에서는 WM_LBUTTONDOWN 메시지가 발생하지만, 비클라이언트 영역에서 똑같이 했다면, WM_NCLBUTTONDOWN 메시지가 발생한다. 쉽게 생각하면, 일반 마우스 메시지 (WM_XXX)는 클라이언트 영역에서의 메시지이고, 비클라이언트 영역에서의 메시지는 무조건 WM_NCXXX 식으로 표기한다고 보면 된다.

3 히트 테스트 코드

방금 앞에서 비클라이언트 영역에서는 WM_NCXXX 식의 메시지가 발생한다고 하였다. 그리고 마우스 메시지에서는 매개변수 lParam과 wParam에 정보가 담겨 들어온다고 하였다. 물론 클라이어트 영역과 비클라이언트 영역 모두 해당되는 이야기이다. 클라이언트 영역의 경우에는 인수 lParam에 마우스 좌표가 들어 있고 인수 wParam에는 키 상태가 들어 있다. 비클라이언트 영역의 경우에도 인수 lParam에는 마우스 좌표가 마찬가지로 들어 있지만, 인수 wParam에는 히트 테스트 코드가 들어 있다. 여기서 히트 테스트라는 것은 비클라이언트 영역의 속성상 프레임의 의미 있는 기능이나 위치와 관련된 정보이다. 예를 들면 마우스 위치가 비클라이언트 영역의 캡션 바에 위치해 있으면 히트 테스트 코드 HTCAPTION이 들어 있게 될 것이다. 프레임의 종료 버튼에 마우스가 위치한다면 히트 테스트 코드 HTCLOSE가 들어 있을 것이다. 다음 표는 응용 프로그램 각 부위의 히트 테스트 코드를 정리한 것이다.

〈히트 테스트 코드〉

히트 테스트 코드	설명
HTBOTTOM	커서가 윈도우 하단에 위치한다.
HTCAPTION	커서가 캡션 바에 위치한다.
HTCLIENT	커서가 클라이언트 영역에 위치한다.
HTCLOSE	커서가 닫기 버튼에 위치한다.
HTLEFT	커서가 윈도우 좌측 경계선에 위치한다.
HTMAXBUTTON	커서가 최대화 버튼에 위치한다.
HTMENU	커서가 메뉴 바 영역에 위치한다.
HTMINBUTTON	커서가 최소화 버튼에 위치한다.
HTSIZE	커서가 윈도우 크기 조절에 위치한다.
HTSYSMENU	커서가 시스템 메뉴 영역에 위치한다.

다음 그림은 히트 테스트 코드를 메모장을 기준으로 해서 예를 든 것이다.

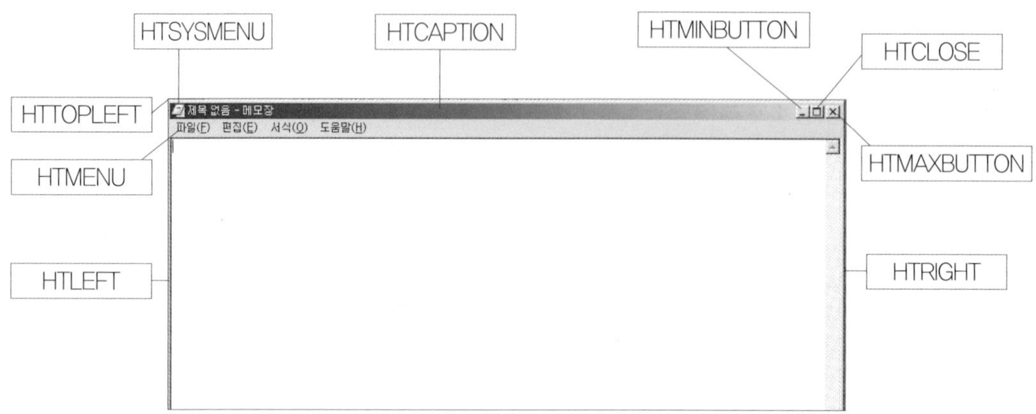

지금까지 배웠던 마우스의 기본적인 메시지 발생, 키 상태 그리고 클라이언트 영역의 좌표와 비 클라이언트에서의 좌표 등 총 망라한 예제를 들어보도록 하겠다.

1) MFC 프로젝트 생성

비주얼 스튜디오 닷넷을 실행하고, [파일 〉 새로 만들기 〉 프로젝트]를 선택한다. 다음과 같이 새 프로젝트 대화 상자가 나오면 왼쪽 패널인 프로젝트 형식에는 [Visual C++ 〉 MFC] 항목을 선택하고, 오른쪽 패널인 템플릿에는 [MFC 응용 프로그램]을 선택한다. 그리고 프로젝트 이름 으로는 [MouseMsg] 라고 정하자. 입력이 끝났으면 [확인] 버튼을 누르도록 하자.

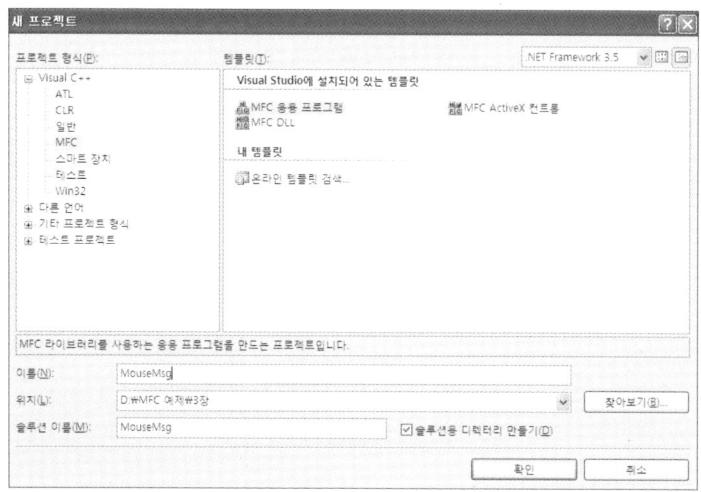

2) MFC 응용 프로그램 마법사 설정

그 다음으로 앞에서 경험했던 MFC 응용 프로그램 마법사의 총 7단계를 거쳐서 응용 프로그램 의 기본 골격을 자동으로 만들자. 이 과정에서 소켓의 사용 여부나 데이터베이스의 사용 여부 및 응용 프로그램의 종류, 라이브러리의 사용 여부, 파일의 이름 수정 등등 하나의 응용 프로그 램을 만드는데 있어서 필요한 다양한 옵션을 보여준다. 개발자는 이 중에서 몇 가지 옵션을 선 택하면서 단 한 줄의 코드도 작성하지 않고, 개발자의 취향대로 응용 프로그램을 제작하게 된 다. 마우스 예제에서는 응용 프로그램 종류의 [단일 문서] 옵션만 체크하고 [마침] 버튼을 누르 도록 하겠다.

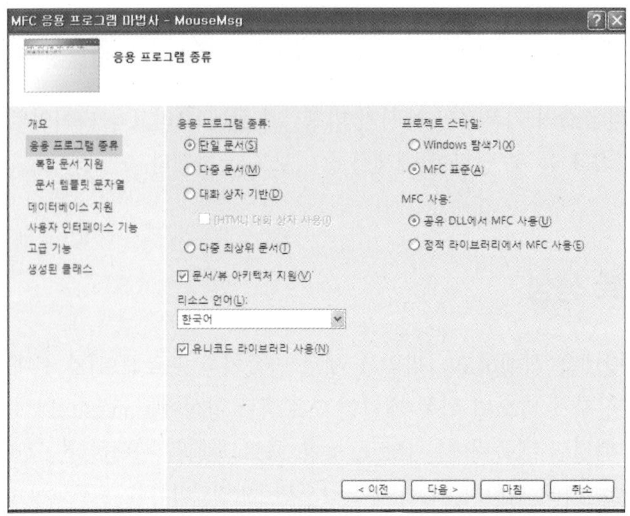

[마침] 버튼을 누르고 나면 기본적인 개발 환경이 갖추어지게 된다. 솔루션 탐색기, 클래스 뷰, 리소스 뷰, 세 가지 창이 기본적으로 제공이 된다. 각 파일별 소스를 보고 싶을 때는 솔루션 탐색기로 보는 것이 편하고, 리소스를 편집하거나 추가할 때는 리소스 뷰를, 클래스별로 소스를 구분하여 보고 싶을 때는 클래스 뷰로 가서 보면 된다.

3) 빌드 및 실행

일단 응용 프로그램 마법사로 코드 한 줄 작성하지 않고, 몇 단계를 거쳐서 기본적인 코드가 만들어졌다. 직접 작성한 것은 아니지만, 응용 프로그램 마법사를 통해서 응용 프로그램의 기본 골격에 해당하는 코드가 자동으로 생성된 것이다. 그러면 기본적으로 어떤 프로그램이 만들어졌는지 [빌드(F7)] 버튼을 눌러서 빌드해 보도록 하겠다.

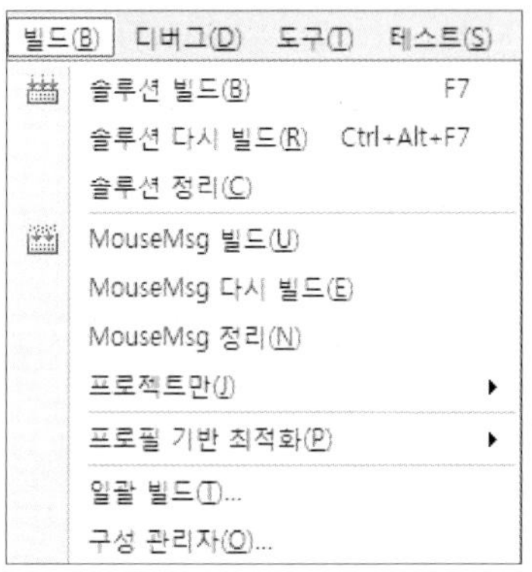

빌드 후에 [디버깅 하지 않고 시작] 버튼을 눌러 보자. 단축키는 [Ctrl + F5]이다. 다음 그림과 같이 실행된다. 한 줄의 코드도 작성하지 않았는데, 기본적인 제목 표시줄, 메뉴, 도구 모음, 상태 표시줄, 시스템 메뉴 및 최대, 최소, 닫기 버튼까지 모두 만들어져 있다. 이러한 것들은 기본적으로 응용 프로그램 마법사가 작성해 준 것이고, 이것을 밑천으로 독자들이 살을 붙여 나가야 한다.

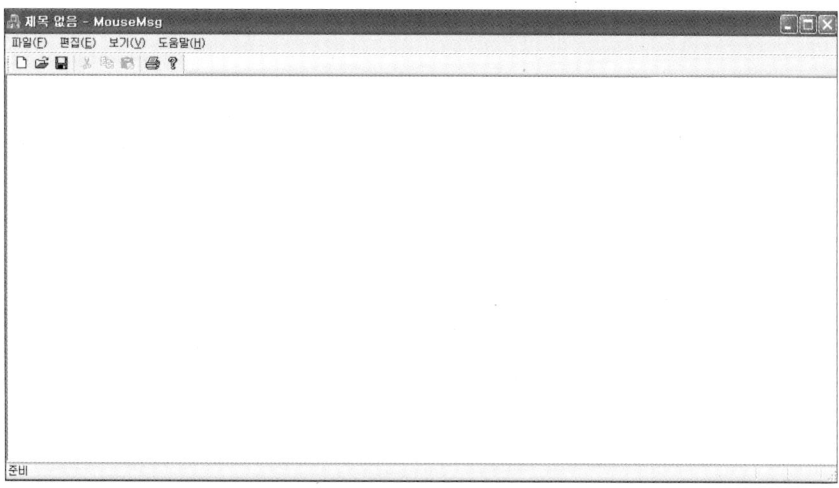

4) 코드 추가

지금부터는 원하는 기능을 구현하기 위해 코딩하면서 살을 붙여 나가보도록 하겠다. 먼저 속성 창을 보자. 앞서 필자는 주로 속성 창을 클래스 뷰 아래쪽에 배치해 놓고 사용한다고 했다. 혹시 속성 창이 보이지 않는다면 [보기 〉 다른 창〉 속성 창] 메뉴를 클릭한다. 참고로 Visual C++ 6.0에서의 클래스 마법사(Class Wizard) 기능을 닷넷에서는 속성 창에서 지원한다. 속성 창에는 윈도우가 가지고 있는 메시지들이 다음 그림과 같이 나타난다.

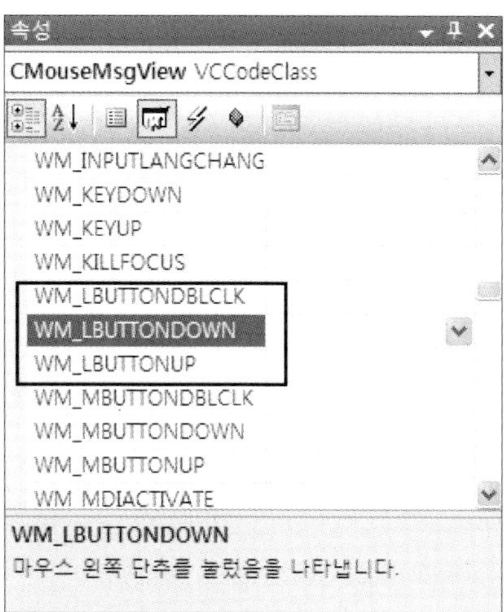

여기서는 마우스 왼쪽 버튼을 클릭했을 때 발생하는 메시지인 WM_LBUTTONDOWN 메시지를 이용해 보도록 하겠다. 마우스 왼쪽 버튼이 클릭되었을 때 어떤 처리를 해주고 싶은 것이므로 이 메시지의 메시지 처리기 OnLButtonDown()을 추가한다. 그리고 다음과 같이 작성하자.

```cpp
void CMouseMsgView::OnLButtonDown(UINT nFlags, CPoint point)
{
        int nX, nY, nKeyState;
        TCHAR strTemp[50];

        nX                      = point.x;
        nY                      = point.y;
        nKeyState       = nFlags;

wsprintf(strTemp, _T("X 좌표:%d        Y 좌표:%d       키상태:%d"), nX, nY, nKeyState);

        AfxMessageBox(strTemp);

        CView::OnLButtonDown(nFlags, point);
}
```

코드를 추가하고 실행해 보자. 그리고 클라이언트 영역 아무 곳에 마우스 왼쪽 버튼을 클릭하자. 그러면 다음과 같이 X, Y 좌표와 키상태 정보가 메시지 박스 위에 출력될 것이다.

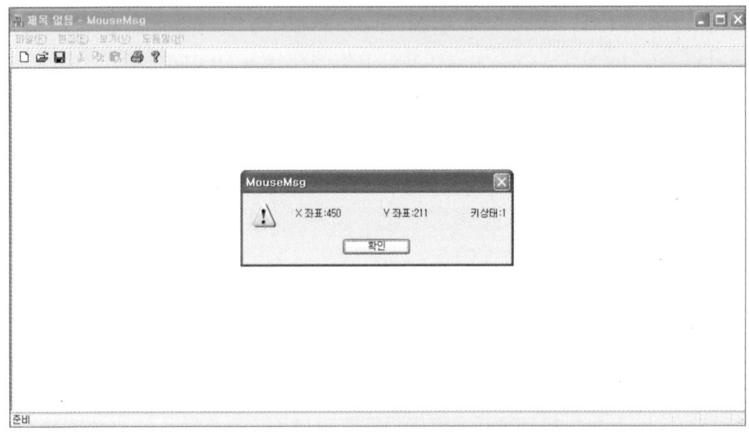

다음으로 비클라이언트 영역에서 마우스 버튼을 클릭했을 때는 어떨까? 앞에서와 마찬가지로 속성 창에서 메시지 목록을 보되, 비클라이언트 영역은 클라이언트 영역을 감싸고 있는 프레임 영역이다. 그러므로 CMouseMsgView에서 메시지 처리기를 생성하면 안되고, CMainFrame 에서 메시지 처리기를 생성해야 한다. 앞에서도 언급했지만, WM_NCXXX 식의 메시지는 비 클라이언트 영역에서 발생하는 메시지라고 하였다. 다음과 같이 비클라이언트 영역에서 마우 스 왼쪽 버튼을 클릭했을 때 메시지 처리기를 만들어 보도록 하겠다. 다음 그림을 보면 WM_ NCLBUTTONDOWN 메시지가 보인다.

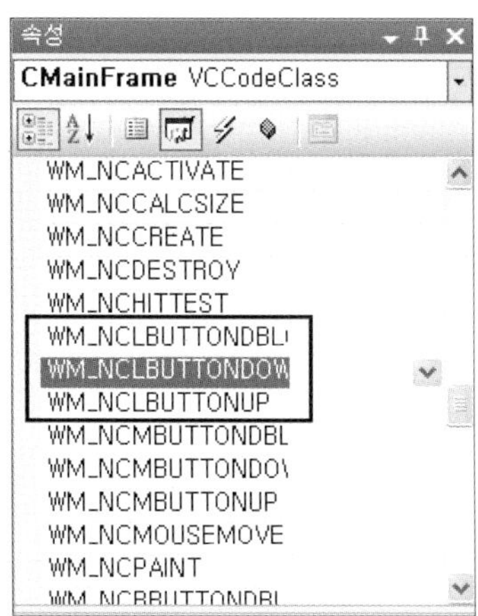

여기에 메시지 처리기 함수를 생성하고 다음처럼 코딩을 하도록 하자.

```cpp
void CMainFrame::OnNcLButtonDown(UINT nHitTest, CPoint point)
{
        int nX, nY, nHit;
        TCHAR strTemp[50];

        nX = point.x;
        nY = point.y;
        nHit = nHitTest;

        wsprintf(strTemp, _T("X좌표:%d      Y좌표:%d      히트 테스트:%d"), nX, nY, nHit);
        AfxMessageBox(strTemp);
        CFrameWnd::OnNcLButtonDown(nHitTest, point);

}
```

그런 다음 다시 빌드(F7)를 하여 실행(Ctrl + F5)해보자. 비클라이언트 영역에서 마우스 왼쪽
버튼을 눌러 보자.

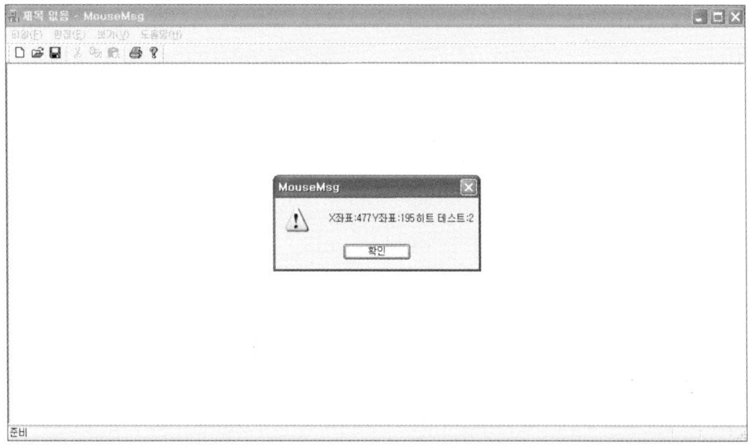

메시지는 반드시 메시지 루프를 거쳐서 윈도우 프로시저로 전달되는 것은 아니지만, 대부분의 메시지는 메시지 루프를 거쳐서 전달된다. Win32 SDK 코드에서는 메시지 루프가 명백하게 잘 드러나지만, MFC에서는 메시지 루프가 표면적으로 드러나지 않는다.

그렇다면 MFC에서의 메시지 루프는 어디에 있을까? CWinApp 클래스에게 상속하는 CWinThread 클래스에 있는 Run( ) 함수가 메시지 루프의 역할을 한다. WM_QUIT 메시지가 발생할 때까지 반복적으로 발생하는 메시지를 가져와서 분배한다. 클래스 뷰의 CWinApp 클래스 하위로 기본 및 인터페이스의 + 확장 표시를 클릭하여 내려가다 보면 CWinThread 클래스의 멤버 Run( ) 함수를 볼 수 있다.

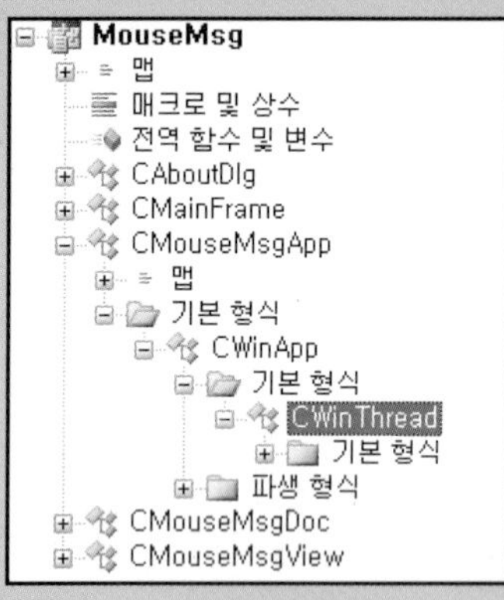

⟨afxwin.h⟩

```cpp
class CWinThread : public CCmdTarget
{
-------- 중간 생략 -----------
        virtual BOOL InitInstance();

        virtual int Run();
        virtual BOOL PreTranslateMessage(MSG* pMsg);
        virtual BOOL PumpMessage();
        virtual BOOL OnIdle(LONG lCount);
        virtual BOOL IsIdleMessage(MSG* pMsg);
        virtual int ExitInstance();
-------- 중간 생략 -----------
};
```

⟨thrdcore.cpp 파일⟩

```cpp
int CWinThread::Run()
{
        ASSERT_VALID(this);
```

```cpp
        _AFX_THREAD_STATE* pState = AfxGetThreadState();

        BOOL bIdle = TRUE;
        LONG lIdleCount = 0;

        for (;;)
        {
                while (bIdle &&
                        !::PeekMessage(&(pState->m_msgCur), NULL, NULL, NULL, PM_
NOREMOVE))
                {
                        if (!OnIdle(lIdleCount++))
                                bIdle = FALSE;
                }

                do
                {
                        if (!PumpMessage())
                                return ExitInstance();

                        if (IsIdleMessage(&(pState->m_msgCur)))
                        {
                                bIdle = TRUE;
                                lIdleCount = 0;
                        }

                } while (::PeekMessage(&(pState->m_msgCur), NULL, NULL, NULL, PM_
NOREMOVE));
        }
}
```

CWinThread::Run( ) 함수는 메시지 큐에 메시지가 없을 때는 CWinThread::OnIdle( ) 함수를 호출하여 백그라운드 작업을 수행하고, 메시지 큐에 메시지가 있을 때는 CWinThread::PumpMessage( ) 함수를 호출하여 메시지 큐로부터 메시지를 가져와 윈도우 프로시저에게 분배한다. CWinThread::PumpMessage( ) 함수는 입력 메시지를 분배하기 직전에 가상 함수인 CWinThread::PreTranslateMessage( ) 함수를 호출함으로써 개발자로 하여금 입력 메시지를 가로챌 수 있는 기회를 제공한다.

키보드 메시지

메시지 이벤트를 많이 발생 시키는 장치 중에 하나가 마우스와 함께 키보드가 있다. 키보드를 통해서 어떤 메시지가 어떻게 전달 되는지 살펴 보도록 하자.

키보드는 마우스보다 역사가 더 오래되었다. 왜냐하면 마우스는 윈도우 환경에 용이하도록 만들어진 입력 장치이므로, 윈도우 운영체제와 역사를 같이 하지만, 키보드는 그 이전 도스 시절부터 컴퓨터의 필수적인 입력 장치로 자리를 잡았기 때문이다. 컴퓨터에 어떤 입력도 이루어질 수 없다면 그 컴퓨터는 고물과 같은 존재로 여겨질 것이다. 그만큼 키보드가 중요하다는 말을 하고 싶은 것이다.

1 키보드 메시지

먼저 키보드에는 어떠한 메시지가 있는지 알아보도록 하겠다. 일반적으로 키보드를 누를 때 발생하는 메시지는 WM_KEYDOWN이고, 눌려진 키에서 손을 뗄 때 발생하는 메시지는 WM_KEYUP이다.

〈키보드 메시지〉

메시지	설명
WM_KEYDOWN	사용자가 키보드에 있는 키를 누를 때 발생한다.
WM_KEYUP	사용자가 눌렀던 키를 뗄 때 발생한다.
WM_CHAR	TranslateMessage( ) 함수에 의해 발생한다.
WM_SYSKEYDOWN	Alt 키를 누른 상태에서 동시에 다른 키를 누를 때 발생한다.
WM_SYSKEYUP	사용자가 눌렀던 시스템 키를 뗄 때 발생한다.
WM_SYSCHAR	TranslateMessage( ) 함수에 의해 발생한다.
WM_HOTKEY	응용 프로그램에 의해 사전에 등록된 단축키를 누를 때 발생한다.

그리고 키보드를 보면 숫자, 문자, 기능 키 등으로 구분되어 있는데, 키보드 메시지는 일단 메시지 루프 안에서 한 번 걸러지게 된다. 즉, 눌려진 키가 문자인지 아닌지 판별하여 문자인 경우에는 메시지 루프 안의 TranslateMessage( ) 함수를 통해서 WM_CHAR 메시지가 발생한다. WM_KEYDOWN 메시지의 매개변수로 넘어온 가상 키 코드 값이 운영체제에서 지원하는 언어의 문자 코드 값으로 번역되고, WM_CHAR 메시지가 응용 프로그램의 메시지 큐에 들어가게

된다는 말이다.

```
while(GetMessage(&msg, NULL, NULL, NULL))
{
        TranslateMessage(&msg);
        DispatchMessage(&msg);

}
```

키보드로부터 문자를 입력받으면 WM_CHAR 메시지가 발생 한다고 방금 언급했었다. 하지만,
키보드에는 문자만 있는 것이 아니다. 예를 들어서 [Insert], [Delete], [PgDn]과 같은 키는 문
자 키가 아니라 특수키이기 때문에 수천 수만 번을 눌러도 WM_CHAR 메시지를 발생시킬 수
없다. 이때는 WM_KEYDOWN 메시지로 처리한다. 요약하면, WM_CHAR 메시지는 'A', 'B',
'C'와 같은 문자키를 눌렀을 때 발생하고, 그 외의 특수키들은 WM_KEYDOWN 메시지로 처리
한다는 말이다.

WM_KEYDOWN 메시지는 키보드를 누를 때마다 모든 키에 대해서 발생한다고 말했었다. 당
연히 문자가 아닌 키에 대해서도 발생할 것이다. 단, Alt 키와 윈도우 키, 한영 전환키 등의 특
수 키 몇 가지는 제외된다. 이때 인수 wParam으로는 문자 코드가 아닌 가상 키 코드를 전달한
다. 가상 키 코드(Virtual Key Code)라는 것은 시스템에 장착된 키보드의 종류에 상관없이 키
를 입력받기 위해 만들어진 코드 값이며 다음과 같이 정의되어 있다.

〈가상 키 코드〉

가상 키 코드	값	키
VK_LBUTTON	01	
VK_RBUTTON	02	
VK_CANCEL	03	Ctrl-break
VK_MBUTTON	04	
VK_BACK	08	Backspace
VK_TAB	09	Tab
VK_CLEAR	0C	
VK_RETURN	0D	Enter
VK_SHIFT	10	Shift
VK_CONTROL	11	Ctrl
VK_MENU	12	Alt
VK_PAUSE	13	Pause
VK_NEXT	22	PgDn
VK_END	23	End
VK_HOME	24	Home
VK_LEFT	25	좌측 이동 키

VK_RIGHT	27	우측 이동 키
VK_UP	26	위쪽 이동 키
VK_DOWN	28	아래쪽 이동 키
VK_SELECT	29	

예를 들어서 WM_KEYDOWN 메시지가 발생했고, 매개변수 wParam을 검사해 보았을 때 VK_SHIFT가 전달되었으면 사용자는 [Shift] 키를 누른 것이다. 또는, WM_KEYDOWN 메시지가 발생했고, 매개변수 wParam을 검사해 보았을 때, VK_LEFT가 전달되었으면 사용자는 [←]키를 누른 것이다. 그 외의 숫자 및 영문자의 가상 키 코드는 아스키 코드와 같으므로 아스키 코드와 인수 wParam에 저장된 값을 비교하면 된다.

2 키보드 메시지 예제

지금까지 배운 키보드 메시지를 배경으로 간단한 예제를 만들어 보도록 하겠다.

1) MFC 프로젝트 생성

마우스 메시지 작성 때와 마찬가지 과정으로 [파일 〉 새로 만들기 〉 프로젝트]를 선택하자. 왼쪽 패널인 프로젝트 형식은 [MFC], 오른쪽 패널인 템플릿은 [MFC 응용 프로그램]을 선택하고, 프로젝트 이름은 KeyboardMsg라고 정하자. 그런 다음 [확인] 버튼을 누른다.

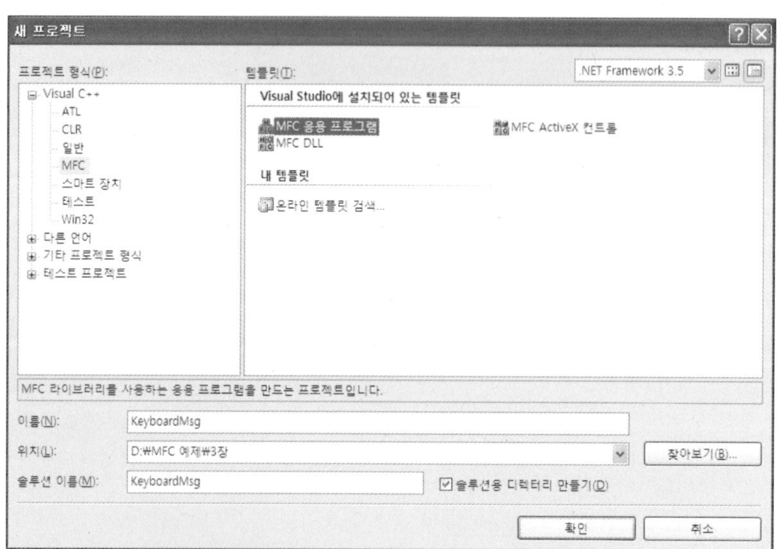

2) MFC 응용 프로그램 마법사 설정

다음 단계로 MFC 응용 프로그램 마법사가 실행이 된다. 키보드의 키에 대한 예제를 작성할 것
이기 때문에 응용 프로그램 종류로 [단일 문서] 항목을 택하기로 하겠다. 물론 다중 문서를 선택
해도 무방하고, 대화 상자 기반에서도 무방하지만, 이 예제에서는 키보드 메시지를 다루기에 단
일 문서가 가장 적합하기 때문에 선택한 것이다.

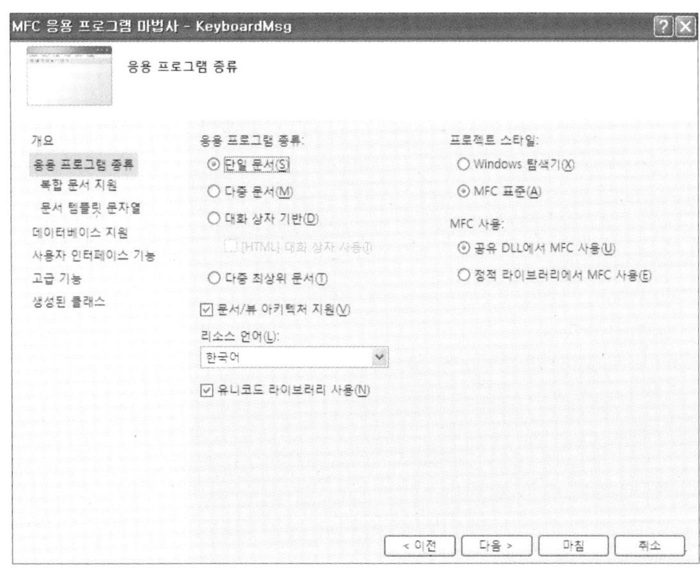

3) 코드 추가

여기까지 되었으면 이제 기본적인 응용 프로그램의 골격이 갖추어졌다. 원하는 기능을 위해
WM_KEYDOWN 메시지를 추가해 보도록 하자. 속성 창의 메시지를 누르면 메시지 목록이 나
타난다. 그 중에 WM_KEYDOWN 메시지를 선택하고 OnKeyDown( ) 함수를 선택하자.

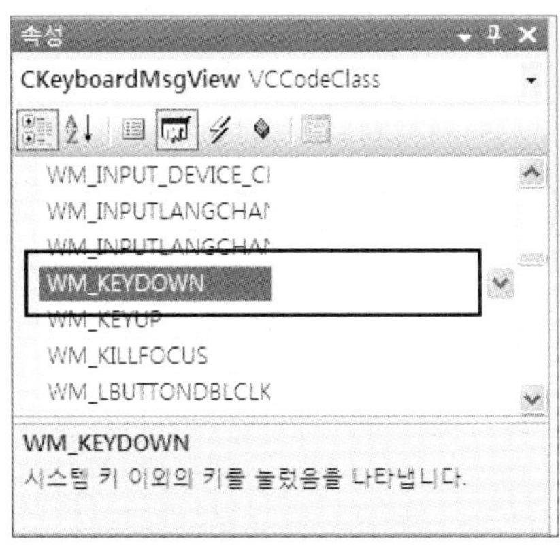

그러면 CKeyboardMsgView 클래스에 OnKeyDown ( ) 함수가 만들어지고, 여기에 직접 코딩 하면 된다. 이 함수는 키보드 상에 키가 눌려졌을 때 WM_KEYDOWN 메시지가 발생하면서 호출되는 함수이다. 간단히 말해서, 키보드의 키가 눌려지면 이 함수가 호출된다는 말이다. 이 함수의 인수를 보면 nChar 인수로는 가상 키 코드가 전달되고, nRepCnt 인수로는 키 입력 반복 횟수가 전달되며, nFlags 인수로는 각종 상태 값이 전달된다.

이제 할 일은 키가 눌려졌을 때 이 함수 안에서 처리할 기능과 관련된 코드를 입력해야 한다. 여기서는 어떤 키가 눌려졌는지 확인하는 기능을 구현해 보겠다. 즉, 가상 키 코드를 알고 싶다는 얘기다. 앞에서 nChar 인수로 가상 키 코드가 넘어온다고 했었다. 그렇다면 이 인수를 넘겨 받아서 확인하면 될 것이다. 한번 코딩해 보자.

```cpp
void CKeyboardMsgView::OnKeyDown(UINT nChar, UINT nRepCnt, UINT nFlags)
{
        TCHAR strTemp[256];
        wsprintf(strTemp, _T("가상키코드= %x"), nChar);

        AfxMessageBox(strTemp);
        CView::OnKeyDown(nChar, nRepCnt, nFlags);
}
```

현재 키보드 상의 눌려진 키가 무엇인지, 가상 키 코드로 알려주는 코드이다. 일단 「가상키 코드 = 얼마」라는 문자열을 저장하기 위해서 변수 strTemp을 배열로 선언하였다. 그리고 wsprintf( ) 함수를 통해서 변수 strTemp에 인수로 넘어온 nChar 값을 헥사 포맷으로 저장하였다. 그리고 문자열을 메시지 박스를 통해서 출력한 것이다.

4) 빌드 및 실행

코딩이 끝났으면 솔루션을 빌드해 보도록 하자. 메뉴의 빌드가 귀찮은 독자는 F7 키를 누르면 마찬가지로 빌드가 된다. 빌드가 끝났으면 실행해 보자. 누르고 싶은 키를 눌러 보길 바란다. 다음 화면은 A라는 문자 키를 누른 경우이다.

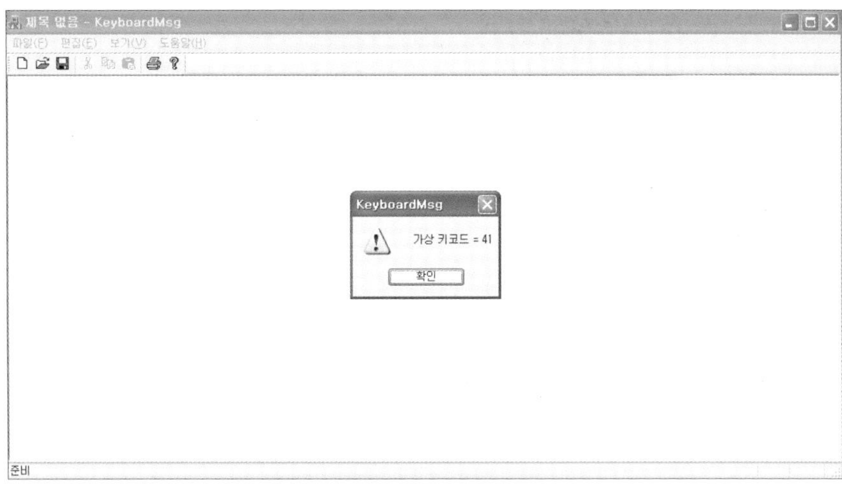

확인을 누르고 다시 한번 다른 임의의 키를 눌러 보길 바란다. 그러면 누른 키에 해당하는 가상 키 코드가 보여진다.

5) 코드 수정

임의의 키를 눌렀을 때 키에 해당하는 가상 키 코드를 출력해 보았다. 이 예제만으로는 재미 없지 않은가? 코드를 한번 바꾸어 보자. 이 코드를 주석으로 처리하고, 다음의 코드를 OnKeyDown( ) 함수에 추가해 보도록 하자.

〈CKeyboardMsgView.h 파일〉

```
class CKeyboardMsgView : public CView
{
---------- 중간 생략 ----------
        public:
                    CPoint pt;
---------- 중간 생략 ----------


}
```

〈CKeyboardMsgView.cpp 파일〉

```cpp
CKeyboardMsgView:: CKeyboardMsgView ( )
{
        pt.x = 100;
        pt.y = 100;
}


void CKeyboardMsgView::OnKeyDown(UINT nChar, UINT nRepCnt, UINT nFlags)
{
        switch(nChar)
        {
        case VK_LEFT:
                pt.x = pt.x - 20;
                break;
        case VK_RIGHT:
                pt.x = pt.x + 20;
                break;
        case VK_DOWN:
                pt.y = pt.y + 20;
                break;
        case VK_UP:
                pt.y = pt.y - 20;
                break;

        }
        Invalidate(FALSE);
        CView::OnKeyDown(nChar, nRepCnt, nFlags);
}

void CKeyboardMsgView::OnDraw(CDC *pDC)
{
        CKeyboardMsgDoc *pDoc = GetDocument( );
        ASSERT_VALID(pDoc);

        pDC->TextOut(pt.x, pt.y, _T("A"));
}
```

이 코드는 가상 키 코드, 즉 키보드로부터 눌려진 키를 적절하게 처리하는 코드이다. 예제에서
는 이해하기 쉬운 위, 아래, 좌, 우 방향 키에 대해서만 코딩을 하였다. 즉, A라는 문자가 방향
키에 따라서 위, 아래, 좌, 우 방향으로 움직이게 된다. 간격은 20만큼씩으로 말이다.

다시 실행해 보자. 단축키는 [Ctrl + F5] 이다. 실행하면 초기에 (100, 100) 좌표에 A 문자가 위치한다. 하지만 원하는 방향 키를 누르면 A 문자는 그 방향으로 움직이게 될 것이다.

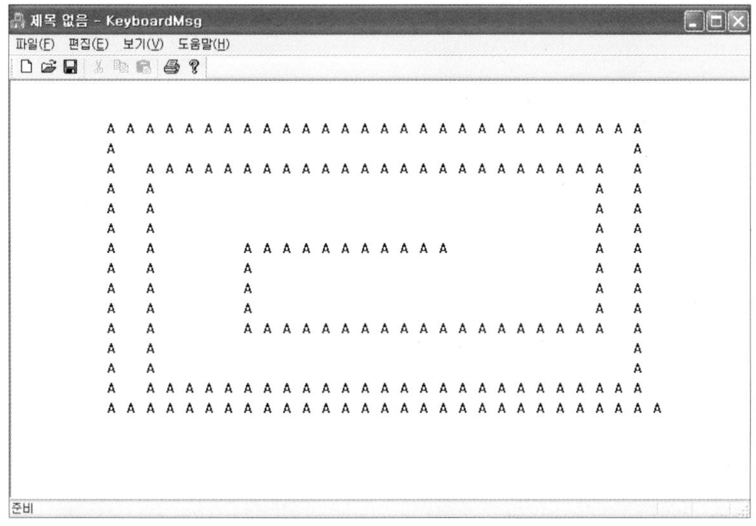

마치면서

이번 장에서는 윈도우 프로그래밍에 있어서 기본이 되는 메시지에 대해서 공부하였다. 메시지가 어떻게 발생하고, 발생한 메시지를 MFC 내부에서는 어떻게 처리하는지, 코딩상에서 어떤 변화가 나타나는지에 대해서 다시 한번 숙지할 필요가 있다. 그리고 대표적인 입력 장치인 마우스와 키보드를 통해서 어떤 메시지가 발생하는지에 대해서 숙지하고, 시스템 메시지를 사용하는 방법에 대해서 능숙하여야 한다. 복습 차원에서 몇 가지 질문을 하고 마치도록 하겠다.

1. 메시지는 어떤 구조체로 정의되는가?
2. 메시지 처리 방식의 순서는 어떻게 되는가?
3. 메시지 큐를 경유하는 방식과 경유하지 않는 방식의 차이와 이유는 무엇인가?
4. MFC 프로그램에서 메시지 루프는 어떤 클래스의 어떤 함수가 담당하는가?
5. TranslateMessage( ) 함수가 하는 역할은 무엇인가?
6. 마우스 메시지에서 인수 wParam과 IParam에는 어떤 정보가 들어 있는가?

이 질문들에 대해서 세 가지 이상 맞히지 못했다면, 다시 한번 전체를 훑어보기 바란다. 그리고 암기할 필요는 없으나 반드시 숙지해 주길 당부한다.

PART 04

리소스

이번 장은 기본적인 리소스에 대해서 알아보기로 한다. 오늘날 GUI 기반의 윈도우 운영체제로 넘어오면서 그래픽 사용이 보편화되었다. 그만큼 비주얼 개발 도구의 사용이 급증하였고, 소스 코드만이 아닌 그래픽 사용에 필요한 리소스가 필수적이게 되었다. 이번 장에서 리소스에는 어떤 것들이 있고, 각 리소스 편집기들의 사용 방법과, 기본 리소스를 수정하는 방법, 새로운 리소스를 만들어서 사용하는 방법 등에 대해서 알아보기로 한다.

이번 섹션에서는 리소스의 개념에 대해 알아보고, Visual C++ 개발 환경에서 리소스 편집기를 사용하는 방법과 리소스 파일이 어떻게 관리되고 있는지 알아보도록 하겠다.

리소스(Resource)는 사전적 의미로 자원이란 의미를 가지고 있다. 그렇다면 리소스란 프로그램의 자원이라고 해도 무방한가? 비유하자면 이렇다. 전장에서 전투를 하려면 무기와 같은 자원이 있어야 한다. 그리고 지휘관과 군인이 이들 자원을 활용하여 전투를 벌인다. 자, 이와 같은 맥락에서 본다면, 무기가 리소스이고, 그 무기를 이용하는 지휘관이 소스 코드이다. 앞으로 배울 리소스는 기능을 갖는 자원이라기보다는 소스 코드에 의해 구현되어져야 할 자원이라고 볼 수 있다. 특히 코드처럼 기능적인 요소의 추구보다는 윈도우 개발자가 GUI 환경에서 아이콘이나 커서, 비트맵과 같은 그래픽 요소를 잘 활용하는데 초점이 맞추어져 있다.

그래서 코드는 개발자가, 리소스는 디자이너가 하는 식으로 분담 작업을 한다. 또한 리소스를 수정하더라도 프로그램을 다시 컴파일하지 않아도 되므로 개발 속도는 빨라진다. 소스 코드와 리소스가 어떤 과정을 거쳐서 어느 시점에 결합이 되는지 모식도를 보도록 하겠다.

〈소스와 리소스의 관계 모식도〉

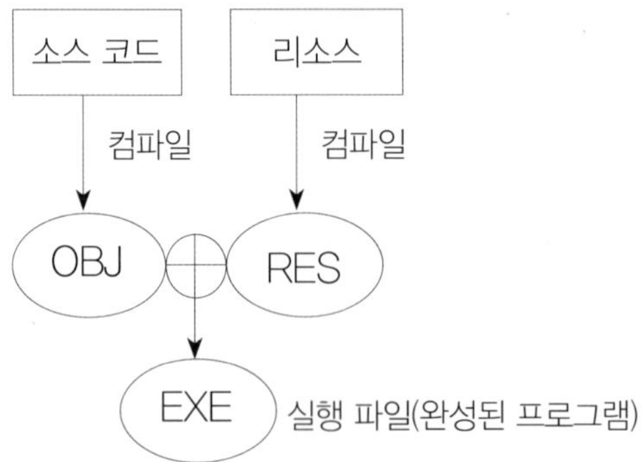

소스 코드와 리소스는 각각 컴파일되어서 소스 코드는 *.obj 파일이 되고, 리소스는 *.rc 파일이 되어, 최종 실행 파일이 만들어지기 전 링크 단계에서 결합된다.

리소스와 소스 코드와의 상관관계를 살펴보았다. 하지만 아직까지 리소스라는 녀석이 어떻게 생겼는지, 그리고 리소스를 어떻게 코드상에서 이용하라는 것인지, 어떻게 관리하는지 아직까지는 막막할 것이다. 비주얼 C++은 기본적으로 개발자로 하여금 개발을 편리하게 하기 위한 개발 도구이므로 리소스 또한 쉽게 생성하고 편집할 수 있도록 개발 도구를 제공한다. 그것이 바로 리소스 편집기다.

우선 TestResource라는 프로젝트를 생성하도록 하자. 비주얼 스튜디오 닷넷을 실행하고, [파일 〉 새로 만들기 〉 프로젝트]를 선택하자. 2장과 3장에서 프로젝트를 생성하는 부분은 해보았기 때문에 익숙할 것이다. 혹시나 프로젝트를 생성하는 부분에 미비한 점이 있다면 이전 장으로 넘어가서 다시 공부하길 바란다.

왼쪽 패널인 프로젝트 형식은 [Visual C++ 〉 MFC]를 선택하고, 오른쪽 패널인 템플릿은 [MFC 응용 프로그램]을 선택한다. 그리고, 프로젝트 명은 [TestResource]라고 정하고 [확인] 버튼을 누르자. 옵션에서 응용 프로그램 종류만 [단일 문서]로 선택하고 나머지는 디폴트이므로, [마침] 버튼을 누르자.

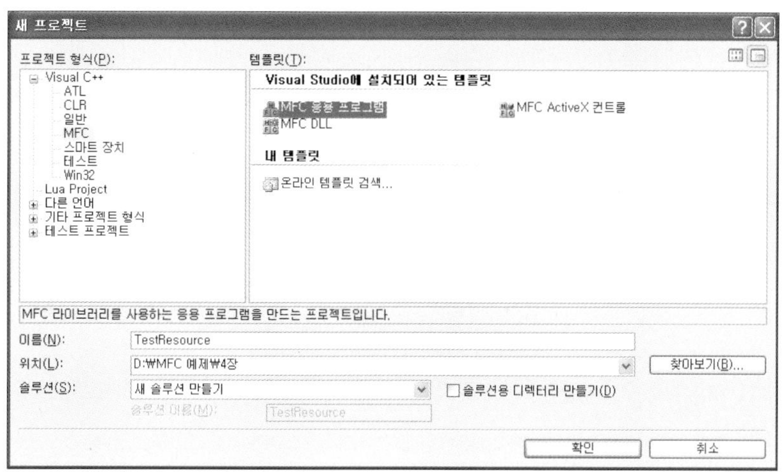

프로젝트가 생성되었으면 [리소스 뷰] 탭으로 가서 리소스의 목록을 살펴보도록 하자. 엑셀러레이터, 대화 상자(Dialog), 아이콘, 메뉴, 문자열 테이블(String Table), 도구 모음(Toolbar), 버전 등이 있다. 이들 목록에 관하여는 이제부터 차차 설명할 것이다. 지금은 리소스 뷰가 어떻게 구성되어 있고, 리소스 편집기가 어떻게 생겼는지에 대해서 살펴보기만 하자.

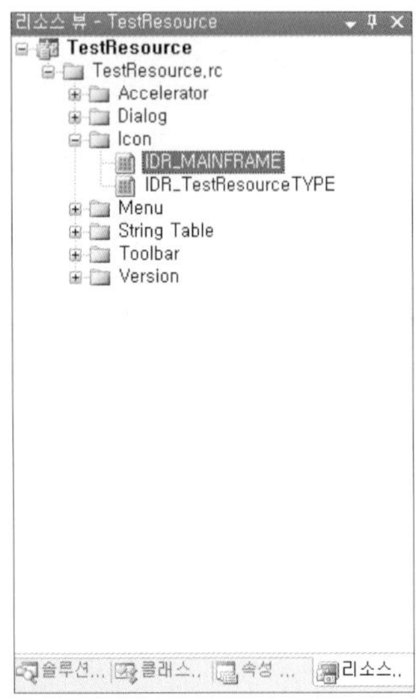

각 리소스들은 생성한 프로젝트 TestResource 이름을 그대로 차용하고, 트리 구조로 보여주고 있다. 물론 지금 등록되어 있는 리소스들은 응용 프로그램 마법사의 각 단계를 거쳐서 디폴트로 생성된 것이다.

일단 리소스 편집기를 보기 위해서 리소스 목록 중에 아이콘(Icon)을 선택하도록 하자. ⊞확장 표시를 그림과 같이 클릭하면 두 개의 내장된 아이콘 파일이 나타난다. IDR_MAINFRANE 항목을 더블 클릭하자. 그러면 다음 처럼 내장된 아이콘 편집기가 열릴 것이다.

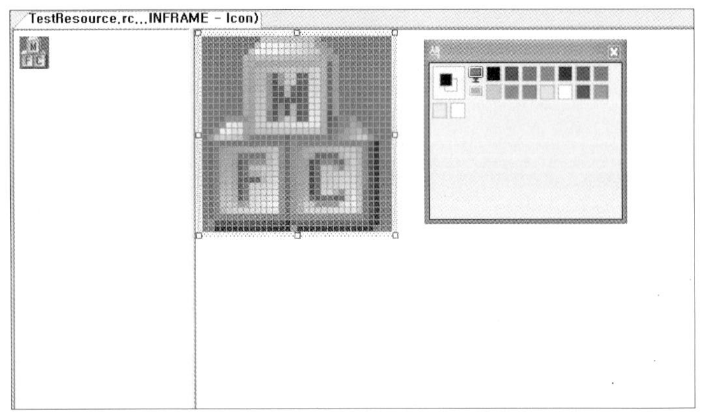

언뜻 낮이 익는다는 생각이 들지 않는가? 그렇다. 윈도우 운영체제에 내장된 그림판과 비슷하게 생겼다. 사실 알고 보면 기능 또한 그림판과 별반 다르지 않다. 그래서 사용법 또한 간단한 일반 그래픽 유틸리티와 유사하기 때문에 이해하는데 그리 어려움은 없을 것이다. 그리고 리소스 편집이 끝나면 편집한 결과를 따로 저장할 필요 없이 컴파일할 때 자동으로 저장이 된다.

아이콘 편집기를 닫고 이번에는 아까처럼 리소스 뷰에서 도구 모음(Toolbar)을 선택하여 IDR_ MAINFRAME 항목을 더블 클릭해 보자. 그러면 도구 모음 편집기가 열릴 것이다. 이것 또한 아이콘 편집기와 속성은 비슷하고, 편집 방법 또한 같다.

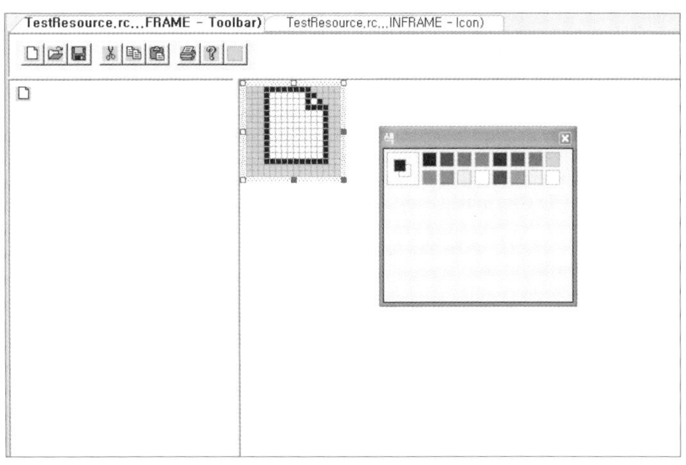

2 리소스 파일

리소스 편집기로 편집하는 환경까지 알아보았다. 그렇다면 리소스는 어디서 관리하는 것일까? 지금까지 간과하고 넘어간 부분이 있다. 바로 리소스 파일이다. 앞에서 리소스를 사용하고 편집하는 부분을 살펴보았지만, 과연 리소스가 어디서 관리되는지에 대해서는 언급하지 않았다. MFC 라이브러리를 이용하지 않는다면 리소스 파일을 따로 생성해서 관리해야 하지만, MFC 라이브러리를 사용한다면 굳이 리소스 파일을 따로 만들지 않아도 응용 프로그램 마법사를 통해서 리소스 파일(*.rc)이 생성된다. 물론 리소스 파일명은 프로젝트명과 동일하게 된다.

리소스 파일을 따로 생성하거나 아니면 기존의 리소스 파일 외에 또 다른 리소스 파일을 생성할 경우에 다음 그림과 같이 생성할 수 있다. 현재 생성된 프로젝트의 솔루션 탐색기를 열고 프로젝트명에서 마우스 왼쪽 클릭을 한다. 그리고 마우스 오른쪽 버튼을 클릭하여 팝업 메뉴 중 [추가 〉 새항목 추가] 메뉴를 선택한다. 그러면 [새 항목 추가] 대화 상자가 다음과 같이 나타난다.

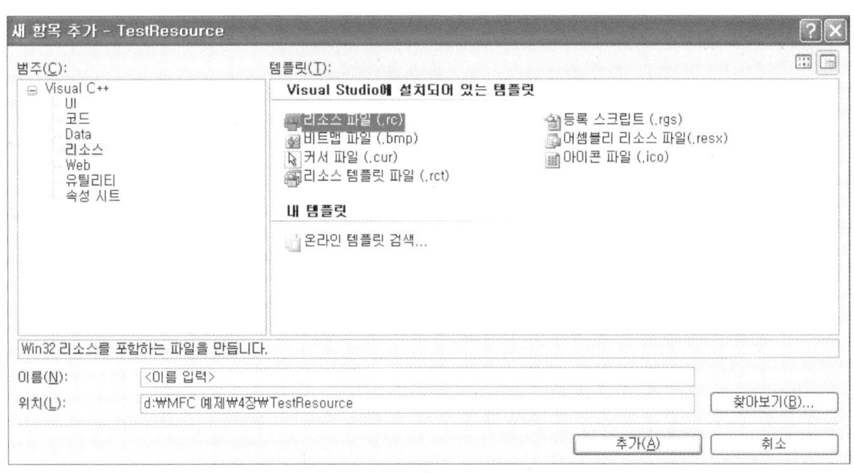

MFC에서는 굳이 리소스 파일을 직접 제어할 일이 없기 때문에 참고로만 알아 두길 바란다.

 리소스 식별 매크로

리소스 식별 매크로를 정의할 때는 일정한 접두어로 시작하는 것이 관례이다. 관례는 전부터 사용해 온 개발자들이 합리적이라고 생각했기 때문에 마치 문법처럼 굳어진 것이다. 그만큼 이유 있는 관례이므로 문법처럼 숙지하고 사용하길 바란다. 다음은 사용자 정의 리소스 식별 매크로의 접두어들이다.

아이콘	IDI_
커서	IDC_
비트맵	IDB_
문자열 항목	IDS_ 또는 IDM_
메뉴	IDR_
메뉴 항목	IDM_
엑셀러레이터	IDR_
엑셀러레이터 키	IDM_
도구 모음	IDR_
도구 모음 버튼	IDM_
대화 상자	IDD_
컨트롤	IDC_

다음은 MFC에 내장된 리소스 식별 매크로의 접두어들이다.

아이콘	AFX_IDI_
커서	AFX_IDC_
비트맵	AFX_IDB_
버전	VS_VERSION_
문자열 항목	AFX_IDS_ 또는 ID_
메뉴 항목	ID_
엑셀러레이터	AFX_IDR_
엑셀러레이터 키	ID_
도구 모음 버튼	ID_
대화 상자	AFX_IDD_
컨트롤	AFX_IDC_ 또는 ID_

아이콘의 크기를 설정하거나 새로 아이콘을 어떻게 만드는지, 외부에 있는 아이콘을
어떻게 이용하는지에 대해서 알아보자.

아이콘은 프로그램을 대표하는 얼굴이라고 할 수 있다. 윈도우 운영체제의 기본적인 특징은 그
래픽 기반이라는 점이고, 그만큼 아이콘의 사용 빈도 또한 높다. 바탕 화면이나 도구 모음에 있
는 아이콘만 봐도 알 수 있다. 아이콘도 리소스의 일종으로 아이콘 편집기로 편집한다. MFC 응
용 프로그램은 최소한 두 개의 아이콘을 가지며 리소스 뷰의 아이콘 편집기로 아이콘을 보거나
편집할 수 있다.

자, 그럼 앞에서 만들었던 TestResource 예제의 리소스 뷰를 보도록 하자. 다음은 리소스 뷰의
[아이콘(Icon)] 항목을 확장한 것이다. 두 개의 아이콘이 보인다.

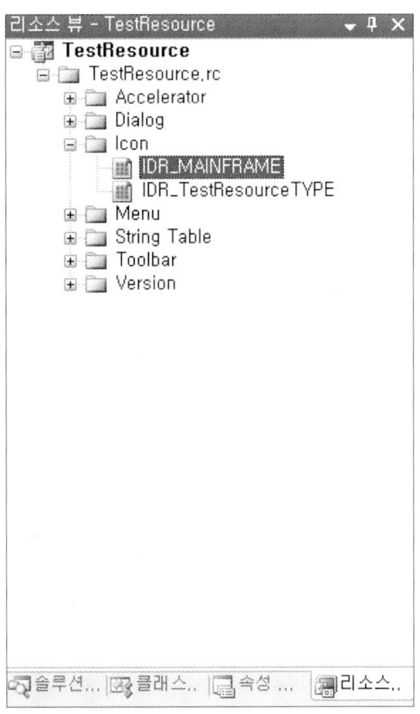

■ IDR_MAINFRAME 아이콘

IDR_MAINFRAME 아이콘은 응용 프로그램의 아이콘이다. 즉, 응용 프로그램의 제목 표시줄 맨 앞단에 등록된다. 그리고, 바탕 화면에 등록될 때 사용되며, 프로그램 창이 최소화되었을 때 도 사용된다.

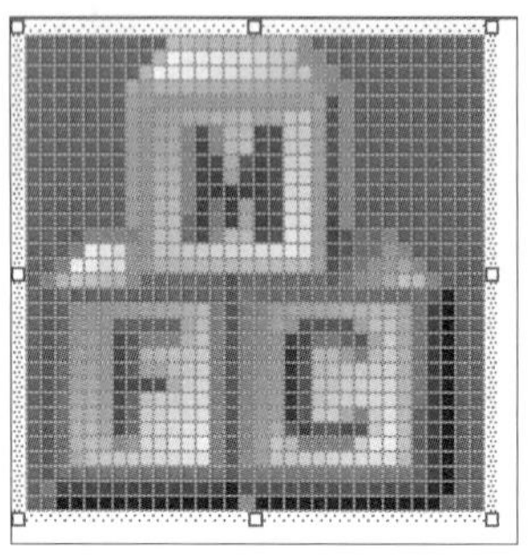
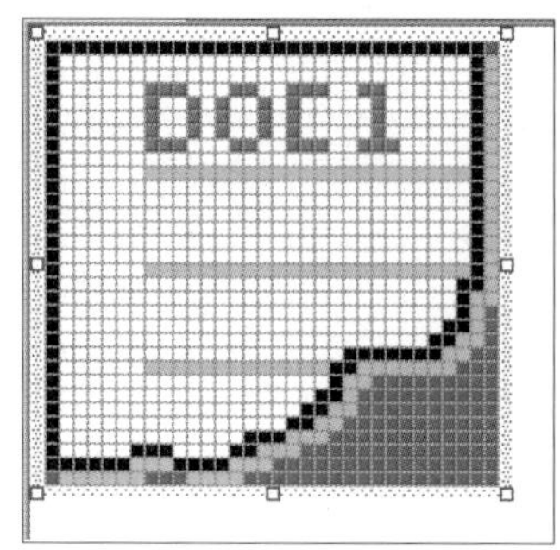

■ IDR_TestResourceTYPE 아이콘

IDR_TestResourceTYPE 아이콘은 도큐먼트 템플릿에 할당되어 있는 아이콘이다. 문서 파일 의 아이콘이라 생각하면 된다. 이 프로젝트는 현재 SDI(Single Document Interface)이기 때 문에 이 아이콘이 큰 의미는 없겠지만 MDI(Multiple Document Interface)와 같이 다중 문서 를 다루는 프로그램에서는 프로그램 내에 여러 자식 윈도우가 있게 된다. 이러한 자식 윈도우에 필요한 아이콘이다. 다시 말해서, 응용 프로그램이 만들어 내는 문서 파일의 아이콘이다.

1 ········ 아이콘의 크기

응용 프로그램 마법사가 두 개의 아이콘을 만들어 낸다고 하였다. 그런데 프로그램을 사용하다 보면 이것 외에도 다양한 크기의 아이콘을 볼 수 있다. 같은 프로그램 내에서 바탕 화면에 나타 나는 아이콘과 프로그램 제목 표시줄에 나타나는 아이콘의 크기는 현저히 다르다. 그리고 윈도 우 탐색기에서 보기 메뉴에 큰 아이콘과 작은 아이콘이 있다. 각각을 실행해 보면 아이콘의 크 기가 다른 것을 확인할 수 있다. 즉, 같은 아이콘이더라도 최소 두 개의 크기를 갖는 큰 아이콘 과 작은 아이콘이 있다는 것을 알 수 있다.

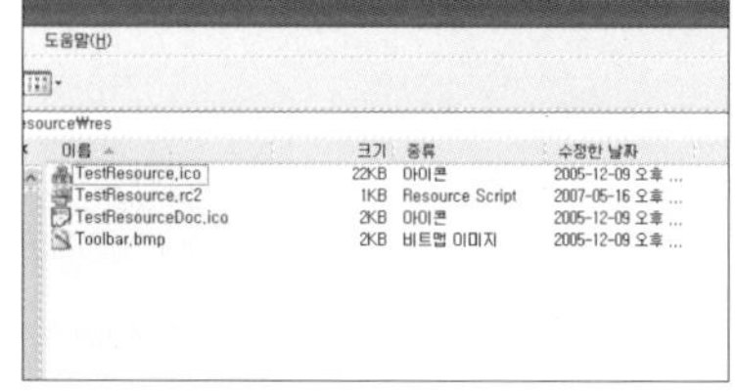

응용 프로그램 마법사가 두 개의 아이콘을 만들어 줄 뿐 아니라 하나의 아이콘에 대해서도 표준형과 소형 두 가지를 만들어 준다. 표준형은 32 * 32 크기를 갖고, 보통 리소스 편집기를 열었을 때 나타나는 크기이다. 그리고 소형은 16 * 16 크기를 갖는다. 아이콘 편집기에서 [이미지]메뉴를 클릭해 보자. 하단에 현재 [아이콘 이미지 형식] 메뉴가 있고, 아이콘의 크기와 색상 수가 나타난다. 여기서 하나를 선택하면 그에 따른 편집 모드로 바뀐다.

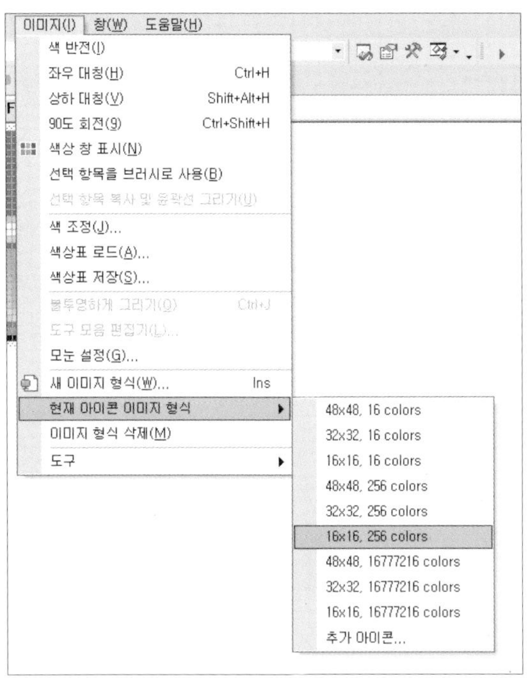

결론을 말하자면 MFC 응용 프로그램 마법사로 프로젝트를 생성하면 기본적으로 아이콘이 두개가 만들어지고, 각각은 프로그램의 아이콘과 자식 윈도우를 위한 아이콘이며, 각각 32 * 32크기와 16 * 16 크기를 만들어 낸다. 결국 총 네 개의 아이콘이 만들어진다는 말이다.

2 ···· 아이콘 만들기

MFC가 제공하는 기본 아이콘은 개발하는 프로그램의 대표 아이콘이 될 수 없다. 마치 기업체나 스포츠 클럽의 마크와 같이 작지만 그 이미지 안에 프로그램의 함축적인 의미들을 내포할 수있어야 한다. 디자이너도 아닌 개발자가 신경 쓰기엔 너무나 버거운 과제이다. 여기서는 간단하게 프로그램의 아이콘을 단지 프로그램명으로 대신하자. 예를 들어 Power Module과 같은 이름의 프로그램이라면 아이콘에 PM이라고만 쓰자. 물론 디자인에 소질이 있다면 개발자가 직접디자인해 보는 것도 나쁘진 않다.

새로운 아이콘을 만들려면 리소스 뷰의 아이콘에서 팝업 메뉴(마우스 오른쪽 버튼 클릭)를 열고[리소스 추가] 메뉴를 선택한다. 그러면 리소스 추가 대화 상자가 팝업 형태로 나타난다. 리소스 형식은 아이콘을 선택하고, [새로 만들기] 버튼을 누르면 아이콘 편집기가 나타나는데 여기에 새로운 아이콘을 그리면 된다. 아니면 앞의 과정의 팝업 메뉴에서 [Icon 삽입] 메뉴를 선택한다. 그러면 새로운 아이콘을 편집할 수 있도록 아이콘 편집기가 나타난다.

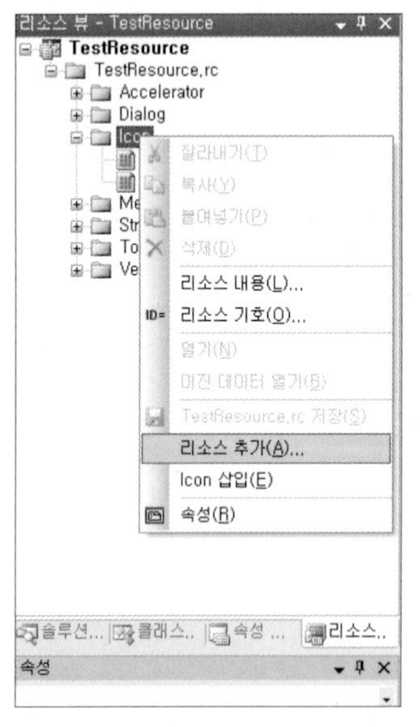
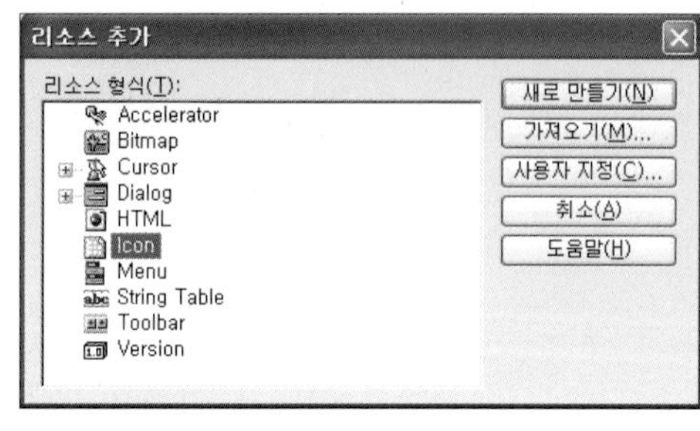

아이콘 편집기에서 간단하게 다음과 같이 그려 보자.

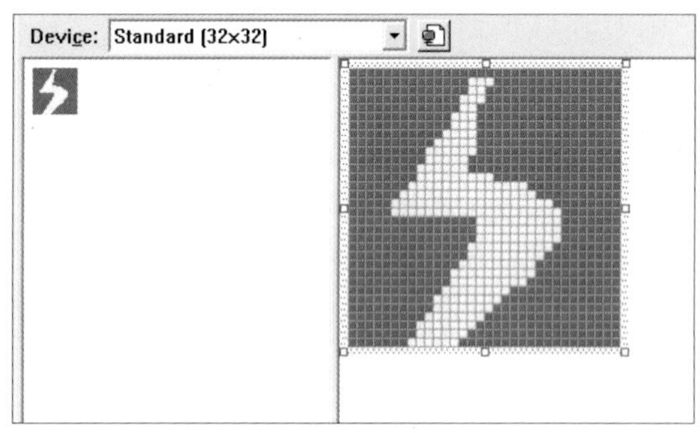

아이콘이 프로그램을 대표하고 제목 표시줄에 나타나는 용도로만 쓰이는 것은 아니다. 앞에서 잠깐 살펴보았던 윈도우 탐색기만 봐도 리스트 컨트롤과 트리 컨트롤로 구성되어 있고, 내부의 각각 파일들마다 아이콘이 사용되는 것을 볼 수 있다. 이런 경우에는 필요한 만큼의 아이콘을 만들어 주어야 한다. 방식은 방금 설명한 것처럼 [리소스 추가] 혹은 [Icon 삽입] 메뉴를 필요한 개수만큼 해주면 된다.

새로 만든 아이콘의 기본 이름은 IDI_ICON1, IDI_ICON2, IDI_ICON3, IDI_ICON4…. 이런 식으로 늘어간다. 물론 각각의 이름은 개발자 임의대로 바꿔서 사용하면 된다. 그리고 아이콘을 삭제할 때에는 리소스 뷰의 아이콘에서 팝업 메뉴를 열고 [삭제] 메뉴를 선택하거나 [Delete] 키를 누르면 된다.

모든 아이콘을 개발자 스스로 만들어 사용할 수는 없다. 특히나 고난이도의 예쁜 아이콘은 더 그렇다. 개발자가 전문가가 아니기 때문에 남의 것도 이용할 수 있어야 한다. 이용하는 것도 실력이다. 가끔 예쁜 아이콘을 발견하면 내 프로그램에 붙여 보고 싶다는 충동을 느껴 본 적이 있을 것이다. 실제로 외부 아이콘을 자신의 프로젝트로 복사해서 이용할 수 있다.

앞에서 리소스를 추가할 때 보았던 대화 상자의 버튼 중에 [가져오기]가 있었다. 말 그대로 리소스를 현재 프로젝트의 res 폴더 안으로 가져온다. 물론 아이콘을 가져올 것이기 때문에 *.ico 확장자를 가진 파일을 가져올 것이다. 그러면 [가져오기] 버튼을 누르고, 예쁜 아이콘(*.ico)이 저장된 디렉토리로 이동하여 해당 아이콘을 더블 클릭하면 현재 자신의 프로젝트로 아이콘이 복사된다.

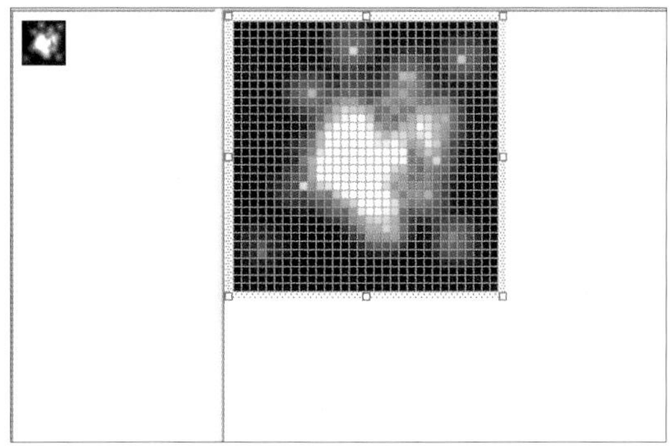

반대로 현재 프로젝트의 아이콘을 다른 프로젝트에 제공하고자 할 때에는 제공할 아이콘을 선택하고 팝업 메뉴에서 [내보내기] 메뉴를 선택한다. 그러면 열기 대화 상자가 나타나고 여러분이 저장할 디렉토리로 이동하여 아이콘을 저장하면 된다. 그리고 앞에서 외부 아이콘을 가져다 사용했던 방식대로 이 파일을 다른 프로젝트에서 사용하면 된다.

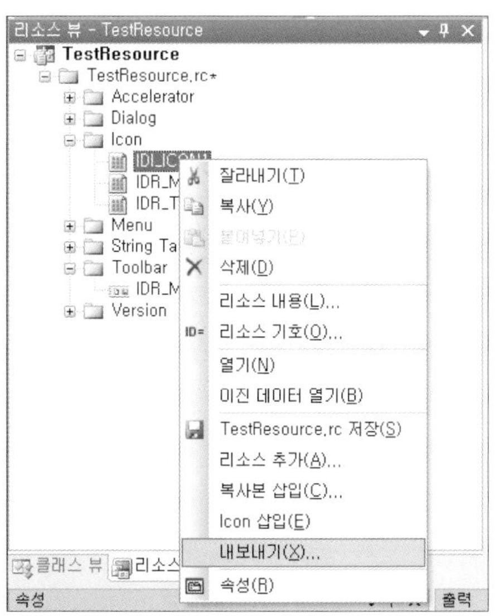

커서 리소스를 어떻게 만드는지, 그리고 상황에 따라 변하는 커서를 실제로 어떻게
코드에서 적용하는지 알아보자.

커서라는 것은 마우스의 위치를 알려주는 리소스이다. 윈도우 운영체제에서는 기본적으로 표준
커서들을 제공한다. 기본적인 모양은 좌측으로 비스듬이 기울어진 화살표 모양(〈그림〉아이콘〈/
그림〉), 문서 편집 시(〈그림〉아이콘〈/그림〉), 그리고 로딩 시 모래 시계(〈그림〉아이콘〈/그림〉) 등
의 여러 가지 모양의 커서를 제공한다. 앞서 만들었던 프로젝트에서는 기본적으로 화살표 모양
의 커서가 제공되었는데, 마음에 들지 않으면 자신이 직접 커서를 만들어 사용할 수도 있다.

1 ········ 커서 만들기

개발자가 커서를 직접 만들려면 아이콘과 마찬가지로 리소스 뷰로 가서 임의의 리소스 위에 마
우스를 클릭하고 팝업 메뉴 중 [리소스 추가] 메뉴를 이용한다. [리소스 추가] 대화 상자에서
[커서(Cursor)] 항목을 선택하고 [새로 만들기] 버튼을 누르면 커서 편집기가 열린다.

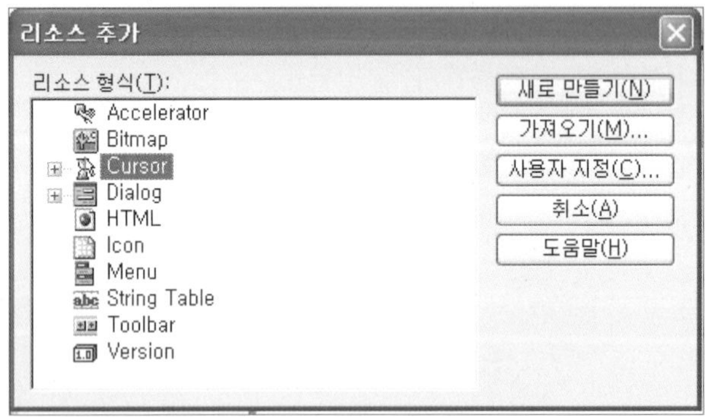

커서 편집기 또한 아이콘 편집기처럼, 커서 디자인에 필요한 도구 모음과 팔레트가 함께 열린
다. 물론 편집하는 방법도 동일하지만, 아이콘에 비해 색상이 많이 단출해진 느낌이 들 것이다.
색상은 흰색, 검정색 두 가지뿐이며 색상 팔레트에는 검정색과 흰색의 배율에 따른 농도별 팔레
트가 있다.

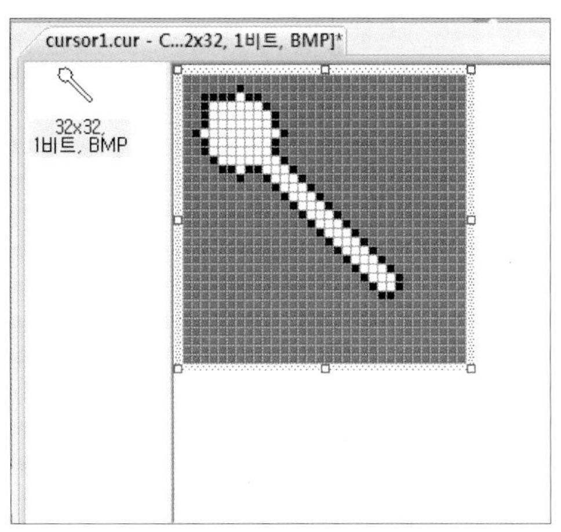

커서 디자인은 각자 원하는 대로 하되, 필자는 참으로 단세포적인 그림을 그렸다. 커서라는 느낌 정도만 살렸다. 커서의 모양이 일단 완성되었다면 커서만이 갖는 중요한 사항을 처리해야 하는데, 바로 핫 스폿(Hot Spot) 설정이다. 커서 전체에서 어떤 점이 커서의 좌표를 대표할 수 있는지 지정하는 것이다. 예를 들어 화살표 모양의 커서는 화살표 끝 부분이 핫 스폿으로 설정되어 있다. 물론 운영체제에서 사전에 만든 표준 커서이므로 핫 스폿 또한 미리 설정되어 있다. 하지만 프로젝트에서 만든 커서는 직접 핫 스폿을 설정해야 한다.

커서의 이미지는 32 * 32 크기이다. 이 크기 범위 내에서 커서의 모양에 따라 적절한 위치에 핫 스폿을 설정해 주어야 한다. [이미지 편집기] 도구 모음에서 [핫 스폿] 아이콘을 클릭하고 프로젝트에서 만든 커서의 특정 지점을 클릭하면 그 지점이 핫 스폿이 된다. 필자는 커서 모양을 고려해서 커서의 좌측 상단을 지정하였다. 설정이 끝났으면 커서의 ID를 IDC_MYCURSOR로 변경하자.

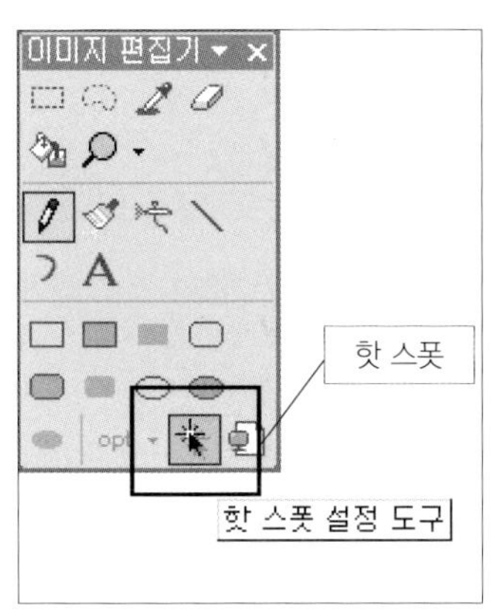

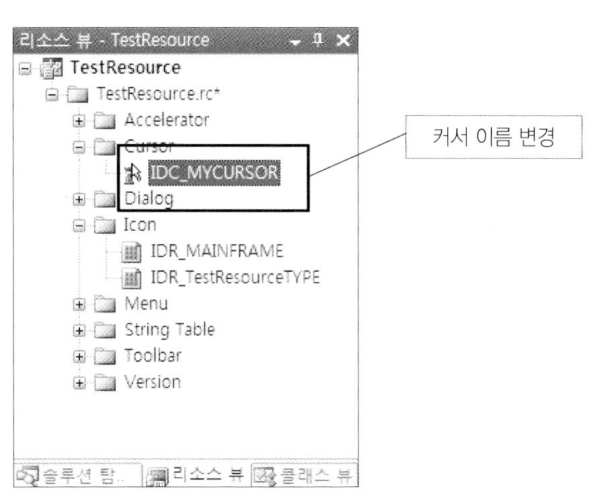

여기까지 했으면 컴파일해 보고 실행해 보자. 어떤가? 직접 만든 커서가 나왔는가? 아마 표준 화살표 커서가 여전히 뷰 영역을 활개 치고 있을 것이다. 커서는 아이콘처럼 리소스 수정만으로 바뀌지 않는다. 만들어진 커서 리소스를 응용 프로그램에서 사용하도록 코딩을 해주어야 한다.

그렇다면 코드는 어디에 작성해야 하는가? 커서는 응용 프로그램이 시작함과 동시에 설정되어 있어야 하고, 뷰 영역에서 놀기 때문에 아무래도 뷰 클래스의 초기 영역에 설정해 주면 좋을 것 같다. 뷰 클래스의 초기화 코드는 OnInitialUpdate( ) 함수에서 하므로 여기에 코드를 작성하 겠다. OnInitialUpdate( ) 함수를 생성하려면 우선 CTestResourceView 클래스를 선택한 상태에서 속성 창의 [재정의] 버튼을 눌러서 OnInitialUpdate( ) 함수를 재정의하여 코드에 추가한다.

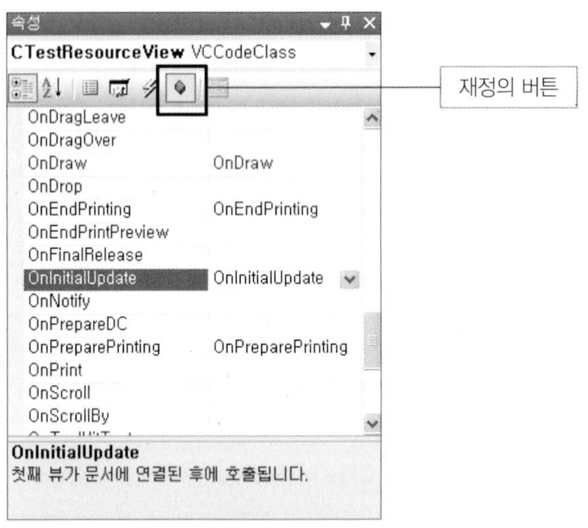

OnInitialUpdate( ) 함수는 응용 프로그램이 화면에 보여지기 전에 처리하는 함수이므로 이 함수 내에서 커서를 처리하면 커서 변경이 매끄럽게 처리된다.

```cpp
void CTestResourceView::OnInitialUpdate( )
{
        CView::OnInitialUpdate( );

        HCURSOR MyCursor = AfxGetApp( )->LoadCursorW(IDC_MYCURSOR);
        SetClassLong(m_hWnd, GCL_HCURSOR, (long)MyCursor);
}
```

먼저 직접 만든 커서를 사용하기 위한 커서 핸들을 선언하고, 커서를 불러서 커서 핸들 MyCursor에 대입한다. 이때 커서를 불러오는 함수가 LoadCursorW( )이다. 함수 이름만으로 도 그 역할이 분명하게 느껴진다.

〈LoadCursor( )〉

```
HCURSOR LoadCursorW(
        UINT nIDResource
) const;
```

인수 nIDResource는 커서의 리소스 ID이다. 표준 커서나 개발자가 직접 만든 커서를 읽어오 되, 이미 커서가 로드되어 있을 때에는 다시 읽지 않고, 읽어 놓은 커서 핸들을 구해 준다. 로드 (Load)한 커서의 핸들 값을 반환하고 에러가 발생하면 NULL 값을 반환한다.

여기서 한가지 주목해야 할 부분은 AfxGetApp( )라는 전역 함수이다. LoadCursorW( ) 함수 는 CWinApp 클래스의 멤버 함수이다. 즉, 응용 프로그램 클래스의 멤버 함수이므로 이 함수를 호출하려면 AfxGetApp( ) 전역 함수로 객체 포인터를 구해야 한다. 그리고 이 포인터를 이용하 여 CWinApp의 멤버 함수인 LoadCursorW ( ) 함수를 호출하였다.

〈SetClassLong( )〉

```
DWORD SetClassLong(
        HWND hWnd,
        int nIndex,
        LONG dwNewLong
);
```

– hWnd : 수정할 클래스가 속해 있는 윈도우 핸들이다.
– nIndex : 수정할 값을 지정하는 인덱스이다.
– dwNewLong : 새로 변경할 32비트 값이다.

등록된 윈도우의 속성을 변경할 때 이 함수를 사용한다. 여기서는 표준 커서를 사용자 지정 커 서로 윈도우의 속성을 변경하였기 때문에 SetClassLong( ) 함수로 윈도우에 수정된 값을 통보 한다. 마치 전입이나 전출 시에 동사무소에 신고하는 것처럼 이 함수가 윈도우 속성 변경 시 동 사무소 역할을 한다고 생각하면 된다.

코드를 보면 윈도우 핸들 hWnd로는 CWnd의 멤버 변수인 m_hWnd가 지정되어서 이 프로젝 트의 응용 프로그램 윈도우 자체를 의미하고, nIndex로는 GCL_HCURSOR를 사용하여 커서 를 수정한다는 것을 알려주며, 인수 dwNewLong로는 새로 변경할 커서의 핸들을 사용하였다.

<인덱스>

값	내용
GCL_CBCLSEXTRA	클래스의 여분 메모리 양을 변경하며 이 값을 변경하더라도 기존값은 변하지 않는다. cbClsExtra 멤버이다.
GCL_CBWNDEXTRA	윈도우의 여분 메모리 양을 변경하며 이 값을 변경하더라도 기존에 들어가는 값은 변하지 않는다. cbWndExtra 멤버이다.
GCL_HBRBACKGROUND	윈도우의 배경 브러시 핸들이다. hbrBackground 멤버이다.
GCL_HCURSOR	윈도우의 커서 핸들이다. hCursor 멤버이다.
GCL_HICON	윈도우의 아이콘 핸들이다. hIcon 멤버이다.
GCL_HMODULE	윈도우 클래스를 등록한 프로그램의 핸들이다. hInstance 멤버이다.
GCL_MENUNAME	메뉴 문자열이다. hMenu 멤버이다.
GCL_STYLE	윈도우 클래스의 스타일이다. style 멤버이다.
GCL_WNDPROC	윈도우 프로시저의 주소이다. lpfnWndProc 멤버이다.

직접 만든 커서를 사용하는 것 외에도 운영체제에서 제공하는 표준 커서를 사용하는 방법에 대해서 알아보도록 하겠다. 표준 커서는 운영체제 차원에서 제공하므로 직접 커서를 만들어 주지 않아도 사용할 수 있다. 앞에서의 소스를 변경해 보도록 하자.

```
void CTestResourceView::OnInitialUpdate( )
{
        CView::OnInitialUpdate( );

        HCURSOR MyCursor = AfxGetApp( )->LoadStandardCursor(IDC_WAIT);
        SetClassLong(m_hWnd, GCL_HCURSOR, (long)MyCursor);
}
```

진한 부분이 이전 소스와 다른 부분이다. LoadCursor( ) 함수를 사용하지 않고 표준 커서를 로드하는 LoadStandardCursor( ) 함수를 사용했다는 것 외에는 다른 것이 없다.

<LoadStandardCursor( )>

```
HCURSOR LoadStandardCursor(
        LPCTSTR lpszCursorName
) const;
```

인수 lpszCursorName는 윈도우 제공 표준 커서이다. ID 코드상에서는 IDC_WAIT 표준 커서 이름을 사용하였다. 한번 실행해 보자. 윈도우에서 기다릴 때 보여지는 모래 시계 커서가 나타날 것이다. 이렇게 표준 커서를 사용하려면 어떤 표준 커서든지 바꿔 주면 된다.

〈윈도우 표준 커서〉

값	커서	모양
IDC_APPSTRING	프로그램이 시작될 때 사용된다.	
IDC_ARROW	표준 화살표 커서이다.	
IDC_CROSS	십자 모양의 커서이다. 정확하게 선택할 때 사용된다.	
IDC_IBEAM	I자 모양의 커서이다. 주로 문자열 입력 영역에 사용된다.	
IDC_NO	원 안의 빗금이 쳐진 커서이며 드래그 금지 구역을 나타낸다.	
IDC_SIZEALL	4방향 화살표이다.	
IDC_SIZENESW	좌하우상 크기 조절 커서이다.	
IDC_SIZENS	수직 크기 조절 커서이다.	
IDC_SIZENWSE	좌상우하 크기 조절 커서이다.	
IDC_SIZEWE	수평 크기 조절 커서이다.	
IDC_UPARROW	수직 화살표이다.	
IDC_WAIT	모래 시계 커서이다. 시간이 오래 걸리는 작업을 할 때 사용된다.	

메뉴

모든 어플리케이션에서 거의 공통으로 사용되는 메뉴를 어떻게 추가/삭제/이동을 하는지, 실제로 메뉴에 이벤트를 어떻게 처리하는지 등에 대해서 알아보자.

웬만한 프로그램들은 거의 메뉴가 필수적이어서 메뉴가 낯설지 않을 것이다. 메뉴는 프로그램의 모든 기능들을 일목 요연하게 정리해 놓고 사용자가 편리하게 이용할 수 있다. 이런 이유로 아이콘처럼 응용 프로그램 마법사로 프로젝트를 생성할 때 기본적으로 메뉴가 만들어진다. 이때 파일, 편집, 보기, 도움말, 네 가지의 메뉴 목록이 생긴다.

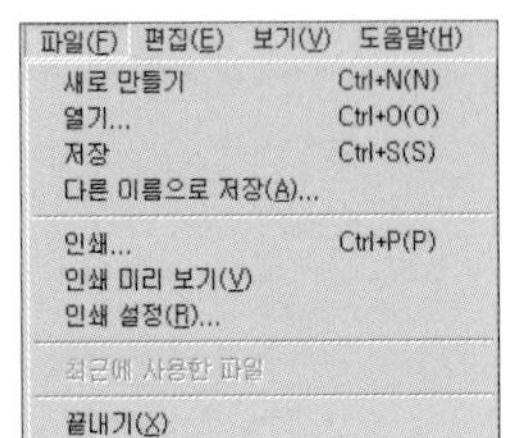
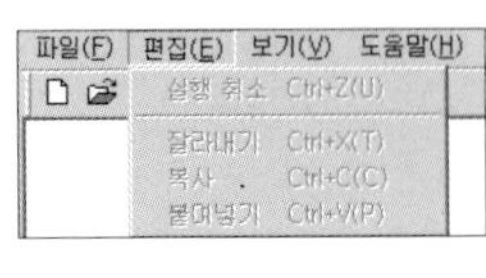
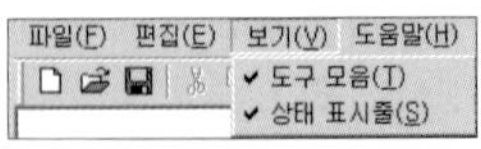

■ 파일 메뉴

어떤 프로그램이든 필수적으로 갖는 메뉴이다. 기본적으로 새로 만들기, 열기, 저장, 인쇄, 인쇄 설정이 포함되어 있다. 생각해 보면 특정 프로그램에 국한된 메뉴가 아니라 공통적으로 쓰일 수 있는 메뉴이므로 기능까지 미리 정의하여 자동으로 생성된다.

■ 편집 메뉴

여기에 포함된 메뉴들은 문서를 편집할 때 사용한다. 하지만 현재로서는 기능이 비활성화되어 있는데, 이유는 생성한 프로그램이 어떤 동작을 하는 프로그램인지 결정되지 않았기 때문이다. 말하자면 응용 프로그램 마법사로 편집 메뉴의 자리는 자동으로 잡았지만 아직까지 구현 기능이 확정되지 않아서 메뉴만 만들고 나머지는 개발자에게 맡긴 것이다.

■ 보기 메뉴

보기 메뉴는 도구 모음과 상태 표시줄의 보여주기와 숨기기의 여부를 결정하는 메뉴이다. 이 메뉴는 기능이 명확하게 정의되어 있고 다른 용도로는 쓰임새가 없어서 프로젝트 제작 과정에서 미리 기능을 정의하여 자동으로 생성된다.

■ 도움말 메뉴

기본적으로 프로그램의 버전과 생성 년도 등과 같은 정보를 보여준다.

1 ········ 메뉴의 추가/삭제/이동

응용 프로그램 마법사가 자동으로 만들어 준 메뉴들을 앞에서 살펴보았다. 이런 메뉴들은 그냥 안고 가야할 필수적인 메뉴이고, 프로그램 고유의 메뉴를 만들어 줄 수 있어야 한다. 즉, 메뉴를 추가해 보도록 하자.

리소스 뷰에서 [Menu]의 ⊞표시를 클릭하여 확장한 후에 IDR_MAINFRAME을 더블 클릭하면 메뉴 편집기가 열린다. 기존의 메뉴에 추가하고 싶으면 기존 메뉴를 클릭하여 하위 메뉴들 사이에 끼워 추가하거나 하단에 추가할 수 있고, 그림처럼 새로운 메뉴 목록을 만들 수도 있다. 여기서는 시간이라는 메뉴와 현재 시간이라는 하위 메뉴를 생성하였다. 메뉴 추가 방법은 [여기에 입력] 영역에서 마우스 클릭을 하고 바로 문자열을 입력하면 된다. 하위 메뉴도 마찬가지 방법으로 하면 된다.

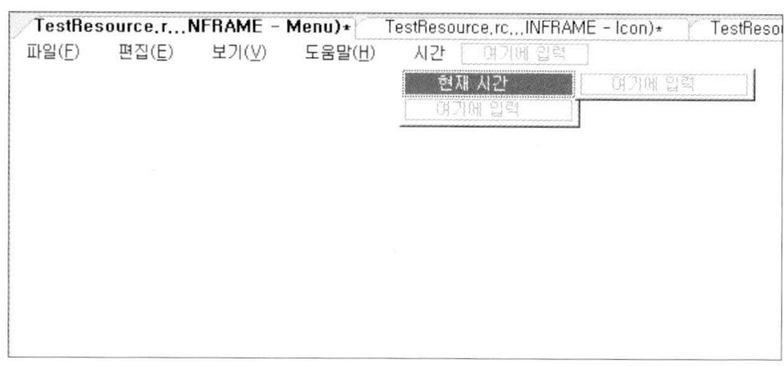

메뉴의 삭제는 매우 간단한다. 삭제하려는 메뉴를 선택하고 팝업 메뉴에서 [삭제] 메뉴를 선택하거나 [Delete] 키를 누르면 된다. 주의할 점은 하위 메뉴를 삭제할 때에는 바로 삭제가 되지만, 하위 메뉴가 있는 상태에서 상위 메뉴를 삭제할 때에는 다음과 같이 경고 메시지가 뜬다. 개발자의 실수로 애써 만든 메뉴를 지울까봐 한번 물어 보는 것이다.

메뉴 간에 자리를 바꿀 수도 있다. 이동하려는 메뉴를 선택하여 마우스로 드래그한 뒤에 원하는 위치에 놓으면 된다. 다음은 도움말과 시간 메뉴를 서로 바꾼 경우이다.

2 ········ 메뉴의 속성

각각의 메뉴도 하나의 객체이므로 속성을 가지고 있다. 객체라면 기본적으로 이름과 속성을 가지고 있기 마련이다. 메뉴도 자신을 나타내는 이름과 식별할 수 있는 ID를 기본적으로 가지고 있다. 그 외에도 속성 창에서 보듯이 동작 관련 속성과 모양 관련 속성 등이 있다. 이들 속성에 대해서 항목별로 알아보도록 하자.

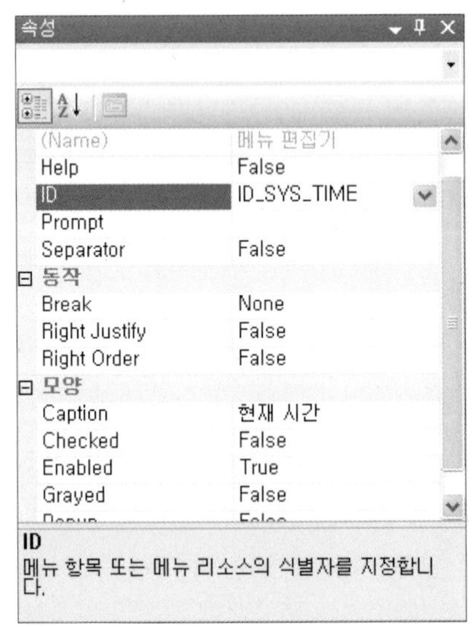

■ Help 속성

값이 True이면 메뉴가 메뉴 표시줄에서 가장 오른쪽에 정렬된다. Help라는 이름이 붙은 이유
는 통상 도움말이 메뉴 표시줄의 가장 오른쪽에 있기 때문이다.

■ ID 속성

메뉴의 고유 식별자로서 프로그램 내부에서 사용하는 이름이라고 보면 된다. 메뉴 항목간에 구
분이 되어야 하므로 ID 중복이 있을 수 없다. ID를 부여할 때 무작위로 부여되서는 안 된다. 왜
냐하면 메뉴가 한두 개도 아니고 수십 개가 될 경우에 일일히 다 기억할 수 없으므로 기억하기
쉬운 의미 있는 ID를 부여해야 한다.

이미 관례적으로 메뉴에 ID를 부여하는 방법이 있다.

ID_MenuName_ItemName 혹은 ID_MenuName_SubMenuName

이 형식이 거의 규약이라 볼 수 있다. 지키지 않아도 되지만, 바람직하지는 않다. 예를 들어, 파
일 메뉴의 하위 메뉴인 [새로 만들기] 메뉴를 보자. 속성을 보면 ID가 ID_FILE_NEW임을 알
수 있다. 그 아래 열기 메뉴를 보자. ID가 ID_FILE_OPEN임을 알 수 있을 것이다. 말했던 규
약을 충실히 따르고 있다. 규약을 따름으로써 ID의 복잡함도 한결 해소시켜 주고 있다.

■ Prompt 속성

이 속성은 특정 메뉴 위에 마우스 커서가 놓일 때 상태 표시줄에 보여줄 문자열을 지정한다. 도
구 모음 위에 마우스 커서가 위치할 때도 해당 도구에 보여줄 문자열이 스크린 팁에 보여진다.
Prompt 속성은 메뉴 항목이 많을 때나 처음 보는 메뉴일 경우에 사용자에게 간단한 설명을 제
공함으로써 처음 프로그램을 배우는 사용자에게 유용하다. 비주얼 C++ 닷넷 또한 모든 메뉴
항목에 대해 Prompt를 제공하며 한글 도움말로 제공되고 있다.

■ Separator 속성

이 속성을 True로 설정하면 메뉴 자체의 속성은 무시되고 단지 구분자로서의 역할만 한다. 성
격이 다른 메뉴끼리 구분하기 위해서 필요하다.

■ Break 속성

하나의 메뉴에 하위 메뉴가 너무 많을 경우 두 줄로 나누어서 배열한다. 설정값은 세 가지로 나

누어지는데, None, Column, Bar 중에서 선택할 수 있다. None은 의미 그대로 아무런 변화 없이 메뉴를 일렬로 배열한다. Column은 줄을 나누어 배열하고, Bar는 줄을 나누되 구분자을 넣어 배열한다. 메뉴가 길어졌다고 Column을 쓰는 경우는 극히 드물며 쓴다 해도 미관상 별로 보기 좋지는 않다. Bar 또한 마찬가지이다.

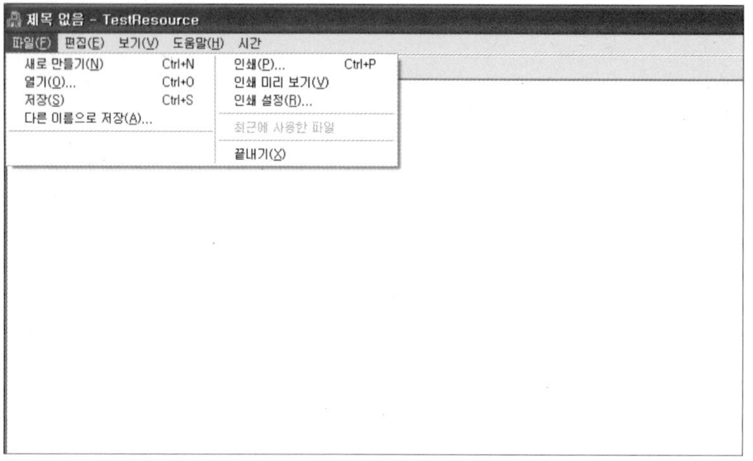

■ Caption 속성

메뉴 이름을 적는 곳이다. 이 문자열이 사용자에게 보여지는 메뉴의 이름인 셈이다. 메뉴의 기능을 잘 표현하는 이름을 사용하는 것이 좋으며, 영문, 한글 모두 지원한다. 파일 메뉴를 보면 '파일(&F)'로 설정되어 있다. 메뉴 이름은 한글로 파일이라는 이름을 사용하였고, 괄호 안에 &F를 사용함으로써 F라는 알파벳에 밑줄이 그어지며 [Alt + F]의 단축키를 갖는다.

■ Checked 속성

메뉴 옆에 체크 표시를 할 수 있게 해준다. 메뉴를 두 가지 상태로 나타낼 수 있는데 메뉴가 현재 체크된 상태인지 구분하는 역할을 한다. 예를 들어서 보기 메뉴의 도구 모음과 상태 표시줄 메뉴를 보면 모두 체크되어 있다. 두 가지 모두 사용한다는 의미이다. 만약 이 상태에서 도구 모음을 선택하면 체크 표시는 해제되고, 도구 모음이 사라진다. 다시 도구 모음을 선택하면 체크 표시는 다시 나타나고 도구 모음이 다시 보인다.

■ Enabled 속성

이 속성은 디폴트로 모든 메뉴에서 True로 되어 있다. 하지만 만약 특정 메뉴에 False로 변경하면 메뉴의 기능을 사용할 수 없게 된다. 메뉴에 대해서 잠시 기능을 꺼 두는 것이 좋을 때 이 속성을 사용한다.

■ Grayed 속성

값이 True이면 해당 메뉴 항목은 회색으로 보이면서 사용할 수 없는 비활성화 상태가 된다. 예를 들면 편집 메뉴의 복사, 붙여 넣기, 잘라 내기 항목은 현재 선택된 영역이 없으므로 메뉴를 사용할 수 없는 상태이다.

■ Popup 속성

값이 True이면 해당 메뉴가 상위 메뉴의 속성을 갖게 되면서 하위 메뉴를 가질 수 있게 된다. 하지만 하위 메뉴에 다시 하위 메뉴를 두는 것은 특별한 경우 아니면 설정하지 않는 것이 좋다. 왜냐하면 메뉴가 복잡해지기 때문이다. 메뉴가 복잡하면 프로그램 자체가 복잡해 보일 염려가 있다.

3 메뉴의 이벤트 처리기

지금까지는 메뉴의 외관, 즉 메뉴의 얼굴에만 신경 썼다. 메뉴라는 것이 선택되었을 때 어떤 기능을 할 수 있어야 메뉴로서의 의미를 갖는다. 이제부터 메뉴가 제 기능을 발휘할 수 있도록 메뉴의 이벤트 처리기를 만들어서 코딩을 해보도록 하겠다.

앞에 3장에서 메시지 처리기 작성법을 배운 적이 있다. 응용 프로그램이 운영체제가 제공하는 특정 메시지에 반응하여 처리할 수 있도록 메시지 처리기 안에 기능과 관련하여 코딩해 주었다. 마찬가지로 메뉴 또한 응용 프로그램의 해당 메뉴에 반응하여 처리할 수 있도록 메뉴 이벤트 처리기를 만들어서 코딩해 주면 된다. 쉽게 말하면 특정 메뉴를 클릭했을 때 해당 기능을 처리하는 함수를 만든다고 보면 된다. 자, 예제 TestResource를 다시 보도록 하자.

앞의 메뉴 추가에서 [시간]이라는 메뉴에 [현재 시간]이라는 하위 메뉴를 작성했었다. 하지만 속성에 관련하여 아무런 처리도 해주지 않았었다. [현재 시간] 메뉴를 선택하면 속성 창에 속성이 나타날 것이다. 혹시 속성 창이 보이지 않는다면 해당 메뉴에 마우스를 대고 팝업 메뉴를 띄워서 [속성] 메뉴를 선택하자. 속성 창에서 ID, Prompt, Caption, 세 가지만 설정하고 나머지는 모두 디폴트로 처리하자.

〈현재 시간 메뉴 속성 설정 값〉

속성	값
Caption	현재 시간
ID	ID_SYS_TIME
Prompt	"현재 시간을 나타냅니다."

자, 여기까지 했으면 [클래스 뷰]로 가서 CTestResourceView 클래스를 선택하자. 그러면 속성 창에 CTestResourceView 클래스의 속성 값들이 보일 것이다. 속성 창의 상단 버튼 중에 번개 모양(⚡)의 이벤트 버튼이 있을 것이다. 사용자가 메뉴를 선택하거나 버튼을 누르는 것은 개발자 입장에서 어떤 이벤트가 발생한 것이다. 아무튼 이벤트 버튼을 누르면 ID로 시작하는 항목들이 쭉 나타난다. 이러한 것들이 각각의 메뉴 혹은 버튼의 ID들이다. 여기서 선택할 메뉴는 ID_SYS_TIME이다. 찾았으면 이름에 대고 더블 클릭을 하거나 ⊞확장 표시를 눌러 확장한다. 그러면 COMMAND와 UPDATE_COMMAND_UI 두 가지가 나타나는데, 선택해야 할 것은 COMMAND이다.

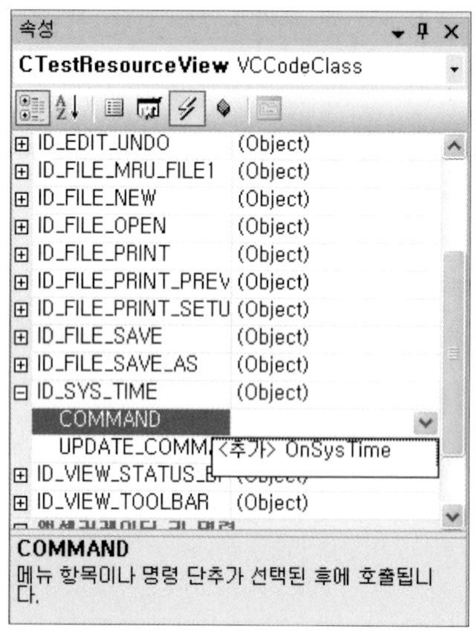

COMMAND 항목의 오른쪽에 콤보 박스를 열면 메시지 처리기를 추가하는 항목이 나타난다. 즉, ID_SYS_TIME에 맞춰서 이벤트 처리기의 이름이 자동으로 결정된다. 추가가 되면 TestResourceView.cpp 파일에 다음과 같이 이벤트 처리기가 추가된다.

```
void CTestResourceView::OnSysTime( )
{
}
```

이 함수가 현재 시간이라는 메뉴를 선택했을 때 처리하는 이벤트 처리기가 되는 것이다. 여기에 코드를 추가하면 된다. 여기서는 현재 시간을 나타내는 메시지 박스를 띄우는 코드를 작성하겠다.

```
void CTestResourceView::OnSysTime( )
{
        CTime time = CTime::GetCurrentTime( );
        CString str;

        str.Format(_T("현재시간은 %d시 %d분 %d초입니다."), time.GetHour( ), time.GetMinute( ), time.
GetSecond( ));
        AfxMessageBox(str);
}
```

사용자가 현재 시간 메뉴를 선택하면 메시지 박스가 뜨면서 현재 시간을 알려주는 기능을 구현
하였다. 결과는 다음과 같다.

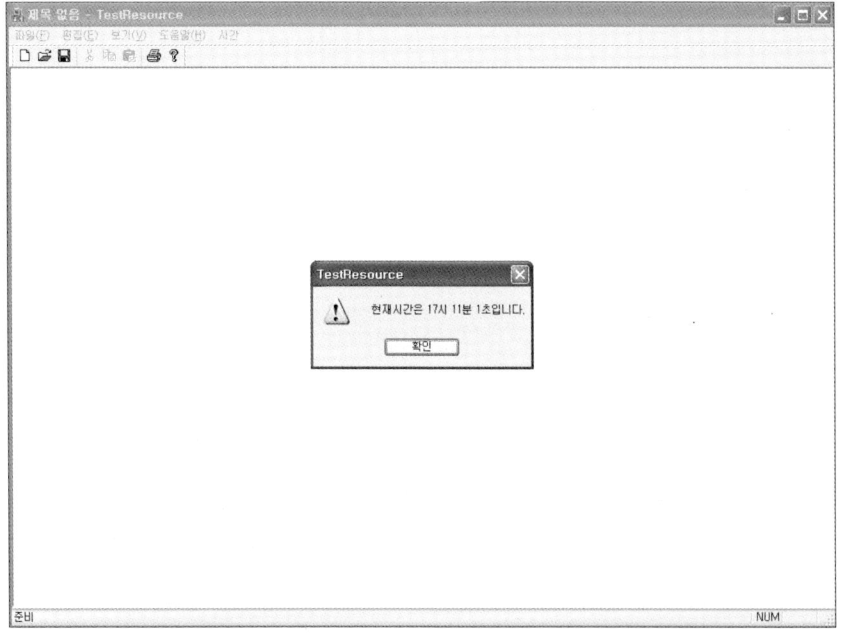

시간을 보여주는 클래스로 CTime 클래스를 이용하였고, 현재 시간을 보여주기 위해서 CTime
클래스의 멤버 함수인 GetCurrentTime( ) 함수를 이용하였다. time 객체가 현재 시간의 모든
정보를 가지고 있다. 하지만, 시간에 대한 모든 정보를 가지고 있어도 시간은 정수로 되어 있
고, 이것을 화면에 보여주려면 문자열로 변환해야 한다. 그래서 문자열 변수 를 선언하여 str 문
자열 변수에 시간 정보를 담을 수 있도록 처리하였다.

```
str.Format("현재시간은 %d시 %d분 %d초입니다.", time.GetHour( ), time.GetMinute( ), time.GetSecond( ));
```

정수인 현재 시간의 정보를 문자열로 변환하여, 그 문자열을 메시지 박스를 통해 출력하였다. 「AfxMessageBox(str);」는 MFC에서 제공하는 메시지 박스를 출력하는 함수이다. 인수로는 문자열만 들어갈 수 있다.

COMMAND와 UPDATE_COMMAND_UI

메뉴 이벤트 처리기를 생성할 때에 보았던 이벤트가 두 개가 있었다. 바로 COMMAND와 UPDATE_COMMAND_UI이다. 각각의 특징에 대해서 잠깐 알아보도록 하자.

■ COMMAND 이벤트

이 이벤트는 프로그램 실행 중에 사용자가 메뉴를 선택하면 발생하고, 메뉴 이벤트 처리기를 불러온다. 그래서 이벤트 처리기에 메뉴의 기능을 구현해 놓으면 메뉴를 선택했을 때에 코딩한 동작을 볼 수 있다. 앞의 예제는 COMMAND 이벤트를 통해서 이벤트 처리기를 생성한 경우이다.

■ UPDATE_COMMAND_UI 이벤트

COMMAND 이벤트가 메뉴 선택 시 동작에 관한 설정이였다면 UPDATE_COMMAND_UI 이벤트는 상태에 관한 설정이다. 무슨 이야기냐면 UPDATE_COMMAND_UI 이벤트는 현재 선택된 메뉴의 상태가 활성인지 비활성인지, 체크 표시를 할지 말지 등등의 상태를 설정할 때 이벤트 처리기를 만들어서 사용한다. 앞의 예제에서는 항상 사용하고 상태 변경의 필요성이 없기 때문에 이 이벤트에 대한 이벤트 처리기를 작성하지 않았었다.

팝업 메뉴

메뉴를 좀 더 빠르게 엑세스 하기 위해서 팝업 메뉴를 사용하는데, 팝업 메뉴를 어떻게 만드는지와 팝업 메뉴의 이벤트는 어떻게 처리하는지에 대해서 알아보자.

팝업 메뉴란 마우스 오른쪽 버튼을 클릭했을 때 나타나는 메뉴이다. 메뉴는 기능별로 정리가 잘 되어 있긴 하지만, 신속하게 메뉴로 이동하는 것이 좀 부담스럽다. 그래서 현재의 위치에서 메뉴를 신속하고 필요한 몇몇 기능만 효율적으로 사용할 수 있도록 하는 메뉴가 팝업 메뉴이다. 팝업 메뉴에는 무언가 특별한 것이 있다? 아니다. 방금 말했던 메뉴 생성 및 정의 방법이 같은 맥락으로 이루어진다. 어차피 팝업 메뉴도 메뉴이기 때문에 단지 메뉴 표시줄 없이 사용한다는 것 외에는 생성하는 방법은 메뉴 편집기를 사용한다.

1 팝업 메뉴 만들기

실제로 팝업 메뉴를 어떻게 만들고 사용하는지 예제를 만들어 보도록 하겠다. 먼저 리소스 뷰를 열고 팝업 메뉴의 목록을 만들어 보도록 하겠다. 그런데, 어디에다 만드는 것이 좋을까? IDR_MAINFRAME은 이미 주(Main) 메뉴 목록으로 사용하고 있으므로 팝업 메뉴에 사용할 새로운 메뉴 표시줄을 만들어야 한다.

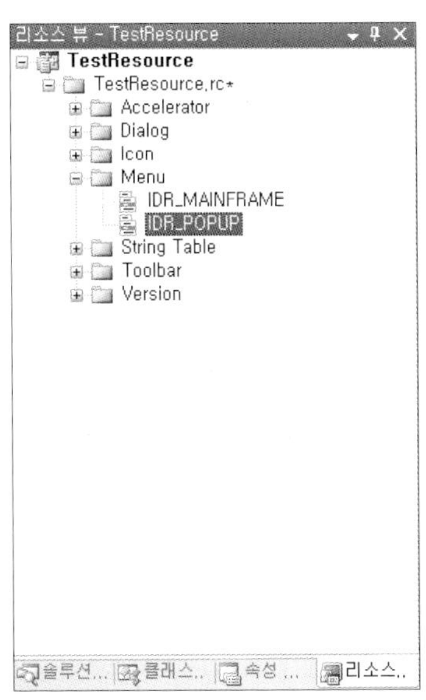

리소스 뷰의 메뉴(Menu) 위에서 팝업 메뉴를 띄워서 [메뉴 삽입] 메뉴를 선택하면 디폴트로 IDR_MENU1이라는 이름의 빈 메뉴를 만들어 줄 것이다. 이 이름을 그대로 사용해도 무방하지만 그래도 의미 있는 ID를 주고자 IDR_POPUP으로 변경하자. 편집은 속성 창의 ID 속성에서 해주면 된다. 여기까지 되었으면 오른쪽의 빈 메뉴에 원하는 메뉴를 입력하도록 하자.

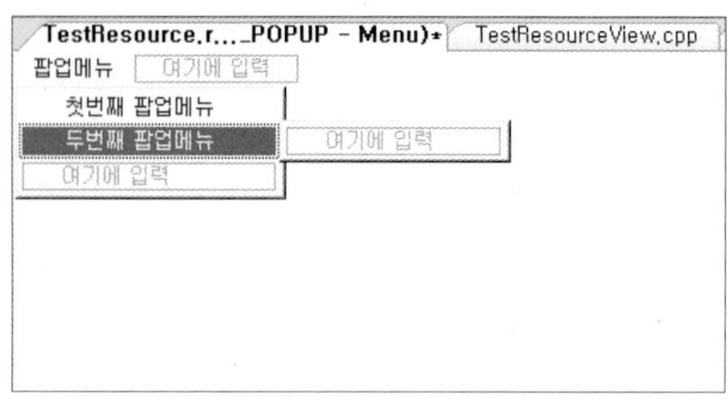

현재 팝업 메뉴를 만들고 있으므로 [팝업 메뉴]라고 이름 짓고 (실제 팝업 메뉴 실행 시 이 메뉴는 나타나지 않는다.) 하위 메뉴는 [첫번째 팝업메뉴], [두번째 팝업메뉴]라고 각각 이름을 붙여준다. 물론 각 메뉴별로 필수적인 속성 설정은 해주어야 한다. 세 가지 항목만 충실하게 설정하면 일단 메뉴의 외관 작업은 끝난다.

〈팝업 메뉴 속성 설정 값〉

Caption	ID	Prompt
첫번째 팝업메뉴	ID_POPUP_FIRST	첫번째 팝업 메뉴입니다.
두번째 팝업메뉴	ID_POPUP_SECOND	두번째 팝업 메뉴입니다.

다음으로 만들어 놓은 메뉴에 실질적인 생명을 불어넣는 작업이 남았다. 즉, 기능이 구현되도록 메뉴 메시지 처리기를 만들어야 한다는 것이다. 앞에서의 주(Main) 메뉴 만드는 과정과 별반 다를 것이 없다.

하지만 그 전에 한가지 간과한 것이 있다. 팝업 메뉴 처리를 하지 않았다. 팝업 메뉴는 주 메뉴처럼 메뉴 표시줄을 통해서 관리되는 것이 아니라 마우스 오른쪽 버튼을 클릭했을 때 메뉴가 나타나도록 처리해야 한다.

마우스 오른쪽 버튼을 클릭했을(WM_RBUTTONDOWN) 때 팝업 메뉴를 띄우도록 해도 되지만, 팝업 메뉴 전용 메시지인 WM_CONTEXTMENU가 있으므로 이것을 사용하는 것이 낫다. 팝업 메뉴는 뷰 위에서 발생하는 메시지이므로 뷰 클래스 안에 메시지 처리기를 작성하도록 하겠다.

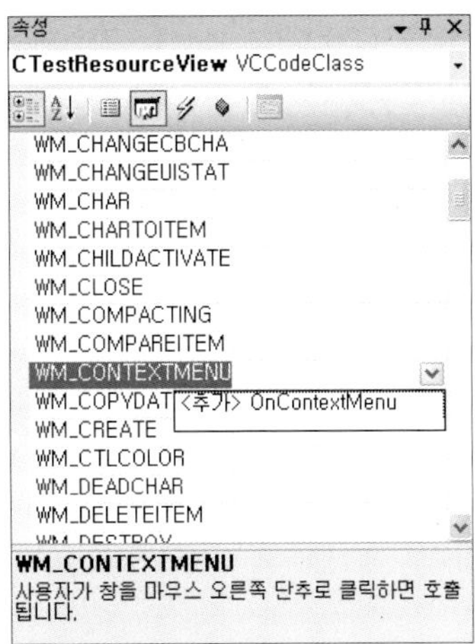

이와 같이 뷰 클래스의 속성 창에서 WM_CONTEXTMENU 메시지를 추가한다. 이 메시지는
팝업 메뉴를 호출할 때 발생되는 메시지 처리기를 생성해 준다. 추가하면 뷰 클래스에 다음과
같이 OnContextMenu( )라는 메시지 처리기가 생성이 되고, 팝업에 관한 코드를 이 안에 코딩
하면 된다. 다음과 같이 코딩하자.

```
void CTestResourceView::OnContextMenu(CWnd *pWnd, CPoint point)
{
        CMenu popup;
        CMenu *MyMenu;
        popup.LoadMenuW(IDR_POPUP);
        MyMenu = popup.GetSubMenu(0);
        MyMenu->TrackPopupMenu(TPM_LEFTALIGN | TPM_RIGHTBUTTON, point.x, point.y, this);
}
```

클라이언트 영역에서 마우스 오른쪽 버튼을 클릭할 때 팝업 메뉴가 나타나는지 확인해 보자.

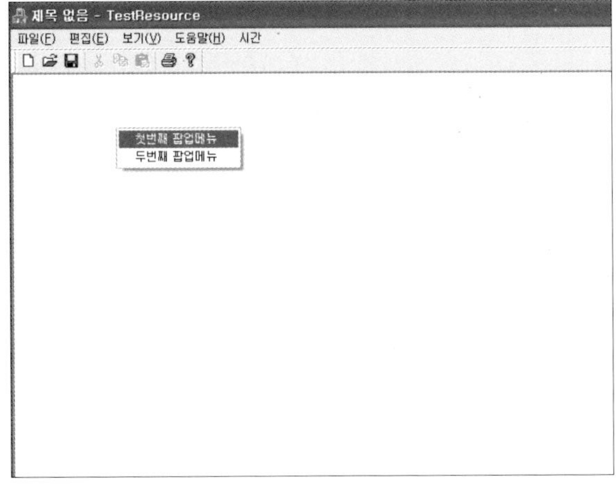

현재까지 만든 팝업 메뉴는 클라이언트 영역에 나타나지만, 선택하면 아무런 변화가 없다. 방금 OnContextMenu( ) 메시지 처리기에서 처리한 코드는 팝업 메뉴를 로딩시키고 정렬하는 기능만을 구현하였다. 즉, 팝업 메뉴를 띄울 때 제대로 팝업 메뉴가 나타나도록 외관적인 부분을 코딩한 것이다. 이제 각각의 메뉴에 대한 기능을 정의할 차례이다.

2 팝업 메뉴의 이벤트 처리기

현재 팝업 메뉴는 뷰 클래스상에서 구현되고 있기 때문에 팝업 메뉴 이벤트 처리기 또한 뷰 클래스상에서 구현되어야 한다. 이벤트 처리기 생성을 위해서 뷰 클래스에서 속성 창의 이벤트 목록으로 가보자.

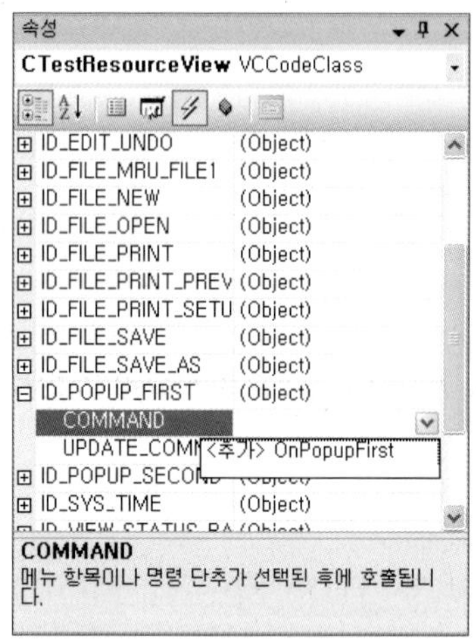

앞에서 정의했던 메뉴의 ID를 기억하고 있을 것이다. 각각 ID_POPUP_FIRST와 ID_POPUP_SECOND이다. COMMAND로 이벤트 처리기를 추가해 보자. 이벤트 처리기를 각각 추가한 다음에는 메뉴가 어떤 기능을 할 것인지를 이벤트 처리기 안에 코딩해 보자. 여기서는 다음과 같이 코딩하였다.

```
void CTestResourceView::OnPopupFirst( )
{
        AfxMessageBox(_T("첫번째 팝업 메뉴를 선택했습니다."));
}

void CTestResourceView::OnPopupSecond( )
{
        AfxGetMainWnd()->SetWindowTextW(_T("두번째 팝업 메뉴를 선택했습니다."));
}
```

단지 팝업 메뉴가 제대로 작동하는지만 알아보기 위해서 간단한 테스트를 하였다. 첫 번째 팝업 메뉴를 선택하면 "첫번째 팝업 메뉴를 선택했습니다."라는 메시지 박스가 보이고, 두 번째 팝업 메뉴를 선택하면 "두번째 팝업 메뉴를 선택했습니다."라고 윈도우의 제목이 바뀔 것이다. 실행 중의 모습은 다음과 같다.

참고 WM_CONTEXTMENU 메시지 대신에 WM_RBUTTONDOWN 메시지를 사용하는 경우

마우스 오른쪽 버튼 메시지(WM_RBUTTONDOWN)를 사용할 경우에는 다음과 같이 OnRButtonDown( ) 메시지 처리기를 생성한 후에 그 안에 코딩하면 된다.

```
void CTestResourceView::OnRButtonDown(UINT nFlags, CPoint point)
{
        CMenu popup;
        CMenu *MyMenu;
        popup.LoadMenu(IDR_POPUP);
        MyMenu = popup.GetSubMenu(0);
        ClientToScreen(&point);
MyMenu->TrackPopupMenu(TPM_LEFTALIGN | TPM_RIGHTBUTTON, point.x, point.y, this);
        CView::OnRButtonDown(nFlags, point);

}
```

코드의 내용을 보면 WM_CONTEXTMENU 메시지를 사용하는 경우와 거의 흡사하다. 다만 「ClientToScreen(&point);」 코드가 중간에 추가되었다. 이 메시지로 전달되는 point 인수는 윈도우의 좌측 상단을 기준으로 하는 좌표이며, TrackPopupMenu( ) 함수가 사용하는 좌표는 전체 화면의 좌측 상단을 기준으로 하고 있기 때문에 두 좌표의 실제 의미는 다르다. 그래서 ClientToScreen( ) 함수를 이용하여 point 매개변수 값을 전체 화면 기준 좌표로 변경하는 코드를 추가하였다.

팝업 메뉴를 어떻게 만들고 사용하는지에 대해서 앞에서 배웠다. 하지만 그것은 단지 기술일 뿐 컨텍스트 메뉴 메시지와 메시지 처리기에 사용된 함수들에 대한 설명과 이러한 함수들을 사용함으로써 구성되는 팝업 메뉴의 원리에 대해서 설명하지 않았다. 먼저 컨텍스트 메뉴 메시지에서 사용되었던 클래스와 함수 및 변수들을 구성 요소별로 분석해 보자.

```cpp
void CTestResourceView::OnContextMenu(CWnd *pWnd, CPoint point)
{
        CMenu popup;
        CMenu *MyMenu;
        popup.LoadMenu(IDR_POPUP);
        MyMenu = popup.GetSubMenu(0);
        MyMenu->TrackPopupMenu(TPM_LEFTALIGN | TPM_RIGHTBUTTON, point.x, point.y, this);
}
```

메뉴의 멤버를 사용하기 위해서 MFC에서는 CMenu 클래스를 제공한다. 예제에서 사용한 함수들과 변수들은 모두 CMenu 클래스의 멤버들이다. 먼저 CMenu의 객체인 popup과 포인터 객체인 *MyMenu를 선언하였다. popup 객체를 통해서 팝업 메뉴로 이용하기 위해 생성한 메뉴를 메뉴 표시줄을 포함하여 로딩하고(LoadMenu), 그 중에 메뉴 표시줄을 제외한 팝업 메뉴만을 추출(GetSubMenu)한다. 그리고 추출한 값을 MyMenu 포인터 객체로 넘겨주고, 이 객체는 화면의 임의의 위치에 팝업 메뉴를 출력하도록 TrackPopupMenu( ) 함수를 호출한다.

〈LoadMenu()〉

```cpp
* BOOL CMenu::LoadMenu(LPCTSTR lpszResourceName)
```

메뉴 리소스를 읽어 오는 함수이다. 인수 lpszResourceName 에 메뉴 리소스를 대입하면 해당 메뉴 리소스를 읽어 오고, CMenu의 객체를 반환한다. 이때 반환된 객체는 메뉴 표시줄까지 포함한 전체 메뉴를 반환하는 것이다.

〈GetSubMenu()〉

```cpp
* CMenu *CMenu::GetSubMenu(int nPos) const
```

이 함수는 메뉴 표시줄에서 하위 메뉴를 구하는 함수이다. 즉, 구하고자 하는 하위 메뉴의 위치이며 첫 번째 위치는 0부터 시작한다. 인수인 nPos가 구하고자 하는 메뉴의 위치 값이 되겠다. 잘 이해가 가지 않는가? 다음 그림을 보도록 하자.

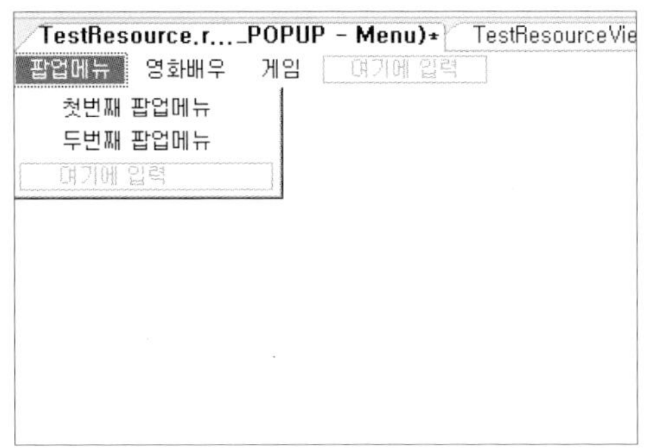

예제에서는 첫 번째 팝업 메뉴만 사용할 것이므로 nPos 인수에 0 값을 주었다.

〈TrackPopupMenu()〉

* BOOL CMenu::TrackPopupMenu(UINT nFlags, int x, int y, CWnd *pWnd, LPCRECT lpRect = NULL)

팝업 메뉴를 만들려면 LoadMenu( ), GetSubMenu( ) 함수로 메뉴 객체를 구한 후 이 함수를 호출하면 된다. 인수 x, y가 팝업 메뉴가 출력될 좌표이되 팝업 메뉴는 화면상의 어디서나 열릴 수 있으므로 이 좌표는 작업 영역 좌표 기준이 아니라 윈도우 화면 전체를 기준으로 좌표를 나타낸다.

인수 uFlags에는 여러 가지 값을 조합하여 설정할 수 있는데, 팝업 메뉴의 정렬과 동작 설정 값을 비트 OR 연산자로 연결해 지정한다.

〈팝업 메뉴의 정렬 설정 값〉

값	내용
TPM_LEFTALIGN	팝업 메뉴를 지정한 위치에서 좌측 정렬한다.
TPM_RIGHTALIGN	팝업 메뉴를 지정한 위치에서 우측 정렬한다.
TPM_CENTERALIGN	팝업 메뉴를 지정한 위치에서 수평으로 중앙 정렬한다.
TPM_TOPALIGN	팝업 메뉴를 지정한 위치에서 위쪽에 정렬한다.
TPM_BOTTOMALIGN	팝업 메뉴를 지정한 위치에서 바닥에 정렬한다.
TPM_VCENTERALIGN	팝업 메뉴를 지정한 위치에서 수직으로 중앙 정렬한다.

〈팝업 메뉴의 동작 설정 값〉

값	내용
TPM_LEFTBUTTON	마우스 왼쪽 버튼을 클릭했을 때만 메뉴 항목을 선택할 수 있다.
TPM_RIGHTBUTTON	마우스 오른쪽 버튼을 클릭했을 때도 메뉴 항목을 선택할 수 있다.
TPM_NONOTIFY	메뉴 항목이 선택되었을 때 통지 메시지를 보내지 않는다.
TPM_RETURNCMD	메뉴 항목이 선택되었을 때 선택된 메뉴 항목의 ID를 반환한다.

예를 들어 디폴트는 현재 커서에서 팝업 메뉴를 띄웠을 때 커서가 수평으로 좌측에 위치하게
되고, TPM_CENTERALIGN 값일 경우에는 커서가 수평으로 중앙에 위치하게 되며, TPM_
RIGHTALIGN일 경우에는 커서가 수평으로 오른쪽에 위치하게 된다. 디폴트일 때가 가장 이상
적이다.

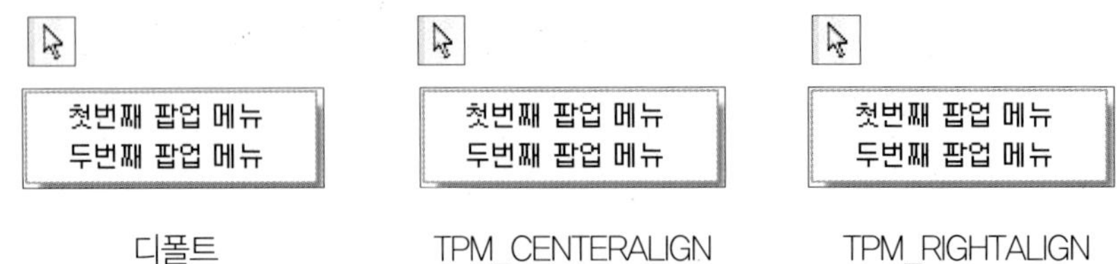

인수 pWnd는 팝업 메뉴를 소유하는 윈도우이며, 이 윈도우가 팝업 메뉴로부터 발생하는 메시
지를 받아 처리하게 된다. 예제에서는 현재 윈도우가 뷰 윈도우이므로 뷰 윈도우 자신인 this
포인터를 사용하였다. 인수 lpRect는 팝업 메뉴가 차지하는 화면 영역의 좌표이되, 이 값이
NULL이면 팝업 메뉴 바깥을 클릭하는 즉시 팝업 메뉴가 사라진다. 이 영역을 팝업 메뉴보다
더 크게 지정하면 팝업 메뉴 바깥을 클릭해도 팝업 메뉴가 사라지지 않게 할 수 있다. 디폴트로
는 NULL이므로 인수로서 굳이 신경 쓸 필요는 없다.

1 단축키

단축키란 메뉴를 선택할 때 일일이 마우스로 선택하는 것이 아니라 키보드로 좀더 빠르게 선택하기 위해서 사용한다. 거의 모든 프로그램에서 메뉴를 보면 괄호 안에 밑줄 쳐진 알파벳을 어렵지 않게 볼 수 있을 것이다. 비주얼 스튜디오의 메뉴 또한 마찬가지로 단축키를 볼 수 있다.

단축키를 만드는 방법은 의외로 간단하다. 영문으로 메뉴가 구성되어 있는 경우에는 Caption 속성인 메뉴 이름 앞에 '&' 기호를 붙이기만 하면 된다. 예를 들어서 File이라는 메뉴인 경우에 &File 이런 식으로 말이다. 한글 메뉴인 경우에도 마찬가지이다. 다만 한글은 조합 문자이므로 단축키로 사용하기 어렵기 때문에 괄호 안에 & 기호와 영문을 사용한다. 예를 들면 파일(&F) 이런 식으로 말이다. 앞의 예제에 단축키를 부여해 보자. 주 메뉴인 시간과 하위 메뉴인 현재 시간에 단축키를 설정해 보도록 하겠다.

메뉴 표시줄의 시간과 현재 시간의 Caption 속성을 각각 '시간(&T)'와 '현재 시간(&C)'로 설정한다. 그런 다음 실행해 보자. [Alt + T] 조합키를 누르면 메뉴 표시줄의 시간이 선택될 것이고, 그 상태에서 [Alt + C] 조합키 혹은 그냥 C 키를 누르면 현재 시간이 선택될 것이다.

한가지 주의해야 할 것은 단축키의 약자를 지정할 때 같은 주 메뉴 하위의 메뉴끼리 같은 단축키를 가져서는 안 된다는 것이다. 같은 단축키를 가지게 되면 아래쪽에 있는 메뉴는 단축키를 선택할 수 없게 된다. 단축키는 메뉴의 첫자를 따는 것이 보통이지만, 중복될 경우에는 중간에 있는 문자를 사용하도록 한다.

예를 들어서 편집 메뉴의 복사와 잘라내기 메뉴를 보면 각각 단축키를 Copy의 (&C)와 Cut의 (&T)를 사용한다. 원칙대로라면 잘라내기의 단축키도 (&C)가 되어야 하지만 중복되기 때문에 Cut는 자신의 단축키로 (&T)를 사용한 것이다. 양보의 미덕을 엿볼 수 있다.

엑셀러레이터는 가속 장치라는 의미를 가지고 있다. 무언가를 좀 빠르게 처리해 준다는 뉘앙스가 느껴진다. 단축키라는 말은 흔하게 들어봤지만 엑셀러레이터라는 말은 생소할 것이다. 실제로 엑셀러레이터를 단축키 안에 포함해서 말하는 경향이 있다. 하지만 엄연히 따지면 두 가지는 다르다.

단축키는 반드시 Alt 키와 함께 사용해야 하며 주 메뉴 하위에 있는 메뉴는 먼저 주 메뉴를 부른 후에 단축키를 눌러 주어야 한다. 물론 메뉴가 열려 있는 경우에는 Alt 키 없이 단축키만으로도 하위 메뉴를 선택할 수 있다. 여기까지만 봐도 단축키는 메뉴 표시줄을 거쳐서 메뉴를 선택하는 두 단계를 거쳐야 한다. 이에 비해 엑셀러레이터는 메뉴 표시줄을 전혀 거치지 않고, 곧바로 실행된다는 점이 다르다.

열기 메뉴를 예로 들어 비교해 보자. 단축키를 사용한다면 [Alt + F] 조합키를 누르고 [Alt + O] 혹은 그냥 O를 누름으로써 두 단계의 수고를 들여야 한다. 하지만, 엑셀러레이터를 이용한다면 [Ctrl + O] 조합키를 누르면 바로 실행된다. 즉, 두 단계의 수고를 바로 해결해 준다.

하지만, 엑셀러레이터가 반드시 메뉴를 선택하는 기능만 있는 것은 아니며 독립적인 사용자 인터페이스로써 메뉴와 무관하게 어떤 기능을 가지기도 한다. 엑셀러레이터는 메뉴와는 별도의 리소스로 정의되며 동작 방식도 약간 다르다. 다만 메뉴에 대한 보조 기능으로써 주로 사용할 뿐이지 반드시 메뉴와 연관되어 쓰이는 것은 아니다. 엑셀러레이터가 메뉴와 함께 쓰이는 경우와 독립적으로 쓰이는 경우를 각각 살펴보도록 하겠다.

1) 메뉴와 함께 쓰이는 경우

먼저, 이미 만들어져 있는 메뉴에 엑셀러레이터를 할당해 보자. 즉, 앞에서 다루었던 현재 시간을 메시지 박스로 보여주는 예제의 메뉴에 엑셀러레이터를 할당함으로써 메뉴를 거치지 않고 바로 실행되도록 할 것이다. 리소스 뷰의 엑셀러레이터(Accelerator)를 선택하고 IDR_MAINFRAME 리소스를 열어 본다. 그러면 기존 메뉴에 설정되어 있는 엑셀러레이터들이 다음과 같이 나타난다. 가장 마지막 줄에 현재 시간 메뉴 ID를 써 주고, 그 ID에 사용할 엑셀러레이터를 설정해 준다.

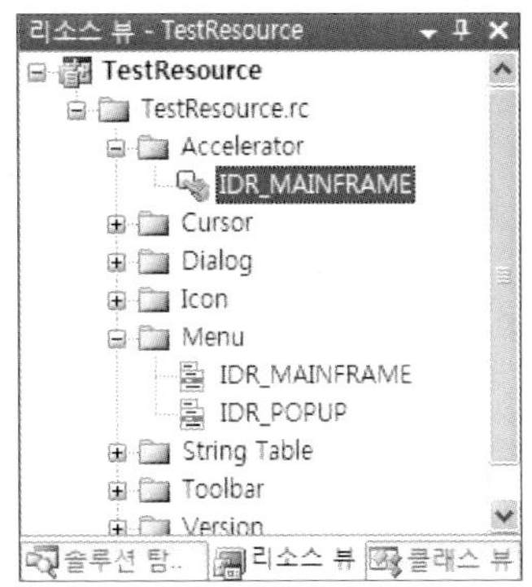

ID	보조키	키	형식
ID_EDIT_COPY	Ctrl	C	VIRTKEY
ID_EDIT_COPY	Ctrl	VK_INSERT	VIRTKEY
ID_EDIT_CUT	Shift	VK_DELETE	VIRTKEY
ID_EDIT_CUT	Ctrl	X	VIRTKEY
ID_EDIT_PASTE	Ctrl	V	VIRTKEY
ID_EDIT_PASTE	Shift	VK_INSERT	VIRTKEY
ID_EDIT_UNDO	Alt	VK_BACK	VIRTKEY
ID_EDIT_UNDO	Ctrl	Z	VIRTKEY
ID_FILE_NEW	Ctrl	N	VIRTKEY
ID_FILE_OPEN	Ctrl	O	VIRTKEY
ID_FILE_PRINT	Ctrl	P	VIRTKEY
ID_FILE_SAVE	Ctrl	S	VIRTKEY
ID_NEXT_PANE	없음	VK_F6	VIRTKEY
ID_PREV_PANE	Shift	VK_F6	VIRTKEY
ID_SYS_TIME	Ctrl	T	VIRTKEY

ID는 ID_SYS_TIME이고 보조키로서 Ctrl 키를, 키로서 T 키를 설정하였다. 이것은 [Ctrl + T] 조합키를 누르면 ID_SYS_TIME에 해당하는 메뉴 메시지 처리기를 호출하겠다는 의미이고, 결국은 ID와 엑셀러레이터가 하나의 메시지 처리기를 공유하고 있는 셈이다. 설정이 끝났으면 한 번 실행해 보고, [Ctrl + T] 조합키를 눌러 보자. 메뉴를 거치지 않고도 현재 시간 메시지 박스가 나타나는가?

메뉴에 이러이러한 엑셀러레이터가 있다는 것을 사용자에게 알려주어야 한다. 그래서 앞단의 단축키와 마찬가지로 Caption 속성에서 변경 작업을 하도록 한다. Caption에 '현재 시간\t Ctrl+T(&C)'이라고 씀으로써 단축키 [Alt + C]와 엑셀러레이터 [Ctrl + T]를 사용할 수 있음을 알 수 있다. \t는 한 탭만큼 띄우겠다는 의미로 메뉴 이름과 엑셀러레이터 간에 간격을 벌리기 위해서 사용한 것이다.

2) 메뉴에 독립적으로 쓰이는 경우

앞에서 엑셀러레이터는 반드시 메뉴와 함께 쓰는 것은 아니라고 하였다. 엑셀러레이터도 하나의 리소스로 구분되어 있는 독립적인 객체이다. 앞에서는 기존의 메뉴 ID에 연동하여 엑셀러레이터를 설정했지만, 지금부터는 새로 만든 ID에 엑셀러레이터를 연동하는 설정이다.

ID	보조키	키	형식
ID_EDIT_COPY	Ctrl	C	VIRTKEY
ID_EDIT_COPY	Ctrl	VK_INSERT	VIRTKEY
ID_EDIT_CUT	Shift	VK_DELETE	VIRTKEY
ID_EDIT_CUT	Ctrl	X	VIRTKEY
ID_EDIT_PASTE	Ctrl	V	VIRTKEY
ID_EDIT_PASTE	Shift	VK_INSERT	VIRTKEY
ID_EDIT_UNDO	Alt	VK_BACK	VIRTKEY
ID_EDIT_UNDO	Ctrl	Z	VIRTKEY
ID_FILE_NEW	Ctrl	N	VIRTKEY
ID_FILE_OPEN	Ctrl	O	VIRTKEY
ID_FILE_PRINT	Ctrl	P	VIRTKEY
ID_FILE_SAVE	Ctrl	S	VIRTKEY
ID_NEXT_PANE	없음	VK_F6	VIRTKEY
ID_PREV_PANE	Shift	VK_F6	VIRTKEY
ID_SYS_TIME	Ctrl	T	VIRTKEY
ID_ACCELERATOR	Ctrl	A	VIRTKEY

ID는 ID_ACCELERATOR로 설정하였고, 엑셀러레이터는 [Ctrl + A]로 하였다. ID_ACCELERATOR과 [Ctrl + A]는 같은 이벤트 처리기를 공유하게 되는 것이다. 그런데 현재 이 ID는 방금 새로 만든 ID이므로 기능에 대한 정의가 되어 있지 않다. 정의를 위해서 엑셀러레이터 이벤트 처리기를 만들어야 하겠다. 어차피 똑같은 리소스이므로 ID로 이벤트 처리기 추가하는 기능은 메뉴의 기능과 똑같다. CTestResourceView 클래스를 선택하고, 속성창에서 이벤트 버튼을 클릭하자.

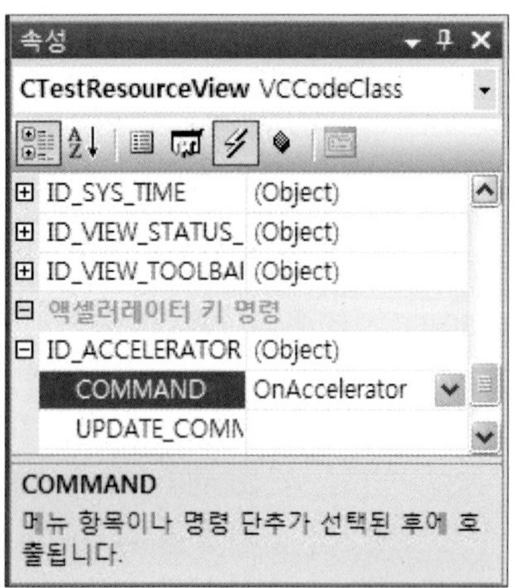

이벤트 목록에서 방금 설정한 ID_ACCELERATOR를 찾아서 COMMAND로 메시지 처리기를 추가해 보도록 하자. 추가가 되면 메시지 처리기가 만들어지고, 이 메시지 처리기 안에 다음과 같이 코딩을 해보자. 단 한 줄짜리 코드이다. 왜냐하면 지금은 독립적인 엑셀러레이터가 잘 동작하는지의 유무를 테스트해 보는 것이므로 확인 수준으로 한정했다.

```
void CTestResourceView::OnAccelerator( )
{
        AfxMessageBox(_T("엑셀러레이터를 선택하셨군요."));
}
```

코딩이 끝났으면 실행해서, [Ctrl + A]를 눌러 보자. 어떤 결과가 나타나는가?

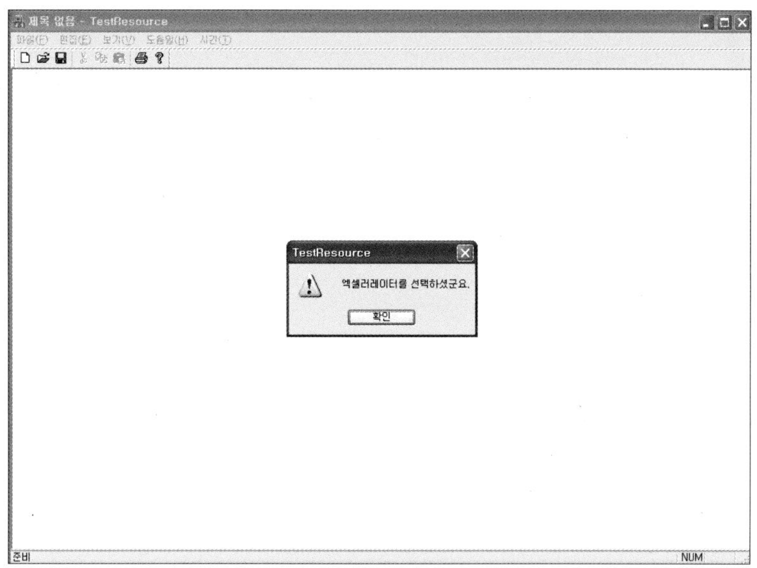

예상한 대로 결과가 나왔다. 메뉴에 종속되지 않고, 엑셀러레이터가 독립적으로 이벤트 처리기
를 실행하였다.

기타 리소스들

앞의 대표적인 리소스들 외에 언급하지 않은 리소스들이 있는데, 대화상자나 비트맵은 뒤에서 다룰 것이므로 여기서는 간단하게 설명만 하고 넘어가도록 하겠다.

1 ······· 도구 모음

도구 모음(Tool Bar)도 일종의 리소스이며, 메뉴를 좀더 효율적으로 그리고 신속하게 선택하기 위한 용도로 사용한다. 주로 사용 빈도가 높은 메뉴들로만 도구 모음을 구성한다. 리소스 뷰의 도구모음(Toolbar)을 확장하면 IDR_MAINFRAME이 보일 것이다. 이것을 더블 클릭하면 그림과 같이 도구 모음 편집기가 열리며, 이미지를 그릴 수 있는 각종 도구들이 나타난다. 이미지 편집 방법은 아이콘과 커서때와 동일하다. 기존의 도구들 중 하나를 선택하여 수정할 수도 있고, 도구 모음의 가장 오른쪽 빈 버튼에 새로이 추가하여 만들 수도 있다.

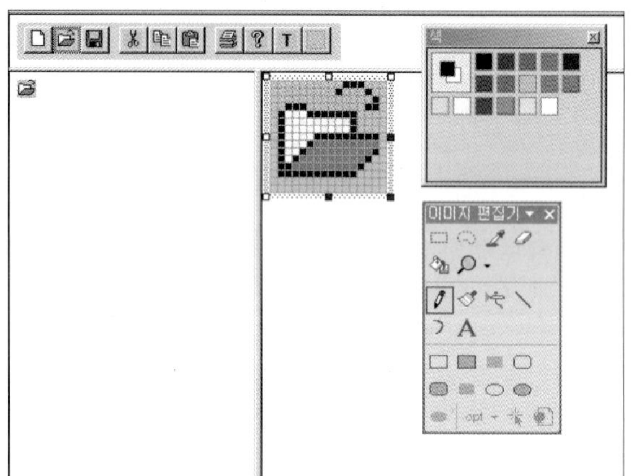

그런 다음에는 도구 모음의 버튼을 누를 때 원하는 메뉴가 실행되도록 만들어 보자. 예를 들어, 앞의 메뉴 중에 현재 시간을 나타내는 메뉴의 도구 모음을 만들어 보고 실행이 되도록 해보자. 우선 도구 모음 편집기에서 사용할 버튼을 만들어 보자. 도구 모음의 가장 오른쪽 빈 버튼을 선택하고 이미지 편집기의 **A**(텍스트) 도구로 다음과 같이 T라는 글자를 써넣었다.

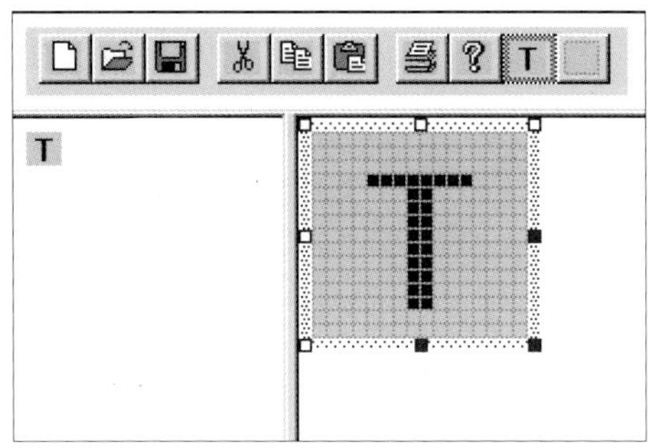

도구 모음의 버튼 T가 완성되었으면 속성 창으로 가서 ID를 ID_SYS_TIME으로 바꾸어 준다. 그러면 메뉴의 ID와 같으므로 메뉴 메시지 처리기를 공유하게 되는 것이다. 이 버튼을 누르면 현재 시간의 메뉴를 선택한 것과 같은 효과를 볼 수 있다.

2 상태 표시줄

상태 표시줄은 주(Main) 프레임 하단에 위치하여 특정 항목을 선택하면 해당 항목에 대한 도움 말이 출력되는 형태이다. 상태 표시줄은 페인(Pane)이라고 불리는 표시 영역들로 나뉜다. 보통 1개의 가변 크기 페인과 3개의 고정 크기 페인으로 나누어지는데, 다음과 같은 형태이다.

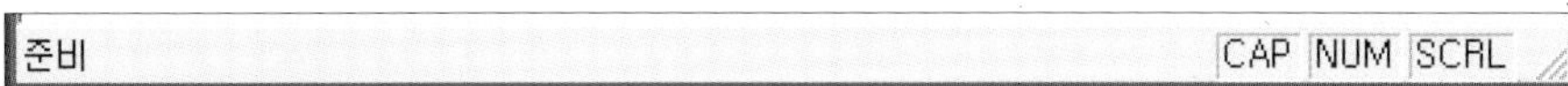

여기서는 상태 표시줄에 페인(Pane)을 하나 추가해 보고, 문자열을 출력하도록 해보자. 뷰의 클라이언트 영역에서 마우스가 움직일 때 상태 표시줄의 페인에 마우스의 (X, Y) 좌표 값이 출력되도록 하는 예제이다. 새로 프로젝트를 만들지는 않고, 앞에서 사용했던 TestResource 예제를 그대로 사용하자. TestResource 프로젝트를 열어 보도록 하자.

1) 페인에 설정할 ID 만들기

리소스 뷰의 문자열 테이블(String Table)을 눌러서 문자열 테이블을 열자. 여기서 ID를 생성 하도록 한다. ID_INDICATOR_POINT이라는 ID를 문자열 테이블에 다음과 같이 추가한다.

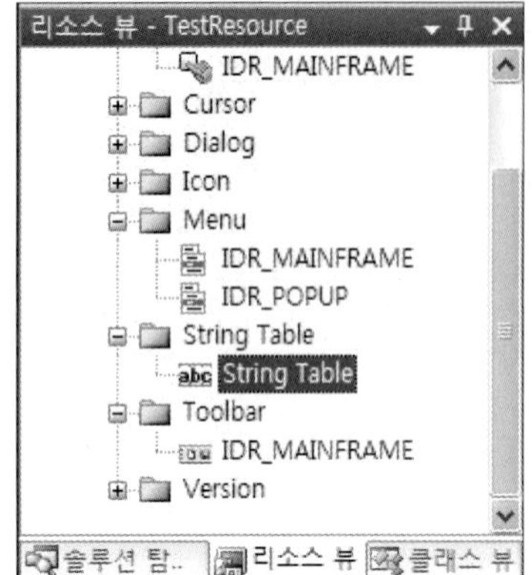

문자열 테이블의 캡션에 "마우스 위치 : X좌표, Y 좌표" 라고 입력하자.

그리고 MainFrame.cpp 파일을 열어 상단에서 다음과 같은 소스를 찾는다. 그리고 다음과 같이 수정한다.

```
static UINT indicators[ ] =
{
        ID_SEPARATOR,                          // status line indicator
        ID_INDICATOR_POINT,
        ID_INDICATOR_CAPS,
        ID_INDICATOR_NUM,
        ID_INDICATOR_SCRL,
};
```

기존의 상태 표시줄에 새로 만든 상태 표시줄을 끼워 넣은 것이다. 상태 표시줄의 출력 순서는 코드에 배치된 ID의 순서와 같다. 자, 여기까지 ID를 생성하고 상태 표시줄에 등록이 되었으면 일단 구색은 갖춘 것이다. 앞서 언급했듯이 마우스의 움직임에 따른 (X, Y) 좌표를 상태 표시줄에 출력하기로 한다. 그렇다면 마우스 움직임을 감지할 수 있는 메시지 처리기를 생성해 보도록 하자.

2) OnMouseMove( ) 메시지 처리기

마우스 움직임을 감지하는 윈도우 메시지는 WM_MOUSEMOVE이고, 그에 해당하는 메시지 처리기는 OnMouseMove( )이다. 그림과 같이 메시지 처리기를 생성하고, 코드를 작성해 보도록 하자. 다음과 같이 CTestResourceView 클래스 기반에서 생성한다.

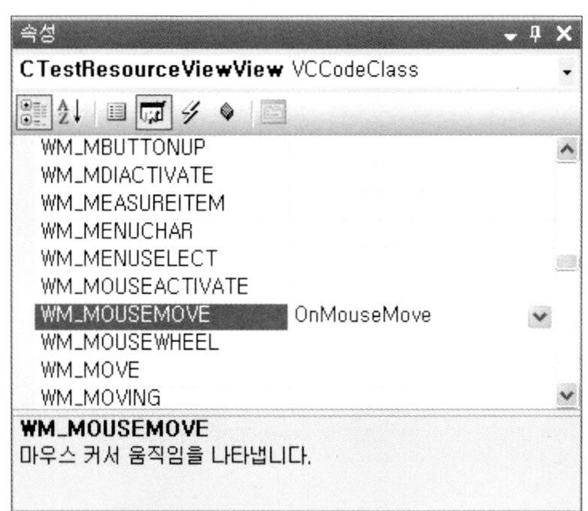


```
void CTestResourceView::OnMouseMove(UINT nFlags, CPoint point)
{
        CMainFrame *pFrame = (CMainFrame *)AfxGetMainWnd( );
        CString strPoint;
        strPoint.Format(_T("마우스위치|x : %d, y : %d"), point.x, point.y);

        pFrame->m_wndStatusBar.SetPaneText(1, strPoint);
        CView::OnMouseMove(nFlags, point);

}
```


현재 뷰의 클라이언트 영역에서의 마우스 움직임을 잡아내기 위해, 뷰에서 OnMouseMove( ) 함수를 작성하였다. 그러나 문제가 하나 있다. 상태 표시줄에 (X, Y) 좌표를 출력해야 하는데, 상태 표시줄은 엄연히 주(Main) 프레임 소속이다. 즉, 동네가 다른데 어떻게 뷰의 데이터를 주 프레임에 출력할 수 있을까?

「CMainFrame *pFrame = (CMainFrame *)AfxGetMainWnd( );」 문장에 답은 있다. AfxGetMainWnd( ) 함수를 통해 주 프레임의 객체를 얻어 오기 때문에, 현재 뷰의 데이터를 다음 문장「pFrame->m_wndStatusBar.SetPaneText(1, strPoint);」를 통해 주 프레임에 출력하는 것이 가능하다.

빌드하고 실행해 보자. 혹시 선언에 관한 에러가 뜨면, MainFrm.h 파일로 가서 접근 지정자를 확인해 보도록 하자. 다음의 객체들이 protected로 되어 있다면 public으로 변경해 준다. 왜냐하면 상태 표시줄 객체를 뷰에서 사용하고 있기 때문이다.

```
//protected:
public:
        CStatusBar m_wndStatusBar;
        CToolBar m_wndToolBar;
```

다시 한번 빌드 및 실행을 하자. 마우스가 클라이언트 영역을 움직일 때 상태 표시줄에 다음과 같이 좌표가 출력되는지 확인해 보자.

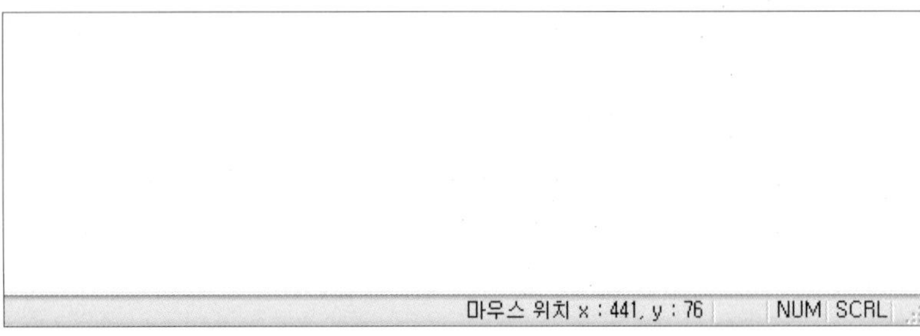

3 문자열 테이블(String Table)

프로그램에서 사용하는 문자열들도 리소스이다. 프로그램에서 사용하는 각각의 문자열을 일일이 수정한다면 굉장히 번거로울 것이다. 그래서 문자열을 리소스로 관리함으로써 문자열을 고칠 때마다 프로그램을 다시 컴파일하지 않아도 되며 리소스만을 교체하여 다국어 버전으로 만들 수 있다. 리소스 뷰의 문자열 테이블(String Table)을 열어 보면 다음과 같이 문자열 테이블 편집기가 나타난다.

ID	값	캡션
IDP_OLE_INIT_FAILED	100	OLE를 초기화할 수 없습니다. OLE 라이브러리 버전이 올바른지 확인하십시오.
ID_INDICATOR_POINT	101	마우스 위치 : X좌표, Y좌표
IDR_MAINFRAME	128	TestResource\n\nTestResource\n\n\nTestResource.Document\nTestResourc...
ID_SYS_TIME	32775	현재 시간을 나타냅니다.
AFX_IDS_APP_TITLE	57344	TestResource
AFX_IDS_IDLEMESSAGE	57345	준비
ID_FILE_NEW	57600	새 문서를 만듭니다.\n새로 만들기
ID_FILE_OPEN	57601	기존 문서를 엽니다.\n열기
ID_FILE_CLOSE	57602	활성 문서를 닫습니다.\n닫기
ID_FILE_SAVE	57603	활성 문서를 저장합니다.\n저장
ID_FILE_SAVE_AS	57604	활성 문서를 새 이름으로 저장합니다.\n다른 이름으로 저장
ID_FILE_PAGE_SETUP	57605	인쇄 옵션을 변경합니다.\n페이지 설정
ID_FILE_PRINT_SETUP	57606	프린터 및 인쇄 옵션을 변경합니다.\n인쇄 설정
ID_FILE_PRINT	57607	활성 문서를 인쇄합니다.\n인쇄
ID_FILE_PRINT_PREVIEW	57609	전체 페이지를 표시합니다.\n인쇄 미리 보기
ID_FILE_MRU_FILE1	57616	현재 문서를 엽니다.
ID_FILE_MRU_FILE2	57617	현재 문서를 엽니다.
ID_FILE_MRU_FILE3	57618	현재 문서를 엽니다.

문자열들은 고유의 ID를 가지며 프로그램 각 부분에서 사용된다. 예를 들어 윈도우의 제목 표시줄에 사용하기도 하고, 상태 표시줄에 나타나게 하기도 하고, 메뉴의 도움말로 쓰이기도 한다. 예를 들어 ID_FILE_OPEN이라는 문자열은 '기존 문서를 엽니다.\n열기'라고 정의되어 있다. 이 문자열은 열기 메뉴가 선택되었을 때 상태 표시줄에 나타나는 문자열이다. [캡션] 값을 수정하면 상태 표시줄에 나타나는 문자열을 변경할 수 있다.

대화 상자는 프로그램 실행 중에 어떤 정보 값을 불러오거나 저장할 때 전달자로서의 역할을 한다. 즉, 중간에서 정보를 전달해 주는 상자이므로 대화 상자라는 이름이 붙여진 듯하다. 예를 들어 열기 대화 상자는 파일을 불러올 때 사용한다.

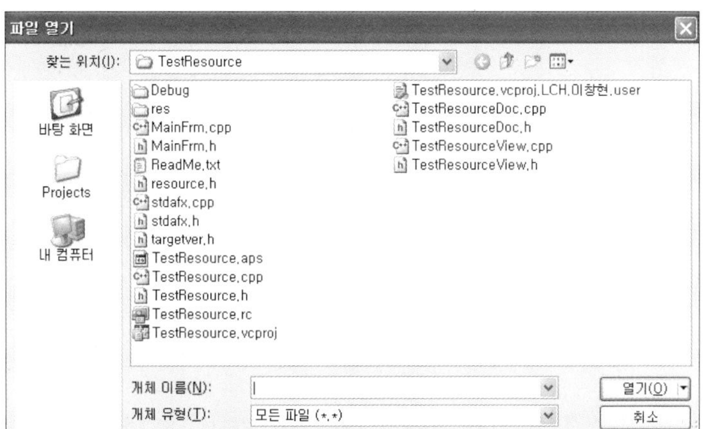

열기 대화 상자 하나만 봐도 버튼, 콤보 박스, 리스트 컨트롤 등등 여러 가지 컨트롤들이 있음을 알 수 있다. 리소스 중에서 대화 상자는 아이콘이나 커서처럼 간단하게 사용할 수 있는 것이 아니다. 대화 상자 내에 컨트롤을 배치하고 기능을 부여하여 동기화하는 좀 까다로운 과정이 필요하다. 여기서는 대화 상자도 리소스의 일종이라는 것만 밝히고, 자세한 내용은 5장 대화 상자 및 컨트롤에서 자세하게 다루도록 하겠다.

개발자가 고난이도의 그래픽 디자인까지 할 수는 없다. 그래서 예쁜 이미지가 있으면 프로그램에서 가져다 사용할 수 있는데, 이때 사용하는 파일 형식이 비트맵이다. 비트맵 파일도 리소스의 일종이며, 아이콘이나 도구 모음과 같이 이미지 편집기로 편집이 가능하다. 비트맵에 대해서는 7장 그래픽의 기본에서 다루기로 하겠다.

MFC에서는 버전까지도 리소스의 일종이다. 여기에는 회사 이름, 프로그램 버전, 판권, 등록상표 등에 관한 정보가 담겨 있다.

Key	Value
FILEVERSION	1, 0, 0, 1
PRODUCTVERSION	1, 0, 0, 1
FILEFLAGSMASK	0x3fL
FILEFLAGS	0x0L
FILEOS	VOS__WINDOWS32
FILETYPE	VFT_APP
FILESUBTYPE	VFT2_UNKNOWN
Block Header	한국어(041203b5)
Comments	
CompanyName	TODO: <회사 이름>
FileDescription	TODO: <파일 설명>
FileVersion	1.0.0.1
InternalName	CH6Resource.exe
LegalCopyright	TODO: (c) <회사 이름>. All rights reserved.
LegalTrademarks	
OriginalFilename	CH6Resource.exe
PrivateBuild	
ProductName	TODO: <제품 이름>
ProductVersion	1.0.0.1
SpecialBuild	

리소스를 생성하거나 변경하면, 리소스에서 사용하는 ID들은 모두 resource.h 파일에 매크로 상수로 정의된다. resource.h 파일을 열어 보면 다음과 같다.

〈resource.h 파일〉

```
//{{NO_DEPENDENCIES}}
// Microsoft Visual C++ generated include file.
// Used by TestResource.rc
//
#define ID_POPUP_SECOND                 0
#define IDR_MANIFEST                            1
#define IDD_ABOUTBOX                            100
#define IDP_OLE_INIT_FAILED                     100
#define IDR_MAINFRAME                           128
#define IDR_TestResourceTYPE            129
#define IDI_ICON1                       131
#define IDC_MYCURSOR                            134
#define ID_SYS_TIME                             136
#define ID_Menu                         137
#define ID_138                                  138
#define ID_139                                  139
#define ID_140                                  140
```

```
#define IDR_POPUP                               141
#define ID_POPUP_FIRST                          142
#define ID_Menu143                              143
#define ID__144                                         144
#define ID__145                                         145
#define ID__146                                         146
#define ID_147                                          147
#define ID_148                                          148
#define ID_149                                          149
#define ID_ACCELERATOR                          32773
#define ID_BUTTON32777                          32777

// Next default values for new objects
//
#ifdef APSTUDIO_INVOKED
#ifndef APSTUDIO_READONLY_SYMBOLS
#define _APS_NEXT_RESOURCE_VALUE                        151
#define _APS_NEXT_COMMAND_VALUE                         32778
#define _APS_NEXT_CONTROL_VALUE                  1000
#define _APS_NEXT_SYMED_VALUE                    101
#endif
#endif
```

대충 봐도 낯익은 ID들이 눈에 들어온다. 메뉴들의 ID들은 모두 정수형의 매크로 상수로 정의
되어 있다. 새로운 ID가 만들어질 때마다 자동으로 resource.h 파일에 등록하며 매크로 상수가
중복되지 않도록 관리해 준다. 그런데 프로그램 내에서 사용하는 컨트롤들이 많아지면 ID를 관
리하는 일이 어려워진다. 어떤 ID가 어떤 값으로 정의되어 있으며 어떤 모듈에서 사용하는지 알
고 싶으면 리소스 뷰를 선택한 상태에서 [편집 〉 리소스 기호]항목을 선택하거나, 혹은 리소스
뷰에서 팝업 메뉴를 열어서 [리소스 기호]항목을 선택할 수 있다.

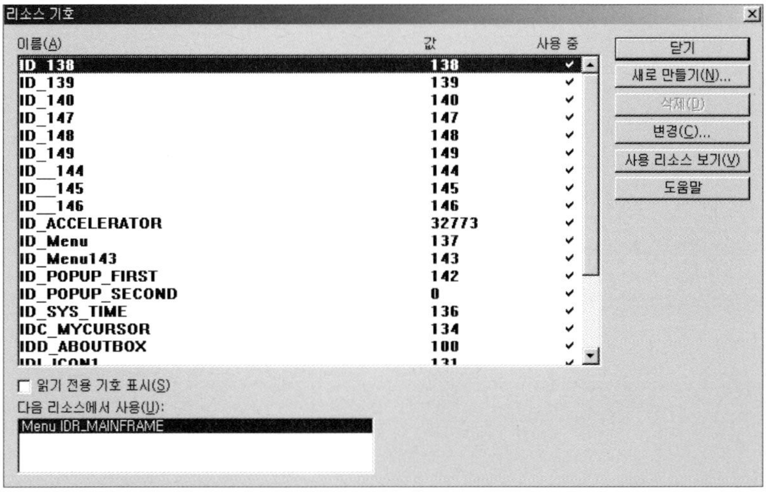

리소스 기호 대화 상자는 프로젝트에서 사용하는 모든 ID들과 실제 값들을 보여주며 ID가 사용된 코드로 이동하도록 해준다. 그리고 리소스를 새로 만들거나 기존의 리소스를 변경할킬 수도 있고, 삭제도 가능하다. 특히 ID들을 일목요연하게 보여주기 때문에 불필요한 리소스를 걸러 내어 삭제하기도 용이하다.

마치면서

리소스는 개념적 이해보다는 활용에 달려 있다. 그래서 특별히 머리 싸매고 이해해야 하는 부분은 아니다. 리소스의 사용 방법을 다시 한번 숙지하고 넘어가도록 하자. 앞에서 살펴보았던 리소스들은 다음과 같다.

-아이콘
-커서
-메뉴
-엑셀러레이터
-도구 모음
-상태 표시줄
-문자열 테이블
-대화 상자
-비트맵
-버전

PART 05
대화 상자와 컨트롤 1

이번 장에서는 대화 상자와 대화 상자에 사용되는 윈도우 컨트롤에 대해서 알아볼 것이다. 대화 상자는 흔히 윈도우 기반에서 간단한 응용 프로그램으로 많이 사용되기도 하고, 응용 프로그램에 내장되어 사용되기도 한다. 그리고 윈도우 컨트롤은 대화 상자의 구성 요소라고 할 수 있고 각각이 GUI 기반의 윈도우 객체들이다. 그래서 두 가지는 불가피하게 떼어 놓을 수 없는 관계이다. 공부해야 할 양은 방대하나 어떤 장보다도 사용자 인터페이스를 다루는 부분이므로 사용하기 쉽고, 친숙하기 때문에 그만큼 보람도 있을 것이라 생각한다.

대화 상자

윈도우 상에서 대화상자의 용도와 역할에 대해 알아보고, 대화 상자의 종류에는 어떤 것들이 있는지 알아보자.

대화 상자란 말 그대로 응용 프로그램 혹은 서버와 사용자 간의 의사소통, 즉 대화를 하기 위한 창구라고 할 수 있다. 사용자가 입력할 수 있고, 그 입력에 따라 처리하여 결과를 사용자에게 보여주는 형태라고 생각하면 된다. 예를 들자면 휴대폰이나, 계산기 등과 같은 경우에 사용자가 입력하고 그에 따라 결과를 보여준다. 이러한 응용 프로그램을 대화 상자 형식으로 만들 수 있는 것이다.

대화 상자에는 버튼, 에디트 컨트롤, 리스트 등등의 각종 컨트롤들이 배치가 될 수 있다. 델파이(Delphi)나 비주얼 베이직(Visula Basic)과 같은 개발 도구들을 사용해 본 적이 있다면 이해가 쉬울 것이다. 응용 프로그램을 구성할 때 컨트롤들을 폼에 드래그 앤 드랍(Drag & Drop)으로 옮겨 놓으면 배치가 되고, 해당 함수를 작성해 주는 간단한 형태라고 보면 된다.

비주얼 C++에서도 이와 같은 응용 프로그램의 개발이 가능하도록 대화 상자와 컨트롤을 제공한다. 필자는 처음으로 비주얼 C++을 접했을 때, 델파이나 비주얼 베이직과 비슷한 맥락의 개발 도구라 생각했다가 매우 당황했었다. 어떠한 폼도 컨트롤도 찾아볼 수 없었기 때문이다. 그래서 아마 비주얼 C++ 초보자분들에게는 대화 상자 부분이 쉽게 느껴질 수 있고, 그만한 재미도 느낄 수 있을 것이다.

하지만, 컨트롤을 직접 작성하는 부분은 그리 만만치 않으며, 세부적으로 들어가면 ATL 및 COM까지 다루어야 한다. 첫술에 배부르리 만무하다. 차근차근 하나하나의 개념에 집중해서 이해해 나가면 결코 어렵지 않다. 이 시간 대화 상자의 매력에 한번 빠져보도록 하자.

대화 상자는 크게 두 가지로 분류한다. 하나는 모달(Modal) 대화 상자라고 부르고, 또 다른 하나는 모델리스(Modeless) 대화 상자라고 부른다. 모달 대화 상자는 자기 자신인 모달 대화 상자가 닫히기 전까지는 부모 윈도우를 실행할 수 없게 만든다. 예를 들면 공통적으로 사용되는 열기 및 저장 대화 상자와 같은 경우에 [확인] 혹은 [취소] 버튼이 눌려서 반환되기 전까지는 부모 윈도우로 전환되기 힘들다. 다음 그림은 모달 대화 상자의 예이다. 현재 우리가 사용하는 비주얼 스튜디오에서 [파일>열기] 메뉴를 선택하거나 도구 모음 중 [열기]를 클릭해 보도록 하자.

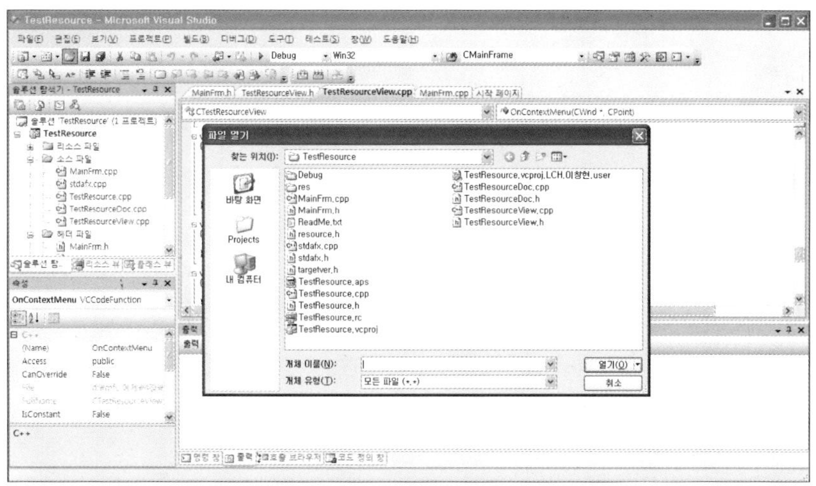

열기 대화 상자의 [열기] 및 [취소] 버튼을 누르기 전까지 부모 윈도우로 전환되지 않는다. 부모 윈도우를 클릭하면 애꿎은 비프음만 울릴 것이다. 물론 현재 모달 대화 상자를 닫지 않은 상태에서 다른 프로그램을 실행시킬 수는 있다. 윈도우 미디어를 실행시켜서 음악을 듣는다든지, 지뢰 찾기 게임을 한다던지, 다른 프로세스로의 전환은 가능하다는 말이다. 단지 모달 대화 상자의 부모 윈도우로 전환이 안 된다는 것이다. 이것이 모달 대화 상자이다.

모덜리스 대화 상자의 가장 대표적인 예가 [찾기(Find)] 대화 상자이다. 웬만한 편집기 프로그램에는 문자열을 검색하는 [찾기] 대화 상자가 대부분 포함되어 있다. 문자열 찾기는 현재 편집 창에서 해당 문자열을 검색해 나가야 하기 때문에 대화 상자를 열어 놓고 사용해야 한다. 다음 그림은 비주얼 스튜디오에서 [편집 > 찾기 및 바꾸기] 메뉴를 선택하여 찾기 대화 상자를 연 것이다.

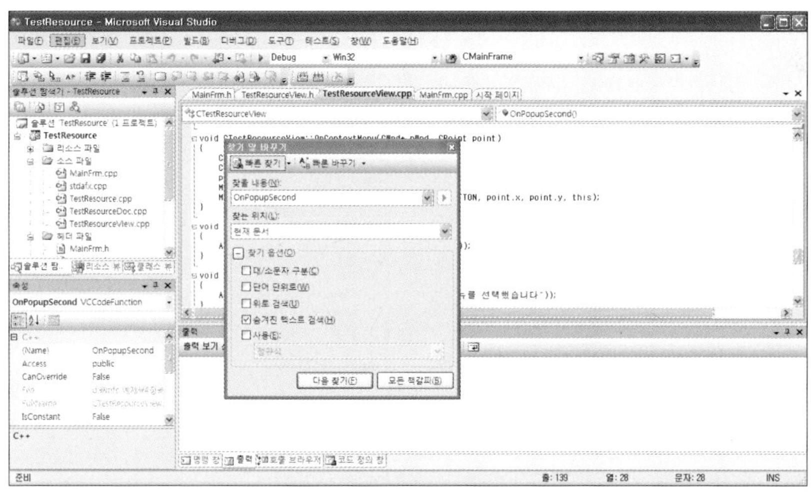

부모 윈도우인 편집 창과 [찾기] 대화 상자가 같이 실행되어야 하므로 [찾기] 대화 상자가 열린 상태에서 부모 윈도우로의 전환이 가능하다. 보통 프로그램의 상태를 나타내거나 작업 중에 참조를 해야 할 때 모달리스 대화 상자를 사용한다. 그러나 모달리스 대화 상자는 다른 작업을 하면서도 열려 있어야 하기 때문에 프로그래밍이 좀더 까다로운 면이 없지 않다.

대화 상자 자체만으로는 어떤 기능을 할 수가 없다. 실제 대화 상자 위에 올라가는
요소들인 컨트롤에는 어떤 것들이 있는지 살펴보자.

대화 상자를 하나의 터라고 말한다면 그 터를 구성하는 요소들을 컨트롤이라 말할 수 있겠다.
핸드폰 껍데기를 대화 상자라고 한다면, 각각의 번호 버튼, 통화 버튼, 액정 등등이 구성 요소
인 컨트롤이 되는 것이다. 즉, 핸드폰 껍데기만 가지고 통화 기능을 할 수 없듯이 대화 상자만으
로 제 기능을 하기란 불가능하다.

대화 상자의 존재 의미는 각종 컨트롤이 올려질 수 있는 컨테이너 역할을 하는 것뿐이며, 컨트
롤들이 실제 인터페이스 역할을 한다고 말할 수 있다. 그리고 한가지 분명히 해야 할 것은 컨트
롤도 윈도우라는 사실이다. 각각의 컨트롤들은 클래스로 정의되어 있으며 대화 상자 내에서 독
립적인 기능을 가지고 있다.

다음 그림에서 컨트롤에 대한 계층도를 보면, 컨트롤은 각 클래스로 정의된 윈도우임을 알 수
있다. 컨트롤은 크게 표준 컨트롤과 공통 컨트롤로 구분되어진다. 두 가지 컨트롤을 나누어서
각각 살펴보도록 하겠다. 속성만 살펴볼 것이고, 컨트롤에 대한 실습은 뒤에서 자세히 할 것이다.

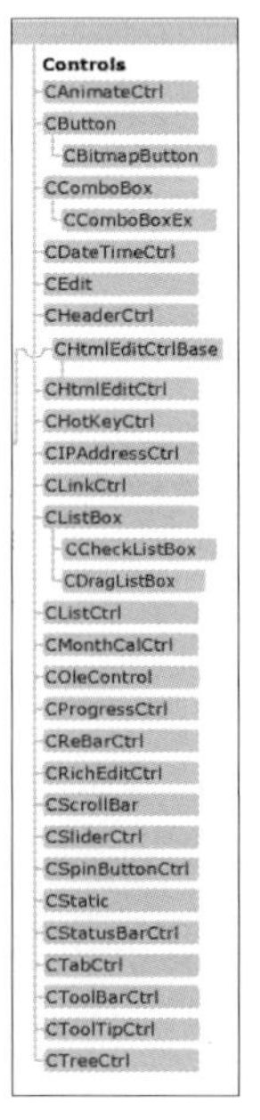
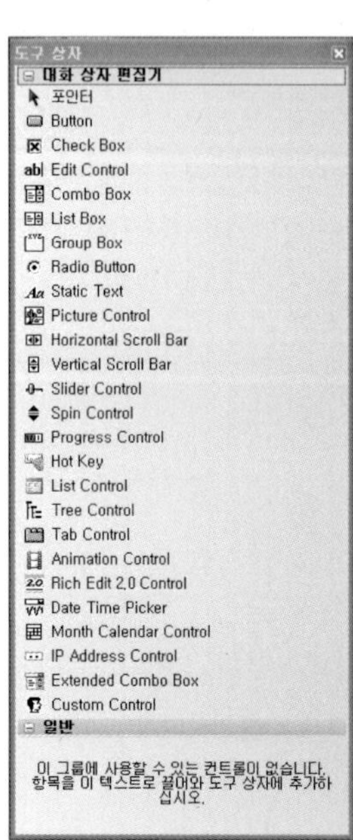

버튼, 체크 박스, 라디오 박스, 스크롤 바 등등과 같이 윈도우 3.1 시절부터 지원되었던 컨트롤들이 표준 컨트롤로 구성되어 있다. 표준 컨트롤에는 어떤 것들이 있는지 구성 요소를 살펴보도록 하자.

〈표준 컨트롤〉

표준 컨트롤	내용
Button	일반적인 푸시(Push) 컨트롤이다.
Check Box	체크할 때 사용되는 컨트롤이다.
Edit Control	문자열을 입력할 때 사용되는 컨트롤이다.
List Box	여러 항목을 보여주는 컨트롤이다.
Group Box	컨트롤들을 그룹으로 묶어 주는 컨트롤이다.
Radio Button	항목을 선택할 때 사용되는 컨트롤이다.
Static Text	텍스트를 출력하는 컨트롤이다.
Picture Control	비트맵이나 아이콘을 표시할 수 있는 컨트롤이다.
Horizontal Scroll Bar	수평으로 스크롤하는 컨트롤이다.
Vertical Scroll Bar	수직으로 스크롤하는 컨트롤이다.

공통 컨트롤은 윈도우 95시절부터 지원되었다고 해서 Win95 컨트롤이라고 명명하기도 한다. 표준 컨트롤보다는 좀더 다양하고 확장된 기능들을 제공한다. 사용법이 특수한 경우도 있지만 대부분 컨트롤 사용은 비슷비슷하므로 겁먹을 필요는 없다. 공통 컨트롤에는 어떤 것들이 있는지 구성 요소를 살펴보도록 하자.

〈공통 컨트롤〉

공통 컨트롤	내용
Slider	스크롤 바와 유사한 기능을 가지고 있다.
Spin	특정 범위의 값을 버튼으로 증감시킨다.
Progress	작업의 진행 정도를 나타내는 컨트롤이다.
Hot Key	특수 키 조합의 표시이다.
List Control	리스트 박스를 업그레이드한 형태이다. 아이콘 및 컬럼(Column)이 추가되고 다양한 형태의 보기가 지원된다.
Tree Control	트리(Tree) 구조로 항목을 일목요연하게 보여준다.
Tab Control	여러 페이지를 표시하는 컨트롤이다.
Animation Control	동적인 애니매이션을 보여준다.
Rich Edit 2.0 Control	에디트 컨트롤의 기능을 확장한 컨트롤이다.
Date Time Picker Control	날짜와 시간을 설정할 수 있다.
Month Calendar Control	달력 형태를 보여줌으로 좀더 시각화하였다.
IP Address Control	IP 주소를 입력받을 수 있는 컨트롤이다.
Extended Combo Box	콤보 박스를 확장한 컨트롤로 이미지까지 항목으로 설정하는 것이 가능하다.

대화 상자 만들기

실제로 간단한 대화 상자를 만들어 보고, 그 위에 컨트롤 배치 및 이벤트 처리를 어떻게 하는지 알아보자.

앞에서 대화 상자의 종류에는 모달 대화 상자와 모덜리스 대화 상자가 있고, 대화 상자를 구성하는 컨트롤에는 표준 컨트롤과 공통 컨트롤 등이 있다고 언급했었다. 이제 대화 상자를 구성하는 기본 요소는 알고 있는 셈이다. MFC를 사용한 대화 상자 기반에서 대화 상자를 구성해 보고, 컨트롤을 배치해 보도록 하겠다. 그리고 각 컨트롤에 이벤트 처리기를 작성해 보도록 하겠다.

1 ········ 프로젝트 생성

일단 응용 프로그램 마법사를 이용하여 프로젝트를 구성하도록 하겠다. 프로젝트명은 TestDialog라고 정하고, 응용 프로그램 종류로는 [대화 상자 기반]을 선택한다. 선택이 끝났으면 나머지는 디폴트로 하고 [마침] 버튼을 누르도록 하자.

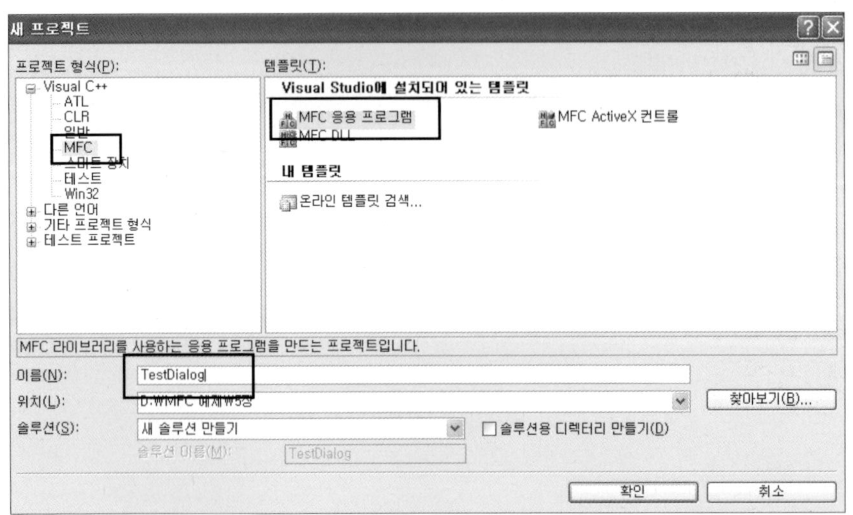

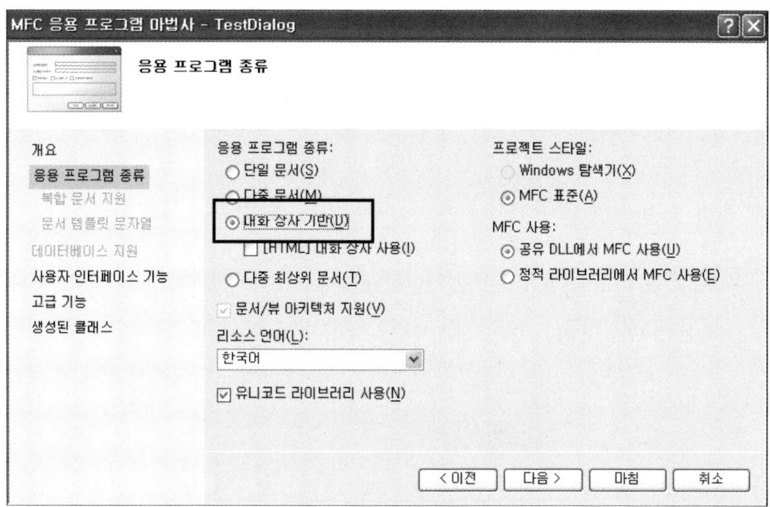

다음과 같이 대화 상자 편집기가 보인다. 디폴트 대화 상자의 형태는 [확인]과 [취소] 버튼이 배치되어 있고, 친절하게 "여기에 대화 상자 컨트롤을 배치합니다"라고 주석까지 적어 놓았다. 주석 문구를 마우스로 클릭한 후 [Delete] 키를 눌러서 삭제하자.

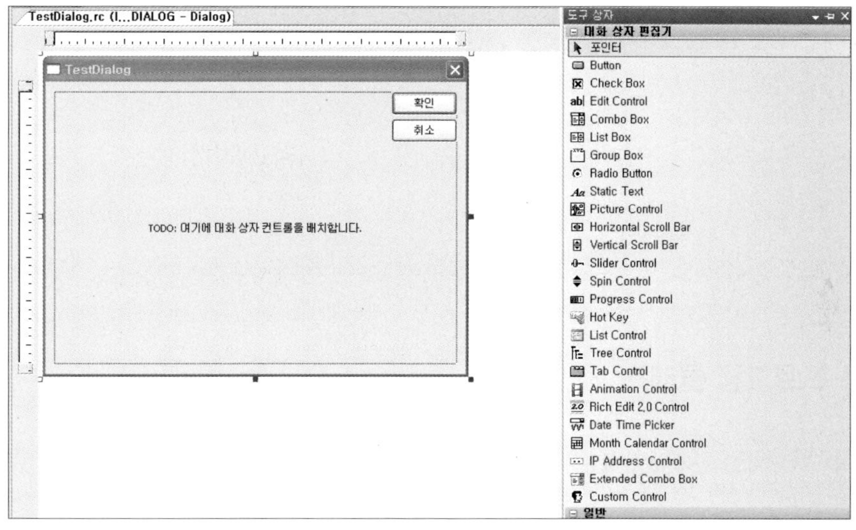

오른쪽 옆에 앞에서 잠깐 보았던 컨트롤들이 나열되어 있다. 한마디로 대화 상자를 구성하는데 있어 필요한 연장들이라 생각하면 된다. 왠지 예술가가 된 느낌이 들지 않는가? 같은 도구를 가지고 있어도 각자 주어진 사람마다의 능력에 따라서 어떤 사람은 훌륭한 예술품을 만드는가 하면, 어떤 사람은 형편없는 졸작에 그치고 만다. 물론 능력은 얼마나 부단히 노력하느냐에 달려 있을 것이다. 필자는 프로그래밍 또한 예술 작품의 일환이라 생각한다. 각각의 프로그래밍에도 철학이 있고, 개발자의 혼이 깃들어 있기 때문이다. 그래서 필자는 프로그래밍할 때 나의 작품에 대한 기대와 설레임이 있다. 대화 상자와 도구 상자만 봐도 그러한 설레임이 느껴지지 않는가?

프로젝트 생성은 단순히 응용 프로그램 마법사를 통해서 하였다. 코딩을 해주거나 아직까지는 컨트롤을 배치도 하지 않았다. 즉, 응용 프로그램 마법사로 만들 수 있는 최대한의 작업을 한 것이다. 그러면 응용 프로그램 마법사가 대화 상자 기반의 응용 프로그램을 생성할 때 어떠한 코딩을 자동으로 해주었는지 살펴보고 넘어가야 할 필요가 있다. 당연히 자동으로 생성된 코드를 직접 해독할 수 있을 정도가 되어야 하고, 기존 프로젝트와의 차이점도 발견할 수 있어야 한다. 일단 어떠한 클래스가 만들어졌는지 클래스 뷰를 열어 보도록 하자.

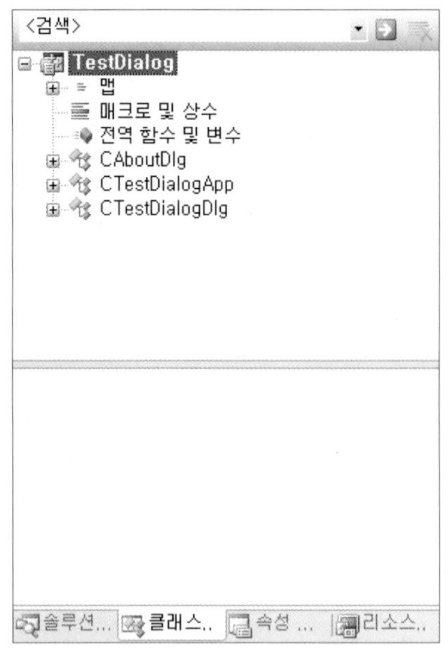

1) 응용 프로그램 클래스

지금까지 만들어 온 SDI 응용 프로그램과는 사뭇 다르다. SDI 기반에서는 CMainFrame, CDocument 및 CView 클래스가 있었으나 대화 상자 기반에서는 대신 CDialog 클래스로 대체되고 공통적인 클래스로는 CWinApp 클래스가 있다. 이 클래스는 어떠한 기반의 응용 프로그램이건 뼈대가 되는 클래스라 할 수 있다. 그렇다면 대화 상자 기반에서의 뼈대 클래스에는 어떤 내용들이 있는지 CTestDialogApp 클래스의 구현 파일을 열어 보도록 하자.

```
BOOL CTestDialogApp::InitInstance( )
{
        INITCOMMONCONTROLSEX InitCtrls;
        InitCtrls.dwSize = sizeof(InitCtrls);
        InitCtrls.dwICC = ICC_WIN95_CLASSES;
        InitCommonControlsEx(&InitCtrls);
```

```cpp
        CWinApp::InitInstance();

        AfxEnableControlContainer();
        SetRegistryKey(_T("로컬응용프로그램마법사에서생성된응용프로그램"));

        CTestDialogDlg dlg;
        m_pMainWnd = &dlg;
        INT_PTR nResponse = dlg.DoModal();
        if (nResponse == IDOK)
        {

        }
        else if (nResponse == IDCANCEL)
        {

        }

        return FALSE;
}
```

대화 상자 기반의 응용 프로그램이 생성되는 순간 가장 먼저 해주는 작업 부분이다. CWinApp 클래스는 응용 프로그램의 존재를 말해 줄 뿐이지 실제 눈에 보이는 것은 아니다. 그렇기 때문에 InitInstance( ) 함수에서 초기화 작업 시 모달 대화 상자를 호출하도록 하는 코드가 구현되어 있다. CTestDialogDlg의 객체인 dlg를 생성하여 그 포인터를 m_pMainWnd에 넘겨주고 모달 대화 상자를 호출하여 반환 값이 IDOK 혹은 IDCANCEL일 경우 각각에 적절한 처리를 해주고 종료하도록 한다. 실제 구성하는 대화 상자의 존재를 보여주는 곳이다.

2) 대화 상자 클래스

이제는 실제 대화 상자가 구성되고 구현되는 대화 상자 클래스 CTestDialogDlg를 살펴보도록 하겠다. 구현 파일을 열어 보도록 하자.

〈TestDialogDlg.cpp〉

```cpp
void CTestDialogDlg::DoDataExchange(CDataExchange *pDX)
{
        CDialog::DoDataExchange(pDX);
}
---------------- 중간 생략 ---------------
BOOL CTestDialogDlg::OnInitDialog( )
{
        CDialog::OnInitDialog( );
```

```cpp
        ASSERT((IDM_ABOUTBOX & 0xFFF0) == IDM_ABOUTBOX);
        ASSERT(IDM_ABOUTBOX < 0xF000);

        CMenu *pSysMenu = GetSystemMenu(FALSE);
        if (pSysMenu != NULL)
        {
                CString strAboutMenu;
                strAboutMenu.LoadString(IDS_ABOUTBOX);
                if (!strAboutMenu.IsEmpty( ))
                {
                        pSysMenu->AppendMenu(MF_SEPARATOR);
                        pSysMenu->AppendMenu(MF_STRING, IDM_ABOUTBOX, strAboutMenu);
                }
        }

        SetIcon(m_hIcon, TRUE);
        SetIcon(m_hIcon, FALSE);

        // TODO: 여기에추가초기화작업을추가합니다.

        return TRUE;
}
```

소스에서 눈여겨 볼 부분은 소스 윗부분에 DoDataExchange( ) 함수와 OnInitDialog( ) 함수
이다. 그 외의 내용들은 딱히 특별한 건 없고, 그냥 한번 훑어보면 된다. DoDataExchange( )
함수의 의미를 짐작해 보면 데이터를 교환(Exchange)한다는 내용일 것 같다. 그렇다고 한다면
어떤 데이터를 교환한단 말인가? 대화 상자라는 말에서 추측하건대 대화 상자는 사용자로 하
여금 컨트롤을 통해 데이터를 입력 받고 데이터를 처리하는 역할을 할 것이다. 이는 조금 뒤의
DDX/DDV에서 이 부분을 자세하게 다룰 것이다. 그리고 OnInitDialog( ) 함수는 대화 상자가
생성된 직후에 호출된다. 그래서 컨트롤 초기화 시에 이 위치에 코딩을 한다.

3 ⋯⋯⋯ 컨트롤 배치

대화 상자에 컨트롤을 배치하고 기능 구현을 위한 메시지 처리기를 추가하는 과정을 살펴보도
록 하겠다. 독자가 이해하는데 다소 힘든 예제는 피하고 간단한 신상 정보 예제로 이해를 돕도
록 하겠다. 아직은 컨트롤에 익숙하지 않으므로 노가다성 작업도 사양하지 말고 근성 있게 해보
도록 하자. 무슨 일이든 직접 해보는 사람이 잘한다. 다음과 같이 컨트롤을 배치한다.

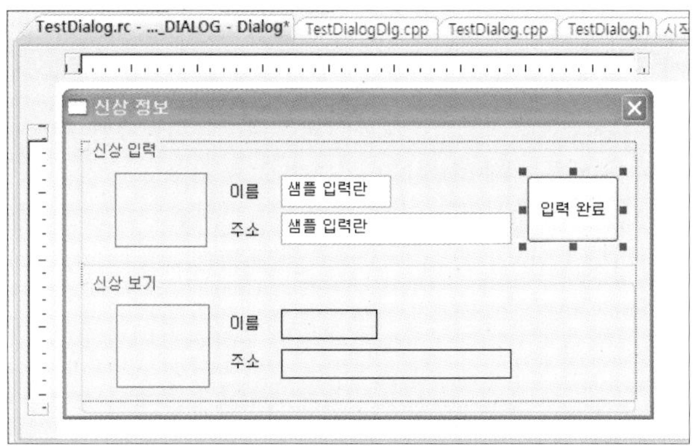

■ 배치

대화 상자에 컨트롤을 배치하려면 [도구 상자]의 [대화상자 편집기]에서 원하는 컨트롤을 선택한 후 대화 상자를 클릭하거나 컨트롤을 대화 상자로 드래그한다. 클릭하면 클릭한 위치에 디폴트 크기로 컨트롤이 배치되고, 드래그하면 배치와 동시에 컨트롤의 크기를 조정할 수 있다. 만약 버튼을 여러 개 배치해야 하는 경우에는 [Ctrl] 키를 누른 상태에서 버튼 컨트롤을 선택하면된다. 이 상태에서는 굳이 포인터를 선택하지 않는 이상 버튼 컨트롤이 해제되지 않으므로 같은버튼 컨트롤을 여러 개 배치할 수 있다.

■ 선택

대화 상자에 배치된 컨트롤을 클릭하면 컨트롤이 선택되었음을 표시한다. 선택된 표시로서 현재 컨트롤의 크기를 수정할 수 있고 이동할 수도 있다. 여러 개의 컨트롤을 선택하고자 할 때는[Ctrl] 키를 누르면서 컨트롤들을 클릭하면 된다. 즉, 윈도우 탐색기에서 여러 개의 파일을 선택할 때와 같은 원리이다. 또는 윈도우 탐색기와 마찬가지로 마우스로 파일의 해당 영역을 드래그하면 해당 파일이 선택되는 것처럼 컨트롤 또한 드래그한 영역만큼의 컨트롤이 선택된다.

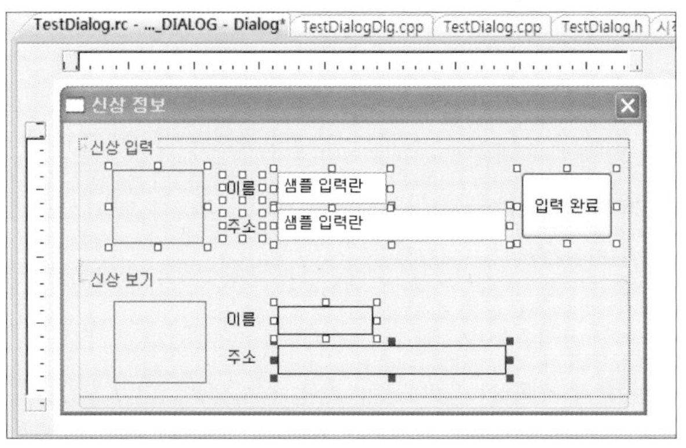

■ 삭제 및 복사

대화 상자에 배치된 컨트롤을 삭제할 때에는 삭제하려는 컨트롤을 선택한 후 [Delete] 키를 누르거나 팝업 메뉴의 [삭제] 메뉴를 선택하면 된다. 그리고 복사할때는 복사하고자 하는 컨트롤을 선택한 후에 [Ctrl + C] 혹은 팝업 메뉴의 [복사] 메뉴를 통해서 가능하고, 붙여 넣기를 하고 싶다면 [Ctrl + V] 혹은 팝업 메뉴의 [붙여넣기] 메뉴를 이용하면 된다.

■ 이동

대화 상자에 배치된 컨트롤을 선택한 후 왼쪽 마우스 버튼을 누른 상태에서 이동하면 대화 상자 범위 내에서 원하는 컨트롤을 이동시킬 수 있다.

■ 정렬

정렬이란 컨트롤들의 위치를 일정한 간격으로 또는 일정한 위치에 배열하는 것을 말한다. 정렬하고자 하는 컨트롤들을 선택한 후에 비주얼 스튜디오 아래쪽의 [도구 모음]에 있는 버튼들을 사용하여 정렬한다.

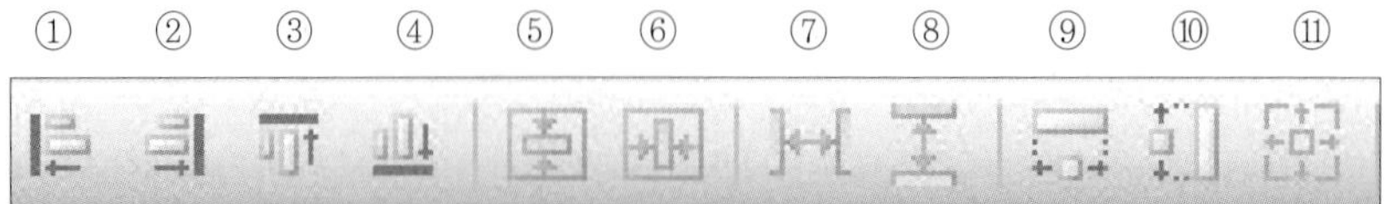

① – 기준 컨트롤의 왼쪽에 맞추어 정렬해 준다.
② – 기준 컨트롤의 오른쪽에 맞추어 정렬해 준다.
③ – 기준 컨트롤의 위쪽에 맞추어 정렬해 준다.
④ – 기준 컨트롤의 아래쪽에 맞추어 정렬해 준다.
⑤ – 수직을 기준으로 중앙에 정렬해 준다.
⑥ – 수평을 기준으로 중앙에 정렬해 준다.
⑦ – 수평으로 동일한 간격만큼 컨트롤을 벌려 준다.
⑧ – 수직으로 동일한 간격만큼 컨트롤을 벌려 준다.
⑨ – 컨트롤의 폭이 모두 같도록 해준다.
⑩ – 컨트롤의 높이가 모두 같도록 해준다.
⑪ – 컨트롤의 폭과 높이가 모두 같도록 해준다.

정렬할 때에는 어떤 컨트롤이 기준인가에 따라 결과가 달라지므로 컨트롤의 선택 순서에도 신경을 써야 한다. 가장 나중에 선택한 컨트롤이 기준 컨트롤이 되며 굵은 파란색의 핸들로 둘러싸이게 된다. 만약 기준 컨트롤을 변경하고 싶으면 [Ctrl] 키를 누른 상태에서 해당 컨트롤을 클릭하면 된다.

■ 속성

[속성] 창에 어떤 속성이 보여지는가는 선택한 컨트롤에 따라 다르지만 ID와 Caption 속성은 모든 컨트롤에 공통이다. ID는 컨트롤의 이름이 되며 코드에서 컨트롤을 명명할 때 사용하므로 컨트롤끼리 겹치지 않도록, 의미 있으면서 기억하기 쉽도록 해야 한다. Caption 속성은 사용자의 눈에 보여지는 컨트롤의 제목이며 메뉴 항목과 마찬가지로 Caption 속성에 &문자를 삽입하면 단축키로도 사용할 수 있다.

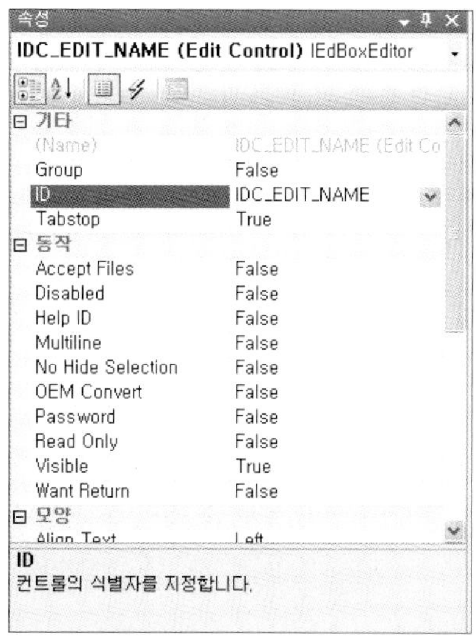

■ 탭 순서

대화 상자 내에서 컨트롤 사이를 이동할 때는 [Tab] 키를 사용하여 [Tab] 키를 누를 때 포커스가 이동하는 순서를 탭 순서(Tab Order)라고 한다. 그런데 탭 이동 순서가 컨트롤이 생성된 순서대로 설정되도록 되어 있기 때문에 합리적이지 못한 경우가 많다. 그래서 대화 상자를 다 만든 후에 인위적으로 탭 순서를 조정하는 과정을 거치는 것이 좋다.

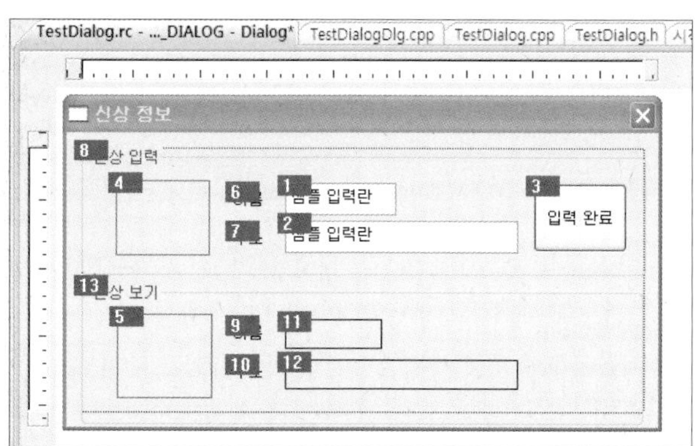

탭 순서를 변경하려면 [서식 > 탭 순서] 메뉴를 선택하거나 단축키 [Ctrl + D]를 누르면 탭 순서를 바꿀 수 있도록 컨트롤에 번호가 매겨진다. 번호의 순서는 컨트롤을 클릭하는 순서로 번호가 매겨진다.

■ 모양 확인

실행 중에 대화 상자가 어떤 모양을 가질 것인지 확인하려면 프로그램을 실행시키는 것이 원칙이지만, 단지 확인만 해보려면 더 빠르고 간편한 방법이 있다. [서식 > 대화 상자 테스트] 메뉴를 선택하거나 [Ctrl + T] 단축키를 누르면 바로 대화 상자의 모양을 확인해 볼 수 있다.

■ 리소스 편집

컨트롤의 배치를 끝냈으면 각 컨트롤들의 리소스를 편집해 보도록 하자. 지금은 각 컨트롤 속성을 모두 디폴트로 하고, ID, Caption, Image, Type 속성만 편집하면 된다.

〈속성 설정 값〉

컨트롤	ID	Caption	Image	Type
Dialog	IDD_TESTDIALOG_DIALOG	신상 정보		
Edit Box	IDC_EDIT_NAME			
Edit Box	IDC_EDIT_ADDRESS			
Picture Control	IDC_INPUT_IMAGE		IDC_JAMSUHAM	Bitmap
Static	IDC_STATIC	이름		
Static	IDC_STATIC	주소		
Group Box	IDC_STATIC	신상 입력		
Button	IDC_BTN_COMPLETE	입력 완료		
Static	IDC_STATIC_NAME			
Static	IDC_STATIC_ADDRESS			
Static	IDC_STATIC	이름		
Static	IDC_STATIC	주소		
Picture Control	IDC_OUTPUT_IMAGE			Bitmap
Group Box	IDC_STATIC	신상 보기		

각 컨트롤의 ID는 컨트롤의 주민등록번호와 같이 고유한 것이므로 반드시 결정할 때에는 개발자 입장에서도 이해하기 쉽도록 해주는 것이 좋다. 앞의 예에서 보듯이 이름 입력란과 주소 입력란을 각각 IDC_EDIT_NAME과 IDC_EDIT_ADDRESS라고 지어 준 것을 보면 현재 컨트롤은 에디트(Edit)이고 이름과 주소를 입력하는 곳이라는 느낌이 온다. 명시적이라 할 수 있다. 컨트롤의 배치가 다 끝났으면 [빌드 > 솔루션 빌드]를 선택하거나 [F7]을 눌러서 빌하고, [디버

그 〉 디버깅 시작] 혹은 [F5]를 눌러 실행해보자. 대화 상자만 덩그러니 보일 것이다. 어떤 기능
도 구현하지 않았으므로 컨트롤에 어떠한 이벤트도 발생하지 않는다.

■ 비트맵 추가

픽처 컨트롤(Picture Control)에 사용될 비트맵 이미지를 추가해 보도록 하자. 4장 리소스에서
비트맵 이미지 추가에 대해 이미 배운 내용이기 때문에 어렵지 않을 것이다. 리소스 뷰에서 [리
소스 추가] 대화 상자를 띄운 다음 리소스 형식에서 [Bitmap] 항목을 선택하고 [새로 만들기]
혹은 [가져오기] 둘 중에 하나의 버튼을 선택한다. 간단한 비트맵을 직접 작성하고자 한다면 [새
로 만들기]를 해도 되지만, 예제에서는 [가져오기] 버튼으로 이미 만들어져 있는 비트맵을 사용
하기로 한다.

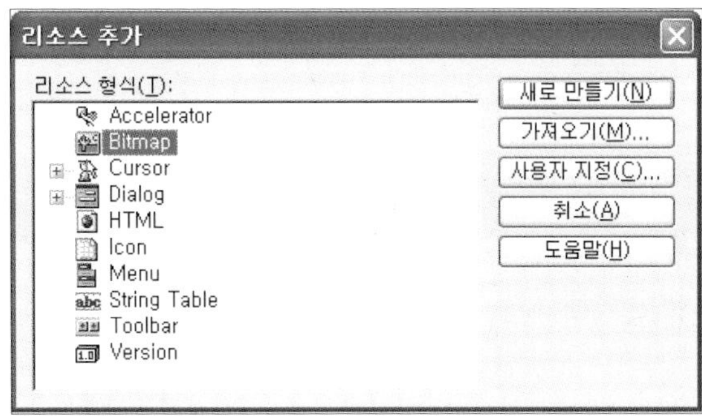

먼저 이미 만들어져 있는 비트맵이 있는 곳의 비트맵 파일을 복사하여 현재 프로젝트의 res 폴
더 안에 붙여 넣는다. 가져온 비트맵 파일의 ID를 IDB_JAMSUHAM이라 바꿔 준다.

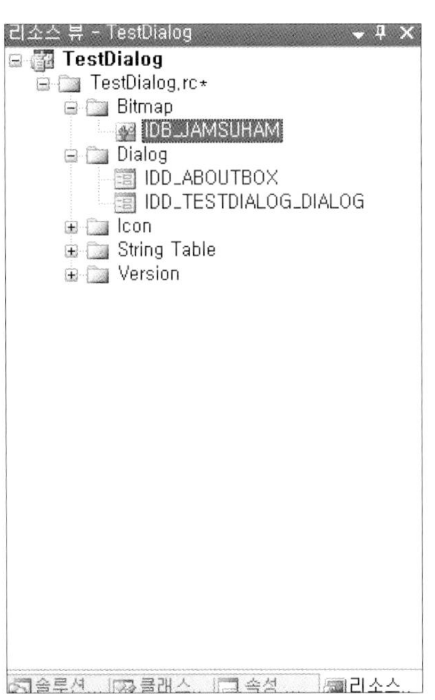

현재 IDB_JAMSUHAM을 클릭하여 리소스 편집기를 보면 그림과 같이 비트맵이 나타나 있다. 이 이미지는 필자의 후배가 필자의 별명인 잠수함의 캐릭터를 직접 제작하여 선물해 준 것이다. 아무튼 아무런 코딩도 해주지 않고 외형적인 부분만 만들어 주었기 때문에 속빈 강정이나 다름 없다. 이제 이 대화 상자에 생명을 불어 넣어 보자.

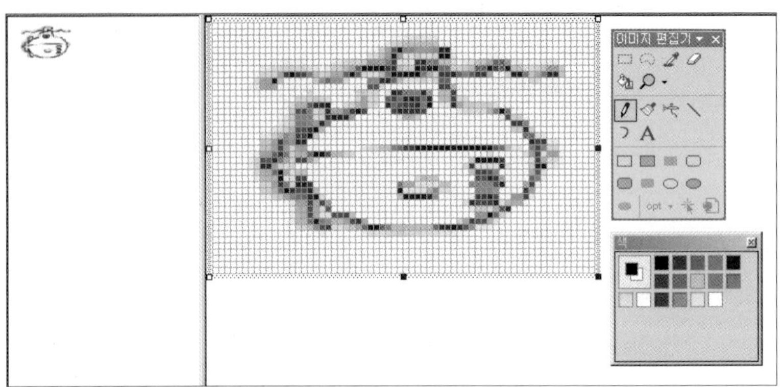

4 이벤트 처리기

먼저 대화 상자의 기능을 생각해 보자. 보기만 해도 대충 알 것이라 생각한다. 이름과 주소와 이 미지를 입력하고 입력 완료 버튼을 누르면 신상 보기에 입력한 내용이 출력된다. 일단 대화 상 자와 컨트롤의 기본 기능을 이해하기 위함이므로 다소 허접한 예제라도 꼼꼼하게 잘 살펴보길 바란다.

1) 멤버 변수 추가

이름과 주소를 입력받는 에디트(Edit) 컨트롤은 "이창현", "경기도 수원시 영통구" 등과 같은 문 자열을 입력받게 된다. 이때 입력받은 문자열을 저장하기 위한 변수가 필요하다. 각 컨트롤에 변수를 추가하여 연결할 수 있는데, 이것을 멤버 변수라고 한다. 멤버 변수를 추가하는 방법과 코드상 멤버 변수가 어떻게 추가되는지 보도록 하자.

에디트 컨트롤을 선택한 상태에서 팝업 메뉴의 [변수 추가] 메뉴를 선택하면 다음과 같은 멤버 변수 추가 마법사가 나타난다. 멤버 변수의 컨트롤 ID와 컨트롤 형식이 보인다. 범주는 [Value] 항목을 선택한다. 왜냐하면 변수 형식을 문자열인 CString형을 사용하기 때문이다. 이름의 최대 문자수는 이름의 특성상 20자로 제한하고, 변수 이름은 m_strName으로 정한다. 그런 다음 [마침] 버튼을 누른다.

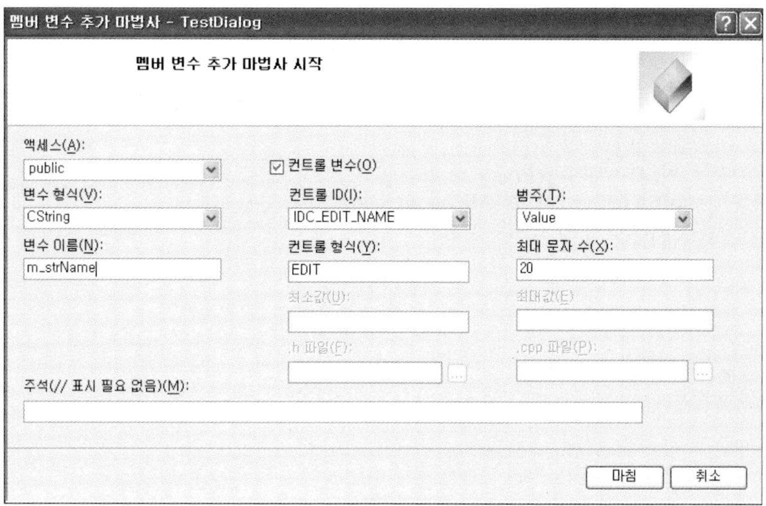

TestDialogDlg.h 파일을 열어 보자. 클래스 뷰의 CTestDialogDlg 클래스를 더블 클릭해도 된다. 다음과 같이 코드상에 「CString m_strName;」이 추가된 것을 볼 수 있나.

⟨TestDialogDlg.h 파일⟩

```
protected:
        HICON m_hIcon;
        virtual BOOL OnInitDialog( );
        afx_msg void OnSysCommand(UINT nID, LPARAM lParam);
```

```
        afx_msg void OnPaint( );
        afx_msg HCURSOR OnQueryDragIcon( );
        DECLARE_MESSAGE_MAP( )
public:
        CString m_strName;
};
```

그렇다면 굳이 한 문장을 위해서 번거로운 멤버 변수 마법사를 이용할 필요가 있었겠는가 하는
의문이 들 것이다. 하지만 멤버 변수라는 것은 컨트롤과 통신해야 하므로 선언만 해주어서는 안
된다. 초기화도 해주어야 하고 무엇보다 컨트롤과의 연결을 위한 코드가 필요하다. 그래서 멤버
변수 마법사를 통해서 이러한 일련의 과정을 MFC가 자동으로 해주는 것이다. TestDialogDlg.
cpp 파일을 열어 보도록 하자. 구현 파일의 중간 좀 못가서 다음과 같은 코드를 볼 수 있을 것
이다.

〈TestDialogDlg.cpp 파일〉

```cpp
CTestDialogDlg::CTestDialogDlg(CWnd *pParent /*=NULL*/) : CDialog(CTestDialogDlg::IDD, pParent), m_
strName(_T(""))
{
        m_hIcon = AfxGetApp( )->LoadIcon(IDR_MAINFRAME);
}

void CTestDialogDlg::DoDataExchange(CDataExchange *pDX)
{
        CDialog::DoDataExchange(pDX);
        DDX_Text(pDX, IDC_EDIT_NAME, m_strName);
        DDV_MaxChars(pDX, m_strName, 20);
}
```

굵게 처리한 문장이 멤버 변수를 추가할 때 추가된 부분이다. 선언된 m_strName 문자열을 초
기화하는 문장이 m_strName(_T(""))이고, 문자열을 빈 상태로 초기화하겠다는 것이다. 참고
로 _T는 유니코드 지원을 위해 사용된 매크로 함수이다.

그 다음 DoDataExchange( ) 함수 안을 보게 되면「DDX_Text(pDX, IDC_EDIT_NAME, m_
strName);」을 볼 수 있다. 데이터를 컨트롤과 변수 사이에서 전달해 주는 역할을 한다. 이것은
MFC에서 지원해 주는 기능이며, 뒤에서 자세하게 다룰 것이다. 아무튼 이 문장을 통해서 직접
코딩하지 않아도 컨트롤과 멤버 변수 사이에서 통신이 가능하게 되었다.

「DDV_MaxChars(pDX, m_strName, 20);」또한 문자열의 길이를 제한하는 기능으로 MFC에
서 지원해 주는 기능이며 이 내용 또한 뒤에서 자세하게 다룰 것이다. 일단 멤버 변수를 멤버 변
수 추가 마법사를 통해서 추가할 수 있고, 코드상에 앞에서처럼 컨트롤과 연결되는 코드가 자동
으로 생성된다는 정도까지만 알고 가자.

방금과 같이 했던 방식대로 IDC_EDIT_ADDRESS, IDC_STATIC_NAME, IDC_STATIC_ADDRESS, IDC_OUTPUT_IMAGE와 같은 멤버 변수를 추가해 보도록 하겠다.

〈멤버 변수 설정 값〉

컨트롤 ID	변수 형식	범주	최대 문자 수
IDC_EDIT_ADDRESS	CString m_strAddress	Value	50
IDC_STATIC_NAME	CStiring m_staticName	Value	20
IDC_STATIC_ADDRESS	CStiring m_staticAddress	Value	50
IDC_OUTPUT_IMAGE	CStatic m_image	Control	

2) 멤버 함수 추가

사용자 정보를 입력한 후에 [입력 완료] 버튼을 누르면 입력한 내용이 신상 보기 영역에 그대로 나타나도록 해야 하므로 입력 완료 버튼에 이벤트를 걸어 주어야 한다. 입력 완료 버튼을 선택하고 팝업 메뉴의 [이벤트 처리기 추가] 메뉴를 선택하던지 입력 완료 버튼을 더블 클릭하면 이벤트 처리기가 자동으로 생성된다. 입력 완료 버튼의 ID가 IDC_BTN_COMPLETE 이므로 멤버 함수의 이름이 이에 맞추어서 자동으로 OnBnClickedBtnComplete( )이란 이름이 된다. 여기서는 이 이름을 그대로 사용하도록 하겠다.

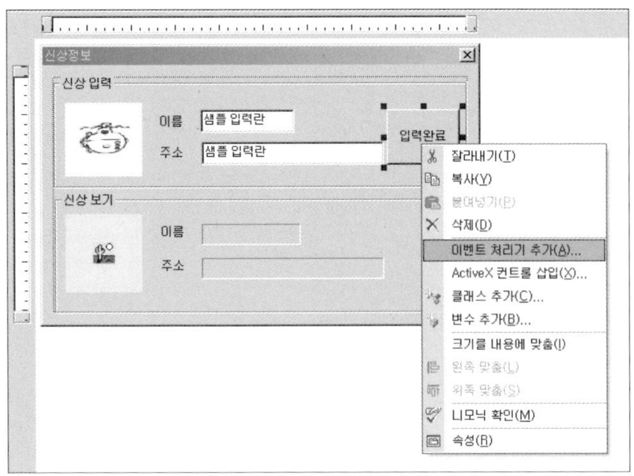

멤버 함수를 추가할 때 코드상의 변화는 어떻게 나타나는지 보도록 하겠다. TestDialogDlg.h 파일을 열어 보면 다음과 같이 멤버 함수를 선언한 줄이 코딩되어 있다. 여느 함수를 사용하는 것과 마찬가지이다. 접두사 afx_msg는 MFC를 통해서 선언된 멤버 함수일 경우에 붙는다.

〈TestDialogDlg.h 파일〉

```
// 구현
protected:
        HICON m_hIcon;

        // 메시지 맵 함수를 생성했습니다.
        virtual BOOL OnInitDialog( );
        afx_msg void OnSysCommand(UINT nID, LPARAM lParam);
        afx_msg void OnPaint( );
        afx_msg HCURSOR OnQueryDragIcon( );
        DECLARE_MESSAGE_MAP( )
public:

        CString m_strName;
        CString m_strAddress;
        CString m_staticName;
        CString m_staticAddress;
        CStatic m_image;
        afx_msg void OnBnClickedBtnComplete( );
};
```

TestDialogDlg.cpp 구현 파일에는 어떠한 변화가 있는지 보도록 하자. 코드 초반 즈음 메시지 맵 부분에 컨트롤과 함수가 연결되는 코드가 작성되어 있고, 코드의 마지막 하단 부분에는 함수의 정의부가 자동으로 코딩되어 나타난다. 물론 틀만 코딩되어 있는 것이지, 버튼 이벤트가 발생할 때의 기능에 관한 코드는 직접 개발자가 담당해야 할 몫이다.

〈TestDialogDlg.cpp 파일〉

```
BEGIN_MESSAGE_MAP(CTestDialogDlg, CDialog)
        ON_WM_SYSCOMMAND( )
        ON_WM_PAINT( )
        ON_WM_QUERYDRAGICON( )
        //}}AFX_MSG_MAP
        ON_BN_CLICKED(IDC_BTN_COMPLETE, OnBnClickedBtnComplete)
END_MESSAGE_MAP( )
………..
중간 생략

………..
void CTestDialogDlg::OnBnClickedBtnComplete( )
{
}
```

3) 기능 구현

필요한 멤버 변수와 멤버 함수 추가가 끝났다. 이제 재료를 가지고 요리를 해야 하는 일만 남았다. 우선은 신상 입력 부분의 컨트롤을 살펴보자면 IDC_INPUT_IMAGE 컨트롤은 속성에서 이미 이미지를 IDB_JAMSUHAM으로 지정했기 때문에 코드상에서 별도의 이미지 선택 코드를 해주지 않아도 되고, IDC_EDIT_NAME과 IDC_EDIT_ADDRESS 컨트롤 또한 앞에서 멤버 변수를 추가해 주었다.

그 의미는 에디트 컨트롤에 문자열을 입력하면 컨트롤을 통해 멤버 변수에 저장된다는 의미이다. 물론 UpdateData( )라는 처리를 해주어야 가능한 일인데, 이는 뒤에서 바로 설명할 것이다. 아무튼, 현재로서는 신상 입력 부분에서는 준비가 끝난 상태이다. 입력을 하고 입력 완료 버튼을 누르면 신상 보기에 나오도록 만들어 주기만 하면 된다. 즉, 구현의 열쇠는 입력 완료 버튼에 달려 있다고 볼 수 있겠다. 입력 완료 버튼의 함수를 구현해 보도록 하자.

```
void CTestDialogDlg::OnBnClickedBtnComplete( )
{
        CBitmap m_imageFace;

        UpdateData(TRUE);
        m_staticName = m_strName;
        m_staticAddress = m_strAddress;

        m_imageFace.LoadBitmap(IDB_JAMSUHAM);
        m_image.SetBitmap(m_imageFace);

        UpdateData(FALSE);
}
```

이름과 주소 에디트(Edit) 컨트롤에 각각 문자열을 입력하고, UpdateData(TRUE) 함수를 통해서 각각의 멤버 변수에 입력한 문자열이 저장될 것이다. 즉, 이름을 "이창현", 주소를 "경기도 수원시 영통구"라고 입력했다면, 멤버 변수인 m_strName과 m_strAddress에 각각 "이창현", "경기도 수원시 영통구" 라고 저장되어 있을 것이다.
에디트(Edit) 멤버 변수에 저장된 문자열을 출력할 스테틱(Static) 멤버 변수인 m_staticName과 m_staticAddress에 넘겨준다. 말하자면 자신이 가지고 있는 문자열을 넘겨주는 것이다. 이 상태에서 UpdateData(FALSE) 함수를 거치면 현재 멤버 변수의 값들이 컨트롤에 나타나게 된다. 이 부분은 UpdateData(TRUE)와 UpdateData(FALSE) 함수의 원리만 잘 이해한다면 어려움 없을 것이라 생각한다. 뒤쪽에 참고로 UpdateData( ) 함수에 대해서 자세하게 설명하였으니 읽어 보길 바란다.

다음으로 비트맵에 대해서 알아보자. 앞에서 사용하기 위한 비트맵을 가져왔었고, ID 또한 IDB_JAMSUHAM으로 정했었다. 그렇다면 이 비트맵을 코드상에서 어떻게 이용할 것인가? 우선 사용하고자 하는 비트맵 변수를 「CBitmap m_imageFace;」으로 선언한다. CBitmap은 이미 정의된 비트맵 클래스이고 개발자는 객체를 선언하여 사용하는 것이다. 이 비트맵 클래스의 멤버 함수 LoadBitmap( )을 이용하여 사용할 비트맵을 로드(Load)한다.

현재 m_imageFace 변수는 로드된 비트맵 이미지를 가지고 있으며 IDC_OUTPUT_IMAGE의 멤버 변수인 m_image로 SetBitmap( ) 함수를 호출하여 로드된 이미지를 출력 한다.

4) 함수 원형

BOOL CBitmap::LoadBitmap(UINT nIDResource) 함수는 비트맵 리소스를 읽어 온다. 리소스에 정의된 비트맵은 장치에 독립적인 DIB 포맷으로 저장되어 있으나, 이 함수로 읽혀질 때 화면 모드와 호환되는 DDB로 변환된다. 따라서 읽은 비트맵은 호환 DC에 곧바로 선택할 수 있으며 BitBlt( ) 함수로 출력할 수 있다.

HBITMAP SetBitmap(HBITMAP hBitmap) 함수는 스테틱(Static) 컨트롤과 비트맵을 연결시켜 준다. 비트맵은 픽처(Picture) 컨트롤에 자동적으로 그려지고, 디폴트로 위 왼쪽 구석에 그려지게 된다. 크기는 컨트롤로 조정할 수 있다.

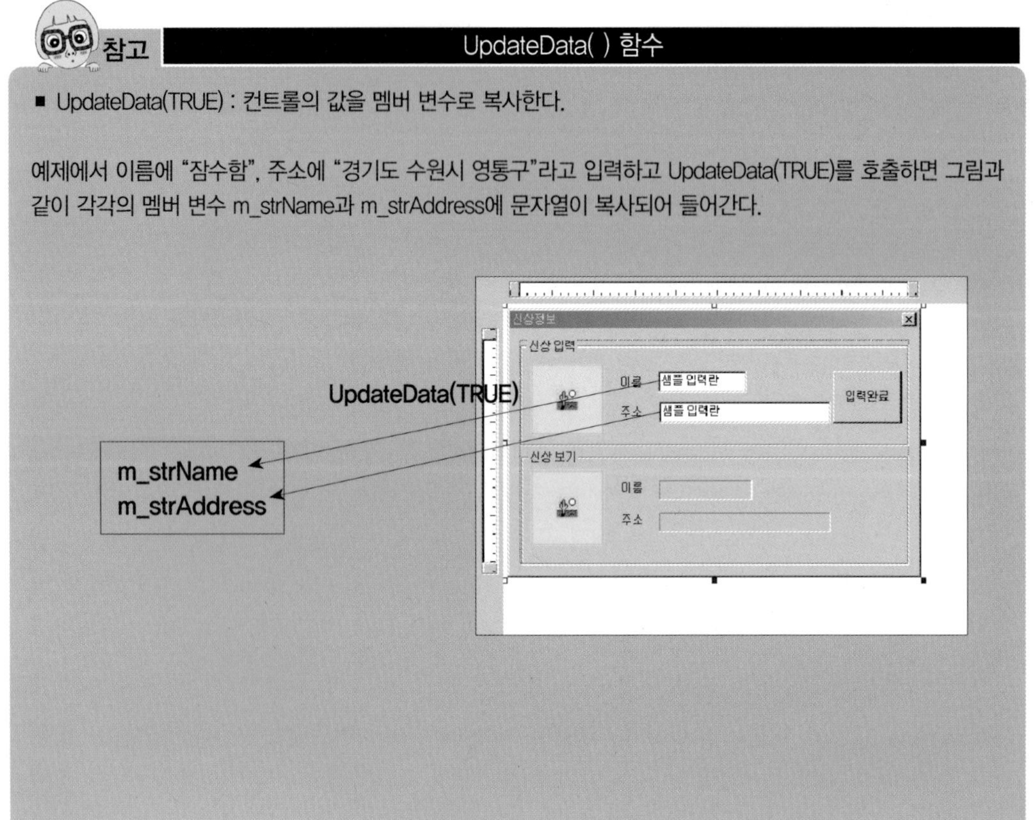

- UpdateData(FALSE) : 멤버 변수의 값을 컨트롤로 복사한다.

예제에서 m_staticName = m_strName과 m_staticAddress = m_strAddress은 입력받은 문자열을 각각 m_staticName과 m_staticAddress 변수에 넘겨준다. 그리고 UpdateData(FALSE) 함수를 호출하면 그림과 같이 해당 멤버 변수의 값이 컨트롤에 나타나게 된다.

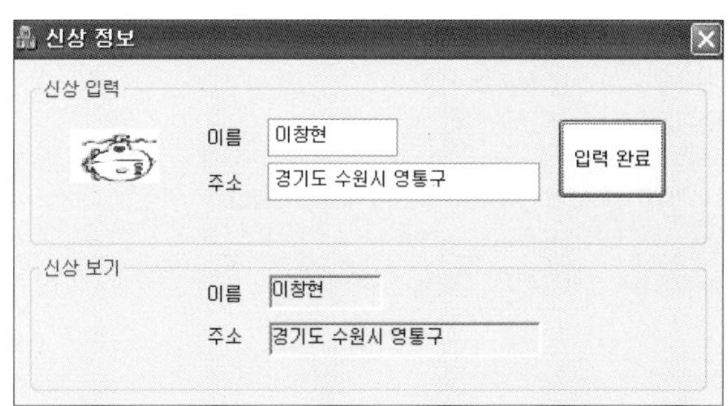

5) 실행

구현이 끝났으면 빌드하고 실행시켜 보자. 이름란과 주소란에 각각 이름과 주소를 입력해 보도록 하자. 예제에서는 이름란에 "이창현", 주소란에 "경기도 수원시 영통구"라고 입력하고 입력 완료 버튼을 누른다. 그러면 다음과 같이 실행 결과가 나타난다.

DDX와 DDV

대화상자 기반에서 DDX와 DDV는 어떤 역할을 하는지 알아보자.

1 .... DDX(Dialog Data Exchange)

DDX라는 것은 Dialog Data Exchange의 약자로서 컨트롤과 변수 간의 데이터 교환을 의미한다. 대화 상자의 컨트롤과 연결된 변수 간의 연결 관계를 앞의 예제를 통해서 배웠다. 멤버 변수 추가 마법사를 통해서 DoDataExchange( ) 함수를 자동으로 생성해서 사용했으므로 큰 어려움 없이 데이터 교환 처리가 가능하였다. 이 함수의 원형은 다음과 같다.

〈DoDataExchange( )〉

```
void CTestDialogDlg::DoDataExchange(CDataExchange *pDX)
{
        CDialog::DoDataExchange(pDX);
        DDX_Text(pDX, IDC_EDIT_NAME, m_strName);
        DDV_MaxChars(pDX, m_strName, 20);
        DDX_Text(pDX, IDC_EDIT_ADDRESS, m_strAddress);
        DDV_MaxChars(pDX, m_strAddress, 50);
        DDX_Text(pDX, IDC_STATIC_NAME, m_staticName);
        DDV_MaxChars(pDX, m_staticName, 20);
        DDX_Text(pDX, IDC_STATIC_ADDRESS, m_staticAddress);
        DDV_MaxChars(pDX, m_staticAddress, 50);
        DDX_Control(pDX, IDC_OUTPUT_IMAGE, m_image);
}
```

이 함수는 변수를 연결하기 전에도 응용 프로그램 마법사에 의해 미리 작성되어 있고, 컨트롤에 변수가 연결되면 연결 함수를 작성해 준다. 코드에 나타난 DDX_Text( ) 함수는 컨트롤과 멤버 변수를 서로 연결해주는 역할을 하며, 예를 들면 컨트롤 IDC_EDIT_NAME과 멤버 변수 m_strName을 연결해 주는 역할이다.

프레임워크는 대화 상자가 열리거나 닫힐 때 DoDataExchange( ) 함수를 호출하여 변수와 컨트롤 간의 데이터 교환을 수행하도록 해준다. 이 함수는 프레임워크가 사용하는 함수이므로 개발자가 직접 이 함수를 호출할 필요도 없고, 작성된 코드를 함부로 바꾸어서도 안 된다. 왜냐하면 컨트롤과 멤버 변수를 연결하고자 할 때 멤버 변수 마법사를 통해서 자동으로 코드를 작성해 주기 때문이다.

MASSAGE_MAP이나 DoDataExchange( )와 같이 MFC에서 자동으로 코딩해 주는 부분은 왠만하면 직접 수정하지 않길 바란다. 설사 그 안의 주석문이라도 건들게 되면 코드가 꼬여 치명적인 에러가 발생될 수 있다. 데이터가 전달되는 과정을 그림으로 나타내 보면 다음과 같다.

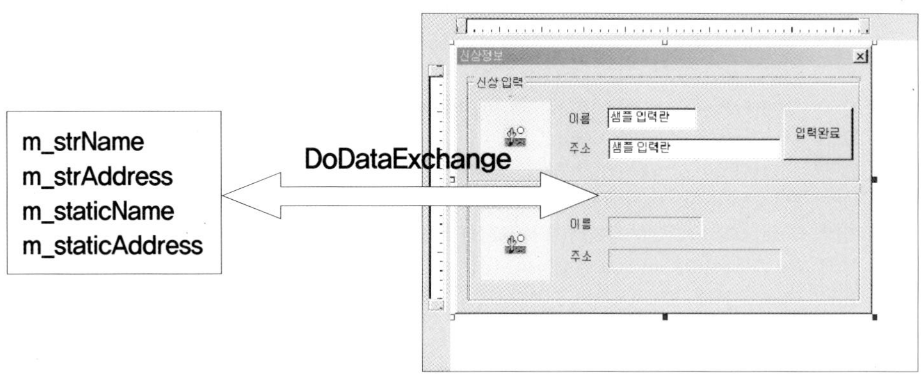

<h2>2   DDV(Dialog Data Validation)</h2>

Validation이란 유효성의 의미를 가지고 있다. 데이터의 유효성을 검사하는 기능을 자동으로 지원하는 것이 DDV(Dialog Data Validation)이다. 만약 변수나 문자열에 범위를 제한하지 않는다면 어떻게 될까? 만약 나이를 입력하는 에디트(Edit) 컨트롤에 1000이라는 정수 혹은 -1이라는 정수가 입력된다면 타당하지 않은 것이다. 또한 이름은 일반적으로 3자, 길면 4자 정도이다. 그런데 이름의 길이가 40자, 50자 이상이 된다면 입력상 문제가 있는 것이다. 이렇듯 정수 값과 문자열의 범위를 제한하고 타당성을 점검할 필요가 있다. MFC에서는 DDV(Dialog Data Validation) 서비스가 이런 문제를 처리해 준다.

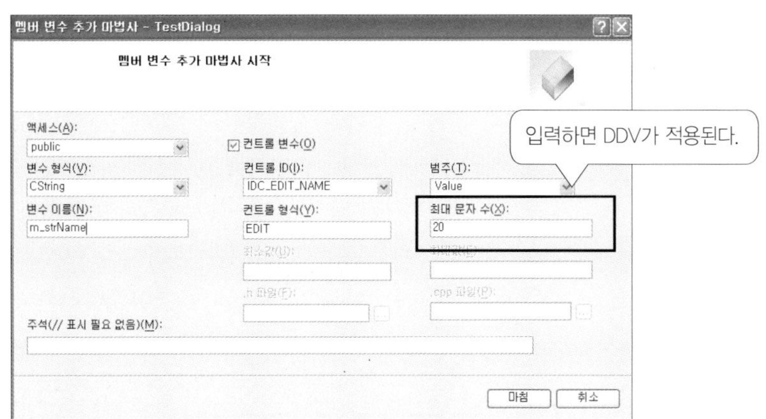

멤버 변수를 추가할 때 정수인 경우에 최소값 및 최대값을 지정해 주고, 문자열인 경우에는 최대 문자 수를 입력해 주면 DDV(Dialog Data Validation)가 적용된다. 이 예제에서는 최대 문자수를 20자까지 제한하였다. 각 컨트롤의 멤버 변수에 DDV 매크로를 각각 적용한 결과 다음과 같은 코드가 자동 생성되는 것을 볼 수 있다.

```
void CTestDialogDlg::DoDataExchange(CDataExchange *pDX)
{
        CDialog::DoDataExchange(pDX);
        DDX_Text(pDX, IDC_EDIT_NAME, m_strName);
        DDV_MaxChars(pDX, m_strName, 20);
        DDX_Text(pDX, IDC_EDIT_ADDRESS, m_strAddress);
        DDV_MaxChars(pDX, m_strAddress, 50);
        DDX_Text(pDX, IDC_STATIC_NAME, m_staticName);
        DDV_MaxChars(pDX, m_staticName, 20);
        DDX_Text(pDX, IDC_STATIC_ADDRESS, m_staticAddress);
        DDV_MaxChars(pDX, m_staticAddress, 50);
        DDX_Control(pDX, IDC_OUTPUT_IMAGE, m_image);
}
```

DDV_MaxChars 매크로 함수들이 삽입되어 있다. 이 매크로들은 개발자의 요청에 의해 멤버 변수 추가 마법사가 삽입한 것이며 프로그램 실행 중에 멤버 변수의 범위에 대한 타당성 여부를 점검한다. 예를 들어, 「DDV_MaxChars(pDX, m_strName, 20);」는 m_strName 멤버 변수의 문자열 길이를 20자로 제한하겠다는 의미이다.

이 매크로 함수들이 어떻게 정의되어 있나를 살펴보려면 MFC 소스를 뒤져 보면 되겠지만 그럴 필요는 없다. 각 매크로 함수들의 정확한 동작을 일일이 이해할 필요도 없으며 변수의 타당성 점검에 이들 자동 기능을 잘 이용하기만 하면 된다. 물론 내부 동작을 일일이 다 이해하고 설명하면 좋겠지만 DDX와 DDV의 내부 동작은 상당히 복잡하고 들인 시간에 비해 별로 얻을 것이 없다.

표준 컨트롤 사용하기

표준 컨트롤에는 어떤 것들이 있는지 살펴보고, 실제로 대화 상자 위에 표준 컨트롤
들을 얹어서 동작되는지 확인해 보자.

표준 컨트롤은 윈도우 3.1 시절부터 꾸준히 사용되어 오던 아주 친근한 컨트롤들이다. 윈도우 기반 응용 프로그램 대화 상자에서 일반적으로 사용되는 컨트롤들이 대부분 표준 컨트롤들이고, 앞의 CTestDialog 예제 또한 표준 컨트롤들을 사용한 예제이다. 표준 컨트롤들의 용도와 특성에 대해서는 각 컨트롤끼리 거의 비슷하기 때문에 속성을 중심으로 간단하게 정리하고, 앞의 예제를 이용하여 컨트롤을 사용해 보도록 하겠다.

1 ⋯⋯⋯ 컨트롤 배치 및 속성 편집

우선 앞의 TestDialog 예제를 재활용하기로 하겠다. 리소스 뷰를 열어서 Dialog의 IDD_TESTDIALOG_DIALOG 항목을 더블 클릭하자. 그러면 앞에서 실습했던 대화 상자 편집기가 나타난다. 당연하지 않은가?

자, 기존 예제에 다음과 같이 표준 컨트롤들을 여러 개 추가하여 리모델링을 하자. 멋지지 않은가? 복잡하단 생각밖에 들지 않는가? 단지 컨트롤의 배치에 불과하기 때문에 결코 복잡하진 않다. 약간의 노동은 좀 필요할 것 같다. [도구 상자]에서 각각의 컨트롤들을 다음과 같이 배치해 주기 바란다.

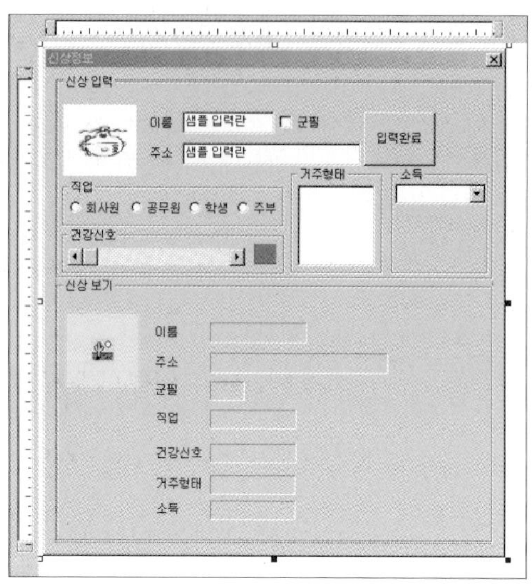

이 대화 상자는 앞의 예제와 기능적으로는 같지만, 표준 컨트롤들이 여러 개 추가되었다. 눈으로 봐도 명시적으로 알 것이라 생각한다. 이름, 주소, 군필, 직업, 건강신호, 거주형태, 소득 등을 입력하고 입력 완료 버튼을 누르게 되면 신상 보기에서 입력된 정보들을 보여주는 대화 상자이다. 입력 형태가 체크 박스나 라디오 버튼과 같이 다양해졌고, 리스트 박스나 콤보 박스를 통해서 데이터를 선택할 수 있도록 하였다. 다소 복잡해 보이긴 하지만 실제로는 입력받은 형태만 달라진 것이다. 각 컨트롤의 리소스를 편집하도록 하자.

앞의 예제에서 사용되었던 컨트롤들은 생략하고 새로 추가된 컨트롤들의 속성만 정리하였다.

〈속성 설정 값〉

컨트롤	ID	Caption	Image	Type	Sort
Check Box	IDC_CHECK_ARMY	군필			
Radio Button	IDC_RADIO_COMPANY	회사원			
Radio Button	IDC_RADIO_PUBLIC	공무원			
Radio Button	IDC_RADIO_STUDENT	학생			
Radio Button	IDC_RADIO_MISTRESS	주부			
HScroll bar	IDC_SCROLLBAR				
Picture Control	IDC_STATIC_COLOR		IDB_RED	Bitmap	
List Box	IDC_LIST				False
Combo Box	IDC_COMBO			Drop List	False
Static Text	IDC_STATIC_ARMY				
Static Text	IDC_STATIC_JOB				
Static Text	IDC_STATIC_HEALTH				
Static Text	IDC_STATIC_HOUSE				
Static Text	IDC_STATIC_INCOME				

예제를 보면 스태틱 텍스트(Static Text) 컨트롤이 주로 사용되었다. 일반 텍스트를 그대로 화면에 보여줄 때 많이 사용된다. 신상 보기에서는 이미지를 제외하고 모두 스태틱 텍스트를 사용하였다. 단지 텍스트만 사용한다면 ID와는 상관없이 Caption 부분만 이름, 주소, 군필 등등과 같이 수정하면 되고, 스태틱 텍스트 컨트롤 자체를 이용한다면 리소스 속성의 ID에 의미를 부여하여 이용할 수 있다. 스태틱 텍스트의 속성을 살펴보도록 하자.

〈스태틱 텍스트의 속성(동작)〉

속성	내용
Disabled	해당 컨트롤을 사용 불가능하게 만든다. 이 속성의 디폴트 값은 False이며 만들어지는 모든 컨트롤은 사용 가능하다.
Help ID	컨트롤에 도움말 ID를 부여하며 리소스 ID를 기초로 하여 도움말 ID가 만들어진다.
Visible	프로그램이 처음 실행될 때 이 컨트롤을 보이게 할 것인가를 지정한다. 디폴트로 이 속성은 True이며 만들어지는 모든 컨트롤들은 보여진다.
Accept File	이 속성을 가진 컨트롤들은 드래그되는 파일을 드롭(Drop)할 수 있다. 파일이 컨트롤 위로 드롭할 경우 이 컨트롤로 WM_DROPFILES 메시지가 전달된다.

〈스태틱 텍스트의 속성(모양)〉

속성	내용
Align Text	컨트롤 내에 문자열을 정렬하는 방법을 지정한다.
Border	컨트롤 주변에 경계선을 만든다.
Caption	컨트롤의 외부에 보여지는 제목이다.
Client Edge	텍스트 주변의 테두리를 장식한다. (〈그림〉 〈/그림〉)
Modal Frame	텍스트 주변의 테두리를 장식한다. (〈그림〉 〈/그림〉)
No Prefix	컨트롤의 Caption 속성에 &가 있으면 & 다음 문자가 단축키로 지정되며, 실행 중에 &는 보이지 않고 대신 & 다음 문자에 밑줄이 그어진다.
No Wrap	텍스트를 왼쪽으로 정렬시킨다.
Notify	부모 윈도우로 통지 메시지를 보낸다. 디폴트 값은 False이다.
Right Align Text	컨트롤 내에서 문자열이 오른쪽으로 정렬되도록 한다.
Right To Left Reading Order	오른쪽에서 왼쪽으로 텍스트를 출력한다.
Simple	Align Text 속성과 No Wrap 속성을 해제시키며 문자열로 출력되도록 한다.
Static Edge	텍스트 주변의 테두리를 장식한다. (〈그림〉 〈/그림〉)
Sunken	텍스트 주변에 사각의 경계선을 만들고 텍스트가 아래쪽으로 쑥 들어간 입체 모양을 만든다.
Transparent	컨트롤의 배경 색상을 투명하게 만들어 컨트롤 아래쪽의 배경이 보일 수 있게 한다. 디폴트 값은 False이다.

속성	내용
Group	라디오 버튼 등과 같이 여러 개의 컨트롤을 하나로 묶는 컨트롤의 그룹을 정의하는 속성이다.
ID	코드에서 컨트롤을 구분하기 위한 컨트롤의 이름에 해당된다.
Tabstop	Tap 키를 누를 경우 이 속성이 True인 컨트롤들 사이로 포커스를 이동시킨다. False인 경우에는 이동시킬 수 없다. 디폴트 값은 True이다.

예제에서 사용한 스태틱 텍스트들의 배치이다. 이름, 주소, 군필, 직업 등의 문자로만 표시한 스태틱 텍스트들은 Caption 속성만 변경하였고, 나머지는 속성은 모두 디폴트이다. 그리고, 그 옆으로 데이터를 표현하는 스태틱 텍스트들은 Caption은 빈 문자로 설정하고, Static Edge를 True로 설정 변경함으로써 사각 형태의 라인을 보여준다. 데이터를 표현해야 하는 컨트롤이므로 각각 고유한 ID를 부여한다.

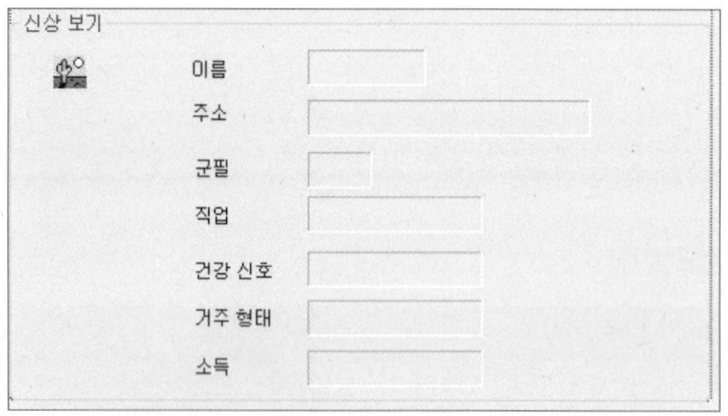

다음으로 멤버 변수를 추가하는 과정을 살펴보도록 하겠다.

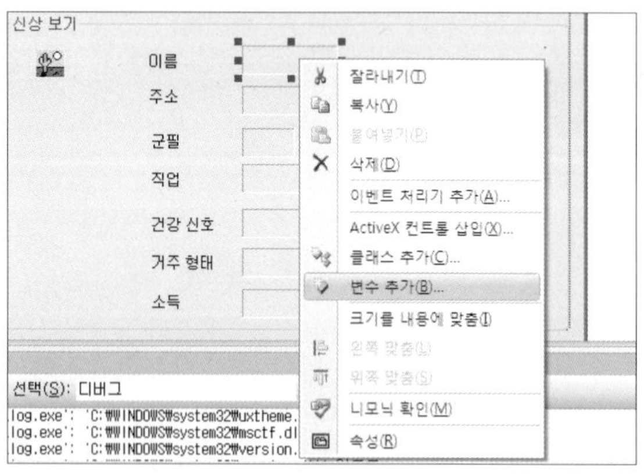

현재 입력된 데이터를 나타낼 각각의 스태틱 텍스트에 멤버 변수를 추가하도록 한다. 각 멤버 변수의 이름은 다음과 같이 설정한다.

<멤버 변수 설정 값>

ID	멤버 변수	변수 형식	최대 문자수
IDC_STATIC_NAME	m_staticName	CString	20
IDC_STATIC_ADDRESS	m_staticAddress	CString	50
IDC_STATIC_ARMY	m_staticArmy	CString	6
IDC_STATIC_JOB	m_staticJob	CString	10
IDC_STATIC_HEALTH	m_staticHealth	CString	6
IDC_STATIC_HOUSE	m_staticHouse	CString	10
IDC_STATIC_INCOME	m_staticIncome	CString	10

멤버 변수의 추가가 끝났으면 TestDialogDlg.h 파일을 열어 보자. 소스 중간에 다음과 같이 멤버 변수들이 선언된 것을 확인할 수 있을 것이다.

```cpp
CString m_staticName;
CString m_staticAddress;
CString m_staticArmy;
CString m_staticJob;
CString m_staticHealth;
CString m_staticHouse;
CString m_staticIncome;
```

각각은 컨트롤과 연결된 변수들이므로 DDX 매커니즘을 이용한다. TestDialogDlg.cpp 파일을 열어 보면 다음과 같은 소스를 볼 수 있을 것이다.

```cpp
void CTestDialogDlg::DoDataExchange(CDataExchange *pDX)
{
        CDialog::DoDataExchange(pDX);
        DDX_Text(pDX, IDC_STATIC_NAME, m_staticName);
        DDV_MaxChars(pDX, m_staticName, 20);
        DDX_Text(pDX, IDC_STATIC_ADDRESS, m_staticAddress);
        DDV_MaxChars(pDX, m_staticAddress, 50);
        DDX_Text(pDX, IDC_STATIC_ARMY, m_staticArmy);
        DDV_MaxChars(pDX, m_staticArmy, 6);
        DDX_Text(pDX, IDC_STATIC_JOB, m_staticJob);
        DDV_MaxChars(pDX, m_staticJob, 10);
        DDX_Text(pDX, IDC_STATIC_HEALTH, m_staticHealth);
        DDV_MaxChars(pDX, m_staticHealth, 6);
        DDX_Text(pDX, IDC_STATIC_HOUSE, m_staticHouse);
        DDV_MaxChars(pDX, m_staticHouse, 10);
        DDX_Text(pDX, IDC_STATIC_INCOME, m_staticIncome);
        DDV_MaxChars(pDX, m_staticIncome, 10);
}
```

스태틱 텍스트 컨트롤과 변수 간에 통신을 하기 때문에 DDX 메커니즘을 이용하였고, 각각은 변수의 자료형이 문자열 CString이므로 DDV 메커니즘을 이용하여 최대 문자 수를 지정하였다. 여기까지 스태틱 텍스트의 특징과 예제에서의 사용법을 알아보았다.

3 에디트 컨트롤 (Edit Control)

에디트 컨트롤(Edit Control)은 이미 앞의 예제에서도 다루어 보았기 때문에 친숙할 것이다. 에디트 컨트롤은 문자열을 보여주며 편집할 수 있도록 해주는 컨트롤이다. 간단한 컨트롤이지만 내부에는 문자열을 편집할 수 있는 키보드 단축키까지 완벽하게 구비되어 있는 고성능의 컨트롤이다. 커서 이동 키로 상하 좌우 이동이 가능하며 [Backspce]와 [Del] 키로 이미 입력한 문자열을 삭제할 수 있다. 속성을 보게 되면 앞에서 설명했던 스태틱 텍스트와 대부분 중복되므로 에디트 컨트롤의 고유한 속성에 대해서만 설명하도록 하겠다.

속성	내용
Multiline	이 속성의 디폴트 값은 False이며 에디트는 한 줄만 입력받도록 되어 있다. 이 속성을 True로 변경하면 여러 줄을 편집할 수 있으며, 스크롤 바를 에디트 컨트롤에 부착할 수 있다.
Horizontal Scroll	에디트에 수평 스크롤 바를 설치한다. Multiline이 True일 경우에만 사용할 수 있다.
Vertical Scroll	에디트에 수직 스크롤 바를 설치한다. Multiline이 True일 경우에만 사용할 수 있다.
Auto HScroll	문자열이 에디트의 오른쪽 끝에 계속 입력되면 자동으로 스크롤되도록 한다.
Auto VScroll	에디트의 아래쪽 끝에서 Enter 키를 눌렸을 경우 자동으로 수직 스크롤이 되게 한다. Multiline이 True일 경우에만 사용할 수 있다.
Password	입력되는 모든 문자를 * 문자로 출력되도록 한다. 주로 암호를 입력받을 때 이 속성을 사용하며 Multiline이 True일 때는 이 속성을 사용할 수 없다.
No Hide Selection	블록으로 선택된 문장은 파란색으로 표시되는데 에디트가 포커스를 잃으면 블록 표시가 사라지는 것이 보통이다. 그러나 이 속성을 설정하면 에디트가 포커스를 잃어도 블록 표시를 계속 해준다.
OEM Convert	에디트 컨트롤에 입력되는 문자열을 OEM 문자 세트(Set)로 출력한다.
Want Return	대화 상자 내에서 Enter 키는 디폴트 버튼을 누르는 것과 같은 효과를 가지기 때문에 에디트 컨트롤 내에서 개행시킬 수 없으나, 이 속성을 사용하면 Enter 키로 에디트 컨트롤 내에서 개행시킬 수 있다.
Uppercase	입력되는 모든 문자를 대문자로 바꾸어 준다.
Lowercase	입력되는 모든 문자를 소문자로 바꾸어 준다.
Read-only	문자열을 보여주기만 하고 편집할 수 없도록 한다.
Number	숫자만 입력되도록 한다.

에디트 컨트롤 예제는 이미 여러분이 해본 부분이다. 코드도 이미 구현되어 있는 상태이므로 복습하는 의미에서 보고 넘어가도록 하자.

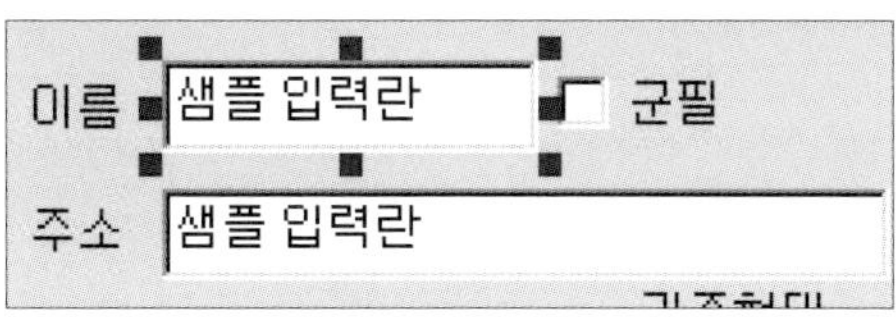

에디트 컨트롤에 멤버 변수를 추가해 보자. 다음과 같이 설정한다.

〈멤버 변수 설정 값〉

ID	멤버 변수	변수 형식	최대 문자수
IDC_EDIT_NAME	m_strName	CString	20
IDC_EDIT_ADDRESS	m_strAddress	CString	50

TestDialogDlg.h 파일을 열어 보자. 에디트 컨트롤의 멤버 변수가 다음과 같이 선언되어 있을 것이다.

```
CString m_strName;
CString m_strAddress;
```

그리고 컨트롤과 멤버 변수를 연결하였기 때문에 DDX 메커니즘을 이용하였고, TestDialogDlg.cpp 파일을 열어 보면 DoDataExchange( ) 함수에 다음과 같이 구현되어 있음을 확인할 수 있다.

```
void CTestDialogDlg::DoDataExchange(CDataExchange *pDX)
{
        CDialog::DoDataExchange(pDX);
        DDX_Text(pDX, IDC_EDIT_NAME, m_strName);
        DDV_MaxChars(pDX, m_strName, 20);
        DDX_Text(pDX, IDC_EDIT_ADDRESS, m_strAddress);
        DDV_MaxChars(pDX, m_strAddress, 50);
}
```

4 버튼 컨트롤 (Button Control)

사용자로부터 입력을 받기 위한 컨트롤 중 가장 기본적인 컨트롤이다. 버튼의 종류로는 푸시 버튼(Push Button), 체크 박스(Check Box), 라디오 버튼(Radio Button) 등이 있다. 체크 박스나 라디오 버튼과 같은 경우에는 푸시 버튼과 모양이 달라서 별개의 컨트롤로 생각할지 모르지만, 스타일만 다를 뿐 버튼의 일종이다. 푸시 버튼 또한 앞의 컨트롤과 속성이 대부분 중복되므로 특징적인 속성만 짚고 넘어가겠다.

〈버튼 컨트롤의 속성〉

속성	내용
Default Button	디폴트 버튼이란 Enter 키가 눌려지면 실행되는 버튼을 말하며 대화 상자 하나에 디폴트 버튼이 하나만 존재할 수 있다. 이 속성이 True이면 디폴트 버튼이 되며 다른 버튼들과 구분하기 위해서 두꺼운 경계선이 그어진다.
Multiline	Caption을 여러 줄로 출력되도록 한다. 보통 버튼의 Caption 속성은 한 줄로만 출력하도록 되어 있었으나 Caption이 길 경우에는 여러 줄로 출력할 수 있다.
Icon	버튼에 아이콘을 그리도록 한다.
Bitmap	버튼에 비트맵을 그리도록 한다.
Owner Draw	버튼의 캡션은 버튼이 자체적으로 출력하기 때문에 대화 상자가 버튼의 재출력에 대해서는 신경을 쓰지 않아도 된다. 그러나 이 속성이 설정되어 있으면 개발자가 버튼을 직접 그릴 수 있게 되므로 비트맵 버튼을 만들 수 있다.
Notify	버튼이 클릭되거나 더블 클릭될 경우 부모 윈도우로 통지 메시지를 보내도록 한다.
Flat	버튼을 입체적인 모양이 아닌 평평한 모양으로 만들도록 한다.
Horizontal Alignment	캡션 문자열을 수평 정렬하도록 지정한다.
Vertical Alignment	캡션 문자열을 수직 정렬하도록 지정한다.

다음은 예제에서 사용된 푸시 버튼이다.

사용자가 입력을 완료한 다음에 [입력 완료] 푸시 버튼을 누르면 신상 보기의 스태틱 텍스트 컨트롤에 데이터를 복사해 출력하는 형태이다. 이미 앞에서 [입력 완료]의 이벤트 처리기를 작성해 놓았다. 예제에서는 [입력 완료] 버튼의 ID를 IDC_BTN_COMPLETE라고 설정하였고, 버튼을 더블 클릭하거나 팝업 메뉴에서 [이벤트 처리기 추가] 메뉴를 선택하면 이벤트 처리기를 자동 생성한다. 생성된 이벤트 처리기를 보자. TestDialogDlg.cpp 파일을 열어 보도록 하자.

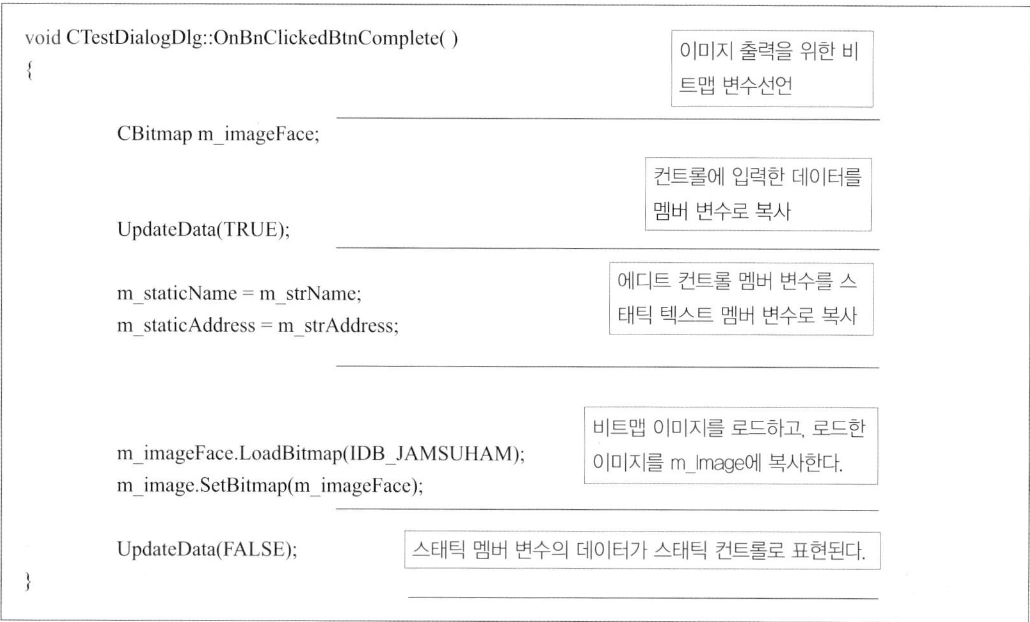


```cpp
void CTestDialogDlg::OnBnClickedBtnComplete( )
{

        CBitmap m_imageFace;


        UpdateData(TRUE);


        m_staticName = m_strName;
        m_staticAddress = m_strAddress;



        m_imageFace.LoadBitmap(IDB_JAMSUHAM);
        m_image.SetBitmap(m_imageFace);

        UpdateData(FALSE);
}
```

컨트롤에 데이터를 입력하고 UpdateData(TRUE) 함수를 통해서 각 컨트롤에 연결된 멤버 변수로 데이터를 복사한다. 에디트 컨트롤에 문자열을 입력함으로써 에디트 컨트롤 멤버 변수 m_strName과 m_strAddress에 값이 입력되고, 이 값을 신상 보기란의 스태틱 텍스트 멤버 변수로 복사한다. 그리고 UpdateData(FALSE) 함수를 통해서 현재의 멤버 변수의 데이터가 다시 컨트롤로 나타나도록 하였다.

5 체크 박스(Check Box)

체크 박스(Check Box)는 한번 누르면 체크가 되고, 다시 누르면 체크가 해제되는 토글(Toggle) 버튼이다. 보통 참(True)/거짓(False)과 같이 두 값 중에 하나를 입력받을 때 사용한다. 체크 박스 또한 특징적인 속성만 살펴보도록 하겠다.

⟨체크 박스의 속성⟩

속성	내용
Auto	사용자가 버튼을 클릭하면 체크 상태가 자동으로 변경되도록 한다. DDX를 사용하려면 이 속성을 선택해 주어야 하며 디폴트로 이 속성은 선택되어 있다.
Tri-State	체크에만 있는 속성이며 체크를 세 가지 상태로 토글시킨다. 이 속성이 설정되지 않았을 때는 Check, UnCheck 두 가지 상태만 가지지만, 이 속성이 설정되어 있으면 제 삼의 상태인 Grayed 상태가 존재한다. Grayed 상태는 선택인지 비선택인지 결정되지 않은 상태를 말한다.
Left Text	디폴트로 버튼 이름 문자열은 오른쪽에 위치하지만 이 속성을 선택하면 문자열이 왼쪽에 위치한다.

Pushlike	체크 박스는 사각형 모양을 가지고 라디오 버튼은 원 모양을 가지지만 이 속성을 선택하면 푸시 버튼과 같은 모양이 되며 선택/비선택 상태를 버튼의 눌러짐으로 표시한다.
Multiline	이 속성을 선택하면 캡션을 여러 줄로 나타낼 수 있다.
Notify	버튼이 클릭되거나 더블 클릭될 경우 부모 윈도우로 통지 메시지를 보낸다.

다음은 예제에서 사용된 체크 박스이다.

체크 박스에 멤버 변수를 연결하도록 하자. 이 멤버 변수는 체크했느냐 체크를 해제했느냐를 결정하는 변수로 사용될 것이다.

〈멤버 변수 설정 값〉

ID	멤버 변수	변수 형식
IDC_CHECK_ARMY	m_bArmy	BOOL

체크 박스 컨트롤과 멤버 변수가 연결되었으므로 당연히 DDX 메커니즘을 사용하였을 것이므로 다음과 같이 코딩되어 있을 것이다.

```
void CTestDialogDlg::DoDataExchange(CDataExchange *pDX)
{
--------- 중간 생략 ----------

        DDX_Check(pDX, IDC_CHECK_ARMY, m_bArmy);
--------- 중간 생략 ----------

}
```

체크를 하고 [입력 완료] 버튼을 눌러야만 신상 보기에서 결과를 확인할 수 있다. 그러므로 체크의 결과는 입력 완료 이벤트 처리기에서 처리해 주어야 한다.

```
void CTestDialogDlg::OnBnClickedBtnComplete( )
{
--------- 중간 생략 ----------

        m_staticName = m_strName;
        m_staticAddress = m_strAddress;

        if(m_bArmy)
                m_staticArmy = "군필";
        else
                m_staticArmy = "미필";
```

> 체크되어 있으면 m_bArmy는 True를, 해제되어 있으면 False값이 들어온다.

현재 변수 m_bArmy는 체크 박스가 체크되어 있느냐 안 되어있느냐에 따라서 1 혹은 0 의
BOOL형 값으로 표현된다. 그러므로 체크 박스가 체크되어 있는 경우에는 신상 보기의 해당 스
태틱 컨트롤에 "군필"이라는 문자열을 저장하고, 체크가 해제된 경우에는 신상 보기의 해당 스
태틱 컨트롤에 "미필"이라는 문자열을 저장하도록 하였다. 소스를 다 작성하였다면 빌드 및 실
행을 해보자. 그리고 체크 박스에 체크하고 [입력 완료] 버튼을 눌러서 확인해 보길 바란다.

6 라디오 버튼

라디오 버튼은 범주로 묶인 몇 가지 옵션 중에서 하나를 선택할 수 있도록 되어 있다. 왜 라디오
버튼인가 하면 라디오의 AM과 FM의 경우 하나를 선택하면 나머지 하나는 선택되지 못하도록
되어 있다. 이러한 특징을 본따서 라디오 버튼이라 부른다. 속성과 관련해서는 체크 박스와 거
의 동일하므로 따로 설명하지는 않겠다. 예제에서는 라디오 버튼을 총 4개 사용하였다.

하지만 다른 컨트롤처럼 각 컨트롤에 대응하는 각 멤버 변수를 설정하지 않아도 된다. 다른 컨
트롤들과 사용 방법이 약간 다르긴 한데, 방법은 그리 어렵지 않다. 첫 번째로 라디오 버튼은 예
제와 같이 그룹으로 묶어 주어야 한다. 같은 그룹 내에 있으면 서로 중복하여 선택할 수 없다.
두 번째로 탭 순서(Tab Order)를 차례로 해주어야 한다. 그룹 내에 탭 순서가 차례로 설정되어
있지 않으면 라디오 버튼이 제 기능을 할 수 없다.

이 그림처럼 첫 번째 라디오 버튼, 두 번째 라디오 버튼 순서로 번호가 매겨지면 된다. 세 번째
로 유의할 점은 라디오의 첫 번째 컨트롤이 [Group] 속성에 지정되어야 한다는 점이다. 즉, 예
제에서는 [회사원] 컨트롤이 [Group] 속성으로 지정되면 된다.

여기까지 되었으면 라디오 버튼에 멤버 변수를 연결하도록 하겠다. 멤버 변수는 라디오 버튼의
그룹 속성을 가진 첫 번째 컨트롤에서 추가하도록 한다.

ID	멤버 변수	변수 형식
IDC_RADIO_JOB	m_nJob	int

라디오 버튼의 멤버 변수인 m_nJob은 정수형을 갖는다. 왜냐하면 라디오 버튼은 첫 번째 컨트롤부터 0, 두 번째 컨트롤은 1, 세 번째 컨트롤은 2… 이런 식으로 값이 매겨지기 때문이다.

당연히 라디오 버튼 또한 DDX 메커니즘이 사용되었고, 라디오 버튼 또한 [입력 완료] 버튼이 눌려지는 시점에서 적용되는 컨트롤이므로 [입력 완료] 버튼 이벤트 처리기인 OnBnClickedBtnComplete( ) 함수로 이동하도록 한다.

```
void CTestDialogDlg::OnBnClickedBtnComplete( )
{
--------- 중간 생략 ----------
        //라디오 버튼 컨트롤의 입력
        switch(m_nJob)
        {
                case 0: m_staticJob = "회사원"; break;
                case 1: m_staticJob = "공무원"; break;
                case 2: m_staticJob = "학생"; break;
                case 3: m_staticJob = "주부"; break;
                default: break;
        }
--------- 중간 생략 ----------
}
```

첫 번째 컨트롤을 선택할 때부터 0, 1, 2, 3 이런 식으로 라디오 버튼의 멤버 변수인 m_nJob에 값이 입력된다. 4개의 컨트롤 중에 단 한 개의 컨트롤만 선택되어야 하므로 전형적인 switch ~ case 문을 사용하였다.

첫 번째 라디오 버튼을 선택하였다면 m_nJob은 0을 갖게 되고, case 0으로 가서 신상 보기 그룹의 직업에 해당하는 컨트롤 멤버 변수인 m_staticJob에 "회사원"이라는 문자열을 입력하고 switch 문을 빠져나간다. 만약 두 번째 라디오 버튼을 선택하였다면 앞에서처럼 m_nJob에 1의 값을 갖게 되고, case 1로 가서 첫 번째와 똑같은 과정을 밟게 된다. 세 번째와 네 번째 라디오 버튼을 선택하였다면 모두 마찬가지 과정을 거치게 된다.

스크롤 바는 화면에 현재 보이지 않은 영역으로 이동하거나 일정한 범위 중 한 값을 대충 신속하게 선택하고자 할 때 사용하는 컨트롤이다. 스크롤 바의 형태는 수평, 수직, 두 가지가 있다. 수평 스크롤 바와 수직 스크롤 바, 두 가지가 별도의 컨트롤로 마련되어 있다. 별도의 특이할 만한 속성은 없다. 다음은 예제에서 사용된 스크롤 바이다.

스크롤 바의 범위를 0~2까지 3단계로 스크롤이 되도록 하였다. 즉, 맨 왼쪽에 위치하면 적색, 중간에 위치하면 황색, 맨 오른쪽에 위치하면 녹색을 나타내도록 하였다. 스크롤 바의 멤버 변수는 다음과 같이 선언한다.

〈멤버 변수 설정 값〉

ID	멤버 변수	변수 형식
IDC_SCROLLBAR	m_ctlScroll	CScrollBar

스크롤 바의 컨트롤 자체에 어떤 변수 값을 입력하거나 선택하는 것이 아니고, 동작하도록 하는 것이기 때문에 변수 형식은 CScrollBar로 하여 멤버 변수를 선언하였다. 스크롤 바의 좌우 버튼을 누르면 스크롤 바의 위치에 따라서 비트맵 색상이 바뀐다. 스크롤 바의 구현과 비트맵을 사용한 픽처 컨트롤(Picture Control)을 구성해 보도록 하자.

우선 픽처 컨트롤1에 사용할 적색, 황색, 녹색의 비트맵을 비트맵 리소스에 등록하도록 한다. 리소스 뷰의 트리 목록에서 [Bitmap]을 선택하고 팝업 메뉴 목록 중에 [Bitmap 삽입]을 선택한다.

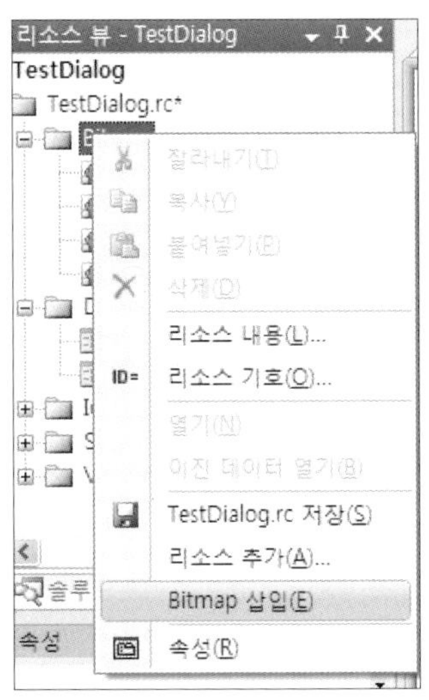

다음과 같이 비트맵을 그리기 위한 공간이 마련되는데, 여기에 우리가 원하는 색을 채우면 된다. 색을 채우려면 [도구 모음]에서 ![아이콘]를 선택하고 원하는 색을 골라서 클릭하면 색이 채워진다.

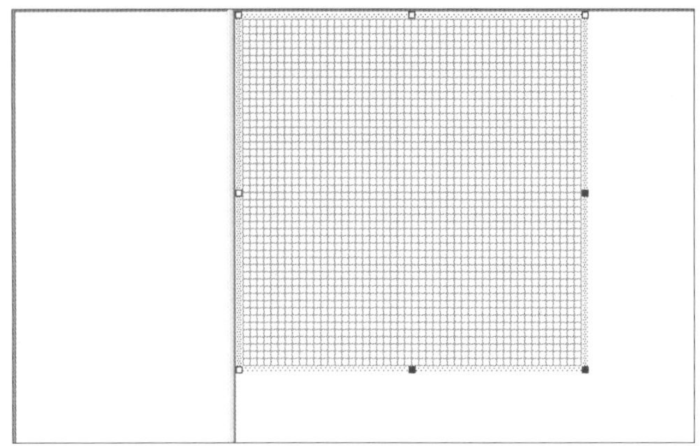

우리는 녹색, 적색, 황색 3가지의 색을 만들 것이므로, 앞의 과정을 3번 반복해야 한다.
각각의 비트맵 ID는 적색은 ID_RED, 황색은 ID_YELLOW, 녹색은 ID_GREEN으로 설정해 준다. 그리고 크기는 16 * 16 으로 설정하자.

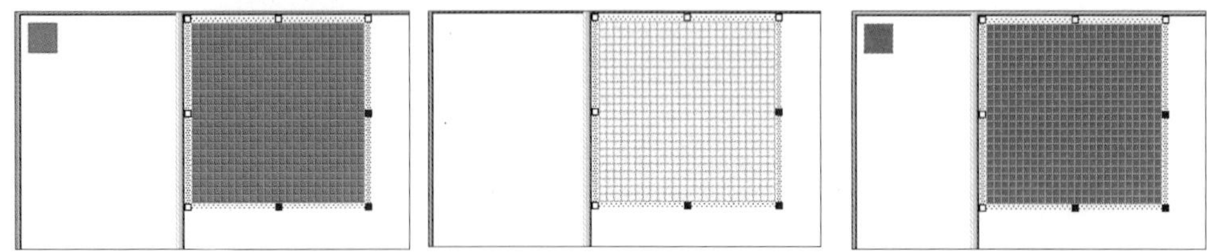

자, 여기까지 했으면 일단 스크롤 바의 초기화를 시켜 주도록 하자. 아무래도 바를 움직여야 하기 때문에 움직이는 범위나 초기의 위치 정도는 초기화시켜 주어야 한다.

```
BOOL CTestDialogDlg::OnInitDialog( )
{
--------- 중간 생략 ----------
m_ctlScroll.SetScrollRange(0, 2);
        m_ctlScroll.SetScrollPos(0);
--------- 중간 생략 ----------


}
```

OnInitDialog() 함수는 대화 상자의 초기화 역할을 하는 함수이므로, 스크롤 컨트롤의 초기화도 이 함수에서 하였다. 앞서 스크롤 바의 멤버 변수 m_ctlScroll의 멤버 함수인 SetScrollRange(0,2)로 스크롤 바의 범위를 총 3단계로 한정짓는다. 왜냐하면 세 가지 색깔만 사용할 것이기 때문이다. 그리고 SetScrollPos(0) 함수를 사용하여 스크롤 바의 초기에는 가장 왼쪽에 위치하도록 하였다.

■ void SetScrollRange(int nMinPos, int nMaxPos, BOOL bRedraw = TRUE)

스크롤 바의 범위를 지정하는 함수이다.

- nMinPos : 스크롤 바의 위치 중 최소값이다.

- nMaxPos : 스크롤 바의 위치 중 최대값이다.

- bRedraw : 스크롤 바의 위치가 변경되면 그 위치로 컨트롤을 다시 그린다. 디폴트 값은 TRUE이다. 최대값의 범위는 32,767까지이며 최대값이 클수록 스크롤의 이동 간격은 촘촘해진다.

■ int SetScrollPos(int nPos, BOOL bRedraw = TRUE)

스크롤 바의 현재 위치를 지정하는 함수이다.

- int nPos : 스크롤 바의 현재 위치이다. 스크롤 바의 범위 내에 있어야만 한다.

- bRedraw : 스크롤 바의 위치가 변경되면 그 위치로 컨트롤을 다시 그린다. 디폴트 값은 TRUE이다.

스크롤 바는 생각보다 손이 많이 간다. 스크롤 바를 클릭하는 부분에 따라서 별도의 처리를 해주어야 하고 스크롤되는 위치 또한 처리해야 하기 때문이다. 고맙게도 스크롤 바의 동작 처리를 해주는 윈도우 메시지가 따로 있다. CTestDialogDlg 클래스에서 속성 창의 메시지 리스트를 보면 WM_HSCROLL 메시지가 있다. 이 메시지는 수평 스크롤 바가 동작할 때 메시지가 발생하고, 메시지 처리기를 생성한다. 다음과 같이 메시지 처리기를 추가한다.

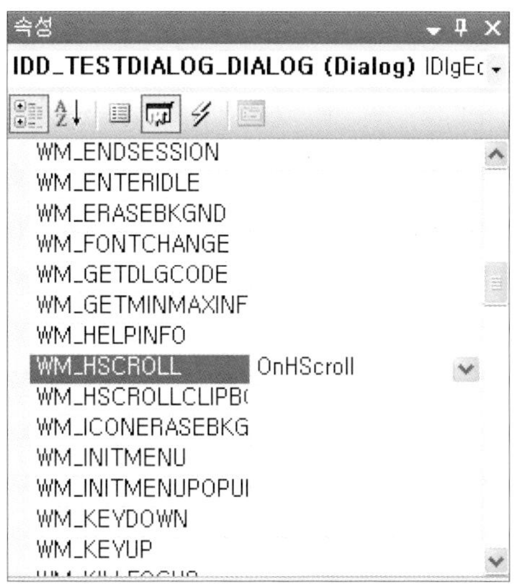

OnHScroll( ) 메시지 처리기에 다음과 같이 코딩해 준다.

〈OnHScroll( )〉

```
void CTestDialogDlg::OnHScroll(UINT nSBCode, UINT nPos, CScrollBar* pScrollBar)
{
        CBitmap m_Red;
        CBitmap m_Yellow;
        CBitmap m_Green;

        m_Red.LoadBitmapW(IDB_RED);
        m_Yellow.LoadBitmapW(IDB_YELLOW);
        m_Green.LoadBitmapW(IDB_GREEN);

        switch(nSBCode)
        {
        case SB_LINELEFT:
                pScrollBar->SetScrollPos(pScrollBar->GetScrollPos( )-1);
                break;
        case SB_LINERIGHT:
                pScrollBar->SetScrollPos(pScrollBar->GetScrollPos( )+1);
                break;
        default:
                break;
        }

        switch(pScrollBar->GetScrollPos( ))
        {
                case 0: m_ctlColor.SetBitmap(m_Red); break;
                case 1: m_ctlColor.SetBitmap(m_Yellow); break;
                case 2: m_ctlColor.SetBitmap(m_Green); break;
                default: break;
        }
        CDialog::OnHScroll(nSBCode, nPos, pScrollBar);
}
```


스크롤 바를 움직일 때 비트맵 또한 같이 연동해서 바뀌기 때문에 이 메시지 처리기에 비트맵을 로드하는 코드를 넣어 주어야 한다. 각 색상별 비트맵의 멤버 변수로 m_Red, m_Yellow, m_Green을 선언한다. 그리고 각 멤버 변수에 m_Red.LoadBitmap(IDB_RED)와 같이 비트맵을 메모리에 로드하고, 스크롤 바의 위치 변화에 따라서 색상이 바뀌도록 한다.

스크롤 바의 위치 변화 코드를 보면 nSBCode 인수로 그 동작을 감지한다. 스크롤 바의 어느 부분을 건드렸는지 나타내며 그 중 한 값을 갖는다.

값	설명
SB_LEFT	왼쪽 끝 부분을 스크롤하였다.
SB_RIGHT	오른쪽 끝 부분을 스크롤하였다.
SB_ENDSCROLL	스크롤 바가 종료되었다.
SB_LINELEFT	왼쪽 끝의 버튼을 눌렀다.
SB_LINERIGHT	오른쪽 끝의 버튼을 눌렀다.
SB_PAGELEFT	왼쪽 몸통 부분을 눌렀다.
SB_PAGERIGHT	오른쪽 몸통 부분을 눌렀다.
SB_THUMBTRACK	절대적인 위치로 스크롤되었다. 이때 위치는 두 번째 인수 nPos로 전달된다.
SB_THUMBPOSITION	스크롤 바를 드래그하였다. 이때 위치는 두 번째 인수 nPos로 전달된다.

코드상에서는 SB_LINELEFT와 SB_LINERIGHT 값만 사용하여 좌우측 끝의 버튼이 눌렸을 때 스크롤 바가 이동하도록 하였다. 나머지 값들은 각자 해보길 바란다. SB_LINELEFT의 경우에는 OnHScroll( ) 함수의 세 번째 인수 pScrollBar를 이용하여 SetScrollPos( ) 멤버 함수를 사용하였다. 이 함수는 스크롤의 위치를 옮겨 주는 역할을 한다. 범위가 0부터 2까지이므로 스크롤 바의 왼쪽 버튼이 눌릴 때 −1씩 감소하도록 해주었다. SB_LINERIGHT의 경우에도 마찬가지로 SetScrollPos( ) 멤버 함수를 사용하여 스크롤 위치를 옮겨 주었고, 스크롤 바의 오른쪽 버튼이 눌릴 때 +1씩 증가하도록 해주었다. 일단 여기까지는 스크롤 바의 외관상 움직이는 모습을 보여주고, 어느 위치에 있는지를 알 수 있었다.

하지만, 여기까지의 코드에서는 스크롤 바의 위치에 따라 바뀌어야 하는 비트맵 색상은 아직 바뀌지 않는다. 비트맵 처리는 다음 소스를 보도록 한다. GetScrollPos( ) 함수를 이용하면 현재 스크롤 바의 위치를 알 수 있다. 0부터 2까지 범위 값을 사용하므로 아마 얻어지는 값은 0, 1, 2, 셋 중에 하나의 값을 가질 것이다. 현재 스크롤 바의 값이 0이면 적색의 비트맵을 설정하고, 1이면 황색의 비트맵을, 2이면 녹색의 비트맵을 설정하도록 하였다.

자, 빌드 및 실행을 해보도록 하자. 스크롤 바의 좌우측 버튼을 차례로 눌러 보자. 스크롤 바가 움직이면 옆의 픽처(Picture) 컨트롤의 색상이 변하는 것을 확인할 수 있을 것이다.

이제 스크롤 바로 위치를 결정한 후 [입력 완료] 버튼을 눌렀을 때 결과 값이 해당 신상 보기의 건강신호에 해당하는 컨트롤에 나타나도록 해보자. 다음의 OnBnClickedBtnComplete( ) 함수를 보도록 하겠다.

```
void CTestDialogDlg::OnBnClickedBtnComplete( )
{
--------- 중간 생략 ----------
        switch(m_ctlScroll.GetScrollPos( ))
        {
                case 0: m_staticHealth = _T("위험"); break;
                case 1: m_staticHealth = _T("양호"); break;
                case 2: m_staticHealth = _T("좋음"); break;
                default: break;

        }
--------- 중간 생략 ----------

}
```

직접 추가했던 스크롤 바의 멤버 변수 m_ctlScroll로 GetScrollPos( ) 멤버 함수를 이용하여 현재 스크롤 바의 위치를 조사한다. 위치가 0이면 건강신호에 해당하는 텍스트 컨트롤의 멤버 변수인 m_staticHealth에 "위험"이라는 문자열을, 위치가 1이면 "양호"이라는 문자열을, 위치가 2이면 "좋음"이라는 문자열을 입력하였다. 빌드 및 실행하여 결과를 확인해 보자. 스크롤 바를 원하는 위치에 놓고 [입력 완료] 버튼을 누르면 결과 값이 신상 보기의 해당 컨트롤에 나타날 것이다.

〈함수의 정의〉

```
int GetScrollPos( ) const;
```
스크롤 바의 현재 위치를 반환하는 함수이다. 현재 위치는 현재 스크롤 바의 범위에 상대적이다. 예를 들어 스크롤 바의 범위가 100에서 200까지다 라고 할 때 스크롤의 중앙은 150이다.

8 리스트 박스

리스트 박스는 항목들을 여러 개 나열하고 이 중에서 사용자가 선택하도록 하는 컨트롤이다. 항목을 키보드로 직접 입력하는 전통적인 방법보다 선택 대상을 보여주고 마우스로 간단하게 선택하도록 하는 방법을 제공한다. 리스트 박스의 속성에는 다음과 같은 것들이 있다.

<리스트 박스의 속성>

속성		내용
Selection	Single	한 번에 하나의 항목만 선택할 수 있으며, 다른 항목을 선택하면 이전에 선택한 항목은 해제된다.
	Mutiple	여러 항목을 동시에 선택할 수 있다.
	Extended	Shift 키와 Ctrl 키를 사용하여 여러 항목을 동시에 선택할 수 있다.
Owner Draw	No	이 속성을 사용하지 않는다. 따라서 리스트 박스에는 문자열만 들어갈 수 있다.
	Fixed	사용자가 항목을 직접 그릴 수 있지만 모든 항목은 같은 높이를 가져야 한다.
	Variable	사용자가 항목을 직접 그릴 수 있고 모든 항목은 개별적으로 다른 높이를 가질 수 있다.
Has String		이 속성은 Owner Draw 속성이 Fixed나 Variable로 설정되어 있을 경우에만 사용할 수 있으며 문자열도 함께 저장하도록 해준다. 이속성이 설정되어 있으면 리스트 박스는 문자열을 저장하기 위해 메모리를 할당하고, 이 메모리를 자체적으로 관리하므로 LB_GETTEXT 메시지를 사용하여 리스트 박스 각 항목의 텍스트를 읽을 수 있다.
Sort		리스트 박스 내의 문자열을 알파벳 순으로 정렬시킨다.
MultiColumn		리스트 박스 내의 항목은 디폴트로 한 줄로 출력되지만 이 속성을 설정하면 여러 줄로 출력될 수 있다.
No Redraw		리스트 박스에 변화가 생겨도 다시 그리지 않도록 한다.
Use TabStops		리스트 박스에서 탭 문자를 사용하도록 한다.
Want Key Input		리스트 박스가 포커스를 가지고 있는 상태에서 키보드의 키가 눌려질 경우 리스트 박스 사용자(Owener)에게 WM_VKEYTOITEM 메시지나 WM_CHARTOITEM 메시지가 보내지도록 한다. 프로그램에서는 이 메시지들을 받아 키보드 입력을 처리하게 된다.
Disable No Scroll		항목의 개수와는 상관없이 수직 스크롤 바가 보인다.
No Integral Height		리스트 박스가 정확한 크기를 가지도록 해준다.
Vertical Scroll		수직 스크롤 바를 만든다.
Horizontal Scroll		수평 스크롤 바를 만든다.

예제에서 사용하는 리스트 박스이다.

리스트 박스에 데이터를 입력하고 선택 항목을 인식하도록 리스트 박스의 멤버 변수를 추가하도록 하자.

ID	멤버 변수	변수 형식
IDC_LIST	m_ctlList	CListBox

리스트 박스에 사용하고자 하는 데이터를 입력해 보도록 하자. 방금 추가한 멤버 변수 m_ctlList로 리스트 박스의 멤버 함수인 AddString( )을 이용하여 데이터를 입력한다. 컨트롤의 초기화는 OnInitDialog( ) 함수에서 한다고 언급했었다.

```
BOOL CTestDialogDlg::OnInitDialog( )
{
--------- 중간 생략 ----------
        m_ctlList.AddString(_T("주택"));
        m_ctlList.AddString(_T("아파트"));
        m_ctlList.AddString(_T("빌라"));
        m_ctlList.AddString(_T("기타"));

        m_ctlList.SetCurSel(0);
--------- 중간 생략 ----------
}
```

리스트에 목록을 추가한다.

리스트 목록 중 첫 번째를 가리킨다.

〈함수의 정의〉

■ int AddString(LPCTSTR lpszString)
리스트 박스나 콤보 박스에 문자열을 추가할 때 사용되는 함수이다.
− lpszString : 추가되는 널 종료 문자열이다.

〈함수의 정의〉

■ int SetCurSel(int nSelect)
리스트 목록중에 몇 번째 목록을 가리킬지 결정하는 함수이다.
− nSelect : 최소값이 0이며 현재 선택된 항목의 순서이다. 만약 −1의 값을 입력한다면 어떤 항목도 선택되지 않는다.

여기까지 코딩하고 빌드 및 실행을 해보면 리스트 박스에 방금 추가한 문자열들이 가지런하게 나열되어 있는 것을 보게 된다. 참고로 속성 창에서 Sort는 False로 설정해 주어야 한다. 그렇게 해야 입력한 순서대로 정렬된다. 그리고 컨트롤을 초기화시 첫 번째 항목을 가리키고 있을 것이다.

이제 선택한 리스트 항목을 신상 보기의 해당 컨트롤에 출력해 보도록 하자.

```
void CTestDialogDlg::OnBnClickedBtnComplete( )
{
--------- 중간 생략 ----------

        switch(m_ctlList.GetCurSel( ))
        {
                case 0: m_staticHouse = _T("주택"); break;
                case 1: m_staticHouse = _T("아파트"); break;
                case 2: m_staticHouse = _T("빌라"); break;
                case 3: m_staticHouse = _T("기타"); break;
                default: break;
        }
--------- 중간 생략 ----------

}
```

GetCursel( ) 함수로 현재 선택한 항목의 순서를 반환받는다. 값이 0이면 첫 번째 항목을 선택했다는 의미이므로 신상 정보의 거주형태에 해당하는 컨트롤에 "주택"이라는 문자열을 출력하고, 값이 1이면 두 번째 항목을 선택했다는 의미이므로 "아파트"라는 문자열을 출력한다.

〈함수의 정의〉

```
int GetCurSel( ) const
```
리스트 박스 및 콤보 박스의 항목 중 선택된 항목의 인덱스를 반환한다. 최소값은 0이다.

9 ········ 콤보 박스

에디트(Edit) 컨트롤과 리스트 박스(List Box)를 합친 모양을 하고 있다. 에디트 컨트롤의 경우 문자열을 직접 입력하거나 편집할 수 있고, 리스트 박스의 경우에는 기존의 항목들을 선택할 수 있도록 되어 있다. 이 두 가지의 장점을 모두 살린 컨트롤이 콤보 박스이다. 콤보 박스는 필요한 경우에만 열어서 사용하고 평소에는 닫아 두기 때문에 화면 면적도 넓게 차지하지 않는다. 콤보 박스에는 다음과 같은 속성이 있다. 대부분의 속성이 리스트 박스와 거의 동일하기 때문에 콤보 박스만의 특징만 살펴보기로 하겠다.

속성		내용
Type	Simple	에디트 컨트롤과 리스트 박스를 단순히 합친 형태를 띠며 리스트 박스가 항상 열려 있다.
	Dropdown	Simple과 동일하되 리스트 박스가 닫혀 있다는 점만 다르다. 리스트 박스는 사용자가 클릭하여 선택하기 전에는 펼쳐지지 않으므로 화면 면적을 적게 차지한다는 장점이 있다. 이 속성 값이 디폴트이다.
	Drop List	에디트 컨트롤로 새로운 항목을 입력할 수 없으며, 리스트 박스를 펼쳐 기존의 항목만 선택할 수 있다. 이점이 Dropdown과의 차이점이다.

예제에서 사용된 콤보 박스이다.

리스트 박스와 마찬가지로 콤보 박스 또한 데이터 입력과 항목의 위치 정보를 가져야 하므로 콤보 박스의 멤버 변수를 추가하도록 한다.

〈멤버 변수 설정 값〉

ID	멤버 변수	변수 형식
IDC_COMBO	m_ctlCombo	CComboBox

추가한 멤버 변수를 이용하여 다음과 같이 항목을 추가한다. 리스트 박스 때와 마찬가지로 콤보 박스의 멤버 함수인 AddString( ) 함수를 사용한다. 그리고 항목의 초기 위치는 SetCurSel(0) 함수에 의해 첫 번째 항목으로 정하였다.

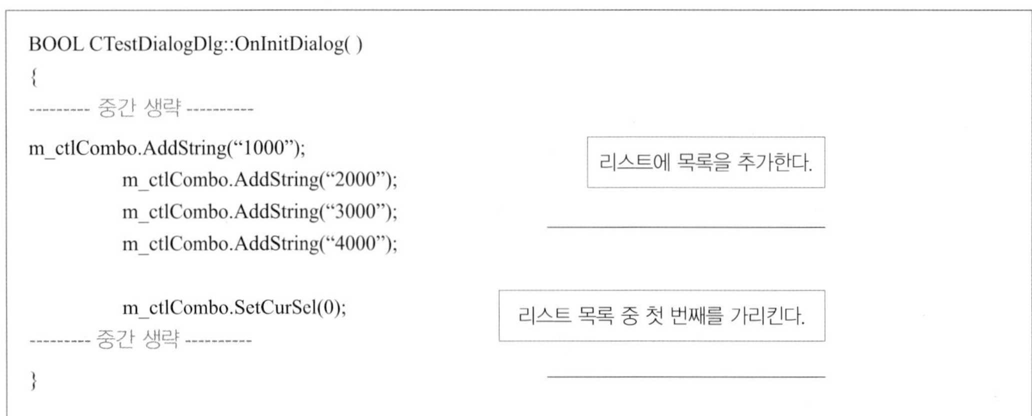

```
BOOL CTestDialogDlg::OnInitDialog( )
{
--------- 중간 생략 ----------

m_ctlCombo.AddString("1000");
        m_ctlCombo.AddString("2000");
        m_ctlCombo.AddString("3000");
        m_ctlCombo.AddString("4000");

        m_ctlCombo.SetCurSel(0);
--------- 중간 생략 ----------

}
```

빌드 및 실행을 하여 콤보 박스의 목록을 보도록 하자. 제대로 항목이 입력되었는가? 그렇다면 현재 선택된 항목을 신상 보기의 해당 컨트롤로 출력해 보도록 하겠다. 다음 소스를 작성하자.

```
void CTestDialogDlg::OnBnClickedBtnComplete( )
{
--------- 중간 생략 ----------
        switch(m_ctlCombo.GetCurSel( ))
        {
                case 0: m_staticIncome = _T("1000"); break;
                case 1: m_staticIncome = _T("2000"); break;
                case 2: m_staticIncome = _T("3000"); break;
                case 3: m_staticIncome = _T("4000"); break;
                default:break;

        }
--------- 중간 생략 ----------

}
```

GetCurSel( ) 함수를 이용하여 콤보 박스에서 선택된 항목의 인덱스를 반환한다. 반환된 인덱스 값이 0인 경우는 항목의 첫 번째를 나타내므로 소득에 해당하는 컨트롤에 "1000"이라는 문자열을 출력하였고, 인덱스 값이 1인 경우는 항목의 두 번째를 나타내므로 "2000"이라는 문자열을 출력하였다. 나머지 인덱스 값 또한 마찬가지의 원리이다.

다시 빌드 및 실행을 해서 콤보 박스의 항목을 임의로 선택하고 [입력 완료] 버튼을 눌러 보자. 신상 보기에서 소득에 해당하는 컨트롤에 선택된 항목의 문자열이 제대로 출력되었는지 확인해 보자.

공통 컨트롤 사용하기

표준 컨트롤 외에 특수한 상황에 사용되는 컨트롤이다. 공통 컨트롤에는 어떤 것을
이 있는지 살펴보고, 실제로 대화 상자 위에서 공통 컨트롤을 얹어서 확인해보자.

이번에는 공통 컨트롤에 대해서 알아보기로 하겠다. 일명 Win95 컨트롤이라고도 하는데, 윈도
우 95 버전부터 사용되었던 컨트롤이라 해서 이렇게 불리기도 한다. 시각적으로나 기능적으로
표준 컨트롤보다 향상 된 부분은 있으나 사용하는 패턴은 똑같다. 공통 컨트롤은 컨트롤 바의
하단부에 배치되어 있으며, 컨트롤 배치는 표준 컨트롤과 마찬가지 방법으로 하면 된다. 일단
공통 컨트롤을 공부하기 전에 프로젝트를 새로 하나 만들어 보도록 하자.

프로젝트명은 TestCommControl이라 하고, [대화 상자 기반] 옵션 선택 후 나머지
는 모두 디폴트로 하여 프로젝트를 생성한다. [리소스] 탭을 열어서 Dialog의 IDD_
TESTCOMMCONTROL_DIALOG 항목을 열어 보도록 하자. 빈 대화 상자에 앞으로 공부할 공
통 컨트롤들을 배치한다.

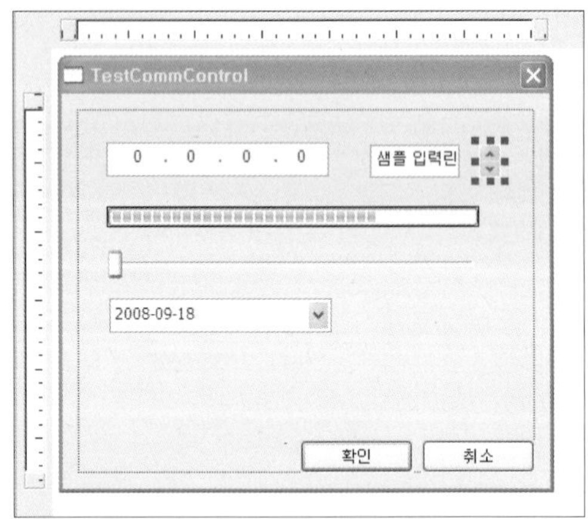

IP 주소 컨트롤, 스핀 컨트롤, 프로그래스 컨트롤, 슬라이더 컨트롤, 데이트 타임 픽커, 총 다섯
가지의 공통 컨트롤에 대해서 알아보고 구현해 보도록 하겠다.

프로그래스 컨트롤은 보통 프로그램을 설치할 때 진행 과정을 보여주는데 사용된다. 프로그램 설치 중에 사용자에게 아무것도 보여주지 않으면 불안해 할 염려가 있다. 그래서 진행 상황이 이렇다는 것을 보여주는 것이 프로그래스 컨트롤이다. 실제로 진행 상황을 보여주기만 할 뿐 사용자로부터 입력을 받지 않기 때문에 구현하는데 큰 어려움은 없다. 프로그래스 컨트롤은 진행 상태의 처음과 끝, 즉 범위와 현재 진행 위치만 가지고 있으면 된다.

예제의 대화 상자에 프로그래스 컨트롤을 배치한 다음 ID를 수정하도록 하자. ID는 디폴트로 IDC_PROGRESS1이라고 되어 있을 텐데, 1자만 빼서 IDC_PROGRESS라고 하자. 어차피 프로그래스 컨트롤은 한 개만 사용할 것이기 때문이다. 나머지 속성은 모두 디폴트로 한다.

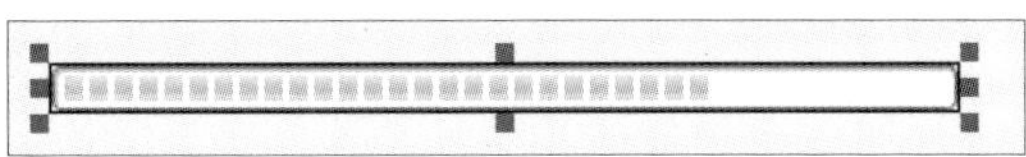

이쯤해서 독자들도 반사적으로 멤버 변수를 추가해야 할 차례구나 라는 생각이 들 것이다. 참으로 바람직한 마음이라 아니 할 수 없다. 멤버 변수는 m_ctlProgress로 설정한다. 현재 예제에서는 프로그래스 컨트롤을 컨트롤하기 위해서 바로 뒤에 나오는 슬라이더 컨트롤을 이용할 것이다. 슬라이더 컨트롤의 이동 범위와 프로그래스 컨트롤의 이동 범위를 같게 하여 이동하는 값 또한 똑같게 구현할 것이다. 일단 프로그래스 컨트롤을 초기화하도록 한다. TestCommControlDlg.h에 위치 변수를 선언하고, TestCommControlDlg.cpp 파일의 OnInitDialog( )함수를 열어서 다음과 같이 초기화 하도록 한다.

〈TestCommControlDlg.h 파일〉

```
class CTestCommControlDlg : public CDialog
{
--------- 중간 생략 ---------
private:
                int m_curPos;

}
```

〈TestCommControlDlg.cpp 파일〉

```
BOOL CTestCommControlDlg::OnInitDialog( )
{
--------- 중간 생략 ---------
        m_curPos = 50;
        m_ctlProgress.SetRange(1, 255);        프로그래스의 초기화
        m_ctlProgress.SetPos(m_curPos);
--------- 중간 생략 ---------
}
```

프로그래스 컨트롤과 슬라이더 컨트롤은 같은 이동 값을 가지므로 공통적으로 사용할 위치 변수 m_curPos를 정수형으로 선언하고 초기 값 50을 준다. 그리고 SetRange( ) 함수를 통해서 프로그래스 컨트롤의 범위를 1에서 255로 정했다. 이 범위는 뒤에 나오는 IP 주소 컨트롤의 IP 자릿수에 맞춘 것이다. SetPos( ) 함수를 통해서 프로그래스 컨트롤의 현재 위치를 설정하게 된다. 인수로 m_curPos 값이 들어가 있는데, 이미 초기 값으로 50을 주었으므로 총 범위 1 ~ 255에서 50만큼의 위치에 있는 것이다. 지금 만드는 예제에서는 프로그래스 컨트롤을 슬라이더 컨트롤에 의해 동작하게끔 하는 것이므로 일단 프로그래스 컨트롤은 초기화해 주는 것으로 마치도록 하겠다. 바로 뒤의 슬라이더 컨트롤에서 프로그래스 컨트롤을 컨트롤하는 방법에 대해 구현해 보도록 한다.

〈함수의 정의〉

- void SetRange(short nLower, short nUpper)

프로그래스 컨트롤의 범위를 최소값 및 최대값으로 제한한다.
– nLower : 범위에서 가장 낮은 값(디폴트 0)
– nUpper : 범위에서 가장 높은 값(디폴트 100)

- int SetPos(int nPos)

nPos에 의해 프로그래스 컨트롤의 현재 위치를 설정한다.
– nPos : 프로그래스 바의 새로운 위치

2 슬라이더 컨트롤

슬라이더(Slider) 컨트롤은 조절하거나 범위 설정하는 컨트롤로 많이 사용된다. 볼륨을 조절할 때 이 컨트롤을 사용하는 것을 보았을 것이다. 다음 그림은 윈도우 환경에서 볼륨을 조절하는 대화 상자이다. 슬라이더 컨트롤 또한 모양도 간단하고 직관적이기 때문에 특별히 이해할 것이 따로 없다.

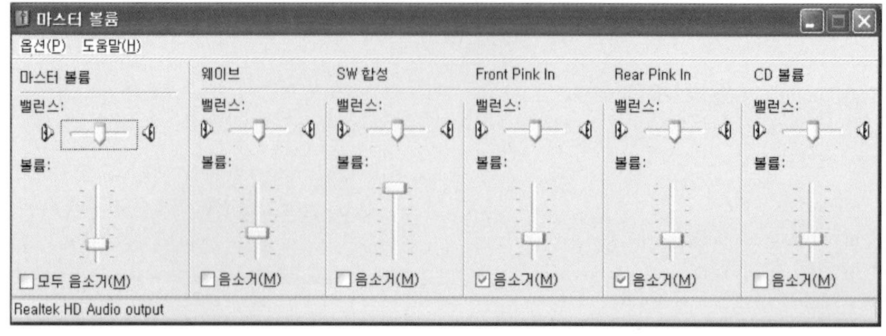

예제에서는 슬라이더 컨트롤을 사용하되 수평 슬라이더 예만 들겠다. 수직 슬라이더를 사용하고자 한다면 속성에서 [Orientation]를 Vertical로 선택해 주면 된다. 슬라이더 컨트롤 또한 ID를 ID_SLIDER로 하자. 나머지 모든 속성은 디폴트로 하도록 한다. 컨트롤이기 때문에 당연히 멤버 변수를 추가해 주는 것 또한 당연하다. 멤버 변수는 m_ctlSlider로 한다.

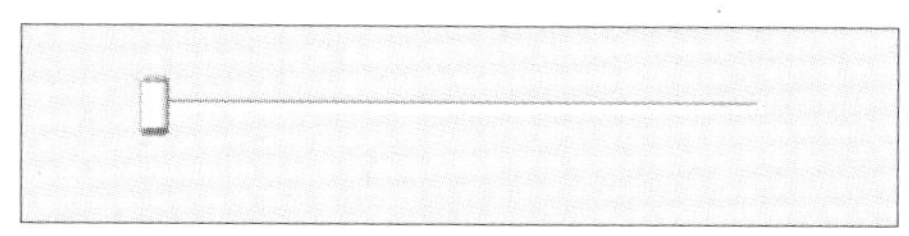

이제 슬라이더 컨트롤을 초기화하도록 하자. TestCommControlDlg.cpp 파일의 OnInitDialog( ) 함수를 열어서 다음과 같이 코딩하도록 한다. 앞의 프로그래스 컨트롤에서 초기화해 주었던 코드로 다음과 같이 코딩해 주자.

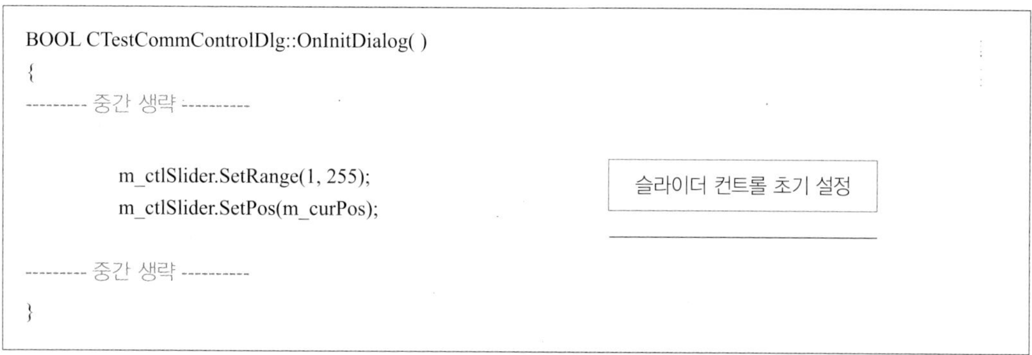

슬라이더 또한 프로그래스 컨트롤과 마찬가지로 SetRange( ) 함수로 범위를 결정하고, SetPos( ) 함수로 현재 슬라이더 컨트롤의 위치를 결정한다. 코드상에서는 범위를 최소값 1, 최대값 255로 프로그래스 컨트롤과 같은 범위를 가지며, SetPos( ) 함수의 인수 m_curPos를 통해서 슬라이더 컨트롤의 초기 위치를 결정한다. 앞의 소스에서 m_curPos는 50으로 정한 바 있다. 여기까지 슬라이더 컨트롤의 초기화가 구현되었다.

실제 슬라이더 컨트롤을 움직일 때 프로그래스 컨트롤이 같이 동작하도록 구현해 보자. 슬라이더 컨트롤은 위치가 변경될 경우 부모 윈도우로 WM_HSCROLL 메시지나 WM_VSCROLL 메시지를 보내준다. 여기서는 수평 슬라이더만 사용하므로 WM_HSCROLL 메시지만 사용될 것이며, OnHScroll( ) 메시지 처리기를 다음과 같이 작성하도록 한다.

```
void CTestCommControlDlg::OnHScroll(UINT nSBCode, UINT nPos, CScrollBar *pScrollBar)
{

        int nSliderPos = m_ctlSlider.GetPos( );


        m_ctlProgress.SetPos(nSliderPos);

        CDialog::OnHScroll(nSBCode, nPos, pScrollBar);
}
```


GetPos( ) 함수를 통해서 현재 슬라이더 컨트롤의 위치 값을 반환받고, 반환받은 슬라이더 컨트롤의 현재 위치 값을 프로그래스 컨트롤의 SetPos() 함수의 인수로 사용함으로써 프로그래스 컨트롤과 슬라이더 컨트롤의 위치를 같게 하였다. 예제를 빌드 및 실행하자. 그리고 슬라이더 컨트롤을 움직여보자. 프로그래스 컨트롤 또한 같은 위치로 이동하는 모습을 볼 수 있을 것이다.

3 ┃ 스핀 컨트롤

스핀 컨트롤은 위, 아래 화살표가 겹쳐 있는 버튼이며 마우스로 값을 증감시킬 때 사용한다. 키보드로 수치를 입력하지 않아도 되며 마우스로 스핀 컨트롤을 눌러 값을 증감시킴으로써 원하는 값을 입력한다. 스핀 컨트롤의 버튼은 단독으로 사용될 수 없으며, 에디트 컨트롤과 항상 함께 사용해야 한다. 이렇게 동반하여 사용할 때 에디트 컨트롤을 버디(Buddy)라고 한다. MS 워드의 페이지 설정 메뉴를 보면 다음과 같이 스핀 컨트롤의 활용 용도를 알 수 있다.

스핀 컨트롤을 사용할 때 디폴트 범위값으로 최대값이 0이고 최소값이 100으로 설정되어 있다. 범위가 거꾸로 되어 있기 때문에 위쪽 화살표를 누르면 값이 감소하고, 아래쪽 화살표는 누르면 값의 범위가 증가한다. 우리에게 거꾸로인 듯한 범위를 SetRange( ) 함수를 통해서 다시 설정해 주면 된다. 스핀 컨트롤의 속성을 알아보도록 하자.

속성		내용
Orientation		스핀 컨트롤의 방향을 설정한다. 디폴트는 Vertical이다.
Auto Buddy		스핀 컨트롤보다 탭 순서가 하나 빠른 컨트롤을 버디 컨트롤로 사용하도록 한다. 보통 에디트 컨트롤이 많이 사용된다.
Set Buddy Integer		스핀 컨트롤의 값이 변경되면 버디 윈도우의 텍스트를 변경하도록 한다.
Alignment	Unattached	버디 윈도우에 붙지 않고, 지정한 그 위치에 그대로 남는다. 위치만 변경되지 않았을 뿐이지 논리적으로는 버디 컨트롤이므로 연결되어 있다.
	Left	버디 윈도우의 왼쪽편에 위치하게 한다.
	Right	버디 윈도우의 오른편에 위치하게 한다.
No thousands		스핀 컨트롤은 매 세 자리마다 콤마를 삽입해 주는데, 이 속성이 True면 콤마를 삽입하지 않는다.
Wrap		스핀 컨트롤의 최대값 및 최소값이 순환되도록 한다. 예를 들어서 범위가 0부터 100일 때 최대값 100에 1 증가시키면 0이 되도록, 최소값 0에서 1 감소시키면 100이 되도록 하는 기능이다.
Arrow Key		스핀 컨트롤이 포커스를 가지고 있을 때 위, 아래 커서 이동키를 사용하여 스핀 컨트롤의 값을 변경할 수 있도록 한다.

예제에서 사용된 스핀 컨트롤은 다음과 같다.

스핀 컨트롤은 단독으로 사용할 수 없다고 했었다. 그러므로 예제에서 스핀 컨트롤을 사용하기 위해서 버디(buddy)인 에디트 컨트롤을 추가하도록 한다. 에디트 컨트롤의 ID는 ID_EDIT라고 설정하고, 스핀 컨트롤 값에 슬라이더 컨트롤의 위치 값을 대입하기 위해서 에디트 컨트롤에 멤버 변수를 추가하도록 한다. 멤버 변수는 m_nPos라고 설정하고, 변수 형식은 int형으로 한다. 그리고 에디트 컨트롤을 스핀 컨트롤의 버디가 되도록 하려면 탭 순서가 스핀 컨트롤보다 한 단계 앞에 있어야 한다. 혹시라도 탭 순서가 바르지 않으면 [Ctrl + D] 조합키를 눌러서 탭 순서를 재설정한다.

이제 스핀 컨트롤 속성을 지정해 보도록 하겠다. 스핀 컨트롤의 ID는 ID_SPIN으로 해주고, 속성 창의 [Auto Buddy]와 [Set Buddy Integer]을 True로 설정해 준다. 스핀 컨트롤이 에디트 컨트롤에 자동으로 붙을 수 있게, 그리고 스핀 컨트롤의 값이 증감될 때 에디트 컨트롤의 값이 바뀔 수 있게 설정한 것이다. 그 다음 [Alignment] 속성을 Right Align으로 바꾸어 준다. 그래야만 스핀 컨트롤이 에디트 컨트롤의 오른쪽에 붙을 수 있다. 그리고 스핀 컨트롤의 멤버 변수를 설정하자. 멤버 변수는 m_ctlSpin이라고 한다. 자, 여기까지 속성 설정은 끝났다. 이제 스핀을 초기화시켜 보도록 하자.

```
BOOL CTESTCommControlDlg::OnInitDialog( )
{
--------- 중간 생략 ----------

        m_ctlSpin.SetRange(0, 255);                    스핀 컨트롤 범위 지정

--------- 중간 생략 ----------

}
```

스핀 컨트롤의 범위를 SetRange( ) 함수로 지정하였다. 범위는 1부터 255까지로 설정하였다.
앞서 프로그래스 컨트롤은 슬라이더 컨트롤로 컨트롤해 준다고 하였다. 이와 아울러 슬라이더
컨트롤의 움직임에 따라 에디트 컨트롤의 입력 값 또한 변화시켜 보자.

```
void CTESTCommControlDlg::OnHScroll(UINT nSBCode, UINT nPos, CScrollBar *pScrollBar)
{
        int nSliderPos = m_ctlSlider.GetPos( );        현재 슬라이더 컨트롤의 위
                                                       치 값을 반환받는다.

        m_ctlProgress.SetPos(nSliderPos);              슬라이더 컨트롤의 위치 값을 프로
                                                       그래스 컨트롤에서 입력 받는다.

        m_nPos = nSliderPos;                           현재 슬라이더 컨트롤의 위치 값을
                                                       에디트 컨트롤에 넘겨준다.

        UpdateData(FALSE);                             멤버 변수의 값을 컨트롤로
                                                       복사한다.

        CDialog::OnHScroll(nSBCode, nPos, pScrollBar);

}
```

현재 슬라이더 컨트롤의 위치 값은 nSliderPos 변수에 저장되어 있다. 이 변수를 에디트 컨트
롤의 멤버 변수인 m_nPos에 넘겨주도록 한다. 그 다음 UpdateData(FALSE)를 호출하여 줌으
로써 멤버 변수의 값이 컨트롤로 나타나도록 한다. 코드 입력이 끝났으면 빌드 및 실행해 보자.
그리고, 스핀 컨트롤을 증감시켜 보고, 슬라이더 컨트롤을 움직여서 값의 변화를 확인해 보도록
한다. 예상대로 스핀 컨트롤을 이용하여 증감이 될 것이고, 슬라이더 컨트롤을 통해서 스핀 값
의 변화가 보일 것이다. 그러나 스핀 컨트롤의 증가/감소로 인한 슬라이더나 프로그래스바의 변
화는 일어나지 않는다. 여기서 스핀 컨트롤의 증가/감소에 대한 이벤트를 처리해 보자. 먼저 다
음과 같이 스핀 컨트롤을 마우스로 선택하고, [속성]창을 보도록 하자.

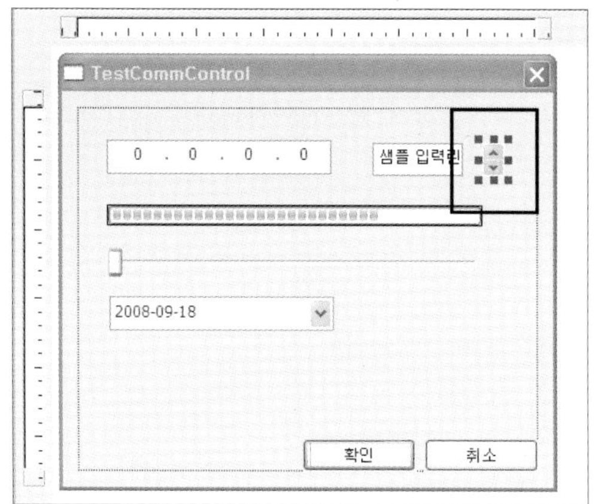
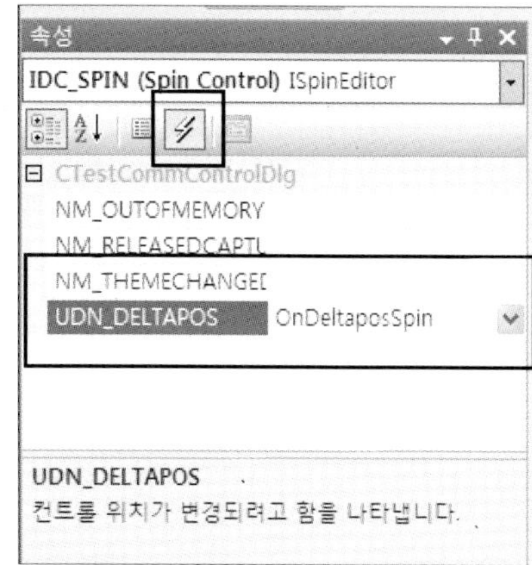

속성의 [컨트롤 이벤트] 버튼을 누르면 스핀 컨트롤에 해당하는 이벤트 목록이 나타난다. 이 중에서 UDN_DELTAPOS를 선택하여 OnDeltaposSpin() 이벤트 처리기를 추가한다. 그리고 다음과 같이 코드를 입력하자.

```
void CTestCommControlDlg::OnDeltaposSpin(NMHDR *pNMHDR, LRESULT *pResult)
{
        LPNMUPDOWN pNMUpDown = reinterpret_cast<LPNMUPDOWN>(pNMHDR);

        m_ctlProgress.SetPos(pNMUpDown->iPos);          스핀값 증감시 슬라이더 컨트롤과
        m_ctlSlider.SetPos(pNMUpDown->iPos);            프로그래스바이 위치값을 적용

        *pResult = 0;
}
```

UDN_DELTAPOS 이벤트는 스핀 컨트롤이 증가 혹은 감소할 때마다 발생한다. 그러므로 스핀 컨트롤이 증가 혹은 감소할 때마다 슬라이더 컨트롤과 프로그래스바의 위치를 SetPos() 함수를 이용하여 변화를 주었다. 이때 인자로 사용된 pNMUpDown은 이벤트 처리기가 생성되면서 주어진 스핀 컨트롤 포인터이다. 코드 입력이 끝났으면 다시 빌드 및 실행을 하자. 그리고 스핀 컨트롤을 이용하여 값을 증가 혹은 감소 시켜보자. 슬라이더 컨트롤과 프로그래스바도 스핀 컨트롤의 증가 감소에 맞춰서 변할 것이다.

4 ········ IP 주소 컨트롤

IP 주소(Address) 컨트롤은 네트워크상에서 IP 주소를 설정할 때 사용되는 컨트롤로서 각 8비트(Bit)의 자릿수가 '.'으로 구분되어 4개의 정수값이 입력된다. 8비트이므로 범위는 0부터 255까지이다. IP 주소 컨트롤의 사용 예는 다음과 같이 인터넷 프로토콜의 등록 정보에서 볼 수 있다. 우리가 흔히 사용하는 가정용 인터넷망이나 회사에서 사용하는 랜망 설정창을 보면 다음과 같이 IP 주소를 입력하는데, 입력창은 IP 주소 컨트롤을 사용한다.

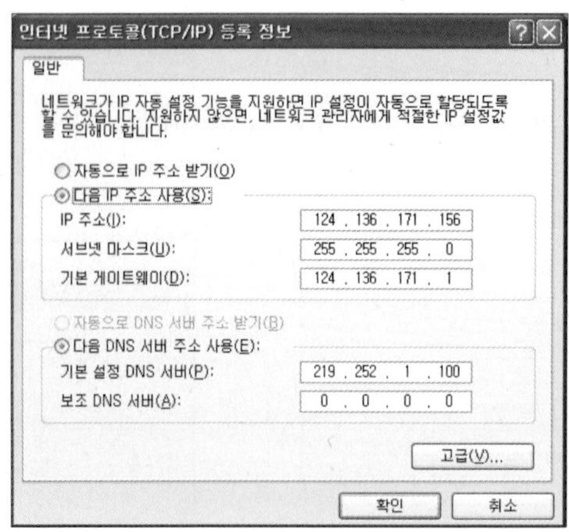

예제에서 IP 주소 컨트롤을 배치하고 ID는 IDC_IPADDRESS라고 설정한다.

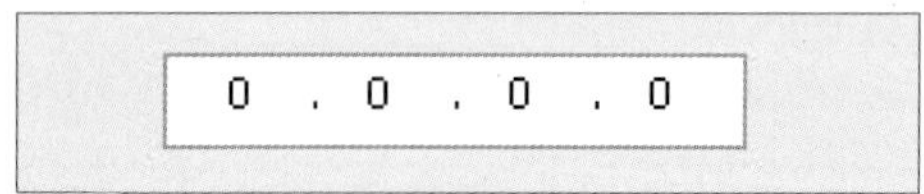

IP 주소 컨트롤을 설정하기 위한 멤버 변수가 필요하므로 멤버 변수로 m_ctlIPAddress를 추가하고, 초기화해 주도록 한다. 초기화는 다음과 같이 해준다.

```
BOOL CTESTCommControlDlg::OnInitDialog( )
{
m_curPos = 50;

--------- 중간 생략 ----------


        m_ctlIPAddress.SetAddress(127, 0, 0, m_curPos);

--------- 중간 생략 ----------

}
```

SetAddress( ) 함수를 이용하여 IP 주소의 초기 값을 정한다. SetAddress( ) 함수의 마지막 값은 앞서 슬라이더 컨트롤의 초기 값을 나타내는 m_curPos를 대입하였다. 즉, 슬라이더 컨트롤의 초기 위치 값이 IP 주소의 마지막 값과 동일하게 초기화시킨 것이다.

```
void SetAddress(BYTE nField0, BYTE nField1, BYTE nField2, BYTE nField3)


IP 주소 4개의 필드를 설정한다.
- nField0 : IP 주소의 첫 번째 필드 값을 설정한다.
- nField1 : IP 주소의 두 번째 필드 값을 설정한다.
- nField2 : IP 주소의 세 번째 필드 값을 설정한다.
- nField3 : IP 주소의 네 번째 필드 값을 설정한다.
```

IP 주소 컨트롤을 초기화시킬 때, 네 번째 필드 값은 슬라이더 컨트롤의 초기 값으로 대체했다. 그렇다면 슬라이더 컨트롤을 움직일 때마다 슬라이더 컨트롤의 위치 값이 IP 주소 컨트롤의 네 번째 필드 값에 적용되도록 해보자 우선 슬라이더 컨트롤의 움직임이므로 OnHScroll( ) 메시지 처리기에서 처리해 주면 된다.

```
void CTESTCommControlDlg::OnHScroll(UINT nSBCode, UINT nPos, CScrollBar *pScrollBar)
{
        int nSliderPos = m_ctlSlider.GetPos( );

        m_ctlProgress.SetPos(nSliderPos);
        m_nPos = nSliderPos;

        m_ctlIPAddress.SetAddress(127, 0, 0, m_nPos);

        UpdateData(FALSE);

        CDialog::OnHScroll(nSBCode, nPos, pScrollBar);
}
```

> IP 주소 컨트롤의 마지막 nField3 값을 m_nPos로 대체

코드에서 강조한 부분은 SetAddress( ) 함수를 이용하여 IP 주소의 각 필드 값을 설정하였다. 그런데 네 번째 필드 값을 보면 m_nPos 변수로 대체되어 있는데, 이 코드 바로 위에 보면 「m_nPos = nSliderPos;」를 통해 현재 슬라이더 컨트롤의 위치 값을 받고 있음을 알 수 있다. 즉, 현재 슬라이더 컨트롤의 위치 값이 IP 주소의 네 번째 필드에 대입이 되는 것이다. 그리고 「UpDateData(FALSE);」를 해줌으로써 변수의 값이 컨트롤로 복사되어 나타난다.

스핀 컨트롤 증가/감소에 따라서도 IP 주소 값의 변화가 있어야 하므로 앞서 생성했던 OnDeltaposSpin() 이벤트 처리기에 다음과 같이 코드를 추가하자.

```cpp
void CTestCommControlDlg::OnDeltaposSpin(NMHDR *pNMHDR, LRESULT *pResult)
{
        LPNMUPDOWN pNMUpDown = reinterpret_cast<LPNMUPDOWN>(pNMHDR);

        m_ctlProgress.SetPos(pNMUpDown->iPos);
        m_ctlSlider.SetPos(pNMUpDown->iPos);
        m_ctlIPAddress.SetAddress(127, 0, 0, pNMUpDown->iPos);
        *pResult = 0;
}
```

> 스핀값 증가/감소에 따라 IP값도 증가/감소한다.

5 · · · · · · · 데이트 타임 픽커 컨트롤

캘린더(Calendar) 모양은 일반 응용 프로그램에서도 날짜 지정 컨트롤로 종종 사용되는 것을 볼 수 있다. 날짜와 시간을 관리하는 다이어리(Diary) 프로그램에서나 아웃룩 익스프레스의 스케줄 관리 기능에서 빠지지 않는 컨트롤이다. 흔한 예로 윈도우의 날짜/시간 등록 정보를 살펴보면 다음과 같이 달력 컨트롤이 사용된 것을 볼 수 있다.

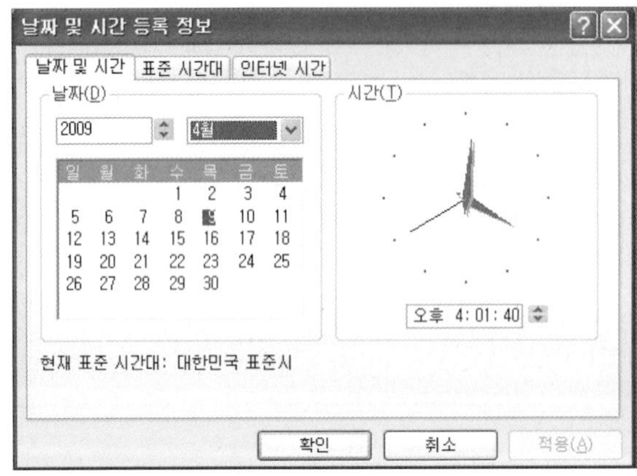

데이트 타임 픽커(Date Time Picker) 컨트롤은 날짜 형식과 시간 형식의 두 가지 모드로 사용된다. 다음은 이 컨트롤에 사용되는 스타일 속성이다.

〈데이트 타임 픽커 컨트롤의 속성(스타일)〉

속성(스타일)	내용
DTS_TIMEFORMAT	시간 형식의 모드로 작동한다.
DTS_SHORTDATEFORMAT	〈00-01-01〉 형식의 날짜 모드로 작동한다.
DTS_LONGDATEFORMAT	〈2006년 2월 28일〉의 형식으로 작동한다.
DTS_SHOWNONE	날짜와 시간 앞에 출력된 체크 박스로 선택 여부를 판단한다.

컨트롤의 화살표를 누르면 날짜를 선택할 수 있는 드롭 다운(Drop down) 달력이 출력된다. 다음은 드롭 다운 달력의 텍스트와 배경 색상을 설정할 때 사용되는 상수 값이다.

〈데이트 타임 픽커 컨트롤의 속성(배경색)〉

속성(배경색)	내용
MCSC_BACKGROUND	드롭 다운 달력의 달 사이에 사용되는 배경색을 설정한다.
MCSC_TEXT	현재 선택된 날짜와 텍스트 색상을 설정한다.
MCSC_TITLETEXT	드롭 다운 달력의 제목 표시줄에 사용되는 텍스트 색상을 설정한다.
MCSC_TITLEBK	드롭 다운 달력의 제목 표시줄에 사용되는 배경색을 설정한다.
MCSC_MONTHBK	드롭 다운 달력의 배경색을 설정한다.

다음 그림은 예제에서 사용한 데이트 타임 픽커(Date Time Picker) 컨트롤이다. 예제에서는 ID를 IDC_DATETIMEPICKER라고 설정하고 멤버 변수를 m_ctlDate라고 추가하였다.

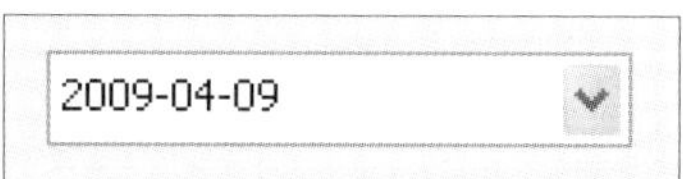

데이트 타임 픽커 컨트롤을 초기화시켜 보도록 하자.

```
BOOL CTESTCommControlDlg::OnInitDialog( )
{
--------- 중간 생략 ---------

m_ctlDate.SendMessage(DTM_SETMCCOLOR, MCSC_TITLEBK, (LPARAM) RGB(255, 0, 0));
m_ctlDate.SendMessage(DTM_SETMCCOLOR, MCSC_TITLETEXT, (LPARAM) RGB(0, 0, 255));

--------- 중간 생략 ---------

}
```


SendMessage( ) 함수를 통해서 앞에서 살펴본 스타일대로 설정하도록 한다. 강조한 첫 번째 줄은 MCSC_TITLEBK에 빨강색을 사용하였으므로 드롭 다운 달력의 제목 표시줄에 사용되는 배경색을 빨강색으로 사용하겠다는 의미이다. 두 번째 줄은 MCSC_TITLETEXT에 파랑색을 사용하였으므로 드롭 다운 달력의 제목 표시줄에 사용되는 텍스트를 파랑색을 사용하겠다는 의미이다. 여기까지 코드 작성하고 빌드 및 실행을 해보자. 그리고 데이트 타임 픽커 컨트롤의 화살표를 눌러서 드롭시켜 보자. 배경색과 텍스트의 색상 변화를 확인할 수 있을 것이다.

요즘 미니 홈피의 다이어리 부분을 보면 달력 컨트롤이 필수적으로 사용된다. 날짜를 달력 형식으로 보여줌으로써 보기 편하고, 그 날짜를 클릭했을 때 날짜에 해당하는 스케줄이나 메모를 볼 수 있도록 해준다. 예제에서도 특정 날짜를 클릭할 때 특정 이벤트가 발생되도록 구현해 보자.

일단, 데이트 타임 픽커(Date Time Picker) 컨트롤의 팝업 메뉴를 열어서 [이벤트 처리기 추가] 메뉴를 선택한다. 여기서 메시지 형식 부분을 보면 DTN_DATETIMECHANGE를 볼 수 있는데, 이 메시지를 선택하고 [추가 및 편집] 버튼을 눌러 이벤트 처리기를 생성하자. 이 이벤트 처리기는 날짜 선택에 변화가 있을 때 발생한다.

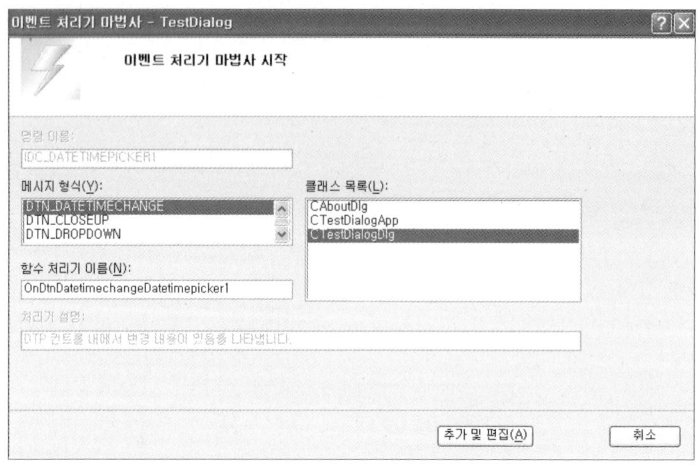

먼저, 대화 상자에 스태틱 텍스트 컨트롤을 하나 배치한다. 예제를 보면 데이트 타임 픽커(Date Time Picker) 컨트롤 오른쪽 옆에 있는 스태틱 텍스트 컨트롤을 말한다. ID는 IDC_STATIC_DATE라고 하고, 속성 중 [Border]를 true로 변경하자. 그리고 멤버 변수는 m_strDate라고 추가한다. 이 컨트롤은 사용자가 달력의 날짜를 선택했을 때 날짜가 출력되도록 하는 역할을 한다.

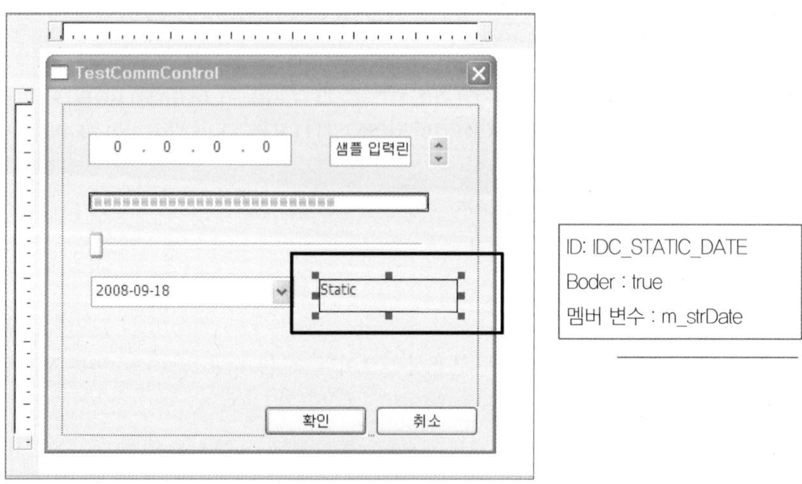

```
void CTESTCommControlDlg::OnDtnDatetimechangeDatetimepicker(NMHDR *pNMHDR, LRESULT *pResult)
{
        LPNMDATETIMECHANGE pDTChange =
reinterpret_cast<LPNMDATETIMECHANGE>(pNMHDR);

        UpdateData(TRUE);
        m_ctlDate.GetWindowTextW(m_strDate);
        UpdateData(FALSE);

        *pResult = 0;
}
```

UpdateData(TRUE) 함수를 사용함으로써 현재 선택한 날짜를 컨트롤로부터 멤버 변수로 복사하게 된다. 즉, 현재 멤버 변수에는 클릭한 날짜가 들어가 있다. 그 다음 줄에서 현재 컨트롤의 멤버 변수인 m_ctlDate로부터 GetWindowText( ) 함수를 이용하여 스태틱 멤버 변수인 m_strDate 변수로 값을 복사하게 된다. 그리고 UpdateData(FALSE)를 호출함으로써 m_strDate 변수가 IDC_STATIC_DATE로 출력하게 한다. 빌드 및 실행을 해보자.

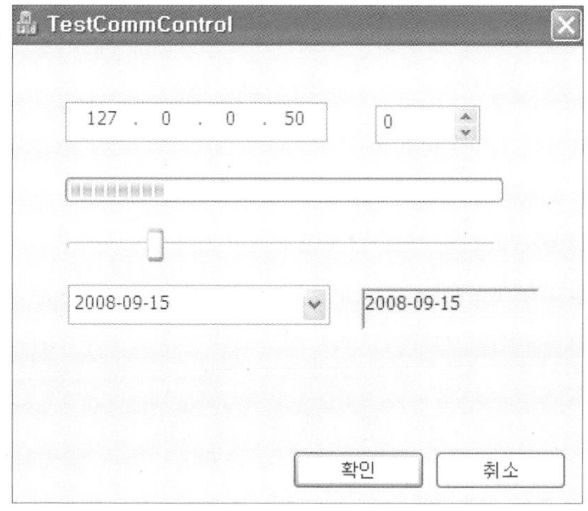

6 애니메이션 컨트롤

애니메이션(Animation) 컨트롤은 AVI 클립을 돌아가게(Play) 하는 컨트롤이며 사각 영역을 차지하는 일종의 윈도우이다. AVI는 알다시피 복수 개의 프레임이 연속적으로 교체되는 일종의 동영상 파일 포맷(Format)이다. 애니메이션 컨트롤은 AVI 파일을 읽어 와 보여주되, 단 사운드는 지원하지 않는다. AVI 클립을 사용하는 목적은 작업 시간이 길 때 작업이 진행 중임을 표시하기 위해서 많이 사용된다.

예제에서는 검색 애니매이션 파일을 사용하였다. 원하는 AVI 파일이 있다면 복사하여 현재 프로젝트로 가져오고, 그렇지 않다면 검색 창을 띄워서 *.avi 파일을 검색하기 바란다. 윈도우 운영체제에서 사용하는 AVI 파일들을 찾아 볼 수 있다. 그 중에 마음에 드는 것을 하나 골라서 현재 프로젝트로 가져오도록 하자.

대화 상자 컨트롤에서 애니매이션(Animation) 컨트롤을 배치하고, ID는 IDC_ANIMATE라고 정한다. 그리고 멤버 변수는 m_ctlAnimate로 추가하도록 한다. 속성 창에서는 Ainimation Transparents 속성을 True로 변경하자. 애니매이션 컨트롤은 컨트롤 자체에서 입력받을 수도 있지만 예제에서는 초기화하면서 자동으로 실행되도록 구현한다.

```
BOOL CTESTCommControlDlg::OnInitDialog( )
{
--------- 중간 생략 ----------


        m_ctlAnimate.Open(_T("MFC2.avi"));
        m_ctlAnimate.Play(0, -1, -1);

--------- 중간 생략 ----------

}
```

Open( ) 함수를 통해서 현재 디렉토리의 MFC2.avi 파일을 열어 준다. 그리고 다음 줄 Play( ) 함수를 통해서 애니매이션 파일을 실행시킨다. 빌드 및 실행을 하여 애니매이션 컨트롤의 동작이 잘 되는지 확인해 보자.

〈함수의 정의〉

- BOOL Open(LPCTSTR lpszFileName)

AVI 클립을 열고 첫 번째 프레임을 보여준다.
- 인수로 AVI 파일명을 준다. 애니매이션 컨트롤에 ACS_AUTOPLAY 속성이 설정되어 있으면 AVI 클립을 여는 즉시 돌아간다.

- BOOL Play(UINT nFrom, UINT nTo, UINT nRep)

Play( ) 함수는 말 그대로 영상을 플레이(Play)시켜 준다.
- nFrom : 시작 프레임 번호이며 0부터 65,536까지의 범위를 가진다.
- nTo : 연주를 끝낼 마지막 프레임 수이며 역시 0부터 65,536까지 범위를 가지되 −1이면 AVI 클립의 끝까지

플레이한다.

— nRep : 연주 반복 횟수를 지정하며, 이 값이 −1이면 무한 반복된다. 예제에서는 처음 프레임(Frame)에서 시작하여 끝 프레임까지 무한 반복하게 구현되어 있다.

여기까지 예제의 구현 및 설명이 끝났다. 이제 빌드 및 실행을 하여 전체 컨트롤이 원활하게 작동되는지 확인해 보자.

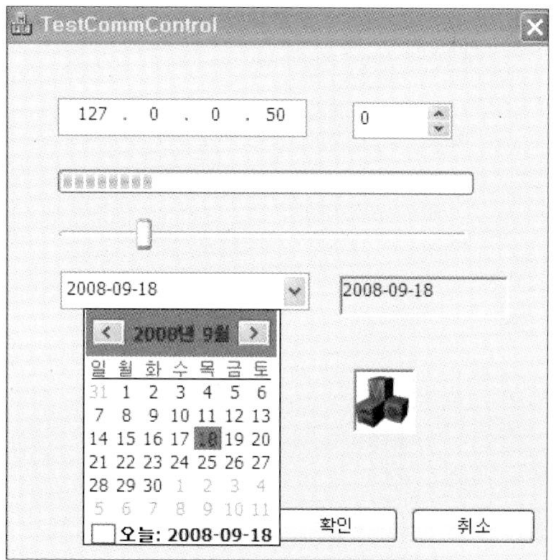

마치면서

윈도우 운영체제에 있어서 가장 많이 사용하고 없어서는 안 될 필수적인 요소가 대화 상자이다. 이번 장을 통해서 대부분의 대화 상자 기반에서 사용되는 컨트롤들을 다루어 보았다. 물론 지면 관계상 다루지 못한 컨트롤들에 대해서는 독자들이 직접 사용해 보기 바란다.

1. 표준 컨트롤 − 윈도우 3.1부터 제공된 컨트롤로 가장 기본적으로 제공되는 컨트롤이다. 스태틱 텍스트, 에디트 컨트롤, 버튼 컨트롤, 체크 박스, 라디오 버튼, 리스트 박스 등의 컨트롤이 제공된다.

2. 공통 컨트롤 − 윈도우 95부터 확장된 컨트롤로 제공되었다. 프로그래스 컨트롤, 슬라이더 컨트롤, 스핀 컨트롤, IP 주소 컨트롤 등의 컨트롤이 제공된다.

PART 06
대화 상자와 컨트롤 2

이번 장에서는 표준 컨트롤과 공통 컨트롤에 이어 많이 사용하지만 다루기가 약간은 까다로운 컨트롤인 리스트 컨트롤과 트리 컨트롤에 대해 배우고, 앞 장에서 소개했던 대화 상자의 종류인 모달 대화 상자와 모덜리스 대화 상자를 직접 만들어 보고, 그 차이점을 비교해 보도록 하겠다.

리스트 컨트롤

리스트 컨트롤의 형태와 특징에 대해 이해하고, 실제 구현해 보도록 하자.

리스트 컨트롤과 트리 컨트롤은 가장 유용하게 사용하는 컨트롤 중에 하나이다. 대표적으로 윈도우 탐색기가 있다. 왼쪽에는 트리 컨트롤이, 오른쪽에는 리스트 컨트롤이 배치되어 있다. 구조상 왼쪽의 트리 컨트롤은 폴더의 디렉토리의 구조를 보여주고, 오른쪽의 리스트 컨트롤은 폴더 안의 파일 내용을 보여준다.

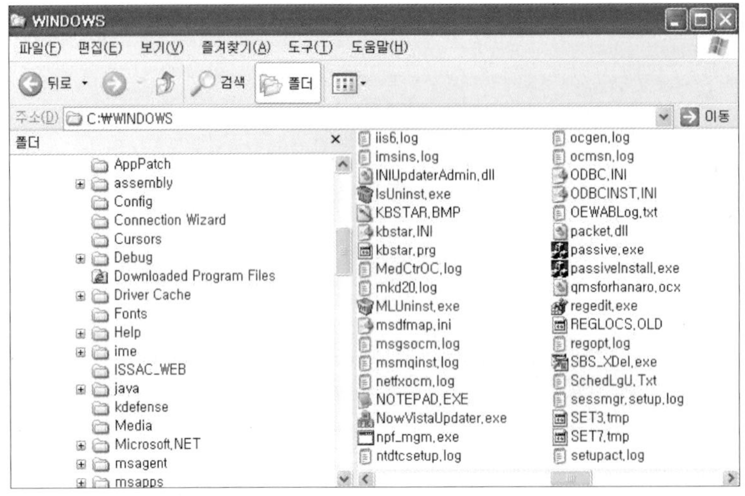

이번 절에서는 리스트 컨트롤을 이용한 프로젝트를 하나 만들어 볼 것이다. 하나의 리스트에 각 컬럼 요소들을 출력하고, 리스트 단위로 추가, 수정, 삭제할 수 있는 기능을 구현해 보겠다. 프로젝트명은 [ListControlEx]라고 정하고, 응용 프로그램 종류는 [대화 상자 기반]으로 한다. 나머지 옵션은 디폴트로 하고 [마침] 버튼을 눌러 프로젝트 생성을 완료하자.

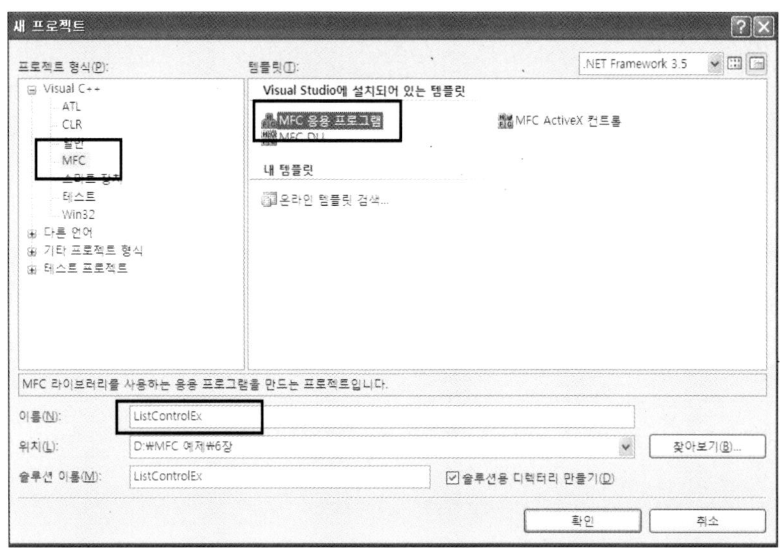

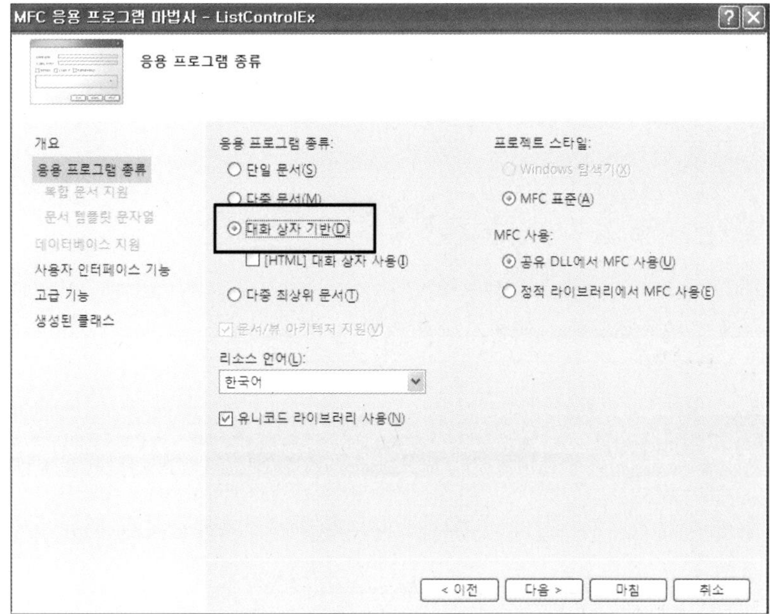

대화 상자 폼에 다음과 같이 리스트 컨트롤, 버튼 컨트롤, 콤보 박스를 각각 배치한다.

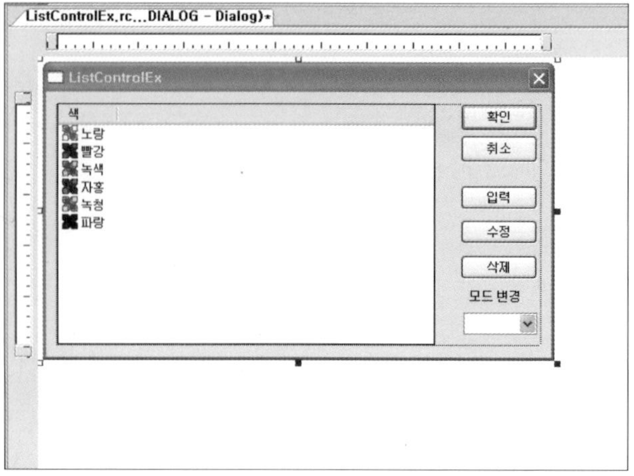

각 컨트롤에 대한 속성을 다음과 같이 설정하도록 한다.

〈컨트롤 속성 설정 값〉

컨트롤	ID	Caption	Properties(값)
ListCtrl	IDC_LIST_CONTENT		View(Report)
Combo Box	IDC_COMBO_MODE		Data(Report;Icon;Smalllcon;List)
Button	IDC_BTN_INSERT	입력	
Button	IDC_BTN_MODIFY	수정	
Button	IDC_BTN_DELETE	삭제	
Static Text	IDC_STATIC	모드 변경	

1 멤버 변수 추가

리스트 컨트롤에 연결해서 사용할 멤버 변수를 다음과 같이 추가해 보도록 하자.

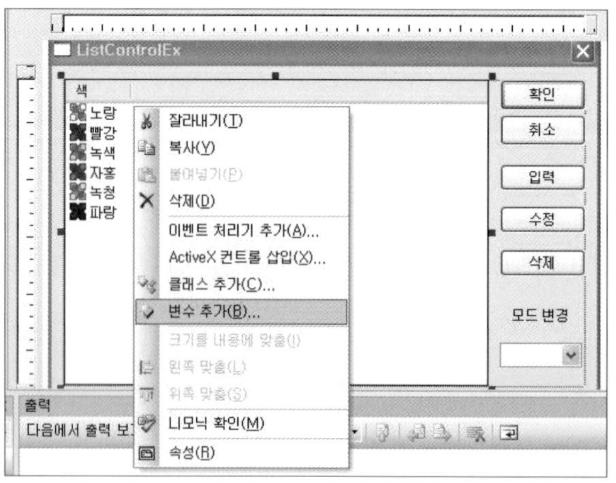

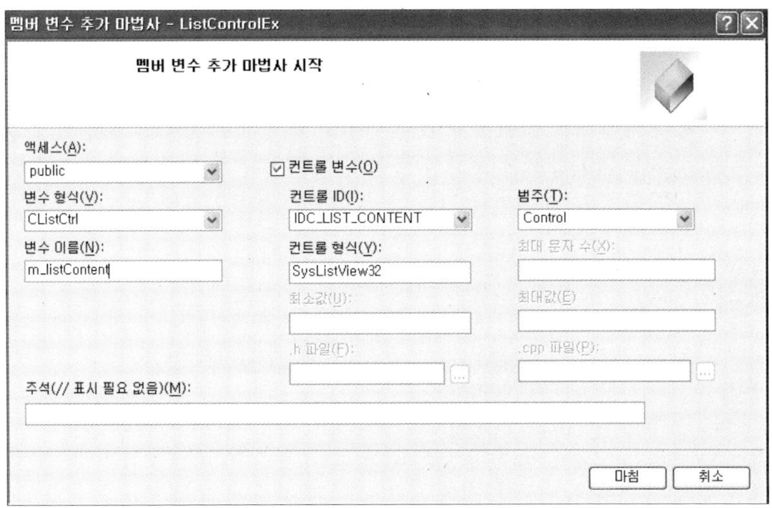

변수 형식은 CListCtrl로 하고 변수 이름을 m_listContent라고 정하자. 그리고 [마침] 버튼을 누른다. 그러면 리스트 컨트롤에 대한 멤버 변수가 추가될 것이고 헤더 파일과 구현 파일에는 다음과 같이 코드가 삽입되었을 것이다. 이제 MFC의 CListCtrl 클래스로부터 제공되는 리스트 컨트롤에 대한 멤버 함수 및 변수들을 사용할 수 있다. 변수 추가 마법사로 인해 추가된 코드는 다음과 같다.

〈ListControlExDlg.h 파일〉

```cpp
class CListControlExDlg : public CDialog
{
----------- 중간 생략 ------------
public:
                CListCtrl m_listContent;
----------- 중간 생략 ------------


}
```

〈ListControlExDlg.cpp 파일〉

```cpp
----------- 중간 생략 ------------
void CListControlExDlg::DoDataExchange(CDataExchange *pDX)
{
        CDialog::DoDataExchange(pDX);
        DDX_Control(pDX, IDC_LIST_CONTENT, m_listContent);
}
----------- 중간 생략 ------------
```

이제 리스트 컨트롤에 데이터를 입력해 보도록 하자. 하지만 아직까지 리스트 컨트롤에 데이터를 입력할 아무런 장치도 없다. 물론 코드상에서 앞서 선언한 리스트 컨트롤 변수의 멤버 함수를 통해 데이터를 입력할 수는 있겠지만, 사용자가 프로그램을 사용할 때에 리스트 컨트롤의 코드를 건드릴 일은 없을 것이다. 즉, 리스트 컨트롤에 데이터를 입력하기 위한 대화 상자가 필요하다. 다음과 같이 대화 상자를 하나 추가하자.

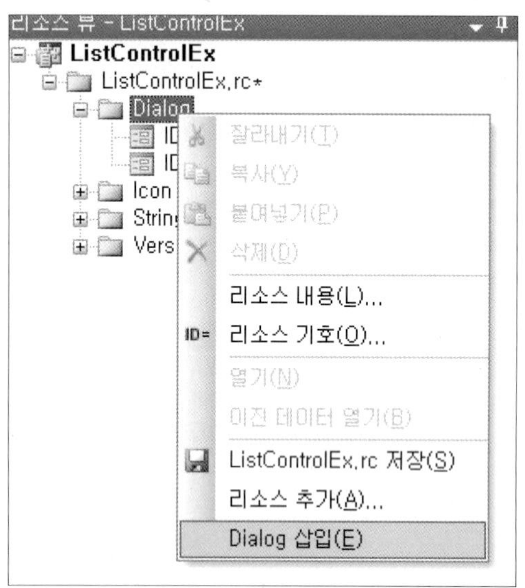

그리고 다음과 같이 대화 상자에 컨트롤을 배치하고 속성을 설정하도록 한다.

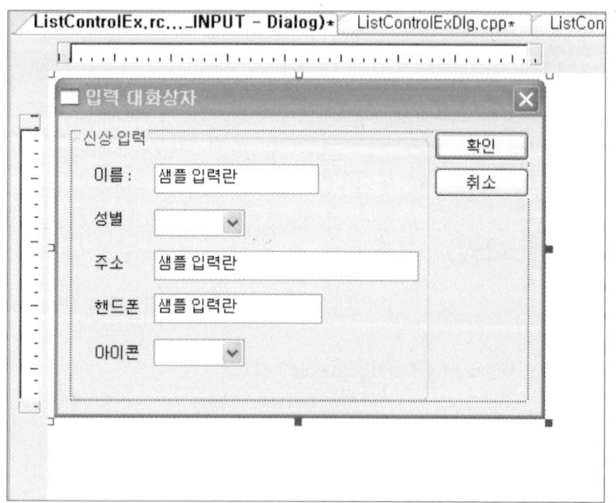

<컨트롤 설정 값>

컨트롤	ID	Caption	Properties(값)
Group Box	IDC_STATIC	신상 입력	
Static Text	IDC_STATIC	이름	
Static Text	IDC_STATIC	성별	
Static Text	IDC_STATIC	주소	
Static Text	IDC_STATIC	핸드폰	
Static Text	IDC_STATIC	아이콘	
Edit Box	IDC_EDIT_NAME		
Edit Box	IDC_EDIT_ADDRESS		
Edit Box	IDC_EDIT_PHONE		
Combo Box	IDC_COMBO_SEX		Data(남자;여자;)
Combo Box	IDC_COMBO_ICON		Data(남;여;)
Dialog	IDD_DIALOG_INPUT	입력 대화 상자	

대화 상자에 컨트롤을 배치 및 속성 설정이 끝났으면 이제 대화 상자의 클래스를 생성하자. 대화 상자 폼을 선택한 상태에서 팝업 메뉴를 열어서 [클래스 추가]라는 메뉴를 선택하자. 클래스 명은 CDataInputDlg라고 입력한다. 그리고 다음과 같이 각 컨트롤에 멤버 변수를 연결하도록 하자.

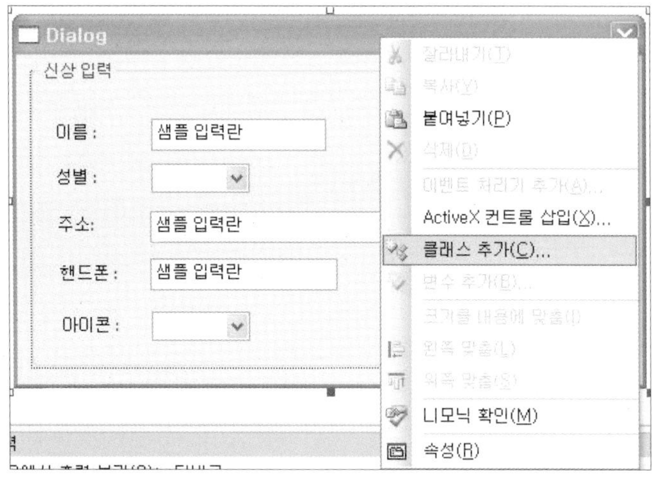

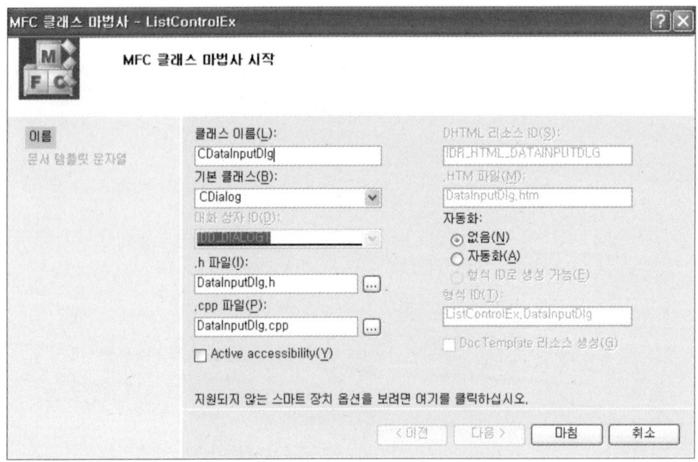

〈멤버 변수 연결〉

ID	Type	Value
IDC_EDIT_NAME	CString	m_strName
IDC_EDIT_ADDRESS	CString	m_strAddress
IDC_EDIT_PHONE	CString	m_strPhone
IDC_COMBO_SEX	CString	m_strSex
IDC_COMBO_ICON	ComboBox	m_cbIcon

사용자가 [입력 대화 상자]에 입력한 후에 [확인] 버튼을 눌러 메인(Main) 대화 상자의 컨트롤
리스트에 반영해야 한다. 따라서 [확인] 버튼에 대한 이벤트 처리기를 생성하고, 코드를 작성하
도록 한다. [입력 대화 상자]에서 선택한 아이콘에 대해서만 처리를 하도록 [확인] 버튼 이벤트
처리기에서 처리한다.

〈DataInputDlg.h 파일〉

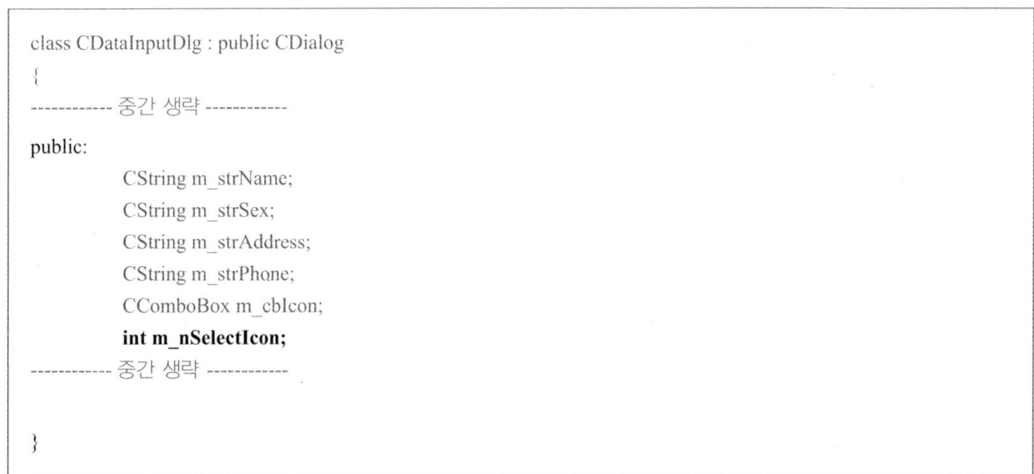

```
class CDataInputDlg : public CDialog
{
------------ 중간 생략 ------------
public:
        CString m_strName;
        CString m_strSex;
        CString m_strAddress;
        CString m_strPhone;
        CComboBox m_cbIcon;
        int m_nSelectIcon;
------------ 중간 생략 ------------


}
```

선택한 아이콘의 인덱스 값을 넘겨받는 변수이다. 이 값을 통해서 어떤 아이콘이 선택되었는지 구별할 수 있다. 그리고 다음과 같이 [확인] 버튼에 대한 이벤트 처리기를 생성하자. 이는 [확인] 버튼 클릭시 어떤 아이콘이 선택 되었는지 처리를 해주기 때문이다.

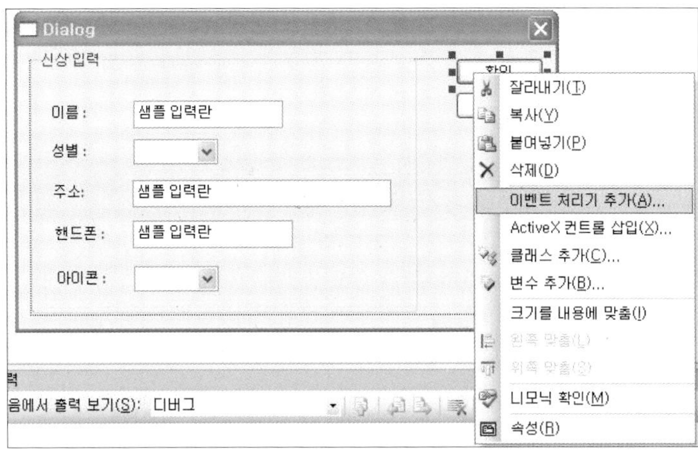

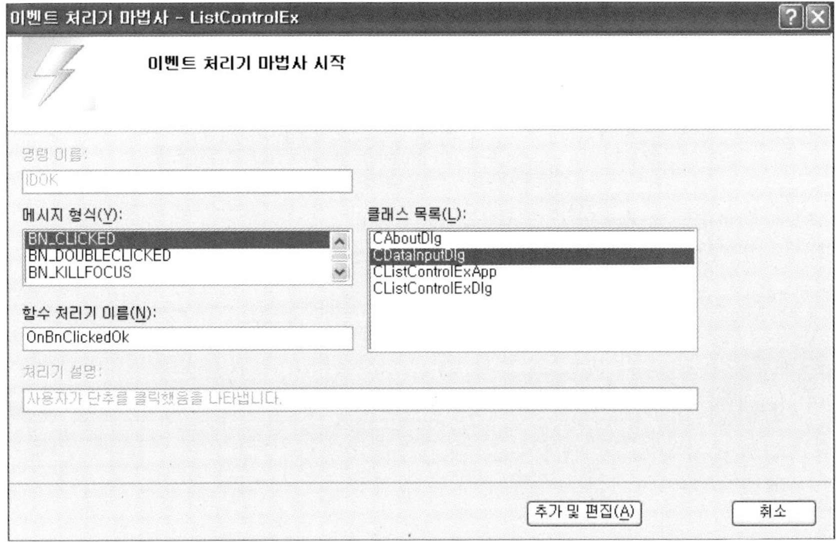

〈DataInputDlg.cpp 파일〉

```cpp
void CDataInputDlg::OnOK( )
{
        m_nSelectIcon = m_cbIcon.GetCurSel( );
        CDialog::OnOK( );

}
```

[확인]버튼을 눌렀을 때에 아이콘 콤보 박스의 멤버 변수인 m_cbIcon의 멤버 함수 GetCurSel( ) 함수를 통해서 선택한 아이콘의 인덱스 값을 넘겨받는다.

이로써 [입력 대화 상자]에 관한 준비는 끝났다. 메인 대화 상자의 [입력] 버튼을 누르면 [입력 대화 상자]가 호출되도록 하면 되는데, 이 작업은 뒤의 [입력] 버튼에 대한 코드에서 설명하기로 하겠다.

3 · · · · · · · · 항목의 아이콘 비트맵 생성

앞의 입력 대화 상자에서 아이콘을 선택하는 콤보 박스가 있었다. 선택한 아이콘의 비트맵 이미 지를 추가해 보도록 하겠다. 리소스 뷰에서 마우스 오른쪽 버튼을 클릭하여 팝업 메뉴창을 띄우 고, [리소스 추가] 메뉴를 선택한다. 그리고 다음과 같이 리소스 추가를 해보도록 하자.

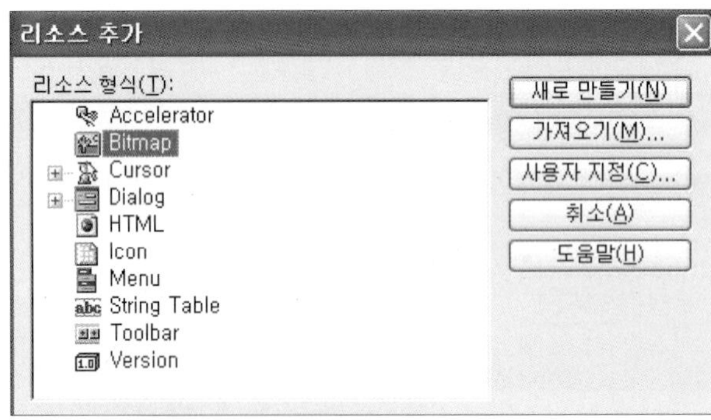

[새로 만들기] 버튼을 누르면, 편집기가 나타나는데, 다음과 같이 비트맵을 작성한다. 여기서 잠깐 짚고 넘어가야 할 것이 있는데, 비트맵을 다른 크기로 한쌍씩 만들어야 한다는 것이다. 즉, 하나의 비트맵에 대해서 [32 * 32]와 [16 * 16] 크기를 각각 만들어야 한다. 이유인 즉슨, 리스트 컨트롤에서는 아이콘의 크기가 모드에 따라 달라지기 때문이다. 다음과 같이 비트맵을 생성하고 ID를 부여한다.

IDB_MAN32

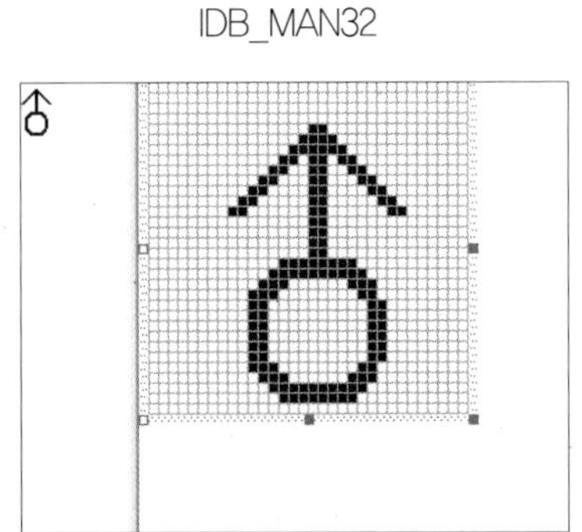

IDB_WOMAN32

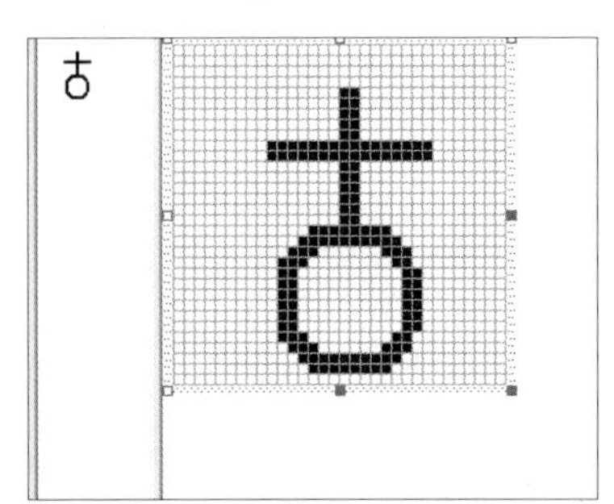

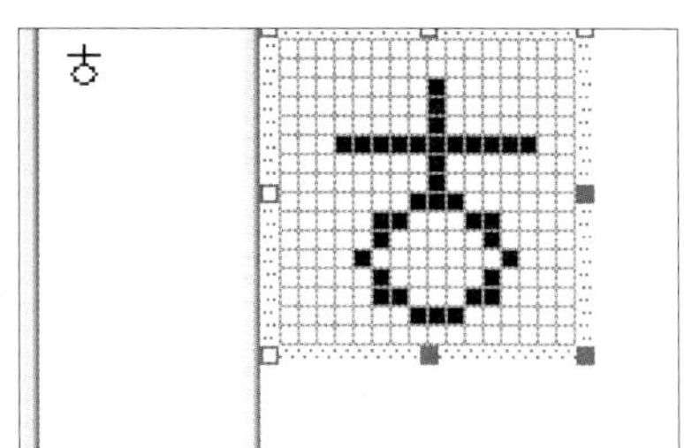

4 컨트롤에 대한 초기화

이제 리스트 컨트롤 대화 상자를 구동시키기 위한 초기화 작업들을 해야 한다. 각 입력 컨트롤
및 비트맵 등록 등에 대한 초기화 작업을 다음과 같이 한다.

〈ListControlExDlg.h 파일〉

```
typedef struct
{
        CString strName;
        CString strSex;
        CString strAddress;
        CString strPhone;
} Info;

class CListControlExDlg : public CDialog
{
----------- 중간 생략 -----------
public:
        int nSeletedItem;
        CImageList *m_LargeIcon;
        CImageList *m_SmallIcon;
----------- 중간 생략 -----------
}
```

입력받을 항목들을 구조체로 관리하기 위해 Info라는 구조체를 선언하였고, 선택된 항목을 나
타낼 m_nSelectedItem, 큰 이미지와 작은 이미지를 관리하기 위해 각각 m_LargeIcon, m_
SmallIcon을 선언하였다.

〈ListControlExDlg.cpp 파일〉

```cpp
#include "DataInputDlg.h"

BOOL CListControlExDlg::OnInitDialog( )
{
------------ 중간 생략 ------------
        SetIcon(m_hIcon, TRUE);
        SetIcon(m_hIcon, FALSE);
        // TODO: 여기에추가초기화작업을추가합니다.

        LV_COLUMN lvColumn;
        TCHAR *list[4] = {_T("이름"), _T("성별"), _T("주소"), _T("핸드폰")};
        int nWidth[4] = {80, 40, 250, 100};

        for(int i = 0; i < 4; i++)
        {
                lvColumn.mask = LVCF_FMT | LVCF_SUBITEM | LVCF_TEXT | LVCF_WIDTH;
                lvColumn.fmt = LVCFMT_LEFT;
                lvColumn.pszText = list[i];
                lvColumn.iSubItem = i;
                lvColumn.cx = nWidth[i];
                m_listContent.InsertColumn(i, &lvColumn);
        }


        m_LargeIcon = new CImageList;
        m_SmallIcon = new CImageList;

        m_LargeIcon->Create(32, 32, ILC_COLOR8, 2, 2);
m_SmallIcon->Create(16, 16, ILC_COLOR8, 2, 2);

        CBitmap cBit;

        cBit.LoadBitmap(IDB_MAN32);
        m_LargeIcon->Add(&cBit, RGB(0, 0, 0));
        cBit.DeleteObject( );

        cBit.LoadBitmap(IDB_WOMAN32);
        m_LargeIcon->Add(&cBit, RGB(0, 0, 0));
        cBit.DeleteObject( );

        cBit.LoadBitmap(IDB_MAN16);
        m_SmallIcon->Add(&cBit, RGB(0, 0, 0));
        cBit.DeleteObject( );

        cBit.LoadBitmap(IDB_WOMAN16);
        m_SmallIcon->Add(&cBit, RGB(0, 0, 0));
        cBit.DeleteObject( );
```

이미지 리스트 변수를 생성한다.

아이콘 크기와 이미지 리스트의 이미지 개수 설정

```
            m_listContent.SetImageList(m_LargeIcon, LVSIL_NORMAL);
            m_listContent.SetImageList(m_SmallIcon, LVSIL_SMALL);

            ((CComboBox *)GetDlgItem(IDC_COMBO_MODE))->SetCurSel(0);

            return TRUE;
}
```

> 이미지 리스트를 리스트 컨트롤에 등록한다.

> 모드 변경 콤보 상자의 초기값 지정

리스트 컨트롤의 컬럼과 사용할 비트맵 이미지를 등록한다. 컬럼은 리스트 컨트롤에서 제공되는 LV_COLUMN 구조체를 이용하여 컬럼 속성들을 정하고, "이름", "성별", "주소", "핸드폰"으로 각 컬럼을 삽입한다. 컬럼 속성을 결정하는 LV_COLUMN 구조체에 대해 알아보자.

〈LV_COLUMN의 구조체〉

```
typedef struct _LV_COLUMN {
        UINT mask;
        int fmt;
        int cx;
        LPSTR pszText;
        int cchTextMax;
        int iSubItem;
} LV_COLUMN
```

- mask : 구조체 멤버 변수의 유효 여부를 지정한다.
- fmt : 멤버 변수에 따라 정렬 방식을 결정할 수 있다. (LVCFMT_CENTER : 가운데 정렬, LVCFMT_LEFT : 왼쪽 정렬, LVCFMT_RIGHT : 오른쪽 정렬)
- cx : 컬럼의 넓이이다.
- pszText : 컬럼 이름이다.
- cchTextMax : pszText에서 얻은 버퍼의 크기를 지정한다. 꼭 해줄 필요는 없다.
- iSubItem : 컬럼의 인덱스이다.

컬럼을 설정한 후 리스트 컨트롤의 멤버 함수인 InsertColumn( ) 함수를 통해서 리스트 컨트롤에 컬럼을 등록한다.

〈함수의 정의〉

```
int InsertColumn(int nCol, const LV_COLUMN *pColumn)
```

- nCol : 컬럼의 인덱스이다.
- pColumn : 컬럼 속성의 구조체 포인터이다.

입력한 리스트에 사용할 이미지를 등록하기 위해 CImageList 객체를 사용하였다. 각각 32 * 32, 16 * 16 크기의 두 이미지를 생성하는데, 이미지를 생성하는 함수로는 CImageList의 멤버 함수인 Create( )를 사용하였다.

〈함수의 정의〉

BOOL Create(int cx, int cy, UINT nFlags, int nInitial, int nGrow)

- cx, cy : 이미지의 폭과 넓이이다.
- nFlags : 이미지 리스트의 타입을 지정한다. 주로 색상 수를 나타낸다. ILC_COLOR8 이면 16비트(32색상)
- nInitial: 초기에 포함할 이미지의 개수이다.
- nGrow : 새 이미지를 추가하기 위해 이미지 리스트의 메모리를 재할당할 때 얼마만큼의 여분의 메모리를 할당할 것인가를 나타낸다.

앞에서는 이러이러한 비트맵을 생성하겠다라고 설정만 한 것이지 비트맵을 등록한 것은 아니였다. 비트맵을 각각 등록하기 위해서 LoadBitmap( ) 함수를 통해 비트맵을 로드하고, Add( ) 함수를 통해 비트맵을 등록하였다. 비트맵에 관하여서는 7장 그래픽의 기본에서 자세히 다루도록 하겠다.

〈함수의 정의〉

int Add(CBitmap *pbmImage, COLORREF crMask)

- pbmImage : 비트맵 리소스를 담고 있는 CBitmap 객체의 주소이다.
- crMask : 투명색을 지정한다.

이제 실제로 등록된 비트맵을 리스트 컨트롤에 추가하는 일만 남았다. 이때 사용되는 함수가 SetImageList( ) 함수로 리스트 컨트롤에 비트맵 이미지를 추가해 준다.

〈함수의 정의〉

CImageList *SetImageList(CImageList *pImageList, int nImageListType)

- pImageList : 이미지 리스트의 포인터이다.
- nImageListType : 이미지 리스트의 타입이다.
            LVSIL_NORMAL : 이미지 리스트의 큰 아이콘을 보여준다.
            LVSIL_SMALL : 이미지 리스트의 작은 아이콘을 보여준다.
            LVSIL_STATE : 이미지 리스트의 상태를 보여준다.

리스트 컨트롤은 사용자에게 보여주기만 하는 컨트롤이 아니라 선택할 수 있기 때문에 사용자가 다른 선택을 하였을 때 이벤트를 발생시킬 수 있다. 대화 상자 편집기로 가서 IDC_LIST_CONTENT의 이벤트 처리기를 다음과 같이 생성하도록 한다.

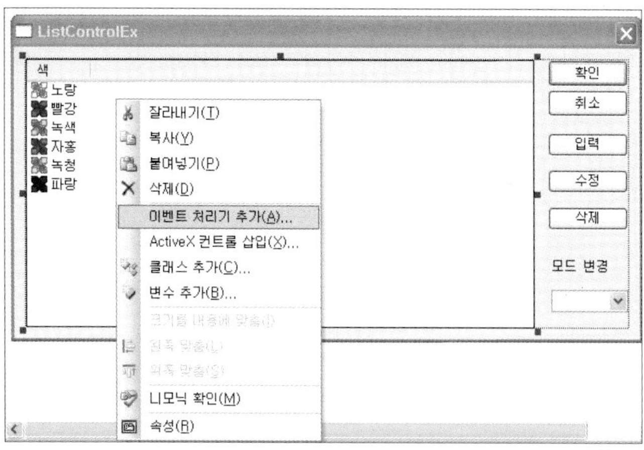

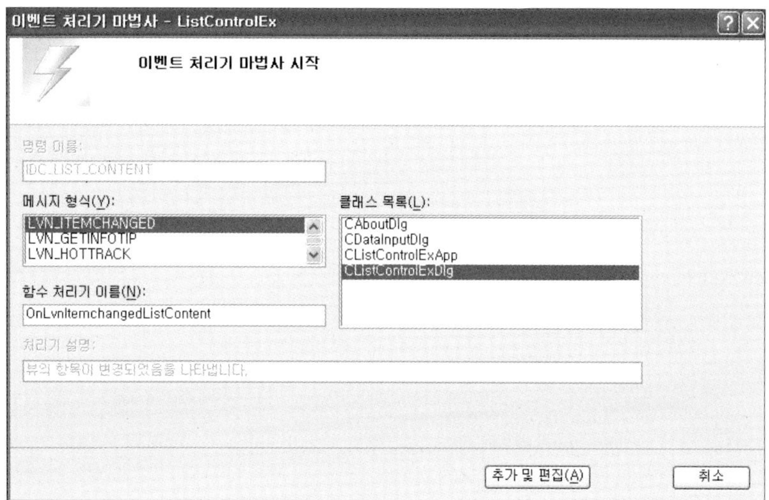

메시지 형식에서는 LVN_ITEMCHANGED 항목을 선택한다. 즉, 리스트 컨트롤에서 선택이 바뀔 때마다 발생하는 이벤트 처리기이다. 그런 다음 [추가 및 편집] 버튼을 누르면 다음과 같이 코드가 자동으로 생성되고, 여기에 강조한 코드만 직접 입력하면 된다.

```cpp
void CListControlExDlg::OnLvnItemchangedListContent(NMHDR *pNMHDR, LRESULT *pResult)
{
        LPNMLISTVIEW pNMLV = reinterpret_cast<LPNMLISTVIEW>(pNMHDR);
        nSeletedItem = pNMLV->iItem;
        *pResult = 0;
}
```

이 코드는 선택된 항목의 값을 선언한 nSelectedItem 변수에 넘겨준다.

이로써 컨트롤에 대한 초기화 작업은 끝났다. 계속해서 입력, 수정, 삭제에 관하여 코드를 작성
해 보도록 하겠다.

1) 입력 코드

리스트 컨트롤에 데이터를 입력하는 코드이다. 입력은 앞서 작업했던 CDataInputDlg 대화 상
자를 통해 이루어져야 한다. [입력] 버튼의 이벤트 처리기이다.

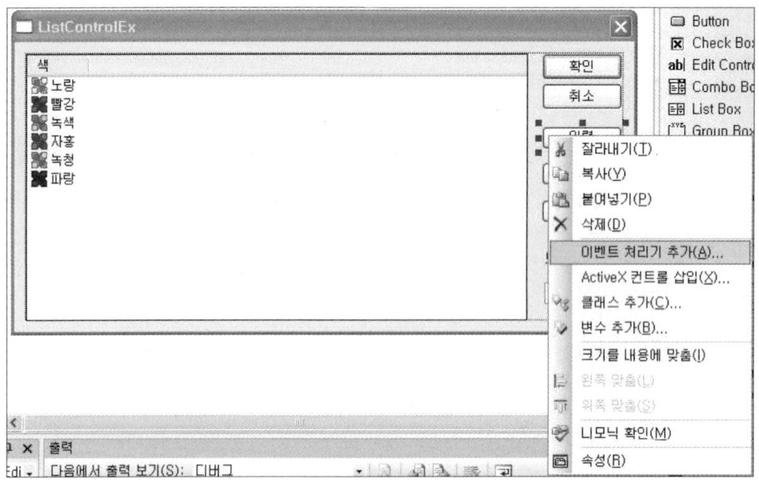

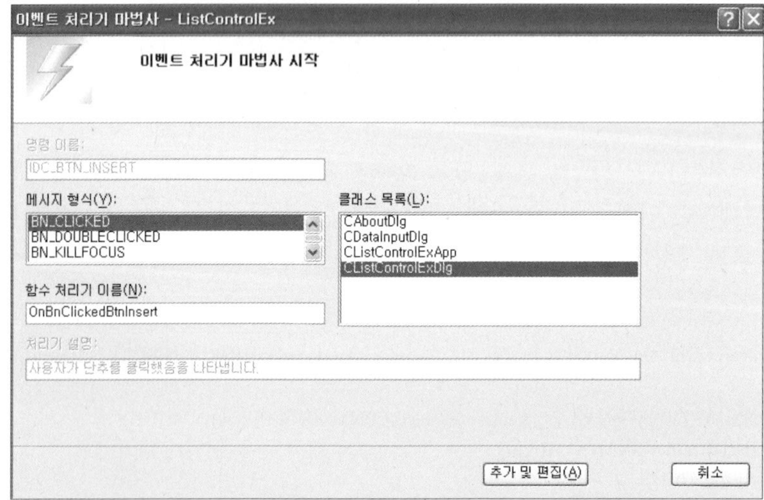

```cpp
void CListControlExDlg::OnBnClickedBtnInsert ( )
{
        CDataInputDlg InputDlg;

        int nItemNum = m_listContent.GetItemCount( );
        BOOL bInsert = TRUE;

        if(InputDlg.DoModal( ) == IDOK)
        {
                for(int i = 0; i < nItemNum; i++)
                {
                        CString strName = m_listContent.GetItemText(i, 0);
                        if(strName == InputDlg.m_strName)
                                bInsert = FALSE;
                }

                if(bInsert)
                {
                        LV_ITEM lvItem;

                        lvItem.mask = LVIF_TEXT | LVIF_IMAGE;
                        lvItem.iItem = nItemNum;
                        lvItem.iSubItem = 0;
                        lvItem.iImage = InputDlg.m_nSelectIcon;
                        lvItem.pszText = (LPSTR)(LPCTSTR)InputDlg.m_strName;
                        m_listContent.InsertItem(&lvItem);

                        lvItem.mask = LVIF_TEXT;
                        lvItem.iItem = nItemNum;
                        lvItem.iSubItem = 1;
                        lvItem.pszText = (LPSTR)( LPCTSTR)InputDlg.m_strSex;
                        m_listContent.SetItem(&lvItem);

                        lvItem.mask = LVIF_TEXT;
                        lvItem.iItem = nItemNum;
                        lvItem.iSubItem = 2;
                        lvItem.pszText = (LPSTR)( LPCTSTR)InputDlg.m_strAddress;
                        m_listContent.SetItem(&lvItem);

                        lvItem.mask = LVIF_TEXT;
                        lvItem.iItem = nItemNum;
                        lvItem.iSubItem = 3;
                        lvItem.pszText = (LPSTR)( LPCTSTR)InputDlg.m_strPhone;
                        m_listContent.SetItem(&lvItem);
                }
                else
                        AfxMessageBox(_T("이미 존재하는 이름입니다"));
        }
}
```

리스트 컨트롤에 데이터를 입력하고자 할 때는 LV_ITEM이라는 구조체를 사용한다. 이 구조체를 이용하면 CListCtrl 클래스의 멤버 함수 InsertItem( )과 SetItem( ) 함수에 LV_ITEM구조체를 인자로 넘겨주어서 데이터를 입력할 수 있다. InsertItem( )은 레코드의 첫 번째 컬럼에 데이터를 추가할 때 사용하는 함수이며, SetItem( )은 그 이후에 같은 레코드에 컬럼 데이터를 추가할 때 사용한다.

〈LV_ITEM의 구조체〉

```
typedef struct _LV_ITEM {
        UINT mask;
        int item;
        int iSubItem;
        UINT state;
        UINT stateMask;
        LPTSTR pszText;
        int cchTextMax;
        int iImage;
        LPARAM lParam;
} LV_ITEM;
```

- mask : 구조체 멤버 변수의 유효 여부를 지정한다.
- item : 항목의 번호이다.
- iSubItem : 하위 항목의 번호이다.
- state : 현재 상태이다.
- stateMask : 상태 마스크이다.
- pszText : 현재 필드의 문자열이다.
- cchTexMax : 문자열의 최대 필드 값이다.
- iImage : 이미지 번호이다.

입력 코드가 작성되었다면 빌드하고 실행을 해보자. 메인 대화 상자에서 [입력] 버튼을 누르게 되면 다음과 같이 [입력 대화 상자]가 나타날 것이다. 입력 대화 상자의 컨트롤에 각각 데이터를 입력하고 [확인] 버튼을 눌러 리스트 컨트롤에 데이터가 입력되는지 직접 확인해 보자.

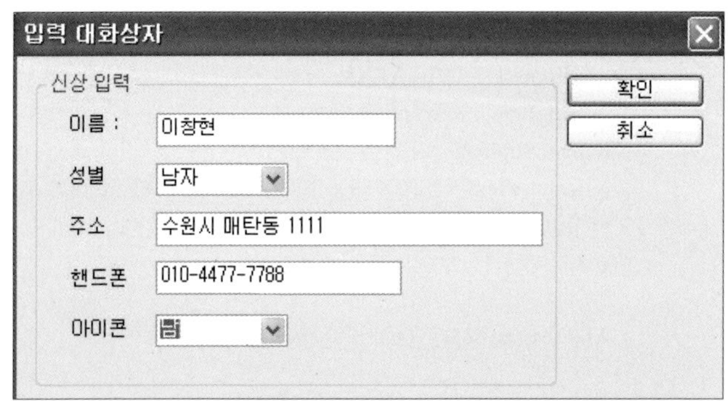

2) 수정 코드

앞서 입력했던 데이터를 항목별로 수정하는 코드이다.

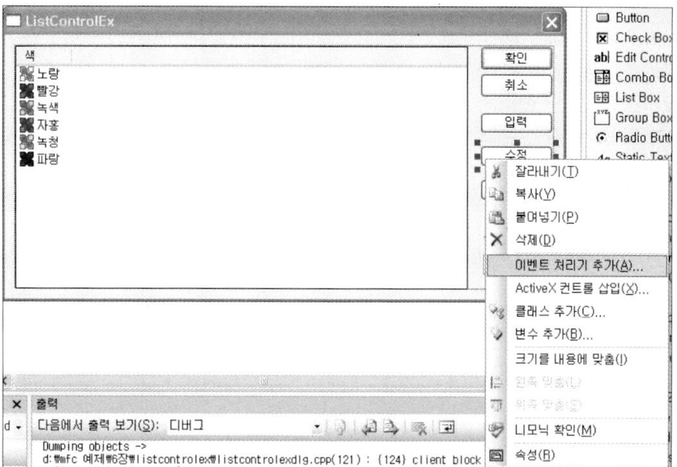

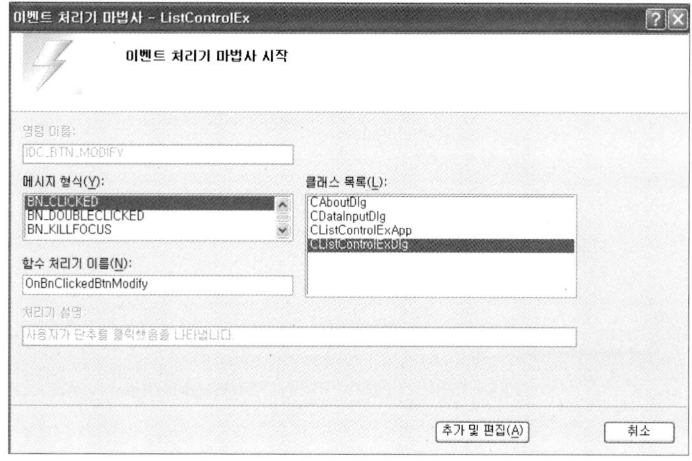

```cpp
void CListControlExDlg::OnBnClickedBtnModify( )
{

                                                    현재 선택한 행의 각 컬럼값을 읽어온다.

        CDataInputDlg ModifyDlg;
        ModifyDlg.m_strName = m_listContent.GetItemText(nSeletedItem, 0);
        ModifyDlg.m_strSex = m_listContent.GetItemText(nSeletedItem, 1);
        ModifyDlg.m_strAddress = m_listContent.GetItemText(nSeletedItem, 2);
        ModifyDlg.m_strPhone = m_listContent.GetItemText(nSeletedItem, 3);

        if((nSeletedItem < m_listContent.GetItemCount( )) && (nSeletedItem >= 0))
        {
                if(ModifyDlg.DoModal( ) == IDOK)         리스트가 한 행 이상 등록되어 있을 경우
                {                                        수정이 가능하다.
                        LV_ITEM lvItem;

                        lvItem.mask = LVIF_TEXT | LVIF_IMAGE;
                        lvItem.iItem = nSeletedItem;
                        lvItem.iSubItem = 0;
                        lvItem.iImage = ModifyDlg.m_nSelectIcon;
                        lvItem.pszText = (LPTSTR)(LPCTSTR)ModifyDlg.m_strName;
                        m_listContent.SetItem(&lvItem);

                        lvItem.mask = LVIF_TEXT;
                        lvItem.iItem = nSeletedItem;
                        lvItem.iSubItem = 1;
                        lvItem.pszText = (LPTSTR)(LPCTSTR)ModifyDlg.m_strSex;
                        m_listContent.SetItem(&lvItem);

                        lvItem.mask = LVIF_TEXT;
                        lvItem.iItem = nSeletedItem;
                        lvItem.iSubItem = 2;
                        lvItem.pszText = (LPTSTR)(LPCTSTR)ModifyDlg.m_strAddress;
                        m_listContent.SetItem(&lvItem);

                        lvItem.mask = LVIF_TEXT;
                        lvItem.iItem = nSeletedItem;
                        lvItem.iSubItem = 3;
                        lvItem.pszText = (LPTSTR)(LPCTSTR)ModifyDlg.m_strPhone;
                        m_listContent.SetItem(&lvItem);
                }
        }
}
```

선택한 리스트의 값을 각각 읽어 와서 [입력 대화 상자]에 출력하고, 이 값을 수정하여 다시 리
스트 컨트롤에 출력하도록 한다. 수정 코드 작성이 끝났다면 빌드 및 실행을 해보자. 메인 대화
상자에서 먼저 데이터 입력을 하고, 입력한 데이터를 선택한 상태에서, [수정] 버튼을 눌러 보
면, 다음과 같이 입력 대화 상자가 나타날 것이다. 데이터를 수정하고 [확인] 버튼을 눌러 리스

트 컨트롤에 데이터가 수정되는지 직접 확인해 보자.

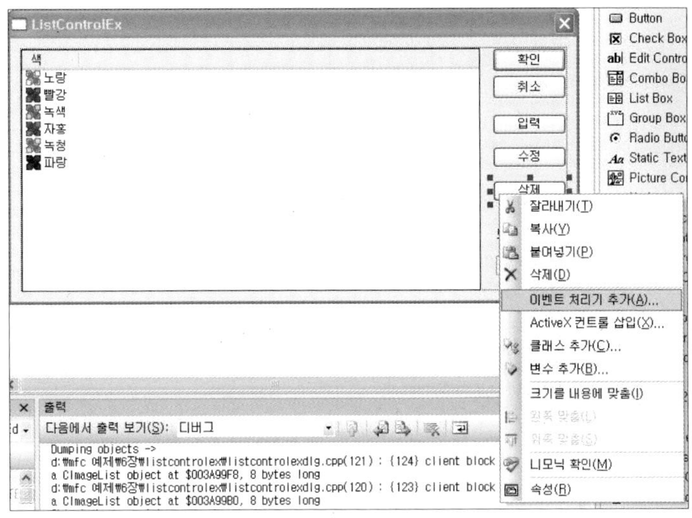

3) 삭제 코드

리스트 컨트롤에서 선택한 행을 삭제하는 코드이다.

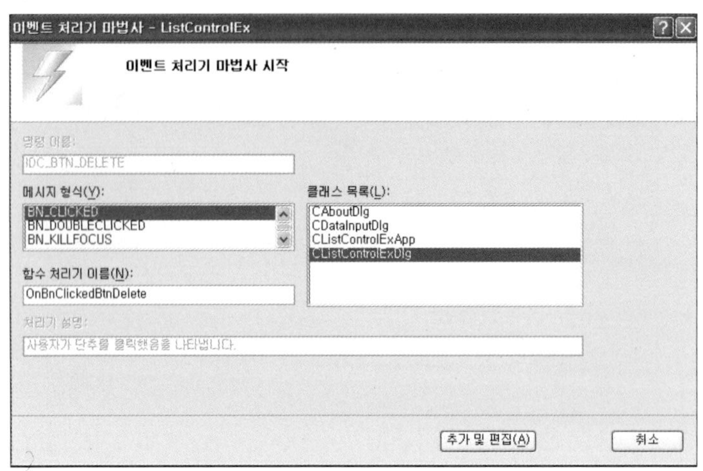

```
void CListControlExDlg::OnBnClickedBtnDelete()
{
if((m_nSeletedItem < m_listContent.GetItemCount( )) && (m_nSeletedItem >= 0))

                m_listContent.DeleteItem(m_nSeletedItem);
        else
                AfxMessageBox(_T("아이템이 없거나 선택하지 않았습니다"));
}
```

리스트 컨트롤의 행을 삭제할 때에는 리스트 컨트롤의 멤버 함수인 DeleteItem( ) 함수를 사용
하였다.

6 실행

빌드(F7) 및 실행(Ctrl + F5)을 하고, [입력], [수정], [삭제] 기능을 차례로 확인해 보자.

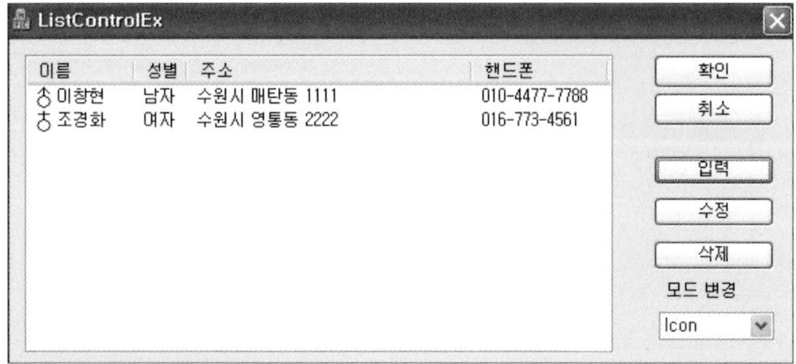

리스트 컨트롤의 데이터 처리와 관련한 작업은 끝이 났으나, 모드 변경에 대해서는 아직 처리하
지 않았다. 대화 상자 편집기를 열고, IDC_COMBO_MODE의 이벤트 처리기를 다음과 같이 추
가한다.

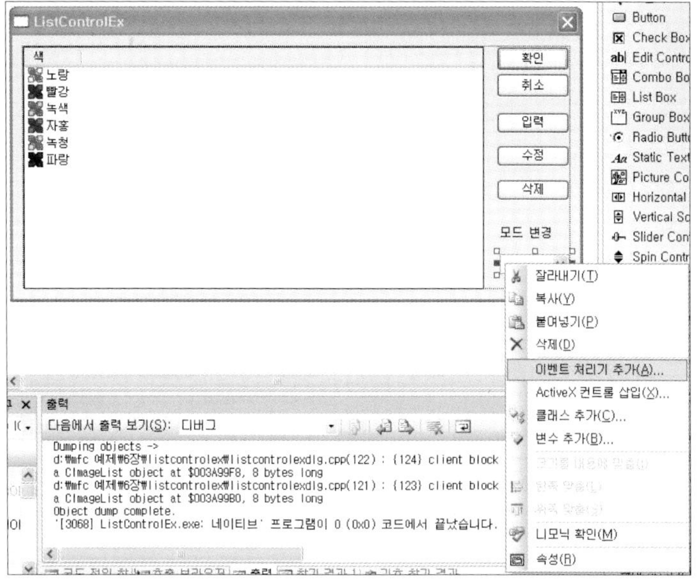

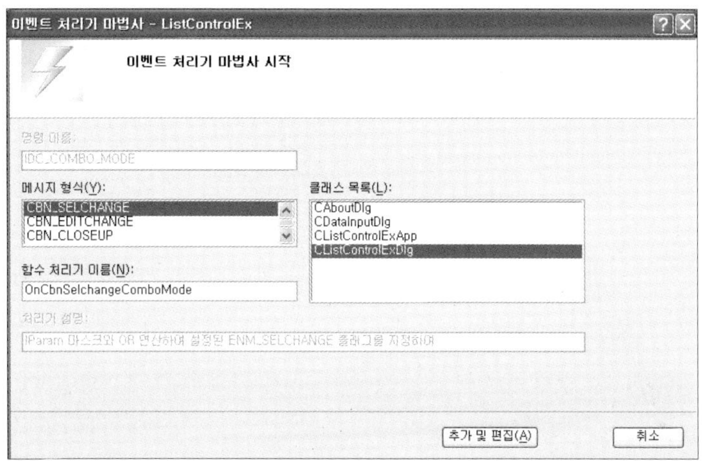

[메시지 형식]에서 CBN_SELCHANGE 메시지를 선택하고 [추가 및 편집] 버튼을 누른다. 그러면 다음과 같이 이벤트 처리기 코드가 추가되는데, 현재 콤보 박스에서 선택한 셀이 변경될 때마다 발생하는 이벤트이다.

```
void CListControlExDlg::OnCbnSelchangeComboMode( )
{
        int nMode = ((CComboBox *)GetDlgItem(IDC_COMBO_MODE))->GetCurSel( );
        long lSetStyle;
        lSetStyle = GetWindowLong(m_listContent.m_hWnd, GWL_STYLE);
        lSetStyle &= ~LVS_TYPEMASK;
        switch(nMode)
        {
        case 0 :
                lSetStyle |= LVS_REPORT;
                break;
        case 1:
                lSetStyle |= LVS_ICON;
                break;
        case 2:
                lSetStyle |= LVS_SMALLICON;
                break;
        case 3 :
                lSetStyle |= LVS_LIST;
                break;
        }
        SetWindowLong(m_listContent.m_hWnd, GWL_STYLE, lSetStyle);
}
```

리스트 컨트롤의 형태가 각각 LVS_REPORT, LVS_ICON, LVS_SMALLICON, LVS_LIST, 4가지의 모드로 처리되며, 각 모드에 따라 리스트 컨트롤의 형태가 달라진다. 다음은 ICON 모드를 선택한 경우이다.

이로써 리스트 컨트롤에 관한 코드 작업이 끝났다. 리스트 컨트롤은 데이터베이스 관리나 파일 관리 등의 프로그램에서 많이 사용되는 범용적인 컨트롤이므로 잘 숙지하길 바란다.

트리 컨트롤

트리 컨트롤의 형태와 특징에 대해 이해하고, 실제 구현해 보도록 하자.

트리 컨트롤은 계층 구조를 보이는 데이터나 항목을 보여줄 때 매우 유용한 컨트롤이다. 트리 컨트롤을 이용한 프로젝트를 하나 만들어 볼 것인데, 리스트 컨트롤과 같은 구조로 트리의 노드 단위로 추가, 수정, 삭제가 가능하도록 구현할 것이다. 프로젝트명은 [TreeControlEx]라고 정하고, 응용 프로그램 종류는 [대화 상자 기반]으로 한다. 나머지 옵션은 디폴트로 하고 [마침] 버튼을 눌러 프로젝트 생성을 완료하자. 그런 다음 컨트롤을 배치하고, 컨트롤의 속성을 설정한다.

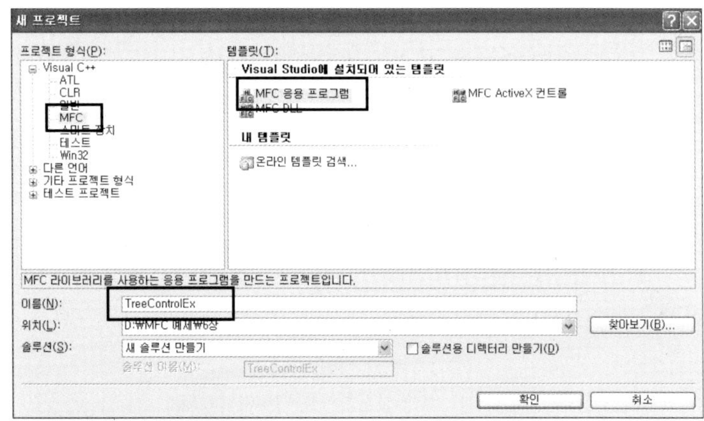

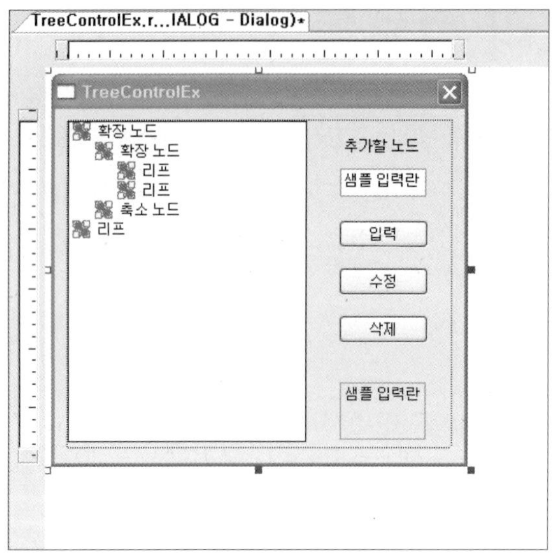

각 컨트롤들에 대한 속성을 다음과 같이 설정하도록 한다.

〈컨트롤 설정 값〉

컨트롤	ID	Caption	Properties(값)
TreeCtrl	IDC_TREE_CONTROL		Has Lines(True)
Edit Box	IDC_EDIT_INPUT		
Edit Box	IDC_EDIT_SELECT		Read Only(True)
Button	IDC_BTN_INPUT	입력	
Button	IDC_BTN_MODIFY	수정	
Button	IDC_BTN_DELETE	삭제	
Button	IDC_STATIC	추가할 노드	

리스트 컨트롤에서와 같이 컨트롤 멤버 변수를 다음과 같이 추가해 주도록 한다.

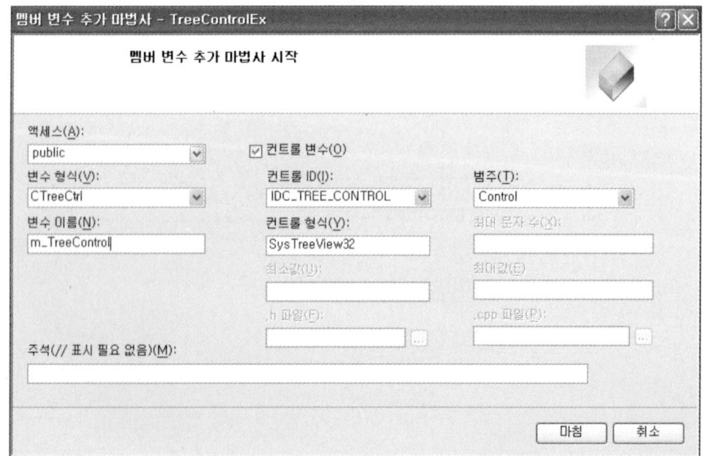

리스트 컨트롤과 각각의 컨트롤들에 대해서 다음과 같이 초기화 작업을 해준다. 입력/수정/삭제 버튼에 관한 이벤트 처리기를 생성하고, 각 컨트롤의 멤버 변수를 추가한다. 추가하는 과정은 앞의 리스트 컨트롤에서 설명히였으므로 따로 설명하지 않겠다.

〈TreeControlExDlg.h 파일〉

```cpp
class CTreeControlExDlg : public CDialog
{
----------- 중간 생략 -----------
public:
        afx_msg void OnBnClickedBtnAdd( );
        afx_msg void OnBnClickedBtnModify( );      입력/수정/삭제 버튼 이벤트
        afx_msg void OnBnClickedBtnDelete( );      처리기 생성
public:
        CTreeCtrl m_TreeControl;
        HTREEITEM hSelectedNode;                   트리 컨트롤 멤버 변수
        HTREEITEM hRoot;

        CString m_strInput;                        IDC_EDIT_INPUT의 멤버 변수
        CString m_strSelect;
                                                   IDC_EDIT_SELECT의 멤버 변수
}
```

트리 컨트롤, 에디트 컨트롤에 멤버 변수로 각각 m_TreeControl, m_strInput, m_strSelect를 추가한다. 그리고 트리 컨트롤에서 현재 선택한 노드를 나타내는 hSelectedNode와 루트 노드를 나타내는 hRoot를 각각 선언하였다. 이 변수들의 쓰임은 뒤에서 입력, 수정, 삭제의 기능을 구현하면서 그 의미를 알 수 있을 것이다.

〈TreeControlExDlg.cpp 파일〉

```cpp
BOOL CTreeControlExDlg::OnInitDialog( )
{
        ----------- 중간 생략 -----------
SetIcon(m_hIcon, TRUE);
        SetIcon(m_hIcon, FALSE);

        TV_INSERTSTRUCT tvStruct;

        tvStruct.hParent = 0;
        tvStruct.hInsertAfter = TVI_LAST;
        tvStruct.item.mask = TVIF_TEXT;
        tvStruct.item.pszText = _T("프로젝트형식");
        m_hRoot = m_TreeControl.InsertItem(&tvStruct);
}
```

트리 컨트롤의 각 노드를 식별하기 위해 HTREEITEM 트리 구조체 핸들을 사용하며, 노드를 추가하기 위해서 다음과 같은 구조체를 사용한다.

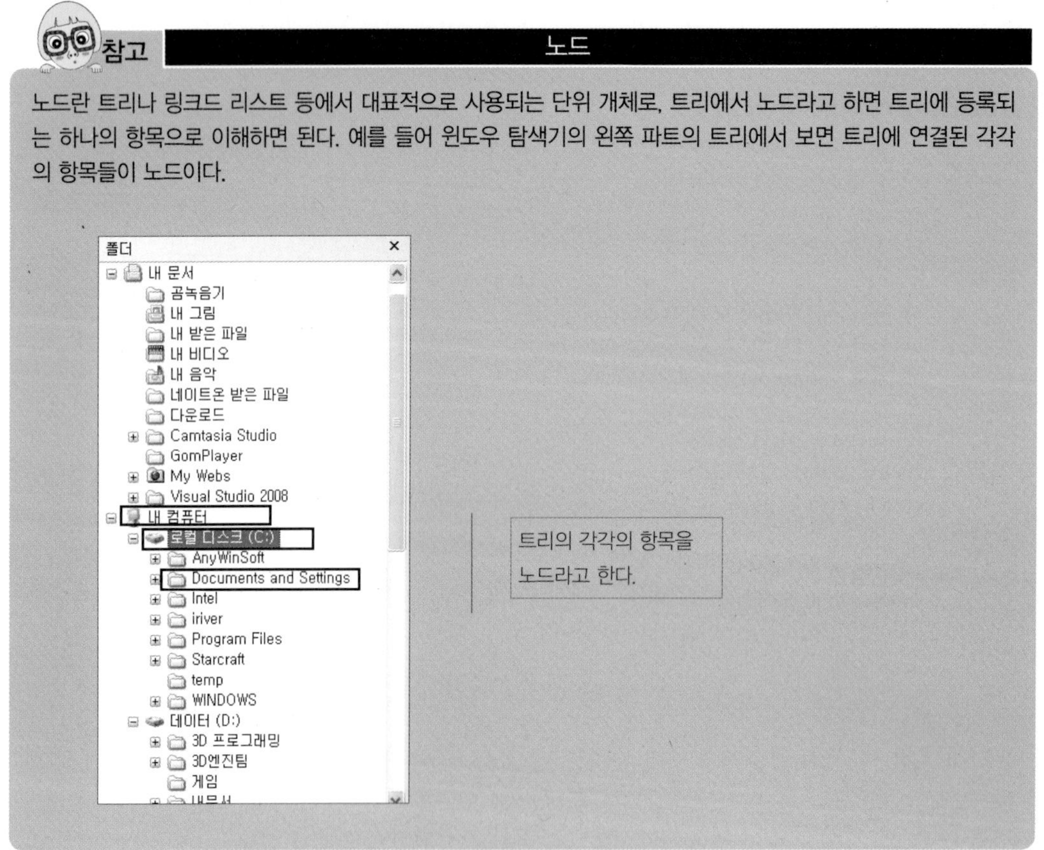

⟨TV_INSERTSTRUCT의 구조체⟩

```
typedef struct _TV_INSERTSTRUCT {tvins
        HTREEITEM hParent;
        HTREEITEM hInsertAfter;
        TV_ITEM item;
} TV_INSERTSTRUCT, FAR *LPTV_INSERTSTRUCT;
```

- hParent : 추가할 노드의 상위 노드를 나타내는 핸들이다.

- hInsertAfter : 추가할 노드의 위치를 지정한다.

- Item : 추가할 노드의 정보, 타입, 문자열 등이다.

HTREEITEM InsertItem(LPTVINSERTSTRUCT lpInsertStruct)

트리 컨트롤에 새로운 노드를 추가하는 함수이다.

– lpInsertStruct : 추가할 노드의 속성인 TVINSERTSTRUCT 구조체의 포인터이다.

2 트리 컨트롤 이벤트 처리기

컨트롤에 대한 초기화 작업이 끝났다면, 트리 컨트롤에도 리스트 컨트롤과 마찬가지로 노드를
선택의 변화시 발생되는 이벤트 처리기를 작성해 주도록 하자. 대화 상자 편집기를 열고, IDC_
TREE_CONTROL 컨트롤을 선택하고 이벤트 처리기를 추가해 보도록 하자. 메시지 형식은
TVN_SELCHANGED 항목을 선택하도록 한다.

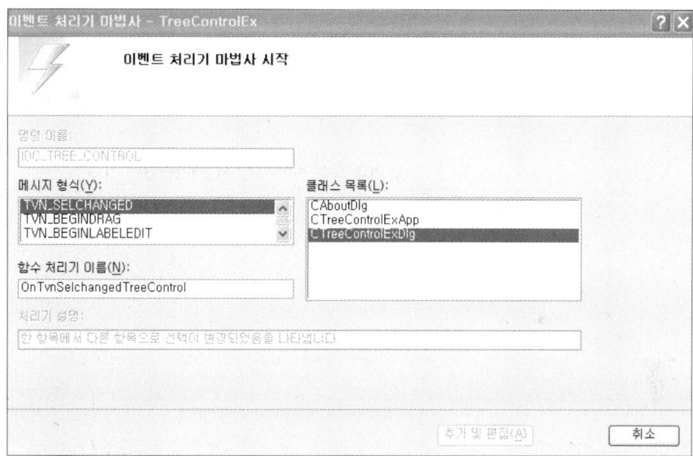

[추가 및 편집] 버튼을 누르면 다음과 같이 이벤트 처리기 코드가 자동으로 생성될 것이다.

〈TreeControlDlgEx.h〉

```
class CTreeControlExDlg : public CDialog
{
------------ 중간 생략 ------------
public:
afx_msg void OnTvnSelchangedTreeControl(NMHDR *pNMHDR, LRESULT *pResult);
------------ 중간 생략 ------------

}
```

<TreeControlDlgEx.cpp>

```
void CTreeControlExDlg::OnTvnSelchangedTreeControl(NMHDR *pNMHDR, LRESULT *pResult)
{
        LPNMTREEVIEW pNMTreeView = reinterpret_cast<LPNMTREEVIEW>(pNMHDR);
        hSelectedNode = pNMTreeView->itemNew.hItem;
        m_strSelect = m_TreeControl.GetItemText(m_hSelectedNode);
        UpdateData(FALSE);
        *pResult = 0;
}
```

이벤트 처리기 안에 굵은 글씨의 코드를 직접 작성해 주도록 한다. 현재 선택된 트리 컨트롤의
노드 값을 hSelectedNode에 저장하고, 선택된 노드에 해당하는 문자열을 에디트 컨트롤의 멤
버 변수인 m_strSelect에 저장한다. 기본적인 작업은 끝났다. 잠깐 실행해서 대강의 모양을 확
인해 보도록 하자.

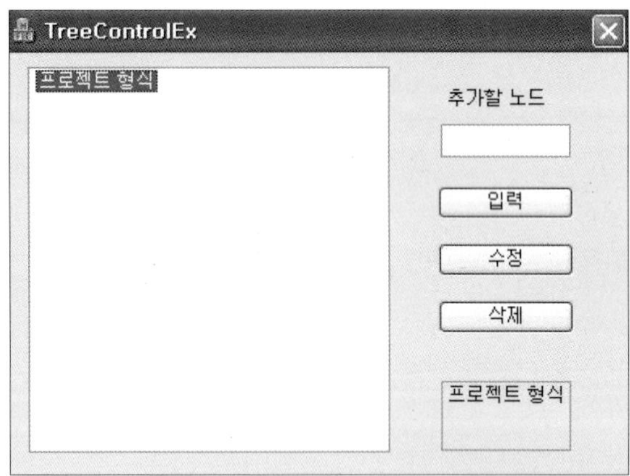

3   입력/수정/삭제 코드 작성

1) 입력 코드

"프로젝트 형식"이라는 루트 아래에 노드를 하나씩 추가를 할 수 있도록 코드를 작성해 보도록
하자. 추가할 노드를 에디트 컨트롤에 입력하고 [입력] 버튼을 누르게 되면, 현재 선택한 노드의
자식 노드로 추가된다. 현재는 "프로젝트 형식"이라는 부모 노드가 하나 있으므로 그 아래에 노
드가 추가가 될 것이다. 코드는 다음과 같다.

```
void CTreeControlExDlg::OnBnClickedBtnAdd( )
{
        TV_INSERTSTRUCT tvStruct;
        UpdateData(TRUE);
        if(!m_strInput.IsEmpty( ))
        {
                tvStruct.hParent = hSelectedNode;
                tvStruct.hInsertAfter = TVI_LAST;
                tvStruct.item.mask = TVIF_TEXT;
                tvStruct.item.pszText = (LPTSTR)(LPCTSTR)m_strInput;
                m_TreeControl.InsertItem(&tvStruct);
                m_TreeControl.Expand(hSelectedNode, TVE_EXPAND);
        }
        else
        {
                AfxMessageBox(_T("입력 노드의 텍스트를 입력하세요"));
        }
        m_strInput.Empty();
        UpdateData(FALSE);
}
```

에디트 컨트롤에 문자열이 입력 되어 있는지 검사

에디트 컨트롤에 입력된 문자열을 현재 선택한 노드의 자식 노드로 등록

노드를 추가하기 위해서 앞서 보았던 TV_INSERTSTRUCT 구조체를 사용하였다. 현재 선택한 노드를 부모 노드로 설정함으로, hSelectedNode를 tvStruct.hParent로 넘겨주었고, 현재 에디트 컨트롤에 입력된 문자열 m_strInput을 추가할 노드 tvStruct.item.pszText로 넘겨주었다. 그리고 설정한 구조체를 InsertItem을 통해 트리 컨트롤에 등록한다. 여기서 잠깐 짚고 넘어가야 할 함수가 있는데, Expand( )라는 함수이다. 현재 선택한 노드의 트리 구조를 확장할 것인지 여부를 결정하는 함수이다.

〈함수의 정의〉

```
BOOL Expand(HTREEITEM hItem, UINT nCode)
```

- hItem : 확장하려는 노드의 핸들이다.
- nCode : 확장 여부를 나타내는 플래그이다.
        TVE_COLLAPSE : 리스트를 축소한다.
        TVE_EXPAND : 리스트를 확장한다.
        TVE_TOGGLE : 토글 형식으로 현재 확장이면 다음 번에는 축소한다.

2) 수정 코드

트리에 등록된 값을 수정하는 코드를 작성해 보도록 하자. 노드를 선택하고, 에디트 컨트롤에 원하는 노드의 이름을 입력한 후 [수정] 버튼을 누르면 노드의 이름이 바로 수정될 수 있도록 하

는 코드이다.

```
void CTreeControlExDlg::OnBnClickedBtnModify( )
{
        UpdateData(TRUE);

        if( !m_strInput.IsEmpty( ))
        {

                m_TreeControl.SetItemText(hSelectedNode, m_strInput);

                m_strSelect = m_strInput;
        }
        else
                AfxMessageBox(_T("수정 노드의 텍스트를 입력하세요"));

UpdateData(FALSE);
}
```

선택한 노드의 문자열을 수정한다.

현재 선택한 노드의 이름을 보여주는 에디트 컨트롤의 내용도 수정한다.

선택한 노드의 문자열을 수정하기 위해 SetItemText( ) 함수가 사용되었다. 코드는 현재 선택한 노드를 에디트 컨트롤에 입력된 문자열로 수정하였다.

〈함수의 정의〉

```
BOOL SetItemText(HTREEITEM hItem, LPCTSTR lpszItem)

- hItem : 노드의 핸들이다.
- lpszItem : 노드에 들어갈 새로운 문자열이다.
```

3) 삭제 코드

노드를 삭제하는 코드이다. 노드를 선택하고, [삭제] 버튼을 누르게 되면 해당 노드가 삭제되는 코드이다.

```
void CTreeControlExDlg::OnBnClickedBtnDelete( )
{
        if(hSelectedNode != hRoot)
        {
                if(MessageBox(_T("정말 삭제 하시겠습니까?"), _T("삭제경고"), MB_YESNO) == IDYES)
                        m_TreeControl.DeleteItem(hSelectedNode);
        }
        else
                AfxMessageBox(_T("루트노드는 삭제해서는 안됩니다"));

}
```

노드 삭제를 위해 DeleteItem( ) 함수가 사용되었다. 이 함수의 인수인 hItem은 현재 선택한
노드의 핸들이다.

〈함수의 정의〉

BOOL DeleteItem(HTREEITEM hItem)
트리 컨트롤 항목의 핸들을 삭제하는 함수이다.

4 실행

코드가 모두 완성되었다. 완성된 프로젝트를 빌드 및 실행을 해보자. 그리고 다음과 같이 노드
를 추가해 보고, 수정도 해보고, 삭제도 해보자.

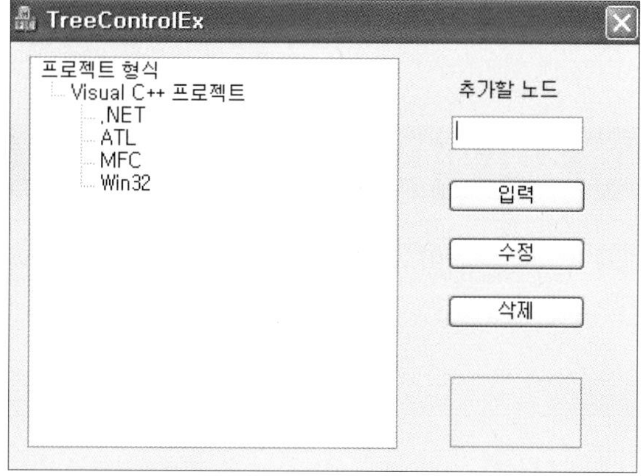

실무에서 어떤 개발 도구를 만들고자 할 경우에 가장 많이 쓰이는 컨트롤이 트리 컨트롤이다.
트리 컨트롤은 리스트 컨트롤과 함께 매우 직관적인 컨트롤이므로 잘 숙지하고 넘어가길 바란
다. 당장은 몰라도 나중에 반드시 유용한 컨트롤이 될 것이다.

모달/모덜리스 대화 상자

대화 상자의 종류에는 모달과 모덜리스 대화 상자가 있다. 각각 모달 대화상자와 모덜리스 대화상자를 실제 구현해 보도록 하자.

대화 상자의 종류에는 모달(Modal)과 모덜리스(Modeless)가 있다고 앞 장에서 말했었다. 모달형은 대화 상자를 닫기 전까지 부모 윈도우로 전환할 수 없고, [확인]이나 [취소] 버튼을 눌러야 비로소 부모 윈도우로 전환할 수 있다. 하지만 모덜리스형은 대화 상자를 닫지 않고도 부모 윈도우로 전환할 수 있는 대화 상자라고 하였다.

1 ········ 모달 대화 상자 만들기

이번 절에서는 모달 대화 상자를 만들어 보도록 하겠다.

1) 프로젝트 생성

우선 단계를 밟아가며 실습을 하면서 모달 대화 상자를 만드는 순서와 기초 이론만 익혀 두도록 하자. 모달 대화 상자란 어떤 것인가와 특징 및 호출에 중점을 두고 있으므로 기능은 간단하게만 다루겠다.

먼저, 새 프로젝트를 생성하자. 프로젝트명은 TestModal로 정한다. 응용 프로그램 종류는 단일 문서(SDI)로 하고, 나머지는 디폴트로 두겠다.

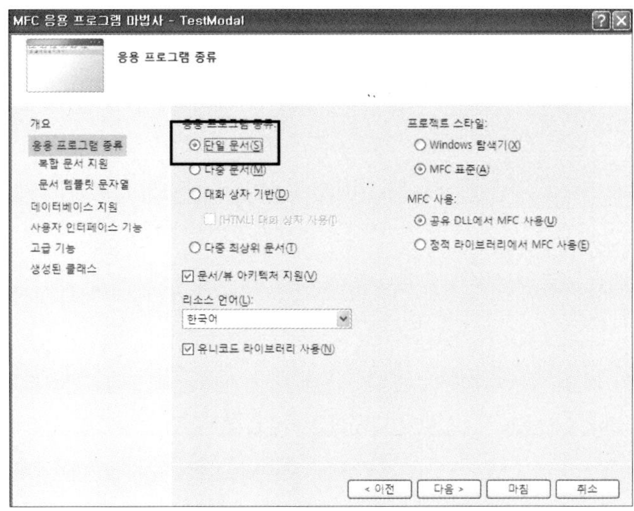

프로젝트가 생성되었으면 리소스 뷰를 열어서 Dialog 항목을 열어 보자. IDD_ABOUTBOX만 있을 것이다. 이것은 디폴트로 응용 프로그램 마법사가 생성하는 대화 상자로서 현재 응용 프로그램의 버전 및 정보를 보여준다. 모달 대화 상자로 사용할 대화 상자를 추가해 보도록 하자.

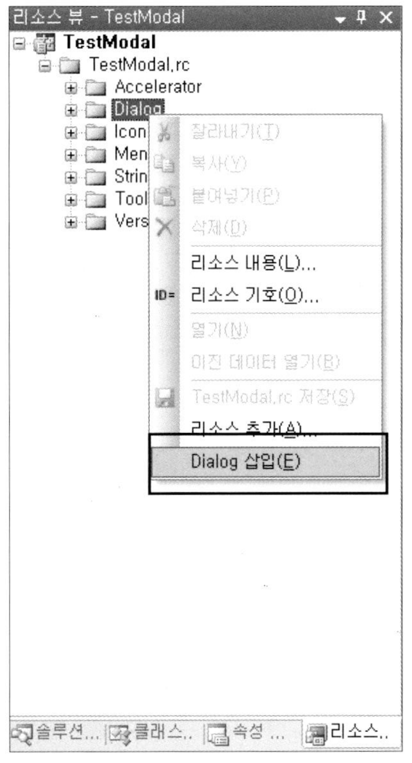

이와 같이 팝업 메뉴에서 [Dialog 삽입] 메뉴를 선택하면 다음과 같이 기본적으로 [확인]과 [취소] 버튼이 딸린 기본 대화 상자가 생성된다. 대화 상자의 [ID]를 IDD_MODAL로 바꾸어 주자. 그리고 [Caption] 속성 값도 "모달 대화상자"로 바꾸어 준다.

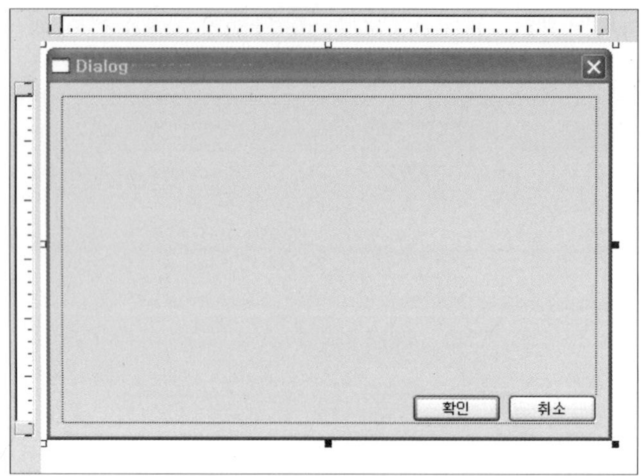

이제 대화 상자에 컨트롤을 배치할 차례이다. 사실, 모달 대화 상자라는 것을 증명하기 위함이지 대화 상자의 기능을 설명하기 위함은 아니다. 그래도 대화 상자만 딸랑 있어서는 아무 일도 못하고 그러면 매우 썰렁할 것이다. 그래서 예제에서는 문자열을 대화 상자를 통해 입력받고, 이 문자열을 뷰에 보여주는 기능을 구현할 것이다.

다음과 같이 스태틱 텍스트와 에디트 컨트롤을 배치해 보자. 에디트 컨트롤의 ID는 ID_EDIT_STRING으로 설정하고, 대화 상자를 구현할 수 있는 클래스를 하나 추가한다.

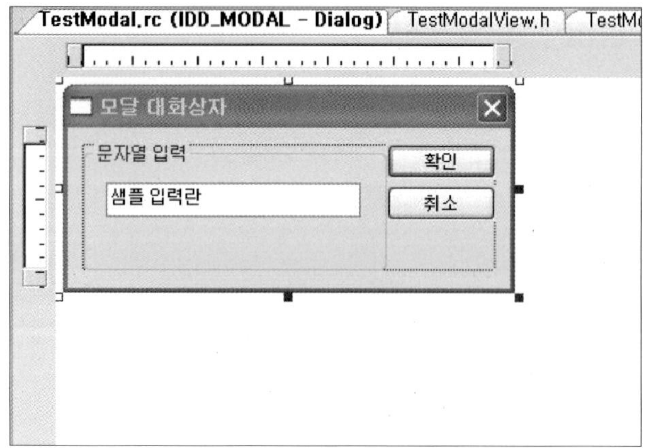

대화 상자를 선택한 상태에서 마우스 오른쪽 버튼을 클릭하면 팝업 메뉴에서 [클래스 추가]라는 메뉴가 나타난다. 이 메뉴를 이용하여 대화 상자 클래스를 추가한다.

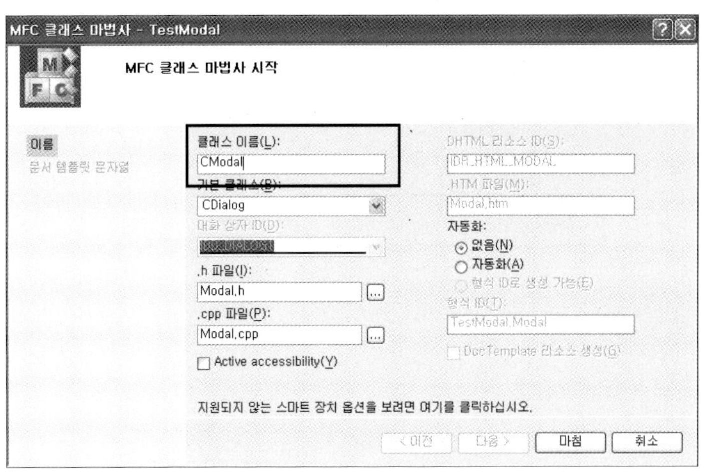

대화 상자 클래스의 기본 클래스는 CDialog로 하고 클래스 이름은 CModal로 설정한 후 [마침] 버튼을 누른다. 그러면 IDD_MODAL 대화 상자와 연결된 클래스를 생성한 것이다. 그리고 대화 상자 위의 에디트 컨트롤의 멤버 변수를 추가한다. 멤버 변수의 이름을 m_strString이라고 정하자. m_strString 멤버 변수는 에디트 컨트롤로부터 입력받은 문자열을 저장하거나 현재 저장되어 있는 문자열을 에디트 컨트롤로 보여주는 역할을 한다. 앞에서 컨트롤에 대해 익히 다루어봤으므로 다시 설명하지 않겠다.

자, 이제 대화 상자를 만들었으면 활용할 수 있어야 한다. 지금 프로젝트는 단일 문서(SDI) 형태로 만들었으므로 메뉴 목록에 대화 상자를 호출할 메뉴를 만들어야 한다. 리소스 뷰의 [Menu] 항목을 열어 보자. [IDR_MAINFRAME]이 보인다. [편집] 메뉴의 아래쪽에 [모달 대화 상자]라는 메뉴를 만들어 보도록 하겠다. 일단 [편집] 메뉴들과 구별하기 위해 다음과 같이 구분 선을 삽입한다.

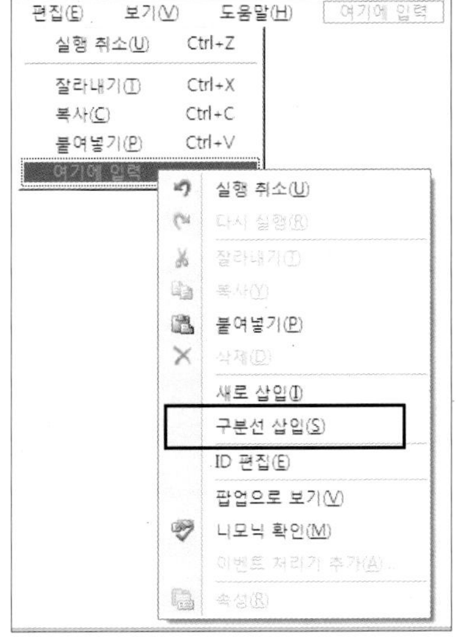

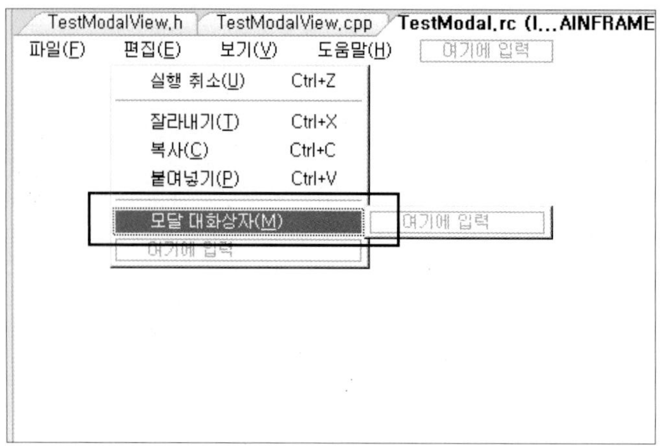

삽입한 새 메뉴 항목의 ID는 ID_MODAL로 정하고 Capion은 '모달 대화 상자(&M)'로 설정한다. 메뉴를 추가하였으면 [편집] 메뉴의 [모달 대화상자(M)] 항목을 선택했을 때 앞에서 구성한모달 대화 상자가 나타나야 한다.

빌드 및 실행해 보자. 과연 되는가? 당연히 안 될 것이다. 아직까지 연결 고리 역할을 할 코드를 작성하지 않았기 때문이다. 일단 메뉴의 이벤트 처리기를 구성하는 방법은 4장 리소스의 메뉴 부분에서 이미 배웠으므로 어렵지 않을 것이다. 해당 메뉴에 마우스 오른쪽 버튼을 대고 팝업 메뉴를 띄워보자. 메뉴 항목 중에 [이벤트 처리기 추가]를 선택하면 다음과 같이 이벤트 처리기 마법사가 나타난다. [함수 처리기 이름]은 마법사가 정해준 대로 디폴트로 사용한다.

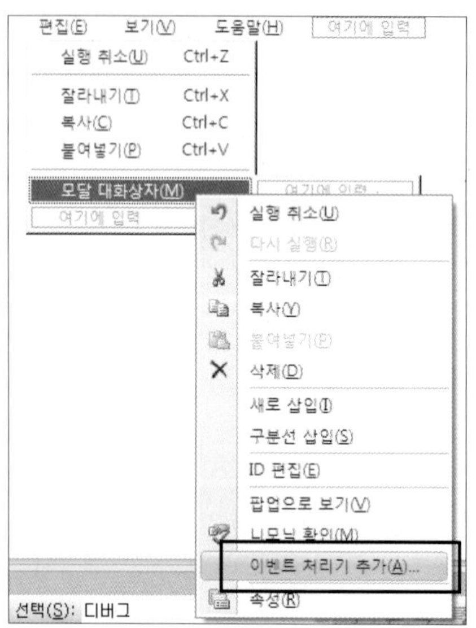

[추가 및 편집] 버튼을 누르면 [모달 대화 상자] 메뉴의 이벤트 처리기가 만들어진다.

```
void CTestModalView::OnModal( )
{

}
```

메뉴를 선택했을 때 발생하는 이벤트에 관한 코드를 여기에 작성하면 된다. 모달 대화 상자에서
입력한 문자열을 뷰 윈도우에 출력할 것이므로 OnModal( ) 함수를 CTestModalView 클래스
기반에서 생성하였다.

2) 모달 대화 상자 구현

다음은 앞서 생성했던 CModal 클래스의 선언부인 Modal.h 파일의 코드이다.

```
#pragma once
class CModal : public CDialog
{
        DECLARE_DYNAMIC(CModal)
public:
        CModal(CWnd *pParent = NULL);
        virtual ~CModal( );
        enum {IDD = IDD_MODAL};
protected:
        virtual void DoDataExchange(CDataExchange *pDX);
        DECLARE_MESSAGE_MAP( )
public:
        CString m_strString;
};
```

CModal 클래스는 CDialog 클래스로부터 상속받았다. 당연히 생성자와 소멸자가 있고, 그 아래
「IDD = IDD_MODAL」 값이 있는데, 이는 대화 상자 편집기를 이용해서 만든 대화 상자 리소스
이기 때문이다. 대화 상자를 통해서 만들어진 멤버 변수 및 멤버 함수 또한 이 클래스에 추가된
다. 맨 마지막 줄을 보면 에디트 컨트롤에서 멤버 변수로 추가한 m_strString을 볼 수 있다.

다음은 Modal.cpp 파일의 구현부 코드이다.

```cpp
#include "stdafx.h"
#include "TestModal.h"
#include "Modal.h"

// CModal 대화 상자입니다.
IMPLEMENT_DYNAMIC(CModal, CDialog)
CModal::CModal(CWnd *pParent /*=NULL*/)
        : CDialog(CModal::IDD, pParent)
        , m_strString(_T(""))
{
}
CModal::~CModal( )
{
}
void CModal::DoDataExchange(CDataExchange *pDX)
{
        CDialog::DoDataExchange(pDX);
        DDX_Text(pDX, IDC_EDIT_STRING, m_strString);
        DDV_MaxChars(pDX, m_strString, 50);
}
BEGIN_MESSAGE_MAP(CModal, CDialog)
        ON_BN_CLICKED(IDOK, OnBnClickedOk)
END_MESSAGE_MAP( )
```

생성자가 있기는 하지만 상위 클래스인 CDialog 클래스의 생성자를 호출하는 것 외에는 코드
가 작성되어 있지 않다. CDialog 클래스의 생성자는 IDD라는 대화 상자 리소스를 전달받아
CModal 대화 상자를 생성시킨다.

앞에서 메뉴를 선택할 때 발생하는 이벤트를 처리할 메뉴의 이벤트 처리기 코드를 생성하였다.
TestModalView.cpp 에서 메뉴의 이벤트 처리기 코드로 이동하자. 그리고 다음과 같이 코딩한다.

```cpp
void CTestModalView::OnModal( )
{
        CModal dlg;              // CModal 클래스의 객체 dlg 를 선언하고,
        if(dlg.DoModal() == IDOK)  // 모달 대화상자를 연다.
        {
        }
}
```

CModal 클래스의 객체를 dlg로 선언한다. 이미 독자들께서 객체에 대해서 아시겠지만, 앞서 생성했던 대화상자의 모든 정보를 이 객체가 가지고 있다. 정보를 가진 객체를 통해 대화 상자를 호출하기 위해서는 DoModal( ) 멤버 함수를 이용한다. DoModal() 함수는 모달 형태로 대화 상자를 화면에 출력하도록 하고, 앞서 언급한대로 모달 대화상자의 특징상 [확인]이나 [취소] 버튼이 눌려지기 전에는 메인 윈도우 혹은 부모 윈도우로 포커스가 넘어가지 않는다.

이제 빌드를 해보도록 하자. 아마 CModal이 선언되지 않았다는 에러 메시지를 보게 될 것이다. 왜냐하면 CTestModalView 클래스는 CModal 클래스에 대해서 인식을 못하고 있기 때문이다. 다음과 같이 Modal.h를 선언해 주자.

〈TestModalView.cpp 파일〉

```
#include "stdafx.h"
#include "TestModal.h"

#include "TestModalDoc.h"
#include "TestModalView.h"

#include "Modal.h"

#ifdef _DEBUG
#define new DEBUG_NEW
#endif
```

코드 수정 후 다시 빌드하면 에러가 없어질 것이다. [편집] 메뉴의 [모달 대화상자] 항목을 선택해 보자. 모달 대화상자가 나타난다. [확인] 혹은 [취소] 버튼을 누르기 전에는 부모 윈도우로 포커스가 전환이 되지 않는다. 일단 모달 대화 상자를 만드는 데는 성공하였다.

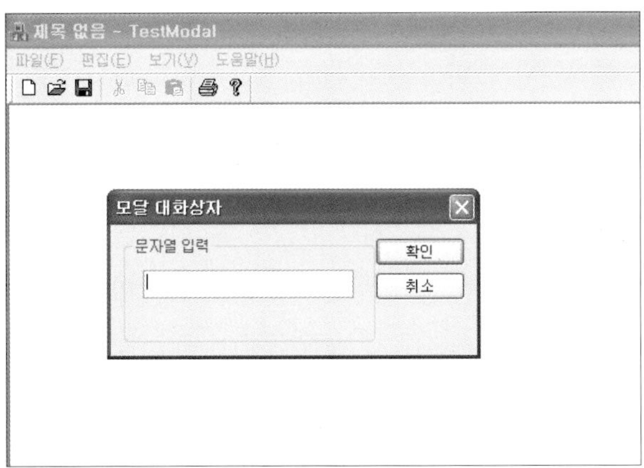

이제 대화 상자에 문자열을 입력하고 [확인] 버튼을 누르면 뷰 윈도우에 입력한 문자열이 나타나도록 하는 기능을 구현해 보도록 하겠다. 다음은 TestModalView.h 파일의 선언부 코드이다.

```
class CTestModalView : public CView
{
protected:
        CTestModalView( );
        DECLARE_DYNCREATE(CTestModalView)
public:
        CTestModalDoc* GetDocument( ) const;
public:
        CString m_strView;
```

이와 같이 m_strView이라는 문자열 변수를 하나 추가했는데, 이 변수는 대화 상자로부터 넘겨받은 문자열을 입력할 변수이다. 이 변수로 뷰 윈도우에 문자열을 출력할 수 있다. 이 문자열을 초기화시키고 뷰 윈도우에 출력해 보도록 하겠다. 생성자에서 m_strView를 다음과 같이 초기화 시킨다.

```
CTestModalView::CTestModalView( )
{
        m_strView = _T("안녕하세요 이창현입니다.");
}
```

다음으로 OnDraw( ) 함수에서 CDC 객체 포인터인 pDC에 의해 TextOutW( ) 함수를 호출한다. 그리기에 대해서는 7장 그래픽의 기본에서 자세하게 다루도록 할 것이다. 여기서는 기본적인 내용이므로 그냥 따라서 코딩해 보도록 한다.

```
void CTestModalView::OnDraw(CDC *pDC)
{
        CTestModalDoc *pDoc = GetDocument( );
        ASSERT_VALID(pDoc);

        pDC->TextOutW(100, 100, m_strView);
}
```

TextOutW( )은 문자열을 출력하는 함수로 뷰 윈도우 좌표를 기준으로 (100, 100) 좌표에 지정한 문자열을 출력하겠다는 의미이다. 생성자에서 m_strView에 문자열을 초기화 시켰으므로 초기화한 문자열이 출력된다. 빌드 및 실행을 해보면 다음과 같이 나온다.

이제는 앞서 만들었던 [모달 대화상자]로 문자열을 입력받아서 뷰 윈도우로 출력하는 코드를 작성해보자. TestModalView.cpp 파일의 구현부의 OnModal( ) 메뉴 이벤트 처리기 부분을 보도록 하겠다.

```
void CTestModalView::OnModal( )
{
        CModal dlg;
        dlg.m_strString = m_strView;
        if(dlg.DoModal() == IDOK)
        {
                m_strView = dlg.m_strString;
                Invalidate();
        }
}
```

현재 View 클래스에 저장된 문자열 초기값을 CModal 클래스 문자열 변수에 저장한다.

대화 상자의 에디트 컨트롤 멤버 변수에 입력된 문자열을 View 클래스의 문자열 변수에 복사한다.

앞선 코드에 세 줄이 더 추가되었다. CModal dlg로 객체를 선언한 후에 현재 뷰 윈도우의 m_strView 변수를 dlg.m_strString 변수로 복사한다. 즉, 말하자면 현재 뷰 윈도우상의 m_strView 변수의 초기 값을 대화 상자의 에디트 컨트롤 멤버 변수에 복사하겠다는 의미이다. 그 다음에 dlg.DoModal( ) 함수를 호출하여 모달 대화상자를 띄운다. 이 상황에서는 [확인] 혹은 [취소] 버튼을 누르기 전까지 다음 줄로 넘어갈 수 없는 상황이다.

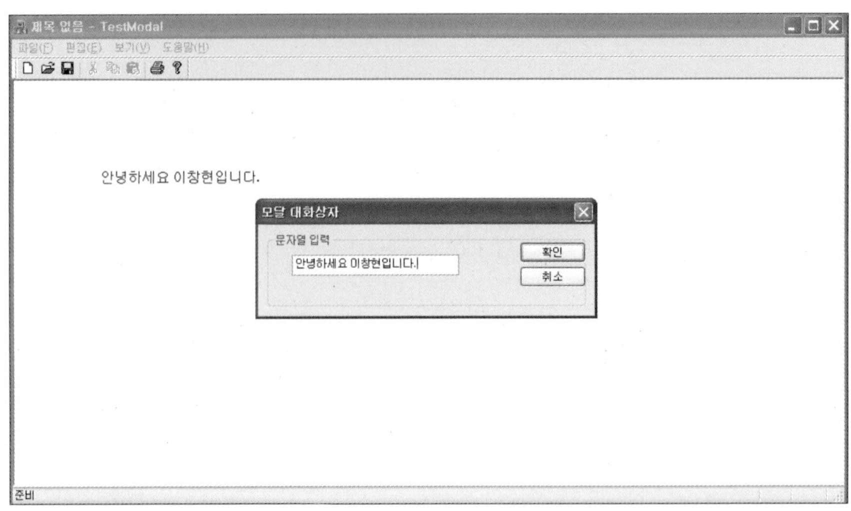

만일 이 상황에서 [모달 대화상자]의 에디트 컨트롤에 임의의 문자열을 입력하고 [확인] 버튼을 누른다면 어떻게 될까? 아마 뷰 윈도우에 문자열 출력이 될 것이다. 이것을 처리하는 코드가 「m_strView = dlg.m_strString;」이다. 즉, 대화 상자로부터 입력받은 문자열을 뷰 윈도우로 출력하기 위해 뷰 윈도우의 멤버 변수로 복사하는 부분이다. 다음 그림을 보도록 하자.

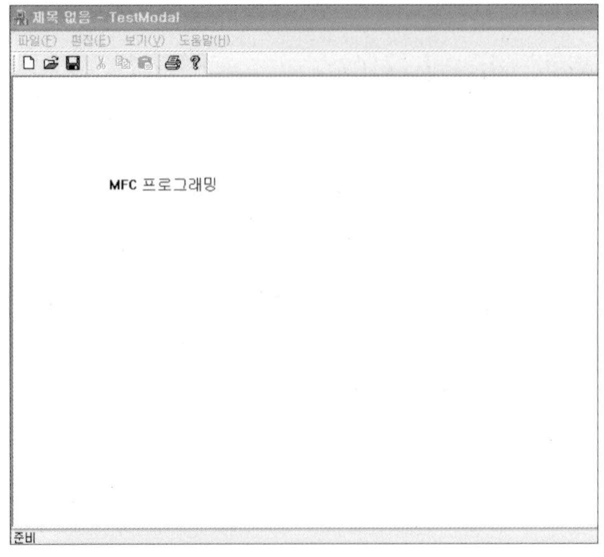

대화 상자의 문자열을 'MFC프로그래밍'이라고 입력하고 [확인] 버튼을 누른다면 대화 상자에 입력된 문자열(dlg.m_strString)이 뷰 윈도우의 문자열 변수(m_strView)에 복사되어서, 뷰 윈도우에 'MFC프로그래밍'이란 문자열이 출력될 것이다.

자, 그리고 한가지 더 보아야 할 것이 있는데, 코드의 맨 아랫줄에 보면 Invalidate( ) 함수를 볼 수 있다. 이 함수가 뷰 윈도우를 다시 그려 주는 역할을 한다. 쉽게 말하면 OnDraw( ) 함수를 호출하는 역할을 한다고 할 수 있다. . 이 함수를 호출하지 않으면 에디트 컨트롤로부터 복사해 온 문자열을 결코 뷰 윈도우로 출력할 수 없다.

---

void Invalidate(BOOL bErase = TRUE)

– bErase : 뷰 윈도우에서 업데이트할 영역의 백그라운드를 지정한다. 디폴트로는 TRUE이고, 이는 이전의 화면을 다 지우고 새로운 화면만 출력한다. 하지만 만약 FALSE일 경우에는 이전에 출력한 화면은 지우지 않고 새로운 화면이 덮어 씌어지게 된다.

---

2 모덜리스 대화 상자 만들기

이번 절에서는 모덜리스 대화 상자를 만들어 보도록 하겠다.

1) 프로젝트 생성

프로젝트를 생성하는 부분은 [모달 대화상자]와 과정이 똑같다. [프로젝트명]은 TestModaless 라고 하고, [응용 프로그램 종류]는 단일 문서(SDI)로 한다.

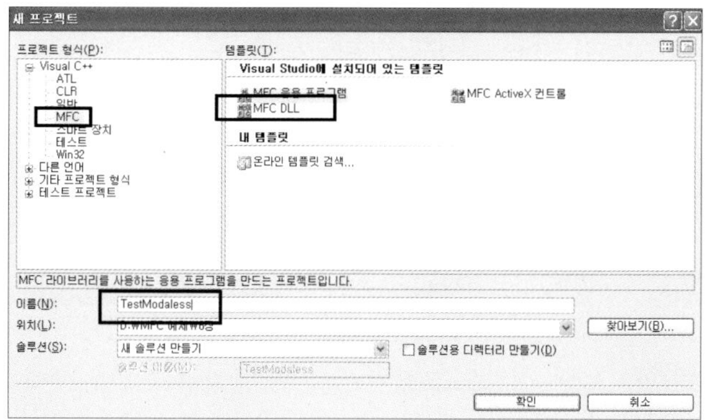

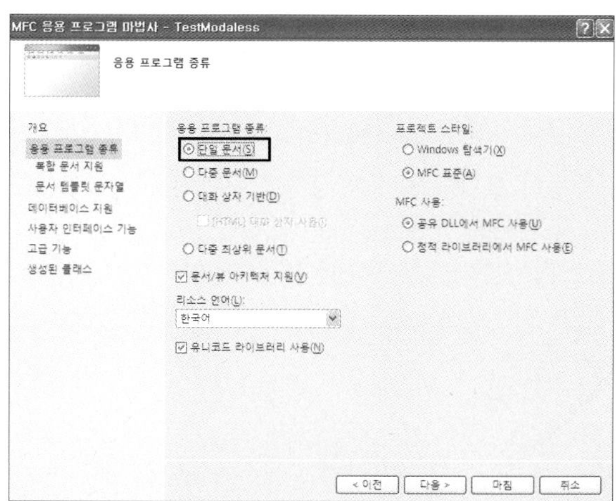

리소스 뷰를 열어서 대화 상자를 새로 생성하고, ID는 IDD_MODALESS라고 정하자. 그런 다음 대화 상자에 다음과 같이 컨트롤을 배치한다.

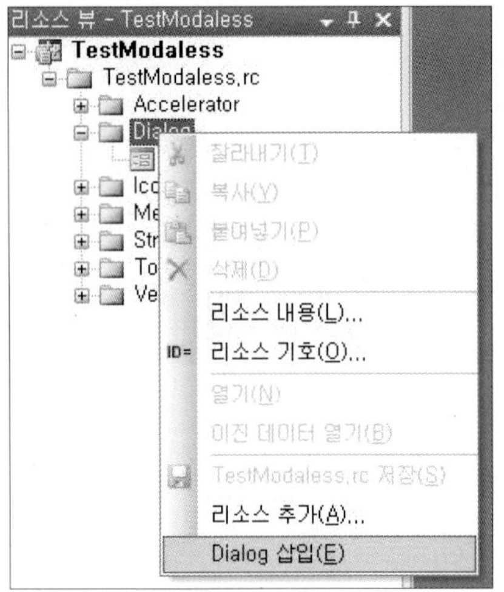

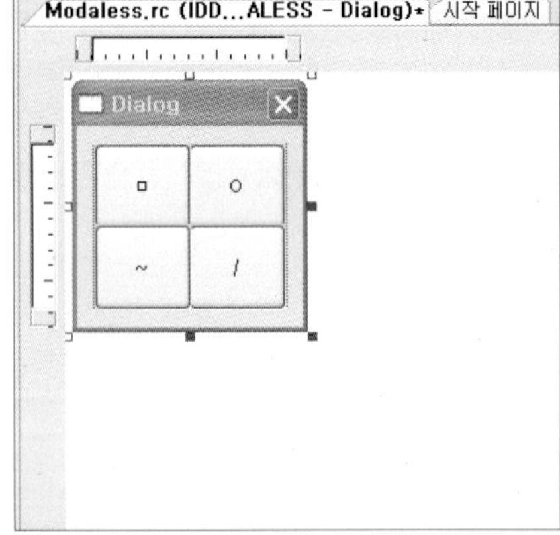

만들 프로젝트는 그림판과 같은 그림을 그릴 수 있는 도구 모음과 같은 것이다. 물론 그리기 기능은 7장 그래픽의 기본에서 다룰 것이고, 여기서는 윈도우의 모델리스 속성에만 주안점을 두겠다. 즉, 실제 도구의 기능은 구현되지 않았다는 말이다.

그림을 그리는 도구 모음으로 대화 상자에 버튼 4개를 배치하였다. ㅁ은 사각형을 그리겠다는 의미이고, o는 원이나 타원을 그리겠다는 의미이고, ~는 자유 곡선을, /는 직선을 그리겠다는 의미이다. 앞에서도 말했듯이 모델리스 대화 상자에 주안점을 둔다고 했으므로 이번 절에서는 실제로 대화 상자에 기능을 넣지는 않겠다.

이제 대화 상자를 구현하기 위한 클래스를 추가해 보도록 하겠다. 클래스 추가는 대화 상자 위에서 팝업 메뉴를 열어서 [클래스 추가] 메뉴를 선택하면 된다.

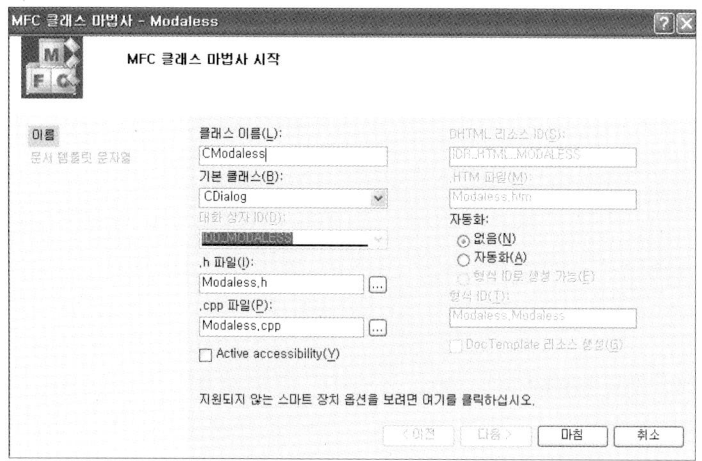

모델리스 대화 상자 클래스 또한 기본 클래스는 CDialog로 하고 클래스 이름은 CModaless로한다. 그리고 다음과 같이 [모델리스 대화상자] 메뉴 항목을 [편집] 메뉴에 구성한다. 메뉴의[ID]는 ID_MODALESS라고 한다.

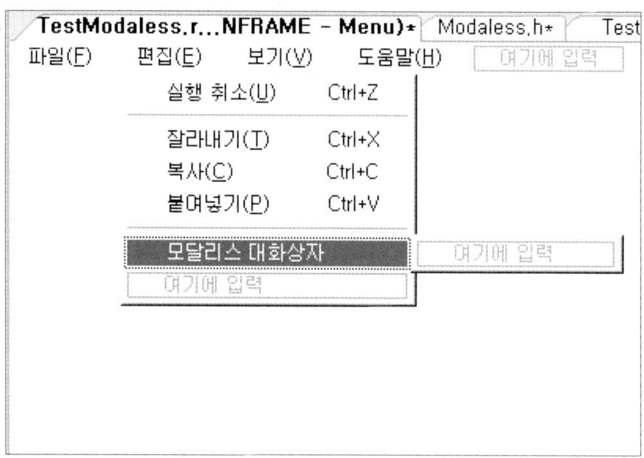

그리고 모델리스 대화 상자에 대한 이벤트 처리기를 추가한다.

```
void CTestModalessView::OnModaless( )
{
}
```

여기까지 보면 프로젝트 생성 과정은 모달 대화 상자와 거의 비슷하다. ID와 대화 상자의 구성만 다를 뿐 똑같다고 볼 수 있다. 자, 그렇다면 과연 어디서 모달과 모델리스 대화 상자가 차이가 나는지 보도록 하겠다.

2) 모덜리스 대화 상자 구현

우선 대화 상자의 객체를 헤더 파일의 선언부에 선언하도록 한다. TestModalessView.h 파일
에 다음과 같이 선언한다.

```
class CTestModalessView : public CView
{
    ----------- 중간 생략 -----------
public:
        CModaless dlg;
}
```

모달 대화 상자의 경우 DoModal( ) 함수 내부에서 대화 상자를 만들고 사용자의 입력까지 다
처리한 후에 대화 상자를 닫는 일까지 했지만, 이 함수로는 모덜리스 대화 상자를 만들 수 없다.
따라서 모덜리스 대화 상자는 모달 대화상자와 다른 생성방식을 갖는다. 이벤트 처리기에 다음
과 같이 코딩을 해주도록 하자.

```
void CTestModalessView::OnModaless( )
{
        if(dlg.GetSafeHwnd( ) == NULL)
                dlg.Create(IDD_MODALESS);
        dlg.ShowWindow(SW_SHOW);
}
```

DoModal( ) 함수 대신에 Create( ) 함수를 사용하여 대화 상자를 생성한다. 이 함수의 인수는
대화 상자의 템플릿이며 리소스에 정의된 대화 상자의 이름이다. Create( ) 함수로 대화 상자를
만들기는 하되, 모덜리스 대화 상자를 여러 개 만들어서도 안된다.
만약 대화 상자가 열려 있는 상태에서 또 다시 메뉴 항목을 선택한다면 어떻게 되겠는가? 모달
대화 상자에서는 메뉴의 중복 선택이 불가능하겠지만, 모덜리스 대화 상자에서는 이런 일이 가
능하다. 그러나 이론적으로는 열려 있는 대화 상자에 또 다른 대화 상자가 열리는 상황이 발생
될 것이라 생각하지만, 실제로는 에러가 발생하게 된다.
왜냐하면 모달리스는 모달처럼 인과 관계가 아니라, 부모 윈도우와 모달리스 대화상자가 언제
든지 포커스 이동이 가능하기 때문에 동시 실행이 가능하므로 코드상 여러모로 신경써야 할 부
분들이 있다.
아무튼 이러한 오류에 대비하여 대화 상자를 만들기 전에 GetSafeHwnd( ) 함수로 모덜리스대
화 상자가 열려 있는지 먼저 확인하고 대화 상자가 열려 있지 않은 경우 (핸들이 NULL인 경우)
에만 대화 상자를 생성한다.

Create( ) 함수로 대화 상자를 만든 후에는 ShowWindow( ) 함수로 대화 상자를 화면에 출력한다. Create( ) 함수는 메모리상으로만 대화 상자를 만들 뿐 실제로는 ShowWindow( ) 함수를 통해서 화면에 보인다. 단, 대화 상자의 속성 중에 [Visible] 속성이 True로 설정되어 있으면 대화 상자가 생성되자 마자 화면에 출력된다. 즉, ShowWindow( ) 함수 호출을 주석으로 처리하고 [Visible] 속성만 설정해도 대화 상자가 나타난다는 말이다. 여기까지 되었으면 빌드 및 실행을 해보도록 하자.

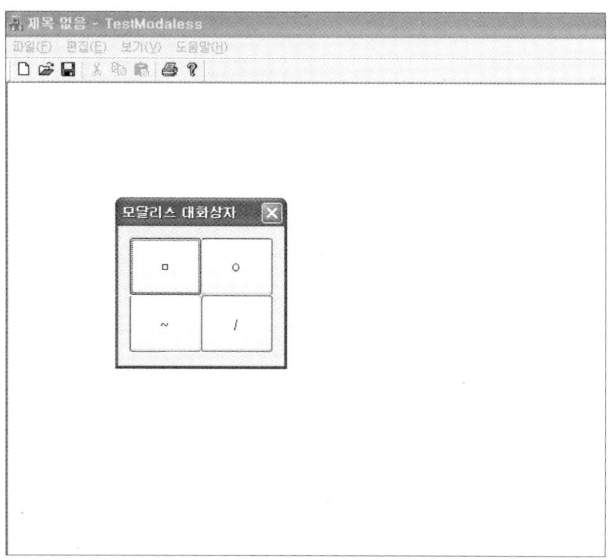

현재 대화 상자에 포커스가 있는데, 부모 윈도우를 클릭해 보자. 모달 대화 상자와는 달리, 대화 상자가 열려 있는 상황에서 부모 윈도우로 포커스가 전환된다.

마치면서

이번 장은 컨트롤 중에서도 리스트 컨트롤과 트리 컨트롤에 대해서 다루어 보았다. 그만큼 실무에서 많이 사용되고, 변형된 형태로도 빈번하게 사용되는 컨트롤이므로 기본적인 형태에 대해서 꼭 숙지하고 넘어가길 바란다.

1. 리스트 컨트롤과 트리 컨트롤
1) 리스트 컨트롤 - 파일이나 데이터 항목을 관리할 때 주로 사용되는 컨트롤이다.
2) 트리 컨트롤 - 파일이나 디렉토리 구조 및 워크스페이스(Work Space)와 같은 작업 도구로 사용되는 컨트롤이다.

2. 대화 상자의 종류
1) 모달형 - 자신이 닫히기 전까지 부모 윈도우로 포커스가 전환되지 않는다.
2) 모달리스형 - 자신이 닫히지 않더라도 부모 윈도우로 포커스가 전환되어 동시 실행이 가능하다.

PART 07
그래픽의 기본

그래픽 기반의 운영체제가 아니였던 도스 시절에도 게임과 같이 그래픽 장치에 직접 접근하는 응용 프로그램이 있었다. 하물며 요즘과 같이 그래픽 기반의 윈도우 운영체제에서는 그래픽 속도와 질이 중요한 요소로 자리 매김 하고 있다. 또한 그래픽은 다양하게 표현이 되고 있으며, 그래픽 출력을 위한 통일된 GDI 함수를 제공하고 있다. 게임과 같이 스펙터클(Spectacle)한 그래픽 영상을 단지 GDI 오브젝트(Object)만을 가지고 표현하는 것은 무리이지만, 앞으로 배울 GDI 오브젝트를 기반으로 2D 그래픽은 기본이고, 2D를 가장한 3D 그래픽뿐 아니라 이미지 출력 및 폰트 출력과 같은 그림판의 기능을 구현할 수 있다.

CDC 클래스

DC란 무엇인지 그 개념에 대해서 정확하게 이해하도록 하자. 그리고 DC를 기반으로 CDC라는 클래스는 어떻게 파생이 되었는지 알아보도록 하자.

1 ····· DC(Device Context)

그래픽 기반의 윈도우 운영체제는 도스(DOS)와는 여러 가지 면에서 차이점이 있는데, 이미 2장 MFC 프로그래밍의 기초에서 설명했듯이 윈도우는 멀티 태스킹과 장치 독립성에 관한 장점을 가지고 있다고 하였다. 이러한 장점들은 그래픽 장치의 핵심적 특징이며, 이번에 배울 디바이스 컨텍스트(DC)에서 전반적인 기능을 담당한다.

먼저, DC를 정의하기 전에 윈도우에서 왜 DC가 필요한지에 대해 알아보겠다. 그러기 위해 윈도우의 두 가지 특징을 짚고 넘어가 보도록 하겠다.

첫째, 윈도우는 멀티태스킹이 가능하다. 이 말은 전적으로 시스템을 독점하는 도스와는 달리 윈도우는 자원을 분배해서 동시에 여러 가지 일을 처리할 수 있다는 말이다. 쉽게 말하면 음악을 듣기 위해서 윈도우 미디어 플레이어를 띄우고, 워드 작업 및 인터넷 검색을 하는 등 동시에 여러 작업을 할 수 있다는 것이다.

그런데 여기서 문제가 있다. 동시에 여러 개의 프로그램이 실행되면서 윈도우에서는 각각 자신의 영역 외에는 그리지 못하도록 관리할 필요가 생긴다. 워드가 윈도우 미디어 플레이어에 영향을 주어서도 안 되고, 윈도우 미디어 플레이어가 인터넷 브라우저에 영향을 주어서도 안 된다. 서로 독립된 프로그램이고 출력 영역 또한 뚜렷하게 구분되어야 한다. 그렇다면 여기서 자신의 고유 영역을 갖고 있을 것이라는 추론을 할 수 있게 된다. 즉, 독립적인 프로그램들이므로 자신만의 고유 좌표를 가지고 있게 된다.

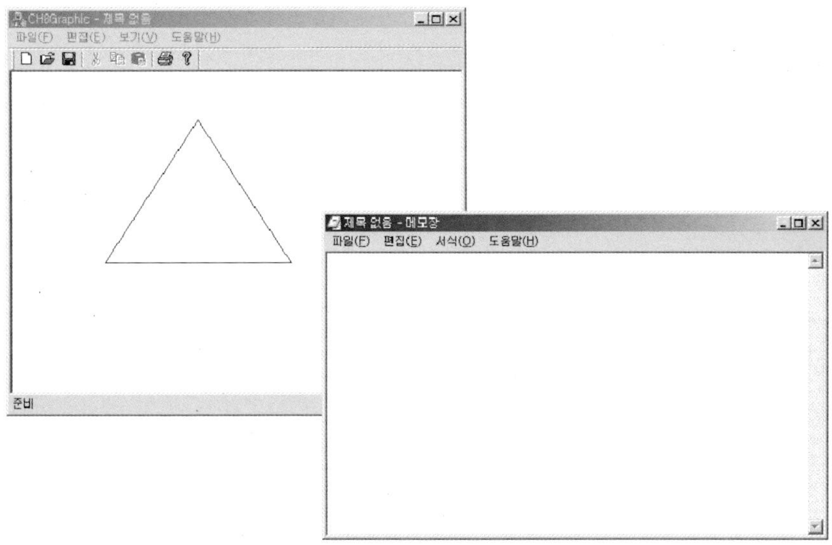

윈도우 기반의 응용 프로그램은 윈도우의 위치에 따라 실제로 그래픽이 출력되는 화면상의 좌표가 달라지게 된다. 그림에서처럼 두 프로그램의 원점은 각각 다르다. 똑같은 원점을 사용한다 하더라도 윈도우의 위치가 어디에 있는가에 따라서 좌표는 달라진다.

두 번째로 윈도우는 장치에 영향을 받지 않는다. 화면이나 프린터 등의 장치에 글자나 그림을 출력한다면 어떻게 해야 할까? 장치를 제어할 수 있는 코드가 있어야 할 것이다. 흔히 말하는 디바이스 드라이버(Device Driver)를 제작해야 한다는 말이다. 이것은 굉장히 번거로운 작업이 될 것이다. 그래픽 카드만 해도 수많은 회사에서 만들어 내기 때문에 제어하는 방식 또한 제각각 다를 것이다. 따라서 그래픽 카드와 운영체제 간의 호환성 문제를 야기하게 된다.

하지만, 어떤 그래픽 카드가 장착되던지 또는 어떤 프린터를 사용하던지 상관없이 똑같은 출력 함수를 사용하여 같은 결과를 만들어 낼 수 있도록 윈도우 운영체제는 GDI 함수를 제공한다. 즉, 어떤 장치이건 상관없이 화면이건 프린터이건 장치만 선택하면 출력해 주는 기능을 가지고 있다. 물론 선택하는 과정 이후의 처리는 지금 논하고 있는 DC(Device Context)가 한다. 즉, DC는 그래픽 카드의 디바이스 드라이버와 GDI 함수를 연결해 주는 역할을 한다.

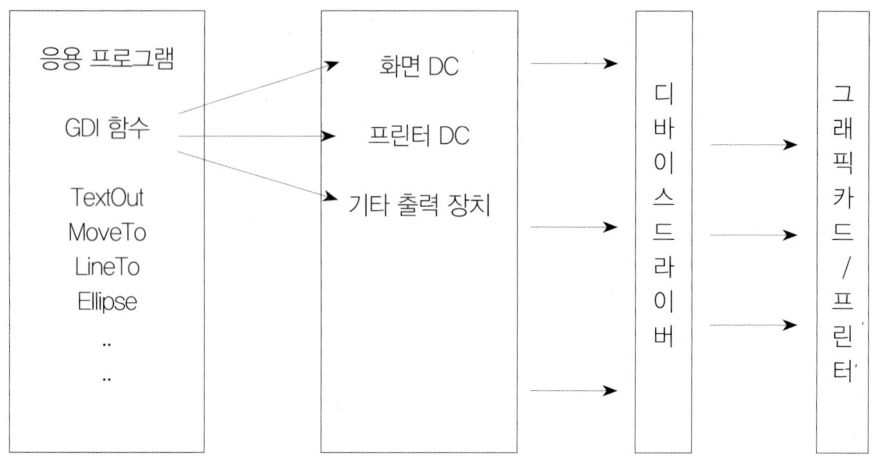

여러 응용 프로그램에서 똑같은 코드를 사용하더라도 화면 DC를 사용하면 화면으로 출력되고, 프린터 DC를 사용하면 프린터로 출력되도록 DC가 중간에서 가교 역할을 한다. 그림 6-1처럼 DC는 디바이스 드라이버와 GDI 함수 사이를 이어 주는 역할을 하며 그래픽 카드나 프린터가 바뀌더라도 GDI 함수는 공통적이기 때문에 함수를 바꾸어 줄 필요가 없다. 따라서 장치에 따라 코드를 바꿀 필요 없이 하나의 코드로 다양한 출력이 가능할 수 있다.

이쯤 해서 DC에 관해서 간단하게 정의하자면, DC(Device Context)란 출력에 필요한 모든 정보를 가지는 데이터 구조체이다. 뒤에서 배우겠지만, 폰트의 종류나 크기, 선의 색상 및 굵기, 출력 방법 등등 출력에 관한 모든 정보를 가지고 있다고 보면 된다.

이제 DC에 대한 감이 어느 정도 잡혔는지 모르겠다. 두 가지 특징을 예로 들어 정의했는데, 다시 한번 정리하면 DC는 각 응용 프로그램의 그래픽 정보 및 좌표 정보 등을 가지고 있으므로 윈도우의 멀티태스킹을 원활하게 해주고, 출력 장치에 관하여서도 독립적이므로 어떤 회사의 그래픽 장치던지 구분 없이 DC 정보를 통해서 간단하게 출력이 가능하다는 말이다. DC에 대한 정보가 너무나 방대하기 때문에 아직까지 DC가 무엇이다라고 명확하게 정의하기는 힘들지만, 일단 DC에 대해서 이 정도의 감만 갖고 앞으로 다루는 내용을 통해 좀더 깊이 이해하도록 하자.

2 · · · · · · · · CDC 클래스

MFC에서는 CDC 클래스 안에 DC에 관한 모든 것을 담아 놓았다. CDC 클래스 안에 DC 핸들이 멤버 변수로 선언되어 있고 화면으로 그림을 출력하는 함수들이 멤버 함수로 선언되어 있다. C++ 구조와 똑같은 개념이다. CDC 클래스는 이미 Microsoft 사의 개발자들에 의해 구현되어 있고, 그 안에 구현된 멤버 함수들은 그래픽 출력 함수들이다. 아직은 멤버 함수들에는 어떤 것이 있는지는 모르겠지만, 익히 C++의 구조를 알고 있는 우리는 CDC 클래스 객체를 선언하고,

그 객체를 이용하여 내장되어 있는 그래픽 멤버 함수를 이용할 것이라 예측할 수 있다. 간단하게 구조를 본다면 이런 것이다.

```
class CDC {
어쩌구 저쩌구... 그래픽 출력 함수들
}

main( )
{
        CDC MyDC;
        MyDC.TextOut("안녕하세요. 이창현입니다.");

        MyDC..........
            .............

}
```

물론 CDC 클래스는 이미 Microsoft 사의 개발자에 의해 구현되어 있는 클래스라고 말했었기 때문에 신경 쓸 부분은 아니고, CDC 객체를 선언하고, 그래픽 멤버 함수를 이용하는 부분만 신경 쓰면 된다.

MyDC 객체가 생성될 때 현재 윈도우에 대한 모든 특성을 조사해서 DC를 구성하고, TextOut( ) 멤버 함수는 CDC의 멤버 함수로서 MyDC 객체를 통해 참조한다. 이 함수는 문자열을 출력하는 함수로 MyDC 객체에 저장된 정보를 참조하여 적절하게 출력해 준다.

물론 이와 같이 코딩하는 것이 정석이겠으나, MFC에서는 객체를 선언할 필요가 없는 경우가 많다. 이유는 프레임워크 생성시 화면 출력을 위한 CDC 객체를 미리 만들어 인수로 넘겨주기 때문이다. 앞서 만들었던 MFC 프로젝트 중 단일 문서(SDI) 기반의 프로젝트를 열어 보자. 예를 들어 2장 MFC 프로그램의 기초의 MFCBasic 프로젝트를 열어 보자. 그리고 MFCBasicView.cpp 파일 중에 OnDraw( ) 함수를 보도록 하자.

```
void CMFCBasicView::OnDraw(CDC*pDC)
{
        CMFCBasicDoc *pDoc = GetDocument( );
        ASSERT_VALID(pDoc);

        pDC->TextOutW(100, 100, _T("Hello World"));
}
```

이 함수는 화면의 클라이언트 영역에 출력할 때 호출되는 함수이다. 그렇다면 우리가 배운 대로 DC가 있어야만 출력이 가능할 것이다. 그런데 함수 내부에서 DC를 호출한 흔적은 없고, 함수의 매개변수로 CDC *pDC 값을 가지고 있다. 즉, 매개변수 값은 우리가 직접 작성한 것이 아니라 프레임워크 자체적으로 생성해 준 DC이다. 미리 자동으로 만들어진 CDC 객체를 우

리는 사용하기만 하면 되는데, 그 객체가 바로 *pDC라는 점이다. 포인터 객체이므로 pDC-
>TextOutW( ) 이런 식으로 멤버 함수를 호출한다.

3 CDC의 파생 클래스

CDC 클래스로 DC를 선언할 수 있고, CDC의 객체는 프레임워크에서 미리 만들어 준다고 하
였다. 그렇다면 DC는 반드시 CDC 클래스를 통해서만 만들어지는가? 꼭 그렇지만은 않다.
CDC 클래스에서 파생된 클래스들이 네 가지가 있는데, 기본적으로 출력이라는 목적으로 생성
되었지만, 그 쓰임새는 각기 다르다. 다음 클래스 계층도와 같이 CDC 클래스의 파생 클래스는
CClientDC, CMetaFileDC, CPaintDC, CWindowDC 로 구성된다.

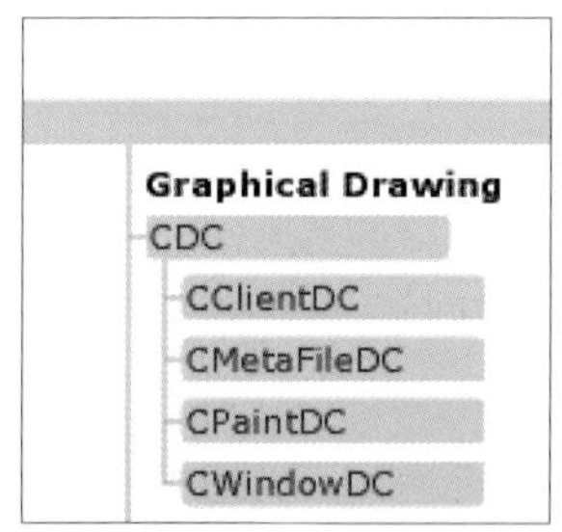

■ CClientDC 클래스

CClientDC 클래스는 OnDraw( ) 함수 외의 다른 함수에서 직접 화면으로 출력해야 하는 경우
에 사용한다. 예를 들어서 키보드로부터 문자를 입력 받고, 입력 받은 문자를 바로 화면에 출력
한다고 한다면, 문자 입력시에는 WM_CHAR 메시지가 발생하고, 그에 따른 메시지 처리기인
OnChar( ) 함수가 호출이 된다. 문제는 이런 경우에 OnChar( ) 함수가 키보드로 입력한 키 문
자를 출력하는 역할을 해야 하는데, OnDraw( ) 함수로는 처리할 수 없으므로, CDC 클래스의
파생 클래스인 CClientDC 클래스의 객체를 만들어 사용해야 한다.

```
void CMFCBasicView::OnChar(UINT nChar, UINT nRepCnt, UINT nFlags)
{
        CClientDC dc(this);
        dc.TextOutW(100, 100, _T("안녕하세요 이창현입니다."));

        CView::OnChar(nChar, nRepCnt, nFlags);
}
```

CClientDC 클래스는 윈도우의 클라이언트 영역에 대한 DC로 설정되고, 이 윈도우의 특성을 반
영하는 DC가 만들어진다. CClientDC 클래스도 CDC 클래스의 파생 클래스이므로 당연히 부모
클래스인 CDC 클래스에 정의된 모든 멤버 함수를 사용할 수 있다.

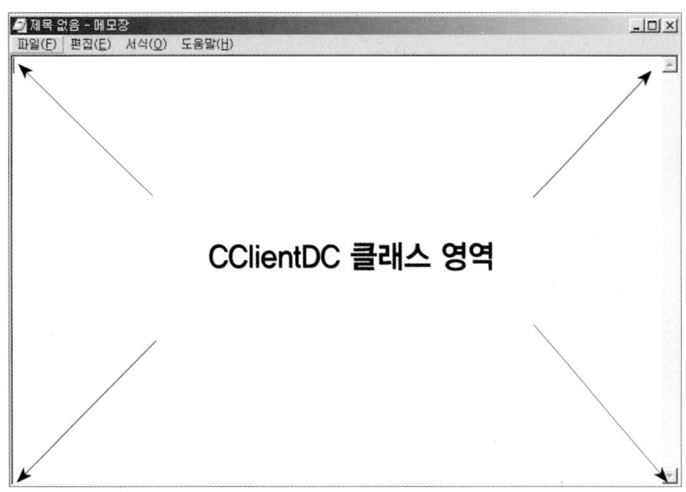

■ CPaintDC 클래스

CPaintDC 클래스 또한 CDC 클래스의 파생 클래스이다. 윈도우 화면을 다시 그릴 때 발생하는
WM_PAINT 메시지의 메시지 처리기인 OnPaint( )에서 사용하는 클래스이다.

■ CWindowDC 클래스

CWindowDC 클래스는 전 화면 영역에 걸쳐 출력할 때 사용된다. 윈도우의 제목 표시줄, 메뉴
표시줄, 도구 모음 및 클라이언트 영역이 모두 포함된 전 영역을 사용한다고 생각하면 된다. 쉬
운 예로는 스크린 세이버가 있다.

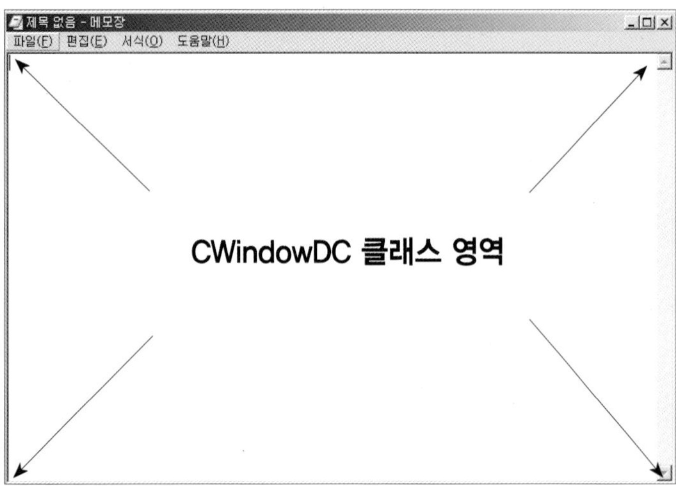

CMetaFileDC 클래스는 메타 파일로 출력할 때 사용하는 클래스이다. 일반 이미지와 차이가 있다면 파일 크기가 더 작고, 이미지를 크게 하여도 기존 이미지의 질을 떨어뜨리지 않는다. 예를 들어 이미지가 커지면 입자가 커져서 각이 져보이는 현상과 같은 것 말이다. 대신 메타 파일은 출력 속도가 상대적으로 느리기 때문에 섬세한 사진과 같은 이미지보다는 클립 아트와 같은 간단한 도형 이미지들에 적합하다.

4 ──── DC의 관리

DC는 사용자가 필요에 의해 만들어서 사용하다가 반드시 파괴해야 하는 시스템 자원이다. 만들기만 하고 파괴하지 않으면 DC가 포화 상태에 이르러 다른 프로그램들이 DC를 사용할 수 없게 된다. 심지어 시스템이 다운되는 치명적인 상태에 이를 수 있다. Win32 API에서는 DC를 생성하고 사용 후 반드시 해제하였다. 즉, 코드상에서 GetDC( ) 함수를 통해 DC의 핸들을 얻으면 ReleaseDC( ) 함수를 통해서 DC를 반드시 반환해 주었다.

하지만, MFC에서는 CDC 객체를 사용한 후에 일부러 파괴할 필요가 없다. 이유는 함수가 종료되면서 함수 내에 선언되었던 객체는 자동으로 파괴되고 객체의 소멸자가 자동으로 호출되어 해제시켜 주기 때문이다. 즉, MFC로 프로그래밍할 때에 DC의 생성 및 해제로 인한 시스템의 에러는 염려하지 않아도 된다.

작도 함수

그림에 있어서 가장 기본은 작도이다. 윈도우 API에서 제공하는 작도 함수에 대해 알아보고, 실제로 그 작도를 윈도우에 그려보도록 하자.

그래픽의 기본은 수많은 점들의 조합이다. 가장 기본은 점이고, 점들이 모여서 선을 이루고, 선들이 모여서 삼각형 및 사각형 다각형들을 만들어 낸다. 선이 휘어져 구성되면 원이 되고, 그 모양에 따라서 타원이 되기도 한다. 물론 현대 사회에서 모든 사물이 이렇게 정형화되어 있지 않고, 매우 다양해서 표현하지 못하는 것들도 있지만, 결국 기본은 점, 선, 사각형, 원과 같은 기본 도형에서 비롯된 것이다. 현재 윈도우의 그래픽의 기초를 배우고 있는 우리는 기본적인 작도 함수를 알고 시작해야 한다.

1 ⸱⸱⸱⸱⸱⸱⸱ 점

점은 그래픽에 있어 가장 기초적인 요소이다. 클라이언트 영역에 특정 색상의 점을 찍을 때 필요한 요소는 좌표와 색상 두 가지이다. 그러므로 점에 관련한 함수 또한 좌표와 색상에 관한 정보를 가지고 있을 것이다. 점을 작도하는 함수로는 점을 찍는 SetPixel( ) 함수와 찍힌 점의 색상을 알려주는 GetPixel( ) 함수 두 가지로 구성된다.

C 계열의 함수들을 보면 일반적으로 이름이 Set으로 시작하는 함수는 반드시 Get으로 시작하는 함수를 가지고 있다. Set으로 시작하는 함수는 주로 어떤 특정 값을 설정할 때 사용하고, Get으로 시작하는 함수는 설정한 값을 얻어올 때 사용한다.

이번 장에서 사용할 프로젝트를 생성하도록 하자. [파일 > 새로 만들기 > 프로젝트]를 선택하고, 프로젝트 이름은 [GraphicEx]이라고 하자. 응용 프로그램 종류는 [단일 문서]를 선택하고, [마침] 버튼을 누른다.

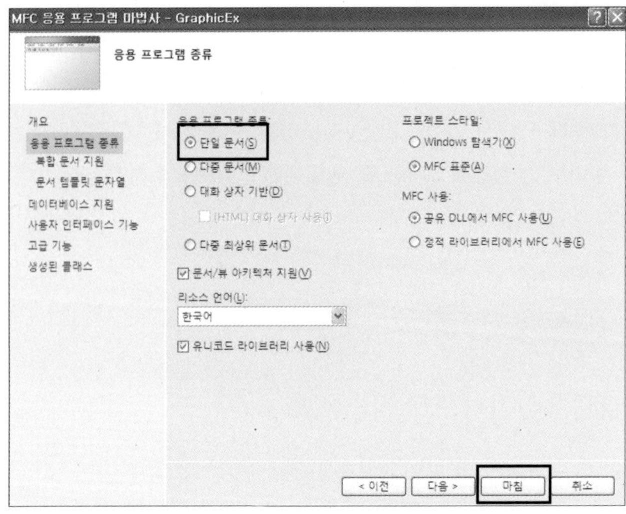

빌드 및 실행을 해보면 MFC의 가장 기본적인 창만 달랑 떠 있고 썰렁 그 자체이다. 앞으로 만
들 프로젝트는 그래픽의 기본 속성을 가장 충실하게 대변하는 윈도우 그림판과 비슷한 기능을
가진 프로그램이 될 것이다. 다음과 같이 코딩을 해보자. 클라이언트 영역에 점을 찍는 코드이다.

```
void CGraphicExView::OnDraw(CDC *pDC)
{
        CGraphicExDoc* pDoc = GetDocument( );
        ASSERT_VALID(pDoc);
        if (!pDoc)
                return;
        pDC->SetPixel(100, 100, RGB(255, 0, 0));
}
```

빌드 및 실행을 해보면 (100, 100) 좌표에 점을 찍기로 했는데, 점이 작아서 잘 보이지 않을 것
이다. 아마 모니터의 먼지들에 가려서 더 안 보일지 모른다. 이 기회에 모니터를 깨끗이 닦아 보
는 계기가 되었으면 한다. SetPixel( ) 함수를 살펴보도록 하자.

〈함수의 정의〉

```
COLORREF CDC::SetPixel(int x, int y, COLORREF crColor);
COLORREF CDC::SetPixel(POINT point, COLORREF crColor);


-        x : 출력할 점의 x좌표
-        y : 출력할 점의 y좌표
-        crColor : 출력할 점의 색상
```

두 가지인데, 첫 번째 함수는 (X, Y) 좌표를 분리하여 인수를 직접 넣어 주는 것이고, 두 번째
함수는 (X, Y) 좌표를 갖는 POINT 구조체 변수의 포인터(Point)를 인수로 사용한 것이다. 공

통적으로 세 번째 인수인 crColor는 색상을 지정한다. RGB 함수를 이용하여 각각 8비트씩 세 개의 수를 가지고 색상을 표현한다.

앞의 예제에서 RGB(255, 0, 0)를 사용하였는데, 각 인수의 자리는 0~255까지의 범위에서 설정할 수 있다. 즉, 2^8의 범위를 가지고 있다. 이렇게 색상을 설정하여 점을 표현하기도 하지만, 설정된 점의 색상을 알고 싶을 때 사용하는 함수가 있는데, 그것이 GetPixel( ) 함수이다. 만약 해당하는 좌표에 점이 없다면, −1 값을 반환한다.

〈함수의 정의〉

```
COLORREF CDC::GetPixel(int x, int y) const;
－        x : 출력한 점의 x좌표
－        y : 출력한 점의 y 좌표
```

 **참고**

RGB( ) 함수

MFC에서 색상을 지정할 때는 COLORREF형을 사용하며, 32비트 정수 값이다. 색상을 지정할 때에는 거의 예외 없이 RGB 함수를 사용한다. RGB(r,g,b) 함수는 r(Red), g(Green), b(Blue) 세 가지 인수를 받아들여 한 가지의 색상을 표현하는 함수이다. 표준 VGA에서 사용되는 16가지 대표 색상과 RGB( ) 함수의 설정은 다음과 같다.

RGB( ) 함수	색상	RGB( ) 함수	색상
RGB(255, 255, 255)	흰색	RGB(255, 0, 0)	빨강색
RGB(192, 192, 192)	연회색	RGB(0, 128, 128)	진한 하늘
RGB(128, 128, 0)	노랑색	RGB(0, 255, 255)	청록색
RGB(255, 255, 0)	갈색	RGB(0, 128, 0)	초록색
RGB(128, 0, 128)	분홍색	RGB(0, 255, 0)	연두색
RGB(255, 0, 255)	연홍색	RGB(0, 0, 128)	진한 파랑
RGB(128, 0, 0)	진한 빨강	RGB(0, 0, 255)	파랑색
RGB(128, 128, 128)	진한 회색	RGB(0, 0, 0)	검정색

2 ········ 선

선이란 기본적으로 시작점과 끝점을 서로 잇는 점들의 집합이라고 볼 수 있다. 선에는 직선,곡선, 점선등과 같이 여러 종류가 있고, 선의 굵기나, 선의 색깔 등과 같은 추가 정보들이 있을 것이다. 이런 것들은 모두 DC에서 관리한다.

MFC에서는 선을 그을 때 두 좌표를 지정하여 한 번에 선을 긋는 방식이 아니라, 현재 위치에서 지정한 위치까지 이동하면서 계속해서 점을 이어 주는 방식을 사용한다. 선을 그리는 MFC 함수를 살펴 보자.

〈MoveTo( ), LineTo( )〉

```
CPoint MoveTo(int x, int y);
- 점의 현재 위치

BOOL LineTo(int x, int y);
- 지정한 점의 위치
```

MoveTo( ) 함수의 리턴값은 CPoint형이고, 현재 위치를 (X, Y) 좌표로 옮겨 주는 역할을 한다. 그러면 임의의 점이 하나 찍혀 있는 상황이라고 가정해 보자. 이 상황에서 LineTo( ) 함수를 호출한다면 MoveTo( ) 함수의 좌표에서 LineTo( ) 함수의 좌표까지 선이 그어질 것이다. LineTo( ) 함수의 리턴값은 BOOL형으로 선이 그어졌느냐 아니냐의 성공 여부를 반환하는 함수이다. 실패하면 0 값이 반환되고, 성공하면 0이 아닌 값이 반환된다.

〈MoveTo( ) 함수와 LineTo( ) 함수를 이용한 직선〉

MoveTo(x, y)　　　　　**LineTo(x, y)**

만약 선이 한 줄이 아니라 여러 줄인 경우 LineTo( ) 함수를 연속해서 사용하면 된다. 왜냐하면, 선을 긋고 나면 LineTo( ) 함수의 (X, Y) 좌표는 현재 좌표가 되고, 다음 번 LineTo( ) 함수의 임의의 좌표와 연결이 된다. 다음 그림을 보자.

〈LineTo( ) 함수를 여러 번 사용한 직선〉

MoveTo(x, y)　　　　　**LineTo(x, y)**

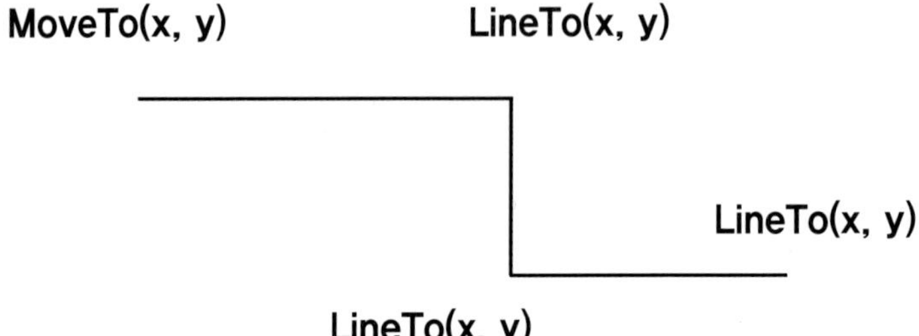

간단한 예제를 작성해 보자. DC를 자동으로 생성해 주었던 OnDraw( ) 함수로 가보자. 점을 출력했던 코드 아래에 다음과 같이 코딩 하자. 그리고 빌드 및 실행을 해보자. 선이 연속으로 이어져 출력되는 것을 확인할 수 있을 것이다.

```
void CGraphicExView::OnDraw(CDC *pDC)
{
-------- 중간 생략 ---------
        pDC->SetPixel(100, 100, RGB(255, 0, 0));

        pDC->MoveTo(100, 100);
        pDC->LineTo(200, 100);
        pDC->LineTo(200, 200);
        pDC->LineTo(300, 200);
}
```

<h2>3   사각형</h2>

사각형에는 정사각형, 직사각형, 마름모, 비대칭 사각형 등이 있으며, 필요한 요소는 선이 네 개이면 된다. 그러나 MFC에서는 사각형을 만들 때 선을 그리는 함수를 사용하지 않는다. 사각형을 그리는 함수가 따로 있다. 다음의 두 함수가 사각형을 그리는 함수이다.

〈함수의 정의〉

```
BOOL Rectangle(int x1, int y1, int x2, int y2);
BOOL RoundRect(int x1, int y1, int x2, int y2, int x3, int y3);

-        (x1, y1) : 좌상단 좌표
-        (x2, y2) : 우하단 좌표
-        (x3, y3) : 사각형 모서리 곡률
```

보통은 Rectangle( ) 함수를 많이 사용한다. 인수를 보면 X 좌표 2개, Y 좌표 2개만 있다. 사각형의 꼭지점 모두가 없어도 가능한 이유는 (x1, y1)의 좌표는 좌상단의 좌표이고, (x2, y2)의 좌표는 우하단의 좌표로서 대각선에 위치한 꼭지점을 가지고 사각형을 그리는 것이다.

RoundRect( ) 함수는 마찬가지로 사각형을 그리지만 마지막에 (x3, y3) 좌표가 더 있다. 이것은 사각형의 모서리 곡률을 조정하는 인수이다. 이 인수가 클수록 곡률은 더 크게(더 둥글게) 그려진다. 즉, 사각형의 모서리에 가로, 세로 지름이 (x3, y3)인 타원이 접해 있다고 생각하면 된다. 다음 그림을 보자.

〈RoundRect( ) 함수의 곡률 비교〉

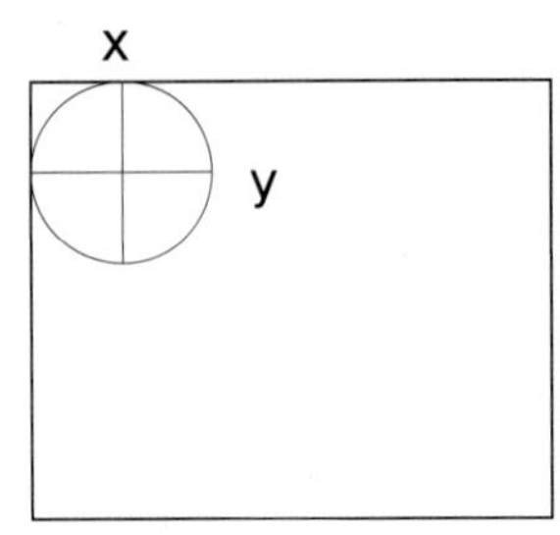
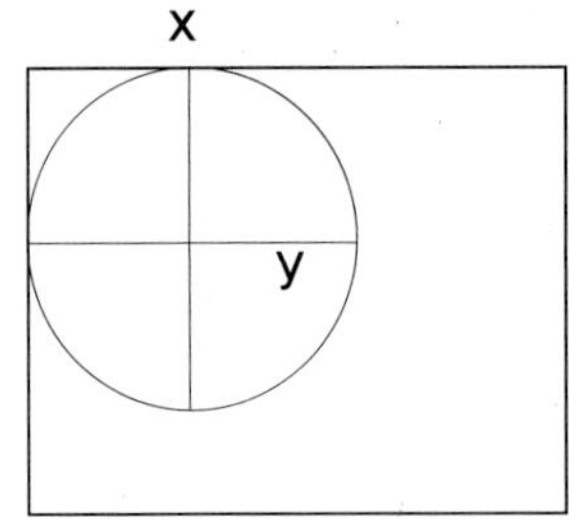

금방 봐도 어떤 도형의 곡률이 클지는 바로 알 수 있을 것이다. 간단하게 이 함수에 대한 테스트 코드를 작성해 보도록 하자.

```cpp
void CGraphicExView::OnDraw(CDC *pDC)
{
--------- 중간 생략 ---------
        pDC->MoveTo(100, 100);
        pDC->LineTo(200, 100);
        pDC->LineTo(200, 200);
        pDC->LineTo(300, 200);

        pDC->Rectangle(100, 300, 200, 400);
        pDC->RoundRect(100, 500, 200, 600, 50, 50);
}
```

빌드 및 실행을 해보자. 결과를 보면 코드의 가독성이 높아질 것이다. Rectangle( ) 함수는 (100, 300)의 좌표와 (200, 400)의 좌표를 각각 좌상단, 우하단 좌표로 잡아서 그린 사각형이고, RoundRect( ) 함수는 (100, 500)의 좌표와 (200, 600)의 좌표를 각각 좌상단, 우하단 좌표로 잡아서 그린 사각형이되, 각 모서리에 가로, 세로 지름이 각각 50인 원을 내접하여 곡률을 주었다.

클리핑 영역

화면에 보이는 가시 영역을 클리핑(Clipping) 영역이라고 한다. 지금까지 점, 선, 사각형을 출력할 수 있었던 영역을 클리핑 영역이라고 생각하면 된다. 그런데 일단 좌표가 해당 영역에 들어갈 수 있었기 때문에 가능했지만, 만약에 출력하고자 하는 영역이 좌표를 벗어나거나, 다른 프로그램에 의해 가려져 안보인다면, 그것은 클리핑 영역에서 벗어난 것이다.

(100, 800) – 클리핑 영역을 벗어남

4 원

원 또한 MFC에서 제공하는 출력 함수가 있다. 함수를 보자.

〈함수의 정의〉

```
BOOL Ellipse(int x1, int y1, int x2, int y2);
-       (x1, y1) : 좌상단 좌표
-       (x2, y2) : 우하단 좌표
```

함수의 원형을 보고 약간 의아한 생각이 들것이다. 원을 그리는데 왜 4개의 좌표로 구성이 될까 하는 생각에서 말이다. 원리는 이렇다.

〈Ellipse( ) 함수의 원리〉

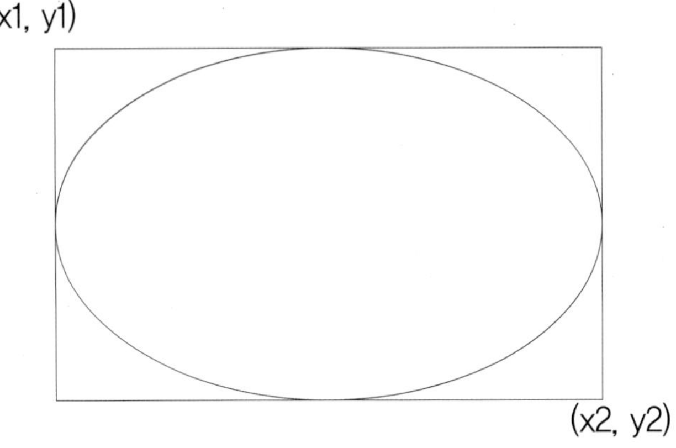

사각형을 그릴 때처럼 좌상단의 좌표 (x1, y1)와 우하단 좌표(x2, y2)를 이용하여 사각형을 그린 후, 사각형 안에 내접하여 원을 그린다. 즉, Ellipse( ) 함수는 해당 좌표의 사각형에 내접하는 타원을 그리는 함수이다. 테스트용 예제를 한번 코딩해 보도록 하자.

```
void CGraphicExView::OnDraw(CDC *pDC)
{
--------- 중간 생략 ----------


        pDC->Rectangle(100, 300, 200, 400);
        pDC->RoundRect(100, 500, 200, 600, 50, 50);


        pDC->Ellipse(300, 100, 400, 200);

}
```

5 다각형

다각형을 그리는 함수에는 Polyline( ) 함수와 Polygon( ) 함수 두 개가 있다. Polyline( ) 함수는 열려 있는 도형을 그리고, Polygon( ) 함수는 닫힌 도형을 그리게 된다.

〈Polyline( ) 함수를 이용한 도형〉　　　〈Polygon( ) 함수를 이용한 도형〉

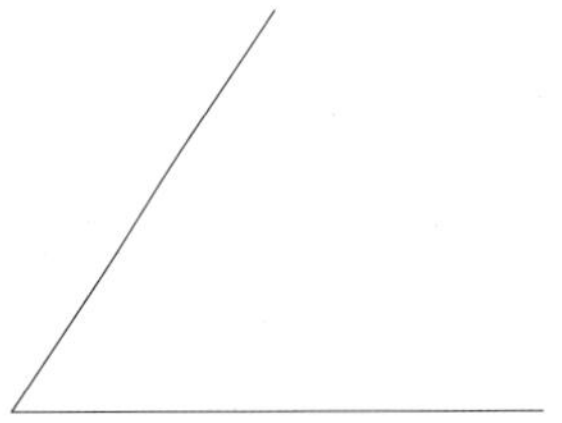
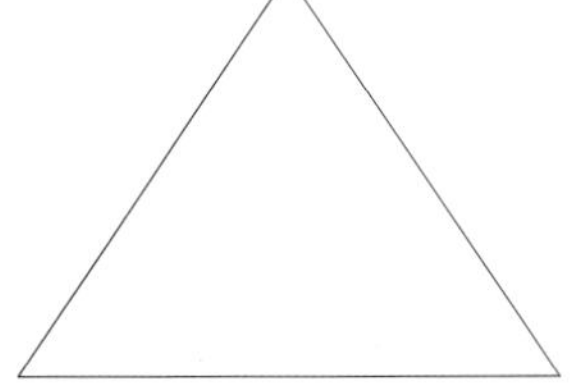

이해를 돕기 위하여 다음 코드를 작성해 보도록 하자.

```
void CGraphicExView::OnDraw(CDC*pDC)
{
-------- 중간 생략 ----------


        pDC->Ellipse(300, 100, 400, 200);

        CPoint ptData[3];
        ptData[0].x = 200;
        ptData[0].y = 100;
        ptData[1].x = 100;
        ptData[1].y = 300;
        ptData[2].x = 300;
        ptData[2].y = 300;

        pDC->Polyline(ptData, 3);
        pDC->Polygon(ptData, 3);
}
```

지금까지 기본적인 작도 함수로 점, 선, 사각형, 원 그리고 다각형을 그려 보았다. DC는 우리가 직접 생성하지 않고, MFC에서 자동으로 생성해 준 CDC 객체 포인터 pDC를 사용하였고, 이것은 출력 객체이므로 작도 함수가 모두 지원된다. 물론 이들 함수는 가장 기본적인 함수들이므로 다루지 않은 나머지 함수들은 필요에 따라 독자들이 찾아서 사용하면 된다.

GDI 오브젝트

GDI란 무엇인지 그 개념에 대해서 정확하게 이해하고, 각 GDI 오브젝트를 이용하여
윈도우에 적용해보자.

1 ········ GDI 오브젝트

GDI란 Graphic Device Interface의 약자이다. 의미인 즉, 그래픽 객체를 그리는 인터페이스라
는 말이다. 이해하기 쉽게 예를 든다면, 그림을 그릴 때 붓과 물감이 필요한 것처럼 그리기에 필
요한 모든 재료라고 볼 수 있다. 즉, 선 그리기나 색 채우기, 비트맵 출력하기, 폰트 설정과 같
이 그래픽 구현을 담당하는 윈도우 운영체제의 구성 요소로써 응용 프로그램이 사용할 수 있는
그래픽 출력 관련 함수와 그에 관련된 클래스를 제공한다.

앞에서 작도 함수를 이용하여 점, 선, 사각형, 원을 그렸다. 그런데 왠지 좀 밋밋한 느낌이 들지
않았는가? 선, 사각형, 원들이 모두 같은 굵기의 선에 같은 색깔을 가지고 있다. 당연히 인수 값
으로 좌표만 받고 나머지는 디폴트 설정값을 사용하였기 때문이다. 그렇다면 어떻게 하면 직접
정보를 설정할 수 있을까? 그것은 앞으로 배울 GDI 오브젝트를 통해서 가능하다. 그리고 이러
한 GDI 오브젝트를 모아 놓고, 관리하는 곳이 바로 DC이다.

〈DC의 구조〉

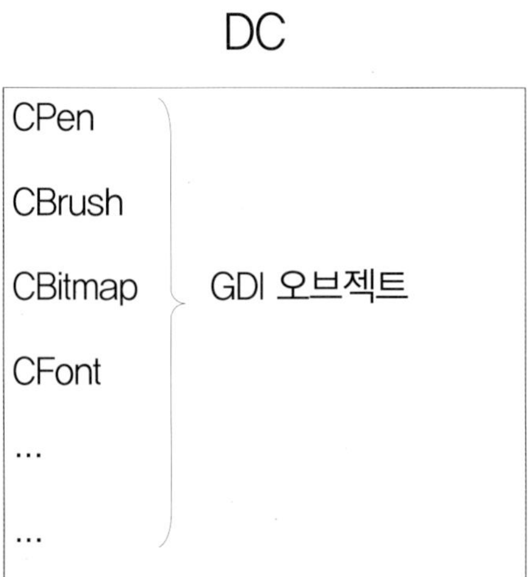

DC가 처음 만들어질 때 GDI 오브젝트는 모두 디폴트 값을 가지고 있다. 그런데, 만약 사각형을 출력하는데, 선 색깔은 빨간색, 안에 채우기 색은 파란색, 선 굵기는 굵게 등으로 출력하기 위해서는 각각의 GDI 오브젝트를 변경시켜 주어야 원하는 결과를 얻을 수 있다. 아무런 변경을 하지 않으면 앞에서 작도 함수로 출력했던 것처럼 디폴트의 검정색 가느다란 사각형에 면은 흰색으로 채워지게 된다.

MFC에서는 각각의 GDI 오브젝트를 나타내는 클래스를 정의하고 있으며, 모두 CGdiObject의 파생 클래스이다.

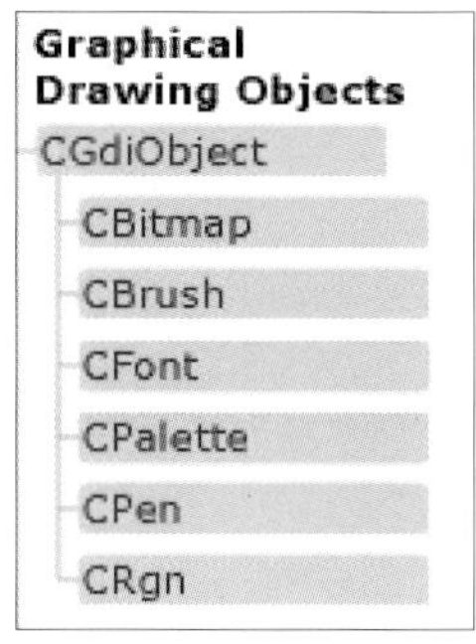

〈GDI 오브젝트〉

GDI 오브젝트	MFC 클래스	핸들	내용
펜	CPen	HPEN	선에 대한 속성이다.
브러시	CBrush	HBRUSH	면을 채울 때 사용한다.
폰트	CFont	HFONT	문자 출력에 사용되는 글꼴이다.
비트맵	CBitmap	HBITMAP	비트맵 이미지이다.
팔레트	CPalette	HPALETTE	팔레트이다.
영역	CRgn	HRGN	영역이다.

GDI 오브젝트를 사용하기에 앞서서 왜 GDI 오브젝트를 사용해야 하고, MFC에서는 어떻게 사용하는지 사용 구조에 대해서 감을 잡고 가도록 하자. GDI 오브젝트는 사용 방법이 서로 간에 크게 다르지 않기 때문에 한 가지 사용 원리만 알고 있다면 나머지를 이해하는데도 무리가 없을 것이다.

예를 들어 붓으로 그림을 그리는 상황을 떠올려보자. 붓은 굵기에 따라 굵은 붓, 중간 붓, 가는 붓이 있을 수 있고, 색 또한 여러 색의 물감 중에 하나를 골라서 사용할 수 있다. 일단 그림을 그릴 때 기본적으로 검은색의 중간 붓을 사용한다고 하자. 그림을 그리다 보면 넓은 면은 굵은 붓을 사용하기도 하고, 색을 다양하게 사용하기도 한다. 이 때에 붓이라는 오브젝트의 속성을 바꾸어 주면 굵은 붓 혹은 가는 붓과 같이 사용을 변경할 수 있고, 빨강, 파랑과 같은 다양한 색을 변경하여 사용할 수 있다. 물론 바꾸어 줄 때 이전의 속성인 검은색의 중간 붓은 버리지 말고, 보관해 두도록 하자. 왜냐하면 다른 붓을 사용하다가 되돌릴 때 최소한 내 손에 기본적으로 설정한 붓은 가지고 있어야 하기 때문이다. 이 개념을 토대로 MFC의 GDI 오브젝트를 사용하는 과정을 구성해 보겠다.

① 붓을 생성한다. 이때 검정색의 중간 붓으로 속성을 설정해 준다. // 생성
② 나중에 붓을 되돌릴 수 있도록 임시 저장소를 생성한다. // 생성
③ 빨강색의 굵은 붓을 선택한다. 이때 임시 저장소에 검정색 중간 붓을 보관한다. // 선택
④ 빨강색의 굵은 붓으로 그림을 그린다. // 활용
⑤ 빨강색의 굵은 붓을 놓고 임시 저장소에 있는 검은색의 중간 붓을 선택한다. // 해제
⑥ 빨강색의 굵은 붓을 깨끗이 청소하고 제자리에 갖다 놓는다. // 파괴

대부분의 GDI 오브젝트의 사용 순서는 이와 같은 순서를 갖는다. 즉, 오브젝트에 대해 [생성
-> 선택 -> 활용 -> 해제 -> 파괴]의 과정을 거친다. 대표적인 GDI 오브젝트인 펜과 브러시
를 통해서 구체적으로 알아보도록 하겠다.

2 ········ 펜

작도 함수에서 선을 긋는 MoveTo( ) 함수와 LineTo( ) 함수에 대해서 알아보았다. 선을 그을
때 사용했던 GDI 오브젝트가 바로 펜 오브젝트이고, MFC에서는 GDI 오브젝트 계층도에서
CPen이라는 클래스를 사용한다. 즉, 새로운 펜을 생성하고자 할 때 이 클래스를 통해서 객체
를 생성한다. 앞의 예에서 붓을 하나 생성했다고 생각하면 된다. 물론 붓의 속성을 설정하려면
CPen 객체의 생성자를 이용하거나 혹은 CreatePen( )이라는 함수를 통해서 가능하다. CPen의
생성자 및 함수의 원형은 다음과 같다.

〈함수의 정의〉

```
CPen(int nPenStyle, int nWidth, COLORREF crColor);

BOOL CreatePen(int nPenStyle, int nWidth, COLORREF crColor);

- nPenStyle : 실선, 점선과 같은 펜의 스타일을 말한다.
- nWidth : 선의 폭을 지정한다. 최소 1픽셀 이상의 폭을 갖는 선이어야 한다. 값이 커질수록 굵기는 굵어진다.
- crColor : COLORREF형이므로 RGB 값을 사용하여 색상을 결정한다.
```

〈표 펜 스타일〉

스타일	모양
PS_SOLID	————————
PS_DOT	··············
PS_DASHDOT	— · — · — · —
PS_DASH	— — — —
PS_DASHDOTDOT	— · · — · ·

이 스타일을 적용하여 펜을 생성하여 보자. 지금까지 사용하였던 선들은 너무 무미 건조했다. OnDraw( ) 함수에 다음과 같이 코드를 작성해 보도록 하겠다.

```cpp
void CExGraphicView::OnDraw(CDC *pDC)
{
        CExGraphicDoc *pDoc = GetDocument( );
        ASSERT_VALID(pDoc);
        if (!pDoc)
                return;                                 펜 객체 생성

        CPen MyPen(PS_SOLID, 5, RGB(255, 0, 0));
        CPen *pOldPen;                                  이전 펜 임시 기억 장소
        pOldPen = pDC->SelectObject(&MyPen);

        pDC->MoveTo(100, 100);                          원하는 펜 선택
        pDC->LineTo(200, 100);
        pDC->LineTo(200, 200);
        pDC->LineTo(300, 200);

        pDC->Rectangle(100, 300, 200, 400);
        pDC->RoundRect(100, 500, 200, 600, 50, 50);

        pDC->Ellipse(300, 100, 400, 200);

        pDC->SelectObject(pOldPen);                     이전 펜을 선택
}
```

굵은 글씨의 코드가 지금 작성한 코드이다. MyPen 객체를 생성하면서 생성자의 인수로 5의 굵기에 가진 빨강색의 굵은 실선으로 펜을 생성하였다. 그 다음 이전 펜을 저장할 임시 기억 장소를 포인터형으로 생성하고 나서 앞에서 생성한 빨강색의 굵은 실선의 펜 객체를 선택한다. 그러면 기본적으로 생성되어 있던 디폴트 펜(검은색의 실선)이 pOldPen 변수에 저장이 되고, 선택한 펜의 속성대로만 그려지게 된다. 따라서 중간에 앞에서 그렸던 선이나 사각형 원 등이 모두 빨강색 굵은 실선으로 바뀌어 출력된다. 마지막 줄에 보면 펜을 모두 활용한 후에는 pOldPen을 선택함으로써 선택하여 사용했던 펜(빨강색의 굵은 실선)을 반납한다. 즉, 펜의 초기화가 이루어진다. 빌드 및 실행을 하여 출력 결과를 보도록 하자.

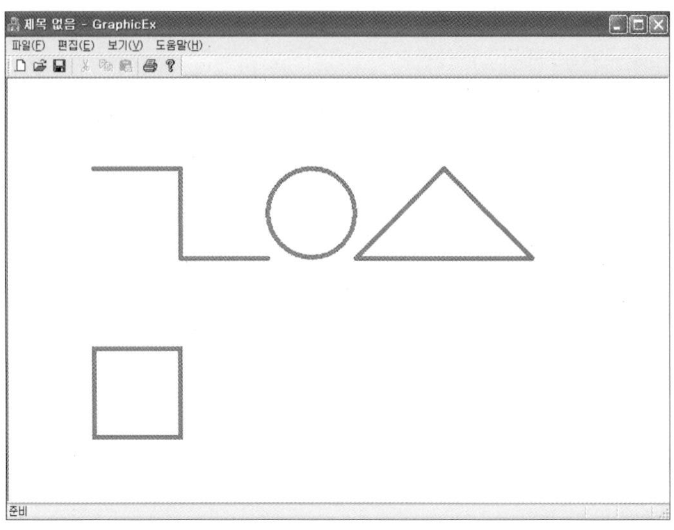

결과를 보면 선이 더 굵어지고 색상이 빨강색으로 바뀌었음을 알 수 있다. 이 코드에서 중요하게 짚고 넘어가야 할 함수가 있는데, 바로 SelectObject( ) 함수이다. 이 함수는 이름부터가 너무 명시적이다. [Select + Object]에서 알 수 있듯이 객체를 선택하는 함수이다. CDC 클래스의 멤버 함수로써 앞의 예제에서는 우리가 생성한 펜 객체 MyPen을 선택하는 역할을 하였다. 그런데 특이하게도 반환 값을 pOldPen이라는 포인터 변수가 받고 있다. 왜냐하면 이 함수는 객체를 선택함으로써 이전의 객체를 반환하는 속성을 가지고 있기 때문이다. 그래서 이전에 쓰던 디폴트 펜의 객체가 pOldPen에 임시로 저장되는 것이다.

마지막 줄의 SelectObject( ) 함수는 pOldPen 객체를 선택함으로써 현재 사용하고 있던 펜 객체의 선택을 해제하게 된다. 왜냐하면 이렇게 해야 사용하던 펜 객체를 파괴할 수 있기 때문이다.

그렇다면 왜 군이 펜 객체를 해제만 하지 않고 파괴까지 해야 할까? 그 이유는 윈도우에서 GDI 오브젝트를 사용하도록 하는 사용 개수가 5개로 제한되어 있고, GDI 오브젝트는 시스템 메모리를 사용함으로 해제 후 파괴하지 않으면 누적되어 시스템의 오류를 초래할 수 있기 때문이다. 그래서 보통 Win32 API에서 코딩할 때 GDI 오브젝트를 사용하고 해제한 후에 파괴하는 작업까지 해야 한다. 하지만, MFC에서는 일일히 파괴하는 작업을 생략해도 관계없다. 왜냐하면 MyPen과 같은 GDI 오브젝트의 경우에는 OnDraw( ) 함수 내에서 선언되었기 때문에 MyPen 객체가 해제가 된 후 OnDraw( ) 함수를 벗어나면 지역 변수가 파괴되듯이 자동으로 파괴가 이루어진다.

3　　　브러시

브러시란 어떤 면을 칠한다는 의미이다. 브러시도 펜과 마찬가지로 브러시 색상을 선택하여 면을 칠하고, 다시 브러시를 해제한다. 디폴트 브러시는 NULL_BRUSH이다. 즉, 어떤 색도 칠하지 않겠다는 의미이다. 앞의 예제에서 보았듯이 사각형이나 타원 내부에는 어떤 색도 채색이 되지 않았다. 브러시를 생성하기 위한 생성자의 원형 및 멤버 함수를 보도록 하자.

〈CBrush( ), CreateSolidBrush( )〉

```
CBrush(COLORREF crColor);

CBrush(int nIndex, COLORREF crColor);

BOOL CreateSolidBrush(COLORREF crColor);

BOOL CreateSolidBrush(int nIndex, COLORREF crColor);
```
—　　　crColor : COLORREF형이므로 RGB 값을 사용하여 면에 칠할 색상을 결정한다.

브러시 객체는 채색을 하는 객체이므로 펜 객체와 같이 스타일이나 굵기와 같은 속성이 필요가 없다. 일반적으로는 색상 값만 인수로 주면 된다. 추가로 nIndex라는 인수가 있는데, 이것으로 채색에 사용할 무늬를 지정할 때 사용한다.

〈브러시의 무늬 종류〉

무늬	내용
HS_BDIAGONAL	좌하향 줄무늬
HS_CROSS	바둑판 모양
HS_DIAGCROSS	좌하향 및 우하향 줄무늬
HS_FDIAGONAL	우하향 줄무늬
HS_HORIZONTAL	수평선
HS_VERTICAL	수직선

이들 무늬를 가지고 예제에 브러시를 적용해 보도록 하자. 구성은 펜 객체를 생성할 때와 동일한 과정을 거치되 클래스만 CBrush로 하면 된다. 다음과 같이 코딩한다.

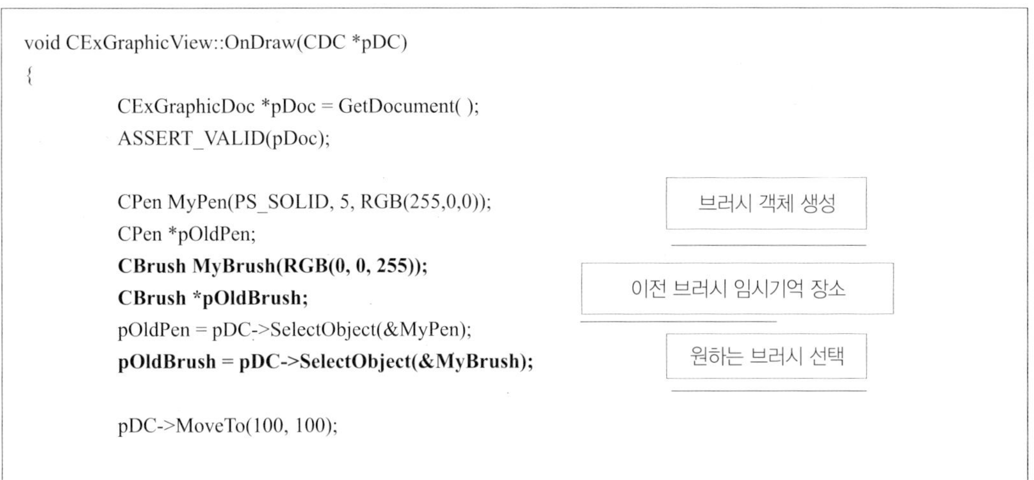


```
void CExGraphicView::OnDraw(CDC *pDC)
{
        CExGraphicDoc *pDoc = GetDocument( );
        ASSERT_VALID(pDoc);

        CPen MyPen(PS_SOLID, 5, RGB(255,0,0));
        CPen *pOldPen;
        CBrush MyBrush(RGB(0, 0, 255));
        CBrush *pOldBrush;
        pOldPen = pDC->SelectObject(&MyPen);
        pOldBrush = pDC->SelectObject(&MyBrush);

        pDC->MoveTo(100, 100);
```

```
            pDC->LineTo(200, 100);
            pDC->LineTo(200, 200);
            pDC->LineTo(300, 200);

            pDC->Rectangle(100, 300, 200, 400);
            pDC->RoundRect(100, 500, 200, 600, 50, 50);

            pDC->Ellipse(300, 100, 400, 200);

            pDC->SelectObject(pOldPen);
            pDC->SelectObject(pOldBrush);              이전 브러시 선택
}
```

굵은 글씨의 코드가 브러시 객체를 생성 및 해제하는 부분이다. 펜 객체를 생성하고 해제하는 과정과 같다. 단지 클래스명만 다를 뿐이다. 예제에서는 MyBrush라는 브러시 객체를 생성하되, 색상은 파랑색으로 하였다. 그리고 MyBrush를 SelectObject( ) 함수로 선택함으로써 이후에 그려지는 다각형의 내부는 파랑색으로 채워지게 된다. 그리고 OnDraw( ) 함수 종료 전에 pOldBrush를 선택함으로써 현재 사용하고 있는 브러시를 해제한다.

코드 작성이 다 되었으면 빌드 및 실행을 해보자. 아마 사각형이나 원과 같은 도형 내부에 파랑색이 채색되어 있는 것을 볼 수 있다. 여기서 내부 채색의 무늬를 바꿀 수도 있다. 앞서 CBrush 클래스의 생성자 정의가 두 가지로 재정의 되어 있는 것을 보았는데, nIndex 인수가 내부 채색의 무늬를 나타낸다고 하였다. 이를 이용하여 코드를 변경해 보자.

```
CBrush MyBrush(RGB(0, 0, 255));  ——→  CBrush MyBrush(HS_CROSS, RGB(0, 0, 255));
```

변경한 코드를 실행하면 파랑색의 바둑판 줄무늬가 나타날 것이다. HS_CROSS는 도형 내부에 바둑판 모양의 무늬를 그려 준다.

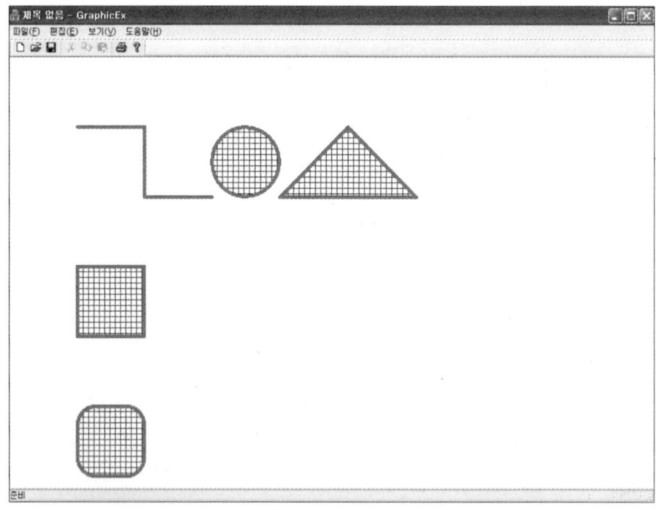

펜과 브러시에 대한 기본적인 사용법을 알아보았다. 윈도우의 강력한 그래픽 구현을 위해서는
펜과 브러시에 대한 더 많은 참고 자료가 필요하고, 그 일은 독자들의 몫이다.

4 폰트

폰트 또한 GDI 오브젝트의 하나로, 폰트의 속성을 지정할 수 있다. 폰트도 여느 GDI 오브젝트
와 마찬가지로 따로 설정하지 않으면 시스템에서 설정한 디폴트 폰트를 사용한다. 폰트를 생성
하는 함수의 원형은 다음과 같다.

〈함수의 원형〉

```
BOOL CreateFont(
        int nHeight, int nWidth,
        int nEscapement,
        int nOrientation,
        int nWeight,
        BYTE bItalic,
        BYTE bUnderline,
        BYTE cStrikeOut,
        BYTE nCharSet,
        BYTE nOutPrecision, BYTE nClipPrecision,
        BYTE nQuality,
        BYTE nPitchAndFamily,
        LPCTSTR lpszFacename);
```

CreateFont( ) 함수는 CFont 클래스의 멤버 함수이며 인수만 총 14개를 가지고 있다. 그만큼
글꼴 하나가 매우 복잡한 구조로 구성되어 있다는 의미이다. 하지만, 실제로 자주 사용하는 인
수는 한두 개에 불과하다.

〈CreateFont( ) 함수의 속성〉

인수	내용
nHeight	글자의 높이를 논리적인 단위로 지정한다. 이 값이 0일 경우는 디폴트 크기가 사용된다.
hWidth	폰트의 폭을 지정하되 0이면 nHeight에서 지정한 높이에 따라 폭을 자동으로 결정한다.
nEscapement	폰트의 각도를 0.1도 단위로 설정한다. 이 각도는 문자가 출력될 X 축과 문자열과의 각도이며 일상적인 360분법의 각도 체계를 사용한다.
nOrientation	글자 한 자와 X 축과의 각도를 지정한다. nEscapement는 전체 문자열을 저장하는 데 비해 이 인수는 개별 문자의 기울기를 설정한다.
nWeight	폰트의 두께를 설정한다. 0~1,000까지의 값을 지정할 수 있으며 보통 굵기인 FW_NORMAL과 굵은 문자인 FW_BOLD만 사용된다. FW_NORMAL의 값은 400이다.
bItalic	기울임 속성을 설정한다. 속성을 주고 싶으면 0 이외의 값을 주고 속성을 주지 않으려면 0을 준다.

bUnderline	밑줄 속성을 설정한다. 속성을 주고 싶으면 0 이외의 값을 주고 속성을 주지 않으려면 0을 준다.
cStrikeOut	관통선 속성을 설정한다. 속성을 주고 싶으면 0 이외의 값을 주고 속성을 주지 않으려면 0을 준다.
nCharSet	문자 세트를 설정한다. 폰트 매퍼가 논리 폰트를 생성할 때 참조하는 중요한 값이므로 폰트의 타입 페이스를 지정할 경우 반드시 해당 폰트의 문자 세트와 일치하도록 써 주어야 한다.
nOutPrecision	출력 정확도를 설정한다. 같은 이름의 폰트가 여러 세트 있을 경우 폰트 매퍼가 어떤 폰트를 선택할 것인가를 지정한다.
nClipPrecision	클리핑 정확도를 설정한다. 클리핑 영역을 벗어난 문자의 일부를 어떻게 클립할 것인가를 지정한다.
nQuality	논리적 폰트를 물리적 폰트에 얼마나 근접시킬 것인가를 지정한다.
nPitchAndFamily	폰트의 피치와 그룹을 설정한다.
lpszFacename	글꼴의 이름을 나타내는 문자열을 설정한다.

폰트의 예제를 작성해 보도록 하자. 기존 예제의 OnDraw( ) 함수에 다음과 같이 코딩하자.

```cpp
void CExGraphicView::OnDraw(CDC *pDC)
{
        CExGraphicDoc *pDoc = GetDocument( );
        ASSERT_VALID(pDoc);

        CPen MyPen(PS_SOLID, 5, RGB(255, 0, 0));
        CPen *pOldPen;
        CBrush MyBrush(HS_CROSS, RGB(0, 0, 255));
        CBrush *pOldBrush;
        pOldPen = pDC->SelectObject(&MyPen);
        pOldBrush = pDC->SelectObject(&MyBrush);


        CFont MyFont, *pOldFont;                                        폰트 크기
        MyFont.CreateFont(40, 0, 0, 0, FW_NORMAL, FALSE, FALSE, FALSE,
                ANSI_CHARSET, OUT_DEFAULT_PRECIS, CLIP_DEFAULT_PRECIS,
                DEFAULT_QUALITY, VARIABLE_PITCH | FF_SWISS, _T("바탕"));
        pOldFont = pDC->SelectObject(&MyFont);                          폰트체


        pDC->MoveTo(100, 100);
        pDC->LineTo(200, 100);
        pDC->LineTo(200, 200);
        pDC->LineTo(300, 200);

        pDC->Rectangle(100, 300, 200, 400);
        pDC->RoundRect(100, 500, 200, 600, 50, 50);
        pDC->Ellipse(300, 100, 400, 200);

        pDC->TextOutW(300, 300, _T("삶은 계란이다."), 15);
        pDC->SelectObject(pOldFont);
```

```
        pDC->SelectObject(pOldPen);
        pDC->SelectObject(pOldBrush);
}
```

폰트도 GDI 오브젝트이므로 사용 방식은 펜과 브러시 때와 같다. 폰트 객체를 선언하고 객체를
생성한 후에 생성한 폰트 객체를 선택하고 해제하는 과정을 갖는다. 굵은 글씨 부분이 추가된
코드이다. 폰트는 40으로, 글꼴은 바탕체로 출력될 것이다. 빌드 및 실행을 해보자.

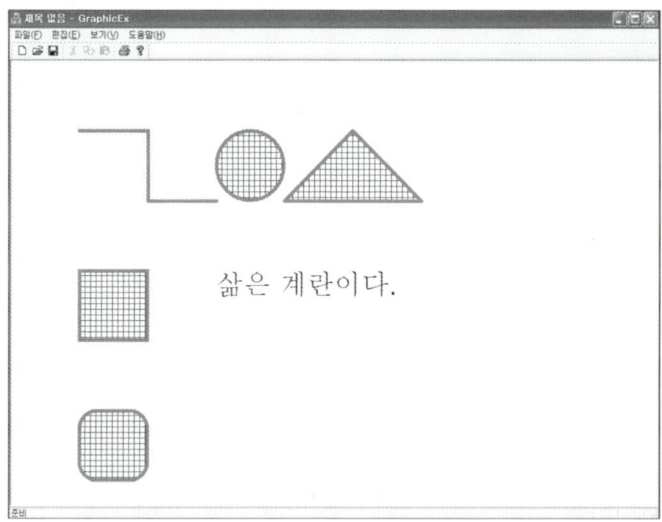

5 ········ 스톡(Stock) 오브젝트

GDI 오브젝트를 사용하기 위한 코드의 과정은 객체를 생성, 선택, 해제 및 파괴하는 과정을 거
쳐야 했다. 그런데 스톡(Stock) 오브젝트는 GDI 오브젝트를 사용하기 위한 함수이지만 객체의
생성, 해제 및 파괴의 과정은 생략되고, 곧바로 GDI 오브젝트를 선택하여 사용하는 것이 가능
하다. 왜냐하면 스톡 오브젝트는 윈도우 운영체제에 사전 정의되어 있기 때문이다. 스톡 오브젝
트를 사용하기 위한 함수의 정의를 보도록 하자.

〈함수의 정의〉

```
Vitual CGdiObject *SelectStockObject(int nIndex);
 - nIndex : 사용할 스톡 오브젝트의 종류
```

인수로 주어진 nIndex 값에 실제로 사용할 스톡 오브젝트의 종류를 지정하게 된다. 물론 그 종
류가 정해져 있으므로 스톡 오브젝트는 다양하게 사용하기는 힘들다. 스톡 오브젝트의 종류에
는 어떤 것들이 있는지 보도록 하자.

〈스톡 오브젝트의 종류〉

인수	내용
BLACK_PEN	검정색 펜
WHITE_PEN	흰색 펜
NULL_PEN	투명 펜
BLACK_BRUSH	검정색 브러시
WHITE_BRUSH	흰색 브러시
GRAY_BRUSH	회색 브러시
NULL_BRUSH	투명 브러시
ANSI_FIXED_FONT	고정 폭 폰트
ANSI_VAR_FONT	가변 폭 폰트
DEFAULT_PALETTE	시스템 팔레트

스톡 오브젝트는 사용 방법만 사용자 GDI 오브젝트와 약간 다를 뿐이지 기능은 똑같다. 예제
코드를 작성해 보면 이해가 빠를 것이다.

```
void CExGraphicView::OnDraw(CDC *pDC)
{
        CExGraphicDoc *pDoc = GetDocument( );
        ASSERT_VALID(pDoc);

--------- 중간 생략 ----------

        pDC->Rectangle(100, 300, 200, 400);
        pDC->RoundRect(100, 500, 200, 600, 50, 50);

        pDC->SelectStockObject(BLACK_BRUSH);            검은색 브러시로 칠한다.
        pDC->Ellipse(300, 100, 400, 200);

        pDC->SelectObject(pOldPen);
        pDC->SelectObject(pOldBrush);
}
```

사각형은 기존의 사용자 GDI 오브젝트의 영향을 받지만, 타원은 바로 앞의 스톡 오브젝트로 브
러시를 검은색으로 설정하였으므로 검정색으로 내부가 채색되어 출력될 것이다. 코드에서 보다
시피 스톡 오브젝트 사용할 때 GDI 오브젝트의 생성 및 해제의 과정이 생략되었다.

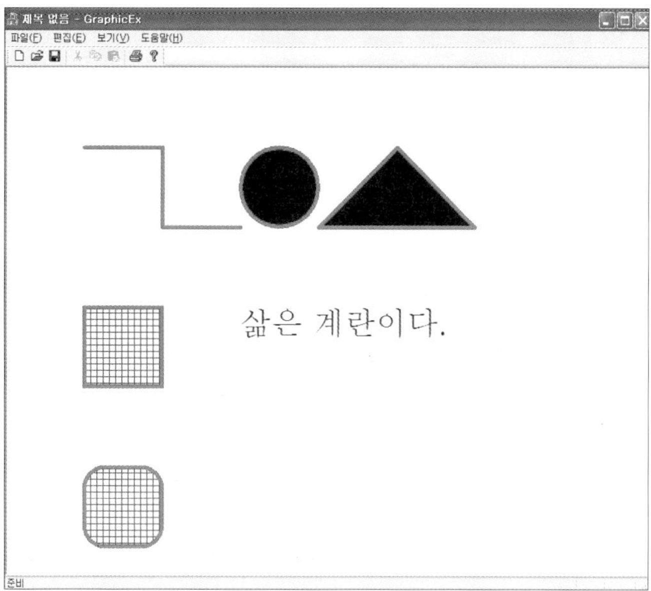

 참고

– PEN : BLACK_PEN, WHITE_PEN, NULL_PEN
– BRUSH : BLACK_BRUSH, WHITE_BRUSH, GRAY_BRUSH, _DKGRAY_BRUSH, LTGRAY_BRUSH, HOLLOW_BRUSH, NULL_BRUSH
– FONT : ANSI_FIXED_FONT, ANSI_VAR_FONT, DEVICE_DEFAULT_FONT, OEM_FIXED_FONT, SYSTEM_FONT

비트맵 출력하기

이미지 출력의 기본은 비트맵 출력이다. 윈도우 상에 비트맵을 어떻게 그려줘야 하는지 알아보고, 이미지를 윈도우에 그릴 때 효율적으로 그릴 수 있는 방법으로 메모리 DC에 대해서도 알아보자.

윈도우 운영체제에서 기본적으로 지원되는 이미지 포맷으로는 비트맵을 들 수 있다. 그래픽을 출력할 때 앞에서 배운 점, 선, 도형 등으로 할 수 있지만, 한계가 있다. 사진과 같은 정교한 그래픽의 경우에는 굉장한 노동이 필요할 것이다. 그래서 복잡한 그림을 출력하기 위해서는 미리 그려진 비트맵을 사용한다. 비트맵 자체가 압축되지 않은 이미지이므로 용량이 크다는 단점이 있다. 그래서 흔히 쓰는 JPG, GIF 포맷을 사용하지만 GDI에서는 지원이 되지 않는 포맷이다. 비트맵도 GDI 오브젝트이므로 MFC에서 지원하는 클래스가 있는데, CBitmap이라는 클래스이다. 이 클래스를 이용하여 비트맵 오브젝트를 생성 및 출력하는 과정을 보도록 하자.

1 ········ 비트맵 오브젝트 생성

먼저 출력하고자 하는 비트맵을 선택하도록 한다. 어떤 비트맵이든 상관없다. 원하는 비트맵 파일을 선택하였으면 현재 프로젝트인 GraphicEx 폴더의 res 디렉토리 안에 비트맵 파일을 복사해서 붙여 넣는다.

그런 다음 사용할 비트맵 파일을 리소스로 정의해야 한다. 리소스 코드상에 비트맵 파일을 읽어오는 작업은 리소스 뷰에서 팝업 메뉴의 [리소스 추가] 항목을 선택하고, [리소스 추가] 대화상자에서 [가져오기] 버튼을 선택한다.

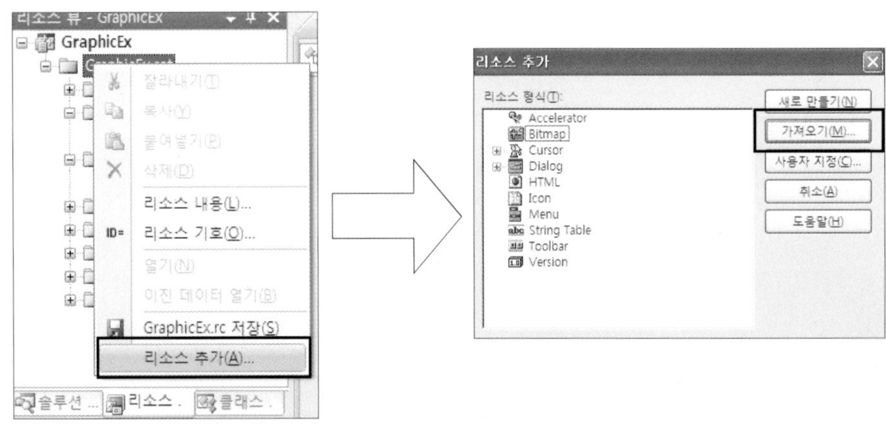

이 때 [가져오기] 대화 상자가 나타나면 사용할 비트맵을 선택한다. 예제에서는 coffee.bmp라는 비트맵을 선택하여 사용하기로 한다. 비트맵 리소스 목록의 [Bitmap] 항목에 방금 추가한 비트맵 이미지가 등록되고, IDB_BITMAP1이라는 이름을 IDB_COFFEE라고 변경 하자. 일단 여기까지는 기존의 비트맵 이미지를 가져와서 등록한 과정이다. 이제 등록한 비트맵을 어떻게 출력하느냐의 문제만 남았다.

일단 코드를 작성해 보도록 하겠다. 물론 비트맵도 GDI 오브젝트이므로 앞의 기본적인 과정을 거쳐야 한다. 비트맵 오브젝트를 생성하고 SelectObject( ) 함수로 오브젝트를 선택 및 사용한 후에 해제하는 방식이다. 기존 코드에 이어서 작성한다. 굵은 글씨 부분이 추가한 비트맵 출력 코드이다.

```cpp
void CExGraphicView::OnDraw(CDC *pDC)
{
        CExGraphicDoc *pDoc = GetDocument( );
        ASSERT_VALID(pDoc);

--------- 중간 생략 ----------

        pDC->SelectObject(pOldPen);
        pDC->SelectObject(pOldBrush);

        CDC MemDC;
        MemDC.CreateCompatibleDC(pDC);
        CBitmap MyBmp, *pOldBmp;
        MyBmp.LoadBitmap(IDB_COFFEE);
        pOldBmp = MemDC.SelectObject(&MyBmp);
        pDC->BitBlt(500, 100, 200, 200, &MemDC, 0, 0, SRCCOPY);
        MemDC.SelectObject(pOldBmp);
}
```

모두 작성이 되었으면 빌드 및 실행을 해보자.

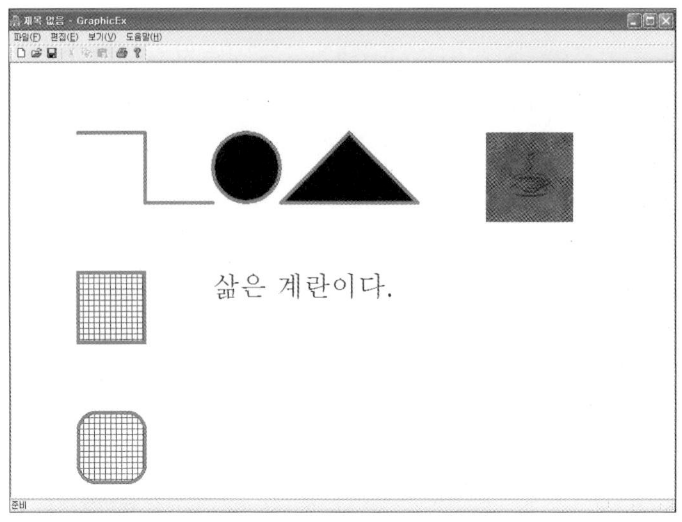

코드를 보면 기존의 GDI 오브젝트의 코드 구조에 좀더 살이 붙여진 느낌이 들 것이다. 이미지를 메모리로 불러서 화면으로 출력해야 하는 구조이기 때문에 약간은 복잡하게 느껴질 수 있다. 비트맵 이미지 자체가 용량이 크기 때문에 원활한 출력을 위해 윈도우는 비트맵을 바로 화면으로 출력하지 않고 메모리에 먼저 그린 후에 화면으로 출력하는 구조를 가지고 있는데, 이 때 사용하는 것이 메모리 DC이다.

2 .... 메모리 DC

비트맵은 바로 화면으로 출력하지 않고, 메모리에서 그림을 출력한 후에 다시 화면으로 고속 복사하여 사용자의 눈에 비로소 보여지게 된다. 만약 용량이 큰 이미지를 화면으로 바로 출력한다면 이미지 로딩 속도에 문제가 있어서 이미지가 깨끗하게 표현되지도 않을 뿐더러, 갱신 과정 또한 매끄럽지 못해서 화면 깜박임이 심하게 된다. 하지만, 메모리 DC를 이용하는 경우에는 메모리에서 출력에 관한 처리를 모두 끝내고 화면으로 고속 복사해서 보여주기만 하기 때문에 화면에서 로드가 걸리지 않는다.

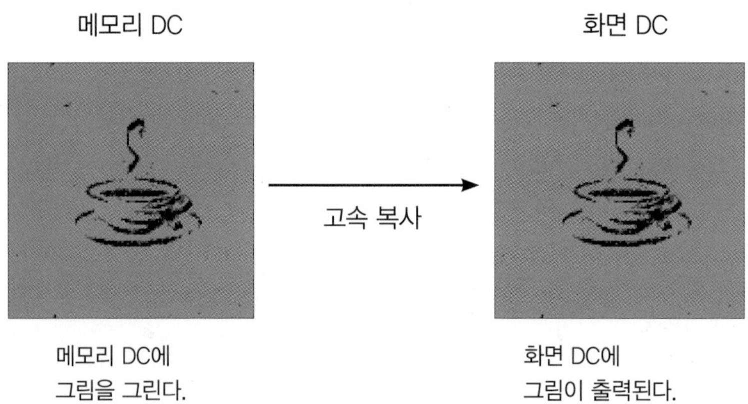

비트맵의 경우 메모리 DC를 사용하는 이유가 이미지의 용량 때문인데, 앞에서 배웠던 작도 함수와 같은 경우에도 메모리 DC를 사용할 수 있다. 즉, 그래픽 객체 출력에 있어서 비트맵뿐 아니라 전 영역에 메모리 DC를 사용할 수 있다는 말이다. 코드를 보면 기존의 GDI 오브젝트 사용 구조와 비슷하나 메모리 DC를 사용함으로써 코드가 약간 복잡해진다.

CDC MemDC;	메모리 DC 선언
MemDC.CreateCompatibleDC(pDC);	화면 DC와 동일한 메모리 DC를 만든다.
CBitmap MyBmp, *pOldBmp;	비트맵 객체를 선언한다.
MyBmp.LoadBitmap(IDB_COFFEE);	비트맵 리소스를 읽어온다.
pOldBmp = MemDC.SelectObject(&MyBmp);	메모리 DC에 비트맵 선택
pDC->BitBlt(500, 100, 200, 200, &MemDC, 0, 0, SRCCOPY);	비트맵을 화면에 출력
MemDC.SelectObject(pOldBmp);	비트맵 객체 해제

굵은 글씨 부분이 GDI 오브젝트의 기본 구조이다. 비트맵 객체를 선언하고, 선택하고, 해제하는 과정을 거친다. 그렇다면 중간중간의 코드는 무엇인가 살펴보자.

■ MemDC

MemDC는 메모리 DC로 사용하기 위해 선언한 객체이다.

■ CreateCompatibleDC

메모리 DC를 만들 때 사용되는데, 화면 DC의 속성을 메모리에 똑같이 적용시켜서 메모리 DC를 만들어 준다. 즉, 화면 DC 객체인 pDC를 CreateCompatibleDC( ) 함수를 통해서 MemDC 객체로 포팅해 준다.

〈함수의 원형〉

```
Virtual BOOL CreateCompatibleDC(CDC *pDC);
```

■ LoadBitmap

리소스로 등록한 비트맵을 LoadBitmap( ) 함수를 통해서 불러온다.

메모리 DC에 그린 화면을 화면 DC로 고속 복사하는 함수이다. 결국 메모리 DC에서 작업한 최종적인 결과물을 단지 화면 DC로 옮겨서 보여주는 역할을 한다.

〈함수의 정의〉

```
BOOL BitBlt(
        int x, int y,
        int nWidth, int nHeight,
        CDC *pSrcDC,
        int xSrc, int ySrc,
        DWORD dwRop);
```

– x, y : 화면 DC의 (X, Y) 좌표이다. 즉, 비트맵을 출력할 화면의 (X, Y) 좌표라는 말이다.

– nWidth, nHeight : 비트맵의 폭과 높이를 말한다.

– pSrcDC : 메모리 DC를 말한다.

– xSrc, ySrc : 비트맵 원본의 (X, Y) 좌표를 말한다. 즉, 비트맵 이미지의 맨 좌측 및 상단 좌표이다.

– dwRop : 레스터 연산자이다. 화면 DC와 메모리 DC 간의 비트맵 색상에 대한 논리 연산 방법을 지정한다. 예제에서는 SRCCOPY를 사용하였는데, 비트맵을 화면에 그대로 복사한다는 의미이다.

〈레스터 연산자 코드〉

레스터 연산자	내용
BLACKNESS	대상 영역을 장치 팔레트 0번 색상으로 칠한다.
WHITENESS	대상 영역을 장치 팔레트 1번 색상으로 칠한다.
SRCCOPY	원본 내용을 그대로 복사한다.
DSTINVERT	대상 영역의 색상을 반전(Invert)시킨다.
SRCAND	원본 영역의 색상과 대상 영역의 색상을 AND 연산으로 합친다.
SRCERASE	대상 영역의 반전된 색상과 원본 영역의 색상을 AND 연산으로 합산한다.
SRCINVERT	원본 영역의 색상과 대상 영역의 색상을 XOR 연산으로 합산한다.
SRCPAINT	원본 영역의 색상과 대상 영역의 색상을 OR 연산으로 합산한다.

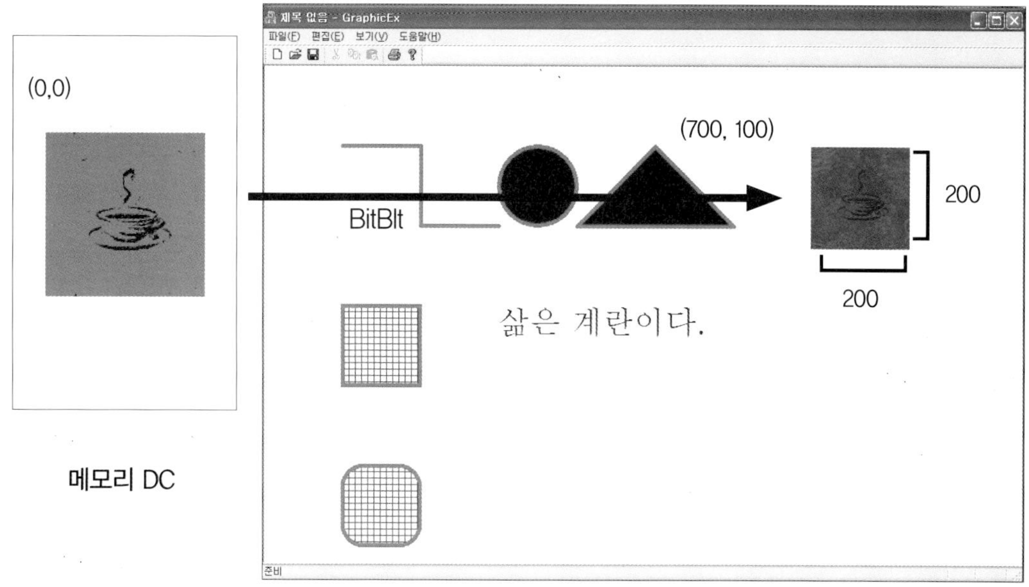

화면 DC

그림과 같이 메모리 DC에 비트맵이 그려지고 화면 DC를 통해서 화면의 지정한 좌표에 복사되어 사용자에게 보여진다.

■ 메모리 DC를 이용한 비트맵 출력 과정

① 사용할 메모리 DC를 선언한다. MemDC

② 메모리 DC를 만든다. MemDC.CreateCompatibleDC(pDC)
메모리 DC는 화면 DC와 동일한 속성을 갖는다.

여기까지 메모리 DC를 선언 및 생성하였으므로 메모리 DC를 사용할 준비가 완료되었다
이제 만들어진 메모리 DC에 비트맵을 로드하면 된다.

③ 비트맵 이미지를 로드한다. MyBmp.LoadBitmap(IDB_COFFEE)

④ 로드한 비트맵을 메모리 DC에 전송한다. MemDC.SelectObject(&MyBmp)

앞의 그림에서처럼 비트맵 이미지가 메모리에 그려지게 된다. 메모리에 있는 비트맵을 눈으로 보기 위해서는 화면으로 전송해야 한다.

④ 로드한 비트맵을 메모리 DC에 전송한다. MemDC.SelectObject(&MyBmp)

⑤ 메모리 DC에서 화면 DC로 비트맵을 고속 복사한다. pDC->BitBlt(500, 100, 200, 200, &MemDC, 0, 0, SRCCOPY);

⑥ 비트맵 객체를 다 사용하였으면 해제한다.

3 StretchBlt( )

StretchBlt() 함수는 BitBlt( ) 함수와 같이 메모리 DC에 있는 비트맵을 화면 DC로 고속 복사하지만 복사 후에 크기가 달라진다는 점이 다르다. BitBlt( ) 함수와 인수를 비교해 보면 메모리 DC의 원본 좌표에 폭과 높이의 인수가 더해졌다.

〈함수의 원형〉

```
BOOL StretchBlt(
        int x, int y,
        int nWidth, int nHeight,
        CDC *pSrcDC,
        int xSrc, int ySrc,
        int nWidthSrc, int nHeightSrc,
        DWORD dwRop);
```

즉, 메모리 DC의 비트맵 원본에서 지정한 영역이 복사 대상의 지정한 영역의 크기만큼 확대되어서 출력된다. 앞에서의 BitBlt( ) 함수에서는 메모리 DC에 그려진 비트맵 자체의 크기를 바꿀 수 없었지만 StretchBlt( ) 함수에서는 메모리 DC에 이미 그려진 비트맵의 폭과 높이를 변경할 수 있다. 앞에서 작성했던 OnDraw( ) 함수 코드를 다음과 같이 BitBlt( ) 함수를 주석 처리하고, StretchBlt( ) 함수를 새로 작성해 보자.

```
//      pDC->BitBlt(500, 100, 200, 200, &MemDC, 0, 0, SRCCOPY);
        pDC->StretchBlt(500, 100, 500, 500, &MemDC, 0, 0, 200, 200, SRCCOPY);
```

주목할 점은 화면 DC에 출력할 폭과 넓이가 각각 500으로 커졌다는 점과, 메모리 DC에 그릴 비트맵 원본의 폭과 넓이가 각각 200으로 주어졌다는 점이다. 즉, BitBlt() 처럼 비트맵 원본을 메모리 DC에 그대로 그리는 것이 아니라 비트맵 원본의 폭과 넓이를 지정하여 메모리 DC에 그릴 수 있는 것이다. 빌드 및 실행해 보자. 비트맵 출력 크기가 커진 것을 볼 수 있다.

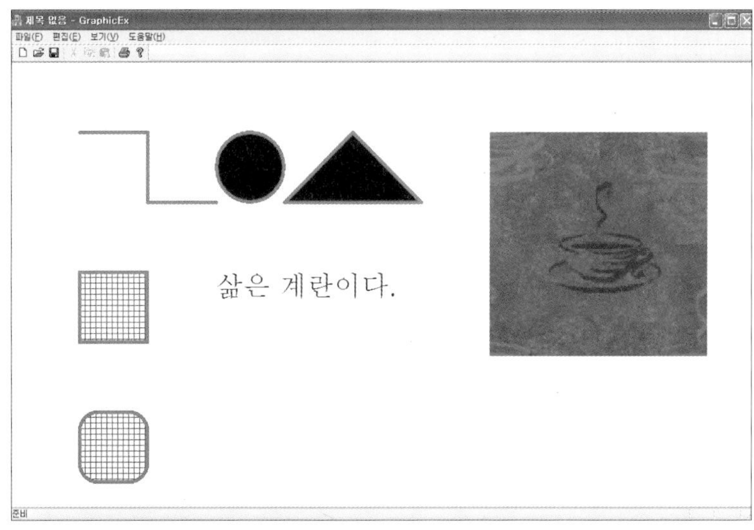

BitBlt( ) 함수에서는 화면 DC의 폭과 높이를 변경하여도 출력되는 비트맵의 크기는 변하지 않는다. 즉, 원래의 이미지 크기를 유지한다는 말이다. 하지만, StretchBlt( ) 함수를 사용하면 메모리에 그려진 원래의 이미지를 화면에 확대 혹은 축소해서 출력하는 것이 가능하다. 좌표나 폭과 높이를 바꾸어 보면서 직접 확인해 보길 바란다.

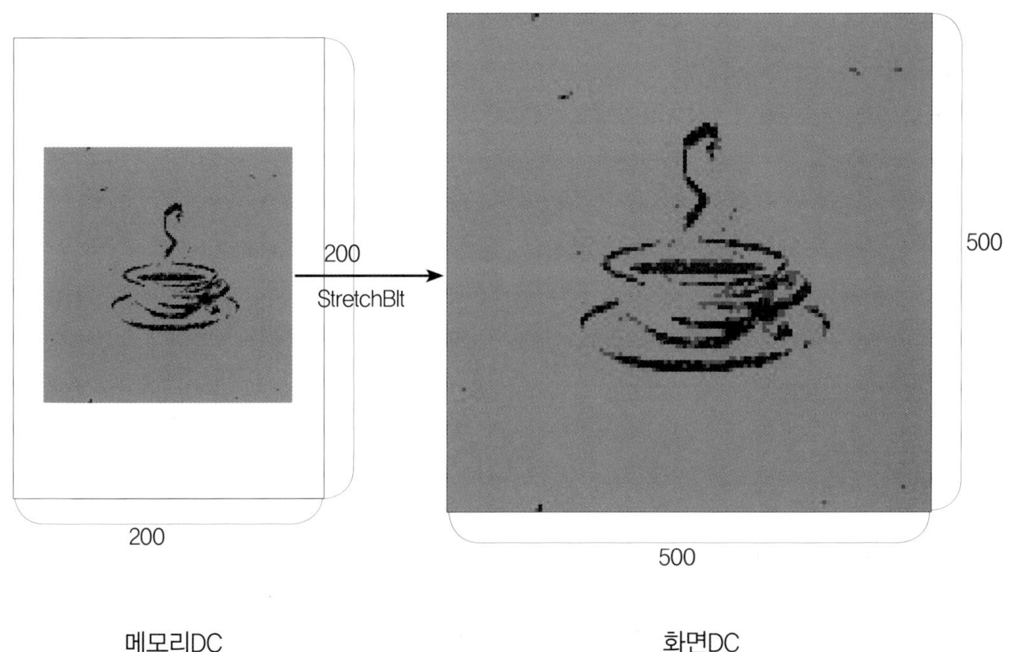

이제 비트맵 출력까지 알아보았으니, 비트맵 이미지를 이용하여 애니메이션을 출력하는 방법에 대해서 알아보도록 하겠다. 애니메이션을 출력하려면 기본적으로 배경 이미지, 캐릭터 이미지, 그리고 마스크 이미지, 세 가지가 필요하다. 다음과 같이 비트맵 이미지를 불러 오도록 하겠다.

먼저 애니메이션에 사용할 비트맵을 등록하겠다.

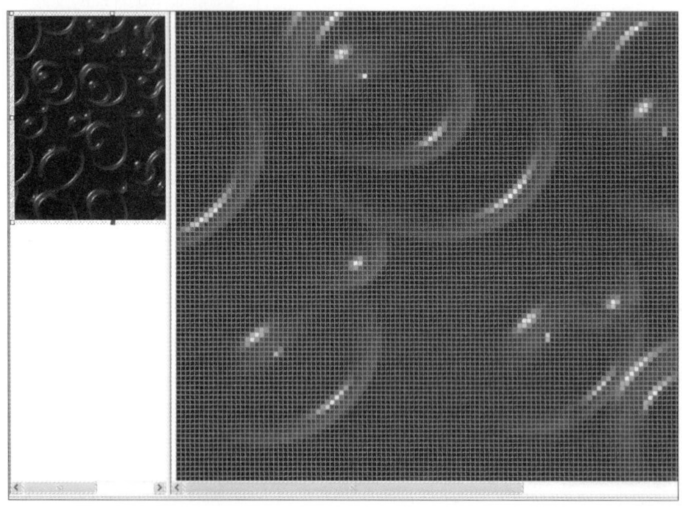

Height : 256, Width : 256

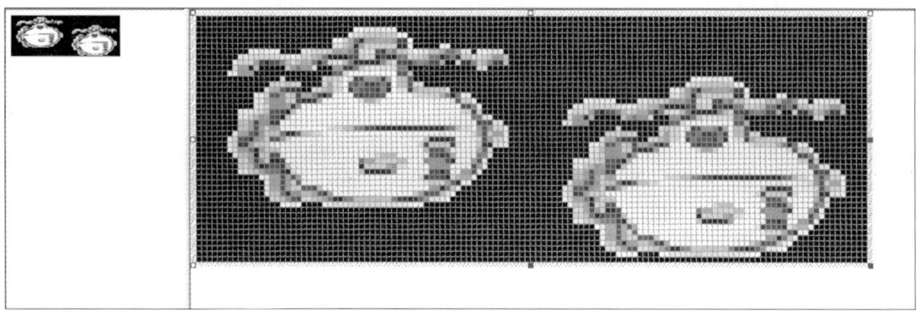

Height : 48, Width : 110

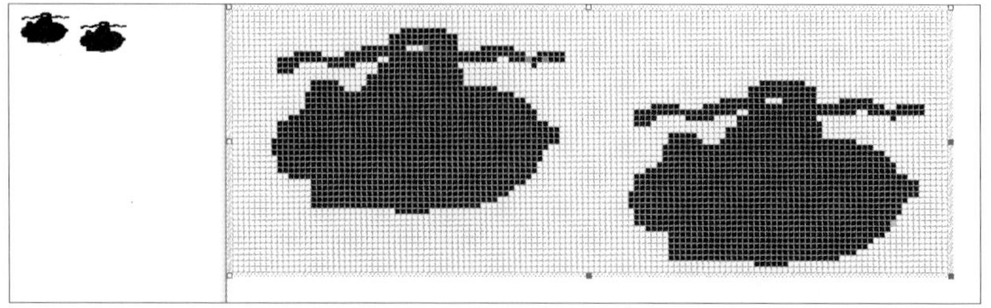

Height : 48, Width : 110

어떤 과정을 거쳐서 배경 이미지 위에 캐릭터 이미지가 출력되는가? 그 순서는 다음과 같다.

① 배경 비트맵을 SRCCOPY 옵션으로 출력한다.

② 마스크 비트맵을 SRCAND 옵션으로 출력한다. AND 연산을 하면 마스크 비트맵의 배경은 1이기 때문에 배경 비트맵이 출력되고, 캐릭터는 0이기 때문에 검정색으로 출력된다.

③ 캐릭터 비트맵을 SRCPAINT 옵션으로 출력한다. OR 연산을 하면 캐릭터 비트맵의 배경은 0이기 때문에 배경 비트맵이 출력되고, 캐릭터는 1이기 때문에 캐릭터가 출력된다.

이러한 과정을 거쳐서 배경 이미지 위에 캐릭터 이미지가 출력되는 것이다. 앞에서 생성한 캐릭터 이미지는 2개의 그림이 연속되어 있다. 타이머를 이용하여 2개의 그림을 번갈아 가면서 출력하면 애니메이션과 같이 움직이는 효과를 나타낼 수 있을 것이다.

1) 이벤트 처리기 생성

애니메이션 동작과 멈춤 메뉴를 선택했을 때 동작하는 이벤트 처리기를 작성해 보도록 하자. 우선 리소스 뷰를 열고 [Menu]에서 IDR_MAINFRAME 항목을 열자. 그리고 다음과 같이 메뉴를 추가한다.

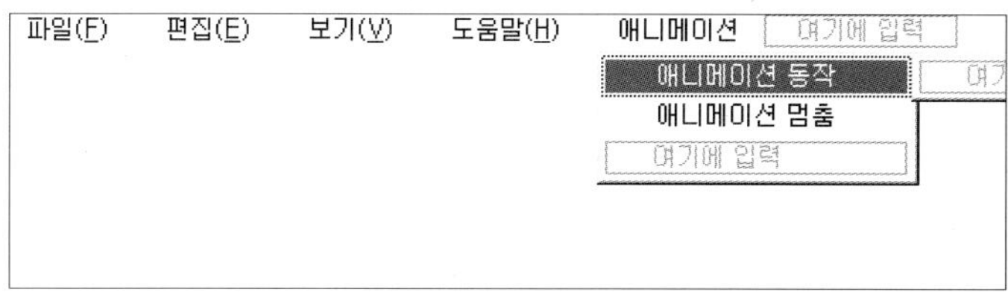

애니메이션 동작과 멈춤 메뉴 각각의 ID를 ID_ANIMATION_START, ID_ANIMATION_STOP 이라고 정하고, 다음과 같이 각각의 이벤트 처리기를 생성하도록 하자.

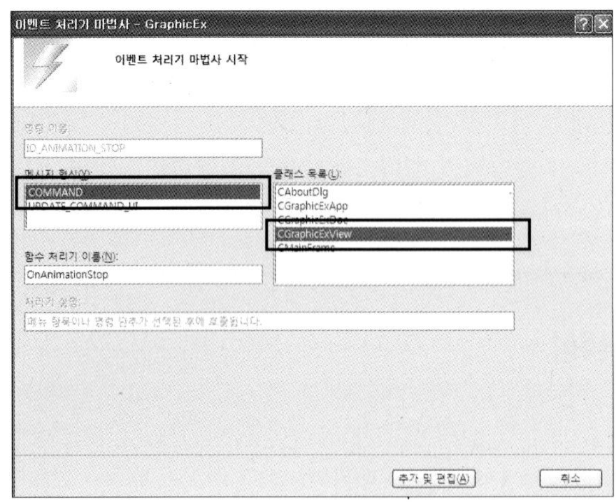

각각의 이벤트 처리기 함수가 다음과 같이 생성될 것이다. 굵은 글씨의 코드는 생성된 이벤트 처리기에 추가한 코드들이다.

```
void CGraphicExView::OnAnimationStart( )
{
        SetTimer(0, 1000, NULL);           1초 단위로 타이머 설정
        Invalidate( );
                                           화면을 갱신
}
```

```
void CGraphicExView::OnAnimationStop( )
{
        KillTimer(0);                      타이머 종료
}
```

[애니메이션 동작] 이벤트 처리기에는 타이머를 설정하고 화면을 갱신하는 코드를 작성하였다. 타이머는 1초 단위로 동작 하도록 설정하고, 1초마다 비트맵을 한 번씩 보여준다. 그리고 [애니

메이션 멈춤] 이벤트 처리기에는 타이머를 종료하는 코드가 있다. 타이머가 종료되면 타이머에
의해 주기적으로 보여지는 동작이 멈추기 때문에 애니메이션 동작이 종료된다.

2) 출력 함수 생성

타이머 내에서 동작하는 함수로써 실제로 애니메이션을 보여주는 기능을 가진 함수이다. 앞에
서 배운 메모리 DC와 비트맵을 응용한 것이므로 코드 자체의 어려움은 없을 것이다.

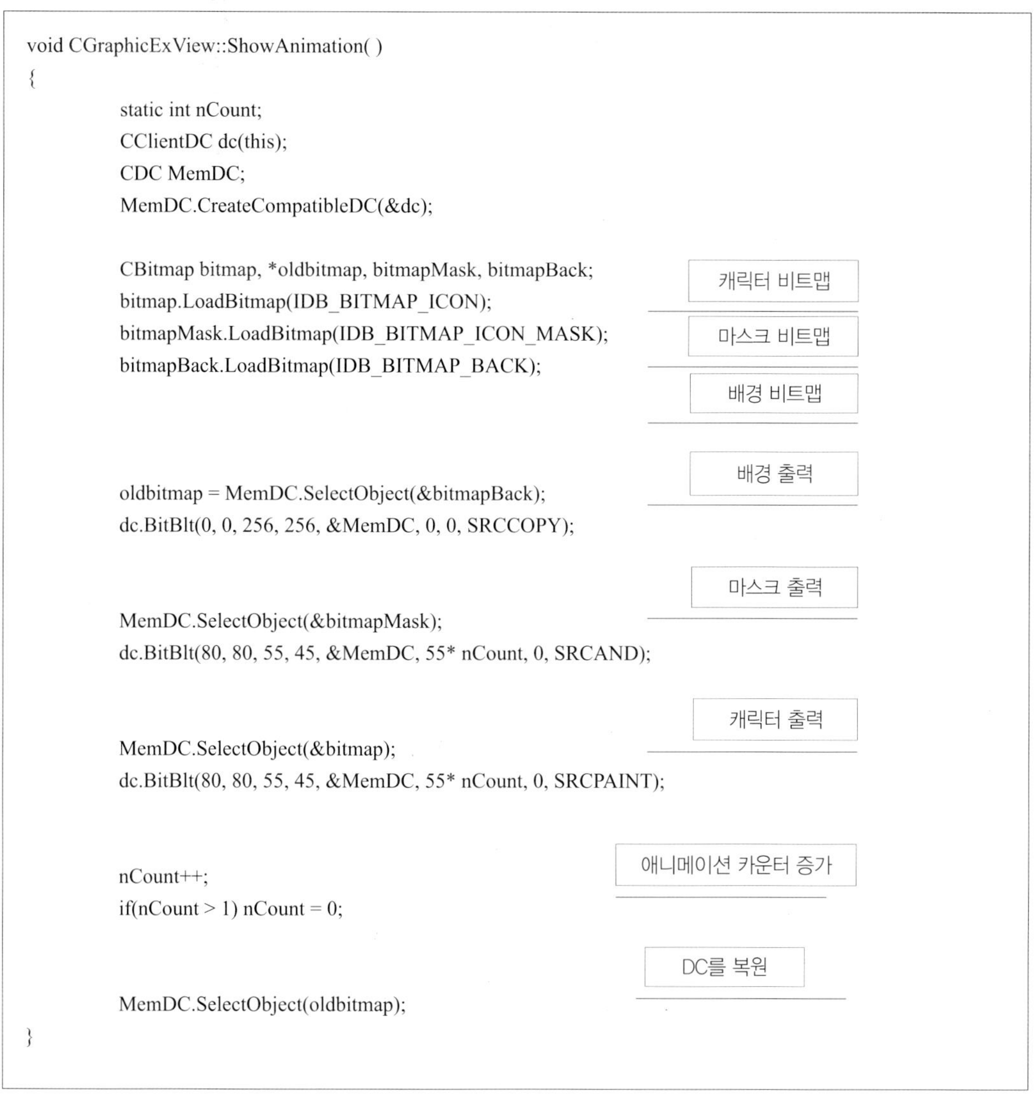

```
void CGraphicExView::ShowAnimation( )
{
        static int nCount;
        CClientDC dc(this);
        CDC MemDC;
        MemDC.CreateCompatibleDC(&dc);

        CBitmap bitmap, *oldbitmap, bitmapMask, bitmapBack;
        bitmap.LoadBitmap(IDB_BITMAP_ICON);
        bitmapMask.LoadBitmap(IDB_BITMAP_ICON_MASK);
        bitmapBack.LoadBitmap(IDB_BITMAP_BACK);


        oldbitmap = MemDC.SelectObject(&bitmapBack);
        dc.BitBlt(0, 0, 256, 256, &MemDC, 0, 0, SRCCOPY);


        MemDC.SelectObject(&bitmapMask);
        dc.BitBlt(80, 80, 55, 45, &MemDC, 55* nCount, 0, SRCAND);


        MemDC.SelectObject(&bitmap);
        dc.BitBlt(80, 80, 55, 45, &MemDC, 55* nCount, 0, SRCPAINT);


        nCount++;
        if(nCount > 1) nCount = 0;


        MemDC.SelectObject(oldbitmap);
}
```


각각 메모리 DC를 이용하여 메모리 상에 배경, 마스크, 비트맵 캐릭터를 그리고 출력하였다.
현재 캐릭터는 2개의 이미지를 반복해서 동작하는 모습을 보여주고 있으므로 최대 카운트는 1
이다.

3) 타이머 메시지 처리기 생성

타이머 메시지 처리기를 그림과 같이 추가하고, 타이머 안에서 ShowAnimation() 함수가 호출되도록 한다. 그러면 타이머가 호출될 때마다 주기적으로 ShowAnimation() 함수가 호출되어서 비트맵이 연속적으로 출력된다.

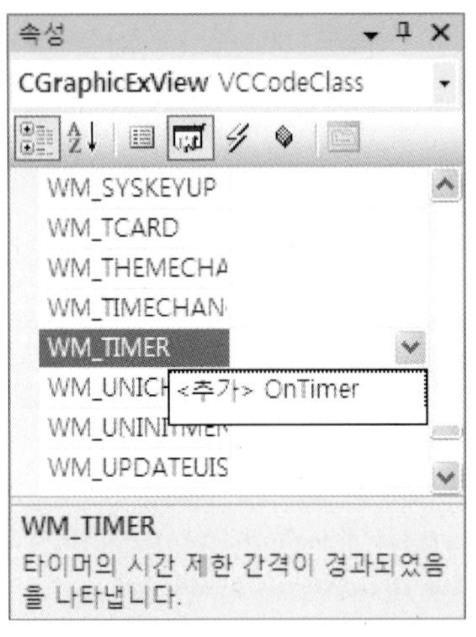

```
void CGraphicExView::OnTimer(UINT_PTR nIDEvent)
{
        ShowAnimation( );
        CView::OnTimer(nIDEvent);
}
```

비트맵을 1초마다 출력

빌드 및 실행을 해보자. 메뉴에서 [애니메이션 동작]을 선택하면 배경 화면과 함께 비트맵이 연속적으로 출력되어 보여질 것이다. [애니메이션 멈춤]을 선택하면 정지된 비트맵이 출력된다.

매핑 모드

원도우는 한 좌표계만 사용하지 않고 여러 좌표계를 사용한다. 기본적인 원도우 좌표계를 이해하고, 이 좌표계를 논리와 물리 좌표계로 변환하는 원리를 이해하도록 하자.

1 ········ 원도우 좌표 체계

원도우 기반의 응용 프로그램을 보면 기본적으로 좌상단의 끝부분이 (0, 0) 좌표로 기준점이 되며, 픽셀 단위로 그림을 그린다. 원도우 운영체제에서의 그래픽 기본 단위는 픽셀이며, 작도 함수를 설명할 때 SetPixel( ) 함수로 점을 출력한 바 있다. 픽셀은 해석하면 화소라고 하며, 근래 디지털 카메라의 성능을 평가할 때 주로 사용되는 기준이다. 필자가 디지털 카메라 초창기 시절에 카메라를 구입할 때에 최신형이 130만 화소였다. 해상도 640 * 400에서 찍었을 때 적당하게 나왔던 것 같다. 요즘에는 700만 화소까지 출시가 되었다니 디지털 카메라의 발전이 정말 눈부실 정도이다. 그만큼 사진이 세밀하고 정교하게 찍힌다는 얘기다.

그런데 이렇게 화소만 늘어난다고 좋은 것은 아니다. 모니터 출력이나 프린터 출력 시 해상도와의 적절한 조화를 이루어야 한다. 화면에서 1,280 *1,024 해상도에서 보여지는 사진의 크기와 프린터에서 9,600 * 2,400 해상도에서 출력되는 사진의 크기는 현저하게 다르다는 것이다. 같은 100픽셀의 이미지라도 해상도가 낮은 화면에서는 크기가 크고 거칠게 그려지지만 해상도가 높은 프린트에서는 작고 섬세하게 그려지기 때문이다.

또 한가지 문제는 화면에서의 좌표 기준은 좌상단이다. X축 좌표는 왼쪽으로 갈수록 증가하고, Y축 좌표는 아래쪽으로 갈수록 증가한다. 수학적인 좌표와 비교해 보았을 때 어긋나는 부분이다.

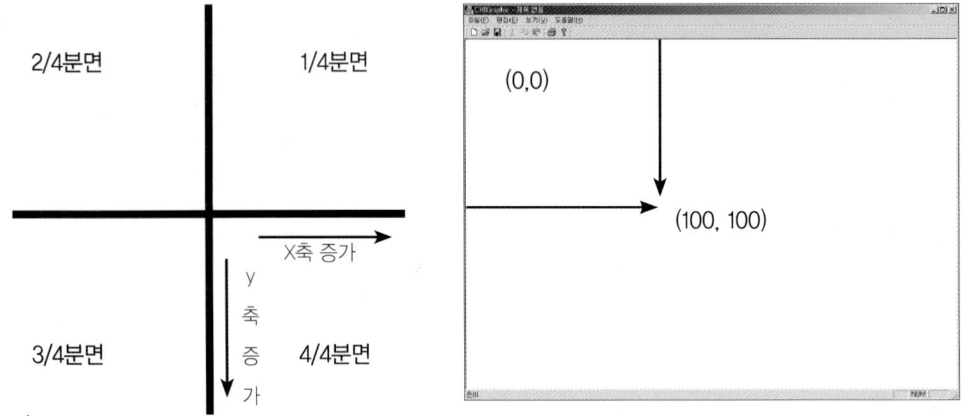

수학적 좌표 체계   윈도우 좌표 체계

윈도우에서 사용되는 좌표 체계는 4/4분면이라 할 수 있겠다. 그런데 늘 4/4분면을 기준으로 그래픽이 출력되지는 않을 것이다. 예를 들어서 수학 좌표계에서 임의의 함수를 그래프로 표현한다면 기존의 4/4분면의 좌표계만으로는 표현이 불가능하다. 수학 좌표계는 가운데를 원점으로 하여 주 활동 영역은 1/4분면이다. 그리고 윈도우와 다르게 Y 축의 증가 방향은 위쪽이다.

자, 지금 윈도우의 좌표 체계에서 두 가지 문제점을 발견했다. 정리해서 다시 말하면, 출력 매체의 해상도에 따른 출력 결과의 통일성과 좌표 사용 영역의 제한(수학 좌표계 기준으로 4/4분면만 사용 가능) 문제가 있다.

이러한 문제를 윈도우는 어떻게 극복할 수 있을까? 답은 매핑 모드라는 메커니즘에 있다. 즉, 운영체제 차원에서 이러한 윈도우의 문제점을 해결해 주고 있다는 것이다. 매핑 모드가 지원되지 않았다면 아마 개발자는 출력 장치에 따라서 해상도를 바꾸어 주고, 필요에 따라 좌표 체계의 각 축에 −1을 곱해서 증감 방향을 바꾸는 수고를 하였을 것이다. 매핑 모드에 대해서 본격적으로 알아보자.

2........ 논리/물리 좌표계

매핑 모드(Mapping Mode)란 주어진 좌표가 화면상의 실제 어디에 해당하는지를 결정하는 방법을 말한다. 매핑 모드를 논하기 위해서는 논리 좌표계와 물리 좌표계에 대해서 이해하고 있어야 한다. 그런데 왜 두 가지의 좌표계를 이야기 하는가? 답은 매핑이란 단어에 있는데 생각해 보자. 방금 앞에서 윈도우 좌표 체계의 문제점을 이야기했었다. 즉, 논리적으로 그래픽 객체 함수를 사용할 때의 좌표계와 실제 출력되는 모니터나 프린터의 좌표계가 다르기 때문에 서로 매핑을 해주겠다는 의미이다.

윈도우 운영체제에서 사용되는 좌표를 말한다. 즉, 모든 그래픽 출력 함수에서 사용하는 좌표이다. 예를 들면 앞에서 출력할 때 사용했던 TextOutW(100, 100….)에서 사용한 좌표계가 논리 좌표계라고 말할 수 있다. 실제 함수에서 (100, 100)이라는 좌표를 지정한다는 것은 모니터의 (100, 100) 좌표에 출력되는 것이 아니라 해상도나 출력 장치에 따라 물리적으로는 다르게 출력될 수 있다. 이 좌표계는 말 그대로 논리적이고 상대적인 좌표라고 할 수 있다.

■ 물리 좌표계

실제 화면에 출력되는 좌표이며 픽셀 단위로 출력된다. 물리 좌표가 (100, 100)이라면 물리적 픽셀 단위를 사용하므로 그 위치가 정해져 있다. 물리 좌표는 모니터 혹은 프린터와 같은 물리적 장치에 출력되는 절대적인 좌표이므로 윈도우 관리 함수에서 사용하는 좌표는 모두 물리 좌표이다.

두 좌표계에 대해서 명확하게 구분할 수 있다면 매핑 모드에 대한 이해는 끝났다고 볼 수 있다. 모니터와 프린터, 기타 출력 장치 모두가 크기와 픽셀과 해상도가 모두 통일되어 있다면 매핑 모드는 사실상 필요 없는 메커니즘일 것이다. 하지만, 현실적으로 그렇지 않기 때문에 매핑 모드의 메커니즘을 반드시 이해하고 있어야 한다.

그런데 지금까지 프로그래밍을 하면서 분명 TextOut(100, 100….)을 출력하면 X축 100픽셀, Y축 100픽셀만큼 떨어진 곳에 출력된다고 생각하였다. 또 그렇게 결과를 확인했었다. 그래서 앞에서 언급했던 매핑 모드의 논리 좌표계와 물리 좌표계의 차이가 느껴지지 않을 것이다. 그 이유는 윈도우에서의 디폴트 매핑 모드는 MM_TEXT라는 모드로써 논리 좌표계와 물리 좌표계가 일치하는 모드이다. 그렇기 때문에 두 좌표계가 같을 수밖에 없었다. 이제 다양한 매핑 모드를 알아보도록 하겠다.

〈매핑 모드〉

매핑 모드	단위	X 축 증가	Y 축 증가
MM_TEXT	픽셀	오른쪽	아래쪽
MM_LOMETRIC	0.1mm	오른쪽	위쪽
MM_HIMETRIC	0.01mm	오른쪽	위쪽
MM_LOENGLISH	0.01인치	오른쪽	위쪽
MM_HIENGLISH	0.001인치	오른쪽	위쪽
MM_TWIPS	1/1440인치	오른쪽	위쪽
MM_ISOTROPIC	가변	가변	가변
MM_ANISOTROPIC	가변	가변	가변

MM_TEXT는 디폴트 매핑 모드로써 픽셀 단위의 X축, Y축 증가 방향이 각각 오른쪽과 아래쪽으로 전형적인 윈도우 매핑 모드이다. 그러나 그 외의 나머지 매핑 모드들은 단위가 각각 인치나 mm로써 다르며 X축, Y축 증가 방향 또한 각각 오른쪽과 위쪽이다. 그런데 특이한 점은 MM_ISOTROPIC과 MM_ANISOTROPIC 두 모드는 단위와 증가 방향이 모두 가변으로 되어 있다. 즉, 다른 매핑 모드와 다르게 크기의 단위나 증가 방향이 변할 수 있는 모드이다. 매핑 모드를 설정할 때에는 다음과 같은 함수를 이용하면 된다.

〈함수의 원형〉

```
virtual int SetMapMode(int nMapMode);
```

인수로 매핑 모드를 대입해 주면 응용 프로그램의 좌표계는 설정 시점부터 매핑 모드가 적용된다. 예를 들어 보자. 기존 프로젝트 GraphicEx의 OnDraw( ) 함수에 다음과 같이 코드를 추가하자.

```
void CGraphicExView::OnDraw(CDC *pDC)
{
        CGraphicExDoc *pDoc = GetDocument( );
        ASSERT_VALID(pDoc);
        ..................
        중간 생략

        CFont MyFont, *pOldFont;
        MyFont.CreateFont(40, 0, 0, 0, FW_NORMAL, FALSE, FALSE, FALSE,
                ANSI_CHARSET, OUT_DEFAULT_PRECIS, CLIP_DEFAULT_PRECIS,
                DEFAULT_QUALITY, VARIABLE_PITCH | FF_SWISS, "바탕");

        pOldFont = pDC->SelectObject(&MyFont);

        pDC->SetMapMode(MM_LOMETRIC);

        pDC->MoveTo(100, 100);
        pDC->LineTo(200, 100);
        pDC->LineTo(200, 200);
        pDC->LineTo(300, 200);
        ....................
        중간 생략

}
```

이렇게 SetMapMode( ) 함수 코드를 추가하고 매핑 모드를 MM_LOMETRIC으로 설정하였다. 그러면 단위는 0.01mm이고, X축 방향은 기존과 같으나 Y축 방향이 위쪽으로 기존과 반대이다. 코드 추가 후에 빌드 및 실행을 해보자.

결과가 어떤가? 아마 앞에서 출력되었던 도형들과 비트맵들이 모두 없어지고 텅 빈 영역만 덩그러니 나타날 것이다. 왜 그럴까? 그 이유는 현재의 매핑 모드가 MM_LOMETRIC이라고 하지 않았던가. 즉, Y축 방향이 기존의 것과 반대라고 하였다. 증가 방향이 위쪽이므로 출력해야 할 클라이언트 영역을 벗어난다. 그렇다면 클라이언트 영역을 벗어난 출력물을 어떻게 끌어낼 수 있을까? 방법은 Y축의 부호를 바꾸면 된다. 현재는 양수이므로 Y축을 모두 음수로 바꾸어야 한다. Y축을 모두 음수로 바꾸고 빌드 및 실행을 해서 결과를 확인해 보자.

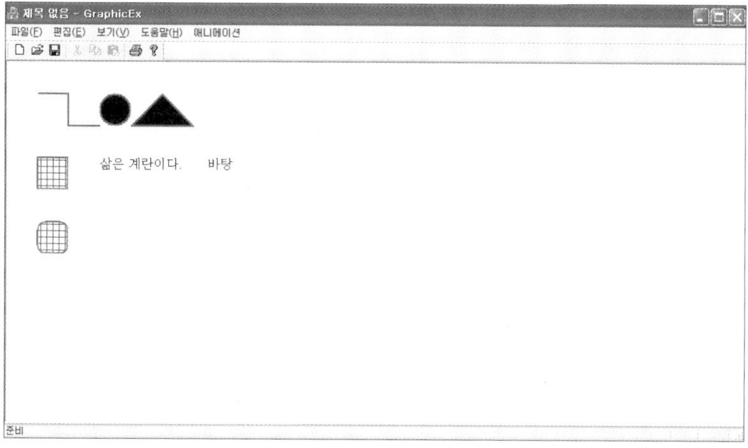

3 뷰포트(Viewport)와 윈도우

앞에서 논리 좌표계와 물리 좌표계에 대해서 배웠다. 이 개념과 일맥 상통하게 논리 좌표계를 사용하는 영역을 윈도우(Window)라고 하고, 물리 좌표계를 사용하는 영역을 뷰포트 (Viewport)라고 한다. 이런 이야기기를 왜 하냐면 원점을 지정하는 문제를 다루기 위해서이다. 매핑 모드에서 원점을 설정하는 부분은 매우 중요하다. 앞의 예제의 경우에도 매핑 모드를 변경하기는 했지만 여전히 원점은 좌상단 부분이다. 원점을 변경해야 할 때 사용하는 함수가 두 개 있다.

〈함수의 원형〉

```
CPoint SetViewportOrg(int x, int y);

CPoint SetWindowOrg(int x, int y);
```

각각 뷰포트와 윈도우의 원점을 인수로 지정한 좌표로 설정한다. 윈도우는 논리 좌표계로써 상대적이지만 뷰포트는 물리 좌표계로써 절대적이라 할 수 있겠다. 그러므로 원점을 수정할 때에도 윈도우를 수정하는 것보다 뷰포트를 수정하는 것이 더 유리하다. 왜냐하면 윈도우는 매핑 모드에 따라 원점이 가변적이 되므로 모드에 따라서 원점이 바뀌지만, 뷰포트는 매핑모드가 변해도 원점이 변하지 않기 때문이다. 따라서 뷰포트를 이용하여 원점을 잡는 것이 유리하다. 원점을 변경하여 수학 좌표계와 동일한 좌표계를 만들어 보고, 앞에서 출력했던 도형들을 출력해 보도록 하자.

```
void CGraphicExView::OnDraw(CDC *pDC)
{
        CGraphicExDoc *pDoc = GetDocument( );
        ASSERT_VALID(pDoc);

--------- 중간 생략 ----------

        CFont MyFont, *pOldFont;
        MyFont.CreateFont(40, 0, 0, 0, FW_NORMAL, FALSE, FALSE, FALSE,
                ANSI_CHARSET, OUT_DEFAULT_PRECIS, CLIP_DEFAULT_PRECIS,
                DEFAULT_QUALITY, VARIABLE_PITCH | FF_SWISS, "바탕");

        pOldFont = pDC->SelectObject(&MyFont);

        CRect rect;
        pDC->SetMapMode(MM_LOMETRIC);
        GetClientRect(&rect);
        pDC->SetViewportOrg(rect.Width( )/2, rect.Height( )/2);

        pDC->MoveTo(100, -100);
        pDC->LineTo(200, -100);
        pDC->LineTo(200, -200);
        pDC->LineTo(300, -200);

--------- 중간 생략 ----------

}
```

매핑 모드는 그대로 MM_LOMETRIC으로 하고 단위는 0.01mm이다. CRect 클래스로 rect 영역 객체를 선언하고, GetClientRect( ) 함수로 클라이언트의 전 영역을 얻어 왔다. 그리고, SetViewPortOrg( ) 함수의 원점 설정 인수는 클라이언트 전영역의 넓이와 높이를 각각 2로 나누어 영역의 중앙을 원점으로 잡았다. 빌드 및 실행을 해보자.

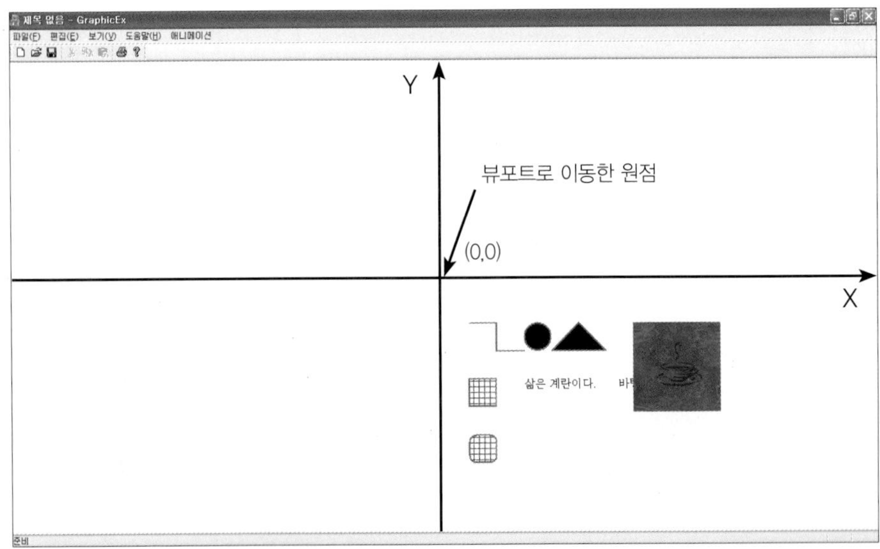

뷰포트 함수로 원점을 중앙이 되게 하였다. 수학 좌표계와 같은 좌표계를 형성하였다. 출력물은 좌표계의 4/4분면에만 있으며, 이것은 디폴트 윈도우 좌표계의 축소판처럼 보이기도 한다.

4 매핑 모드 예제

메뉴에 매핑 모드를 선택하는 메뉴를 추가해 보도록 하자. 리소스 뷰를 열고, 메뉴의 IDR_ MAINFRAME을 열어서 다음과 같이 메뉴를 추가해 보도록 하자.

매핑 모드라는 주 메뉴를 추가하고, 그 아래로 그림과 같이 하위 메뉴 6개를 추가한다. 각 메뉴에 대한 설정은 다음과 같다.

〈매핑 모드 설정 값〉

모드	ID
MM_TEXT	ID_MAP_TEXT
MM_LOMETRIC	ID_MAP_LOMETRIC
MM_HIMETRIC	ID_MAP_HIMETRIC
MM_LOENGLISH	ID_MAP_LOENGLISH
MM_HIENGLISH	ID_MAP_HIENGLISH
MM_TWIPS	ID_MAP_TWIPS

메뉴 설정이 끝났으면 각 메뉴의 이벤트 처리기를 추가해 보도록 하자. 6개의 이벤트 핸들러를 생성하였으면, 일단 첫 번째 이벤트 처리기인 ID_MAP_TEXT에 대한 코딩을 하자.

```
void CExGraphicView::OnMapText( )
{
        nMapMode = MM_TEXT;
        Invalidate( );
}
```

nMapMode 변수는 현재 어떤 매핑 모드를 사용하고 있는지를 말한다. 매핑 모드의 값은 실제로 정수 값으로 이루어져 있으며 MM_TEXT 값은 1이다. 당연히 nMapMode의 자료형도 정수형일 것이다. 이 코드에 앞서서 CGraphicExView.h 파일에 다음과 같이 변수 선언을 해준다.

```
public:
        int  nMapMode;
```


Invalidate() 함수는 현재의 클라이언트 영역을 갱신하도록 한다. 즉, 매핑 모드를 변경한 후에
클라이언트 영역을 갱신함으로써 변경된 매핑 모드를 화면에 적용시킨다. 나머지 5개 메뉴들에
대한 매핑 모드 이벤트 처리기도 동일하게 코딩해 주도록 하자.

```cpp
void CGraphicExView::OnMapLometric( )
{
        nMapMode = MM_LOMETRIC;
        Invalidate( );
}

void CGraphicExView::OnMapHimetric( )
{
        nMapMode = MM_HIMETRIC;
        Invalidate( );
}

void CGraphicExView::OnMapLoenglish( )
{
        nMapMode = MM_LOENGLISH;
        Invalidate( );
}

void CGraphicExView::OnMapHienglish( )
{
        nMapMode = MM_HIENGLISH;
        Invalidate( );
}

void CGraphicExView::OnMapTwips( )
{
        nMapMode = MM_TWIPS;
        Invalidate( );
}
```

여기까지 했으면 프로그램에서 메뉴를 선택할 때 해당하는 이벤트가 발생할 것이다. 각 코드는
매핑 모드의 변수 값을 선택하고 화면을 갱신해 준다. 화면을 갱신할 때에 다시 그려 주는 함수
는 당연히 OnDraw( ) 함수일 것이다. 이 함수를 보도록 하자.

```cpp
void CGraphicExView::OnDraw(CDC *pDC)
{
        CGraphicExDoc *pDoc = GetDocument( );
        ASSERT_VALID(pDoc);

        CDC MemDC;
        MemDC.CreateCompatibleDC(pDC);
        CBitmap MyBmp, *pOldBmp;
        MyBmp.LoadBitmap(IDB_COFFEE);
        pOldBmp = MemDC.SelectObject(&MyBmp);

        CPen MyPen(PS_SOLID, 5, RGB(255,0,0));
        CPen *pOldPen;
```

--------- 중간 생략 ----------

```cpp
/*      CRect rect;
        pDC->SetMapMode(MM_LOMETRIC);
        GetClientRect(&rect);
        pDC->SetViewportOrg(rect.Width()/2, rect.Height()/2); */

        pDC->SetMapMode(nMapMode);

        switch(nMapMode)
        {
                case MM_TEXT :
                        pDC->MoveTo(100, 100);
                        pDC->LineTo(200, 100);
                        pDC->LineTo(200, 200);
                        pDC->LineTo(300, 200);

                        pDC->Rectangle(100, 300, 200, 400);
                        pDC->RoundRect(100, 500, 200, 600, 50, 50);

                        pDC->SelectStockObject(BLACK_BRUSH);
                        pDC->Ellipse(300, 100, 400, 200);

                        pDC->TextOutW(300, 300, _T("삶은 계란이다."), 15);
                        pDC->SelectObject(pOldFont);

                        pDC->SelectObject(pOldPen);
                        pDC->SelectObject(pOldBrush);

                        pDC->StretchBlt(500, 100, 500, 500, &MemDC, 0, 0, 200, 200, SRCCOPY);
                        MemDC.SelectObject(pOldBmp);
                        break;

                case MM_LOMETRIC :
                case MM_HIMETRIC :
```

```
            case MM_LOENGLISH :
            case MM_HIENGLISH :
            case MM_TWIPS :
                    pDC->MoveTo(100, -100);
                    pDC->LineTo(200, -100);
                    pDC->LineTo(200, -200);
                    pDC->LineTo(300, -200);

                    pDC->Rectangle(100, -300, 200, -400);
                    pDC->RoundRect(100, -500, 200, -600, 50, 50);

                    pDC->SelectStockObject(BLACK_BRUSH);
                    pDC->Ellipse(300, -100, 400, -200);

                    pDC->TextOutW(300, -300, _T("삶은 계란이다."), 15);
                    pDC->SelectObject(pOldFont);

                    pDC->SelectObject(pOldPen);
                    pDC->SelectObject(pOldBrush);

                    pDC->StretchBlt(500, -100, 500, -500, &MemDC, 0, 0, 200, 200, SRCCOPY);
                    MemDC.SelectObject(pOldBmp);
                    break;
        }
}
```

기존의 코드에서 매핑 모드의 선택에 따라 달리 출력될 수 있도록 switch ~ case 문을 사용하였다. MM_TEXT는 다른 나머지 매핑 모드와는 Y축이 반대이므로 Y축 부호를 기준으로 소스를 구분하였다. 비트맵 출력을 위한 메모리 DC 생성부 코드만 기존의 코드에서 위쪽으로 옮겨졌을 뿐 코드상의 변화는 크게 없다.

여기까지 코딩하였으면 빌드 및 실행을 해보자. 메뉴상의 매핑 모드를 선택하면 기존 화면이 매핑 모드에 따라서 달리 출력될 것이다. 그런데 매핑 모드 중에서 하나를 선택했지만, 하위 메뉴상에서 무엇을 선택했는지 화면만 봐서는 잘 구분이 안 된다. 보통 이런 경우에는 메뉴 이름 앞에 체크 표시를 해주는 것이 좋다.

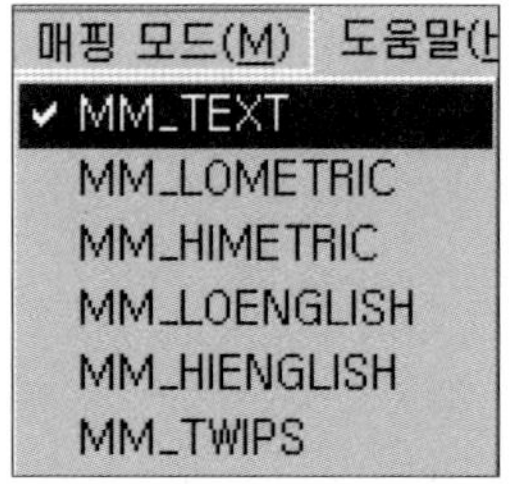

이렇게 하려면 추가적인 코딩을 해주어야 한다. 앞서 매핑 모드 메뉴의 각 하위 항목의 이벤트

처리기를 생성하였다. 이 과정에서 눈여겨 보아야 할 것은 메뉴에서는 메뉴의 기능을 처리하는 명령과 메뉴의 상태를 처리하는 명령으로 구분된다는 것이다. 앞에서는 메뉴의 기능을 처리하는 이벤트 처리기를 추가했고, 이번에는 메뉴의 상태를 처리하는 이벤트 처리기를 추가한다.

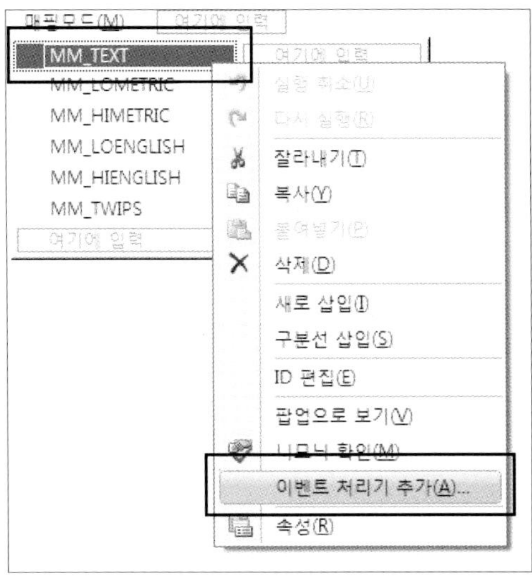

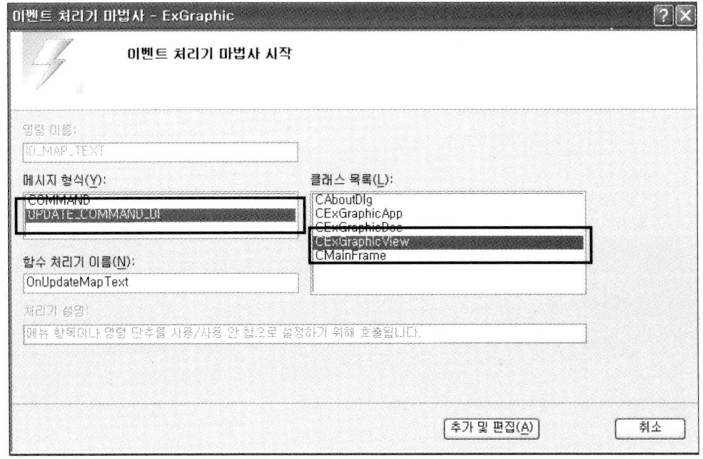

[메시지 형식]에서 UPDATE_COMMAND_UI 메시지를 선택한다. 이 메시지는 현재 선택한 메뉴의 상태를 처리해 준다. 나머지 5개 메뉴 항목의 이벤트 처리기를 위와 똑 같은 방식으로 생성한 후에 다음과 같이 코딩한다.

```cpp
void CExGraphicView::OnUpdateMapText(CCmdUI *pCmdUI)
{
        if(nMapMode == MM_TEXT)
                pCmdUI->SetCheck(1);
        else
                pCmdUI->SetCheck(0);
}
```

대표적으로 MM_TEXT 매핑 모드만 예를 들었다. 현재 nMapMode가 MM_TEXT이면, 즉, MM_TEXT 메뉴 항목을 선택했을 때, SetCheck( ) 함수를 통해서 해당 메뉴에 체크하고, 다른 모드일 때에는 체크를 해제하도록 한다. 나머지 매핑 모드는 [nMapMode == MM_TEXT] 부분만 해당 매핑 모드로 바꾸어 주기만 하면 되므로 따로 지면을 할애하지 않겠다. 직접 해보길 바란다. 여기까지 하였다면 이제 원하는 형태로 매핑 모드가 바뀌게 될 것이다. 빌드 및 실행을 해보자. 그리고 매핑모드 메뉴에서 항목을 하나씩 선택해보자.

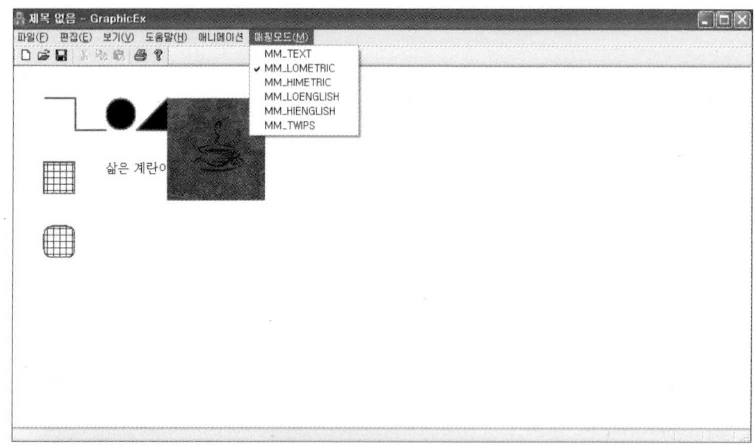

매핑 모드를 MM_LOMETRIC로 했을 때의 결과이다. 그 외의 다른 매핑 모드로 바꾸어 보면서 결과를 확인해 보도록 하자.

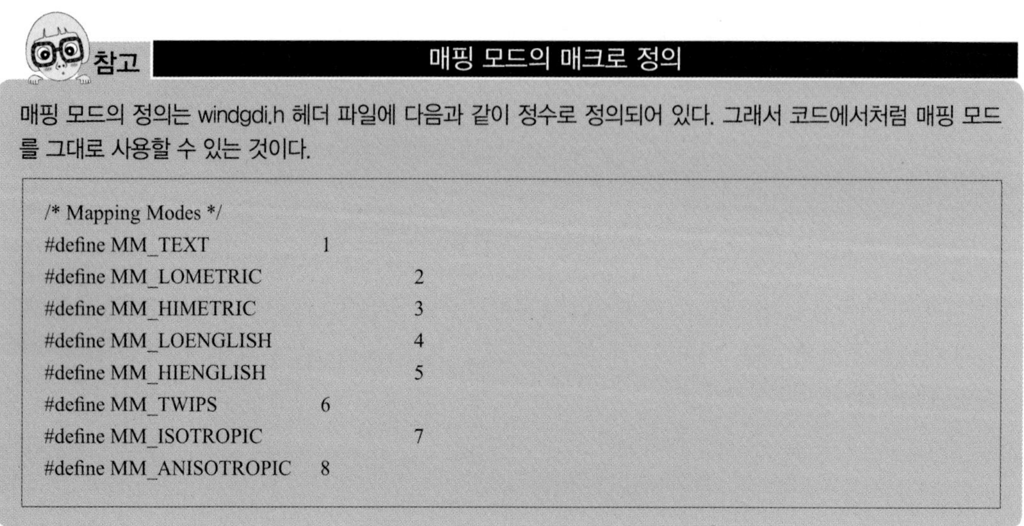

참고 **매핑 모드의 매크로 정의**

매핑 모드의 정의는 windgdi.h 헤더 파일에 다음과 같이 정수로 정의되어 있다. 그래서 코드에서처럼 매핑 모드를 그대로 사용할 수 있는 것이다.

```
/* Mapping Modes */
#define MM_TEXT             1
#define MM_LOMETRIC              2
#define MM_HIMETRIC              3
#define MM_LOENGLISH             4
#define MM_HIENGLISH             5
#define MM_TWIPS         6
#define MM_ISOTROPIC             7
#define MM_ANISOTROPIC   8
```

그래픽 예제(그래픽 도구 만들기)

실제로 간단한 그래픽 툴을 만들어보자. 앞서 배웠던 작도함수 및 GDI 오브젝트를
이용하여 만들 것이다.

지금까지 배웠던 작도 함수 및 GDI 오브젝트를 이용하여 간단한 그래픽 도구를 제작해 보도록
하겠다. 기능적으로는 그리 화려하거나 완벽하지도 않지만, 배웠던 내용을 활용한다는 차원에
서 만들어 보기로 한다.

1 ········ 프로젝트 준비

새로운 프로젝트를 생성하자. 프로젝트 이름은 [GraphicTool]로 정하고, 응용 프로그램 종류로
는 [단일 문서]를 선택한다. 나머지 옵션은 모두 디폴트로 받아들이고, [마침]버튼을 눌러 프로
젝트를 생성한다.

윈도우의 보조 프로그램으로 내장되어 있는 그림판을 보면 기본적으로 자유 곡선, 직선, 사각
형, 타원 등을 그릴 수 있고, 선의 색상과 면을 채우는 색상 등을 설정할 수 있다. 그 외에 여러
가지 기능들이 있으나, 간단하게 이 정도만 구현해 보도록 하겠다. 생성된 프로젝트에 리소스
뷰를 열고 메뉴를 다음과 같이 만들어 보자.

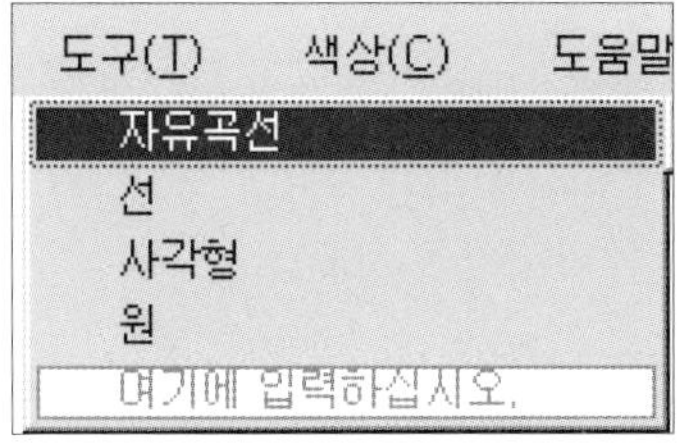

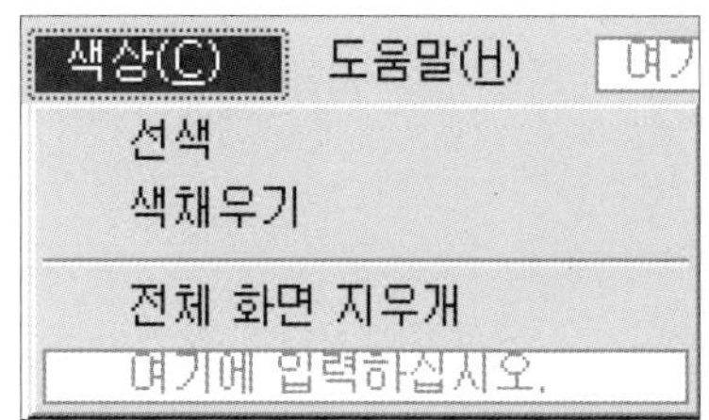

앞에서 배웠던 작도 함수를 이용하여 도구 메뉴의 기능을 구현하는데, 하위 메뉴로는 자유 곡
선, 직선, 사각형, 원을 추가하였다. 그리고 선의 색상이나 도형의 내부 채색을 위해 색상 메뉴
하위에 선색과 채우기색을 두었다. 그리고 전체 화면을 지우기 위한 메뉴도 추가하였다. 각 메
뉴의 ID는 다음과 같이 설정한다.

<메뉴 설정 값>

Caption		ID
도구		
	도구(&T)	없음
	자유 곡선	ID_PAINT_DRAW
	직선	ID_PAINT_LINE
	사각형	ID_PAINT_RECTANGLE
	원	ID_PAINT_ELLIPSE
색상		
	색상(&C)	없음
	선색	ID_COLOR_LINE
	색 채우기	ID_COLOR_BRUSH
	전체 화면 지우개	ID_ERASE

도구 모음의 사용 목적은 메뉴를 좀더 쉽고 빠르게 사용하기 위해서이다. 리소스 뷰에 [Toolbar 〉 IDR_MAINFRAME]을 선택하면, 도구 모음 편집기가 다음과 같이 나타난다. 우리가 원하는 도구 모음 버튼을 하나씩 추가해 보자.

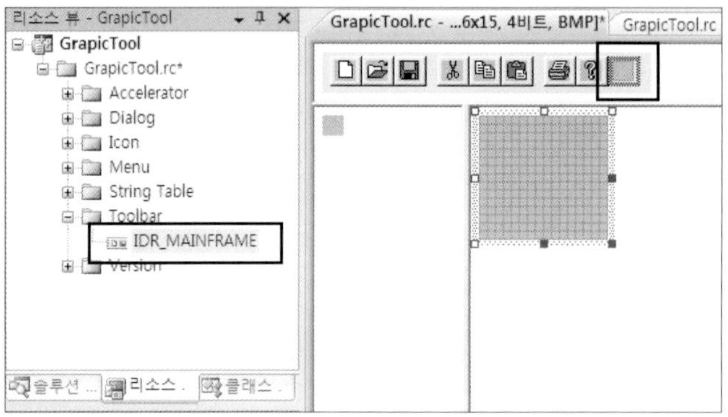

도구 모음에 다음과 같이 7 개의 도구 그림을 그려 주고, ID는 각각 순서대로 ID_PAINT_ DRAW, ID_PAINT_LINE, ID_PAINT_RECTANGLE, ID_PAINT_ELLIPSE, ID_COLOR_ LINE, ID_COLOR_BRUSH, ID_ERASE로 메뉴 ID와 일치시켜 설정한다.

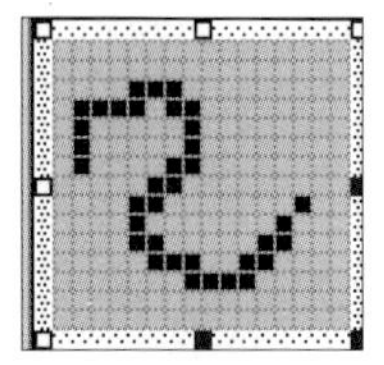 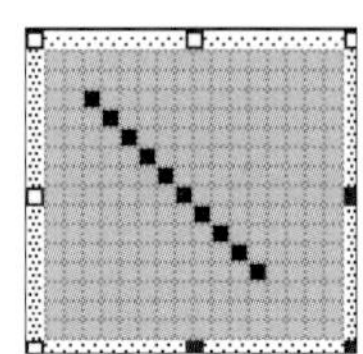 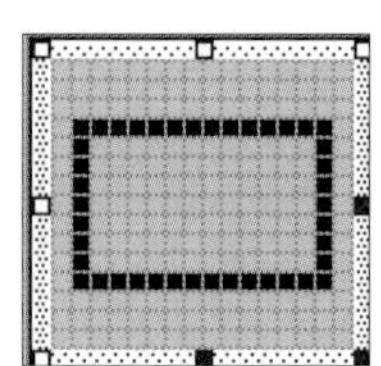 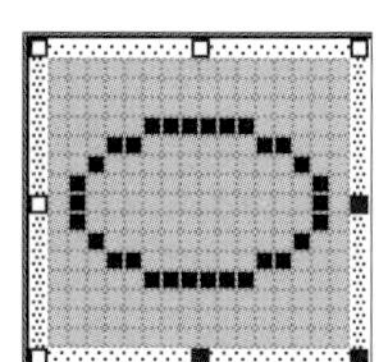

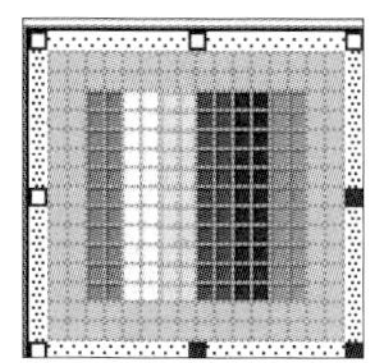 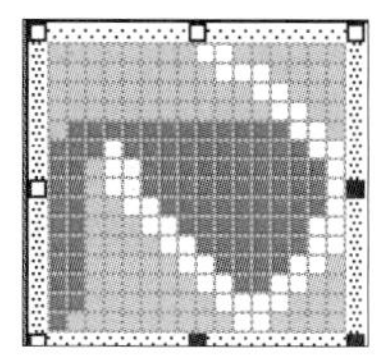 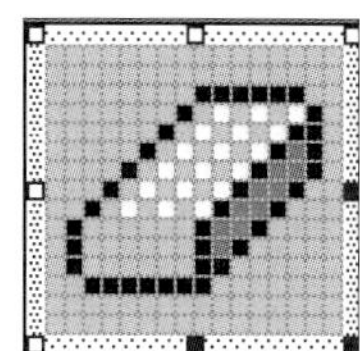

이렇게 하면 도구 모음에 다음과 같은 전체 화면이 만들어진다.

메뉴와 해당 도구 모음의 ID를 대응시켰으므로 도구 모음의 버튼은 메뉴의 기능과 똑같은 역할을 하게 된다. 이제 외형적으로 메뉴와 도구 모음의 설정은 끝이 났다. 메뉴와 도구 모음을 클릭했을 때 실제로 선이 그려지고 색이 적용될 수 있도록 생명을 불어넣는 작업을 해보자.

2 그리기 이벤트에 관하여

그리기 프로그램의 특성을 곰곰히 생각해 보면, 보통 그림판에서 선을 그리려면 왼쪽 마우스 버튼을 눌러서 현재 임의의 지점을 찍고, 그 위치부터 드래그하면 선이 그어지게 된다. 어느 지점에 도달해서 왼쪽 마우스 버튼을 놓으면 시작한 지점부터 현재 지점까지 선이 그어지게 된다. 물론, 직선일 경우에는 똑바로 그어질 것이고, 자유 곡선일 경우에는 구렁이 기어가듯이 그려질 것이다.

여기서 짚고 넘어가야 할 것은 개발자 입장이라면 그리기를 할 때 어떤 메시지가 발생할지 생각할 수 있어야 한다. 마우스 왼쪽 버튼을 누르고, 움직이고, 마우스 왼쪽 버튼을 놓는 행동을 하였다. 세 가지의 일련의 과정이 일어나는 동안 각각 세 가지의 메시지가 발생하는데, WN_LBUTTONDOWN, WN_MOUSEMOVE, WN_LBUTTONUP 메시지이다.

1) 마우스 왼쪽 버튼을 누를 때

WM_LBUTTONDOWN 메시지가 발생한다. 마우스 왼쪽 버튼을 눌렀을 때의 윈도우 메시지 처리기를 작성하여 현재 마우스 왼쪽 버튼으로 찍은 지점의 좌표를 받아야 한다.

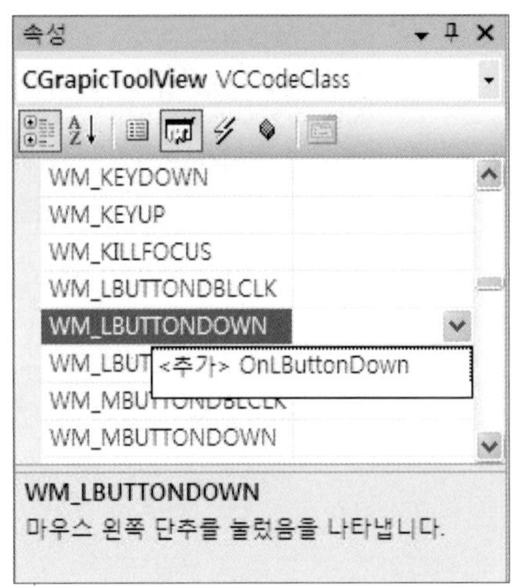

다음과 같이 윈도우 메시지 처리기 OnLButtonDown( ) 함수가 생성된다. 두 번째 인수인point
는 버튼 클릭 시 현재 좌표를 갖는다.

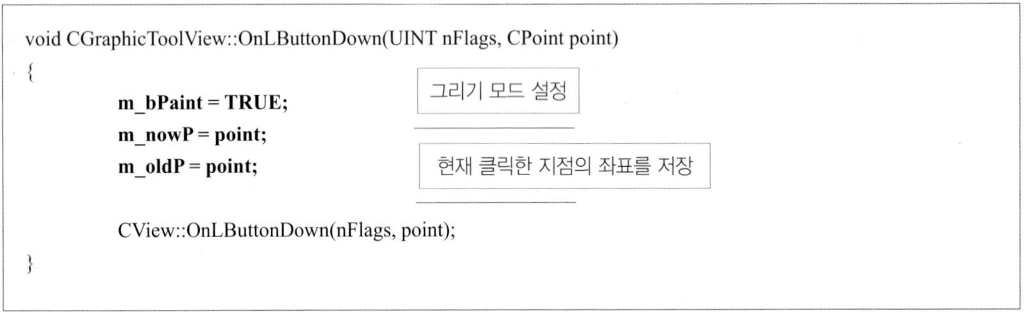

```
void CGraphicToolView::OnLButtonDown(UINT nFlags, CPoint point)
{
        m_bPaint = TRUE;                    그리기 모드 설정
        m_nowP = point;
        m_oldP = point;                     현재 클릭한 지점의 좌표를 저장

        CView::OnLButtonDown(nFlags, point);
}
```

소스의 첫 번째 줄을 보면 m_bPaint 변수가 있는데, 이 변수는 현재 그리는 중인지 아닌지를
판단하는 변수이다. 무슨 말이냐면, 사용자가 클라이언트 영역에 그리기 위해서 마우스 왼쪽 버
튼을 눌러야 하고, 그 때 그리기 모드로 들어간다. 그리고 마우스 왼쪽 버튼을 뗐을 때 그리기
모드를 벗어난다. 이를 구분해 주는 변수가 m_bPaint 인데, 값이 TRUE일 때 그리기 모드로
들어가고, FALSE일 때 그리기 모드에서 벗어남을 의미한다.

그리고 m_nowP와 m_oldP는 변수 이름에서 그 용도를 느낄 수 있다. m_nowP는 현재 마우스
왼쪽 버튼을 눌렀을 때의 좌표이고, m_oldP는 마우스가 움직이면서 새로운 좌표를 생성하면
현재의 좌표는 과거의 좌표가 되는데, 그때 좌표를 저장하는 변수로 사용한다.

그런데 변수에 관한 선언을 아직 하지 않았다. GraphicToolView.h 파일을 열고, 다음과 같이
변수를 선언하자.

```
enum tagPaintTool {DRAW, LINE, RECTANGLE, ELLIPSE};
class CGraphicToolView : public CView
{
-------- 중간 생략 ----------


public:
        CPoint m_nowP, m_oldP;
        BOOL m_bPaint;
        tagPaintTool m_PaintTool;


-------- 중간 생략 ----------

}
```


그리기 툴 속성은 열거형(enum) 자료형을 이용하여 각각 자유 곡선, 직선, 사각형, 원을 선언
하였다. 혹시 열거형 사용법을 모른다면 C프로그래밍 서적을 참고하기 바란다.

```
enum tagPaintTool {DRAW, LINE, RECTANGLE, ELLIPSE};
```

해당 열거형을 사용할 수 있도록 열거형 변수를 다음과 같이 선언하였다.

```
tagPaintTool m_PaintTool;
```

2) 마우스 왼쪽 버튼을 뗄 때

마우스 왼쪽 버튼을 누르면 그리기 모드로 들어가고, 마우스 왼쪽 버튼을 떼는 순간 그리기 모
드는 헤제 되고, 그린 도형이 화면에 나타나게 된다. 이 때 마우스 왼쪽 버튼을 떼는 순간 WM_
LBUTTONUP 메시지가 발생한다. 이 메시지에 대한 윈도우 메시지 처리기를 만들고, 다음과
같이 코딩하자.

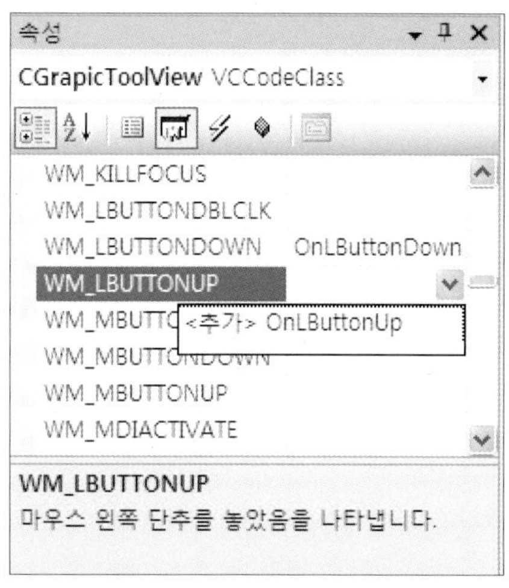

앞의 GraphicEx 프로젝트에서 작성했던 작도 함수 코드의 답습이다. 코드를 이용해도 무방하다.

```cpp
void CGraphicToolView::OnLButtonUp(UINT nFlags, CPoint point)
{
        m_bPaint = FALSE;                    // 그리기 모드 해제
        CPen MyPen(PS_SOLID, 2, colorline);
        CPen *pOldPen;
        CBrush MyBrush(colorbrush);
        CBrush *OldBrush;
        CClientDC dc(this);
        pOldPen = (CPen *)dc.SelectObject(&MyPen);
        OldBrush = (CBrush *)dc.SelectObject(MyBrush);

        switch(m_PaintTool)                  // 그리기 툴 선택 (직선, 사각형, 원)
        {
                case LINE:
                        dc.MoveTo(m_nowP);
                        dc.LineTo(point);
                        break;
                case RECTANGLE:
                        dc.Rectangle(m_nowP.x, m_nowP.y, point.x, point.y);
                        break;
                case ELLIPSE:
                        dc.Ellipse(m_nowP.x, m_nowP.y, point.x, point.y);
                        break;
        }
        CView::OnLButtonUp(nFlags, point);
}
```

마우스 버튼을 뗀다는 말은 그리기 모드를 해제한다는 말이다. 즉, 그리기 모드로 설정하였던 m_bPaint 변수는 FALSE가 된다. 마우스 왼쪽 버튼을 눌렀을 때부터 현재까지 그린 그림을 보여주어야 하는 시점이다. 그래서 코드가 좀 길다. 사실 코드를 전반적으로 보면 앞에서 배웠던 GDI 오브젝트의 코드와 별반 다를 것이 없고, 어려운 것도 없다. 다만, 자유 곡선이냐, 직선이냐 사각형이냐 원이냐 하는 선택의 문제가 있기 때문에 switch ~ case 문으로 개별 선택에 따른 처리를 하는 것뿐이다.

코드 중간쯤 switch 부분을 보자. switch 분기문의 변수로 앞에서 선언한 열거형 변수를 사용한다. 열거형 변수는 LINE, RECTANGLE, ELLIPSE 중에 하나를 선택하도록 하였다. 참고로 DRAW 항목이 빠진 이유는 자유 곡선인 경우에는 마우스가 움직이는 동안에 화면에 그려지는 모습이 나타나야 한다. 그렇기 때문에 WM_LBUTTONUP 메시지에서 적용되는 것이 아니라 WM_MOUSEMOVE일 때 적용되므로 뒤의 WM_MOUSEMOVE 메시지 처리시 적용할 것이다.

열거형 변수로 LINE이 선택되었을 때 다음 그림과 같다. 마우스 왼쪽 버튼을 누를 때 설정했던 m_nowP의 좌표를 시작으로 현재 마우스 왼쪽 버튼을 떼었을 때의 현재 좌표인 point 지점까

지의 직선을 출력한다.

〈LINE일 경우〉

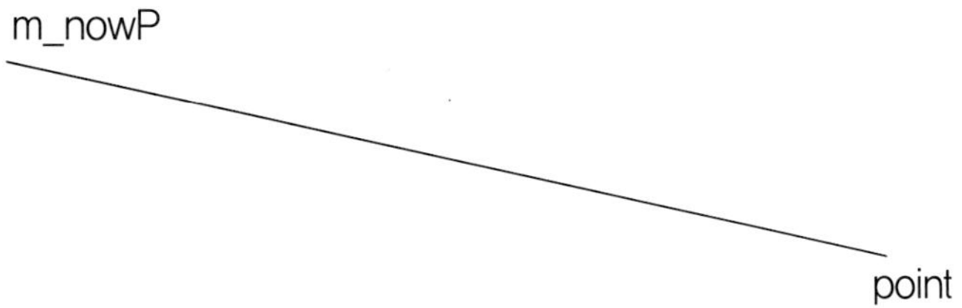

다음은 RECTANGLE을 선택했을 때의 경우이다. Rectangle( ) 함수를 통해서 시작 좌표를 (m_nowP.x, m_nowP.y)에서 현재 마우스 왼쪽 버튼을 떼었을 때의 (point.x, point.y) 좌표 까지 사각형을 그린다.

〈RECTANGLE일 경우〉

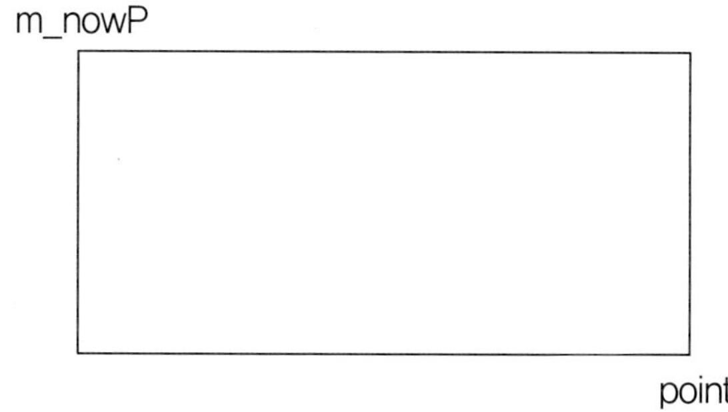

그리고 ELLIPSE을 선택했을 경우에는 다음과 같다. Ellipse( ) 함수를 통해서 시작 좌표를 (m_nowP.x, m_nowP.y)에서 현재 마우스 왼쪽 버튼을 떼었을 때의 (point.x, point.y) 좌표까지 의 사각형에서 내접하는 원을 그린다.

〈ELLIPSE일 경우〉

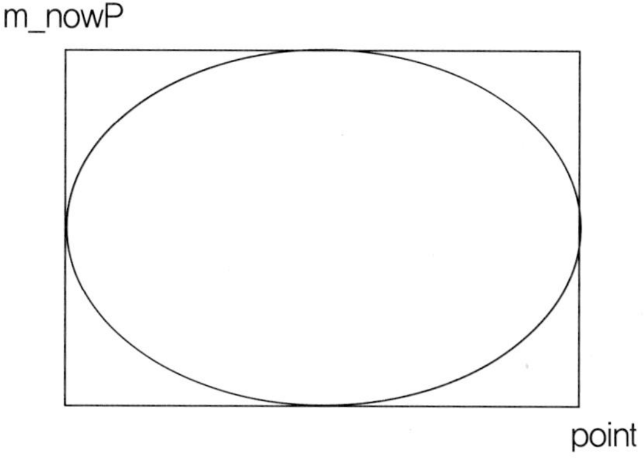

각각의 그리기 메뉴의 이벤트 처리기를 생성하고 작성하자. 다음은 자유 곡선에 관한 이벤트 처리기 생성을 예를 들어 보였다. 나머지 3개의 도형도 같은 방식으로 이벤트 처리기를 생성하자.

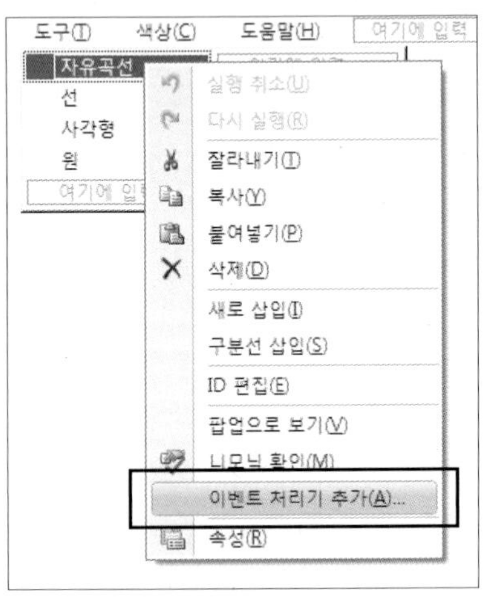

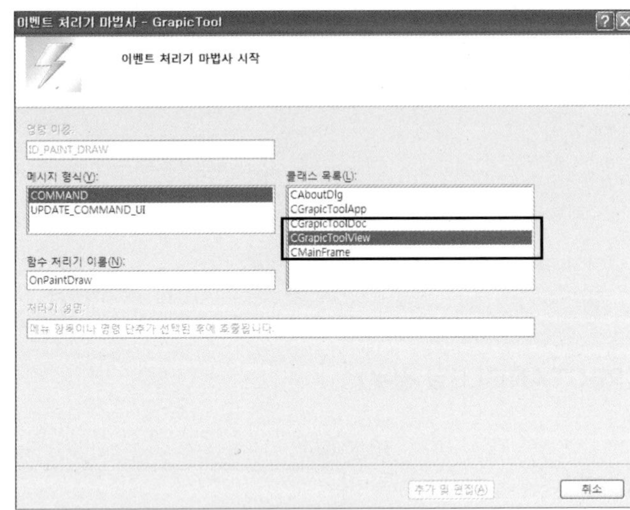

```
void CGraphicToolView::OnPaintDraw( )
{
        m_PaintTool = DRAW;
}

void CGraphicToolView::OnPaintLine( )
{
        m_PaintTool = LINE;
}

void CGraphicToolView::OnPaintRectangle( )
{
        m_PaintTool = RECTANGLE;
}

void CGraphicToolView::OnPaintEllipse( )
{
        m_PaintTool = ELLIPSE;
}
```

각각 자유 곡선, 직선, 사각형, 원 메뉴를 선택할 때에 열거형 변수에 선택한 해당 값이 대입된다. 즉, 메뉴나 도구 모음 항목 중에서 하나를 선택하고 앞에서 작성한 마우스 왼쪽 버튼 메시지를 발생시키면 원하는 그림을 그릴 수 있게 된다. 여기까지 코드를 작성하고 빌드 하면 아마 에러 메시지가 발생할 것이다. 아직 처리해 주지 않은 부분이 있는데, 도형의 선 색과 채우기 색을 설정하는 부분이다.

색상 메뉴의 이벤트 처리기를 생성하고 코드를 작성해 보자. 다음은 선 색 메뉴를 예로 들었다. 채우기 색과 전체 화면 지우개도 다음과 같은 방식으로 이벤트 처리기를 생성하도록 한다.

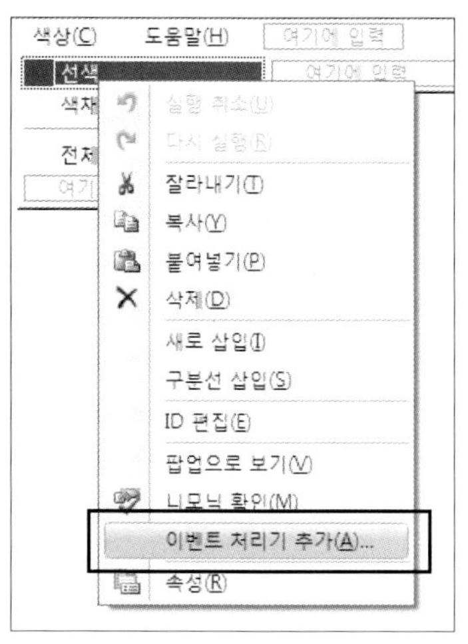

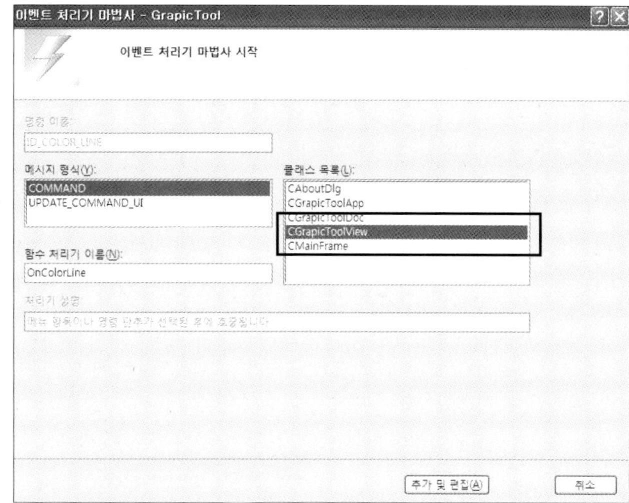

```
void CGraphicToolView::OnColorLine( )
{
        CColorDialog dlg;
        if (dlg.DoModal( ) != IDOK)
                return;
        colorline = dlg.GetColor( );
}

void CGraphicToolView::OnColorBrush( )
{
        CColorDialog dlg;
        if (dlg.DoModal( ) != IDOK)
                return;
        colorbrush = dlg.GetColor( );
}

void CGraphicToolView::OnErase( )
{
        Invalidate( );
}
```

색 대화상자로부터 선택한 색을 가져온다.

색 대화상자로부터 선택한 색을 가져온다.

색상 메뉴는 하위 메뉴로 선색, 채우기색, 전체 화면 지우개로 구성되는데, 일단, 색을 선택하는 부분이므로 공통 대화상자 클래스인 CColorDialog를 이용하였다. 윈도우에서 지원하는 공통 다이얼로그이므로 비교적 쉽게 사용할 수 있다. 색상 선택은 GetColor( ) 함수를 이용하여 색 선택 대화 상자를 통해 얻을 수 있는데, 반환 값은 COLORREF이다. 선색이나 채우기색이나 원리는 똑같다. 그리고 현재 만드는 그리기 프로그램에는 저장 기능이 없다. 그러므로 화면을 갱신하게 되면 그려졌던 그림들이 사라지게 된다. 저장에 관하여서는 8장. 도큐먼트 뷰 구조에서 다룰 것이다. 일단은 지우개 역할은 전체 클라이언트 영역을 갱신하는 것으로 하였다.

CGraphicExView.h 파일에 다음과 같이 변수 선언을 추가한다.

```
public:
        CPoint m_nowP, m_oldP;
        tagPaintTool m_PaintTool;
        BOOL m_bPaint;

        COLORREF colorline;
        COLORREF colorbrush;
```
색 대화상자로부터 얻어온 색을 저장하기 위한 선 색과 채우기 색 변수

colorline과 colorbrush는 각각 선의 색과 도형 내부의 색을 채우기 위해서 색을 지정하는 변수들이다. 다음과 같이 색 대화 상자를 호출하여 선택한 색을 COLORREF형의 값으로 반환해 준다.

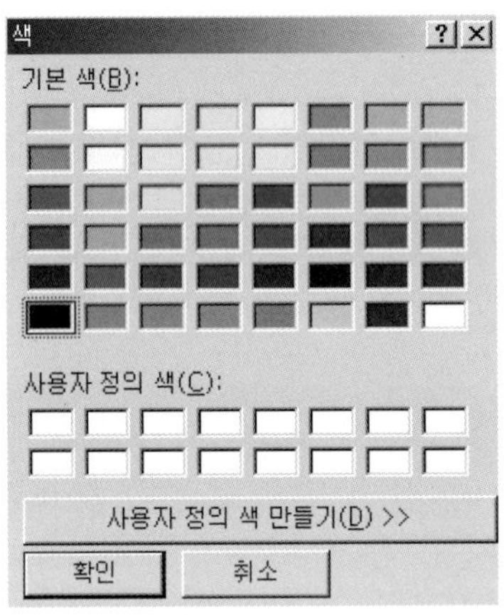

4 ········ 초기화

모든 프로그램에 있어서 초기화는 중요하다. 이 그리기 프로그램에서도 그리기 모드나 색상의 기본값 등을 초기화해 주어야 한다.

```
CGraphicToolView::CGraphicToolView( )
{
        m_PaintTool = DRAW;
        m_bPaint = FALSE;
}
```
그리기의 기본값은 자유 곡선이다.

그리기 모드의 기본값은 FALSE이다.

이와 같이 CGraphicToolView:: CGraphicToolView ( ) 생성자에서 변수를 초기화해 준다. m_PaintTool의 초기값은 Draw로, m_bPaint의 초기값은 FALSE로 해줌으로써 프로그램 시작 시에 기본적으로 자유 곡선 모드의 그리기 해제 모드로 시작하게 된다.

여기까지 코딩하였다면 빌드 및 실행을 해보자. 색상 메뉴를 선택하여 색상을 선택하고, 그리기 도구 중 하나를 선택하여 그리기를 해보자. 느낌이 어떤가? 색은 제대로 구현이 되지만, 마우스 왼쪽 버튼을 눌렀을 때부터 떼기 전까지 마우스가 움직이는 과정은 화면에 보이지 않고, 마우스를 떼었을 때야 비로소 화면에 그림이 나타난다.

당연한 결과이다. 왜냐하면 마우스 왼쪽 버튼이 눌려졌을 때와 떼어졌을 때만 메시지 처리를 하고, 마우스가 움직일 때의 메시지 처리는 해주지 않았기 때문이다. 이제 마우스를 움직일 때의 메시지를 처리해 줌으로써 좀더 완성도 높은 프로그램을 만들어 보자.

5 마우스를 움직일 때

마우스가 움직일 때 WM_MOUSEMOVE 메시지가 발생한다. 앞에서의 문제점은 마우스가 움직일 때의 메시지를 처리해 주지 않아서 그려지는 과정이 보여지지 않았다. 이 메시지에 대한 윈도우 메시지 처리기를 만들고, 다음과 같이 코딩하자.

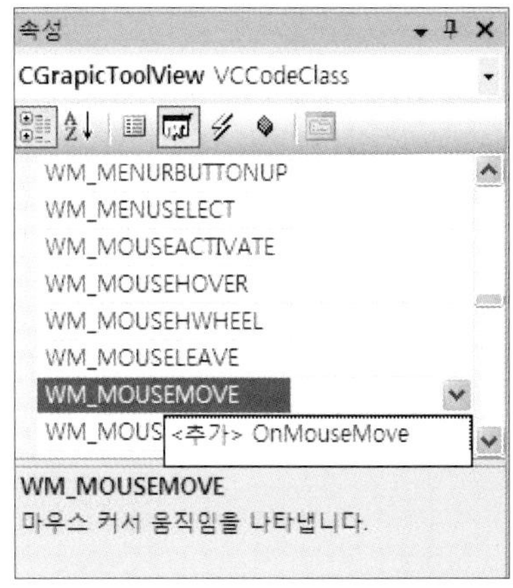


```
void CGraphicToolView::OnMouseMove(UINT nFlags, CPoint point)
{
        CPen MyPen(PS_SOLID, 2, colorline);
        CPen *pOldPen;
        CBrush *OldBrush;
        CClientDC dc(this);
        pOldPen = (CPen *)dc.SelectObject(&MyPen);
        OldBrush = (CBrush *)dc.SelectStockObject(NULL_BRUSH);

        if(m_bPaint == TRUE)
        {
                switch(m_PaintTool)
                {
                        case DRAW:
                                dc.MoveTo(m_nowP);
```

```cpp
                                        dc.LineTo(point);
                                        m_nowP = point;
                                        break;
                        case LINE:
                                        dc.SetROP2(R2_NOT);
                                        dc.MoveTo(m_nowP);
                                        dc.LineTo(m_oldP);
                                        dc.MoveTo(m_nowP);
                                        dc.LineTo(point);
                                        m_oldP = point;
                                        break;
                        case RECTANGLE:
                                        dc.SetROP2(R2_NOT);
                                        dc.Rectangle(m_nowP.x, m_nowP.y, m_oldP.x, m_oldP.y);
                                        dc.Rectangle(m_nowP.x, m_nowP.y, point.x, point.y);
                                        m_oldP = point;
                                        break;
                        case ELLIPSE:
                                        dc.SetROP2(R2_NOT);
                                        dc.Ellipse(m_nowP.x, m_nowP.y, m_oldP.x, m_oldP.y);
                                        dc.Ellipse(m_nowP.x, m_nowP.y, point.x, point.y);
                                        m_oldP = point;
                                        break;
                        }
                }
                else
                        return;

        CView::OnMouseMove(nFlags, point);
}
```

눈여겨 보아야 할 부분은 「if(m_bPaint == TRUE)」 부분부터이다. 코드상에서 굵은 글씨체로
구분하였으므로 참고하길 바란다. 마우스가 움직일 때 처리하는 메시지이지만, 예제에서는 무
조건 마우스가 움직일 때 메시지가 발생하면 안 된다. 단지, 마우스 왼쪽 버튼이 눌려져 있는 상
태에서 마우스가 움직일 때 메시지가 발생해야 한다. 그러므로 m_bPaint가 TRUE일 때 즉, 그
리기 모드일 때 그 이하의 코드를 처리하고, TRUE가 아닐 때에는 바로 return을 함으로써 아
무런 처리도 하지 않는다. m_bPaint가 TRUE일 때 이하의 코드를 분석해 보도록 하자.

■ case DRAW인 경우

자유 곡선을 그린다. 자유 곡선은 마우스 움직일 때마다 수시로 현재 좌표가 바뀐다. 코드상에
서 m_nowP는 시작점이 되고, 최초 움직인 좌표가 point가 된다. 즉, 현재 좌표를 말한다. 그
런데, 마우스는 계속 움직이게 되므로 현재 좌표인 point는 m_nowP 값으로 넘기고, 또 다른
현재 좌표인 point가 생성된다. 이런 과정이 수십, 수백 번이 일련의 연속의 과정으로 반복되면

서 자유 곡선이 형성되는 것이다.

■ case LINE인 경우

직선을 그린다. WM_LBUTTONUP 메시지 처리기의 코드와 그리는 원리는 같지만 차이점이 있다. 그리기 과정이 한 번 더 반복이 된다. 왜 그럴까? 곰곰히 생각해 보자. 직선을 그릴 때 마우스 왼쪽 버튼을 누른 상태에서 여기저기 마우스를 움직이게 되면 최초 마우스 누른 지점부터 움직이는 대로 직선이 생성되고 따라다니면서 움직이는 것을 볼 수 있다. 그때 마우스가 움직임에 따라 직선은 생성되고 사라지고를 반복한다. 즉, 이전 직선을 없애 주지 않으면 새로운 직선을 생성할 때 이전 것의 잔상이 남는다. 그래서 이전 직선의 잔상을 없애기 위해서 이전 직선를 다시 한번 그린다. 그리기 모드가 R2_NOT이므로 이전 직선을 다시 그리면 그림이 사라지게 된다. 잘 이해가 가지 않는다면 코드상에서

dc.MoveTo(m_nowP);
dc.LineTo(m_oldP);

부분을 주석처리 해보자. 그리고 빌드 및 실행시켜 보면 이해가 빠를 것이다.

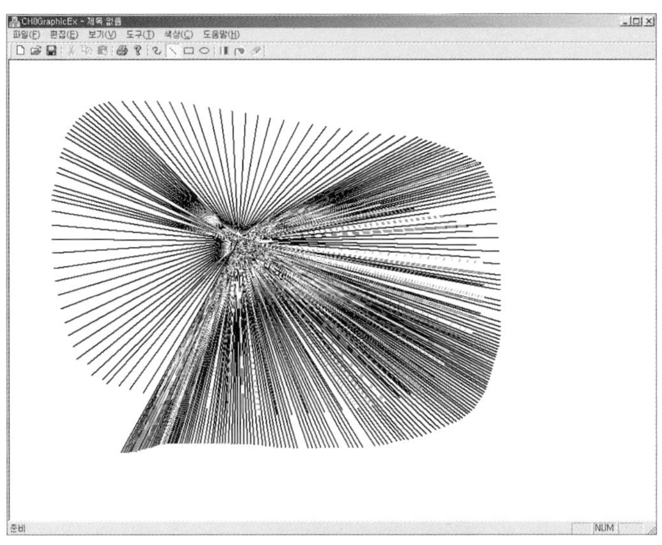

■ case RECTANGLE인 경우

개념은 직선과 마찬가지이다. 「dc.Rectangle(m_nowP.x, m_nowP.y, m_oldP.x, m_oldP.y);」 코드가 한 줄 더 들어간 이유는 이전의 마우스가 움직였던 사각형의 잔상을 없애기 위해서이다. 물론 그리기 모드를 R2_NOT로 해주어야 가능한 일이다. 여기서도 이 코드 한 줄을 주석처리 해주고 실행해 보면 이해가 더 빠를 것이다.

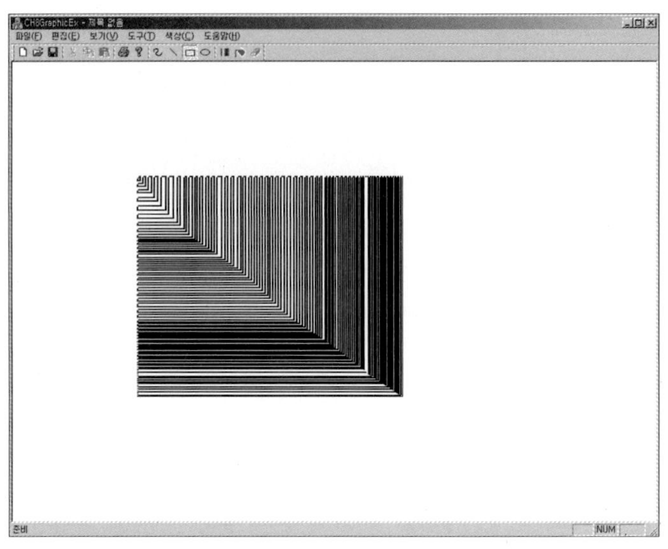

■ case ELLIPSE인 경우

타원 또한 사각형과 마찬가지의 개념이다. 「dc.Ellipse(m_nowP.x, m_nowP.y, m_oldP.x, m_oldP.y);」코드가 한 줄 더 들어간 이유는 이전의 마우스가 움직였던 타원의 잔상을 없애기 위해서이다. 여기서도 이 코드 한 줄을 주석처리 해주고 실행해 보면 이해가 더 빠를 것이라 생각한다.

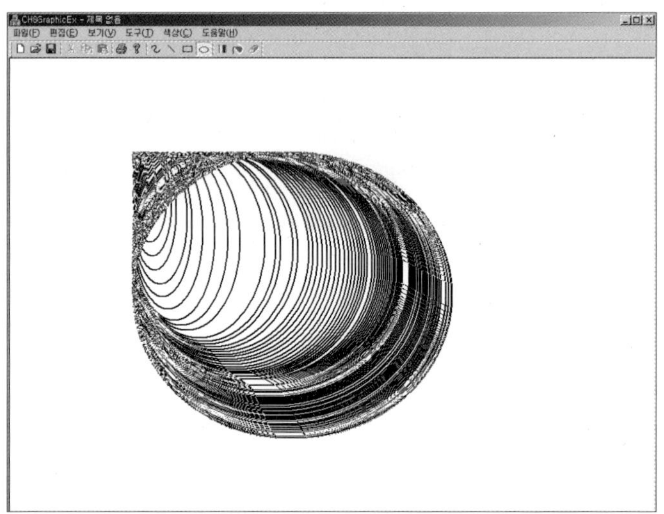

6 실행 결과

이제 제작한 그래픽 프로그램을 빌드 및 실행해 보자. 메뉴와 도구 모음에 그리기 도구와 색상 설정을 위한 기능이 구현되어 있다. 색상을 선택하여 선의 색과 채우기 색을 설정하고, 그리기

도구 중 하나를 선택하여 그림을 그릴 수 있다. 그래픽 프로그램이라고 말하기에는 많이 부족하지만, 단지 원리를 알아보기 위해서 최소한의 기능만 구현한 것이므로 이해하고 넘어가길 바란다. 이번 장에서는 저장에 관한 코드는 생략하였고, 저장에 관하여서는 8장. 도큐먼트와 뷰 구조에서 배우게 되므로 참고하길 바란다.

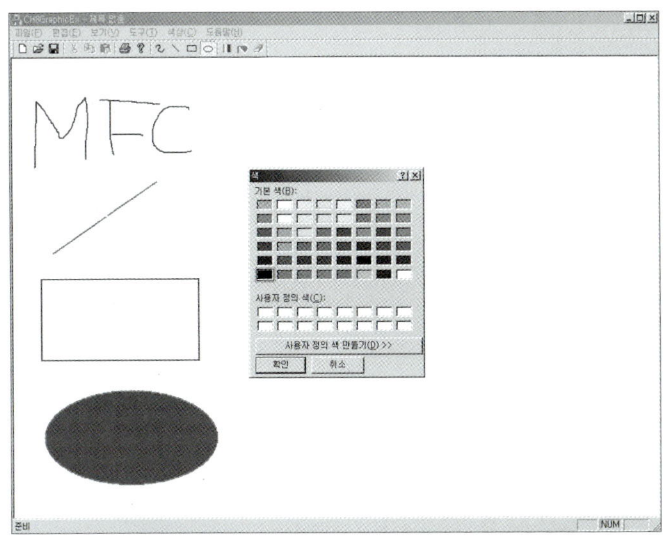

마치면서

윈도우에서 제공하는 기본적인 그래픽 인터페이스인 GDI(Grapic Device Interface)에 대해서 알아보았다. 이번 장에서 최소한 이것만은 꼭 알아 두고 넘어가도록 하자.

1 DC의 개념 – 출력에 필요한 모든 정보를 가지고 있는 데이터 구조체이다.

2 CDC – MFC에서 DC를 사용할 수 있도록 클래스화해서 제공하는 클래스가 CDC이다. CDC 클래스로부터 파생되는 클래스에는 다음과 같이 네 가지가 있다.
– CClientDC
– CMetaFileDC
– CPaintDC
– CWindowDC

3 GDI 오브젝트 – 그리기에 필요한 모든 도구이다. 미술 시간에 사용하는 여러 가지 종류의 붓과, 물감, 팔레트와 같은 모든 재료들을 생각하면 된다. 모든 GDI 오브젝트는 DC 안에 포함된다.

4 메모리 DC
비트맵 이미지를 출력할 경우 이미지 용량이 커서 화면으로 바로 출력할 수 없기 때문에 메모리 안에서 그림을 출력한 후 메모리의 그림을 화면으로 고속 복사를 하는데, 이를 메모리 DC를 이용한 이미지 출력이라고 한다.

PART 08
도큐먼트와 뷰

이번 장은 MFC의 핵심 구조인 도큐먼트와 뷰에 대해서 알아보기로 한다. 지금까지 MFC에서 제공하는 응용 프로그램 마법사를 통해서 간단하게 프레임워크를 생성했지만, 그 내부 구조를 이해하지 않고서는 생성된 프레임워크를 응용할 수 없다. 도큐먼트와 뷰의 구조와 관계에 대해서 이해하고 SDI(단일 문서)와 MDI(다중 문서)에 대해서 알아보기로 한다. 또, MFC에서 지원하는 매커니즘인 직렬화에 대해서 공부해 보도록 하자.

도큐먼트의 구조

이번 섹션에서는 윈도우의 기본 구조에 대해 알아 보고, 그에 따른 도큐먼트 타입과 프레임 도큐먼트, 뷰가 하나의 그룹으로 관리되는 도큐먼트 템플릿에 대해서 알아보도록 하자.

1 윈도우의 기본 구조

지금껏 만들어 온 윈도우의 구조를 복습하는 차원에서 잠깐 살펴보도록 하자. 눈으로 보기에 윈도우에는 제목 표시줄, 메뉴 표시줄, 도구 모음, 상태 표시줄 등을 싸고 있는 프레임 윈도우와, 그 가운데 흰색 면의 클라이언트 영역을 갖고 있는 뷰 윈도우가 있다. 하지만, 실제 응용 프로그램을 구성하는 클래스는 프레임 윈도우와 뷰 윈도우 외에 눈에 보이지 않는 두 개의 윈도우가 더 있는데, 응용 프로그램 자체를 나타내는 CWinApp 클래스와 문서 객체인 CDocument 클래스이다.

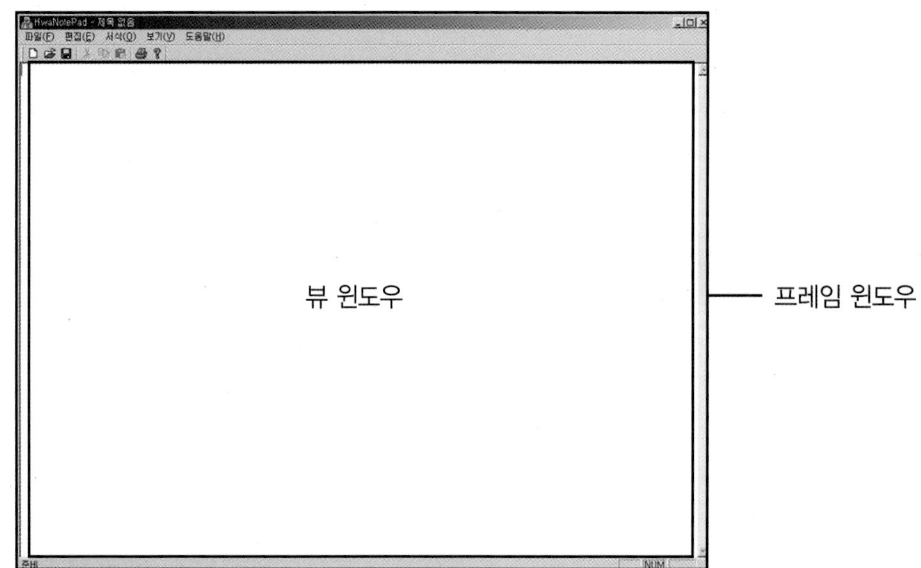

프로젝트가 생성되면서 클래스 뷰에 만들어지는 클래스의 목록을 보면 쉽게 이해할 수 있다.

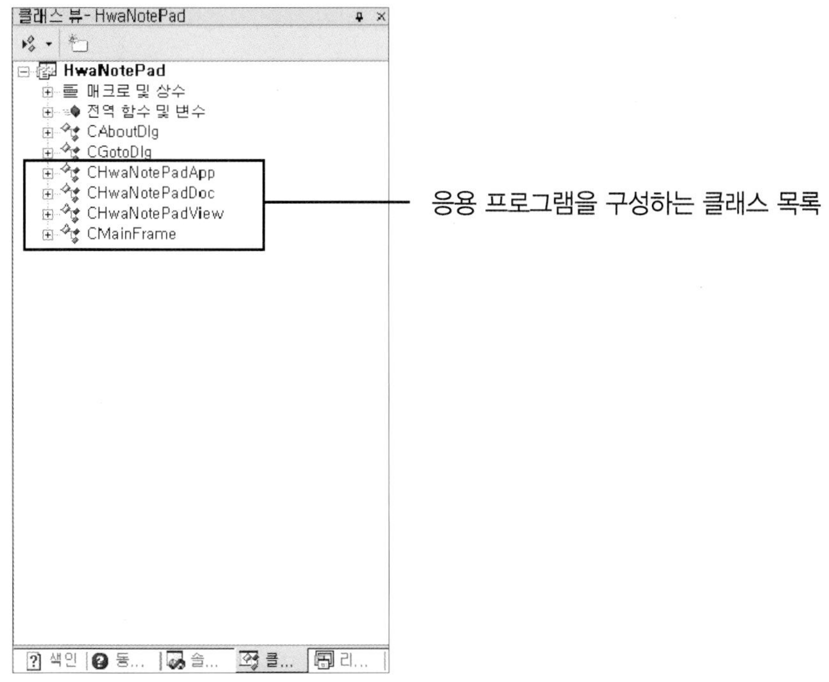

응용 프로그램을 구성하는 클래스 목록

MFC에서는 프로젝트 생성시 이미 CWinApp, CFrameWnd, CView, CDocument라는 클래스를 상속 받아서 사용하도록 하고 있는데, 그 중에 CDocument , CView, CFrameWnd 이 세 가지 클래스는 도큐먼트와 뷰 구조를 이해하는데 필수적인 클래스로 이 장에서 주로 다룰 것이다.

<h2>2 ········ 도큐먼트 타입</h2>

도큐먼트(Document)란 사전적 의미로 쉽게 '문서'이다. 보통 문서라 함은 MS Word나 한글 (HWP)로 작성한 파일을 문서 파일이라고 이야기하는데, MFC에서 말하는 도큐먼트는 이러한 문서 개념보다는 좀 더 확장된 개념으로 모든 데이터를 도큐먼트라고 생각하면 된다. 글자이던, 그림이던, 음악 파일이던, 디스크에 파일로 저장이 된다면 도큐먼트라고 할 수 있다.

그런데 음악 파일이나 그림 파일이나 모두 데이터의 종류가 다르다. 즉, 프로그램별로 생성해 내는 도큐먼트의 타입은 대부분 다르며, 다른 프로그램에서 만든 도큐먼트끼리는 호환이 잘 되지 않는다. 예를 들어서, 비트맵 파일을 메모장에서 읽을 수 없고, 그림판에서 문서 파일을 읽을 수 없는 것과 같은 것이다. 물론 MS Office와 같은 경우에는 오피스 군 내의 프로그램끼리 서로 호환이 되는 경우도 있기는 하다. 이런 경우에는 각 프로그램마다 서로 호환해 주는 필터를 자동으로 제공해 주기 때문이다.

아무튼 각 프로그램마다 고유의 데이터 타입이 있는데, 이러한 데이터의 유형을 도큐먼트 타입이라고 말한다. 메모장에서 .txt 파일만 생성하고, 그림판에서는 .bmp 파일만 생성하기 때문에 이러한 프로그램들은 하나의 도큐먼트 타입만 갖는다고 할 수 있다. 그리고 Visual C++ 닷넷

프로그램과 같은 경우에는 c, cpp, sin, h 등등의 여러 개의 도큐먼트를 생성해 내므로 다수의
도큐먼트 타입을 가지고 있다고 할 수 있다.

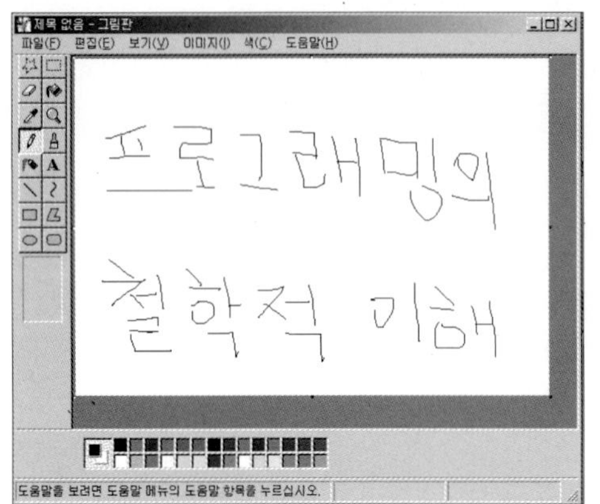

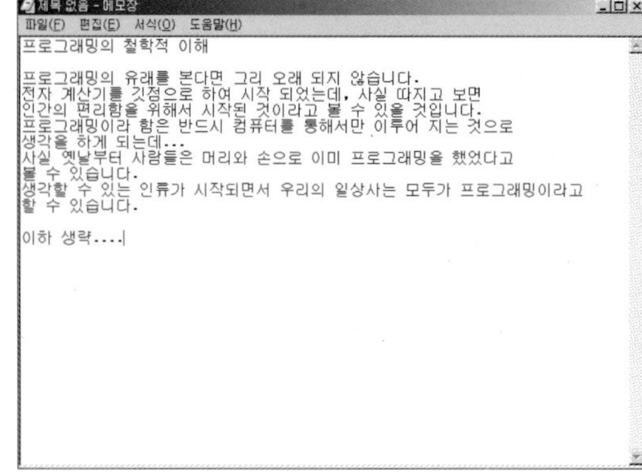

한 종류의 문서를 편집하는 프로그램은 하나의 도큐먼트 타입을 갖는다.

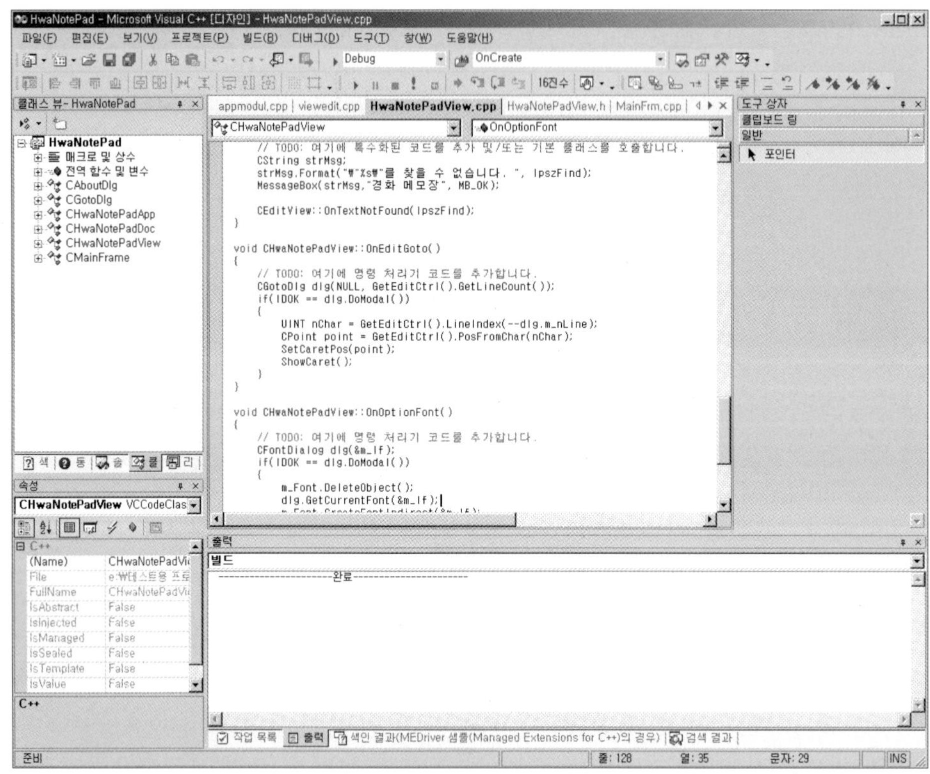

여러 종류의 문서를 편집하는 프로그램은 여러 개의 도큐먼트 타입을 갖는다.

이미 앞에서 언급했듯이 MFC에서는 응용 프로그램 마법사를 통해서 생성되는 4개의 클래스가 있다고 하였다. 이 때 생성되는 각각의 클래스는 CWinApp, CMainFrame, CDocument, CView를 상속받은 클래스라고 했는데, 프로젝트 구성 시 하나라도 빠져서는 안되는 필수적인 클래스이다. 각 클래스의 기능과 상관 관계를 알아보도록 하자.

CWinApp

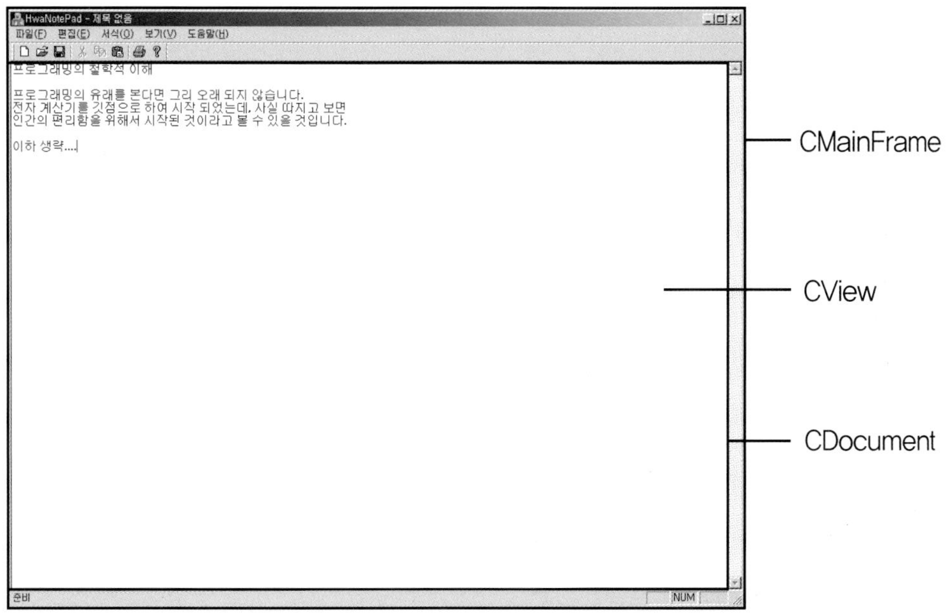

- CWinApp : 응용 프로그램의 존재 그 자체를 의미한다.
- CMainFrame : 응용 프로그램의 테두리를 나타낸다.
- CView : 흰색의 클라이언트 영역을 나타낸다.
- CDocument : 데이터를 저장 및 관리한다.

응용 프로그램이 생성되면 가장 먼저 응용 프로그램의 존재 그 자체를 나타내는 CWinApp 클래스가 생성되고, 응용 프로그램의 껍데기 프레임을 구성하는 CMainFrame, 프레임 내부 영역을 갖는 CView, 그리고 CView에 출력되는 데이터를 관리하는 CDocument 클래스가 생성된다. 응용 프로그램을 생성할 때 그 존재 자체는 유일하므로 CWinApp는 한 번 생성을 하고, 그 위에서 나머지 세 개의 클래스인 프레임, 도큐먼트, 뷰가 하나의 그룹 단위로 관리가 되는데, 이를 도큐먼트 템플릿(Document Template)이라고 한다.

도큐먼트 템플릿에는 프레임, 도큐먼트, 뷰가 각각 하나씩 생성이 되지만, 복수 개의 프레임, 도큐먼트, 뷰를 생성시킬 수도 있다. 도큐먼트 템플릿은 그룹을 지어 주는 역할을 하며, 복수의 프레임, 도큐먼트, 뷰가 있을 경우에 그룹을 구분 짓는 역할을 한다. 학생들이 섞여 있을 때 학생들을 반별로 구분 짓듯이, 도큐먼트 템플릿 또한 그러한 역할을 한다.

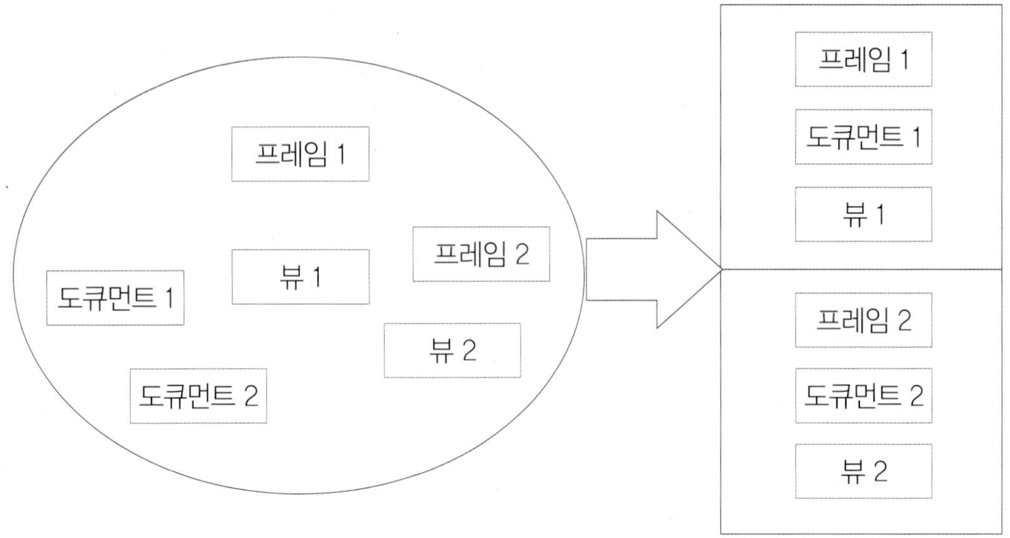

물론 실제로 프레임, 뷰, 도큐먼트 클래스가 어질러져 있지는 않지만, 설명의 편의상 저러한 상태에서 도큐먼트 템플릿을 통해 자신이 속한 그룹으로 구분 지을 수 있다. 현재 그림은 2개의 도큐먼트 템플릿이 생성된 상태이고, 하나의 도큐먼트 템플릿은 하나의 도큐먼트 타입에 대응된다.

도큐먼트 템플릿이 생성되는 시점은 SDI 형태의 프로그램과 MDI 형태의 프로그램일 때 차이를 보이게 되는데, 다음과 같이 정리할 수 있다.

- SDI : 프로그램이 실행될 때 동적으로 딱 한 번만 생성된다.
- MDI : 문서가 열리거나 새로 만들어질 때 동적으로 생성된다.

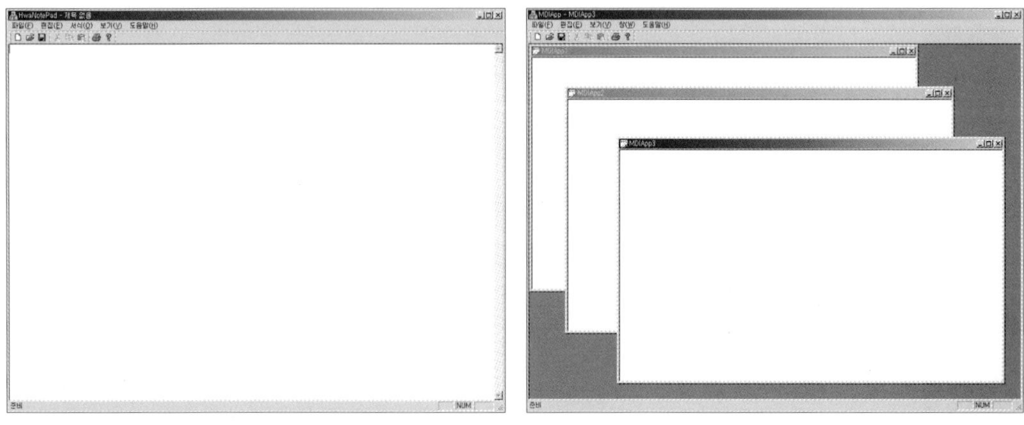

다시 한번 말하면, 도큐먼트 템플릿이 생성되는 시점은 SDI일 경우에는 응용 프로그램 실행 시 도큐먼트 템플릿이 딱 한 번 동적으로 생성되며, MDI일 경우에는 새 문서를 생성할 때마다 도큐먼트 템플릿이 동적으로 생성된다. 위의 MDI의 경우에는 세 개의 문서가 생성된 모습이다.

도큐먼트 템플릿의 구성은 도큐먼트, 뷰, 프레임으로 이루어져 있다. 도큐먼트 템플릿 클래스는 다음과 같은 계층도를 보이는데, 박스 안의 CDocTemplate의 하위 클래스를 보면 두 개의 클래스를 볼 수 있다. 하나는 CSingleDocTemplate 이고, 나머지 하나는 CMultiDocTemplate 이다.

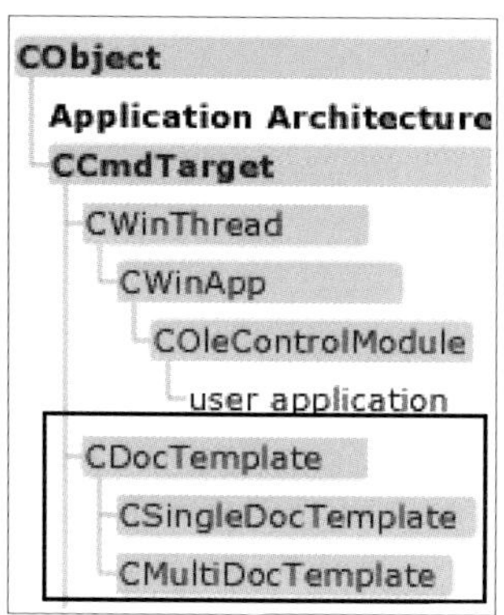

즉, 도큐먼트 템플릿의 종류에는 SDI와 MDI, 두 가지로 나눌 수 있다.

$$CDocTemplate \begin{cases} CSingleDocTemplate - SDI \\ \\ CMultiDocTemplate \ - MDI \end{cases}$$

이렇게 클래스 계층도와 종류만 나열해 보니, 실제 코드상에서 도큐먼트 템플릿이 어떻게 쓰이는 건지 감이 잘 안 올 것이다. 7장에서 작성했던 예제인 GraphicEx 프로젝트를 열자. 이 프로젝트는 SDI 기반으로 작성되었다. 프로젝트를 열고, GraphicEx.cpp 구현 파일을 보게 되면 InitInstance( ) 함수를 볼 수 있는데, 함수 안에 다음과 같은 도큐먼트 템플릿 코드를 볼 수 있을 것이다.

```
CSingleDocTemplate* pDocTemplate;
        pDocTemplate = new CSingleDocTemplate(
                IDR_MAINFRAME,
                RUNTIME_CLASS(CGraphicExDoc),
                RUNTIME_CLASS(CMainFrame),
                RUNTIME_CLASS(CGraphicExView));
        if (!pDocTemplate)
                return FALSE;
        AddDocTemplate(pDocTemplate);
```

SDI 기반에서 프로젝트를 생성하였으므로 CSingleDocTemplate 클래스의 객체 pDocTemplate를 선언하였고, new 연산자를 통해서 동적으로 클래스형 객체를 생성하였다. 이 때 CSingleDocTemplate( ) 생성자가 호출되는데, 원형은 다음과 같다.

〈CSingleDocTemplate( ) 생성자의 원형〉

```
CSingleDocTemplate(
        UINT nIDResource,
        CRuntimeClass *pDocClass,
        CRuntimeClass *pFrameClass,
        CRuntimeClass *pViewClass
);
```

생성자 인수는 4개이고, 템플릿은 프레임, 뷰, 도큐먼트, 세 가지로 구성되어 있다는 것을 명시적으로 알 수 있다. 그런데 첫 번째 인수인 nIDResource는 도큐먼트 타입에서 사용하는 리소스 ID인데, 지금껏 언급한 적이 없었다. 이는 단순히 사용하고 있는 메뉴, 아이콘, 단축키 테이블, 도구 모음의 리소스 ID이다. 리소스 뷰를 열어서 보면, 다음과 같이 ID가 IDR_MAINFRAME 으로 통일되어 있는 것을 볼 수 있다.

■ nIDResource

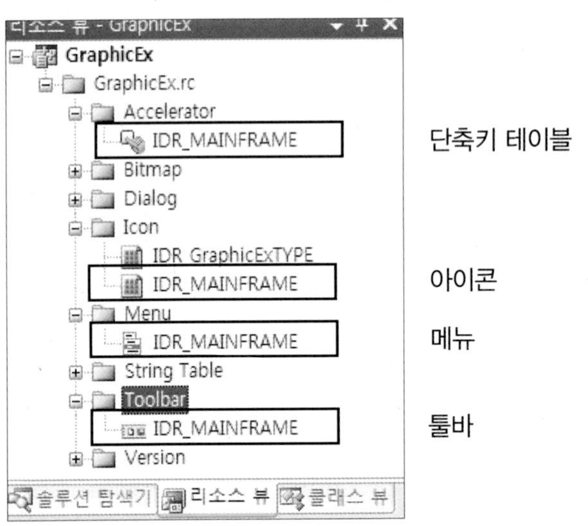

리소스를 보면 4개의 리소스가 IDR_MAINFRAME이라는 이름으로 정의되어 있으며, 이 리소스들이 도큐먼트 템플릿의 첫 번째 인수로 사용되는 것이다. 문자열 테이블(String Table)을 열고, IDR_MAINFRAME이 등록된 문자열을 살펴보면 다음과 같이 구성되어 있을 것이다.

ID	값	캡션
IDP_OLE_INIT_FAILED	100	OLE를 초기화할 수 없습니다. OLE 라이브러리 버전이 올바른지 확인하십시오.
IDR_MAINFRAME	128	GraphicEx₩n₩nGraphicEx₩n₩n₩nGraphicEx.Document₩nGraphicEx.Document
AFX_IDS_APP_TITLE	57344	GraphicEx
AFX_IDS_IDLEMESSAGE	57345	준비
ID_FILE_NEW	57600	새 문서를 만듭니다.₩n새로 만들기
ID_FILE_OPEN	57601	기존 문서를 엽니다.₩n열기
ID_FILE_CLOSE	57602	활성 문서를 닫습니다.₩n닫기
ID_FILE_SAVE	57603	활성 문서를 저장합니다.₩n저장
ID_FILE_SAVE_AS	57604	활성 문서를 새 이름으로 저장합니다.₩n다른 이름으로 저장

캡션 부분을 보면 ₩n으로 구분되어 있는데, ₩n으로 구분된 각 부분의 요소는 다음과 같다.

〈IDR_MAINFRAME의 구성 요소〉

이름	설명
windowTiltle	응용 프로그램의 제목 표시줄을 나타내는 문자열이다.
docName	도큐먼트의 디폴트 이름으로 사용되며 새로 생성되는 도큐먼트의 이름을 붙일 때 문자열이 사용된다. 예를 들면 새로운 도큐먼트가 생성될 때마다 New1, New2, New3, 이런 식으로 번호가 붙여진다는 말이다.
fileNewName	도큐먼트 타입의 이름이다.
filterName	파일 열기 대화 상자의 리스트 박스에서 도큐먼트 파일의 형식을 설정할 때 사용하는 문자열이다. 예를 들어 "텍스트 파일(*.txt)" 등과 같은 도큐먼트 타입에 대한 설명이 사용된다.
filterExt	파일 열기 대화 상자에서 사용할 파일 필터, 즉, 도큐먼트 파일의 확장자를 지정한다. .txt나 .bmp 등과 같이 점 하나와 확장자로 구성된다.
regFileTypeId	레지스트리에 등록되는 도큐먼트 타입의 ID이다. 이 타입을 지정하지 않으면 탐색기에 도큐먼트 타입을 등록할 수 없다.
refFileTypeName	레지스트리에 등록되는 도큐먼트 타입의 이름이다.

■ pDocClass

RUNTIME_CLASS라는 매크로를 사용하여 CRuntimeClass 구조체를 이용하였다. 이 매크로는 Afx.h 파일에 다음과 같이 정의되어 있다.

```
#define _RUNTIME_CLASS(class_name) ((CRuntimeClass*)(&class_name::class##class_name))
```

이 식은 RUNTIME_CLASS(class_name)로 정의된다는 의미를 가지고 있는데, 실행 중에 동적으로 해당 클래스 객체를 만들 때 사용한다. pDocClass는 CDocument 클래스로부터 파생된 CRuntimeClass 포인터이다.

■ pFrameClass

세 번째 인수 또한 RUNTIME_CLASS라는 매크로를 사용하여 CRuntimeClass 구조체를 이용하였다. pFrameClass는 CFrameWnd 클래스로부터 파생된 CRuntimeClass 포인터이다.

■ pViewClass

네 번째 인수 또한 RUNTIME_CLASS라는 매크로를 사용하여 CRuntimeClass 구조체를 이용하였다. pViewClass는 CView 클래스로부터 파생된 CRuntimeClass 포인터이다.

도큐먼트의 구조에 대해 알아보았다. 이제 그 도큐먼트 구조를 기본 베이스로 두 가지 형태인 SDI와 MDI 형태의 문서 구조를 가질 수 있는데 SDI와 MDI의 특징에 대해 알아보고, MFC 기반에서 직접 만들어 보도록 하자.

SDI(Single Document Interface)는 응용 프로그램 내에서 문서 하나만을 열 수 있는 인터페이스를 말한다. 이와 다르게 MDI(Multiple Document Interface)는 문서 여러 개를 동시에 열어서 작업할 수 있는 인터페이스이다. 앞에서 언급했던 도큐먼트 템플릿 클래스 계층도를 보면 CDocTemplate 클래스에서 파생된 두 클래스인 CSingleDocTemplate과 CMultiDocTemplate가 있었다. 이 두 개의 도큐먼트 템플릿으로 각각 생성되는 SDI와 MDI의 차이에 대해 알아보기 위해 SDI와 MDI의 응용 프로그램을 만들어 보자.

1 ⋯⋯⋯ SDI 응용 프로그램 생성하기

새로 프로젝트를 생성하자. 프로젝트명은 [SDIApp]로 하고, 응용 프로그램 종류는 [단일 문서]를 선택하자. 나머지는 모두 디폴트로 사용할 것이기 때문에 [마침] 버튼을 누르도록 한다.

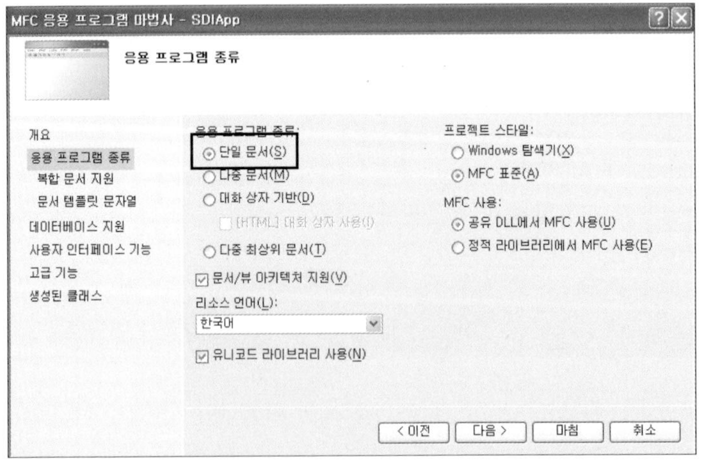

프로젝트가 생성되었다면 기본적인 SDI 응용 프로그램의 골격이 갖추어진 것이다. 아무런 코딩 없이 빌드 및 실행을 해보자. 별 무리 없이 프로그램이 실행될 것이다. 이유인 즉, 앞에서 설명한 도큐먼트 템플릿 코드가 응용 프로그램 마법사를 통해서 자동으로 코딩이 되었기 때문이고, 이 코드는 SDIApp.cpp 파일의 InitInstance( ) 함수 내의 코드에서 볼 수 있다.

```
BOOL CSDIAppApp::InitInstance( )
{
--------- 중간 생략 ----------

        CSingleDocTemplate *pDocTemplate;
        pDocTemplate = new CSingleDocTemplate(
                IDR_MAINFRAME,
                RUNTIME_CLASS(CSDIAppDoc),
                RUNTIME_CLASS(CMainFrame),
                RUNTIME_CLASS(CSDIAppView));
        if (!pDocTemplate)
                return FALSE;
        AddDocTemplate(pDocTemplate);

        CCommandLineInfo cmdInfo;
        ParseCommandLine(cmdInfo);
        if (!ProcessShellCommand(cmdInfo))
                return FALSE;

--------- 중간 생략 ----------


        return TRUE;
}
```

앞에서 이미 도큐먼트 템플릿 생성에 대해서 설명하였으므로, 생성 후 도큐먼트 템플릿
을 등록하는 부분을 살펴보도록 하겠다. 앞의 코드를 보면 도큐먼트 템플릿을 생성 후에
AddDocTemplate( ) 함수를 호출하는데, 이 함수가 도큐먼트 템플릿을 등록하는 기능을 한다.
함수의 정의는 다음과 같다.

〈함수의 정의〉

```
void AddDocTemplate(CDocTemplate *pTemplate);
```

– pTemplate : 도큐먼트 템플릿의 포인터 객체

도큐먼트 템플릿의 포인터를 인수로 가짐으로써, 응용 프로그램에 도큐먼트 템플릿을 등록한다
는 의미이다. 이것으로 응용 프로그램을 생성하기 위한 준비가 완료되었다.

2 MDI 응용 프로그램 생성하기

MDI는 개념적으로나 구조적으로 SDI보다는 복잡하다. 하지만, MDI 응용 프로그램을 생
성하는데 있어서는 응용 프로그램 마법사를 이용하기 때문에 쉽게 만들 수 있다. MDI는
SDI와 달리 CMDIChildWnd 클래스가 하나 더 생긴다. 그리고 도큐먼트 템플릿 클래스로

CMultiDocTemplate을 사용한다. 이로 인해 CSingleDocTemplate와는 달리 한 프로그램에서 동시에 여러 개의 문서의 생성이 가능하다.

여기서는 두 개의 도큐먼트 타입을 가지는 MDI 응용 프로그램을 만들어 보도록 하자. 텍스트를 입력할 수도 있는 타입과 마우스로 그림을 그릴 수도 있는 타입, 두 가지의 도큐먼트를 만들 것이다. 프로젝트명은 [MDIApp]로 하고, 응용 프로그램 종류는 [다중 문서]를 선택하자.

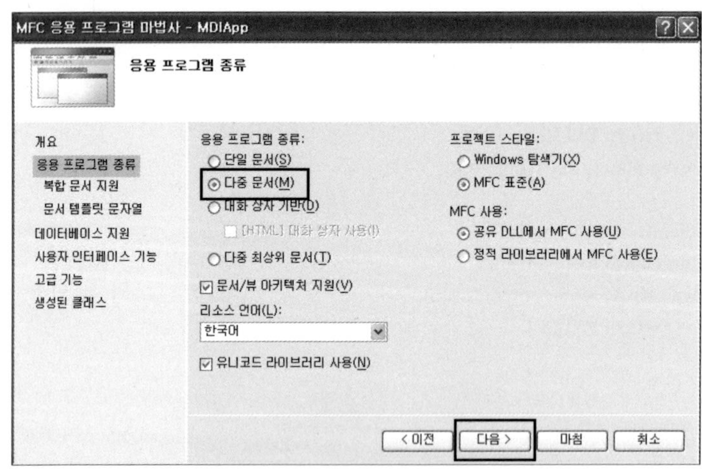

[다음] 버튼을 눌러 [문서 템플릿 문자열] 대화 상자로 이동하자. 여기서 파일의 확장자를 지정할 수 있다. 텍스트를 저장할 것이므로 확장명을 txt로 해준다.

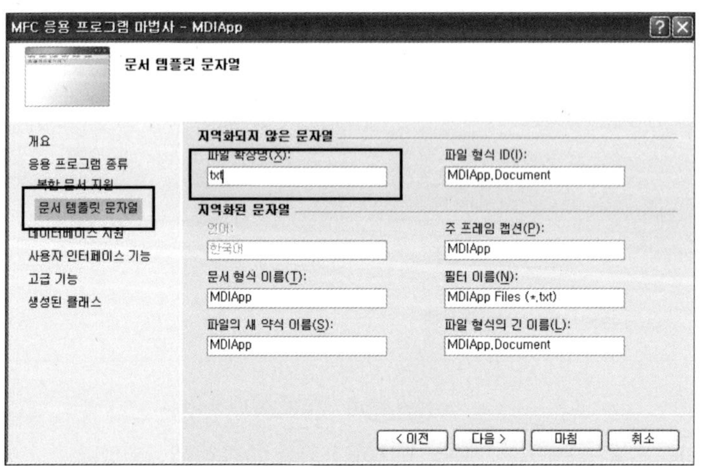

다음 단계에서 기본 클래스를 CEditView로 바꾸어 준다. 왜냐하면 생성할 도큐먼트 중에 하나는 텍스트 입력이 가능한 모드이기 때문이다.

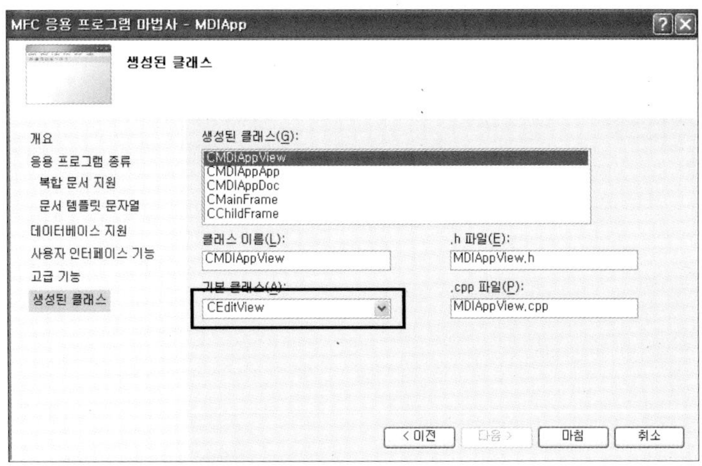

여기까지 했으면 [마침] 버튼을 눌러서 프로젝트를 생성한다. 빌드 및 실행을 해보면 코드 한 줄 없이도 편집 기능을 갖는 응용 프로그램이 완성된다. 확장자를 txt로 했으므로 저장하면 자동으로 *.txt로 저장된다. 텍스트 편집도 해보고 데이터 저장과 불러오기도 해보자. CEditView 클래스로부터 상속 받음으로 코딩 한 줄 없이도 저장 및 불러오기가 가능하다.

다음으로는 새로운 도큐먼트 타입을 추가해서 다른 형식의 문서도 편집이 가능하도록 해보자. 이번에는 그리기 기능이 있는 도큐먼트 타입을 만들어 보도록 하겠다. 그리기 기능을 이미 7장 그래픽의 기본에서 구현한 바 있다. 여기서는 두 가지의 도큐먼트 타입을 확인해 보는 것이 목적이므로 7장에서 구현한 소스를 그대로 이용하도록 하겠다.

어차피 2개 이상의 도큐먼트 타입을 확인해 보는 것이므로 응용 프로그램과 메인 프레임은 다시 생성할 필요가 없다. 도큐먼트 타입만 바꾸고, 그것을 표현하는 것만 바뀌는 것이므로 도큐먼트 클래스와 뷰 클래스만 새로 생성해 주면 될 것이다.

도큐먼트 클래스와 뷰 클래스를 다음과 같이 각각 추가해 주도록 해보자. 먼저 클래스 뷰에서 팝업 메뉴를 통해 MFC 클래스를 다음과 같이 추가한다.

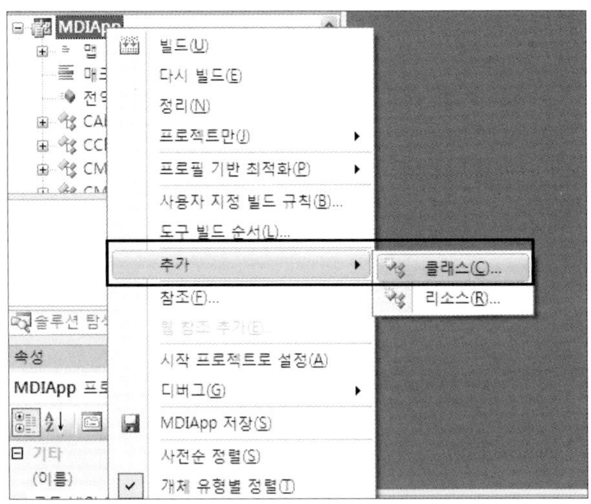

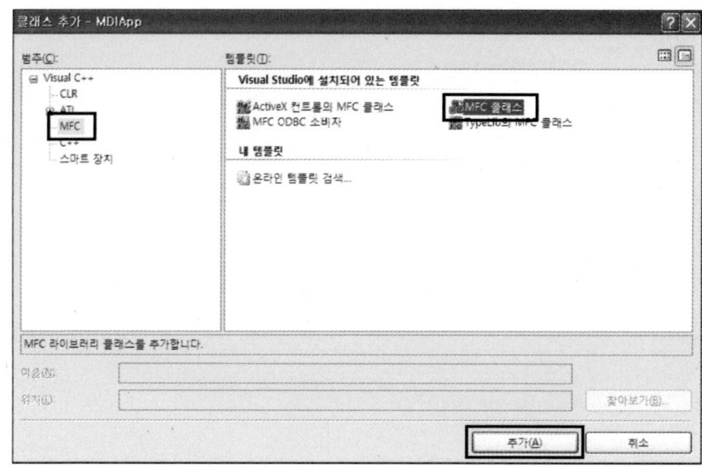

[클래스 추가] 대화상자에서 [범주]는 MFC를 선택하고, [템플릿]은 MFC 클래스를 선택한 뒤, [추가] 버튼을 누른다.

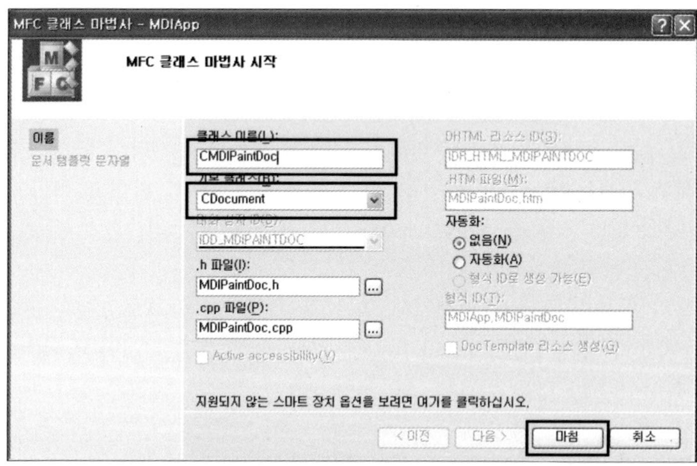

도큐먼트 클래스의 이름은 CMDIPaintDoc로 해주고 기본 클래스는 CDocument를 선택한다. 나머지는 디폴트로 하고 [마침] 버튼을 누른다.

뷰 클래스의 이름은 CMDIPaintView로 해주고 기본 클래스는 CView를 선택한다. 나머지는 디폴트로 하고 [마침] 버튼을 누른다.

여기까지 하였으면 클래스 뷰를 열고 두 개의 클래스가 생성되었는지 확인해 보자. 클래스 목록에 CMDIPaintDoc와 CMDIPaintView가 생성되어 있을 것이다. 그러나, 두 클래스는 아직까지 현재의 프로젝트와 전혀 연관성이 없으며 또한 서로가 연관된 클래스라는 것 조차도 알지 못한다. 단지 이름 만으로의 연관성은 사람에게만 해당되는 말이지, 코드상으로 아무런 연관성을 지어 주지 않았기 때문에 두 개의 클래스는 존재만 할 뿐 아무런 연관성이 없는 독립적인 개체에 불과하다. 이제 추가된 두 클래스를 기존의 프로젝트에 구성원이 될 수 있도록 만들어 보자.

1) 뷰와 도큐먼트의 연결

먼저 뷰와 도큐먼트가 서로 연관되어 있다는 것을 인식시켜야 한다. 그러기 위해서 기본적인 도큐먼트 뷰 구조는 뷰에서 도큐먼트를 인식하는 형태이다. 뷰 클래스의 헤더 파일에 다음과 같이 선언한다.

〈MDIPaintView.h 파일〉

```
class CMDIPaintView : public CView
{
------------ 중간 생략 ------------

public:
        CMDIPaintDoc *GetDocument();

------------ 중간 생략 ------------

}
```

그리고 구현 파일에는 다음과 같이 GetDocument() 함수를 추가한다. 뷰에서는 이 함수로 도큐먼트의 포인터를 얻어서 도큐먼트에 저장된 정보를 읽게 된다.

〈MDIPaintView.cpp 파일〉

```
------------ 중간 생략 ------------
CMDIPaintDoc *CMDIPaintView::GetDocument( )
{
        return (CMDIPaintDoc *)m_pDocument;
}
------------ 중간 생략 ------------
```

그리고 OnDraw( ) 함수에서 CDocument를 CMDIPaintDoc로 바꾸어서 구체적으로 어떤 도큐먼트의 포인터인지를 밝혀 주도록 한다.

〈MDIPaintView.cpp 파일〉

```
void CMDIPaintView::OnDraw(CDC *pDC)
{
        CMDIPaintDoc *pDoc = GetDocument( );
        ASSERT_VALID(pDoc);
}
```

마지막으로 이 코드들이 동작하려면 CMDIPaintView.h 파일에 도큐먼트 클래스를 인클루드(Include)하는 헤더 파일을 추가해야 한다.

〈CMDIPaintView.h 파일〉

```
#include "MDIPaintDoc.h"
```

이제 뷰에서는 도큐먼트를 제대로 인식할 수 있게 되었으므로 두 클래스는 상호 데이터 통신을 할 수 있는 관계이다. 따라서 도큐먼트에서 뷰를 인식할 수 있도록 하는 작업을 따로 해줄 필요는 없다.

2) 도큐먼트 템플릿의 생성

CMDIPaintDoc와 CMDIPaintView가 서로 인식할 수 있게 되었다. 이제 해야 할 일은 두 클래스를 현재 프로젝트에 포함하는 것이다. 그러기 위해서는 두 클래스에 관한 도큐먼트 템플릿을 새로 생성하는 작업을 해야 한다. CMDIAppApp 클래스에서 InitInstance( ) 함수를 열어서 다음과 같이 코드를 추가해 보자.

```
BOOL CMDIAppApp::InitInstance( )
{
------------- 중간 생략 -------------


        CMultiDocTemplate *pDocTemplate;
        pDocTemplate = new CMultiDocTemplate(IDR_MDIAppTYPE,
                RUNTIME_CLASS(CMDIAppDoc),
                RUNTIME_CLASS(CChildFrame),
                RUNTIME_CLASS(CMDIAppView));
        AddDocTemplate(pDocTemplate);

        pDocTemplate = new CMultiDocTemplate(IDR_MDIPaintTYPE,
                RUNTIME_CLASS(CMDIPaintDoc),
                RUNTIME_CLASS(CChildFrame),
                RUNTIME_CLASS(CMDIPaintView));
        AddDocTemplate(pDocTemplate);

        if(!pDocTemplate)
                return FALSE;

------------- 중간 생략 -------------

}
```

기존의 도큐먼트 템플릿 외에 새로운 도큐먼트 템플릿을 생성하고 AddDocTemplate( ) 함
수로 도큐먼트 템플릿 목록에 추가하였다. 새로 만든 도큐먼트 템플릿은 CMDIPaintDoc,
CChildFrame, CMDIPaintView, 세 클래스가 한 묶음이라는 정보를 가지고 있게 된다. 이 코
드가 제대로 동작하려면 CMDIAppApp.cpp 파일에 다음과 같이 헤더 파일을 선언해야 한다.

```
#include "ChildFrm.h"
#include "MDIAppDoc.h"
#include "MDIAppView.h"
#include "MDIPaintDoc.h"
#include "MDIPaintView.h"
```

리소스는 IDR_MDIPaintTYPE을 사용하였는데, 굳이 아이콘은 따로 만들 필요는 없으므로 생
략하고, 메뉴와 문자열 테이블(String Table)에만 IDR_MDIPaintTYPE을 추가해 주도록 한다.

리소스 뷰에서 IDR_MDIAppTYPE을 복사해서 그 자리에 붙여넣기를 하면 새로운 메뉴 프레임이 생기는데, 이름을 IDR_MDIPaintTYPE로 해주고 그림과 같이 도구라는 메뉴를 7장의 GraphicTool 예제에서와 똑같이 만든다. 각 메뉴 항목의 ID 또한 GraphicTool 예제에서 그대로 사용한다. ID 부여하는 설명은 따로 하지 않겠다.

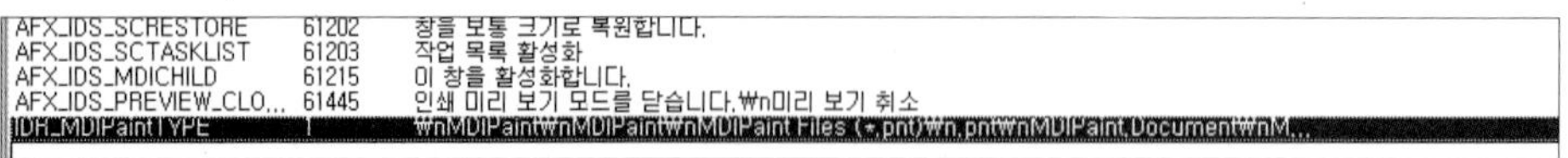

문자열 테이블을 열면 각 리소스 목록이 나타나는데, 문자열 테이블에 IDR_MDIPaintTYPE을 추가하고, IDR_MDIAppTYPE에서의 캡션 내용을 IDR_MDIPaintTYPE 캡션에 복사 및 붙여넣기를 한다. 그리고 MDIApp나 MDIText라는 문자열을 MDIPaint로 변경한다.

현재까지의 작업 후 빌드 및 실행하면 다음과 같은 도큐먼트 타입을 선택하라는 작은 대화 상자가 나타날 것이다. 왜냐하면 도큐먼트 템플릿을 통해 두 가지의 도큐먼트 타입을 등록하였기 때문에, 응용 프로그램을 실행할 때나 문서를 새로 생성할 때는 어떤 타입으로 생성할 것인지 다음과 같은 도큐먼트 타입을 선택하는 대화 상자를 보게 된다.

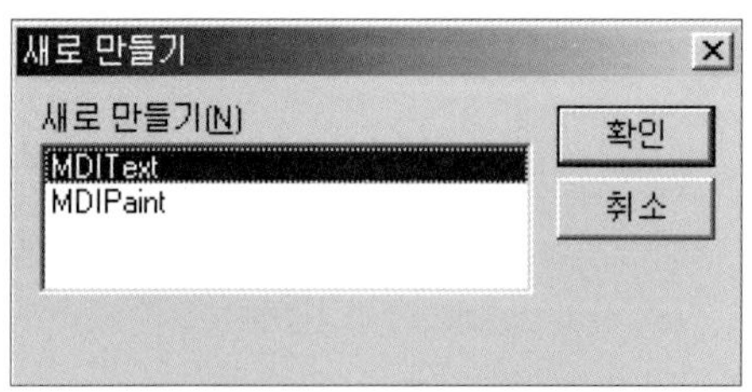

MDIText 항목을 선택하면 텍스트 편집기 모드로 생성될 것이고, MDIPaint 항목을 선택하면 그리기 기반 모드로 생성될 것이다. 그러나, 그리기 기반 모드의 도큐먼트 타입은 그리기 기능을 구현하지는 않았으므로 그리기 기능을 하지 못한다. 기능을 구현해 보도록 하자.

3) 기존의 코드 이용

7장의 GraphicTool 예제를 참조하여 앞에서 만든 [도구] 메뉴의 항목 각각에 이벤트 처리기를 추가하고, 기능을 추가하도록 하자. 먼저 [도구 모음]의 각 버튼을 GraphicTool 예제에서 복사하여 현재 프로젝트의 [도구 모음]에 붙여넣기를 한다. 그리고 [도구 모음] 각각 항목의 ID는 [도구] 메뉴 항목 ID와 일치시킨다.

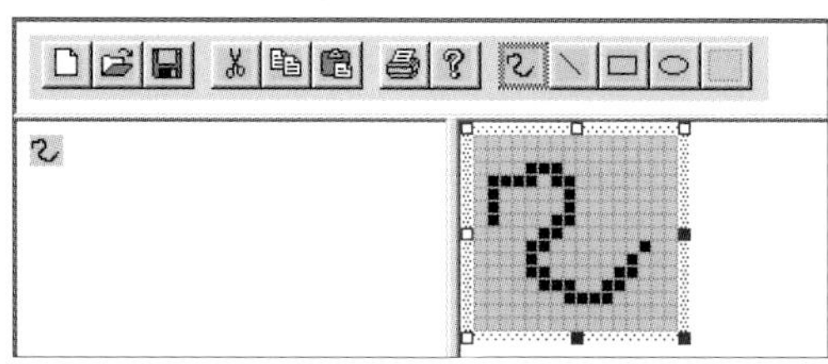

각 메뉴의 이벤트 처리기 추가가 끝났으면, 마우스 왼쪽 버튼을 눌렀을 때, 마우스가 움직일 때 그리고 마우스 왼쪽 버튼을 떼었을 때의 메시지 처리기를 각각 추가하고, 처리 코드를 GraphicTool 예제에서 그대로 복사하여 이용한다. 구현 코드는 다음과 같다.

〈MDIPaintView.h〉

```cpp
enum tagPaintTool {DRAW, LINE, RECTANGLE, ELLIPSE};
class CMDIPaintView : public CView
{
------------ 중간 생략 ------------
public:
        CPoint m_nowP, m_oldP;
        BOOL m_bPaint;
        tagPaintTool m_PaintTool;

};
```

〈MDIPaintView.cpp〉

```cpp
void CMDIPaintView::OnLButtonDown(UINT nFlags, CPoint point)
{
        m_bPaint = TRUE;
        m_nowP = point;
        m_oldP = point;

        CView::OnLButtonDown(nFlags, point);
}

void CMDIPaintView::OnLButtonUp(UINT nFlags, CPoint point)
{
```

```cpp
        m_bPaint = FALSE;
        CPen MyPen(PS_SOLID, 2, colorline);
        CPen *pOldPen;
        CBrush MyBrush(colorbrush);
        CBrush *OldBrush;
        CClientDC dc(this);
        pOldPen = (CPen *)dc.SelectObject(&MyPen);
        OldBrush = (CBrush *)dc.SelectStockObject(NULL_BRUSH);

        switch(m_PaintTool)
        {
                case LINE:
                        dc.MoveTo(m_nowP);
                        dc.LineTo(point);
                        break;
                case RECTANGLE:
                        dc.Rectangle(m_nowP.x, m_nowP.y, point.x, point.y);
                        break;
                case ELLIPSE:
                        dc.Ellipse(m_nowP.x, m_nowP.y, point.x, point.y);
                        break;
        }

        CView::OnLButtonUp(nFlags, point);
}

void CMDIPaintView::OnMouseMove(UINT nFlags, CPoint point)
{
        CPen MyPen(PS_SOLID, 2, colorline);
        CPen *pOldPen;

        CBrush *OldBrush;
        CClientDC dc(this);

        pOldPen = (CPen *)dc.SelectObject(&MyPen);
        OldBrush = (CBrush*)dc.SelectStockObject(NULL_BRUSH);
        if(m_bPaint == TRUE)
        {
                switch(m_PaintTool)
                {
                        case DRAW:
                                dc.MoveTo(m_nowP);
                                dc.LineTo(point);
                                m_nowP = point;
                                break;
                        case LINE:
                                dc.SetROP2(R2_NOT);
                                dc.MoveTo(m_nowP);
                                dc.LineTo(m_oldP);
```

```cpp
                dc.MoveTo(m_nowP);
                dc.LineTo(point);
                m_oldP = point;
                break;
        case RECTANGLE:
                dc.SetROP2(R2_NOT);
                dc.Rectangle(m_nowP.x, m_nowP.y, m_oldP.x, m_oldP.y);
                dc.Rectangle(m_nowP.x, m_nowP.y, point.x, point.y);
                m_oldP = point;
                break;
        case ELLIPSE:
                dc.SetROP2(R2_NOT);
                dc.Ellipse(m_nowP.x, m_nowP.y, m_oldP.x, m_oldP.y);
                dc.Ellipse(m_nowP.x, m_nowP.y, point.x, point.y);
                m_oldP = point;
                break;

        }
    }
    else
        return;

    CView::OnMouseMove(nFlags, point);
}

void CMDIPaintView::OnPaintDraw( )
{
    m_PaintTool = DRAW;
}

void CMDIPaintView::OnPaintLine( )
{
    m_PaintTool = LINE;
}

void CMDIPaintView::OnPaintRectangle( )
{
    m_PaintTool = RECTANGLE;
}

void CMDIPaintView::OnPaintEllipse( )
{
    m_PaintTool = ELLIPSE;
}
```

구현이 끝났으면 빌드 및 실행을 해보자. 두 가지의 도큐먼트 타입 중에 하나의 타입을 고르라는 대화상자가 나타날 것이다. 텍스트 모드와 그리기 모드를 각각 차례로 실행해 테스트 하자. 참고로 [파일 〉 새로 만들기] 또는 [도구 모음]의 새로 만들기 항목을 선택하면 도큐먼트 타입을 선택하는 대화상자가 나타난다.

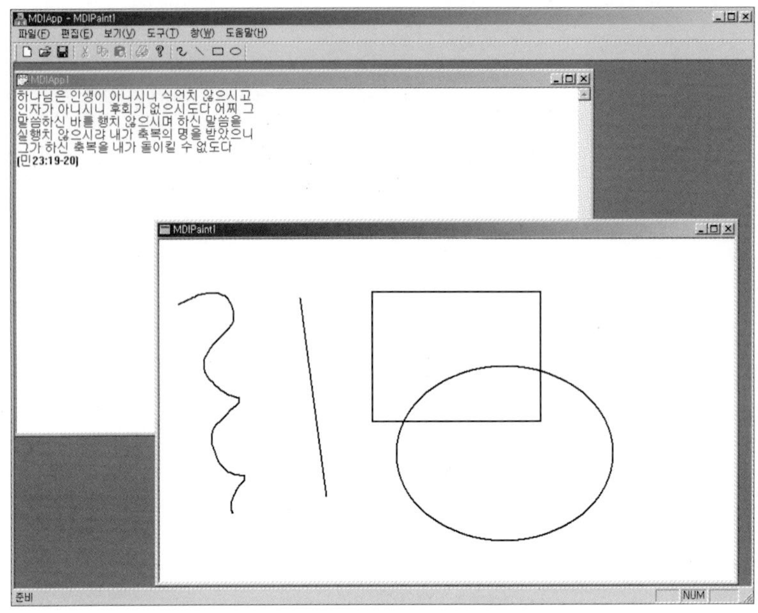

하지만, 이 예제에는 치명적인 단점이 있다. 그리기 모드에서 그린 도형을 다른 윈도우로 잠시 가렸다가 보면 가려졌던 부분은 갱신되어 보이지 않는다. 즉, 현재의 그리기 모드는 데이터가 저장되지 않아서 화면 복구 능력이 없다. 데이터의 저장은 바로 뒤에서 배울 직렬화 부분에서 다룰 것이고, 이 예제를 이용할 것이다. 데이터 저장 기능이 추가 된다면 좀 더 완성도 있는 프로그램이 될 것이다. 그리기 모드의 코드에 대한 이해가 부족하거나 좀 더 자세한 코드를 참조하고 싶다면 7장의 GraphicTool 예제를 참조하길 바란다.

직렬화를 이용하여 데이터를 저장하기 전에 한 가지 더 얘기하고 넘어가고 싶은 것이 있다. 바로 객체 간의 통신인데 앞서 예제를 통해 도큐먼트 템플릿을 통해서 4개의 클래스가 하나의 그룹으로 묶여지고, 각 클래스끼리 유기적으로 통신하는 것을 보았다. 4개의 클래스 중에서 응용 프로그램과 메인 프레임은 한 번 만들어진 후에는 큰 변화가 없지만, 도큐먼트와 뷰 간에는 데이터의 이동과 갱신이 일어나기 때문에 두 클래스 객체 사이에서의 통신이 중요하다.

실제 프로젝트상에서 코딩하다 보면 난감한 경우가 데이터를 이동 하는 경우이다. 특히나 객체 간에 데이터를 넘기는 경우는 의외로 많이 사용하므로 각 객체를 얻어 오는 코드는 기본적으로 숙지하고 있으면 무척 도움이 될 것이다.

먼저 응용 프로그램 객체를 얻을 때는 이 클래스의 포인터 객체를 선언한 다음, AfxGetApp( ) 함수를 이용하여 클래스 어디에서나 이 객체를 얻을 수 있다.

```
CSDIApp *pApp = (CSDIApp *)AfxGetApp( );
```

메뉴나 상태 표시줄, 도구 모음 등은 윈도우 메인 프레임에 위치한다. 따라서 이것들을 변경하려면 메인 프레임에 접근해야 하는데, 접근하는 방법에는 다음처럼 AfxGetMainWnd( ) 함수를 이용한다.

```
CMainFrame *pFrame = (CMainFrame *)AfxGetMainWnd( );
```

뷰 클래스의 포인터를 얻기 위해서는 GetActiveView( ) 함수를 사용해야 한다. 그런데 이 함수는 CFrameWnd 클래스의 멤버 함수이므로 먼저 메인 프레임인 CMainFrame 객체를 얻어오고, 이 객체로 GetActiveView( ) 함수를 이용하여 View 객체를 얻어 낼 수 있다.

```
CSDIView *pView = (CSDIView *)pFrame->GetActiveView( );
```

도큐먼트 또한 위의 뷰 클래스와 마찬가지로 GetActiveDocument( ) 함수가 CFrameWnd 클래스의 멤버 함수이므로, 먼저 메인 프레임인 CMainFrame 객체를 얻고 나서 GetActiveDocument()로 도큐먼트 객체를 구할 수 있다.

```
CSDIDoc *pDoc = (CSDIDoc *)pFrame->GetActiveDocument( );
```

지금까지 4개의 클래스 객체를 얻어 오는 방법에 대해 알아보았다. 각 객체를 참조할 수 있다는 것은 객체 간의 통신이 가능하다는 말이다. 이들 코드를 숙지하고 있다면 여러분은 어느 위치에서든 4개의 클래스를 참조할 수 있다.

직렬화(Serialization)

앞서 도큐먼트의 구조에 대해 논했다면 이번 섹션에서는 도큐먼트를 통해 데이터를 관리하는 방법에 대해서 알아보도록 할텐데, MFC에서 제공하는 데이터 관리 기법인 직렬화에 대해서 알아보고, 실제 그 안에서 사용되는 연결 리스트를 통해 구현해 보도록 하자.

앞에서 만들었던 그래픽 예제를 보면 그림을 그리고 응용 프로그램의 화면을 잠시 가렸다가 띄우면 방금 그렸던 그림이 보존되지 못하고 날아가 버린다. 즉, 사용자가 그린 데이터가 메모리에 기억되지 않는다는 말이다. 그렇다면, 데이터가 지워지지 않도록 관리해야 하는데, 데이터는 현재의 예제처럼 임의로 삭제되지 않고, 저장해서 다시 불러올 수 있도록 해야 한다. 예제는 앞서 언급한대로 7장의 GraphicTool을 그대로 이용하도록 하겠다.

1 직렬화의 개념

데이터의 관리에 대해서 논할 때 등장하는 것이 직렬화(Serialization)의 개념이다. 데이터를 저장하고 불러오는 연속된 작업은 사실 많은 절차를 거쳐야 한다. 파일 이름을 받는 것에서부터 파일을 열고 메모리에 넣고 그 외에도 복잡한 처리 과정을 거치게 된다. 데이터 입출력 과정에서 데이터 손실이 날 수도 있고, 에러가 날 수도 있는데, MFC에서는 이러한 작업을 직렬화(Serialization)라는 메커니즘을 통해서 보다 안정적이고 쉽게 해결할 수 있도록 하였다. 코드상에서 보면 도큐먼트 클래스에 Serialize() 함수가 가상 함수로 선언되어 있는 것을 확인할 수 있다.

```cpp
void CGraphicToolDoc::Serialize(CArchive &ar)
{
        if(ar.IsStoring( ))
        {
                // TODO: 여기에 저장 코드를 추가합니다.
        }
        else
        {
                // TODO: 여기에 로딩 코드를 추가합니다.
        }
}
```

이 함수가 파일 입출력을 수행하는 핵심 함수이다. 프레임워크가 자동으로 만들어 준 Serialize() 함수에는 아직 코드가 없지만, 데이터의 입출력이 필요할 경우 입출력에 필요한 모든 환경을 만든 후 이 함수를 호출할 수 있도록 만반의 지원 태세를 갖추고 있다. 개발자는 이 함수에 원하는 입출력 동작만 기술하면 나머지는 프레임워크가 알아서 수행하도록 되어 있다.

직렬화의 의미

직렬화(Serialization)는 사전적 의미로 '연속적이다', '나열하다'는 의미를 가지고 있는데, 여기서 말하는 직렬화도 비슷한 의미로 생각할 수 있다. 파일을 입출력할 때 순서대로 입출력하는 특성이 있기 때문에, 직렬화라고 한다. 컴퓨터의 마더 보드를 보면 시리얼(Serial) 포트가 있다. 이것은 장치와 컴퓨터 간에 직렬(Serial) 통신을 하게 된다. 흔히 사용하는 USB 포트 또한 일종의 시리얼 포트이므로 직렬 통신을 한다. 아무튼 직렬 통신은 파일이 순차적으로 입출력 되므로 데이터베이스와 같은 랜덤(Random) 엑세스의 경우에는 사용할 수 없다.

2 연결 리스트 클래스

그렸던 그림을 화면에 복구하기 위해서 사용하는 기법으로 연결 리스트 클래스를 사용한다. 데이터를 저장할 때 보통 배열이나 연결 리스트를 사용하는데, 일반적으로 저장할 데이터의 개수가 정해져 있는 경우에는 배열에 저장하고, 저장할 데이터의 개수가 정해져 있지 않는 경우에는 연결 리스트를 사용하여 저장한다.

예를 들어서 배열로 100개를 잡아 놓으면 데이터를 100개까지만 저장할 수 있고, 그 이상은 안 된다. 물론 배열의 크기를 1000개, 10000개, 그 이상으로 할당하면 되지만, 크게 잡아 놓고 사용하지 않는다면 메모리 낭비가 될 수 있다. 이것이 배열의 단점이다. 이와 같이 데이터의 개수가 정해져 있을 경우에는 배열을 사용할 수 있지만, 데이터의 개수가 정해지지 않은 가변적일 경우에는 배열이 적합하지 못하다. 이럴 때 사용하는 것이 연결 리스트이다.

연결 리스트는 데이터를 저장할 때마다 저장 공간을 새로이 할당받아 저장하고, 이들을 링크로 연결하여 관리한다. 따라서, 배열처럼 사용하지 않은 데이터 공간의 낭비도 없고, 시스템에 설치된 메모리가 다하지 않는 한 무한정으로 저장할 수 있다. 연결 리스트의 원리를 살펴보도록 하자.

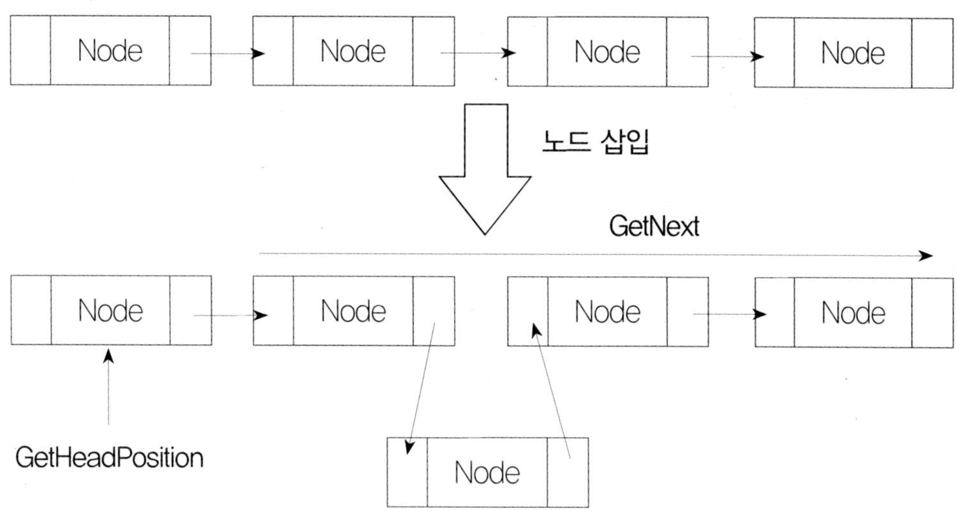

이 그림은 연결 리스트에 노드를 하나 삽입할 때에 노드가 어떤 식으로 삽입되는지 원리를 보여준다. 각 노드는 앞뒤의 노드를 가리키는 링크를 두 개씩 가지고 있다. 임의의 두 노드 사이에 데이터를 삽입하려면 그림처럼 두 노드 사이에 노드의 링크를 앞뒤로 연결시켜 주면 된다.

연결 리스트에는 링크의 개수에 따라 싱글(Single)과 더블(Double)이 있는데, MFC에서 제공하는 CObList 클래스는 전후 노드에 대한 포인터를 모두 가지고 있는 더블 연결 리스트(Doubly Linked List)이다. 그림에서 본 것처럼 연결 리스트에서 데이터가 저장되는 공간을 노드라고 하는데, CObList 클래스는 CObject 클래스의 포인터를 노드로 갖는다. 상위 클래스의 포인터로 하위 클래스를 가리킬 수 있기 때문에, CObList 클래스의 노드로 CObject 클래스에서 상속받은 모든 클래스의 포인터를 저장할 수 있다. 이 클래스는 여러 가지 기능이 있지만, 필요한 대표적인 몇 가지 멤버 함수만 살펴보도록 한다.

〈연결 리스트의 주요 멤버 함수〉

멤버 함수	내용
CObList(int nBlockSize = 10)	CObList 객체를 만드는 생성자이다. 인수로 전달되는 nBlockSize는 리스트가 확장될 때 한꺼번에 노드 몇 개의 메모리를 할당할 것인가를 지정한다. 노드가 한 개 늘어날 때마다 메모리를 재할당하는 것은 비효율 적이므로 한꺼번에 10개 노드만큼 메모리를 할당하도록 디폴트로 설정되어 있다.
POSITION AddHead(CObject *newElement) POSITION AddTail(CObject *newElement)	리스트의 앞쪽(혹은 뒤쪽)에 엘리먼트(Element)를 추가한다. 인수로 추가하고자 하는 엘리먼트의 포인터를 넘겨준다. 비어 있는 리스트에도 엘리먼트를 추가시킬 수 있으므로 CObList 객체를 선언한 후 바로 이 함수를 불러도 된다. 이 함수들은 엘리먼트를 추가한 후 엘리먼트의 위치를 나타내는 POSITION 값을 반환한다.

POSITION GetHeadPosition( )const	리스트를 순회하기 위해 처음 위치를 찾는다. 이 함수로 리스트의 헤더 위치를 찾은 후 GetNext( ) 함수로 리스트를 순회하며 값을 읽어 낸다.
CObject *GetNext(POSITION &rPosition) CObject *GetPrev(POSITION &rPosition)	rPosition이 가리키는 엘리먼트(Element)를 구하고, rPosition을 다음 엘리먼트(혹은 이전 엘리먼트)를 가리키도록 이동시킨다. 리스트의 끝(혹은 처음)에 도달하면 NULL 값을 대입해 준다.
Int GetCount( ) const	리스트 내의 엘리먼트 개수를 구한다.
BOOL IsEmpty( ) const	리스트가 비어 있는지 조사하며 비어 있을 경우 0이 아닌 값을 반환한다.
CObject *RemoveHead( )	헤더의 엘리먼트(Element)를 삭제한다. 리스트 내의 노드만 삭제할 뿐이며 포인터가 가리키고 있는 객체(Object)가 삭제되는 것은 아니다. 노드를 삭제한 후 삭제된 노드가 가리키고 있던 객체의 포인터를 반환해 준다.

■ 노드 클래스 생성

연결 리스트의 메커니즘을 사용하여 화면의 데이터를 저장하기 위한 데이터 노드 클래스가 필요하다. 도형 데이터를 기술하는데 필요한 모든 정보를 저장할 수 있는 노드를 클래스로 생성하면 될 것이다. 클래스를 생성해 보도록 하자. 클래스명은 CDataSave로 정하고, 상속받는 기본 클래스는 CObject로 한다.

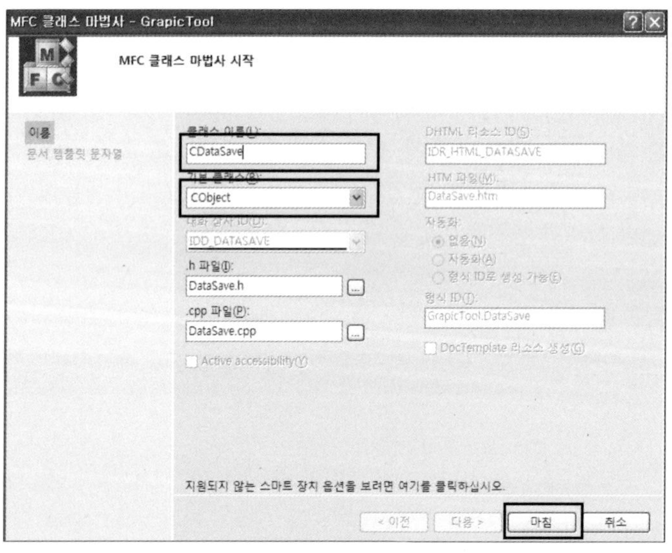

클래스를 생성한 다음에는 그림 데이터를 저장하는데 필요한 변수들을 추가한다. 앞에서 했던 것처럼 도형을 그리는데는 자유 곡선, 직선, 원, 사각형이 기본이고, 각각 시작점과 끝점을 기억하기 위한 CPoint형 변수 m_ptHead와 m_ptTail을 선언한다. 그리고 두 점을 이용하여 자유 곡선을 그릴 것인지, 직선을 그릴 것인지 사각형을 그릴 것인지 등과 같은 타입에 대해서 선택하는 용도로 m_nDrawType이란 변수가 선언되어 있으며, 펜과 브러시의 색상을 저장하는 용도의 변수도 각각 m_colorPen, m_colorBrush로 선언한다.

〈DataSave.h〉

```
class CDataSave : public CObject
{
public:
        CData( );
        virtual ~CData( );
        virtual void Serialize(CArchive& ar);
public:
        CPoint m_ptHead;
        CPoint m_ptTail;
        int m_nDrawType;
        COLORREF m_colorPen;
        COLORREF m_colorBrush;
}
```

〈DataSave.cpp〉

```
------------- 중간 생략 -------------

void CDataSave::Serialize(CArchive &ar)
{
        if(ar.IsStoring( ))
        {
                ar << m_nDrawType;
                ar << m_ptHead;
                ar << m_ptTail;
                ar << m_colorPen;
                ar << m_colorBrush;
        }
        else
        {
                ar >> m_nDrawType;
                ar >> m_ptHead;
                ar >> m_ptTail;
                ar >> m_colorPen;
                ar >> m_colorBrush;
        }
}
```

데이터를 관리하고 저장하는 일은 도큐먼트가 관리하고 있으므로 도큐먼트 클래스인
GraphicToolDoc.h에 다음과 같이 리스트 클래스 객체를 선언하도록 한다.

<DataSave.cpp></DataSave.cpp>

```
class CGrapicToolDoc : public CDocument
{
------------ 중간 생략 ------------
public:
        CObList m_List;
}
```

이제 그림을 클라이언트 영역에 그릴 때마다 단순히 화면에만 나타났다가 지워지는 것이 아니라 도큐먼트로 관리함으로써 자유 곡선, 선, 사각형, 타원 등의 도형 그림들이 유지될 수 있도록 구현해 보도록 하겠다.

먼저 자유 곡선의 경우를 보면 다음과 같다. 마우스 왼쪽 버튼을 누른 상태에서 마우스를 움직일 때 그려져 나가는 형태이므로 OnMouseMove( ) 함수에 다음과 같이 코드를 추가한다.

```
void CExGraphicToolView::OnMouseMove(UINT nFlags, CPoint point)
{
        CPen MyPen(PS_SOLID, 2, colorline);
        CPen *pOldPen;

        CBrush *pOldBrush;
        CClientDC dc(this);

        pOldPen = (CPen *)dc.SelectObject(&MyPen);
        pOldBrush = (CBrush *)dc.SelectStockObject(NULL_BRUSH);
        if(m_bPaint == TRUE)
        {
                switch(m_PaintTool)
                {
                        case DRAW:
                                dc.MoveTo(m_nowP.x, m_nowP.y);
                                dc.LineTo(point.x, point.y);

                                CDataSave *pNode;
                                pNode = new CDataSave;          노드에 데이터를 저장

                                pNode->m_ptHead = m_nowP;
                                pNode->m_ptTail = point;
                                pNode->m_nDrawType = m_PaintTool;
                                pNode->m_colorPen = colorline;
                                pNode->m_colorBrush = colorbrush;

                                GetDocument( )->m_List.AddTail(pNode);
                                                                노드를 연결 리스트에 추가
                                m_nowP = point;
                                break;
```

```
                    }
            }
            else
                    return;

            dc.SelectObject(pOldPen);
            dc.SelectObject(pOldBrush);

            CView::OnMouseMove(nFlags, point);
}
```

CDataSave 클래스 영역을 pNode 변수에 메모리를 할당한 후 할당한 메모리에 자유 곡선의 시작점과 끝점, 채우기 색, 선색, 그리기 타입 등의 데이터의 값을 저장하고 나서 AddTail() 함수를 이용하여 연결 리스트에 추가한다.

직선이나 사각형, 원과 같은 경우에는 자유 곡선과 달리 마우스를 놓을 때 실질적인 그림이 그려지게 되므로 다음과 같이 OnLButtonUp( ) 함수에서 데이터를 저장하면 된다.

```
void CExGraphicToolView::OnLButtonUp(UINT nFlags, CPoint point)
{
            m_bPaint = FALSE;
            CPen MyPen(PS_SOLID, 2, colorline);
            CPen *pOldPen;

            CBrush MyBrush(colorbrush);
            CBrush *OldBrush;
            CClientDC dc(this);

            pOldPen = (CPen *)dc.SelectObject(&MyPen);
            OldBrush = (CBrush *)dc.SelectObject(MyBrush);
            CDataSave *pNode;
            pNode = new CDataSave;              ┌──────────────────┐
                                               │ 노드에 데이터를 저장 │
                                               └──────────────────┘
            pNode->m_ptHead = m_nowP;
            pNode->m_ptTail = point;
            pNode->m_nDrawType = m_PaintTool;
            pNode->m_colorPen = colorline;
            pNode->m_colorBrush = colorbrush;
                                               ┌──────────────────┐
                                               │ 노드를 연결 리스트에 추가 │
            GetDocument( )->m_List.AddTail(pNode);  └──────────────────┘

            switch(m_PaintTool)
            {
                    case LINE:
                            dc.MoveTo(m_nowP);
                            dc.LineTo(point);
```

```
                                break;
                case RECTANGLE:
                                dc.Rectangle(m_nowP.x, m_nowP.y, point.x, point.y);
                                break;
                case ELLIPSE:
                                dc.Ellipse(m_nowP.x, m_nowP.y, point.x, point.y);
                                break;
        }

        dc.SelectObject(pOldPen);
        dc.SelectObject(OldBrush);

        CView::OnLButtonUp(nFlags, point);
}
```

자유 곡선과 같은 방식으로 pNode 변수에 클래스의 메모리를 할당받아서 데이터 값을 연결 리스트에 추가하는 방식이다. 그리고 도형에 따라 즉, m_PaintTool 변수에 따라 직선, 사각형, 원 중에 하나를 다시 그리게 된다. 여기까지는 기존 예제와 기능상 차이가 없다. 즉, 현재 클라이언트 영역에 그림을 그리고, 다른 윈도우로 가리면 그 영역은 지워져 버렸다. 물론 지금 예제도 아직은 그렇다. 차이가 있다면 우리가 현재 그린 그림 데이터를 연결 리스트를 이용하여 메모리에 저장했다는 것이다. 문제 해결의 실마리는 여기에 있다. 그렇다면 다른 윈도우가 그림을 가렸을 때 메모리에 저장된 데이터를 읽어와서 다시 그려주면 문제가 해결된다는 말이다. 화면에 그리는 함수는 OnDraw()이므로 이 안에서 연결 리스트에 저장된 그림 데이터를 읽어 오도록 한다.

```
void CGraphicToolView::OnDraw(CDC *pDC)
{
        CGraphicToolDoc *pDoc = GetDocument( );
        ASSERT_VALID(pDoc);

        for(POSITION pos = pDoc->m_List.GetHeadPosition( ); pos != NULL; )
        {
                DrawNode(pDC, (CDataSave *)pDoc->m_List.GetNext(pos));
        }
}
```


루프문을 통해서 연결 리스트에 저장되어 있는 데이터를 처음부터 끝까지 얻어 오는 기능을 한다. 그것을 이용하여 DrawNode( ) 함수를 호출하였다. 즉, 연결 리스트에 저장되어 있는 모든 데이터를 화면에 다시 그려 주는 역할을 하는 것이다.

```cpp
void CGraphicToolView::DrawNode(CDC *pDC, CDataSave *pNode)
{
        CPen pen, *pOldPen;
        pen.CreatePen(PS_SOLID, 2, pNode->m_colorPen);
        pOldPen = (CPen *)pDC->SelectObject(&pen);

        CBrush brush, *pOldBrush;

        brush.CreateSolidBrush(pNode->m_colorBrush);
        pOldBrush = (CBrush *)pDC->SelectObject(&brush);

        switch (pNode->m_nDrawType)
        {
                case DRAW:
                        pDC->MoveTo(pNode->m_ptHead.x, pNode->m_ptHead.y);
                        pDC->LineTo(pNode->m_ptTail.x, pNode->m_ptTail.y);
                        break;
                case LINE:
                        pDC->MoveTo(pNode->m_ptHead.x, pNode->m_ptHead.y);
                        pDC->LineTo(pNode->m_ptTail.x, pNode->m_ptTail.y);
                        break;
                case RECTANGLE:
                        pDC->Rectangle(pNode->m_ptHead.x, pNode->m_ptHead.y,
                        pNode->m_ptTail.x, pNode->m_ptTail.y);
                        break;
                case ELLIPSE:
                        pDC->Ellipse(pNode->m_ptHead.x, pNode->m_ptHead.y,
                        pNode->m_ptTail.x, pNode->m_ptTail.y);
                        break;
        }

        pDC->SelectObject(pOldPen);
        pDC->SelectObject(pOldBrush);
}
```

3 데이터 저장 및 불러오기

연결 리스트를 이용하여 메모리에 데이터를 저장하고, 화면 갱신 시에 다시 그려주는 코드를 작
성하였다. 이제 더 나아가서 데이터를 파일로 저장하고, 그 파일을 불러오는 기능을 구현해 보
자. 도큐먼트에 저장되어 있는 데이터를 읽어 오기 위해서는 Serialize( ) 함수를 이용하면 된
다. 데이터를 저장할 때는 연결 리스트에 저장되어 있는 모든 노드를 파일에 저장하면 되고, 파
일에 저장되어 있는 데이터를 읽어 올 때는 역으로 파일에 저장되어 있는 모든 노드를 읽어 들
여 연결 리스트에 차례로 추가해 준다.

```cpp
void CGraphicToolDoc::Serialize(CArchive &ar)
{
        if(ar.IsStoring( ))
        {
                ar << m_List.GetCount( );
                for(POSITION pos = m_List.GetHeadPosition( ); pos != NULL;)
                        m_List.GetNext(pos)->Serialize(ar);
        }
        else
        {
                int nCount;
                CDataSave *pData;

                ar >> nCount;

                for(int i = 0; i < nCount; i++)
                {
                        pData = new CDataSave;
                        pData->Serialize(ar);
                        m_List.AddTail(pData);
                }
        }
}
```

연결 리스트에 저장되어 있는 데이터를 파일로 저장한다.

파일을 열어서 메모리를 할당하고 연결 리스트에 데이터를 저장한다.

데이터를 파일로 저장 시 연결 리스트에 저장되어 있는 데이터 수만큼 루프를 돌면서 데이터를 파일에 저장하고, 파일로부터 데이터를 읽어올 시에는 메모리를 할당하고 읽어온 데이터를 연결 리스트에 추가한다. 이로써 그림 데이터를 파일로 저장하고, 읽어오는 기능이 모두 구현되었다.

레지스트리 저장

데이터 저장 방법 중의 하나로 주로 응용 프로그램의 환경 설정값들을 저장하고 불러오는 것이 일반적이다. 레지스트리란 무엇인지 알아보고, MFC 기반에서 어떻게 사용하는지 직접 구현해 보도록 하자.

레지스트리는 프로그램에 관련된 여러 가지 설정이나 옵션을 저장하기 위한 윈도우 운영체제가 관리하는 데이터 베이스이다. 사용자가 설정한 프로그램의 옵션은 어딘가에 저장되어 있다가, 프로그램이 다시 시작되었을 때 저장된 값이 다시 읽혀져야 한다. 만약 그러한 기능이 없다면, 매번 프로그램을 다시 시작할 때마다 이전의 설정을 다시 해야 하는 번거로움이 생긴다.

윈도우 3.1 시절에는 INI 확장자 파일에 프로그램의 설정이나 옵션을 저장하였다. 대표적인 예로 운영체제를 설치하고 나서 운영체제 설정 관련 INI 파일을 백업했다가 운영체제에 이상이 생겼을 때에 백업했던 INI 파일로 대신함으로써 이전의 설정을 유지할 수 있었던 시절이 있었다. 이런 식으로 초기화 파일을 혹시나 사용자가 잘못 건드렸을 때 시스템이나 프로그램에 문제가 발생되는 것에 대한 보완으로 Win32 기반 운영 체제에서는 레지스트리라는 것을 사용한다. 레지스트리(Registry)는 계층 구조의 디렉토리별로 정보를 저장하기 때문에 효율적으로 저장할 수 있다. 마치 윈도우 탐색기를 사용하는 것과 흡사하다. 레지스트리의 구조를 살펴보도록 하자.

단축키인 [윈도키 + R]을 누르거나 아니면 [시작] 버튼을 누르고 실행 메뉴를 선택하면 다음과 같이 실행 창이 나온다. 여기에 regedit라는 명령어를 넣고 [확인] 버튼을 누른다.

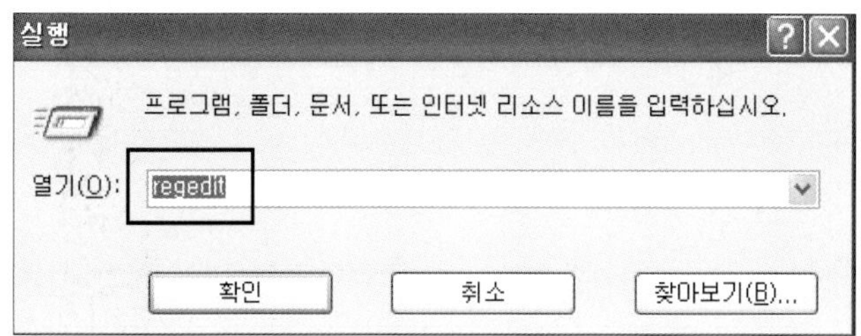

다음과 같이 레지스트리 편집기가 나타난다.

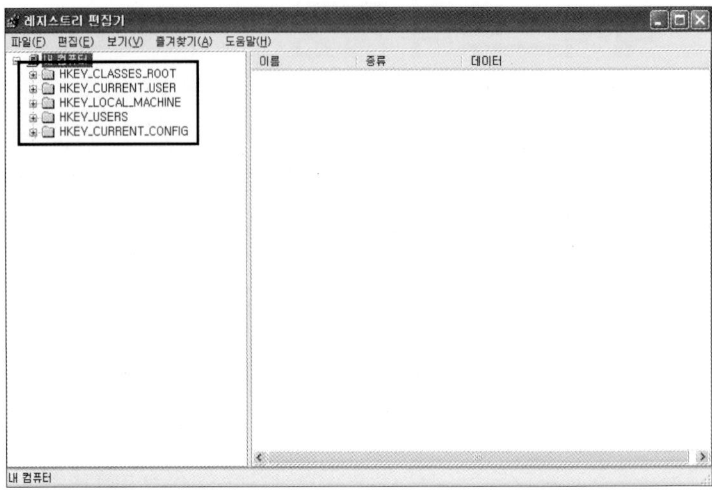

디렉토리는 총 5개로 구성되어 있다.

〈레지스트리의 디렉토리〉

디렉토리	내 용
HKEY_CLASSES_ROOT	OLE와 파일 확장자에 관한 정보를 저장한다.
HKEY_CURRENT_USER	현재 시스템의 사용자에 관한 정보를 저장한다.
HKEY_LOCAL_MACHINE	컴퓨터에 설치되어 있는 하드웨어와 소프트웨어에 관한 정보를 저장한다.
HKEY_USER	시스템을 사용하는 모든 사용자에 관한 정보를 저장한다.
HKEY_CURRENT_CONFIG	컴퓨터에 설치된 하드웨어에 관한 정보를 저장한다.

보통 레지스트리에 데이터를 저장할 때의 디렉토리 구조를 보면 디렉토리 밑에 하위 디렉토리가 있고, 최종적인 단계에 데이터가 저장된다. 예를 들면 다음과 같다.

HKEY_CURRENT_USER\Software\Microsoft\Notepad\설정_데이터

레지스트리를 사용하여 설정 값을 저장하고 불러오는 예제를 만들어 보도록 하겠다. 프로젝트 하나를 생성하되, 프로젝트명은 TestRegistry라고 하고 응용 프로그램 종류로는 단일 문서를 선택한다. 나머지는 모두 디폴트로 처리한다.

프로젝트의 CTestRegistryApp::InitInstance( )를 열어 보면 다음과 같은 코드가 있을 것이다.

```
SetRegistryKey(_T("로컬_응용_프로그램_마법사에서_생성된_응용_프로그램"));
```

레지스트리의 디렉토리를 지정해 주는 함수이다. 이 부분을 원하는 디렉토리명으로 바꾸어 사용하는데, 예제에서는 "Test"라는 디렉토리명을 사용하겠다.

```
SetRegistryKey(_T("Test"));
```

이 프로그램은 TestRegistry.exe를 생성하므로 설정한 레지스트리 디렉토리 밑에 실행 파일이
정보가 저장된다. 빌드 및 실행을 하고 레지스트리 편집기를 열어 보자. 다음과 같이 레지스트
리 디렉토리가 생성되어 있을 것이다.

HKEY_CURRENT_USER\Software\Test\TestRegistry\

이와 같은 디렉토리 구조로 생성되었다. 이제 레지스트리 디렉토리에 직접 데이터를 저장하고
읽어 오는 작업을 해보도록 하자. 레지스트리에는 정수형과 문자열, 두 가지 데이터를 저장할
수 있는데, 레지스트리에 저장하는 함수는 다음과 같다.

〈함수의 원형〉

```
BOOL WriteProfileInt(
        LPCTSTR lpszSection,
        LPCTSTR lpszEntry,
        int nValue
);

BOOL WriteProfileString(
        LPCTSTR lpszSection,
        LPCTSTR lpszEntry,
        LPCTSTR lpszValue
);
```

각각은 레지스트리의 정수와 문자열을 저장할 수 있다. 인수 lpszSection는 프로그램 디렉토리
하위에 생성될 서브 디렉토리명이고, 인수 lpszEntry는 항목명, 인수 nValue가 실제 데이터를
나타낸다. 예를 들면, 다음과 같이 기술할 수 있다.

```
WriteProfileInt(_T("Settings"), _T("DWORD"), m_nDword);
WriteProfileString(_T("Settings"), _T("String"), m_strString);
```

다음은 반대로 레지스트리로부터 데이터를 읽어 오는 함수들이다.

〈함수의 원형〉

```
UINT GetProfileInt(
        LPCTSTR lpszSection,
        LPCTSTR lpszEntry,
        int nDefault
);

CString GetProfileString(
        LPCTSTR lpszSection,
        LPCTSTR lpszEntry,
        LPCTSTR lpszDefault = NULL
);
```

마찬가지로 인수 lpszSection는 서브 디렉토리명이고, 인수 lpszEntry는 읽어 올 데이터 항목
명, 인수 nDefault가 약간 다른데, 읽어 올 데이터가 아니라 만약 레지스트리에 저장된 값이 없
어서 반환 값이 없을 때의 디폴트 값이다. 보통 정수는 디폴트로 0, 문자열은 NULL 값으로 설
정한다. 레지스트리를 얻어 오는 함수의 예는 다음과 같다.

```
m_nDword = GetProfileInt(_T("Settings"), _T("DWORD"), 0);
m_strString =GetProfileString(_T("Settings"), _T("String"), NULL);
```

레지스트리의 지정 디렉토리에 데이터 값이 정해져 있으면 데이터를 반환하되, 만약 데이터가
없다면 예와 같이 정수는 0의 값을, 문자열은 NULL의 값을 반환한다. 레지스트리의 쓰고 읽는
함수들을 알아보았으므로 실제로 어떻게 쓰는지 구현해 보도록 하겠다.

프로젝트에 데이터를 입력받을 대화 상자를 다음과 같이 추가한다.

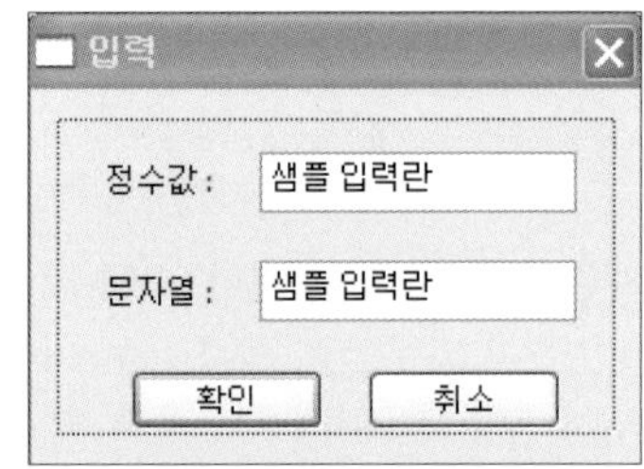

컨트롤을 배치하였으면 다음과 같이 각 컨트롤에 ID를 설정한다.

〈컨트롤 속성 설정 값〉

컨트롤	ID	멤버 변수
Dialog	IDD_REG_SET	
Edit	ID_EDIT_DWORD	m_nDword
Edit	ID_EDIT_STRING	m_strString

에디트 컨트롤 각각의 멤버 변수 추가 작업은 다음과 같이 대화 상자에 대한 클래스 생성이 완료 후 하도록 한다. 대화 상자에 대한 클래스를 추가해보자.

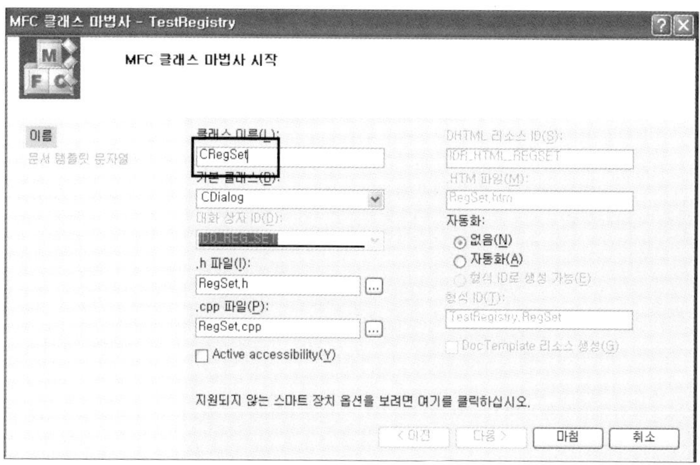

IDD_REG_SET 대화 상자에 대해 클래스 이름을 CRegSet이라 정하였다. [마침] 버튼을 누르면 클래스가 생성된다. 이제 이 대화상자를 호출할 수 있는 메뉴를 추가해 보도록 하자. 리소스 뷰의 [Menu]를 열어서 다음과 같이 메뉴를 추가하자.

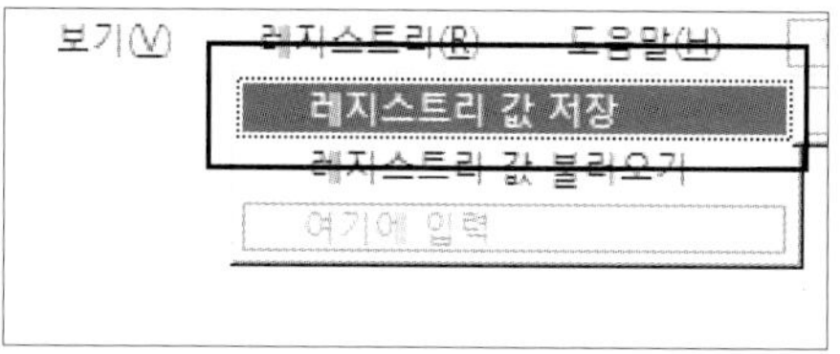

[레지스트리 값 저장] 메뉴의 ID는 ID_REG_WRITE라고 지정하자. 그리고 메뉴에 대한 이벤트 처리기를 CTestRegistryView 기반에서 생성하도록 한다. 생성하면 이벤트 처리기 OnRegWrite( ) 함수가 생성될 것이다. 여기에 다음과 같이 코딩해 보도록 하자.

〈TestRegistryView.h 파일〉

```
private:
        DWORD  nDword;
        CString  strString;
        BOOL      bGetData;
```

정수와 문자열 데이터를 저장할 변수를 각각 선언하였다. 이 변수들은 각각 앞서 생성했던 입력 대화상자로부터 입력 받은 정수값과 문자열을 넘겨 받아 저장한다.

〈TestRegistryView.cpp 파일〉

```
#include "RegSet.h"
------------- 중간 생략 -------------


CTestRegistryView::CTestRegistryView( )
{
        nDword = 0;
        strString = _T("");            변수 초기화
        bGetData = FALSE;
}


void CTestRegistryView::OnRegWrite( )
{
        UpdateData(TRUE);
        bGetData = FALSE;
        CRegSet dlg;
        if(dlg.DoModal() == IDOK)
        {
                                        대화상자로부터 입력 받은
                                        값을 레지스트리에 쓴다.
                nDword = dlg.m_nDword;
                strString = dlg.m_strString;
                AfxGetApp( )->WriteProfileInt(_T("Settings"), _T("DWORD"), nDword);
                AfxGetApp( )->WriteProfileString(_T("Settings"), _T("String"), strString);

        }
}
```

UpdateData(TRUE)는 대화 상자를 통해 사용자로부터 입력받은 값을 멤버 변수에 저장하기 위해서이다. 현재 정수와 문자열을 사용자로 하여금 입력 받고 그 값을 레지스트리에 정수형 데이터 쓰기 함수인 WriteProfileInt( ) 함수와 문자열 데이터 쓰기 함수인 WriteProfileString( ) 함수를 이용하여 레지스트리에 값을 입력하였다. 빌드 및 실행을 하고 레지스트리 메뉴를 열어서 대화 상자에 다음과 같이 입력해 보자.

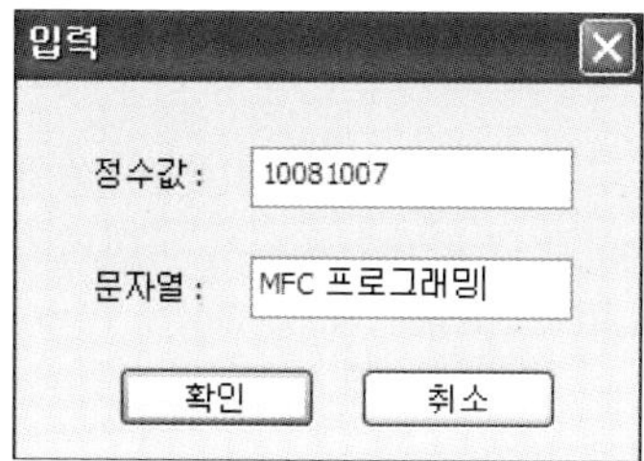

확인을 누른 후 레지스트리 편집기로 가서 레지스트리가 실제로 입력되었는지 확인해 보자. 레지스트리를 열고 「HKEY_CURRENT_USER\Software\Test\TestRegistry\Settings」 디렉토리로 이동해 보자. 아마 다음과 같이 값이 입력된 것을 알 수 있을 것이다.

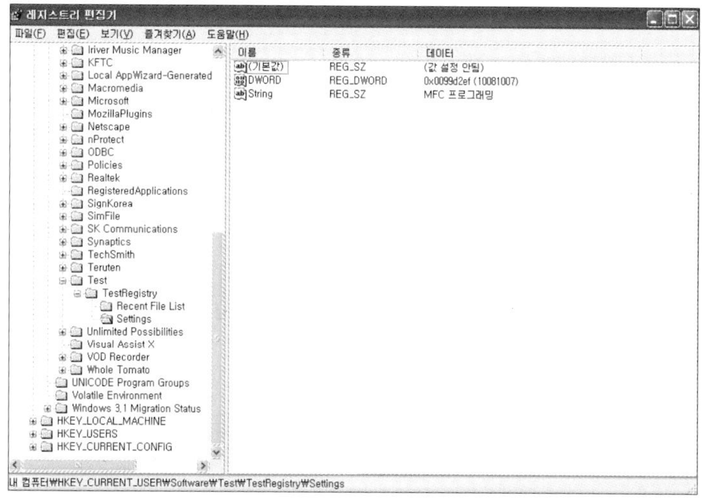

레지스트리에 값을 저장했으면, 이제 저장된 레지스트리 값을 읽어 오는 코드를 구현해 보자. 앞에서 설명했던 함수 GetProfileInt( )와 GetProfileString( )로 각각 정수와 문자열을 읽어 올 수 있다. 레지스트리 값을 읽어 오는 메뉴를 다음과 같이 추가한다.

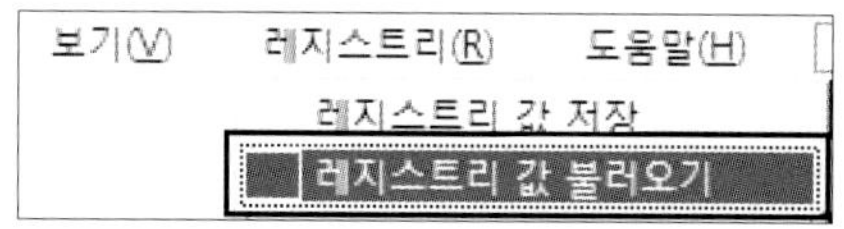

[레지스트리 불러오기] 메뉴의 ID는 ID_REG_GET이라고 정한다. 그리고 이벤트 처리기를 만들되 CTestRegistryView 기반에서 생성한다. OnRegGet( ) 함수가 생성될 것이고, 이 함수에 다음과 같이 구현한다.

```
void CTestRegistryView::OnRegGet( )
{
        bGetData = TRUE;
        nDword = AfxGetApp( )->GetProfileInt(_T("Settings"), _T("DWORD"), 0);
        strString = AfxGetApp( )->GetProfileString(_T("Settings"), _T("String"), NULL);
        Invalidate( );
}
```

레지스트리의 값을 읽어서 nDword와 strString 변수에 저장한다. 그리고 저장한 값을 뷰 영역
에 보여주기 위해서 Invalidate( ) 함수를 호출하였다. 이로 인해 OnDraw( ) 함수가 실행되는
데, 레지스트리의 값을 출력하는 코드는 다음과 같다.

```
void CTestRegistryView::OnDraw(CDC *pDC)
{
        CTestRegistryDoc *pDoc = GetDocument( );
        ASSERT_VALID(pDoc);

        if(bGetData)
        {
                CString strTemp;
                strTemp.Format(_T("정수값 = %d  문자열 = %s"), nDword,  strString);
                pDC->TextOutW(10, 10, strTemp);
        }
}
```

bGetData 변수를 통해서 레지스트리 값을 얻어 왔을 경우에만 뷰 영역에 레지스트리 값을 표
시한다. 빌드 및 실행해 보자. 대화 상자에 데이터를 넣어 보고 레지스트리 편집기로 값을 확인
한 후 [레지스트리 불러오기] 메뉴를 통해서 뷰 영역에 레지스트리 값을 정확하게 가져오는지
확인해 보도록 한다.

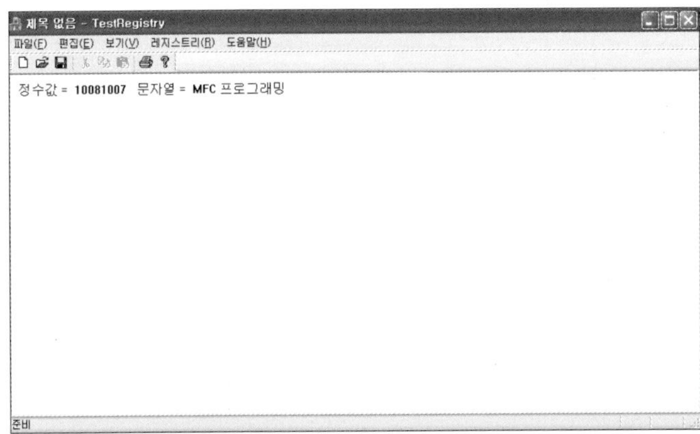

뷰(View) 클래스

응용 프로그램의 뷰 형태를 보면 다 똑같지 않고 여러 형태의 모습을 띄는데, 뷰는
여러 종류로 구성되어 있다는 말이다. 여러 종류 중에서 대표적으로 많이 쓰이는 뷰
세종류에 대해 알아보도록 하자.

MFC에서는 CView를 기본 뷰 클래스로 제공하지만, 특정 기능에 따라서 다양한 뷰를 상속받아
사용할 수 있다. 계층도를 보면 CView 에서 파생된 뷰들이 있는데, 각각의 뷰에 대한 특징에
대해서 알아보도록 하자.

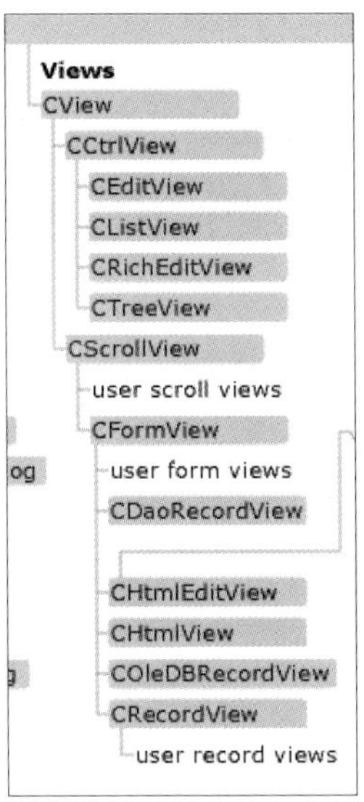

1 CEditView

CEditView는 문자열 편집 기능을 가진 뷰이다. 편집 프로그램을 만들 때에 편리하다. 편집뿐
아니라 저장 및 복사, 붙여넣기까지 자동으로 지원해 준다. 텍스트 편집에 필요한 기본적인 기
능은 자동으로 지원한다고 보면 된다.

CEditView 기반으로 프로젝트를 하나 생성하도록 하겠다. [프로젝트 명]은 MyEdit로 하고,
[응용 프로그램의 종류]는 단일 문서로 [기본 클래스]는 CEditView로 한다. 그리고 [마침] 버튼
을 누른다.

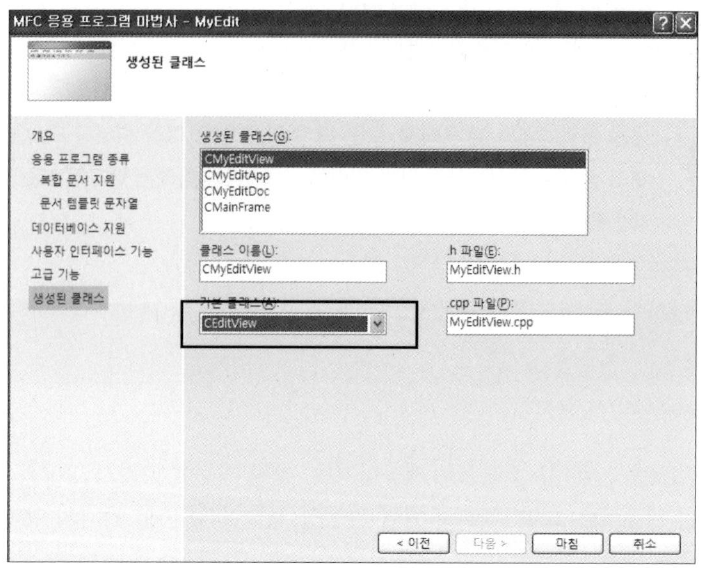

프로젝트가 생성되었을 것이다. 아직 어떤 코드도 입력하지 않았다. 하지만, 그냥 빌드 및 실행을 해보자. 그러면 편집할 수 있는 상태로 커서가 깜박이는 것을 볼 수 있을 것이다. 메모장과 비슷한 프로그램이 만들어진다.

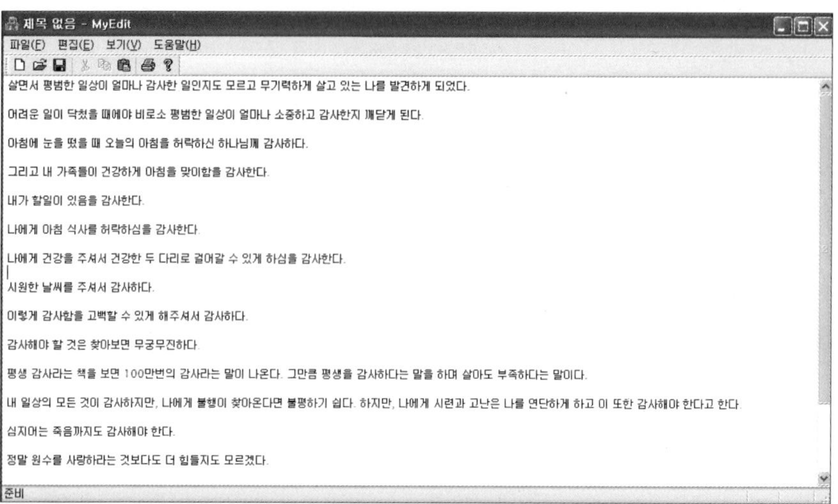

2   CScrollView

CScrollView는 CView에 스크롤(Scroll) 기능을 추가한 뷰이다. 따라서 가로, 세로 스크롤이 있다. CScrollView을 상속받은 프로젝트를 생성하도록 하자. [프로젝트명]은 MyScroll로 하고, [응용 프로그램의 종류]는 단일 문서로 한다. 그리고 [기본 클래스]는 CScrollView로 변경한다.

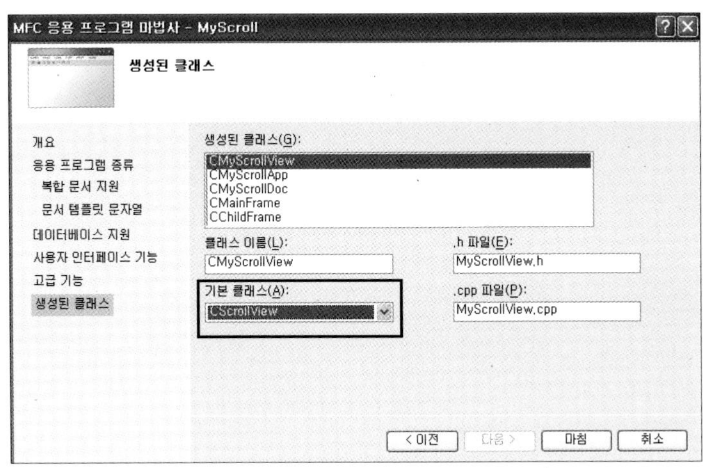

[마침]을 누르면 프로젝트가 생성된다. CView의 기능에 스크롤 기능이 추가된 것이므로 기존의 뷰와 크게 다르지 않다.

OnInitialUpdate( ) 함수를 보도록 하자. 이 함수는 뷰의 초기화를 담당한다. 아마 디폴트로 다음과 같이 되어 있을 것이다.

sizeTotal.cx = sizeTotal.cy = 100;

맵핑 모드는 디폴트로 MM_TEXT이다. 빌드 및 실행을 해보자. 기존의 뷰와 실행 결과도 별반 차이가 없다. 다음과 같이 100의 값을 1000으로 변경해 보자.

```
void CMyScrollViewView::OnInitialUpdate( )
{
        CScrollView::OnInitialUpdate( );
        CSize sizeTotal;

        sizeTotal.cx = sizeTotal.cy = 1000;
        SetScrollSizes(MM_TEXT, sizeTotal);
}
```

클라이언트 영역의 (X, Y) 좌표를 1000으로 확장한다는 얘기다. 빌드 및 실행을 해보자. 결과가 어떤가? 실행 중의 모습은 다음과 같다.

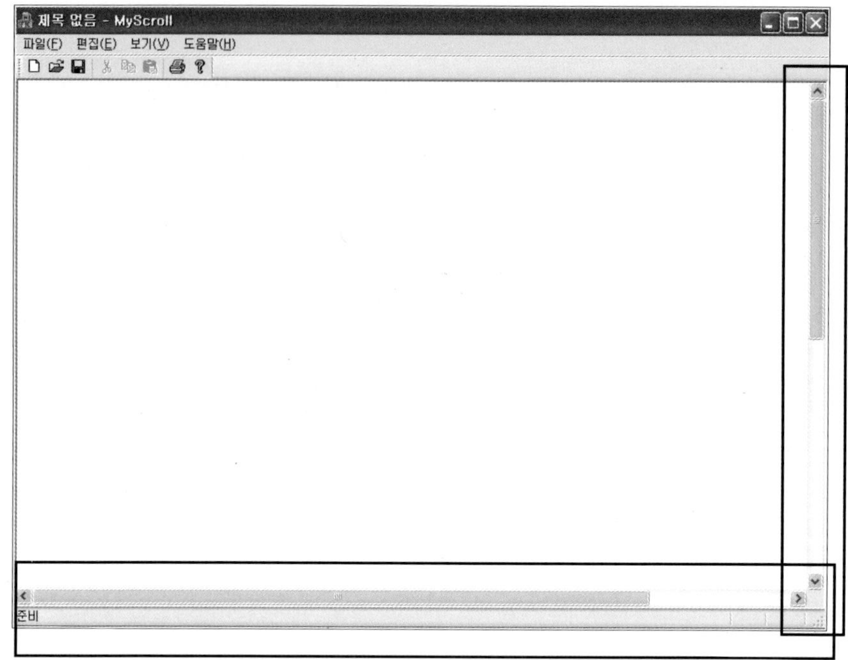

뷰 영역을 1000으로 확장함으로써 보이지 않는 영역은 스크롤로 처리할 수 있도록 하였다. 뷰의 실제 크기는 SetScrollSizes( ) 함수에서 설정한 대로 가로, 세로 1000픽셀이며 이 영역 안에서 그림이나 문자열을 출력할 수 있다. 뷰의 논리적인 크기를 설정하는 SetScrollSizes( ) 함수의 원형은 다음과 같다.

〈함수의 원형〉

```
void SetScrollSizes(
        int nMapMode,
        SIZE sizeTotal,
        const SIZE& sizePage = sizeDefault,
        const SIZE& sizeLine = sizeDefault
);
```

각각의 인수에 대해 알아보도록 하자.

– nMapMode

뷰에서 사용하는 매핑 모드를 설정하는 인수이다. 매핑 모드 설정에 따라서 논리적인 단위 좌표가 결정될 수 있다. 여기서는 MM_TEXT를 사용하였다. 단, 이 함수에서 사용할 수 없는 매핑 모드가 있는데, MM_IOSTROPIC과 MM_ANISOTROPIC와 같은 가변 모드는 사용할 수 없다.

– sizeTotal

뷰의 클라이언트 영역의 논리적인 영역을 설정한다. CSize 클래스의 cx, cy 멤버를 사용하여
가로, 세로의 크기를 설정하므로 당연히 양수여야 한다. 디폴트로는 100픽셀로 설정되어 있다.

– sizePage

스크롤 바의 몸체 부분을 클릭할 때 스크롤될 양을 지정한다. 보통 디폴트의 값을 사용하기 때
문에 따로 설정하지 않는다. 디폴트로는 전체 크기 값의 1/10으로 되어 있다. 즉, 뷰의 크기가
1000픽셀이므로 몸체 부분을 한 번 클릭하면 100픽셀씩 스크롤된다는 말이다.

– sizeLine

스크롤 바의 끝에 있는 화살표를 누를 경우에 얼마만큼 이동할 것인지의 양을 결정한다. 이 인
수 또한 보통 디폴트 값을 사용하기 때문에 따로 설정하지 않는다. 이 값의 디폴트는 전체 크기
의 1/100으로 되어 있다.

3 CFormView

CFromView는 CScrollView 위에 대화 상자 폼을 붙인 형태라 할 수 있겠다. 공통 컨트롤들을
사용하여 뷰를 대화 상자처럼 편집할 수 있다. CFormView 기반의 프로젝트를 생성해 보도록
하겠다. [프로젝트 명]은 MyForm으로 하고, [응용 프로그램의 종류]는 단일 문서로 하자. 그리고
[기본 클래스]는 CFormView로 변경한다.

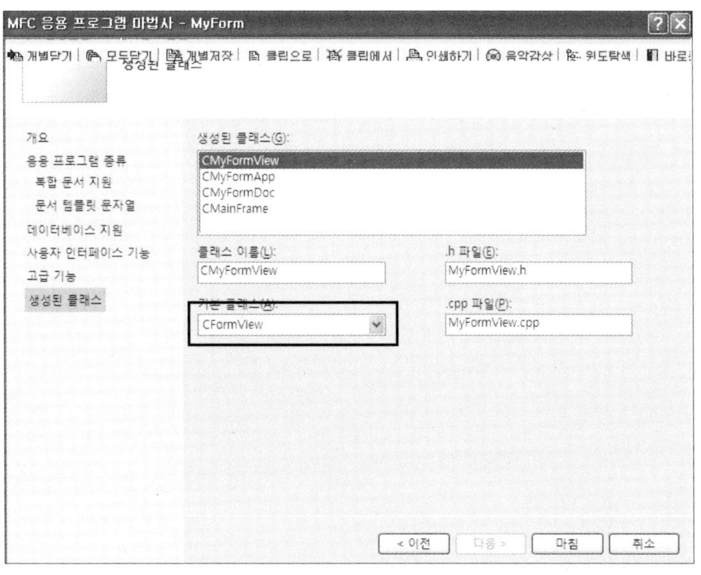

빌드 및 실행을 해보면 일반 CView에서처럼 흰색의 클라이언트 영역이 나타나는 것이 아니라, 대화 상자 형태의 클라이언트 영역이 나타난다. 리소스 뷰에서 Dialog 항목의 IDD_MYFORM_ FORM을 더블 클릭해 보자. 다음과 같은 형태로 나타날 것이다.

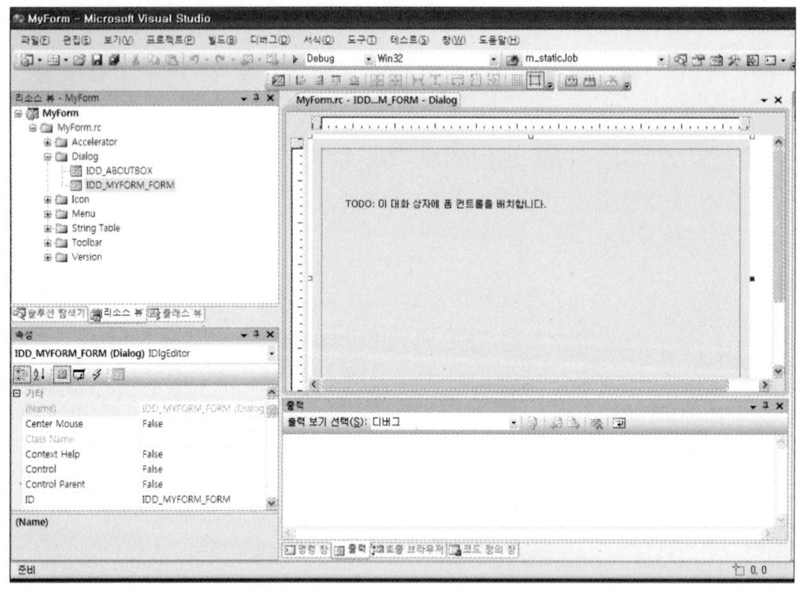

폼 뷰의 편집 기반은 대화 상자 컨트롤 편집기이므로 [도구 상자]를 이용하여 각 컨트롤들을 배치하면 된다. 가만 보면 마치 비주얼 베이직이나 델파이와 같은 폼 중심의 형태를 띤다. CFromView는 CView 클래스로부터 파생되었고, 대화 상자와 같이 컨트롤들을 자유롭게 배치하여 활용할 수 있으며, 뷰와 대화 상자의 특징을 동시에 가지기 때문에 DDX/DDV 서비스까지 받을 수 있다.

직접 생성된 프로젝트를 이용하여 간단한 예제를 만들어 보도록 하겠다. 흔히 먹는 음식 메뉴를 선택해서 수량과 함께 주문하면 주문 목록에 나타나게 하는 예제를 만들어 보도록 하겠다. 먼저 컨트롤을 배치해 보도록 한다.

각각 컨트롤의 ID와 Caption 및 그 외 옵션을 설정한다.

〈컨트롤 속성 설정 값〉

ID	Caption	그 외 옵션
IDC_STATIC	주문 목록	
IDC_STATIC	메뉴	
IDC_LIST_ITEM		Sort – False
IDC_CHK_DOO	두부 찌개	
IDC_CHK_YOOK	육개장	
IDC_CHK_KAL	갈비탕	
IDC_CHK_RA	라면	
IDC_EDIT_DOO		
IDC_EDIT_YOOK		
IDC_EDIT_KAL		
IDC_EDIT_RA		
IDC_BTN_ORDER	주문	

자, 여기까지는 컨트롤 배치와 각 컨트롤의 ID 및 Caption 설정을 하였다. 즉, 외관 공사는 끝났다. 이제 각 컨트롤에 기능을 부여해 보도록 하자. 구현하려고 하는 것은 메뉴 목록에서 메뉴를 수량과 함께 체크하고 주문을 하면 주문 목록에 주문한 메뉴와 수량이 나타나는 것이다. 결국 [주문] 버튼을 눌렀을 때 이벤트가 발생하는 것이므로, 핵심적인 이벤트 처리기는 [주문] 버튼이다.

[주문] 버튼을 눌렀을 때 선택된 메뉴와 수량이 표시되려면 각 컨트롤에 멤버 변수를 연결해야 할 것 같다는 생각이 당연히 떠올라야 한다. 각 체크 버튼과 수량을 나타내는 각 에디트(Edit) 컨트롤에 다음과 같이 멤버 변수를 추가한다.

〈표 컨트롤 멤버 변수 설정 값〉

변수 형식	변수 이름
BOOL	m_bDoo
BOOL	m_bYook
BOOL	m_bKal
BOOL	m_bRa
UINT	m_nDoo
UINT	m_nYook
UINT	m_nKal
UINT	m_nRa

각 변수들은 컨트롤과 연결된 멤버 변수들이다. 즉, 컨트롤의 값들을 멤버 변수로 이동할 수 있고, 멤버 변수의 값을 컨트롤로 이동할 수 있다 다음과 같이 변수를 선언한다.

〈MyFormView.h 파일〉

```
class CMyFormView : public CFormView
{
------------- 중간 생략 -------------
public:
        CListBox *pList;

        CString strDoo;
        CString strYook;
        CString strKal;
        CString strRa;
}
```

pList 변수는 CListBox 클래스의 포인터 변수로써, 리스트 박스 컨트롤을 사용할 때에 이 변수를 이용하여 리스트 박스 컨트롤의 멤버 함수를 사용할 수 있다. strSoon, strYook, strKal, strDduk는 CString형으로 선언되었고, 리스트 박스에 출력될 문자열을 저장하기 위한 용도로 선언되었다. 구현되는 코드를 보면 쉽게 이해가 갈 것이다.

OnInitialUpdate( ) 함수에 다음과 같이 초기화 작업을 수행한다. pList 포인터 변수에 GetDlgItem( ) 함수를 이용하여 IDC_LIST_ITEM 리스트 박스를 다음과 같이 지정한다. 그리고 포인터 변수를 이용하여 멤버 함수 AddString( ) 함수로 리스트 박스에 문자열을 출력한다.

```
void CCMyFormView::OnInitialUpdate( )
{
        CFormView::OnInitialUpdate( );
        GetParentFrame( )->RecalcLayout( );
        ResizeParentToFit( );

        pList = (CListBox *)GetDlgItem(IDC_LIST_ITEM);
        pList->AddString(_T("메뉴를 주문해 주세요."));
}
```

뷰의 초기 화면은 "메뉴를 주문해 주세요"라는 문자열이 출력될 것이다. 그 다음에 메뉴에서 수량이나, 메뉴 체크와 같은 작업이 이루어진 후에 [주문] 버튼을 클릭하면 [주문 목록]에 주문 수량을 출력하는 코드를 작성해 보자. [주문] 버튼의 이벤트 처리기를 작성해 보도록 하자.

이와 같이 주문 버튼의 이벤트 처리기를 추가하고, 생성된 함수에 다음과 같이 코딩한다.

```
void CCMyFormView::OnBnClickedBtnOrder( )
{
        UpdateData(TRUE);
        pList = (CListBox *)GetDlgItem(IDC_LIST_ITEM);

        strDoo.Format(_T("두부찌개 - %d"), m_nDoo);
        strYook.Format(_T("육개장 - %d"), m_nYook);
        strKal.Format(_T("갈비탕 - %d"), m_nKal);
        strRa.Format(_T("라면 - %d"), m_nRa);

        if(m_bDoo)
                pList->AddString(strDoo);
        if(m_bYook)
                pList->AddString(strYook);
        if(m_bKal)
                pList->AddString(strKal);
        if(m_bRa)
                pList->AddString(strRa);
}
```

대화 상자 부분에서도 배웠듯이, UpdateData(TRUE)는 컨트롤의 데이터가 멤버 변수로 이동하도록 해주는 것이고, UpdateData(FALSE)는 멤버 변수의 데이터가 컨트롤로 이동하여 표시해 주는 기능을 한다. 예제는 사용자로부터 컨트롤을 통해서 입력받은 변수를 멤버 변수로 받아야 하기 때문에 UpdateData(TRUE)를 사용하였다. 그리고 앞서 선언한 문자열 변수 strDoo, strYook, strKal, strRa를 통해서 멤버 함수 Format( )을 호출하고, 각각 입력한 메뉴의 수량 m_nDoo, m_nYook, m_nKal, m_nRa를 문자열로 저장한다.

멤버 변수 m_bDoo가 체크되어 있다면 1, 체크가 해제되어 있다면 0을 나타내므로 앞의 소스
와 같이 조건문을 통해서 저장된 문자열 출력 여부를 결정한다. 코딩이 끝났으면 빌드 및 실행
을 해보자. 그리고 메뉴를 체크해 보고, 에디트 컨트롤에 수량을 입력해 보자. 입력이 끝났으면
[주문] 버튼을 누르고 [주문 목록]에 나타나는 문자열이 표시되는지 확인한다.

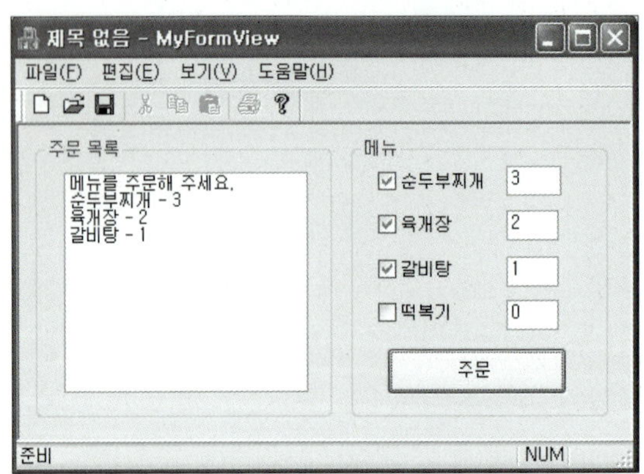

마치면서

도큐먼트와 뷰를 통해 도큐먼트의 종류(SDI와 MDI)와 데이터를 관리하는 구조(직렬화)에 대해 알아보았고,
도큐먼트와 뷰의 통신 방법과 뷰의 종류에 대해서 배웠다. 이 장을 마치면서 다음의 내용을 꼭 기억하고
넘어가도록 하자.

1. MFC 응용 프로그램 마법사를 통해서 생성되는 4개의 클래스가 있다. 이때 생성되는 각각의 클래스는
CWinApp, CMainFrame, CDocument, CView 클래스를 상속받은 클래스라고 했다.

2. SDI와 MDI
– SDI(Single Document Interface) : 하나의 문서만 관리할 수 있는 인터페이스
– MDI(Multiple Document Interface) : 여러 개의 문서를 관리할 수 있는 인터페이스

3. 직렬화
도큐먼트 클래스를 이용하여 파일 입출력을 순차적으로 동작하게 하는 메커니즘이다. 주로CDoument의
Serialize( ) 함수를 오버라이딩(Qverriding)한다.

4. MFC에서는 여러 가지 형태의 뷰 클래스를 제공하는데, 다음 3가지가 대표적이다.
– CEditView 클래스
– CScrollView 클래스
– CFormView 클래스

PART 09

DLL(Dynamic Link Library)

이번 장은 DLL(Dynamic Link Library)에 관하여 공부해 보도록 하자. C++의 중요한 모토 중에 하나는 재사용성이다. 코드를 재사용하기 위한 방법으로 개별 모듈로 구성하여 마치 레고의 조립식 장난감처럼 끼웠다 뺐다 할 수 있는데, 이번 장에서 배울 DLL이 바로 그것이다. 여러분이 만약 프로그램의 핵심 엔진을 코딩했다면 나중에 다른 프로그램으로 사용하기 위한 방편으로 DLL로 만들어 놓는 것이 매우 효율적일 것이다.

DLL 이란

DLL의 구조와 특징에 대해 알아보도록 하자.

일단 DLL(Dynamic Link Library)의 영어 의미부터 해석을 하면 라이브러리를 어디에든 다양하게 링크하여 사용할 수 있다는 의미이다. 즉, 어떤 기계의 핵심 부품을 빼서 여러 기계에도 유연하게 이식해 사용할 수 있다는 얘기다. 일단 우리는 DLL은 좀 더 유연한 라이브러리쯤으로 인식하면 될 것이다. 라이브러리의 특성을 보면 특정 기능을 수행하는 모듈 프로그램으로써 그 특성상 독립적으로 실행되지 않는다. 다른 프로그램의 핵심 부품처럼 쓰인다. 이러한 라이브러리의 목적은 자주 사용하는 기능에 대해서 매번 프로그램을 개발할 때마다 반복된 코딩 작업을 줄여 주어 효율성을 높이는 데 있다. 실제로 Include 안에 들어가는 헤더 파일들이 모두 라이브러리 파일이다.

C 코드에서 많이 사용하는 printf( ) 함수의 경우에 데이터를 콘솔 창에 출력하는 함수인데, 실제로 직접 우리가 printf( ) 함수의 기능에 대해서 코딩해 준 것은 없다. 그럼에도 이 함수를 사용할 수 있는 이유는 이미 관련 기능이 stdio.h 헤더 파일에 정의되어 있기 때문이다. 특정 프로그램에서 출력 함수로 printf( ) 함수를 사용할 때마다 관련 기능을 코딩한다면 얼마나 비효율적이겠는가? 그래서 라이브러리를 이용하는 것이다. 라이브러리의 종류로는 크게 정적 연결 라이브러리와 동적 연결 라이브러리로 구분할 수 있다.

정적 링크 라이브러리(Static Link Library)는 정적이라는 의미에서처럼 움직임이 없는 무거운 느낌을 준다. 그 느낌처럼 실제로 라이브러리를 추가할 때 목적 코드(*.obj)와 사용할 라이브러리가 링커(Linker)에 의해 연결되면서 하나의 실행 파일을 만들게 되는데, 다음과 같은 형태이다.

〈정적 링크 라이브러리〉

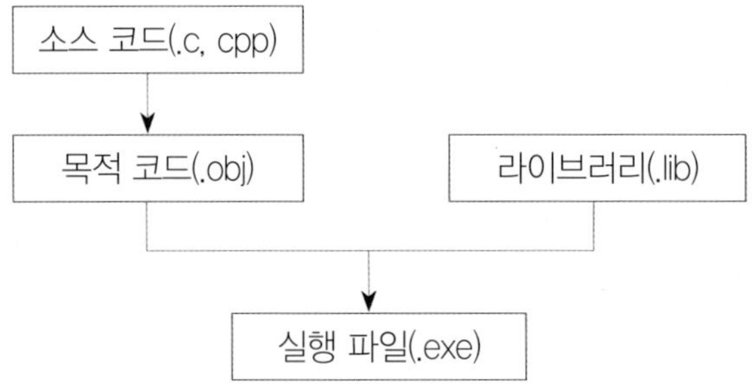

정적 링크 라이브러리를 이용하면, 매번 프로그램을 개발할 때마다 라이브러리에 구현된 기능을 다시 코딩하지 않고, 한 번 작성한 라이브러리를 이용하면 되기 때문에 매우 편리하다. 그리고, 라이브러리 코드는 복사되어 실행 파일의 일부분이 된다. 그런데 여기서 한 가지 단점은 매번 라이브러리가 필요한 프로그램의 실행 파일을 만들 때 라이브러리를 추가하면, 실행 파일의 용량이 점점 커질 것이고, 이에 따라 메모리 효율성이 많이 떨어진다는 점이다.

이와는 다르게 동적 링크 라이브러리(Dynamic Link Library, DLL)는 링크 시점에 호출되는 것이 아니라 실행 시점에 호출이 된다. 그리고 실행 파일에 라이브러리 코드가 각 프로그램마다 복사되는 것이 아니라, 각 프로그램은 하나의 DLL 파일을 공유하여 사용하도록 한다.

〈동적 링크 라이브러리〉

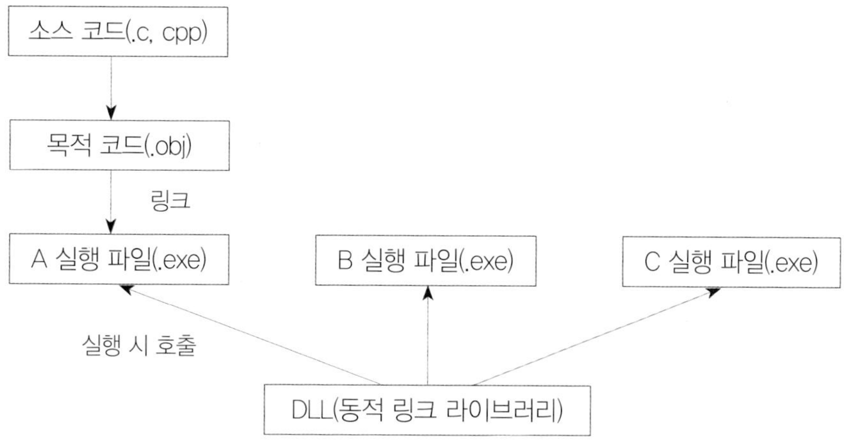

그림처럼 실행 파일은 각 프로그램마다 독립적으로 링크하여 만들되, 실행 시점에서 DLL을 호출하여 참조하도록 한다. 정적 링크 라이브러리처럼 라이브러리를 복사하여 실행 파일에 코드를 붙여 넣지 않아도 되고, 단지 실행 파일은 DLL 파일 안에 함수의 위치 정보를 알고 있음으로써 호출이 가능하다. 그리고 각각의 프로그램마다 DLL을 소유하지 않고 공유하는 형태를 취한다.

DLL(Dynamic Link Library)을 만들어서 사용하기는 정적 링크 라이브러리의 경우보다 약간은 복잡하고 까다롭지만, 그만한 장점이 있기 때문에 윈도우 운영체제에서는 DLL을 폭넓게 사용하고 있다. 장점에 대해 알아보자.

■ 메모리와 하드디스크를 절약할 수 있다.

정적 링크 라이브러리와 같은 경우에는 각 프로그램의 실행 파일마다 라이브러리를 포함한다고 하였다. 즉, 같은 기능의 코드가 중복되므로 비효율적이다. 그러나 DLL과 같은 경우에는 각 프로그램의 실행 파일에 라이브러리 코드를 물리적으로 포함하는 것이 아니고, 하나의 DLL을 공유함으로써 메모리와 하드디스크를 절약할 수 있다.

■ 프로그램의 실행 속도를 빠르게 할 수 있다.

정적 링크 라이브러리와 같은 경우에는 라이브러리가 실행 파일에 덧붙여져 있기 때문에 DLL 보다는 실행 파일의 크기가 크다. 그러나 DLL을 사용하는 프로그램의 경우에는 실행 파일이 라이브러리를 물리적으로 합쳐져 있지 않기 때문에 실행 파일의 용량이 작고, 실행 속도도 정적 링크 라이브러리 방식보다는 빠르다.

■ 프로그램의 모듈화가 가능하다.

DLL을 이용하여 프로그램을 DLL 단위로 개발하면 각각을 독립적으로 개발할 수 있고, 분산 개발 처리가 가능하여 프로젝트를 효율적으로 진행할 수 있다. 코드를 수정할 때 전체를 디버깅하지 않고, 해당 부분의 DLL만 디버깅할 수 있기 때문에 매우 효율적이라 할 수 있다.

■ 리소스의 교체가 가능하다.

DLL에는 함수뿐만 아니라 리소스 또한 같이 넣을 수 있는데, 경우에 따라 사용하는 리소스가 다르다면 이 리소스를 DLL로 분리하여 적절한 시기에 DLL을 읽어와 사용할 수 있다. 예를 들어서 다국어를 지원하는 프로그램의 경우에 언어 리소스를 DLL로 제작하여 교체만 해주면 각 국의 언어를 손쉽게 표기할 수 있다.

MFC에서는 링크 방식과 사용 범위에 따라 일반 DLL과 확장 DLL로 나뉜다. 일반 DLL은 윈도우 표준 DLL이라고 보면 된다. C를 비롯하여 비주얼 베이직, 델파이와 같은 다른 언어에서도 일반 DLL을 마음대로 호출할 수 있다. 반면에 확장 DLL은 MFC 전용 DLL이다. 그래서 MFC 응용 프로그램 이외의 프로그램에서는 확장 DLL을 사용할 수 없다.

DLL의 작성

실제로 DLL을 어떤 식으로 임포트 및 익스포트를 할 수 있는지 알아보고, DLL에 사용되는 핵심 키워드에 대해서 알아보도록 하자.

다시 말하지만 DLL은 완벽하게 인터페이스까지 구현된 실행(*.exe) 파일이 아니라 특정 기능을 가지고 있는 하나의 모듈이다. 그러므로 독립적으로는 실행이 되지 않고 임의의 클라이언트로부터 호출을 받아야 한다. 그런데 그냥 함수 호출하듯이 DLL 안의 함수를 호출할 수는 없는 노릇이다. 따라서 DLL에는 제공할 함수를 내어 놓기 위한 처리와 클라이언트에는 제공 받을 함수에 대한 처리에 대해 작성해야 한다. 내어 놓는 행위를 익스포트(Export)라고 하고, 얻어 오는 행위를 임포트(Import)라고 한다.

■ __declspec

임포트, 익스포트를 처리하기 위해서 사용해야 하는 키워드이다. 주로 사용하는 두 인수 dllImport와 dllexport에 따라 기능이 달라진다.

– dllImport : DLL에 있는 변수, 함수 등을 가져오는 역할을 한다. 예를 들어, 클라이언트에서 DLL에 있는 지정한 함수들을 사용하기 위해서, 함수명 앞에 __declspec(dllImport) 라고 붙여 준다.

– dllexport : DLL에 있는 변수, 함수 등을 내보내는 역할을 한다. 즉, 외부 클라이언트들이 갖다 쓸 수 있도록 공개하는 것이다. 예를 들어 공개하고 싶은 함수 앞에 __declspec(dllexport) 라고 붙여주면 된다.

■ extern "C"

외부 선언을 C 스타일로 한다는 의미이다. 그런데 왜 C++이 아니고 C 스타일을 선택했을까? 그 이유는 다음과 같다.

컴파일러는 링커가 링크 중에 함수의 위치를 파악할 수 있도록 컴파일 중에 사용한 함수에 관련된 정보를 목적 파일(*.obj)에 기록하는데, 이러한 정보를 링키지(Linkage)라고 한다. 그런데 여기서 함수의 오버로딩(Overloading)이 중요한 문제가 된다. C++은 오버로딩이 지원이 되지만 C는 지원되지 않는다. 그러므로 C는 같은 이름의 함수 여러 개를 가질 수 없으나, C++은 인수의 타입 혹은 인수의 개수에 따라서 같은 이름의 함수라도 여러 개의 함수로 분류된다. 다음 세 함수의 선언을 보자.

```
Int function(int);
Int function(float);
Int function(int, int);
```

C++에서는 세 함수의 타입과 인수의 개수가 다르기 때문에 각각 다른 함수로 인식을 하는데, 이렇게 C++이 공개하는 함수의 정보를 mangled name이라고 하며, 이런 식으로 공개된 함수는 C++ 이외의 다른 언어에서는 사용이 불가능하다. 즉, C++에서는 링키지에 기록된 함수의 심볼이 단지 함수명 만으로 구분하는 것이 아니라, 함수의 인수 정보까지 포함되기 때문이다. 반면에 C는 함수명 만으로 구분하고, 공개되는 함수들이 범용적 이여야 하므로 C 스타일인 extern "C"를 사용한다.

예를 들어 보자. extern "C"는 C의 링크 방식을 사용하라고 컴파일러에게 알려준다. DLL에서는 함수를 익스포트 혹은 임포트할 때 __declspec과 extern "C"를 함께 사용하여야 한다. DLL에서 익스포트 되는 함수라면 다음과 같이 선언한다.

```
extern "C" __declspec(dllexport) int func( );
```

그리고 클라이언트에서 함수를 임포트한다면 다음과 같이 선언한다.

```
extern "C" __declspec(dllimport) int func( );
```

■ 임포트 라이브러리

지금까지 보면 DLL에서는 자신의 함수를 익스포트(Export)하고, 클라이언트는 임포트(Import)함으로써, 주고받을 준비가 되어 있다. 물건에 대한 정보를 서로 가지고 있기만 하는 단계이다. 그런데 문제는 클라이언트는 수많은 DLL 중에서 자신이 원하는 DLL을 찾느냐가 문제이다. 일일이 시스템의 DLL을 다 뒤진다는 것은 말도 안 될 일이다. 이때 임포트 라이브러리가 사용된다. 임포트 라이브러리는 DLL에서 익스포트되는 함수에 대한 정보는 물론 어떤 DLL에 정의되어 있는지에 대한 정보를 가지고 있다.

〈임포트 라이브러리의 역할〉

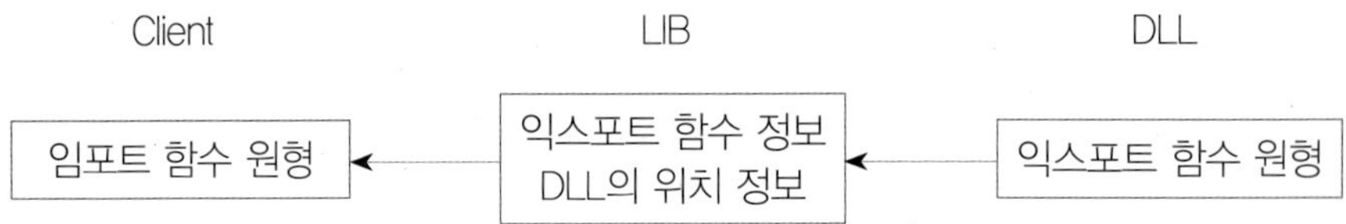

물론 함수의 정보만을 가질 뿐이지 함수에 대한 실질적인 코드는 DLL에 작성되어 있다. 아무튼 클라이언트에서 DLL을 사용하려면 반드시 익스포트 라이브러리를 링크해야 하며 LIB 파일이 지정하는 DLL 파일을 읽어 와야 한다.

클라이언트 내에 라이브러리를 지정하는 장소는 다음과 같이 프로젝트의 [속성 페이지]를 열고 왼쪽 트리 뷰의 [구성 속성 〉 링커 〉 입력]을 열면 다음과 같이 오른쪽 필드에 [추가 종속성]이 나타난다. 여기에 원하는 LIB를 입력하면 된다. 물론 그 전에 DLL과 LIB 파일이 현재 프로젝트 디렉토리 혹은 시스템 디렉토리 안에 있어야 할 것이다.

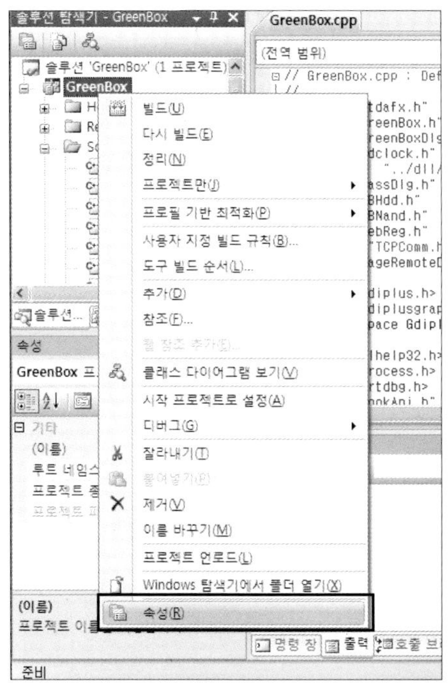

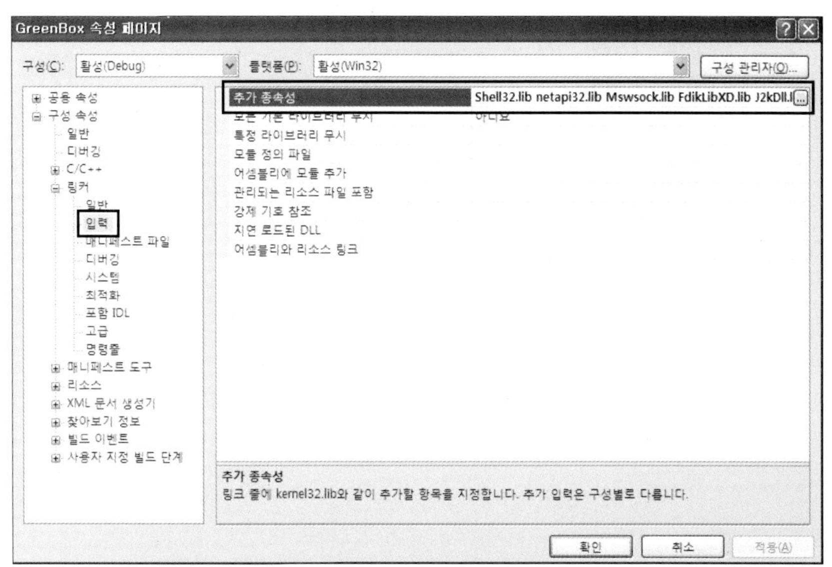

일반적으로 사용하는 DLL은 윈도우의 시스템 디렉토리에 저장되어 있다. 사용하려는 DLL이 있다면 시스템 디렉토리에 저장하는 것이 정석이나, 범용적으로 계속 사용할 DLL이 아니라면, 현재 DLL을 호출하여 사용하는 클라이언트 프로젝트의 디렉토리 넣어 두는 것이 관리하기도 편할 것이다. 클라이언트 프로그램은 DLL을 사용시 DLL을 찾는데, 찾는 장소와 순서가 정해져 있다. 클라이언트 프로그램에서 DLL을 찾는 순서는 다음과 같다.

① 현재 DLL을 호출하는 클라이언트 프로그램의 설치 디렉토리
② 현재 프로젝트 작업 디렉토리
③ 윈도우 시스템 디렉토리 (C:\WINDOWS\system32)
④ Windows 디렉토리 (C:\WINDOWS)
⑤ PATH 환경 변수에 설정된 디렉토리

클라이언트는 이 순서대로 디렉토리를 찾고, 만일 찾는 DLL이 없으면 에러 메시지를 출력하고 실행을 종료한다.

일반 DLL

앞서 배운 DLL 작성법을 기반으로 직접 DLL을 만들어보자. 링크 방법에 따라 명시적 링크와 암시적 링크가 있는데 각각의 특징에 대해서 배워보도록 하자.

실제로 일반 DLL을 만들어 보도록 하겠다. 앞에서 줄곧 얘기했던 부분이 일반 DLL을 만들기 위한 문법들 이였다. 그런데 일반 DLL에서도 방법이 두 가지로 나누어지는데, 하나는 암시적 링크이고, 다른 하나는 명시적 링크이다. 이 두 가지는 프로젝트를 만드는 절차는 같으나 DLL을 읽어 들이는 방법에 있어서 차이가 있다. 일단 먼저 암시적 링크 방법에 대해서 알아보도록 하겠다.

1 암시적 링크

DLL을 생성할 때에도 응용 프로그램 마법사를 이용한다. [파일 〉 새로 만들기 〉 프로젝트]를 선택한다.

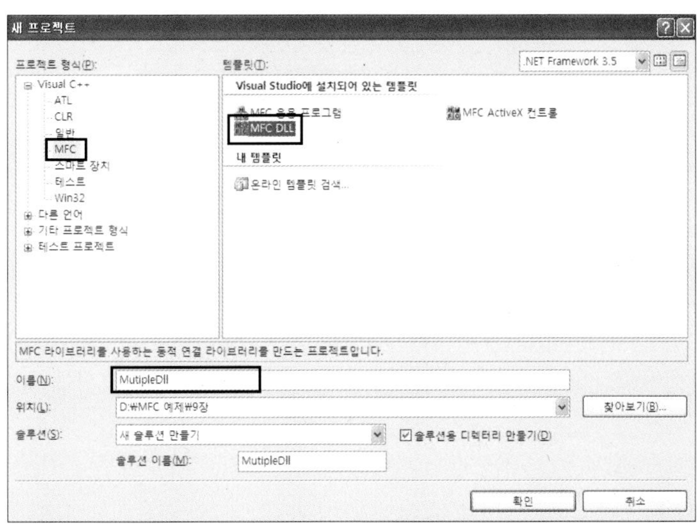

왼쪽 필드의 프로젝트 형식은 [MFC]를 선택하고 오른쪽 필드의 템플릿은 [MFC DLL] 항목을 선택한다. 프로젝트 명은 [MultipleDll]로 하고, [확인] 버튼을 누르면 다음 단계로 넘어간다.

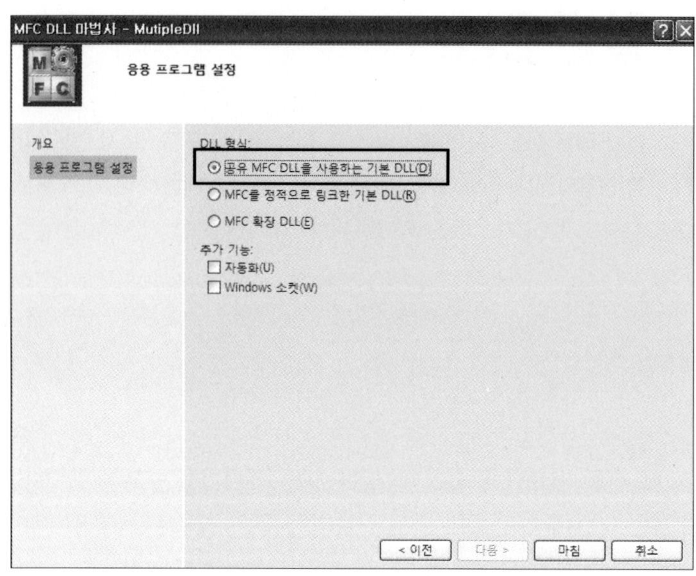

어떤 타입의 DLL을 만들 것인지 물어 온다. [공유 MFC DLL을 사용하는 기본 DLL]이 디폴트
로 선택되어 있는데, 디폴트로 그냥 받아들이기로 하자. DLL은 지금 단계가 끝이다. [마침] 버
튼을 누르고, 만들어진 프로젝트를 살펴보도록 하자.

클래스 뷰를 살펴보면 매우 간단하다. 프레임, 도큐먼트, 뷰 클래스는 찾아볼 수 없고, 단지
App 클래스만 생성되어 있다. DLL은 일단 형태가 없고, 함수들로 구성된 기능을 가진 모듈이
므로 당연한 얘기일 수 있다. 결국 보아야 할 소스 코드는 MultipleDll.h와 MultipleDll.cpp,
두 개이다.

⟨MultipleDll.h 파일⟩

```cpp
#pragma once

#ifndef __AFXWIN_H__
        #error include 'stdafx.h' before including this file for PCH
#endif

#include "resource.h"

class CMultipleDllApp : public CWinApp
{
public:
        CMultipleDllApp( );
public:
        virtual BOOL InitInstance( );

        DECLARE_MESSAGE_MAP( )
};
```

코드에서 특이할 만한 사항은 없다. 단지 CMultipleDllApp 클래스가 CWinApp 클래스로부터
상속을 받고, CMultipleDllApp( ) 생성자만 선언되어 있다. 구현 파일을 보도록 하자.

⟨MultipleDll.cpp 파일⟩

```cpp
#include "stdafx.h"
#include "MultipleDll.h"

#ifdef _DEBUG
#define new DEBUG_NEW
#endif

BEGIN_MESSAGE_MAP(CMultipleDllApp, CWinApp)
END_MESSAGE_MAP( )

CMultipleDllApp::CMultipleDllApp( )
{
}

CMultipleDllApp theApp;

BOOL CMultipleDllApp::InitInstance( )
{
        CWinApp::InitInstance( );
        return TRUE;
}
```

마찬가지로 특별한 코드는 없으며 CMutipleDllApp의 객체인 theApp만 선언되어 있다. 결국 응용 프로그램 마법사가 해준 것은 단지 DLL의 존재만 만들어 준 셈이다. 일단 여기까지가 DLL 생성 단계의 일단락이다. DLL의 기능은 직접 작성해야 한다.

1) 일반 DLL 구현

이제 DLL의 기능을 구현할 함수를 작성해 보도록 하겠다. 구현 파일인 MutipleDll.cpp의 가장 아랫 부분에 다음과 같은 함수를 추가해 보도록 하자. 일단 앞에서 언급 했던대로 함수를 공개하여 제공하는 입장이기 때문에 익스포트(Export)를 해야 한다. 그러므로 다음과 같은 코드는 이유를 묻지 말고 자동으로 나올 수 있어야 한다.

```
extern "C" __declspec(dllexport)
```

그 이후로 원하는 함수 이름과 함수 정의를 해주면 된다. 일단 DLL의 구동을 보는 것이 목적이므로 간단하게 두 정수를 곱하는 기능만 추가하겠다. 다음과 같이 함수 정의 형태를 보면 일반 함수 정의 형태와 크게 다르지 않다.

```
extern "C" __declspec(dllexport) int Multiple(int a, int b)
{
        return a*b;
}
```

코드상 가독이 어려운 코드가 아니므로 더 이상 설명은 하지 않겠다. 빌드한 후 프로젝트 내의 Debug 폴더를 열어보자. 확장자가 DLL인 파일과 LIB인 파일이 만들어졌는지 확인해 보자. 이제 임의의 클라이언트 프로그램을 만들어서 생성한 DLL 파일을 이용하면 된다.

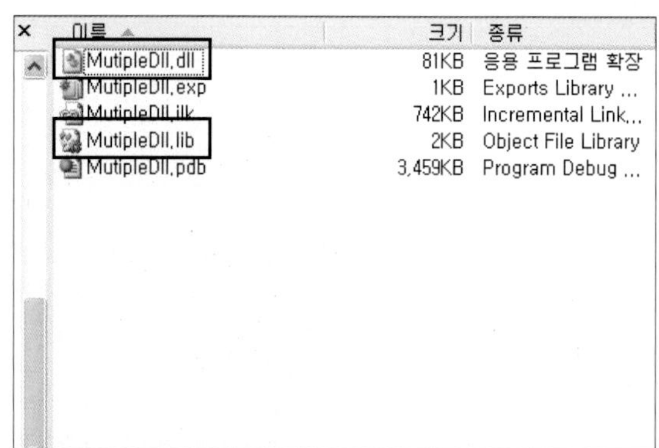

2) 클라이언트 프로그램 구현

이제 앞에서 만든 DLL을 활용하기 위한 클라이언트 프로그램을 만들어 보도록 하겠다. 프로젝트 명은 [CallMultiple]이라고 하고, 응용 프로그램 종류는 [단일 문서]로 하자. 나머지는 디폴트로 받아들인다. CallMultiple이라는 프로젝트가 생성될 것이다. 여기서는 앞서 만든 DLL의 함수를 클라이언트에서 이용하는 것만 보일 것이다.

일단, DLL을 사용하려면 해야 할 작업이 있는데, MutipleDll.dll과 MultipleDll.lib 파일을 복사하여 클라이언트 프로젝트 폴더에 넣어 놓거나 아니면 윈도우 시스템 디렉토리에 복사해 놓도록 한다. 클라이언트 프로그램은 DLL을 참조할 때 LIB 파일을 통해 정보를 얻는다. 즉, MutipleDll.lib는 CallMutiple.exe가 컴파일 중에 Multiple 함수에 대한 정보를 주고, MutipleDll.dll은 CallMutiple.exe가 실행 시 동적으로 링크된다. 이미 앞에서 설명했던 내용이다.

미리 작업을 하나 더 해야 하는데, 클라이언트 프로그램에서는 DLL에서 사용하는 함수를 따로 헤더 파일로 관리하는 것이 좋다. 예제의 경우에는 단지 함수가 하나 사용되기 때문에 굳이 헤더 파일을 만들지 않고, 해당 클래스 선언부에 DLL 사용 함수를 선언해도 상관은 없지만, 관리 차원에서 따로 헤더를 만들어 두도록 한다. Declaredll.h라는 이름으로 헤더 파일을 하나 만들자. 그리고 헤더 파일에 다음과 같이 코딩을 한다.

〈Declaredll.h〉

```
extern "C" __declspec(dllimport) int Multiple(int, int);
```

외부 함수를 불러오는 것이기 때문에 extern "C" __declspec(dllimport)를 사용하였다. 헤더 파일을 저장하고, CallMultipleView.cpp 파일에 이 헤더를 인클루드(Include)하도록 한다.

〈CallMutipleView.cpp〉

```
#include "stdafx.h"
#include "CallMultiple.h"

#include "CallMultipleDoc.h"
#include "CallMultipleView.h"

#include "Declaredll.h"
```

구현 기능은 DLL 내에 있는 Multiple 함수를 이용하여 두 수를 곱하고 결과를 클라이언트 영역에 뿌려 주는 것이다. 여기까지 코드가 구현하였다면 이제는 DLL 안의 함수를 마치 같은 프로젝트의 함수처럼 마음대로 사용할 수 있게 된다. OnDraw( ) 함수에 다음과 같이 코딩해 보자.

〈CallMutipleView.cpp〉

```
void CCallMultipleView::OnDraw(CDC *pDC)
{
        CCallMultipleDoc *pDoc = GetDocument( );
        ASSERT_VALID(pDoc);

        CString strTemp;
        strTemp.Format(_T("2 * 7 =  %d"), Multiple(2,7));
        pDC->TextOut(400, 300, strTemp, strTemp.GetLength( ));
}
```

2와 7을 곱하여 클라이언트 영역에 출력하는 간단한 예제이다. 이제 빌드 및 실행을 해보자. 혹시 다음과 같은 에러가 뜨지 않는가?

```
--------------------Configuration: CallMultiple - Win32 Debug-------------------
Compiling...
CallMultipleView.cpp
Linking...
CallMultipleView.obj : error LNK2001: unresolved external symbol __imp__Multiple
Debug/CallMultiple.exe : fatal error LNK1120: 1 unresolved externals
Error executing link.exe.
```

이것은 임포트 라이브러리 추가 과정을 빠뜨렸기 때문이다. 임포트 라이브러리를 다음과 같이 추가해 보자.

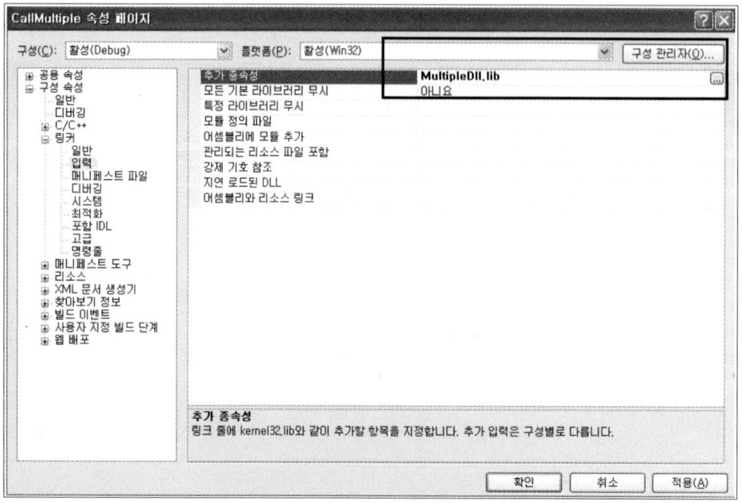

추가되었으면 다시 빌드하고 실행해 보자.

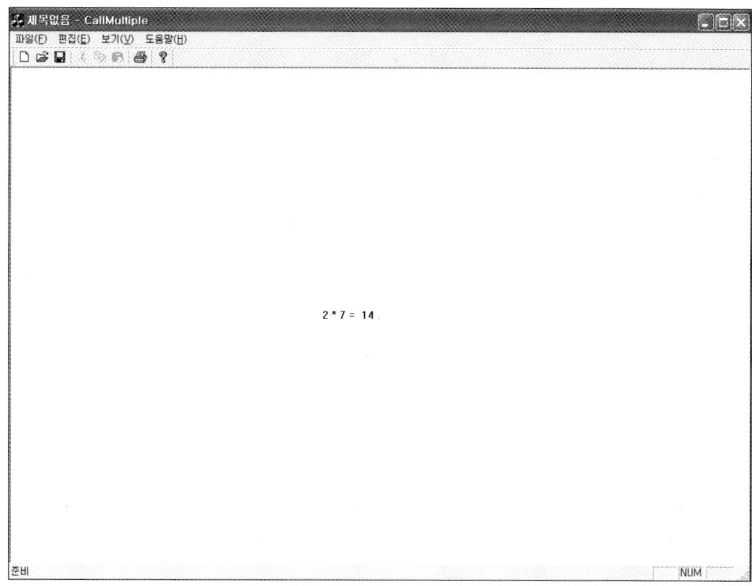

자, 그럼 이 시점에서 정리해 보도록 하자. 일반적으로 DLL을 만드는 과정은 다음과 같다.

① DLL 프로젝트를 생성한다.

② DLL 프로젝트 내의 함수마다 다음과 같이 외부 공개 선언문을 dllexport로 한다. 이것 외에는 일반 함수 정의문과 다를 바 없다.

```
extern "C" __declspec(dllexport) int Multiple(int a, int b)
{
        return a*b;
}
```

③ DLL을 이용할 클라이언트 프로젝트를 생성한다.

④ DLL의 함수를 이용하기 위해 링크를 지정하고 외부 공개 선언문을 dllimport로 한다. 이것 또한 이 문장 외에는 일반 함수 선언문과 다를 바 없다.

```
extern "C" __declspec(dllimport) int Multiple(int, int);
```

참고로 DLL은 관리 차원에서 DLL 함수만 관리할 수 있도록 헤더 파일을 따로 선언해 두는 것이 좋다.

⑤ DLL 프로젝트에서 컴파일하여 생성된 dll 파일과 lib 파일을 복사하여 정해진 디렉토리(클라이언트 프로젝트)에 복사한다. 그리고 클라이언트 프로젝트 속성에 임포트 라이브러리를 추가한다.

⑥ 클라이언트 프로그램을 실행한다.

설명만 좀 길었지 DLL을 왜 사용하는지 용도를 생각하고 원리만 이해하면 그다지 어려운 문법이나 헷갈리는 부분 없이 매우 명확해진다.

일단 암시적 링크 방법은 여기까지이다. DLL을 바로 사용하지 않고, 함수 정보를 가진 LIB를 거친다는 점이 약간 불편하게 느껴질 수도 있다. 이제 뒤에서 다룰 명시적 링크는 이 부분을 보완하였다. LIB를 거치지 않고 바로 DLL 파일을 불러 오도록 하는 방법이다.

3) DLL 디버깅

DLL은 빌드가 되지만 단독으로 실행할 수는 없고, 클라이언트에 의존해서 실행해야만 한다. 그렇다고 해서 DLL이 디버깅조차 안되는 것은 아니다. 그렇다면 단독 실행이 안 되는 DLL을 어떻게 디버깅할까? 제작한 DLL을 디버깅 하려면 단축키 F5나 [디버그] 메뉴의 [디버깅 시작] 항목을 선택하자. 다음과 같이 [디버그 세션에 사용할 실행 파일]이란 메시지 창이 나오는데, 의미는 디버깅을 하기 위해서 DLL을 사용하는 클라이언트 프로그램의 실행 파일을 선택하라는 얘기다. 앞서 만든 클라이언트 예제의 실행 파일을 선택하고 [확인] 버튼을 누르면, 클라이언트 프로그램에서 디버깅을 시작하여 DLL 함수를 만났을 때 그냥 지나가지 않고 DLL 코드 내부로 이동하여 디버깅할 수 있도록 한다.

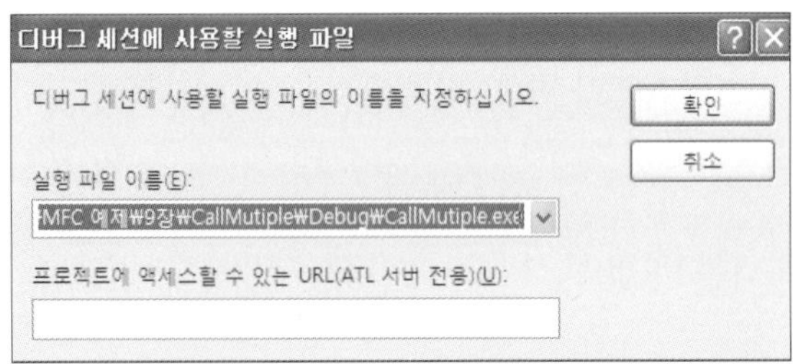

2 ········· 명시적 링크

명시적 링크 방법에 대해서 알아보도록 하자. 앞서 암시적인 방법에 대해서 알아보았으므로 차이점만 짚고 넘어가면 이해가 좀 빠를 것이다. 이름만 보아도 왠지 분명함의 차이가 느껴진다.

〈암시적 링크과 명시적 링크〉

암시적 링크	명시적 링크
함수가 어느 DLL에 있는지 밝히지 않는다.	함수가 어느 DLL에 있는지 밝힌다.
프로젝트에 임포트 라이브러리(*.lib)를 추가한다.	프로젝트에 임포트 라이브러리(*.lib)가 불필요하다.
클라이언트 프로그램이 로드될 때 DLL이 같이 로드된다.	DLL을 로드하고 싶은 시점에 로드한다.

기존 프로젝트 CallMutiple을 열어서 명시적 링크 방법의 예제를 만들어 보도록 하겠다. CallMultipleView.cpp 파일의 OnDraw( ) 함수를 수정해 보도록 하자. 기존에 작성했던 코드는 주석 처리를 한다.

```
void CCallMultipleView::OnDraw(CDC *pDC)
{
        CCallMultipleDoc* pDoc = GetDocument( );
        ASSERT_VALID(pDoc);
/*
        CString strTemp;
        strTemp.Format(_T("2 * 7 =  %d"), Multiple(2,7));
        pDC->TextOutW(400, 300, strTemp, strTemp.GetLength());
*/

        HINSTANCE hInstDll;
        int nResult = 0;
        int(*pMultiple)(int, int);

        hInstDll = LoadLibraryW(_T("MutipleDll.dll"));
        pMultiple = (int(*)(int, int))GetProcAddress(hInstDll,"Multiple");

        nResult = (*pMultiple)(2, 7);

        CString strTemp;
        strTemp.Format(_T("2 * 7 = %d"), nResult);
        pDC->TextOutW(400, 300, strTemp, strTemp.GetLength());

        FreeLibrary(hInstDll);
}
```


코드의 시나리오를 보자면, LoadLibrary( ) 함수를 통해서 DLL 파일을 직접 메모리 영역에 로
딩한다. 그리고 GetProcAddress( ) 함수를 통해서 DLL 안에 우리가 사용할 함수 포인터를 반
환한다. 예를 들어서 A 라는 회사의 B 부서를 찾아간다고 하면, LoadLibrary()는 A 회사를 찾
아내는 역할을 하고, GetProcAddress()는 회사 안에 수많은 부서 중에서 B라는 부서를 찾아
내는 역할을 하는 것이다. 우리는 반환 받은 함수 포인터를 가지고 연산하고, 출력하면 된다.
함수 포인터 연산에 대한 문법이 취약하다면 C프로그래밍 문법 책을 참고하시기 바란다.
마지막 줄에 FreeLibrary( ) 함수는 메모리에 로드한 DLL의 핸들을 해제하는 역할을 한다. 명
시적 링크에 있어서는 LaodLibrary( ), GetProcAddress( ), FreeLibrary( ), 세 함수에 대해
서만 알고 있다면 크게 문제는 없을 것이다.

〈함수의 정의〉

```
HINSTANCE LoadLibrary(LPCTSTR lpLibFileName);
- lpLibFileName : 실행할 DLL 파일 이름이다.
```

인수 lpLibFileName는 실행 모듈의 파일명으로 DLL 파일 이름을 그대로 준다. 굳이 경로
를 지정할 필요는 없고, 현재 디렉토리나 윈도우 시스템 디렉토리와 같이 지정된 디렉토리를
자동으로 찾아낸다. DLL을 로딩하는데 성공하면 함수는 DLL의 핸들을 반환하며, 이 핸들은
GetProcAddress( ) 함수의 첫 번째 인수로 사용하게 된다. 에러 발생 시 NULL 값을 반환한다.

〈함수의 정의〉

```
FARPROC GetProcAddress(
        HMODULE hModule,
        LPCSTR lpProcName
);
```

– hModule : DLL 모듈의 핸들
– lpProcName : DLL에서 호출할 함수명

DLL에서 익스포트한 함수의 번지를 찾아 그 함수의 포인터를 반환하는 함수이다. 인수 hModule가 LoadLibrary( ) 함수에서 반환한 DLL 모듈의 핸들이고, 인수 lpProcName는 사용할 함수의 이름으로써 문자열 형태이다. 이 함수가 반환한 함수 포인터를 가지고 DLL의 함수를 호출할 수 있다. 함수를 찾을 수 없거나 DLL 핸들이 무효라던가 하는 에러 발생하면 NULL 값을 반환한다.

〈함수의 정의〉

```
BOOL FreeLibrary(HMODULE hLibModule);
```

– hLibModule : DLL 모듈의 핸들

이 함수는 메모리에 로드되어 있는 DLL 모듈의 핸들을 해제한다. 인수 hLibModule는 LoadLibrary( ) 함수가 반환한 DLL 모듈의 핸들이다. 핸들을 생성하였으므로, 프로세스를 종료하기 전에 반드시 핸들은 해제해야 한다. 그렇게 하지 않으면 불필요하게 메모리를 사용하게 되어 메모리 낭비가 생긴다. 에러가 발생하면 FALSE 값을 반환한다.

이로써 명시적 링크에 대해서 끝났다. 암시적 링크에 비해 명시적 링크가 갖는 장점을 요약하자면, 지정된 디렉토리 내에 LIB 파일이 존재할 필요도 없고, 프로젝트의 [속성 페이지]에서 LIB를 추가해 줄 필요도 없다. 단지 DLL만 지정된 디렉토리에 있으면 된다. 절차상으로 보면 명시적 링크가 간단하고, 또한 필요할 때 DLL을 로드하고 교체할 수도 있기 때문에 편리하다. 어떤 방법을 쓰던지 그것은 개발자 자신의 몫이다.

확장 DLL

일반 DLL과의 차이점을 파악하고, 확장 DLL의 장점과 특수성에 대해서 알아보도록
하자. 그리고 예제를 통해 구현 방법에 대해 익히도록 하자.

확장 DLL은 일반 DLL과는 달리 MFC 기반에서만 사용되는 DLL이라고 할 수 있다. 그래서 주로 대화 상자나 컴포넌트 단위로 DLL을 만들고자 할 때 많이 사용된다. 그렇다 보니 함수 단위의 공개가 아니라 클래스 단위로 공개한다. 즉, 클래스 자체를 외부 프로그램에 제공할 수 있고, 오버로딩 된 함수도 제공할 수 있다. 그러나 비주얼 베이직과 같은 다른 환경에서는 사용할 수 없다는 단점이 있다. 그러므로 MFC 기반에서만 사용할 DLL을 만든다면 확장 DLL을 사용하고, 범용적인 DLL을 만든다면 일반 DLL 형태로 만드는 것이 낫다.

1 확장 DLL 구현

확장 DLL을 만들어 보자. [파일 〉 새로 만들기 〉 프로젝트]를 열고, 프로젝트 형식은 [MFC]를 템플릿은 [MFC DLL]을 선택한다. 프로젝트 명은 [ExDll]로 정하고, 응용 프로그램 설정은 [MFC 확장 DLL]을 선택한다.

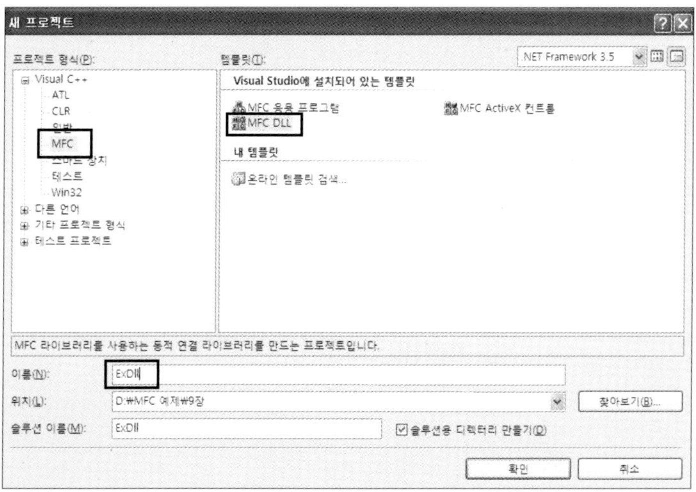

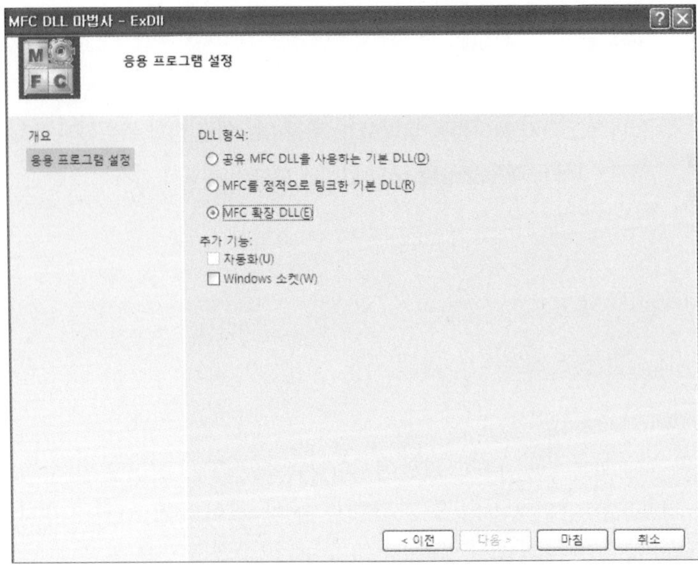

[마침] 버튼을 누르고, 프로젝트를 생성한다. 솔루션 뷰를 보면 실질적인 프로젝트 소스 파일은 dllmain.cpp 하나이다. 생성된 코드를 잠시 살펴보도록 하자.

〈dllmain.cpp〉

```cpp
#include "stdafx.h"
#include <afxwin.h>
#include <afxdllx.h>

#ifdef _DEBUG
#define new DEBUG_NEW
#endif

static AFX_EXTENSION_MODULE ExDllDLL = { NULL, NULL };

extern "C" int APIENTRY
DllMain(HINSTANCE hInstance, DWORD dwReason, LPVOID lpReserved)
{
        UNREFERENCED_PARAMETER(lpReserved);

        if (dwReason == DLL_PROCESS_ATTACH)
        {
                TRACE0("ExDllDlg.DLL을초기화하고있습니다.\n");

                if (!AfxInitExtensionModule(ExDllDLL, hInstance))
                        return 0;

                new CDynLinkLibrary(ExDllDLL);

        }
        else if (dwReason == DLL_PROCESS_DETACH)
```

```
                {
                        TRACE0("ExDllDlg.DLL을종료하고있습니다.\n");
                        AfxTermExtensionModule(ExDllDLL);
                }
        return 1;
}
```

코드의 시작점은 DllMain( ) 함수이고, 이 함수가 DLL 코드의 시작과 끝이 된다. 첫 번째 인수인 hInstance는 DLL의 인스턴스이고, 두 번째 인수인 dwReason는 현재 DllMain( ) 함수가 어떤 용도로 쓰여질지를 결정해 주는 역할을 한다. 코드의 전체 구조를 보면 다음과 같이 조건문의 형태를 보인다.

```
if(dwReason == DLL_PROCESS_ATTACH)
{
}
else if(dwReason == DLL_PROCESS_DETACH)
{
}
```

즉, DLL이 처음으로 메모리에 로드될 때는 프로세스에 붙이겠다는 DLL_PROCESS_ ATTACH가 넘어오고, 사용 후 메모리에서 해제시에는 DLL_PROCESS_DETACH가 넘어온다. DLL 코드를 작성할 때 DLL의 초기화 코드가 필요하다면 DLL_PROCESS_ATTACH 비교 부분에 초기화 코드를 삽입하고, 종료 코드를 삽입하고자 한다면, DLL_PROCESS_DETACH 부분에 코딩해면 된다. 예제에서는 간단한 대화 상자를 호출하도록 하겠다.

대화 상자를 새로 추가하고, 대화 상자에 다음과 같이 STATIC_TEXT 컨트롤을 추가하여 "확장 DLL입니다."라는 문자열을 쓴다. 예제에서는 단지 DLL의 기능으로써 대화 상자에 출력하는 예제를 만들 것이다. 대화 상자의 ID는 IDD_EXDLLDLG 라고 하자. 클래스 이름은 CExDllDlg라고 하고, CDialog 기반에서 생성하도록 한다.

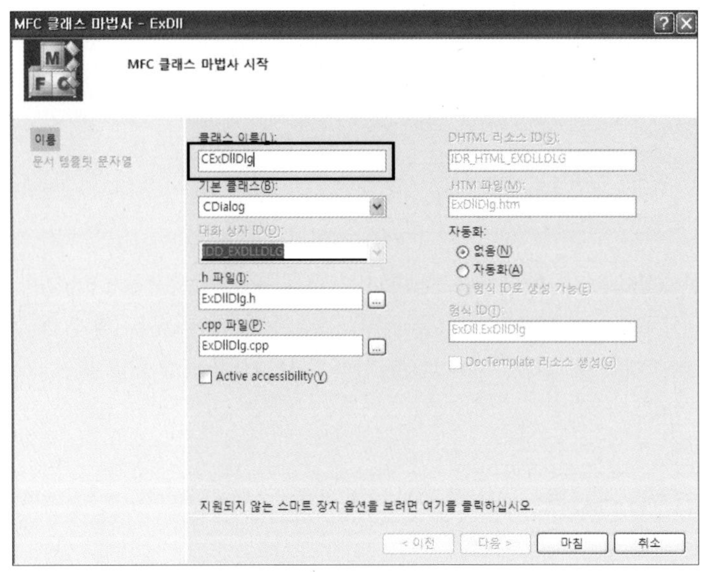

앞에서 확장 DLL의 특징을 얘기하면서, 클래스 단위로 공개한다는 말을 기억할 것이다. 즉, 클래스를 공개한다는 말은 이 대화 상자 자체를 독립적인 DLL로 모듈화 시켜서 외부 프로그램에서 가져다 사용할 수 있다는 의미이다. 클래스를 공개하는 것, 즉, 클래스를 익스포트 하기 위해서는 해 주어야 할 작업이 두 가지가 있는데, 첫 번째는 대화 상자 리소스를 사용하기 때문에 리소스 헤더 파일인 resource.h를 선언해야 하고, 두 번째는 공개할 클래스 선언부에 AFX_EXT_CLASS 매크로를 추가해 준다. 이렇게 하면 이 DLL은 외부에서 참조하여 사용할 수 있다. 코드를 보도록 하자.

〈ExDllDlg.h〉

```cpp
#pragma once

#include "resource.h"

class AFX_EXT_CLASS CExDllDlg: public CDialog
{
        DECLARE_DYNAMIC(CExDllDlg)
public:
        CExDllDlg (CWnd* pParent = NULL);
        virtual ~CExDllDlg( );

        enum { IDD = IDD_DLLEXDLG };
protected:
        virtual void DoDataExchange(CDataExchange* pDX);
        DECLARE_MESSAGE_MAP( )
};
```

〈ExDllDlg.cpp 〉

```cpp
#include "stdafx.h"
#include "ExDllDlg.h"

IMPLEMENT_DYNAMIC(CExDllDlg, CDialog)
CExDllDlg:: CExDllDlg (CWnd* pParent /*=NULL*/)
        : CDialog(CExDllDlg::IDD, pParent)
{
}

CExDllDlg::~ CExDllDlg ( )
{
}

void CExDllDlg::DoDataExchange(CDataExchange* pDX)
{
        CDialog::DoDataExchange(pDX);
}

BEGIN_MESSAGE_MAP(CExDllDlg, CDialog)
END_MESSAGE_MAP( )
```

우리는 단지 대화 상자만 생성 하다 시피 했지만 이 외에도 대화 상자에 추가할 기능이 있어서
기능을 추가한다면, 더욱 실용적인 DLL이 만들어 질 것이다. 이제 빌드 해보자. 마찬가지로
Debug 디렉토리에 ExDll.lib 파일과 ExDll.dll 파일이 생성되어 있음을 확인할 수 있다.

2   클라이언트 프로그램 구현

이제 제작한 확장 DLL을 사용하는 클라이언트 프로그램을 만들도록 하자. 이 프로그램은 단지
DLL을 사용하기 위한 것이므로 앞서 만들었던 일반 DLL의 클라이언트 프로그램과 만드는 과
정에 별반 차이는 없다. [프로젝트 이름]은 CallExDll 이라고 하고, [응용 프로그램 종류]는 단
일 문서로 하여 프로젝트를 생성한다.

프로젝트 생성을 마쳤으면, 앞서 빌드해서 생성된 ExDll.lib과 ExDll.dll 파일을 현재
CallExDll 프로젝트 디렉토리에 복사한다. 물론 ExDll.dll 파일을 시스템 디렉토리에 복사해도
상관은 없다.

이 클라이언트 프로그램의 기능은 단순하다. 기능은 단지 뷰 영역에 마우스 왼쪽 버튼을 클릭하
면 DLL을 로드하여 대화 상자를 보여주는 것이다.
그리기 위해서는 클라이언트 프로그램의 뷰 클래스 구현 파일에 다음과 같이 ExDll 프로젝트에
서 익스포트한 대화상자 클래스인 CExDllDlg의 헤더 파일(DllEx.h)을 인클루드(Include)해야
한다.

```
#include "stdafx.h"
#include "CallExDll.h"

#include "CallExDllDoc.h"
#include "CallExDllView.h"

#include "..\ExDll\ExDllDlg.h"

#ifdef _DEBUG
#define new DEBUG_NEW
#endif
```

경로 지정만 할 뿐 일반 인크루드 방법과 큰 차이는 없다. 이제 마우스 왼쪽 버튼을 눌렀을 때 대화 상자를 호출할 수 있도록 메시지 처리기를 추가하고, 다음과 같이 작성하자.

```
void CCallExDllView::OnLButtonDown(UINT nFlags, CPoint point)
{
        CExDllDlg Mydll;
        Mydll.DoModal( );

        CView::OnLButtonDown(nFlags, point);
}
```

DLL의 대화 상자 클래스인 CExDllDlg 객체 Mydll을 선언하고, 객체의 DoModal( ) 함수를 호출하여 대화 상자를 실행하는 코드이다. 일반 대화 상자를 호출하는 방법과 큰 차이는 없다. 일단 여기까지 하였다면 코드는 다 끝난 것이다. 빌드 하기 전에 추가 작업이 있다. 확장 DLL도 암시적으로 연결하고 있으므로 임포트 라이브러리(.lib) 파일을 링커에 추가 해야 한다.

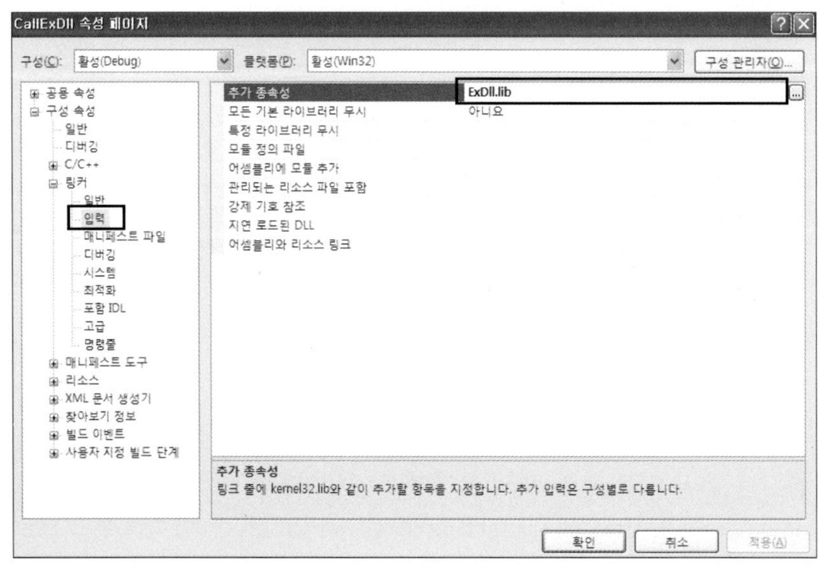

추가하였으면 빌드 및 실행을 해보자. 프로그램의 클라이언트 영역에 마우스 왼쪽 버튼을 누르면 다음과 같이 대화 상자가 호출될 것이다. CallExDll 프로젝트에 대화 상자가 정의 되어 있지 않지만, 마치 자신이 가지고 있는 대화 상자처럼 호출하여 사용하고 있다.

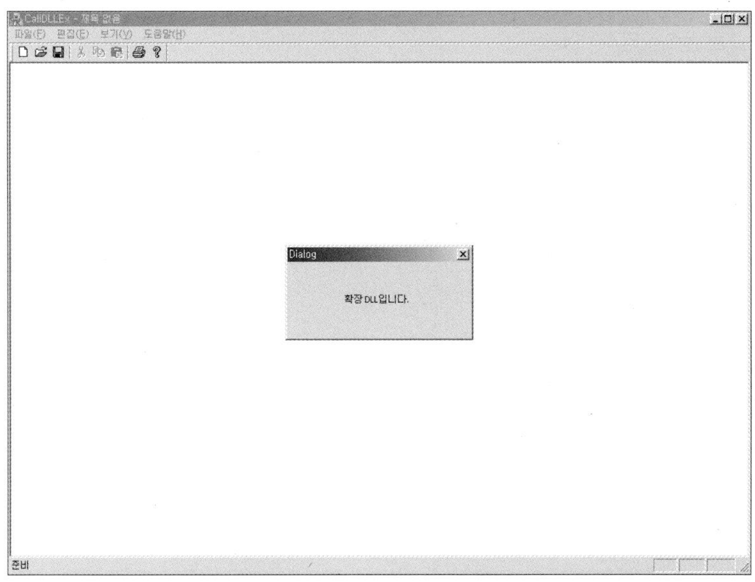

예제의 이해를 쉽게 하기 위해 단지 대화 상자만을 호출하였지만, 클래스로 표현되는 모든 기능들을 이처럼 DLL로 모듈화 시켜서 사용 한다면 응용 프로그램의 크기도 작아지고, 기능이 분리되어 있으므로 프로그램 수정하기도 용이하다.

마지막으로 DLL의 초기화 코드와 종료 코드에 대해서 알아보자. 앞서 언급했지만 DLL의 초기화 작업이 필요한 경우에는 DLL의 초기화 코드 영역에 코드를 작성하면 되고 종료 시 메모리 해제와 같은 처리를 해야 하는 경우 종료 코드 영역에 코드를 작성하면 된다. 간단한 확인을 위해서 메시지 박스를 각각 띄워 보도록 하겠다.

〈dllmain.cpp〉

```cpp
extern "C" int APIENTRY
DllMain(HINSTANCE hInstance, DWORD dwReason, LPVOID lpReserved)
{
        UNREFERENCED_PARAMETER(lpReserved);

        if (dwReason == DLL_PROCESS_ATTACH)
        {
                TRACE0("ExDllDLL.DLL 초기화!\n");

                if (!AfxInitExtensionModule(ExDllDLL, hInstance))
                        return 0;

                AfxMessageBox(_T("DLL 초기화 영역입니다."));
                new CDynLinkLibrary(ExDllDLL);
        }
        else if (dwReason == DLL_PROCESS_DETACH)
```

```
        {
            TRACE0("ExDll.DLL을종료하고있습니다.\n");

            AfxMessageBox(_T("DLL 종료 영역입니다."));
            AfxTermExtensionModule(ExDllDLL);
        }
        return 1;
}
```

굵은 글씨의 코드를 추가 작성하고, 재빌드 하여 생성된 DLL 파일 ExDll.lib와 ExDll.dll을 해당 디렉토리로 복사하도록 한다. 그리고 클라이언트 프로그램을 다시 재빌드 및 실행하면 다음과 같이 DLL을 호출할 때 초기화 코드가 실행되고, 프로그램이 종료할 때 DLL 종료 코드가 실행되어 작성한 메시지 박스가 나타날 것이다.

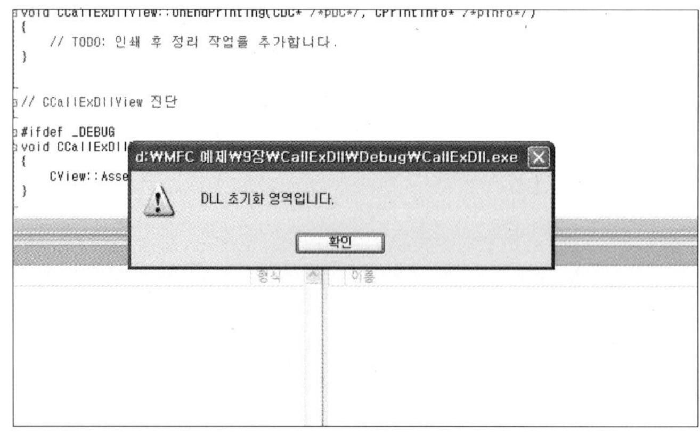

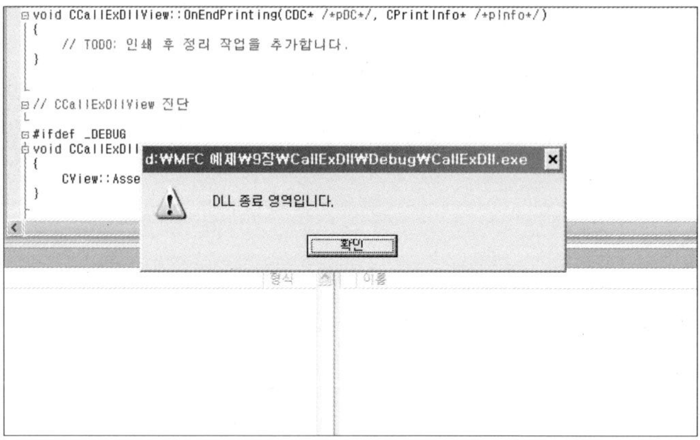

마치면서

이로서 모든 DLL에 관한 내용을 모두 설명하였다. DLL에는 일반 DLL과 확장 DLL이 있고, 일반 DLL에는 암시적 링크과 명시적 링크가 존재한다고 하였다. 그리고 확장 DLL은 MFC 기반에서만 사용되는 DLL로써 암시적 링크 방법을 사용하고 있다. DLL은 어떤 특정한 기능을 제공하는 함수의 덩어리일 뿐이며 외부에 있는 파일을 사용하려다 보니 절차만 익히면 나머지는 클라이언트 프로그램 내에 포함된 클래스 혹은 함수를 사용하는 방법과 큰 차이가 없다.

PART 10

메모리

메모리는 소프트웨어에 있어서 집과 같은 곳이다. 메모리 안에는 각 번지가 정해져 있어서 운영체제가 각각의 변수, 함수 그리고 프로세스를 자동으로 메모리에 할당해 준다. 실제로 눈으로 볼 수 있는 부분은 아니기 때문에, 이해하기 까다로운 면도 없지는 않다. 이번 장에서 윈도우 운영체제에서 메모리를 관리하는 방법과 메모리 구조 및 개발과 관련된 API들에 대해서 살펴봄으로써 메모리에 대한 개념을 확실히 하도록 하자.

Win32의 메모리 구조

32비트 기반의 윈도우 NT 계열 메모리 구조에 대해서 알아보도록 하자.

Win32 프로세스는 시스템에 생성될 때 4GB 크기의 가상 메모리를 갖는다. 32비트 메모리 포인터로 0x0부터 0xFFFFFFFF 범위의 값 중에 하나를 취할 수 있는데, 2의 32승인 4GB의 메모리 공간을 갖게 된다. Win32 이전의 운영체제들은 각 프로세스가 독립된 메모리 공간을 갖지 않고 윈도우 운영체제 파일이나 DLL 등의 공유 파일, 그리고 응용 프로그램이 하나의 공통된 메모리 공간을 사용했다.

이런 메모리 구조는 상당히 취약해서 윈도우 운영체제 내의 모든 프로그램들은 이미 메모리에 올려진 다른 프로세스나 나중에 올려지게 될 프로세스까지 고려해야 하며 모든 프로세스가 다른 프로세스에 의해 간섭 받을 수 있었다. 즉, 윈도우 운영체제가 사용하는 코드 및 데이터 영역과 응용 프로그램이 사용하는 코드 및 데이터 영역이 구분되지 않아 시스템이 불안정 할 수밖에 없었다. 그러나 Win32로 넘어오면서 윈도우 운영체제는 응용 프로그램의 접근이 허용되지 않고, 각 프로세스마다 독립된 주소 공간을 부여받기 때문에 훨씬 안정적으로 동작하게 되었다.

Win32 운영체제에서는 프로세스의 4GB 주소 공간을 다음과 같이 사용한다.

〈윈도우 NT 계열의 메모리 구조〉

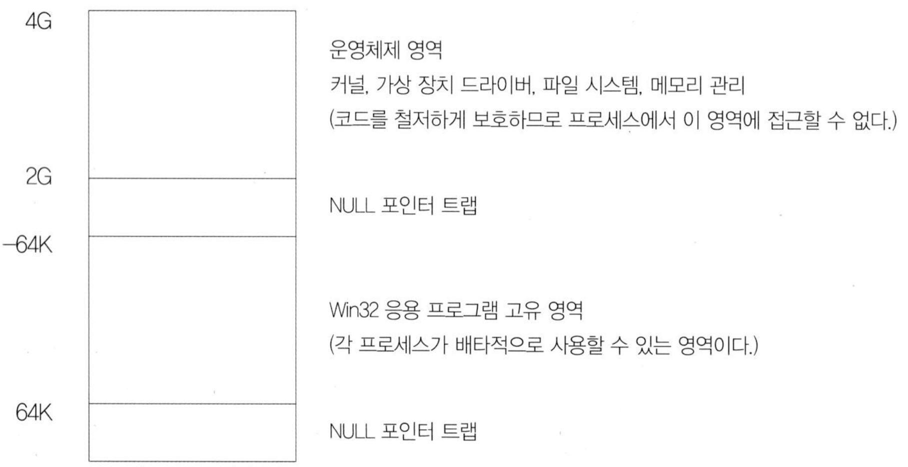

프로세스는 자신의 고유 영역 외에는 어떤 영역에도 접근할 수 없다. 즉, Win32 이전처럼 응용 프로그램이 운영체제를 마비시키는 불상사는 발생하지 않아 기존의 운영체제보다 훨씬 견고해졌다.

가상 메모리는 윈도우가 하드디스크 일부분을 메모리로 사용하는 것을 말하는데, 메모리가 부족하던 시절에 물리적인 메모리 용량 부족을 극복하기 위해 도입하였다. 만약 물리적 메모리 용량이 부족하면 윈도우에서는 하드디스크의 일부분을 메모리로 사용하도록 하는 기법으로, 당장 사용하지 않는 메모리에 있는 데이터를 하드디스크의 페이징 파일이라는 곳에 옮겨놓음으로써 사용 가능한 물리적인 메모리를 늘려 주는 방식이다. 실제 물리적인 메모리와 메모리처럼 사용하는 하드디스크의 페이징 파일을 합해서 가상 메모리라고 한다.

PC를 사용하다 보면 하드디스크의 용량이 꽉 찼을 때 "시스템 리소스가 부족합니다.", 혹은 "가상 메모리가 부족합니다." 라는 문구를 본 적이 있을 것이다. 메모리가 충분히 여유 있을 지라도, 윈도우가 가상 메모리를 사용하기 때문에 그렇다. 가상 메모리 설정 부분에서 일반적으로 운영체제가 설치된 C 드라이브의 공간을 확보하는 것보다, 성능의 향상 측면에서 윈도우가 설치되지 않은 파티션 드라이브(예를 들어 D 드라이브)를 선택하는 것이 좋다.

Win32 환경의 메모리 관리가 크게 개선된 점을 요약하면 두 가지로 볼 수 있다.

–하드디스크의 페이징 파일을 가상 메모리의 일부로 사용하여 물리적인 메모리의 양보다 더 많은 메모리를 쓸 수 있게 해준다.
–각 프로세스의 주소 공간은 상호 독립적이기 때문에 프로세스끼리 서로의 주소 영역을 침범할 수 없도록 되어 있다.

운영체제는 프로세스가 생성될 때마다 독립적인 4GB의 주소 공간을 생성해 준다. 그리고 물리적인 메모리와 하드디스크의 페이징 파일은 페이징 테이블이라는 것을 통해 논리적인 주소 공간에 매핑(Mapping)해 준다. 이러한 일련의 작업을 운영체제가 관리한다.

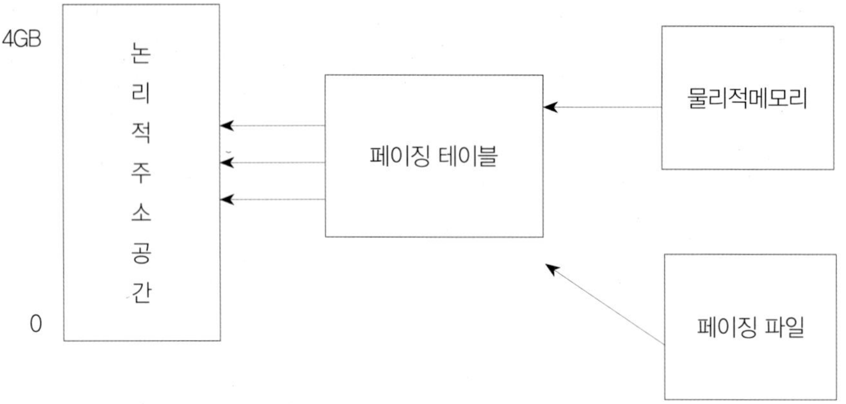

1 가상 메모리 할당

Win32에서 제공하는 가상 메모리 할당 함수로는 VirtualAlloc( ) 함수가 있고, 가상 메모리 할당 해제 함수로는 VitualFree( ) 함수가 있다. 메모리 할당 함수가 있다면 해제 함수가 있는 것은 전통적인 C 런타임 함수에서부터 당연한 것이었다.

〈함수의 정의〉

```
LPVOID VirtualAlloc(
        LPVOID lpAddress,
        DWORD dwSize,
        DWORD flAllocationType,
        DWORD flProtect
);

BOOL VirtualFree(
        LPVOID lpAddress,
        DWORD dwSize,
        DWORD dwFreeType
);
```

– lpAddress : 할당하려는 메모리 번지를 지정한다. 값이 NULL이면 시스템이 자동으로 지정한다. 동적 할당인 경우에는 할당 위치가 큰 의미가 없으므로 NULL 값을 준다.

– dwSize : 할당하려는 메모리 크기를 바이트 단위로 지정한다.

– flAllocationType : 할당 방법을 지정한다.

– flProtect : 할당한 페이지의 접근 타입을 지정한다.

⟨flAllocationType 설정 값⟩

할당 방법	내용
MEM_RESERVE	물리적인 메모리의 할당 없이 주소 공간만 예약한다.
MEM_COMMIT	물리적인 메모리를 할당한다.
MEM_TOPDOWN	가급적 높은 번지에 메모리를 할당한다.

인수인 flProtect으로 접근 타입을 지정하는 이유는 인수의 이름 그대로 보안을 위해서이다. 예를 들어 읽기 전용과 같은 타입을 주어서 쓰기를 방지함으로써 접근 권한을 정하는 것이다.

⟨flProtect 설정 값⟩

접근 타입	내용
PAGE_READONLY	읽기만 가능하도록 한다.
PAGE_READWRITE	읽기와 쓰기가 가능하도록 한다.
PAGE_EXCUTE	실행만 가능하도록 한다. 읽기 쓰기 모두 할 수 없다.
PAGE_EXCUTE_READ	실행과 읽기만 가능하다.
PAGE_EXUTE_READWRITE	실행, 읽기, 쓰기 모두 가능하다.
PAGE_GUARD	보호 페이지를 지정한다. 이 페이지에 읽기와 쓰기를 시도하 STATUS_GUARD_PAGE 예외가 발생하며 보호 페이지 상태가 해제된다. 보호 페이지는 메모리의 끝을 표시하는 용도로 주로 사용된다.
PAGE_NOACCESS	접근을 못하게 한다.
PAGE_NOCACHE	캐시를 못하게 한다.

가상 메모리 할당과 해제를 위한 간단한 예제를 만들어 보도록 하겠다. 프로젝트 명은 [VirtualAlloc]으로 정하고, 응용 프로그램 종류로는 [대화 상자 기반]을 선택한다. 그런 다음 [마침] 버튼을 누른다.

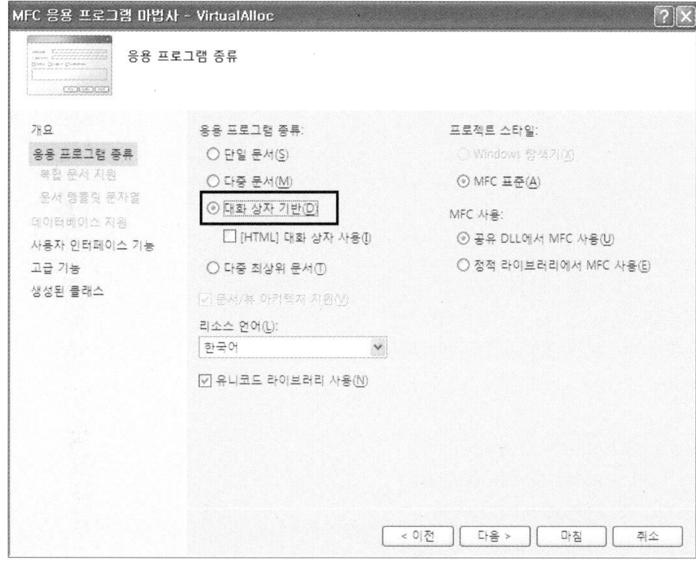

프로젝트가 생성 되었으면, [도구 상자]를 이용하여 대화 상자 위에 다음과 같이 컨트롤들을 배
치해 보자.

대화 상자를 구성하는 컨트롤의 배치가 끝났으면 표와 같이 설정한다. 각 컨트롤에 ID와 캡션
및 멤버 변수를 추가해 준다.

〈컨트롤 속성 설정 값〉

ID	멤버 변수	Caption
IDC_STATIC		메모리 할당 및 해제
IDC_STATIC		0~10까지 숫자
IDC_BTN_ALLOC		메모리 할당
IDC_BTN_FREE		메모리 해제
IDOK		닫기
IDC_PROGRESS	m_ctlMemProgress	
IDC_EDIT_ALLOC	m_nMemAlloc	

그리고 각 버튼에 대한 이벤트 처리기도 추가한다. 헤더 파일에 다음과 같이 등록될 것이다.

〈VirtualAllocDlg.h〉

```
protected:
        HICON m_hIcon;

        virtual BOOL OnInitDialog( );
        afx_msg void OnSysCommand(UINT nID, LPARAM lParam);
        afx_msg void OnPaint( );
        afx_msg HCURSOR OnQueryDragIcon( );
        DECLARE_MESSAGE_MAP( )
public:
        afx_msg void OnBnClickedBtnAlloc();
        afx_msg void OnBnClickedBtnFree();
        CProgressCtrl m_ctlMemProgress;
```

```
            int m_nMemAlloc;
            int* ptr;
};
```

> 직접 선언한다. 가상 메모리 할당
> 시 반환 받을 함수 포인터이다.

Int* ptr은 직접 선언하도록 한다. 메모리를 할당할 때에 VirtualAlloc( ) 함수를 반환 받기 위한 함수 포인터이다.

다음과 같이 구현 파일에 구현하도록 하자.

〈VirtualAllocDlg.cpp〉

```
BOOL CVirtualAllocDlg::OnInitDialog( )
{
        CDialog::OnInitDialog( );

------------ 중간 생략 -------------

        m_ctlMemProgress.SetRange(0, 10);
        m_ctlMemProgress.SetPos(0);

        return TRUE;
}

void CVirtualAllocDlg::OnBnClickedMemalloc( )
{
        UpdateData(TRUE);
        ptr = (int *)VirtualAlloc(NULL, sizeof(int)* m_nMemAlloc, MEM_RESERVE | MEM_COMMIT,
PAGE_READWRITE);

        if(ptr && m_nMemAlloc < 11)
            m_ctlMemProgress.SetPos(m_nMemAlloc);
}

void CVirtualAllocDlg::OnBnClickedMemfree( )
{
        if(VirtualFree(ptr, sizeof(int)* m_nMemAlloc, MEM_DECOMMIT))
                m_ctlMemProgress.SetPos(0);
}
```

> 프로그래스 컨트롤의 범위 설정과
> 초기값 설정

> 할당값에 BYTE 크기만큼 곱해서 할
> 당한다.

> 물리적인 메모리를 할당하고 접근
> 권한은 읽기 쓰기 모두 가능하다.

> 할당량 만큼의 메모리를 해제한다.

먼저 에디트 컨트롤에 메모리를 할당할 만큼의 숫자를 입력한다. 그리고 VirtualAlloc( ) 함수를 통해서 1이면 정수형이므로 4Byte * 1만큼의 메모리가 할당되고, 5이면 4Byte * 5만큼의 메모리가 할당된다. 프로그레스 컨트롤은 할당된 메모리 크기를 가시적으로 보여주는 역할을 한다. 할당 방법은 예약 및 할당(MEM_RESERVE | MEM_COMMIT) 모두 하였고, 메모리 접근 권한은 읽기와 쓰기가 모두 가능하도록(PAGE_READWRITE) 설정하였다.

메모리가 제대로 할당되고, 설정 범위 값을 벗어나지 않았다면, 즉, if(ptr && m_nMemAlloc
〈 11)이 조건을 만족한다면 프로그레스 컨트롤을 통해서 메모리 할당 범위를 표시한다. 메모리
를 해제할 경우에는 VirtualFree( ) 함수를 통해서 설정했던 메모리를 해제한다. 해제의 경우에
는 할당 옵션을 MEM_DECOMMIT를 통해서 해제한다. 함수가 제대로 동작했다면 프로그레스
컨트롤을 통해서 메모리 할당 범위를 0으로 초기화한다. 결과는 다음과 같다.

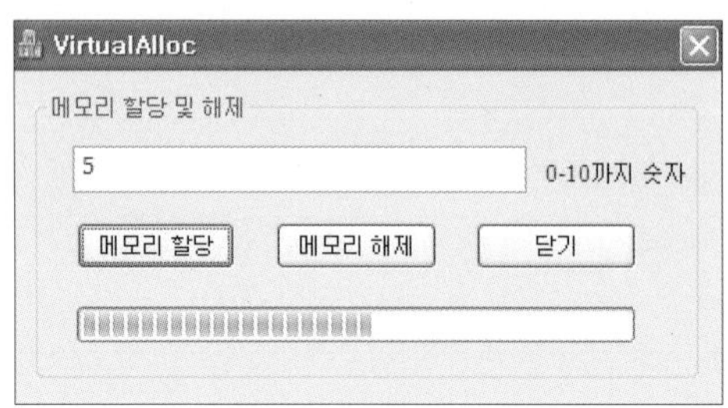

2 ·········· 가상 메모리 예약과 확정

윈도우는 페이지 단위로 가상 메모리를 관리한다. 즉, 할당하거나 해제하는 단위가 페이지 단위
라는 뜻이다. 가상 메모리를 구성하는 각 페이지는 다음 세 가지 상태 중 하나를 띈다.

〈가상 메모리 할당 상태〉

상태	설명
Free(자유)	사용하지 않은 상태로 언제든지 예약이나 확정이 가능하다.
Reserved(예약)	사용을 위해 예약만 해놓은 상태이며, 물리적인 메모리가 할당되어 있지 않다.
Commited(확정)	물리적 메모리가 할당되어 있는 상태이며, 즉시 사용 가능하다.

프로세스가 처음 실행되었을 때 대부분의 주소 공간은 자유(Free) 상태이다. 이 공간은 언제든
지 예약 및 확정하여 사용할 수 있다. 예약은 주소 공간만 할당하여 다른 목적으로 사용되지 않
도록 하기 위한 것이고, 확정은 페이징 파일이나 물리적인 메모리를 주소 공간과 연결하는 것이다.

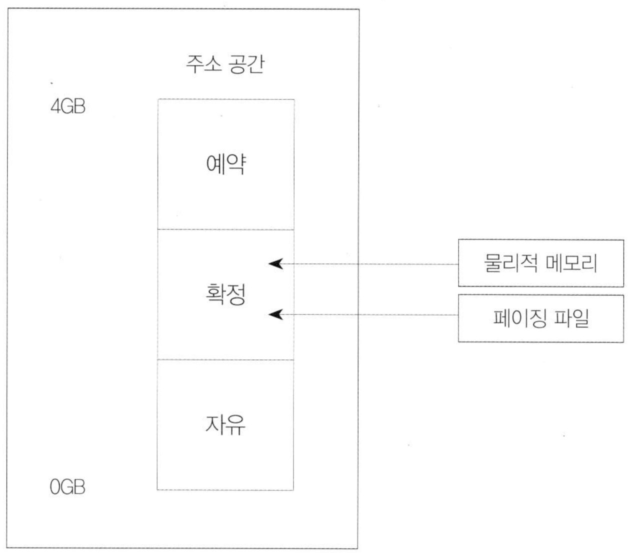

메모리를 예약할 것인가 확정할 것인가는 VirtualAlloc() 함수의 세 번째 인수 flAllocationType으로 지정하는데, 예약만 할 때는 MEM_RESERVE를, 예약 상태의 메모리를 확정할 때는 MEM_COMMIT를 준다. 예약만 하고 확정은 하지 않으면 주소 공간만 할당되어 있고, 물리적인 메모리가 연결되지 않은 상태이다. 만약 예약만 해놓은 메모리에 접근하려 한다면 Access Violation 예외가 발생할 것이다. 즉 할당되지 않은 메모리에 접근 시 흔히 볼 수 있는 접근 에러이다.

참고 — 가상 메모리 페이징

프로그램 실행 중에 윈도우는 물리적인 메모리를 가상 메모리 주소 공간에 매핑 하고, 저장하는 일들을 반복하게 되는데, 부하가 많이 걸릴 수 있다. 이러한 이유로 메모리 주소를 적당한 크기로 묶어서 관리하게 되었는데, 이 기본 단위를 페이지라고 한다. 윈도우 운영체제의 메모리 관리의 기본 단위라고 할 수 있겠다. 페이지의 크기는 CPU와 운영체제에 의해 결정되는데, 예를 들어 x86 계열의 경우에는 4096바이트 단위로 메모리를 묶는다.

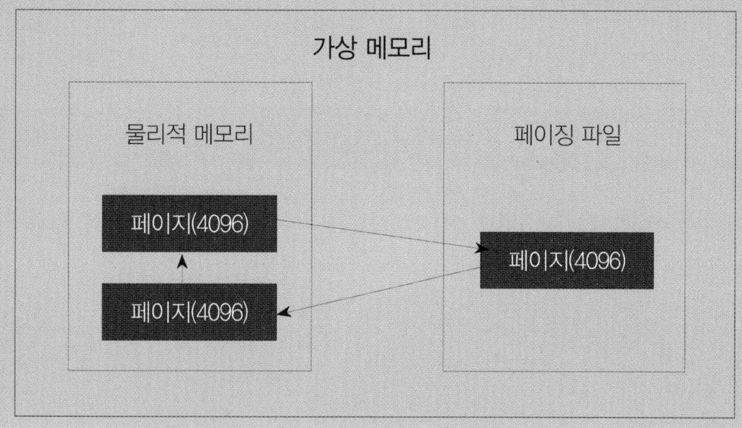

힙 메모리

가상 메모리 사용과 비교하여 어떤 장점이 있는지 살펴보고, 직접 힙 메모리를 할당
및 해제하는 코드를 작성해 보자.

가상 메모리에서 메모리를 할당할 때에는 페이지 단위로 즉, 4096바이트 단위로 할당한다고 하
였다. 그런데 여기서 짚고 넘어가지 않을 수 없는 문제가 있다. 128바이트의 적은 메모리만 사
용하고 싶다고 가정했을 때에도 4096바이트를 할당해야 하는 문제가 있다. 즉, 적은 단위의 메
모리 할당에는 가상 메모리 할당 방식이 적합하지 않음을 알 수 있다. 이러한 단점을 보안한 메
모리 할당 방식이 힙 메모리이다. 가상 메모리는 페이지 단위로 할당되는데 비해 힙 메모리는
내가 요구한 만큼의 메모리만 할당되므로 적은 메모리 할당 시에는 더 효율적이다.

■ 힙 메모리의 장점

– 페이지 단위로 메모리 할당 작업을 할 필요가 없다.
– 힙 메모리 영역의 크기를 자동으로 할당한다.

■ 힙 메모리의 단점

– 속도가 느리다.
– 메모리 영역을 제어할 수 없다.
– 다른 메모리 영역으로의 침범이 우려된다.

1 새로운 힙의 생성

새로운 힙 메모리 객체를 생성하려면 HeapCreate( ) 함수를 사용한다. 이 함수의 정의는 다음
과 같다.

〈함수의 정의〉

```
HANDLE HeapCreate(
        DWORD flOptions,
        DWORD dwInitialSize,
        DWORD dwMaximumSize
);
```

- flOptions : 새로 생성되는 힙의 속성을 설정한다. 일반적으로 0으로 지정한다.
- dwInitialSize : 객체 생성 초기에 확정될 힙의 크기를 지정한다.
- dwMaximumSize : 힙 메모리의 최대 크기를 지정한다.

인수 flOption를 HEAP_NO_SERIALIZE로 지정하면 두 개 이상의 스레드가 힙 메모리 객체를 사용할 때 동기화한다. 그리고 HEAP_GENERATE_EXCEPTIONS로 지정하면 함수가 실패하였을 때 예외를 발생시키도록 설정한다. 인수 dwMaximumSize를 0으로 설정할 경우 힙 메모리 영역을 무제한으로 할당할 수 있다. 운영체제는 dwMaximumSize만큼의 주소 공간을 예약하고 그 중 dwInitialSize만큼의 메모리를 확정해 둔다. HeapCreate( ) 함수는 생성한 힙의 핸들을 반환한다.

2 힙 메모리 할당

처음 프로세스가 생성될 때 운영체제는 1MB의 힙 메모리를 만드는데, 이것을 디폴트 힙이라고 한다. 디폴트 힙은 프로세스 생성시 함께 만들어지고, 프로세스가 종료할 때 자동으로 파괴된다. 디폴트 힙 외에 사용자가 직접 힙 메모리를 할당하여 사용할 수도 있다. 물론 디폴트 힙 할당이든, 사용자 힙 할당이든 사용하는 함수는 같다.

〈함수의 정의〉

```
LPVOID HeapAlloc(
        HANDLE hHeap,
        DWORD dwFlags,
        DWORD dwBytes
);
```

- hHeap : 힙의 핸들이다.
- dwFlags : 힙을 할당하는 방법을 지정하는 플래그이다.
- dwBytes : 사용할 메모리의 크기를 지정한다.

만약 사용자 힙이 아닌 디폴트 힙을 할당한다면 다음과 같은 함수를 사용하여 디폴트 힙의 핸들을 얻을 수 있다.

〈함수의 원형〉

```
HANDLE GetProcessHeap(VOID);
```

디폴트 힙 핸들을 얻은 후 HeapAlloc( ) 함수의 첫 번째 인수에 지정한다. 두 번째 인수인 할당
방법 지정 플래그는 보통 디폴트 값인 0 으로 처리한다.

3······ 힙 메모리 해제

힙으로 할당된 메모리 영역을 해제할 때 사용하는 함수가 HeapFree( ) 함수이다.

〈함수의 정의〉

```
BOOL HeapFree(
        HANDLE hHeap,
        DWORD dwFlags,
        LPVOID lpMem
);

- hHeap : 힙의 핸들이다.
- dwFlags : 힙을 할당하는 방법을 지정하는 플래그이다.
- lpMem: 힙 메모리의 포인터이다.
```

할당된 메모리 영역이 끝났으면 HeapFree( ) 함수를 호출하여 메모리 영역을 해제하고, 전체
힙 메모리 영역에 대한 사용을 끝내려면 힙 메모리 핸들을 반환하면 된다. 힙 핸들을 반환하는
데 사용되는 함수는 HeapDestroy( ) 함수이다.

〈함수의 정의〉

```
BOOL HeapDestroy(HANDLE hHeap);
- hHeap : 힙의 핸들이다.
```


4······ 디폴트 힙 메모리 할당 예제

힙 메모리를 할당하는 예제를 만들어 보도록 하겠다. [파일 〉 새로 만들기 〉 프로젝트]를 선택
하여 새 프로젝트를 만들자. 프로젝트 명은 [HeapAlloc]으로 하고, 응용 프로그램 종류는 [대화
상자 기반]으로 한다. 대화 상자 구성은 다음과 같이 VirtualAlloc 프로젝트의 대화상자와 똑같
이 구성한다. 컨트롤들의 ID를 변경하지 않고 그대로 사용하도록 하자.

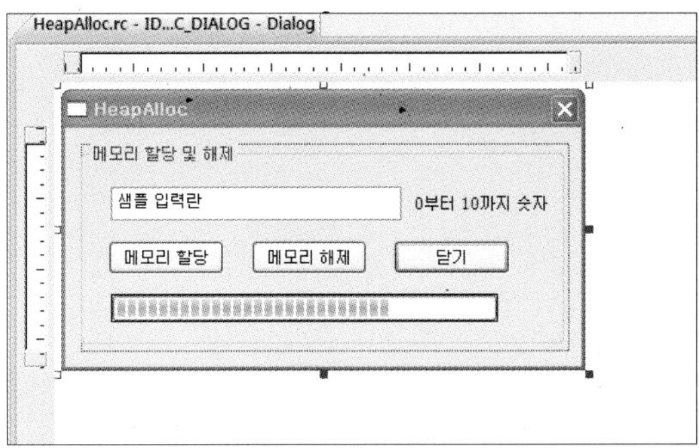

대화 상자 배치가 끝났으면 각 컨트롤의 멤버 변수와 이벤트 처리기를 생성하자. 에디트 컨트롤의 멤버 변수는 m_nHeapAlloc이라는 이름으로 int 타입으로 추가하고, 프로그레스 컨트롤은 m_ctlHeap 이라는 이름으로 Control 타입으로 추가한다. 그리고 각 버튼의 이벤트 처리기를 생성하는데 이벤트 처리기 이름은 생성시 컴파일러에서 지정한 대로 사용하면 된다. [메모리 할당] 버튼에 해당하는 이벤트 처리기 코드와 [메모리 해제] 버튼에 관한 이벤트 처리기 코드를 작성해 보도록 하자.

〈HeapAllcoDlg.cpp〉

```cpp
BOOL CHeapAllocDlg::OnInitDialog( )
{
        CDialog::OnInitDialog( );

------------ 중간 생략 -------------

        m_ctlHeap.SetRange(0, 10);          // 프로그래스 컨트롤의 범위 설정
        m_ctlHeap.SetPos(0);                //  과 초기값 설정
}

------------ 중간 생략 -------------

void CHeapAllocDlg::OnBnClickedMemalloc( )
{
        UpdateData(TRUE);

        ptr = (int *)HeapAlloc(GetProcessHeap( ),0, sizeof(int)*m_nHeapAlloc);
                                            // 디폴트 힙 메모리 할당
        if(ptr)
                m_ctlHeap.SetPos(m_nHeapAlloc);
}

void CHeapAllocDlg::OnBnClickedMemfree( )
{                                           // 할당된 힙 메모리 해제
        if(HeapFree(GetProcessHeap( ), 0, ptr))
                m_ctlHeap.SetPos(0);
}
```

힙 메모리의 할당에 HeapAlloc( ) 함수를 사용 한다. 디폴트 힙을 사용하므로 첫 번째 인수에
GetProcessHeap( ) 함수를 지정하였다. 그리고 에디트 컨트롤의 멤버 변수인 m_nHeapAlloc
에 입력되는 값에 따라 힙 영역에 메모리가 할당된다.

힙 메모리의 해제에는 HeapFree( ) 함수를 사용하였다. 디폴트 힙에 할당했으므로 해제 또한
디폴트 힙으로 해제한다. 빌드 후 실행시켜 보자.

5 사용자 힙 메모리 할당 예제

디폴트 힙 메모리를 사용하지 않고, 사용자 지정 힙 메모리를 사용한 예제를 작성해 보도록 하
자. 앞의 예제의 OnBnClickedMemalloc() 함수와 OnBnClickedMemfree() 함수내의 디폴트
힙 할당 코드를 다음과 같이 수정해 보도록 하자.

〈HeapAllocDlg.cpp〉

```cpp
void CHeapAllocDlg::OnBnClickedMemalloc( )
{
        UpdateData(TRUE);
        hUserHeap = HeapCreate(0, 4096, 40960);
        ptr = (int *)HeapAlloc(hUserHeap ,0, sizeof(int)*m_nHeapAlloc);

        if(ptr)
                m_ctlHeap.SetPos(m_nHeapAlloc);
}

void CHeapAllocDlg::OnBnClickedMemfree( )
{
        if(HeapFree(hUserHeap, 0, ptr))
                m_ctlHeap.SetPos(0);
}

void CHeapAllocDlg::OnBnClickedOk( )
{
        HeapDestroy(hUserHeap);
        OnOK( );
}
```

HeapCreate( ) 함수의 첫 번째 인수인 flOption은 새로 생성되는 힙의 속성을 설정하는 두 가지 플래그를 갖는데, 그다지 중요한 역할을 하지 않으므로 보통 0으로 설정한다. 두 번째 인수는 힙 메모리 객체를 생성할 때 힙의 크기를 지정하는데, 예제에서는 초기 확정 크기를 4096으로 지정하였다. 세 번째 인수는 힙 메모리의 최대 크기 값을 지정하는 것으로 예제에서는 40960으로 하였다. HeapCreate() 함수를 통해 생성된 힙 메모리 핸들은 HeapAlloc() 함수의 첫 번째 인수로 사용된다.

사용한 힙은 프로세스 종료 시 HeapDestroy( ) 함수로 반드시 파괴해 주어야 한다. 이 함수는 힙에 확정된 메모리를 해제 및 파괴 함으로써 힙을 완전 무효화시킨다.

메모리 맵 파일

가상 메모리와는 약간 다르게 일반 파일을 마치 메모리처럼 사용하게 하는 메모리 맵 파일의 사용 목적과 장점에 대해 알아보고, 직접 실습을 통해 구현 방법을 익히도록 하자.

1 ········ 메모리 맵 파일

윈도우는 물리적 메모리가 부족할 경우에 하드디스크 페이징 파일을 메모리 대신 사용한다고 하였다. 마치 페이징 파일이 물리적인 메모리의 일부인 것처럼 프로세스의 주소 공간에 매핑(Mapping)하여 사용하며 필요할 경우 메모리로 읽어오므로 응용 프로그램의 입장에서 볼 때 페이징 파일은 속도가 조금 느릴 뿐 메모리와 다를 것이 없다. 여기까지는 우리가 이해하고 있는 가상 메모리에 대한 내용이다.

그런데 우리가 한 가지 착안할 수 있는 것은 페이징 파일을 메모리 대용으로 사용할 수 있다는 얘기는 일반 파일 또한 메모리 대용으로 사용할 수 있지 않을까 하는 추론을 할 수 있을 것이다. 즉, 페이징 파일도 일종의 파일을 메모리 대용으로 사용한 것이기 때문이다. 메모리 맵 파일은 이러한 이론에 기반하여 하드디스크에 있는 일반 파일을 가상 메모리 주소 공간에 직접 매핑 하여 마치 파일을 메모리처럼 사용할 수 있게 하는 기법이다.

〈메모리 맵 파일〉

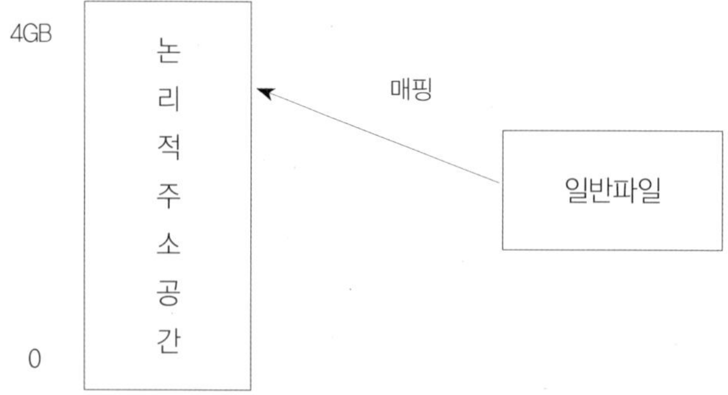

일반적으로 메모리 맵 파일 기법의 사용은 실행(*.exe)파일과 DLL 파일을 로드 하여 프로세스를 실행하는 과정에서 시스템이 이러한 기법을 사용할 수 있는데, 무거운 실행 파일을 메모리에 로드할 필요 없이 바로 가상 메모리로 매핑한 후 실행하도록 하는 것이다. 그래서 메모리 맵 파일 기법은 대용량의 가상 메모리의 할당 또는 대용량 파일의 처리에 적합하다.

또한, 동일한 메모리 맵 파일을 이용하여 프로세스 간 데이터를 공유하는 것이 가능하다. 두 개의 프로세스가 하나의 메모리 맵 파일에 동시에 접근할 수 있기 때문에 메모리 맵 파일을 통해 데이터를 주고받을 수 있고 한 메모리 영역에 접근할 수도 있다. 이는 13장 프로세스 간의 통신에서 IPC의 한 기법으로 다루고 있다.

2 ········ 파일 매핑

파일 매핑 기법은 파일을 읽어서 파일을 가상 주소 공간에 매핑 하는 것이다. 파일 매핑을 보여주는 간단한 예제를 만들어 보자. [프로젝트 명]은 MemMap이라고 하고, [응용 프로그램 종류]는 단일 문서로 생성한다. 프로젝트가 생성되면 뷰 클래스의 헤더 파일과 구현 파일을 각각 열고 다음과 같이 코딩한다.

〈MemMapView.h〉

```
class CMemMapView : public CView
{
protected:
        CMemMapView( );
        DECLARE_DYNCREATE(CMemMapView)

----------- 중간 생략 ------------


public:
        HANDLE hFile, hMap;
        char *ptrInFile;
        RECT rt;
```

파일 생성시 반환 받을 핸들 hFile과 파일 매핑 객체 생성시 반환되는 핸들 hMap를 선언한다. 그리고 파일을 주소 공간에 매핑할 때 반환되는 문자형 포인터 *ptrInFile 선언하고, 뷰 영역을 설정하기 위한 RECT형의 rt를 선언하였다.

〈MemMapView.cpp〉

```
CMemMapView::CMemMapView()
{
        hFile = NULL;                    파일 핸들 초기화
        hMap = NULL;
}

void CMemMapView::OnDraw(CDC *pDC)
{
        CMemMapDoc *pDoc = GetDocument( );
        ASSERT_VALID(pDoc);
```

```
            if (!pDoc)
                    return;

            if(hFile == NULL)
                    hFile = CreateFile(_T("ReadMe.txt"), GENERIC_READ, 0, NULL, OPEN_EXISTING,
FILE_ATTRIBUTE_NORMAL, NULL);

            if(hFile == INVALID_HANDLE_VALUE)
            {
                    AfxMessageBox(_T("파일이 없습니다."));
            }
            else
            {
                    hMap = CreateFileMapping(hFile, NULL, PAGE_READONLY, 0, 0, NULL);
                    ptrInFile = (char *)MapViewOfFile(hMap, FILE_MAP_READ, 0, 0, 0);
                    SetRect(&rt, 10, 10, 640, 400);
                    pDC->DrawText(ptrInFile, &rt, DT_EXPANDTABS);
            }
}
```


프로젝트 내에 있는 ReadMe.txt 파일을 메모리 맵 파일 기법으로 읽어 오겠다. 먼저 ReadMe.
txt 파일을 CreateFile( ) 함수를 이용하여 읽기 전용으로 열었다. 파일을 연 후 반환된 파일 핸
들(hFile)의 유효성을 검사하고, 파일 핸들이 유효하다면, CreatFileMapping( ) 함수를 통해서
매핑 객체인 hMap의 값을 반환받는다. 매핑 객체(hMap)는 하드 디스크상의 파일을 가상 주소
공간에 매핑하는데 필요한 정보를 갖는다. 파일 매핑 객체 생성 함수인 CreateFileMapping( )
함수의 정의를 보도록 하겠다. 파일 매핑 객체를 생성하는 함수는 다음과 같다.

〈MemMapView.cpp〉

```
HANDLE CreateFileMapping(
        HANDLE hFile,
        LPSECURITY_ATTRIBUTES lpFileMappingAttributes,
        DWORD flProtect,
        DWORD dwMaximumSizeHigh,
        DWORD dwMaximumSizeLow,
        LPCTSTR lpName
);
```

– hFile : 메모리에 매핑할 대상 파일의 핸들을 대입한다. (0xFFFFFFFF이면 페이징 파일을 사용한다.)

– lpFileMappingAttributes : 보안 속성을 대입한다. 일반적으로 NULL 값을 대입한다.

– flProtect : 메모리 페이지 접근 속성을 대입한다.

– dwMaximumSizeHigh : 파일 매핑 객체가 관리할 메모리 길이 중 상위 32비트

– dwMaximumSizeLow : 파일 매핑 객체가 관리할 메모리 길이 중 하위 32비트

– lpName : 파일 매핑 객체의 이름이다. 필요하지 않을 경우에 NULL 값을 주면 된다.

다음은 메모리 페이지 접근 속성 설정 값이다.

〈MemMapView.cpp〉

설정 값	내용
PAGE_READONLY	메모리의 영역 또는 크기를 재할당할 경우에 사용한다.
PAGE_READWRITE	커밋(Commit)된 페이지에 읽기/쓰기 속성을 설정한다. hFile의 속성도 GENERIC_READ|GENERIC_WRITE로 설정되어야 한다.
PAGE_WRITECOPY	페이지에 쓸 경우에 복사본을 만들도록 설정한다. 여러 프로그램이 동시에 접근할 경우에 유용하다. 하나의 메모리 맵 파일을 여러 개의 응용 프로그램이 동시에 사용할 경우에는 동기화 객체를 이용하여 필히 동기화를 해주어야 한다.
SEC_COMMIT	디폴트 값으로 하드디스크 또는 메모리상에 모든 파일 영역을 할당한다.
SEC_IMAGE SEC_NOCACHE	다른 값과 같이 사용할 수 없으며, 실행 이미지 파일을 매핑한다. 캐시를 사용하지 않는다.
SEC_RESERVE	물리적 메모리를 직접 사용하지 않고 보류(Reserved) 상태로 설정할 수 있다. 실제 메모리를 사용하지는 않으나 다른 응용 프로그램이 사용할 수 없다.

현재의 32비트 체제에서는 dwMaximumSizeLow 값만 설정하면 된다. 왜냐하면 32비트 체제에서는 상위 32비트는 참조되지 않기 때문에 dwMaximumSizeHigh은 항상 0이다. 인수 lpName는 복수 개의 프로세스가 하나의 파일 매핑 객체를 공동으로 사용하고자 할 때 사용한다. 즉, 서로 다른 프로세스에서 같은 파일 매핑 객체를 얻기 위한 이름을 약속할 때 사용한다. 이에 대해서는 바로 뒤에 메모리 공유 예제에서 그 사용법을 알아볼 것이다.

CreateFileMapping( ) 함수의 반환 값은 에러 발생 시 NULL 값을 반환한다. 파일 매핑 객체를 만든 후에는 이 객체를 가상 주소 공간에 매핑 해야 한다. 즉, 현재 반환 받은 파일 매핑 객체를 곧바로 사용할 수 없고, 가상 주소 공간에 매핑한 후에 사용할 수 있는데, 다음 함수를 사용한다.

〈함수의 정의〉

```
LPVOID MapViewOfFile(
        HANDLE hFileMappingObject,
        DWORD dwDesiredAccess,
        DWORD dwFileOffsetHigh,
        DWORD dwFileOffsetLow,
        DWORD dwNumberOfBytesToMap
);

- hFileMappingObject : 가상 주소 공간에 매핑하려는 파일 매핑 객체의 핸들이다.
- dwDesiredAccess : 가상 주소 공간에 접근할 접근 속성을 지정한다.
- dwNumberOfBytesToMap : 매핑할 뷰(가상 주소 공간)의 크기를 지정한다.
```

파일 매핑 객체의 핸들은 CreateFileMapping( ) 함수에 의해 생성된 핸들이다. 이미 CreateFileMapping( ) 함수에서도 접근 속성을 지정했기 때문에, 인수 dwDesiredAccess의 속성과 적당히 호환이 되어야 한다. 예를 들어서 여기서 FILE_MAP_WRITE로 설정하려면 매핑 객체를 생성할 때에도 쓰기가 가능하도록 설정되어 있어야 한다.

〈인수 dwDesiredAccess의 속성 설정 값〉

설정 값	내용
FILE_MAP_WRITE	읽고 쓸 수 있다.
FILE_MAP_READ	읽을 수 있다.
FILE_MAP_ALL_ACCESS	읽을 수도 있고 쓸 수도 있다.
FILE_MAP_COPY	읽고 쓸 수 있다. 쓰기 시도가 발생하면 데이터의 복사본을 만든 후 쓴다.

인수 dwFileOffsetHigh와 dwFileOffsetLow는 매핑을 시작할 오프셋 위치를 나타내는 64비트 정수를 지정한다. 이 값이 0이면 파일의 선두부터 매핑이 되겠지만 아니면 파일의 중간부터 매핑을 할 수도 있다. 인수 dwNumberOfBytesToMap가 0이면 파일 전체가 매핑 되지만 일부만 매핑하고자 하면 크기를 지정하면 된다. 아무튼 함수의 속성은 이와 같고, 반환 값은 매핑한 가상 주소 공간의 포인터이다. 즉, 포인터 값을 받아서 이 주소 공간에 데이터를 쓰고 읽으면, 마치 메모리에서 쓰고 읽어오는 효과를 갖는다.

예제에서의 반환 값인 포인터 ptrInFile은 파일의 내용을 마치 메모리에서 직접 읽듯이 읽어온다. ptrInFile 안의 내용을 확인하기 위해서 예제에서는 DrawText( ) 출력 함수를 이용하여 화면에 출력하였다.

파일을 사용하고 나면 기본적으로 파일을 닫아줘야 한다. 메모리 맵 파일도 메모리처럼 사용하긴 했지만, 결국 파일이므로 사용하고 나면 다음과 같이 닫아주어야 한다.

```
CMemMapView::~CMemMapView( )
{
        UnmapViewOfFile(ptrInFile);
        CloseHandle(hMap);
        CloseHandle(hFile);
}
```

메모리 맵 파일을 해제하는데 UnmapViewOfFile( ) 함수를 사용한다. 이 함수는 매핑한 뷰(가상 주소 공간의 포인터)를 인수로 넘겨주기만 하면 된다.

〈함수의 원형〉

```
BOOL UnmapViewOfFile(LPCVOID lpBaseAddress);
```

파일 매핑 핸들 hMap과 파일 핸들 hFile은 CloseHandle( ) 함수로 닫아 준다.

원칙적으로 메모리 구조상 서로 다른 프로세스끼리는 메모리를 공유할 수 없도록 되어 있다. 그러나 메모리 매핑 파일 기법에서는 파일을 메모리처럼 사용할 수 있기 때문에 두 프로세스가 하나의 파일을 공유할 수 있다면 메모리를 공유한다고 볼 수 있다. 그러면 테스트를 해보자. 두 개의 프로그램을 만들고, 하나의 프로그램에서 메모리를 변경하면 다른 프로그램에서 똑같이 적용되도록 만들어 보도록 하겠다.

먼저 두 프로젝트 각각의 [프로젝트 명]을 MemShare1, MemShare2라고 정하고, [응용 프로그램 종류]는 모두 대화 상자 기반의 프로젝트를 생성한다. 하나의 프로그램에서 데이터를 변경하면 다른 프로그램에서도 메모리를 공유하고 있기 때문에 같은 주소 값을 참조하게 되므로 당연히 값도 똑같이 바뀌게 될 것이다.

먼저 MemShare1 프로젝트를 작성하자. 대화상자에 다음과 같이 슬라이더 컨트롤을 추가한다.

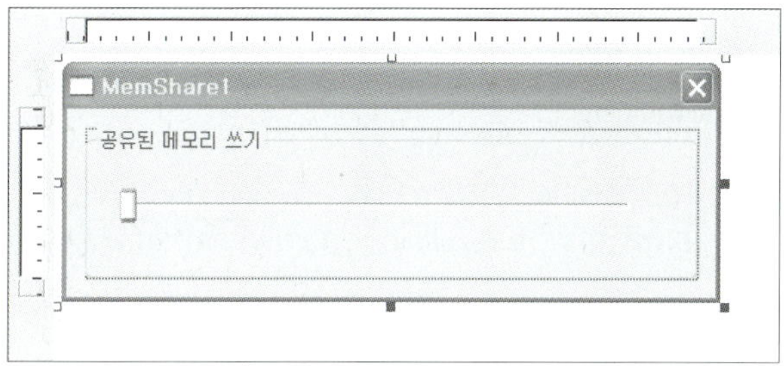

슬라이더 컨트롤의 ID는 IDC_SLIDER 라고 설정하고, 멤버 변수는 m_ctlSlider라고 선언하자. 메모리 맵 객체와 메모리 맵 포인터를 다음과 같이 각각 m_hMemMapFile과 * m_pMapView로 선언한다.

〈MemShare1Dlg.h〉

```
public:
        afx_msg void OnHScroll(UINT nSBCode, UINT nPos, CScrollBar *pScrollBar);

        CSliderCtrl m_ctlSlider;
        HANDLE m_hMemMapFile;
        int *m_pMapView;
};
```

다음은 구현 파일의 초기화 단계이다. 다음과 같이 스크롤 바를 동작하기 위한 WM_HSCROLL 메시지 처리기를 추가한다.

```
BOOL CMemShare1Dlg::OnInitDialog( )
{
        CDialog::OnInitDialog( );

------------ 중간 생략 -------------

        m_ctlSlider.SetRange(0, 100);

        m_hMemMapFile = CreateFileMapping((HANDLE)0xFFFFFFFF, NULL,
                PAGE_READWRITE, 0, sizeof(int)*4, (LPCWSTR)"SHAREMEM");

        if(!m_hMemMapFile)
        {
                AfxMessageBox(_T("메모리 맵 파일을 생성할 수 없습니다."));
                return FALSE;
        }

        m_pMapView = (int *)::MapViewOfFile(m_hMemMapFile, FILE_MAP_WRITE, 0, 0, 0);
        if(!m_pMapView)
        {
                AfxMessageBox(_T("메모리 맵 파일을 열 수 없습니다."));
                return FALSE;
        }
        return TRUE;
}
```

앞에서 메모리 매핑 예제를 다루어 보았으므로 그리 생소하지는 않을 것이다.
CreateFileMapping( ) 함수로 메모리 맵 객체를 생성하되, 여기서는 읽기 쓰기 전용으로 하
였고, 프로세스를 두 개 이상 실행하여 메모리를 공유할 것이기 때문에 메모리 맵 객체 이름을
'SHAREMEM'이라고 정했다. 이는 다른 프로세스가 메모리 맵 객체를 공유하기 위해 사용자가
지정하는 이름이다. MapViewOfFile( ) 함수로 메모리 포인터를 구하였고, 메모리에 쓰기 모드
로 접근할 수 있다.

```
void CMemShare1Dlg::OnHScroll(UINT nSBCode, UINT nPos, CScrollBar *pScrollBar)
{
        m_pMapView[0] = m_ctlSlider.GetPos( );

        CDialog::OnHScroll(nSBCode, nPos, pScrollBar);
}
```

수평 스크롤 바에 대한 메시지 처리기다. 현재 스크롤 바의 위치 값을 공유 메모리상에 저장한다. 이 공유 메모리는 다른 프로세스에서 열어서 읽을 수 있다.

MemShare1 프로세스는 메모리를 공유할 수 있도록 하였다. 이제 MemShare2 프로세스에서 공유 메모리를 읽어 오는 작업을 해보도록 하자. MemShare2 프로젝트를 열고, 다음과 같이 대화상자에 프로그레스 컨트롤을 추가한다.

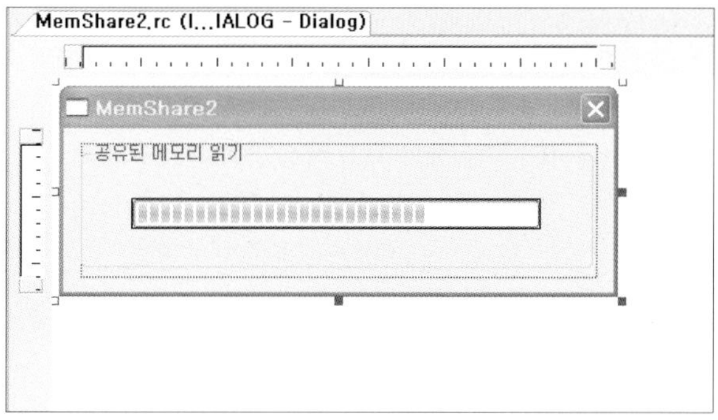

추가된 프로그레스 컨트롤의 ID는 IDC_PROGRESS라고 정하고, m_ctlProgress라는 이름으로 컨트롤의 멤버 변수를 추가한다. 그리고 헤더 파일에 다음과 같이 선언한다.

〈MemShare2Dlg.h〉

```
public:
        CProgressCtrl m_ctlProgress;
        HANDLE m_hMemMapFile;
        int *m_pMapView;
        CWinThread *m_pThread;
};

UINT ThreadFunc(LPVOID pParam);

typedef struct tagTREADPARAMS {
        int *m_pMapView;
        CMemShare2Dlg *m_pParent;
} TREADPAPAMS;
```

파일 매핑 객체 생성시 반환되는 핸들 과 파일을 주소 공간에 매핑할 때 반환되는 문자형 포인터를 선언한다.

스레드 변수를 선언한다.

스레드 선언부이다. 멤버 함수가 아니므로 전역으로 선언한다.

스레드 구동 시 넘겨 받을 매개변수가 2개 이상이므로 구조체 형태로 작성하였다.

메모리 매핑을 위해서 기본적으로 메모리 맵 핸들과 메모리 매핑시 반환 받을 포인터 변수를 선언하는 것은 당연하다. 그런데 여기서 생소하게 스레드 변수를 하나 선언하였다. 그리고 스레드 구동 시 넘겨받을 매개 변수를 위해 스레드 구조체를 작성하였다. 스레드는 반드시 한 개 이상의 매개 변수를 필요로 하며, 두 개 이상일 경우 구조체로 묶어서 처리한다. 스레드에 대해서는 12장 스레드에서 다룰 것이다. 예제에서 스레드의 사용이 필요하므로 다소 스레드에 대한 이해가 부족하더라도 넘어가길 바란다.

다음은 구현부의 초기화 부분이다.

〈MemShare2Dlg.cpp〉

```
BOOL CMemShare2Dlg::OnInitDialog( )
{
        CDialog::OnInitDialog( );

----------- 중간 생략 -------------

        m_hMemMapFile = ::OpenFileMapping(FILE_MAP_READ, FALSE,
 (LPCWSTR)"SHAREMEM");
```
공유 메모리를 연다. 공유 메모리의 이름은 "SHAREMEM"이다.
```
        if(!m_hMemMapFile)
        {
                AfxMessageBox(_T("메모리 맵 파일을 열 수 없습니다."));
                return FALSE;
        }

        m_pMapView = (int *)::MapViewOfFile(m_hMemMapFile, FILE_MAP_READ, 0, 0, 0);
        if(!m_pMapView)
```
매핑한 공유 메모리의 포인터를 얻는다.
```
        {
                AfxMessageBox(_T("메모리 맵 파일을 매핑할 수 없습니다."));
                return FALSE;
        }

        TREADPAPAMS *pThreadParams = new TREADPAPAMS;
        pThreadParams->m_pMapView = m_pMapView;
        pThreadParams->m_pParent = this;
        AfxBeginThread(ThreadFunc, pThreadParams);
```
매핑한 공유 메모리를 인수로 스레드를 생성한다.
```
        return TRUE;
}
```

OpenFileMapping( ) 함수를 이용하여 공유 메모리를 읽기 모드로 연다. 앞서 제작한 MemShare1 프로세스에서 공유 메모리를 생성하였고, 이것을 외부 프로세스에서도 인식할 수 있도록 "SHAREMEM"이라는 문자열로 설정하였다. 그러므로 OpenFileMapping() 함수의 마지막 인수에 "SHAREMEM"이라고 설정하였다. 그리고, 접근할 공유 메모리의 포인터를

MapViewOfFile( ) 함수를 통해 얻고, 스레드를 생성할 때 이 공유 메모리 포인터를 인수로 넘겨준다. 일반적으로 스레드는 한 개의 인수를 넘겨주는데, 예제에서는 두 개의 인수가 필요하므로 구조체를 이용하여 인수를 넘겨주었다.

〈MemShare2Dlg.cpp〉

```
------------ 중간 생략 -------------
UINT ThreadFunc(LPVOID pParam)
{
        TREADPAPAMS *pThreadParams = (TREADPAPAMS *)pParam;
        int *pMapView = pThreadParams->m_pMapView;
        CMemShare2Dlg *pParent = pThreadParams->m_pParent;
        delete pThreadParams;

        while(1)
        {
                pParent->m_ctlProgress.SetPos(pMapView[0]);
        }
        return 0;
}
```

> 넘겨받은 매개변수 pParam을 이용하여 현재 공유 메모리의 값과 윈도우 핸들을 가져와서 프로그래스 바에 표현한다.

스레드는 공유된 메모리로부터 매개변수 pParam을 넘겨 받아서 현재 공유 메모리의 값과프로그래스 바가 위치한 부모 윈도우를 얻어온다. 그리고 공유 메모리 값을 프로그래스 바에 적용한다.

코드 작성이 끝났으면 먼저 MemShare1을 실행하고, 그 다음에 MemShare2를 실행해보자. MemShare1은 슬라이더 컨트롤을 통해 값을 변경함으로써 이벤트가 발생하고, MemShare2는 공유된 메모리를 메모리 맵 파일 기법으로 열어서 스레드로 감시하고 있다가 MemShare1의 이벤트가 발생하면 공유된 메모리의 값을 읽어 들인다. 실행 결과는 다음과 같다.

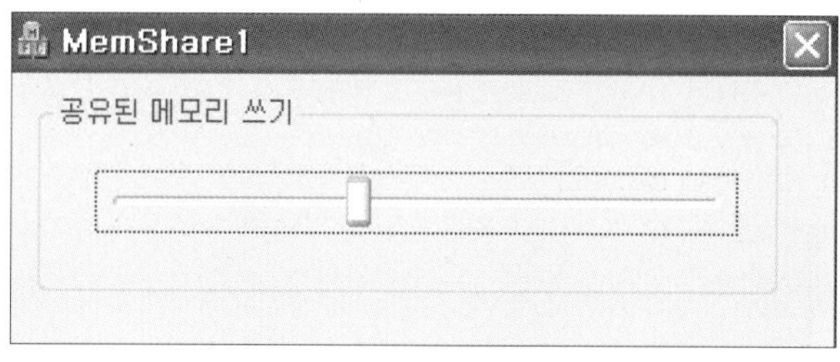

마치면서

윈도우 운영체제 기반의 메모리 구조에 대해 다루었다. 프로그래밍에 있어서 메모리 관리가 매우 중요하다. 특히 윈도우 기반 프로그래밍에서는 메모리 관리를 어떻게 하느냐에 따라 프로그램의 질과 효율이 결정되므로 이 장을 잘 숙지하길 바란다.

1 가상 메모리 - 윈도우가 하드디스크의 일부분을 마치 물리적인 메모리처럼 사용할 수 있도록 한 기법으로 다음과 같은 장점이 있다.
- 물리적인 메모리보다는 훨씬 많은 메모리를 사용할 수 있다.
- 주소 공간은 프로세스마다 독립적이므로 각 프로세스끼리 메모리를 침범할 우려가 없다.

2 힙 메모리 - 가상 메모리처럼 페이징 단위로 메모리를 할당하는 것이 아니라 요구한 만큼 소량의 메모리를 할당하는 방식이다.

3 메모리 맵 파일 - 하드디스크에 있는 파일을 주소 공간에 직접 매핑 하여 마치 파일을 메모리처럼 사용할 수 있게 하는 기법이다.

PART 11

파일 입출력

메모장, 그림판, Visual C++ 컴파일러와 같은 프로그램들은 대부분 고유의 데이터를 만들어 내며 파일로 저장하는 기능을 갖는다. 이번 장에서는 파일을 생성하고 읽고 쓰는 등의 기능 구현과 제공되는 라이브러리에 대해서 알아보기로 하겠다. Win32 API를 이용한 파일 입출력 함수와 MFC를 이용한 파일 입출력 함수를 구분하여 알아보도록 한다.

입출력 라이브러리의 종류

C 기반, C++ 기반, Win32 기반, MFC 기반 각각의 입출력 기능을 하는 기본 라이브러리들에 대해서 알아보도록 하자.

파일은 하드디스크, CD-ROM, USB 칩과 같은 저장 매체에 기록되어 있다. 운영체제나 컴파일러는 이러한 장치들에 접근(Access)할 수 있도록 관련 함수를 제공한다. Visual C++ 닷넷에서는 다양한 입출력 라이브러리를 제공하는데, C 런타임 라이브러리, C++ 라이브러리, Win32 API, MFC 이렇게 4가지로 구분할 수 있다.

1 ········ C 런타임 입출력 라이브러리

C 런타임 라이브러리는 C 라이브러리에서 제공하는 파일 입출력 방식이다. 표준 ANSI에 의거해서 제작된 함수이므로 이식성이 뛰어나다. 즉, C 함수는 운영체제를 가리지 않고 실행되기 때문에, 윈도우 기반에서 파일에 접근 가능한 C 코드 함수는 유닉스 기반에서도 파일에 접근하는 것이 가능하다는 장점이 있다. C 런타임 라이브러리의 입출력 방식에는 두 가지가 있는데, 하나는 고수준 입출력 방식이고, 다른 하나는 저수준 입출력 방식이다. 두 방식의 차이를 한마디로 말한다면 고수준은 스트림 기반의 입출력을 하고, 저수준은 파일 핸들 기반의 입출력을 한다.

 **참고** 고수준 파일 입출력과 저수준 파일 입출력 방식

– 고수준 파일 입출력 방식
고수준 입출력에서 파일의 데이터가 입출력되는 것을 스트림이라고 말한다. 스트림(Stream)이라는 것은 "흘러간다"는 의미를 가지고 있으므로, 데이터가 순서대로 입출력되는 과정을 스트림이라고 보면 된다. 스트림 내부에 버퍼를 가지고 있는데, 위에서 말했던 고수준 입출력 방식의 버퍼를 말한다. 자동으로 스트림 내부에서 입출력을 처리해 주므로 개발자 스스로 버퍼를 생성하거나 관리할 필요가 없이, 데이터의 입출력 의사만 전달하면 알아서 처리한다. 그만큼 사용하기 편리하므로 고수준이라는 이름이 붙여졌다. 스트림의 상태는 FILE 구조체에 저장이 되는데, 구조체의 정의는 stdio.h 파일에 정의되어 있다.

– 저수준 파일 입출력 방식
저수준 파일 입출력 방식은 운영체제가 파일을 관리하는 방법과 동일하다. 메모리로 직접 읽어 들이는 방식이므로 고수준보다 우수하며 속도가 빠르다. 저수준 파일 입출력 함수들은 함수들 이름 앞에 _(밑줄, Underline)가 붙어 있는데, 이는 확장된 함수라는 의미를 가지고 있다. 저수준 파일 입출력은 파일 핸들을 가지고 핸들링 한다. 따라서 파일을 열어서 파일 핸들을 얻어 와야 한다.

C++ 라이브러리에서는 Ifstream, ofstream 등의 C++ 라이브러리의 파일 입출력 객체를 이용한다. C 수준에서 파일 입출력을 할 수 있다면 사실상 입출력 과정에의 스트림이라는 면에서 똑같은 방법으로 다룰 수 있다. 사실상 도스 기반에서 윈도우 기반으로 넘어오면서 콘솔 프로젝트의 실용성이 크게 떨어졌고, C++ 라이브러리의 입출력 스트림을 실제 프로젝트에서 쓸 일이 거의 없을 정도가 되었다.

3········· **Win32 API 입출력 라이브러리**

Win32에서 제공되는 파일 입출력 라이브러리는 C 런타임 라이브러리의 입출력 함수들로부터 파생되었으며, 사용 기능이나 함수명들이 거의 흡사하다. 하지만, Win32 API의 입출력 라이브러리가 기능에 있어서 훨씬 더 다양하다. 대표적인 예로 비동기 입출력이나 고급 입출력 방식 및 디렉토리 보안 등의 기능을 들 수 있겠다.

4········· **MFC 입출력 라이브러리**

MFC에서 제공되는 대표적인 파일 클래스로는 CFile 클래스와 CArchive 클래스를 들 수 있다. CFile 클래스는 MFC의 파일 클래스 중에서 최상위이며, 다양한 파일 제어 기능을 제공한다. CArchive 클래스는 직렬화(Serialization)라고도 하는데, CDocument::Serialize 멤버 함수에서 사용되고 있다.

Win32 API를 이용한 파일 입출력

C나 C++ 기반의 입출력 라이브러리에 대해 궁금하다면 C/C++ 서적을 참고하길 바라며 이번 섹션에서는 Win32 기반의 기본 입출력 함수(생성, 읽기, 쓰기)들에 대해서 분석해보도록 하자.

과거에는 파일 입출력 함수로 C 런타임 입출력 함수인 open, read, write 등을 사용하였지만, 윈도우 기반으로 넘어오면서 Win32 API에서 지원하는 파일 입출력 함수 CreateFile, ReadFile, WriteFile 등을 사용한다. 파일 입출력 구조는 비슷하기 때문에 C 런타임 입출력 함수에 익숙하다면 Win32 API 입출력 함수 사용에도 어려움이 없을 것이다. 각 기능별로 알아보자.

1 ········ 파일 생성

먼저 파일을 생성하거나 여는 함수에 대해서 알아보도록 하자. Win32 API에서 파일을 생성하고 열 때 사용하는 함수가 CreateFile( )이다. 이 함수의 원형은 다음과 같다.

〈함수의 원형〉

```
HANDLE CreateFile(
        LPCTSTR lpFileName,
        DWORD dwDesiredAccess,
        DWORD dwShareMode,
        LPSECURITY_ATTRIBUTES lpSecurityAttributes,
        DWORD dwCreationDisposition,
        DWORD dwFlagsAndAttributes,
        HANDLE hTemplateFile
);
```

파일 하나 생성하고 여는데 걸려 있는 인수들이 징그럽게 많다. 인수가 많다는 얘기는 기능이 많다는 얘기고, 컨트롤을 다양하게 할 수 있다는 의미가 결국 된다. CreateFile( ) 함수는 일반적인 파일뿐 아니라 메모리나 포트와 같은 다양한 타입의 파일을 여는 것이 가능하다. 이 함수의 인수에 대해서 알아보자.

■ lpFileName : 생성하고자 하는 파일명을 나타낸다.

파일의 경우 절대 경로를 지정해 줄 수도 있고, 현재 위치를 기준으로 상대 경로를 지정해 줄 수도 있다. 그리고 시스템의 포트를 열어야 하는 경우에도 가능한데, 예를 들어서 COM 포트 1번을 열고자 한다면, 'COM1'이라고 쓰면 포트가 개방된다.

■ dwDesiredAccess : 파일의 접근 권한을 지정한다.

생성하거나 연 파일로 어떤 작업을 할 것인가에 따라서 접근 권한을 제한할 수 있다.

〈파일 접근 권한 설정 값〉

설정 값	내용
0	장치에 실제로 접근하지 않고도 장치의 속성을 조사할 수 있다.
GENERIC_READ	읽는 용도로 파일을 연다.
GENERIC_WRITE	쓰는 용도로 파일을 연다.

두 값을 동시에 쓰고자 한다면 OR(|) 연산을 사용하면 된다.

■ dwShareMode : 파일의 공유 모드를 지정한다.

공유 모드란 파일이 열려져 있는 상태에서 다른 프로세스가 파일을 열려고 할 때 허용할 것인지를 지정하는 모드이다.

〈파일 공유 모드 설정 값〉

설정 값	내용
FILE_SHARE_READ	다른 프로세스가 읽기 접근 권한을 요청하면 허용한다.
FILE_SHARE_WRITE	다른 프로세스가 쓰기 접근 권한을 요청하면 허용한다.
FILE_SHARE_DELETE	삭제 접근 권한을 요청한 경우에만 허용한다.

데이터를 공유하면 데이터 보안에 대한 문제가 생길 수 있으므로 적절하게 사용하여야 한다. 만약에 test.txt라는 파일에 두 사람이 차례로 접근하여 한 사람은 '식사는 하셨습니까'라고 파일에 썼는데, 다른 사람은 나중에 '안녕 난 예쁜이라고 해'라고 썼을 때 나중에 쓴 사람의 데이터만 저장되고 이전 데이터는 사라진다. 이러한 경우에 공유 접근 권한을 설정해서 다른 프로세스에 대해서는 쓰기 접근 권한은 제한하고 읽기 접근 권한만 제공해야 한다. 그리고 값이 0이면 어떤 공유 요청도 허용하지 않겠다는 의미이다.

■ lpSecurityAttributes : 파일의 보안 속성을 지정하는 구조체 포인터이다.

보통 윈도우 NT 사용 권한자 모드를 설정하기 위해 사용된다.

■ dwCreationDisposition : 파일을 생성할 것인지 열 것인지 지정한다.

〈파일 생성 및 열기 여부 설정 값〉

설정 값	내용
CREATE_NEW	파일을 새로 만든다. 기존에 파일이 있다면 에러를 반환한다.
CREATE_ALWAYS	항상 파일을 새로 만든다. 만약 기존에 파일이 있다면 해당 파일에 덮어 쓴다.
OPEN_EXISTING	기존 파일을 연다. 만약 열려는 파일이 없다면 에러를 반환한다.
OPEN_ALWAYS	파일을 연다. 열려는 파일이 없을 경우에는 직접 파일을 생성하여 파일을 연다.
TRUNCATE_EXISTING	

CreateFile( ) 함수는 파일을 생성하는 기능을 갖지만, 옵션에 따라서 기존에 파일이 있다면 새로 성성하지 않고 열기만 하거나, 파일이 있어도 무시하고 새로운 파일을 만들 수도 있다.

■ dwFlagsAndAttributes : 생성할 파일의 속성 또는 기타 객체의 속성을 지정한다.

〈파일 속성 설정 값〉

설정 값	내용
FILE_ATTRUBUTE_ARCHIVE	쓰기 속성으로 생성한다.
FILE_ATTRUBUTE_ENCRYPTED	파일을 암호화하여 생성한다.
FILE_ATTRUBUTE_HIDDEN	숨김 파일로 생성한다.
FILE_ATTRUBUTE_NORMAL	아무런 속성도 없는 파일을 생성한다.
FILE_ATTRUBUTE_NOT_CONTENT_INDEXED	콘텐츠 인덱싱 서비스에 대해 인덱스되지 않도록 한다.
FILE_ATTRUBUTE_OFFLINE	데이터가 오프라인 상태로 즉시 사용할 수 없다.
FILE_ATTRUBUTE_READONLY	읽기 전용 속성으로 생성한다.
FILE_ATTRUBUTE_SYSTEM	시스템 파일로 생성한다.
FILE_ATTRUBUTE_TEMPORARY	임시 파일로 생성한다.

■ hTemplateFile : 새로 만들 파일의 속성을 제공할 템플릿 파일이다.

Win 95/98은 템플릿 파일을 지원하지 않으므로 반드시 NULL이어야 한다.

CreateFile( ) 함수를 통해 반환된 핸들은 사용한 후에 반드시 CloseHandle( ) 함수로 닫아 주어야 한다. CreateFile( ) 함수의 인수에 대해서 알아보았는데, 실제로 어떻게 사용되는지 예를 들어보자. 간단한 예로 test.txt라는 파일을 생성한다고 하자.

```
HANDLE hFile = CreateFile(_T("test.txt"), GENERIC_READ | GENERIC_WRITE, 0, NULL, CREATE_ALWAYS,
FILE_ATTRIBUTE_NORMAL, NULL);
```

2 파일 읽기

파일을 생성했다면, 파일에 데이터를 입력하거나 출력할 수 있어야 한다. 여기서 파일을 출력한다는 것은 파일로부터 읽는 것이라 말할 수 있다. 파일로부터 데이터를 읽어 오는 함수로는 ReadFile( ) 함수가 있다.

〈함수의 정의〉

```
BOOL ReadFile(
        HANDLE hFile,
        LPVOID lpBuffer,
        DWORD nNumberOfBytesToRead,
        LPDWORD lpNumberOfBytesRead,
        LPOVERLAPPED lpOverlapped
);
```

– hFile: 읽으려는 파일의 핸들이다.

– lpBuffer : 읽어 온 데이터를 저장할 버퍼의 포인터이다.

– nNumberOfBytesToRead : 읽으려는 바이트 수이다.

– lpNumberOfBytesRead : 실제로 읽은 바이트 수를 반환 받기 위한 출력용 인수이다.

– lpOverlapped : 비동기 입출력을 위한 OVERLAPPED 구조체의 포인터(비동기 입출력을 사용하지 않을 경우에는 NULL)이다.

주로 동기적인 출력에 사용하므로 데이터를 다 읽기 전에는 반환하지 않는다. 물론 비동기 출력에 사용할 경우에는 즉시 반환한다. 파일 포인터 처음 위치에서부터 데이터를 읽으며 다 읽은 후 실제 읽은 바이트 수만큼 파일 포인터를 이동시켜 준다.

3 파일 쓰기

파일에 데이터를 저장할 수 있어야 한다. 데이터를 저장한다는 의미는 파일에 데이터를 쓴다고 말할 수 있겠다. 파일에 데이터를 쓰는 함수로는 WriteFile( ) 함수가 있다.

〈함수의 정의〉

```
BOOL WriteFile(
        HANDLE hFile,
        LPCVOID lpBuffer,
        DWORD nNumberOfBytesToWrite,
        LPDWORD lpNumberOfBytesWritten,
        LPOVERLAPPED lpOverlapped
);
```

- hFile : 쓰려는 파일의 핸들이다.

- lpBuffer : 데이터를 쓰기 위해 할당된 버퍼의 포인터이다.

- nNumberOfBytesToWrite : 쓰려는 바이트 수이다.

- lpNumberOfBytesWritten : 실제로 쓴 바이트 수를 반환 받기 위한 출력용 인수이다.

- lpOverlapped : 비동기 입출력을 위한 OVERLAPPED 구조체의 포인터(비동기 입출력을 하지 않을 경우에는 NULL)이다.

주로 동기적인 입력에 사용하지만 OVERLAPPED 구조체를 사용하면 비동기 입출력을 할 수 있다. 파일 포인터가 가리키고 있는 지점에 데이터를 저장하며 완료한 후에는 실제 기록한 바이트 수만큼 파일 포인터를 이동시켜 준다.

4 ········ 파일 입출력 예제

먼저 프로젝트를 하나 생성하도록 하자. 프로젝트 명은 [MyInOutEdit]라고 정하고, 응용 프로그램 종류는 [다중 문서]를 선택하자.

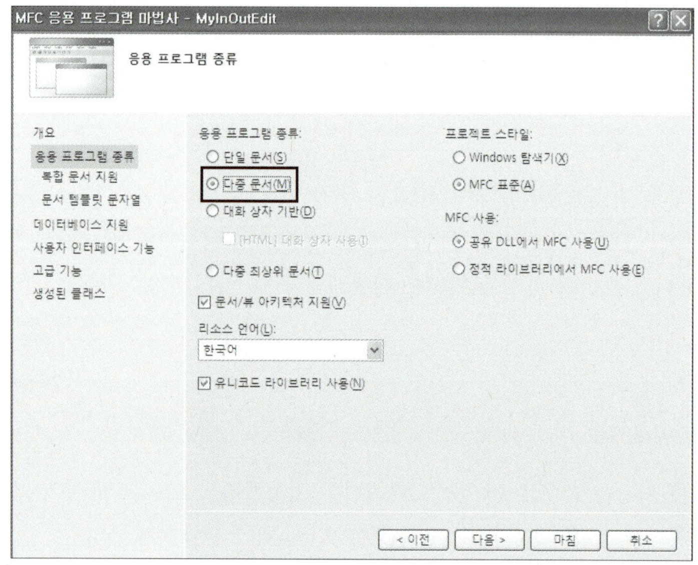

코딩에 앞서서 염두해 두어야 할 것은 도큐먼트(Document)와 뷰(View)의 역할이다. 8장 도큐먼트와 뷰에서 언급했듯이 도큐먼트는 파일의 저장 및 열기의 역할을 하고, 뷰는 데이터를 보여주는 역할을 한다고 하였다. 그래서 지금 만드는 프로젝트는 다중 문서 편집기이지만, 구현할 부분은 도큐먼트의 입출력 함수를 통해서 데이터를 저장하고 열 수 있도록 하는데 중점을 둔다.

실제로 파일 저장 및 열기의 기능은 도큐먼트 쪽의 기능이므로 CMyInOutEditDoc 클래스에 코딩할 작업이 많을 것이다. 이 클래스의 열기 및 저장 기능이 구현되면 데이터를 뷰 영역에 보여주는 기능을 구현할 것이다.

먼저 MyInOutEditDoc.h 파일을 열고 다음과 같이 멤버 변수를 추가한다.

〈MyInOutEditDoc.h〉

```
class CMyInOutEditDoc : public CDocument
{
----------- 중간 생략 ------------
public:
        CEdit       m_Edit;
}
```

CEdit 컨트롤의 멤버 변수를 선언한 이유는 뷰(View) 클래스에 에디트(Edit) 컨트롤을 설정하고, 이 컨트롤에 입출력 되는 데이터를 파일에 저장하거나 열기 위해서이다. 그렇다면 에디트(Edit) 컨트롤의 데이터를 파일에 저장 또는 여는 코드를 구현해야 하는데, 도큐먼트 클래스에서 OnSaveDocument( )와 OnOpenDocument( ) 함수를 재정의(Overridding)하여 다음과 같이 구현하자.

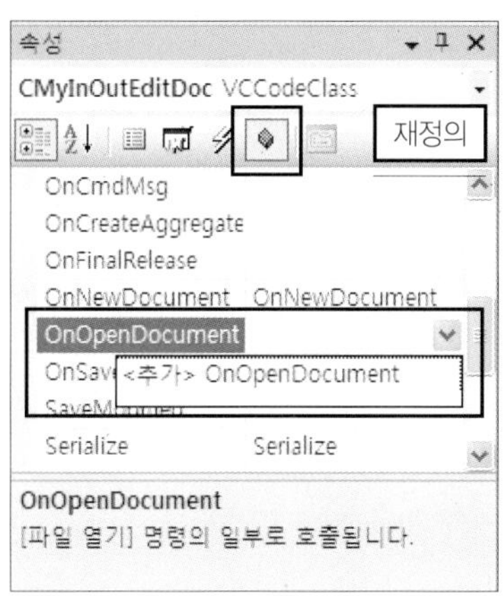

⟨MyInOutEditDoc.cpp⟩

```
BOOL CMyInOutEditDoc::OnOpenDocument(LPCTSTR lpszPathName)
{
        char szbuf[255];
        DWORD len;

        HANDLE hFile = CreateFile(lpszPathName, GENERIC_READ | GENERIC_WRITE, 0, NULL,
OPEN_EXISTING, FILE_ATTRIBUTE_NORMAL, NULL);

        if(hFile < 0)
                return FALSE;

        ReadFile(hFile, szbuf, sizeof(szbuf), &len, NULL);
        m_Edit.SetWindowText(szbuf);
        CloseHandle(hFile);
        return TRUE;
}
```


파일을 열 때 CreateFile( ) 함수를 사용하였다. 다섯 번째 인수는 OPEN_EXISTING로 설정하였는데, 이는 기존의 파일을 열고, 만약 없으면 에러를 발생하게 한다. 파일을 열었으면 ReadFile( ) 함수를 통해 파일을 읽어 오는데, 버퍼의 크기는 임의로 szbuf[255]로 설정하였다. 그리고 m_Edit는 CEdit의 멤버 변수이므로 SetWindowText( ) 함수를 통해서 읽어 온 데이터를 출력한다.

⟨MyInOutEditDoc.cpp⟩

```
BOOL CMyInOutEditDoc::OnSaveDocument(LPCTSTR lpszPathName)
{
        char szbuf[255];
        DWORD len;

        HANDLE hFile = CreateFile(lpszPathName, GENERIC_READ | GENERIC_WRITE, 0, NULL,
CREATE_ALWAYS, FILE_ATTRIBUTE_NORMAL, NULL);

        if(hFile < 0)
                return FALSE;

        m_Edit.GetWindowText(szbuf, sizeof(szbuf));
        WriteFile(hFile, szbuf, sizeof(szbuf), &len, NULL);
        CloseHandle(hFile);
        return TRUE;
}
```


OnSaveDocument( ) 함수는 파일을 생성하고, 그 파일에 데이터를 저장하므로 다섯 번째 인수를 CREATE_ALWAYS로 설정함으로써 저장할 때마다 기존의 파일이 있다면 덮어 쓰게 된다.

현재 에디트에 입력된 데이터를 szbuf로 얻어온 후 WriteFile( ) 함수를 이용하여 파일에 데이터를 쓴다.

여기까지 도큐먼트의 코드였다. 파일을 생성하여 열기 및 저장을 하는 로직을 구현한 것이다. 그러나 이는 도큐먼트에서 일어나는 일이지, 실제로 우리가 입력한 데이터와 출력한 데이터를 클라이언트 영역에서 확인할 수 없다. 즉, 데이터를 화면에 출력해주는 역할은 뷰에서 한다고 앞에서 언급했었다. 데이터 관리는 도큐먼트에서 하고 데이터 입출력은 뷰에서 하므로 뷰(CMyInOutEditView)의 코드를 구현해 보도록 하겠다. CMyInOutEditView에 다음과 같이 WM_CREATE와 WM_SIZE 두 개의 이벤트 처리기를 생성한다.

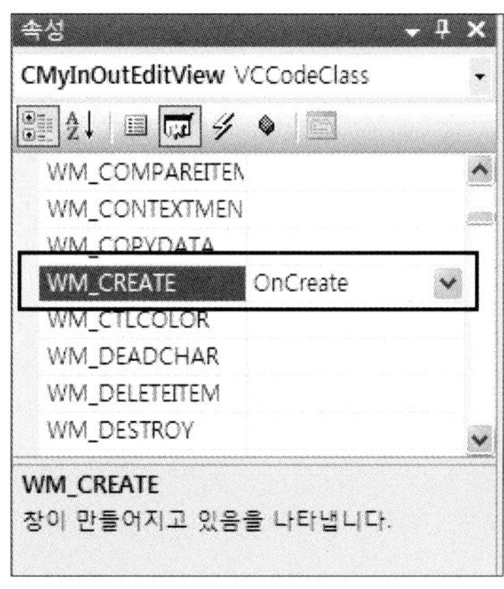
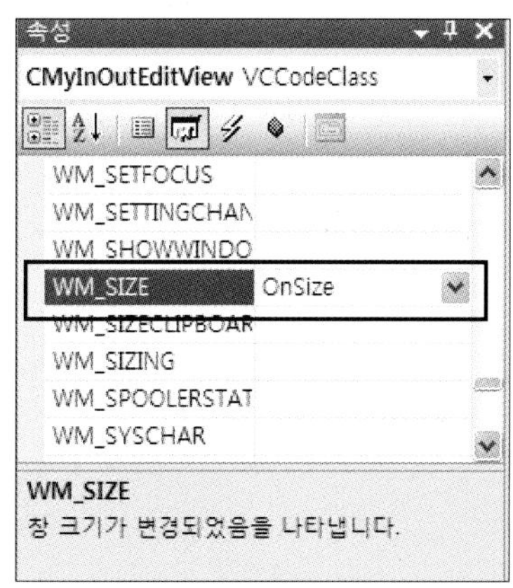

〈MyInOutEditView.h〉

```
protected:
        afx_msg int OnCreate(LPCREATESTRUCT lpCreateStruct);
        afx_msg void OnSize(UINT nType, int cx, int cy);
        DECLARE_MESSAGE_MAP( )
```

생성한 이벤트 처리기 OnCreate( ) 와 OnSize( ) 에 다음과 같이 코드를 작성해 보자.

〈MyInOutEditView.cpp〉

```
int CMyInOutEditView::OnCreate(LPCREATESTRUCT lpCreateStruct)
{
        if(CView::OnCreate(lpCreateStruct) == -1)
                return -1;

        CMyInOutEditDoc *pDoc = GetDocument( );

        CRect rect(0, 0, 0, 0);
        pDoc->m_Edit.Create(ES_AUTOVSCROLL | ES_MULTILINE | ES_WANTRETURN | WS_VISIBLE
|WS_CHILD|WS_VSCROLL, rect, this, 1);
```

```
        return 0;
}
```

뷰에서는 도큐먼트를 이용해야 하기 때문에 도큐먼트의 객체를 「*pDoc = GetDocument( );」 형태로 얻어 온다. 얻어 온 도큐먼트 객체 pDoc를 통해서 도큐먼트의 멤버 변수를 참조할 수 있는데 에디트 컨트롤인 m_Edit를 참조하여 현재 뷰에서 생성한다.

〈MyInOutEditView.cpp〉

```
void CMyInOutEditView::OnSize(UINT nType, int cx, int cy)
{
        CView::OnSize(nType, cx, cy);

        CMyInOutEditDoc *pDoc = GetDocument( );
        CRect rect;
        GetClientRect(rect);
        pDoc->m_Edit.SetWindowPos(&wndTop, 0, 0, rect.right - rect.left, rect.bottom - rect.top, SWP_
SHOWWINDOW);
}
```

OnSize( ) 함수를 사용한 이유는 뷰의 윈도우가 변경될 때마다 뷰 위에 얹어진 에디트 또한 뷰 윈도우의 클라이언트 영역의 크기로 변경되어야 하기 때문이다. GetClientRect( ) 함수를 이용하여 현재 윈도우의 클라이언트 영역을 얻어 오고, SetWindowPos( ) 함수로 이 영역에 에디트를 설정하였다.

코딩이 끝났다면 실행을 해보자. 자식 윈도우의 클라이언트 영역에 문자들을 입력하고, 저장 버튼을 눌러서 저장해 보자. 저장이 잘 되는가? 그리고 저장한 파일을 열어보자. 저장한 파일이 잘 열리는가? 확인해 보자.

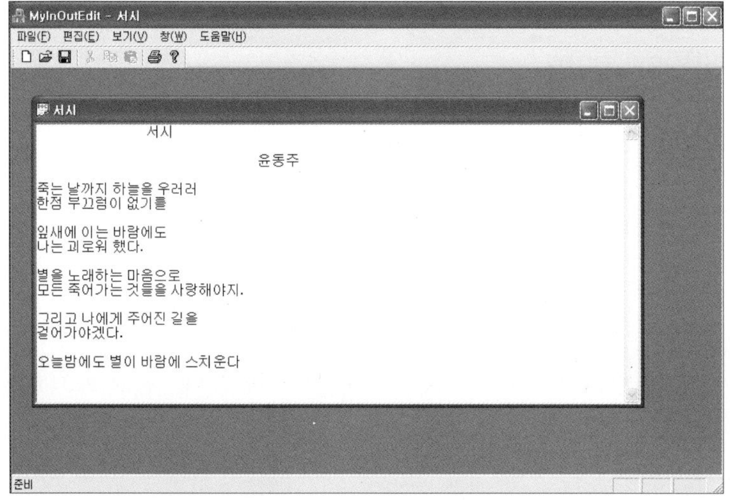

MFC의 직렬화를 이용한 파일 입출력

MFC에서 제공하는 기본 입출력 메커니즘인 직렬화를 통해 파일 입출력 하는 방법에 대해 배워 보도록 하자.

이번 절에서는 MFC 클래스에서 제공하는 기법을 사용하여 파일 입출력을 하는 방법을 배워 보겠다. 앞에서 도큐먼트와 뷰에 대해서 배운 내용을 다시 상기해보자. 도큐먼트는 파일을 관리하는 역할을 하고 뷰는 파일을 출력하는 역할을 한다고 했었다. 이러한 MFC 구조를 이용하여 보자.

직렬화(Serialization)를 이용한 파일 입출력이란 CDocument의 멤버 함수인 Serialize( )를 이용하여 데이터를 읽고 저장하는 것을 말한다. CDocument의 부모 클래스는 CObject이고, 이 클래스는 모든 MFC 클래스의 부모 클래스가 된다. 당연히 CObject로부터 상속받은 객체들은 입출력 수단으로 Serialize( ) 함수를 사용하는 것이 좋을 것이다. CDocument 클래스도 예외 없이 CObject부터 상속받은 클래스이고, 이미 클래스 생성 당시 내부적으로 Serialize( ) 함수가 기본적으로 구현되어 있음을 알 수 있다. MyInOutEditDoc.cpp를 열어보자. 이 함수의 기본 형태는 다음과 같다.

〈MyInOutEditDoc.cpp〉

```cpp
void CMyInOutEditDoc::Serialize(CArchive &ar)
{
        if (ar.IsStoring( ))
        {
        }
        else
        {
        }
}
```

Serialize( ) 함수는 인수로 CArchive의 변수인 ar이 인수로 넘어온다. CArchive는 하나의 데이터 연결 통로라고 생각하면 된다. 즉, 데이터를 파일과 메모리 간에 연결해 주는 파이프와 같은 역할을 한다.

그렇다면 Serialize( ) 함수는 언제 호출되는가? 도큐먼트에는 기본적으로 파일을 열고 저장하는 모듈이 있다. 각각 OnOpenDocument()와 OnSaveDocument() 함수로써 CDocument의 멤버 함수들이다. 앞의 예제에서는 이 두 함수들을 재정의(Overriding)하여 사용한 바 있다. 이 함수들은 직접 구현하지 않아도 제공되는 함수들이며 파일을 열거나 저장할 때 호출된다. 이 함수들이 호출되면 내부에서 CFile 클래스에 의해 파일이 열리고, 파일과 메모리 간에 데이터 전송 통로를 만드는데, 이것이 CArchive이다. 이것은 Serialize( ) 함수의 매개변수로 사용되어 데이터를 전송한다. 말로는 잘 이해가 되지 않을 것 같다. 그림을 보면 일목 요연하게 이해할 수 있을 것이다.

〈파일의 데이터를 읽어오는 과정〉

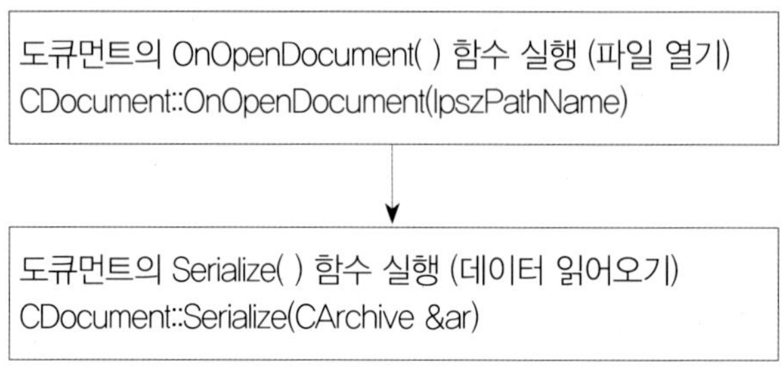

〈파일의 데이터를 저장하는 과정〉

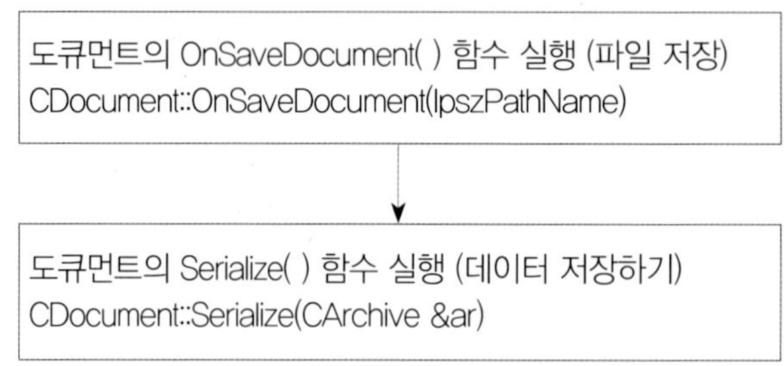

그림에서처럼 파일을 열거나 저장할 때 CDocument의 OnOpenDocument( ) 함수와 OnSaveDocument( ) 함수를 각각 거치게 되며, 이 함수들 안에서 파일을 열고 데이터 연결 파이프를 생성하여 Serialize( ) 함수를 실행하게 한다. 물론 Serialize()를 사용하지 않고, 파일을 입출력 하는 것이 간단하고 편리하긴 하지만 기능적인 제약이 따르므로 CDocument::OnOpenDocument( ) 함수나 CDocument::OnSaveDocument( ) 함수를 재정의해서 사용하면 된다.

Serialize( ) 함수에는 ar.IsStoring()으로 분기되어 있는데, 이는 저장할 것인지 아니면 열 것인지 물어 보는 것이다. 객체의 멤버 함수가 IsStoring()인 것만 봐도 알 수 있다. 조건에 따라 열기와 저장을 구분한다. 즉, 하나의 파이프를 쓰지만 조건에 따라서 흘러가는 방향이 나뉜다. 다음 예는 분기 상황을 간단하게 구현한 것이다.

〈MyInOutEditDoc.cpp〉

```
void CMyInOutEditDoc::Serialize(CArchive& ar)
{
        CString data = "jamsuham";

        if (ar.IsStoring( ))
        {
                ar << data;            데이터를 저장하는 부분이다.
        }
        else
        {
        ar >> data;                    데이터를 읽어오는 부분이다.
        }
}
```

ar 객체는 파이프 역할을 한다. 현재 저장하려는 데이터를 파일로 연결하여 보내고 싶을 때 ar 객체 방향으로 리다이렉션(《《, Redirection)했다. 반대로 데이터를 열고자 할 때는 ar 객체로부터 데이터 쪽 방향으로 리다이렉션()》, Redirection)하면 데이터가 파일로부터 전달된다.

기존 프로젝트를 가지고 이해해 보도록 하자. 앞에서 작성했던 프로젝트 MyInOutEdit를 그대로 사용하도록 하겠다. 프로젝트를 열어보자.

기존 예제는 직렬화 기법을 사용하지 않고, OnSaveDocumnet()와 OnOpenDocument()를 재정의(Overriding)해서 사용했었다. 그러나 우리는 직렬화 기법을 사용할 것이므로, 이 두함수의 재정의를 제거해 주어야 한다. 다음과 같이 두 함수를 제거하자.

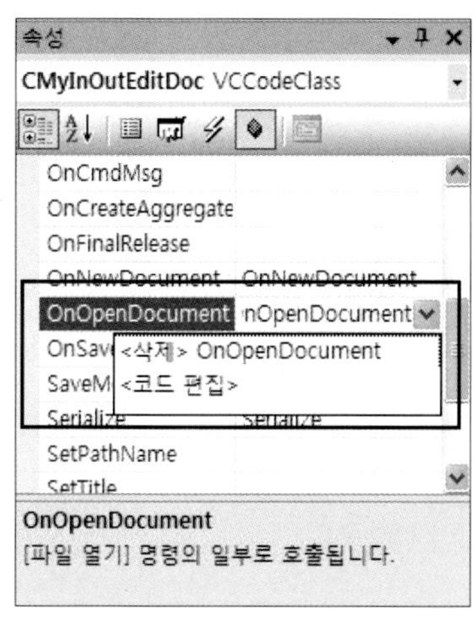

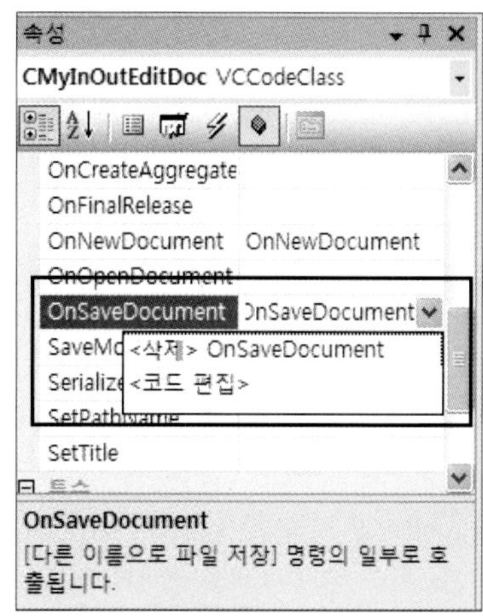

해당 코드가 모두 주석처리가 될 것이다. 그런 다음에 도큐먼트의 Serialize( ) 함수에 다음과 같이 코딩하자.

```
void CMyInOutEditDoc::Serialize(CArchive &ar)
{
        CString data;

        if (ar.IsStoring( ))
        {
                m_Edit.GetWindowText(data);
                ar << data;
        }
        else
        {
        ar >> data;
        m_Edit.SetWindowText(data);
        }
}
```


파일을 저장하는 부분은 에디트의 멤버 변수인 m_Edit의 멤버 함수 GetWindowText( )를 통해서 데이터를 얻어 내서 ar 파이프를 통해 data를 저장하였고, 파일을 여는 부분은 ar 파이프로부터 데이터를 얻어 내서 m_Edit의 멤버 함수 SetWindowText( )를 통해서 에디트로 데이터를 출력하였다. 뷰 영역의 코드는 기존 프로젝트의 코드 그대로 사용해도 되므로 수정하지 않았다. 코딩이 끝났다면 실행을 해보자.

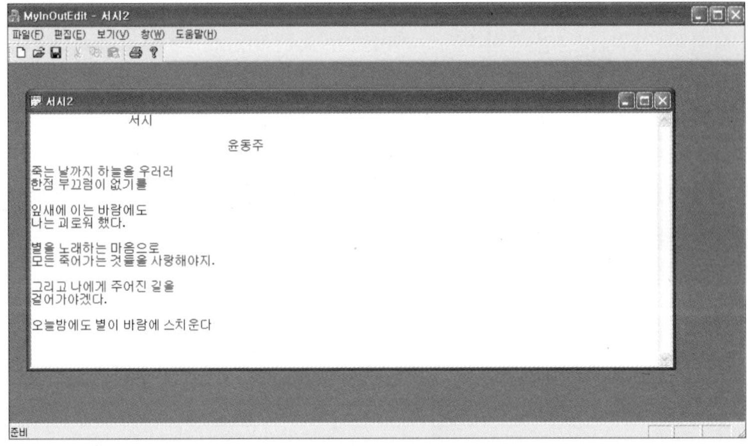

어떤가? 우선 코드 양적으로만 봐도 직렬화를 사용하지 않은 예제와 비교해 보았을 때 훨씬 코드양도 작고 간단하다는 느낌을 준다. 즉, 직렬화를 사용하게 되면 우리가 직접 파일을 생성하고 읽고, 쓰는 과정을 일일히 핸들링 해주지 않아도 되기 때문이다.

MFC의 CFile 클래스를 이용한 파일 입출력

MFC에서 제공하는 클래스인 CFile 클래스를 어떤 식으로 핸들링하여 사용할 수 있는지 그 특징에 대해 알아보고, 실제 구현을 통해 알아보도록 하자.

앞에서 MFC의 직렬화 기법에 대해서 알아보았다. 직렬화는 사용하기 편한 측면도 있지만 아무래도 시스템에서 자동으로 처리해주는 만큼 개발자가 파일 핸들링 하는데 있어서 제약사항이 있다. 그러한 이유로 MFC에서는 파일을 핸들링 하기 위해 하나의 클래스를 제공하는데, 그것이 바로 CFile 클래스이다.

사실 CFile 클래스는 이미 알게 모르게 사용하고 있다. 앞에서 OnSaveDocument( ) 함수와 OnOpenDocument( ) 함수의 기본 함수 안에서 CFile 클래스를 사용한다고 언급한 적이 있다. CFile 클래스에는 직렬화 기법에 비해 다양한 파일 핸들링이 가능하도록 멤버 객체들을 제공하며, 일일이 다 열거할 수 없을 만큼 많다. 우리는 CFile 클래스를 이용하여 파일 생성, 데이터 읽기, 쓰기 그리고 위치 제어 정도의 방법에 대해서만 알아보도록 하겠다. 나머지 다루지 않은 핸들러들에 대해서는 각자 MSDN을 참고하길 바란다.

1 ········ 파일 생성

CFile 클래스를 이용하여 파일을 생성할 때 생성자를 이용한다. 그런데 CFile 클래스 생성자는 다음과 같이 세 가지 종류가 있다.

```
① CFile( );

② CFile(HANDLE hFile);

③ CFile(
        LPCTSTR lpszFileName,
        UINT nOpenFlags
);
```

첫 번째 생성자는 파일을 생성하지 않는다. 이 경우에는 별도로 CFile::Open( ) 함수를 이용하여 파일을 생성하거나 열어야 한다. CFile의 멤버 함수인 Open( )은 에러 테스팅 옵션들과 함께 안정적으로 파일을 연다. 사용 예를 간단하게 보도록 하자.

```
CFile testfile;
CFileException e;
char *pFileName = _T("test.dat");
if( ! testfile.Open(pFileName, CFile::modeCreate | CFile::modeWrite, &e))
        {
#ifdef _DEBUG
        afxDump << _T("File could not be opened " )<< e.m_cause << _T("\n");
#endif
        }
```

CFile 클래스의 객체 testFile을 생성하였다. 생성자로는 아무런 일도 하지 않는다. 그래서
testFile 객체를 이용하여 파일을 여는데, Open( ) 함수를 이용하였다.

두 번째 생성자는 기존에 만들어진 파일 핸들을 인수로 받아서 파일을 연다. 다음 예제는
CreateFile( ) 함수를 이용하여 파일 핸들을 생성하고, 생성한 파일 핸들을 이용하여 파일을 연다.

```
HANDLE hFile = CreateFile(_T("C:\\MyFile.dat"), GENERIC_WRITE, FILE_SHARE_READ, NULL, CREATE_
ALWAYS, FILE_ATTRIBUTE_NORMAL, NULL);

        if(hFile == INVALID_HANDLE_VALUE)
                AfxMessageBox(_T("Couldn't create the file!"));
        else
        {
                CFile myFile(hFile);
                static const char sz[ ] = _T("jamsuham");
                myFile.Write(sz, lstrlen(sz));
                myFile.Close( );
        }
```

hFile이라는 파일 핸들을 생성하고, CFile 클래스를 이용하여 파일을 열었다. 그리고
"jamsuham" 이라는 문자열을 Write( ) 함수를 이용하여 입력하고, Close( ) 함수로 파일을 닫
는다.

세 번째 생성자는 자체적으로 파일을 생성하거나 연다. 이 생성자의 인수를 보면 Open( ) 함수
와 거의 흡사하다. 파일을 생성하는 부분이기 때문에 만약 파일 생성이 실패하게 되면 예외 처
리를 해야 한다. 왜냐하면 생성자는 반환 값이 없기 때문에 반환 값으로 에러 유무를 판단할 수
없기 때문이다.

```cpp
CFile *pFile = NULL;

TRY
    {
                pFile = new CFile( _T( "C:\\WINDOWS\\SYSTEM.INI"), CFile::modeRead |
CFile::shareDenyNone);
                ULONGLONG dwLength = pFile->GetLength( );
                CString str;
                str.Format( _T( "Your SYSTEM.INI file is %I64u bytes long."), dwLength);
                AfxMessageBox(str);
    }
    CATCH(CFileException, pEx)
    {
                pEx->ReportError( );
    }
    AND_CATCH(CMemoryException, pEx)
    {
                AfxAbort( );
    }
    END_CATCH

    if(pFile != NULL)
    {
                pFile->Close( );
                delete pFile;
    }
```


SYSTEM.INI라는 파일을 생성자를 이용하여 읽기 모드로 열었다. 이 때 파일 생성에 에
러가 나면 CFileException 클래스의 변수인 pEx에 에러 값이 설정되고 CATCH { } 부분
이 수행된다. 그리고 만약 메모리상의 에러가 발생하면 AND_CATCH { } 부분이 수행된다.
TRY~CATCH 문에서 예외를 처리하기 위해 제공하는 클래스가 있는데 바로 CException
이다. CATCH 문에서 사용한 예외 클래스 CFileException과 AND_CATCH 문에서 사용한
CMemoryException는 모두 CExcepion를 상속받은 클래스이다. 일반적으로 자주 접하는 버
그들의 대부분은 메모리에 접근할 때나, 파일을 입출력할 때, 네트웍 통신 중에 발생하는 에
러 등이 대부분이다. 이러한 부분에는 예외 처리를 해주어야 황당한 버그에 대비할 수 있다.

CFile 클래스로 파일을 생성한 생성자의 인수를 보면 첫 번째는 열려는 파일의 이름이 들어가
고, 두 번째는 파일을 열기 위해 설정하는 값들이 들어간다. 이 값들은 앞의 예제에서 잠깐 다루
었던 Open( ) 함수와도 비슷하게 적용되는 것들이다.

속성 값	내용
CFile::modeCreate	파일을 새로 만든다.
CFile::modeRead	읽기 위해서 파일을 연다.
CFile::modeReadWrite	읽고 쓰기 위해서 파일을 연다.
CFile::modeWrite	쓰기 전용으로 파일을 연다.
CFile::shareDenyNone	다른 모듈의 파일 접근을 허용한다.
CFile::shareDenyRead	다른 모듈이 해당 파일을 읽는 것을 허용하지 않는다.
CFile::shareDenyWrite	다른 모듈이 해당 파일에 쓰는 것을 허용하지 않는다.
CFile::shareExclusive	다른 모듈이 해당 파일에 읽기/쓰기를 모두 허용하지 않는다.
CFile::typeText	텍스트 모드이다.
CFile::typeBinary	바이너리(Binary) 모드이다.

앞에서도 언급했지만 CFile 클래스는 다양한 멤버 객체를 제공한다. 제공하는 멤버 함수의 기능으로는 파일의 생성 및 입출력 기능, 데이터 위치 제어, 데이터 상태 및 범위 값을 알 수 있고, 일정 범위의 데이터를 잠글(Lock) 수도 있다.

2······ 데이터 읽기/쓰기

먼저 데이터 읽기에 대해서 알아보자. CFile 클래스를 이용해서 데이터를 읽고자 할 때는 Read( ) 함수를 사용한다. 함수는 다음과 같다.

〈함수의 정의〉

```
virtual UINT Read(
        void lpBuf,
        UINT nCount
);

- lpBuf : 읽으려는 데이터가 들어 있는 버퍼이다.
- nCount : 읽으려는 데이터의 크기이다.
```

인수 lpBuf는 읽으려는 데이터가 들어 있는 버퍼이고, 인수 nCount는 읽으려는 크기이다. 이때 반환되는 값은 실제로 읽은 데이터의 크기가 된다. 예를 보도록 하자.

```
extern CFile *pFile;
char pBuf[100];
UINT nBytesRead = pFile->Read(pBuf, 100);
```

CFile 클래스를 이용해서 데이터를 파일에 쓸 때 Write( ) 함수를 이용한다.

〈함수의 정의〉

```
virtual void Write(
        const void lpBuf,
        UINT nCount
);
```
− lpBuf : 데이터를 쓰기 위해 할당하는 버퍼이다.
− nCount : 쓰려는 데이터의 크기이다.

Read( ) 함수와 마찬가지로 인수 lpBuf는 쓰려는 데이터를 할당하는 버퍼이고, 인수 nCount는 쓰려는 데이터의 크기이다. 실제 사용되는 예는 다음과 같다.

```
extern CFile *pFile;
char pBuf[100];
pFile->Write(pBuf, 100);
```

참고　　　　　　　　　　　　　　　Flush( ) 함수

버퍼에 있는 내용을 파일에 기록하는 일을 한다. 즉, 버퍼를 비우는 용도라고 생각해도 된다. 보통 파일을 닫을 때에 아직 처리하지 못한 버퍼의 데이터가 있다면 버퍼의 데이터를 파일에 기록해 준다.

```
virtual void Flush( );
```

3 데이터 위치 제어

저장한 파일을 읽을 때마다 항상 파일을 처음부터 끝까지 읽어야만 한다면 효율성이 떨어질 것이다. CFile 클래스는 파일의 특정 위치부터 읽기 시작하는 함수들을 제공한다. 먼저 Seek( ) 함수에 대해서 알아보자.

〈함수의 정의〉

```
virtual ULONGLONG Seek(
        LONGLONG lOff,
        UINT nFrom
);
```

− lOff : 오프셋이라고 하며 읽어야 할 파일 포인터의 위치 이동 (byte 단위)
− nFrom : 오프셋이 어디서 시작되는 값인지 지정.

첫 번째 인수 lOff(오프셋)가 설정한 위치로 파일 포인터를 이동한 후, 두 번째 인수 nFrom이 설정한 값을 통해 파일 포인터가 어디서 시작되는지 지정한다. 인수 nFrom로는 CFile::begin, CFile::current, CFile::end, 세 개의 플래그를 사용할 수 있는데, CFile::begin 플래그는 파일의 시작점이고, CFile::current 플래그는 파일의 현재 지점이며, CFile::end 플래그는 파일의 끝점을 가리킨다.

예를 들어서 파일 전체 길이가 1000바이트인데 lOff가 100이고 현재 파일 포인터의 위치가 500일 때 nFrom의 값이 CFile::begin이면 파일의 처음을 기준으로 100byte 이동한 위치가 되고, nFrom의 값이 CFile::current이면 현재의 파일 포인터 위치인 500을 기준으로 100을 더한 600이 될 것이며, nFrom의 값이 CFile::end이면 파일의 끝을 기준으로 하므로 lOff의 값은 음수이여야 하므로, -100 이라고 한다면, 파일 포인터의 위치는 900이 될 것이다. 이 장황한 설명을 그림으로 보면 이해가 빠를 것이다.

〈Seek() 함수의 파일 포인터 이동〉

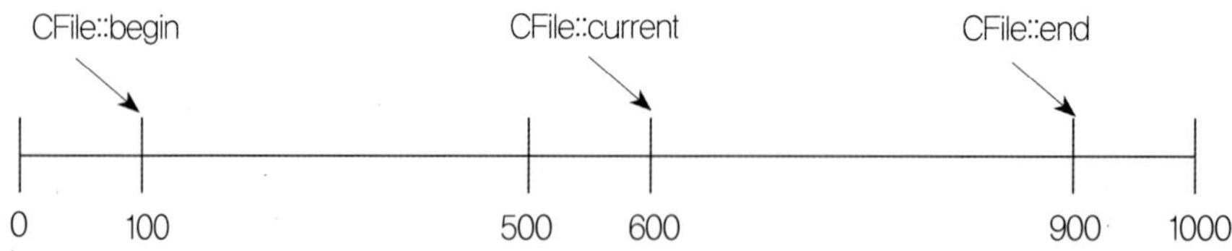

Seek() 함수 외에도 파일의 처음 위치로 이동 시켜주는 함수 SeekToBegin()과, 파일의 마지막 위치로 이동 시켜주는 함수 SeekToEnd()가 있다. 이 두 함수는 파일의 크기를 구할 때 사용하는데, 실제로 이런 식으로 사용된다. 참고로 알아두길 바란다.

```
CFile *pFile;
pFile->SeekToEnd();
DWORD dwFileSize = pFile->GetPosition();
pFile->SeekToBegin();
```

> 파일의 끝으로 이동하여 크기를 구하고
> 다시 파일의 처음으로 이동한다.

4 파일 입출력 예제

앞에서 다루었던 직렬화 예제를 재활용해 보도록 하겠다. 파일 입출력의 방식만 바꾼 것이므로 소스를 수정하는데 어려움은 없을 것이다. 먼저 앞에서 작성했던 MyInOutEdit라는 프로젝트를 열자. 그리고 다음과 같이 MyInOutEditDoc.cpp로 가서 앞선 예제에서 코딩 했던 Serialize() 함수 내부 코드를 주석처리 하거나 삭제한다.

```
void CMyInOutEditDoc::Serialize(CArchive &ar)
{
        if (ar.IsStoring( ))
        {
        }
        else
        {
        }
}
```

이제 직렬화 기법을 사용하지 않는다. 대신 CFile 클래스를 이용할 것이다. 그렇다면 과연 어디에다 구현해야 할까? 파일을 열거나 저장할 때 각각 읽기 및 쓰기를 해주어야 하므로 OnOpenDocument( ) 와 OnSaveDocument( ) 함수를 재정의(Overriding)하면 된다. 하지만 우리는 이미 앞선 예제에서 이 두 함수를 사용하고 삭제한 바 있다. 말이 삭제지 실제로는 코드상에 주석처리 되어 있을 것이다. 그래서 다시 재정의 할 필요 없이 현재 주석만 해제해주면 된다. MyInOutEditDoc.h 와 MyInOutEditDoc.cpp 파일을 열고, OnOpenDocument()와 OnSaveDocument()의 선언과 구현 부분을 주석 해제 하고, 다음과 같이 코딩하자.

〈MyInOutEditDoc.h〉

```
public:
        virtual BOOL OnOpenDocument(LPCTSTR lpszPathName);          주석을 해제한다.
                virtual BOOL OnSaveDocument(LPCTSTR lpszPathName);
```

〈MyInOutEditDoc.cpp〉

```
BOOL CMyInOutEditDoc::OnOpenDocument(LPCTSTR lpszPathName)
{
        CFile *pFile = NULL;

        TRY
                {
                        pFile = new CFile( lpszPathName, CFile::modeRead | CFile::shareDenyNone );

                                                        파일 포인터의 길이를 얻어와서
                                                        그 만큼의 메모리를 할당한다.

                        ULONGLONG dwLength = pFile->GetLength( );
                        char *pbuf = new char[dwLength];

                                                포인터 길이만큼 버퍼를 읽어온다.

                        pFile->Read(pbuf, dwLength);

                        m_Edit.SetWindowText(pbuf);
                }
                CATCH(CFileException, pEx)
```

```cpp
                {
                        pEx->ReportError( );
                }
                AND_CATCH(CMemoryException, pEx)
                {
                        AfxAbort( );
                }
                END_CATCH

        if (pFile != NULL)
        {
                pFile->Close( );
                delete pFile;
        }
        return TRUE;
}

BOOL CMyEditDoc::OnSaveDocument(LPCTSTR lpszPathName)
{
        CFile *pFile = NULL;
        CString strbuf;

        TRY
                {
                        pFile = new CFile( lpszPathName,  CFile::modeCreate |
CFile::modeWrite | CFile::shareDenyNone );

                        m_Edit.GetWindowText(strbuf);

                        ULONGLONG dwLength = pFile->GetLength( );

                        pFile->Write(strbuf, dwLength);
                }
                CATCH(CFileException, pEx)
                {
                        pEx->ReportError( );
                }
                AND_CATCH(CMemoryException, pEx)
                {
                        AfxAbort( );
                }
                END_CATCH

        if (pFile != NULL)
        {
                pFile->Close( );
                delete pFile;
```

```
        }
        return TRUE;
}
```

실행 시켜서 데이터 [저장] 및 [열기]를 해보자. 파일 입출력 방식만 바뀌였을 뿐이지 실행 결과
는 기존 예제와 다를 바 없다.

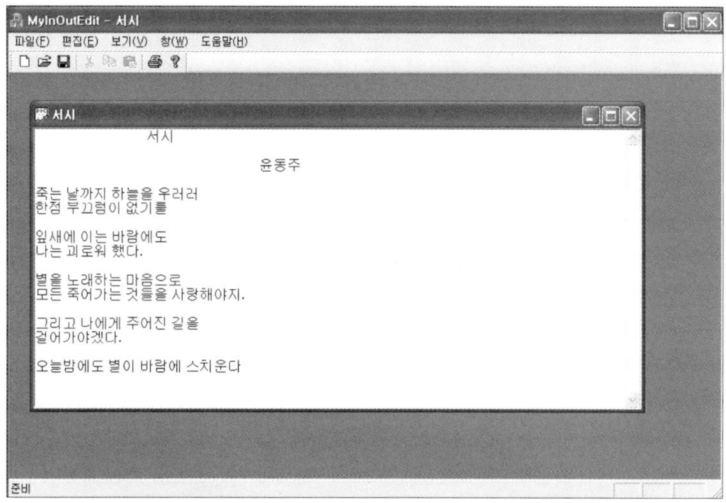

OnOpenDocument( ) 함수는 [열기] 메뉴를 선택했을 경우 [열기 대화 상자]가 나타나면서 파
일을 선택하여 열 수 있도록 하는 함수이다. CFile 생성자로 인해서 파일을 생성하고, Read( )
함수로 데이터를 읽어 와서 SetWindowText( ) 함수로 에디트에 출력한다.

OnSaveDocument( ) 함수는 [저장] 메뉴를 선택했을 경우 [저장 대화 상자]가 나타나면서 파
일명을 쓰고 저장할 수 있도록 하는 함수이다. 이 함수 또한 마찬가지로 CFile 생성자로 인해서
파일을 생성하고 GetWindowText( ) 함수로 에디트의 문자열을 얻어 온다. 그리고 문자열을
스트링 버퍼에 넘겨주고 Write( ) 함수로 스트링 데이터를 파일에 쓰도록 한다.

추가로 Seek() 함수를 이용하여 데이터 위치를 변경하여 출력해보자. 다음과 같이 굵은 글씨체
부분의 코드를 추가하자.

〈MyInOutEditDoc.cpp〉

```
BOOL CMyInOutEditDoc::OnOpenDocument(LPCTSTR lpszPathName)
{
        CFile *pFile = NULL;
        TRY
                {
                        pFile = new CFile( lpszPathName, CFile::modeRead | CFile::shareDenyNone );
                        ULONGLONG dwLength = pFile->GetLength( );
```

```
                    char *pbuf = new char[dwLength];
                    pFile->Seek(51, CFile::begin);
                        pFile->Read(pbuf, dwLength);
    ...------------ 중간 생략 -------------

}
```

오프셋의 값이 51이고, CFile::begin이므로 파일의 처음을 기준으로 51바이트 이동한 위치에서 부터 읽어들인다. 서시.txt 파일을 열면 다음과 같이 51바이트 이동한 지점부터 출력한다.

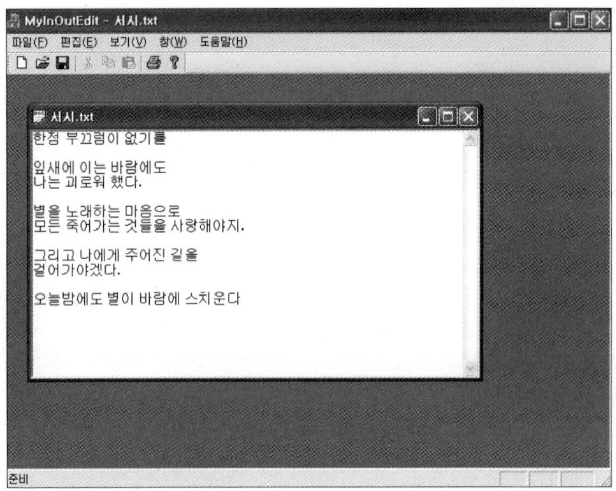

마치면서

파일을 다룰 수 있는 입출력 라이브러리에는 다음과 같이 4종류로 나눌 수 있다.

1 C 런타임 입출력 라이브러리 : FILE 구조체를 이용한 C 런타임 입출력 라이브러리로 고수준 입출력 방식과 저수준 입출력 방식으로 나뉜다.
- 고수준 입출력 방식 : 스트림 기반이다.
- 저수준 입출력 방식 : 파일 핸들 기반이다.

2 C++ 입출력 라이브러리 : Iostream 라이브러리를 기반으로 한다.

3 Win32 API를 이용한 파일 입출력
윈도우에서 직접 제공하는 파일 입출력 API 함수로는 CreateFile( ), ReadFile( ), WriteFile( ) 함수 등이 있다.

4 MFC를 이용한 파일 입출력
파일 입출력을 제공하는 MFC 클래스 라이브러리로는 직렬화(Serialization)과 CFile이 대표적인데, 다양한 파일 핸들링을 위해서는 CFile을 사용하는 것이 적합하다.

PART 12
스레드

이번 장은 스레드에 대해서 알아보기로 한다. 스레드란 어떤 것인지, 프로그램 내에서 왜 필요하고, 효율성을 얼마나 극대화시켜 주는지 알아볼 것이다. 공장의 기계들이 하나가 아닌 수십, 수백 대가 일사 분란하게 서로의 범위를 침범하지 않고 동시에 수행되고 있는 모습을 상상해 보라. 그 시스템을 나 자신이 만든다고 한다면 어떤 전율감이 느껴질 것이다. 스레드의 효율적인 사용을 통해 프로그래밍 실력이 한층 업그레이드 되기를 기대한다.

스레드

이번 섹션에서는 프로세스와 스레드의 개념에 대해서 알아보고, 스레드의 필요성과
장점에 대해서 알아보도록 하자.

1 ········ 프로세스와 스레드

프로세스란 현재 메모리에 로드되어(Load) 실행되고 있는 프로그램을 말한다. 하드디스크에 저
장된 실행(.exe) 프로그램을 실행하면, 그 프로그램은 메모리에 로드되고, 프로세스가 된다.
여기서 보통은 프로세스와 프로그램을 혼동할 수 있으나, 구분을 짓자면 프로세스는 실행 중인
프로그램의 한 인스턴스라고 할 수 있다. 즉, 프로그램이 실행된다는 것은 하나의 프로세스가
생성되는 것으로 이해하면 된다. 프로세스는 실행 단위로 구분을 짓기 때문에, 하나의 프로그램
을 여러 번 실행하면, 같은 프로그램이지만, 여러 개의 프로세스가 생성된다.

프로세스가 프로그램의 실행 단위이지만, 실제로 실행 주체는 아니다. 실질적으로는 프로세스
내에서 스레드가 작업을 해준다. 스레드란 하나의 프로세스에서 내부적으로 서로 다르게 수행
되는 코드 영역이다. 스레드는 기본적으로 프로세스 내에 하나 이상의 스레드가 있을 수 있으
며, 필요에 의해서 사용자가 여러 개의 스레드를 생성할 수 있다. 즉, 프로세스를 하나의 시스
템이라고 한다면, 시스템 안에서 돌아가는 각각의 부분들이 스레드라고 할 수 있다.

이해를 돕기 위해 예를 하나 들어 보도록 하겠다. 일상의 집을 프로세스라고 하고 집에 거주하
는 가족 구성원 각각을 스레드라고 가정하자. 집이라는 하나의 프로세스 안에, 가족 구성원이라
는 스레드가 존재하고, 이들은 여러 공간(주방, 화장실, 거실 등)과 여러 자원(TV, 냉장고, 세탁
기 등)을 공유한다. 그리고 각 구성원(스레드)은 집(프로세스) 안에서 서로 간섭받지 않고 각자
의 일을 수행하게 된다. 이렇게 하나의 프로세스 안에서 각각 독립적으로 스레드가 수행되는 것
을 멀티 스레딩이라고 한다.

가족 구성원 각자가 자신의 작업을 독립적으로 수행하더라도 공통 자원을 사용하면 서로 지켜
야 할 규칙이 있을 수 있다. 예를 들어 화장실 같은 경우는 동시에 공유할 수 없으며, 가족 구성
원이 개별적으로 사용해야 한다. 프로그래밍 관점에서는 뒤에서 배울 스레드의 동기화와 관련
이 있다.

프로세스와 스레드가 어떤 개념인지, 어느 정도 윤곽은 잡혔을 것으로 생각한다. 이제 스레드를
이용한 프로그래밍 예제를 통해 스레드의 장점을 살펴보도록 하자.

새 프로젝트를 생성하자. [프로젝트 명]은 SingleThread라고 명칭하고, [응용 프로그램 종류]
는 대화 상자 기반으로 하자. 나머지 옵션은 디폴트로 한다. 그리고 대화 상자에 다음과 같이 컨
트롤들을 배치한다. 예제는 1부터 임의의 수까지의 합을 구하는 프로그램(단일 프로세스)이다.

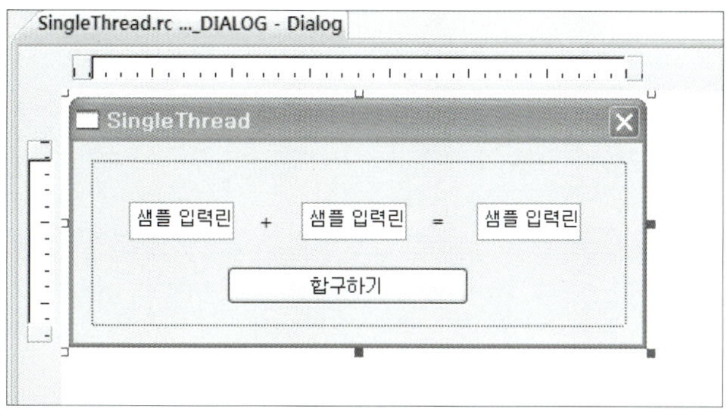

각 컨트롤의 속성은 다음과 같다.

컨트롤	ID	속성
Edit Box	IDC_EDIT_START	
Edit Box	IDC_EDIT_END	
Edit Box	IDC_EDIT_RESULT	
Button	IDC_BTN_SUM	Caption : 합구하기
Static Text	IDC_STATIC	Caption :
Static Text	IDC_STATIC	Caption : =

배치가 끝났으면 3개의 에디트 컨트롤 각각에 멤버 변수를 추가한다. 해당 에디트 컨트롤을 선
택하고 마우스 오른쪽 버튼을 눌러 컨텍스트 메뉴에서 [변수 추가]를 선택한다. 첫 번째 에디트
IDC_EDIT_START에는 멤버 변수를 m_nStart로 추가하고, 타입은 UINT로 한다.

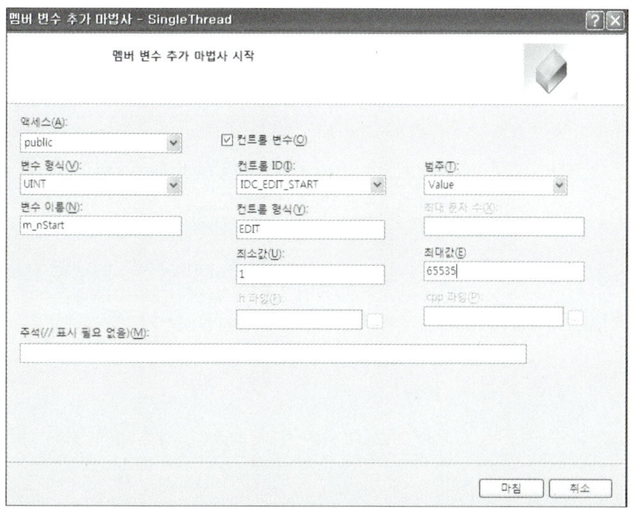

두 번째 에디트 컨트롤 IDC_EDIT_END에는 멤버 변수를 m_nEnd로 추가하고, 타입은 마찬가지로 UINT로 한다.

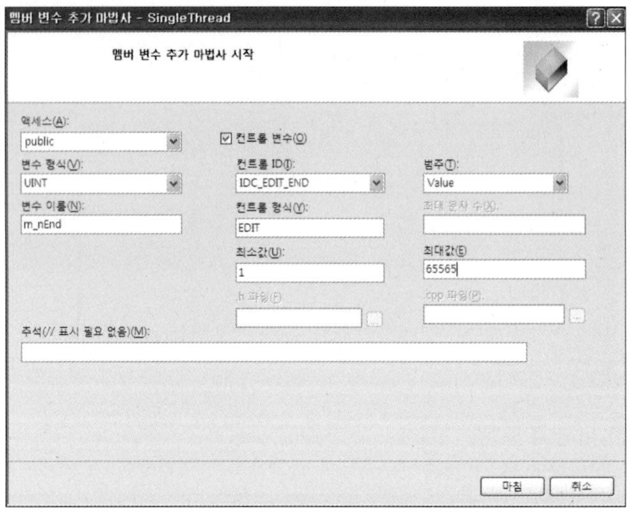

세 번째 에디트 컨트롤 IDC_EDIT_RESULT에도 다음과 같이 멤버 변수 m_nResult로 추가하고, 타입은 UINT로 한다.

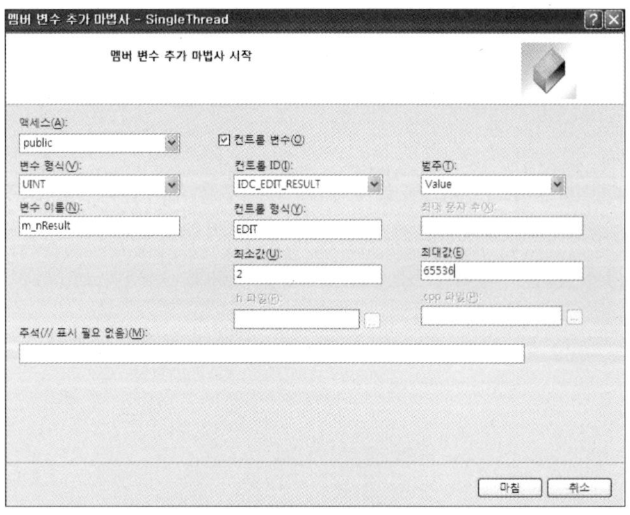

그리고 [합구하기] 버튼의 이벤트 처리기를 추가한다. 대화 상자의 [합구하기] 버튼을 선택하고 더블 클릭 하여 생성하거나, 오른쪽 마우스 버튼을 눌러 컨텍스트 메뉴를 보면 [이벤트 처리기 추가] 메뉴가 나타나는데, 선택하자.

이제 컨트롤들에 관한 설정이 모두 끝났다. 코드를 보고, 부족한 내용을 추가해 보도록 하자.

〈SingleThread.h〉

```
protected:
        afx_msg void OnBnClickedBtnSum( );
private:
        UINT m_nStart;
        UINT m_nEnd;
        UINT m_nResult;
```

에디트 컨트롤의 멤버 변수 추가 및 버튼의 이벤트 처리기의 자동 생성에 의한 헤더 선언 코드
이다.

〈SingleThread.cpp〉

```
void CSingleThreadDlg::OnBnClickedBtnSum( )
{
        m_nResult = 0;
        UpdateData(TRUE);
        for(int i = m_nStart; i < m_nEnd; i++)
        {
                m_nResult += i;
        }
        SetDlgItemInt(IDC_EDIT_RESULT, m_nResult);
}
```

실제로 입력한 두 수의 합을 구하여 결과 값을 에디트 컨트롤에 보여주는 코드이므로, [합 구하
기] 버튼에 대한 이벤트 처리기만 코딩하면 될 것이다. 맨 먼저 UpdateData(TRUE)를 해 줌으
로써, 에디트 컨트롤에 입력된 값을 각 멤버 변수(m_nStart, m_nEnd)로 넘겨준다. 그리고 각
멤버 변수의 범위만큼 루프를 돌려서 m_nStart부터 m_nEnd까지의 합을 구해 결과 에디트 컨
트롤에 표시한다.

코드 입력이 끝났으면 빌드 및 실행을 해보자. 다음은 실행 화면이다. 예를 들어 1부터 1,000
까지 입력하고, 합 버튼을 누르면 1부터 1,000까지의 합 연산이 진행되고, 2-3초 후에 연산
결과가 나온다.

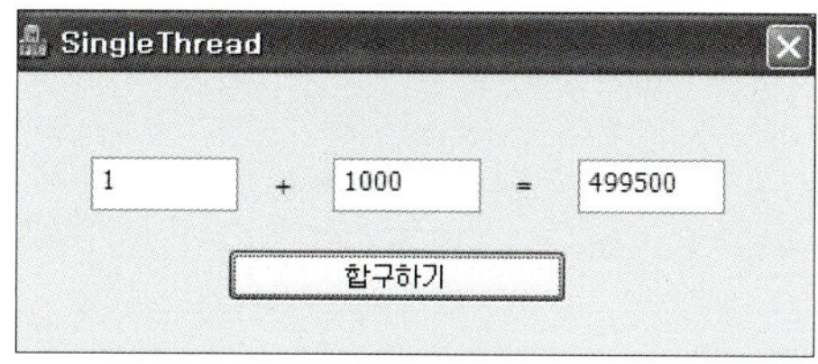

여기서 주목할 점은 이 코드는 하나의 프로세스로써 처리를 메인(Main) 스레드에서 하고 있다.
앞서 설명했지만, 프로세스 내에는 반드시 하나의 스레드가 존재한다고 했는데, 그것이 메인 스
레드이다.

프로그램의 [합구하기] 버튼을 누르면 연산을 하는 동안 모든 동작이 연산 외에는 정지 상태가 된다. 예를 들어 연산 중에 에디트 컨트롤을 클릭해도 커서가 생기지 않고, 버튼을 눌러도 반응하지 않는다. 이는 메인 스레드가 for 루프로 인해 자원을 점유하지 못하고, 루프가 끝날 때까지 기다려야 한다. 루프를 실행하는 동안 메인 스레드에서 메시지 감지를 못하고 있는 것이다. 이것이 구조적 프로그래밍의 단점이고, 멀티 태스킹 환경에 적합하지 않은 구조이다. 이러한 문제를 해결하기 위해 스레드를 사용해야 한다. 앞의 예제를 수정하여 이 문제를 해결해 보도록 하자.

앞선 예제 코드에서 스레드 코드만 다음과 같이 추가하면 된다. 헤더 파일에 다음과 같이 스레드 함수의 원형을 선언한다. 스레드 선언은 하나의 규칙이 있는데, 타입은 UINT로 하고, 반드시 매개 변수 void* lParam을 넘겨주어야 한다.

〈SingleThread.h〉

```
public:
static UINT ThreadProc(void *lParam);
```

구현 파일을 보면 앞선 [합구하기] 버튼의 이벤트 처리기인 OnBnClickedBtnSum() 함수의 기존 코드를 모두 주석 처리하고, 다음과 같이 재작성한다.

〈SingleThread.cpp〉

```
void CSingleThreadDlg::OnBnClickedBtnSum( )
{
        /*m_nResult = 0;
        UpdateData(TRUE);
        for(int i = m_nStart; i < m_nEnd; i++)
        {
                m_nResult += i;
                SetDlgItemInt(IDC_EDIT_RESULT, m_nResult);
        }*/

        UpdateData(TRUE);
        AfxBeginThread(ThreadProc, this);
}

UINT CSingleThreadDlg::ThreadProc(void *lParam)
{
        CSingleThreadDlg *pDlg = (CSingleThreadDlg *)lParam;
        for(int i = pDlg->m_nStart; i < pDlg->m_nEnd; i++)
        {
                pDlg->m_nResult += i;
                pDlg->SetDlgItemInt(IDC_EDIT_RESULT, pDlg->m_nResult);
        }
        return 0;
}
```

ThreadProc( ) 함수를 보면 lParam을 통해 현재 CSingleThreadDlg 자신의 포인터를 넘겨받는다. 얼핏 보면 스레드가 CSingleThreadDlg의 멤버 함수처럼 보일 수 있으므로, 자신의 포인터를 왜 넘기는지 의문을 가질 수 있다. 하지만, 스레드 자체는 누구의 멤버 함수도 아니기 때문에 무언가를 참조하기 위해서는 그에 해당하는 객체 포인터나 부모의 객체 포인터를 넘겨 받아야 한다.

OnBnClickedBtnSum( ) 함수 내부에서 AfxBeginThread(ThreadProc, this) 함수를 통해 ThreadProc 스레드를 실행시키고, this로 스레드에게 자신을 포인터로 넘기며, 스레드 내부에서 m_nStart부터 m_nEnd까지의 합을 구한다.

코드 입력이 끝났다면 빌드 및 실행을 해보자. [합구하기] 버튼을 눌렀을 때, 앞의 예제와는 달리 연산 중에 에디트 컨트롤에 커서 입력이나 버튼 입력이 가능하다. 이것은 스레드가 합 연산을 독립적으로 수행하고 있고, 프로세스 자체, 즉, 메인 스레드에서는 루프와 상관없이 동작하고 있기 때문이다.

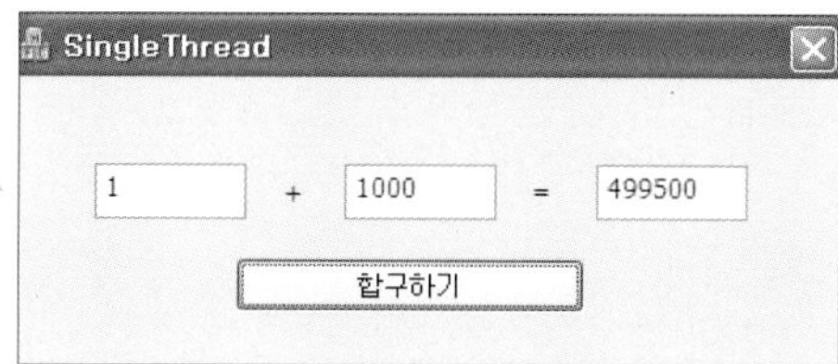

여기서 중요한 함수 하나를 보고 가자. AfxBeginThread( ) 함수는 MFC에서 스레드를 실행하는 함수로 정의가 두 가지로 구분된다. 왜냐하면 쓰임이 각각 다른 오버로딩(Overloading) 함수이기 때문이다. 뒤에서 설명하겠지만, 스레드의 종류는 두 가지로 구분하는데, 이는 각각 작업자 스레드와 사용자 인터페이스 스레드로 실행 방식 및 용도가 다르다.

〈함수의 정의〉

```
CWinThread *AfxBeginThread(
        AFX_THREADPROC pfnThreadProc,
        LPVOID pParam,
        int nPriority = THREAD_PRIORITY_NORMAL,
        UINT nStackSize = 0,
        DWORD dwCreateFlags = 0,
        LPSECURITY_ATTRIBUTES lpSecurityAttrs = NULL
);

CWinThread *AfxBeginThread(
        CRuntimeClass *pThreadClass,
        int nPriority = THREAD_PRIORITY_NORMAL,
        UINT nStackSize = 0,
        DWORD dwCreateFlags = 0,
        LPSECURITY_ATTRIBUTES lpSecurityAttrs = NULL
);
```

- pfnThreadProc : 작업을 수행할 함수의 주소가 들어간다.
- pParam : 스레드 실행 시 스레드 함수에 전달되는 인자이다.
- nPriority : 스레드 실행의 우선 순위이다.
- nStackSize : 스레드가 사용할 스택의 최대 크기이다.
- dwCreateFlags : 스레드 생성하고 바로 실행할 것인지, 대기할 것인지를 설정한다.
- lpSecurityAttrs : SECURITY_ATTRIBUTES 구조체의 포인터가 들어간다.

pfnThreadProc는 작업을 수행할 스레드 함수 포인터가 들어가고, pParam의 타입은 LPVOID 혹은 void*이므로 어떤 타입의 데이터라도 올 수 있으며 주소 값만 전달되면 된다. nPriority 의 디폴트 값으로는 스레드를 생성시킨 주 프로세스와 같은 우선순위를 갖는다. nStackSize 의 디폴트 값을 0으로 하면 프로세스가 생성되면서 실행되는 메인 스레드와 크기가 같게 할 당된다. 거의 변경할 일이 없으므로 디폴트 값을 사용한다. dwCreateFlags를 CREATE_ SUSPENDED라고 설정하면 스레드는 생성되지만 실행은 되지 않는다. 이렇게 생성된 스레드 는 ResumeThread( ) 함수를 이용하여 스레드를 재시작할 수 있다. 인수 lpSecurityAttrs는 보안 속성을 설정하는데 사용된다. 이 값 또한 디폴트로 NULL 값을 사용한다.

2 스레드의 필요성

프로세스의 실행 주체는 스레드라고 하였다. 프로세스는 하나 이상의 스레드로 구성되어 있으 며, 여러 개의 스레드가 실행되는 것을 멀티스레드라고 한다. 윈도우 운영체제가 기본적으로 채 택한 개념인 멀티태스킹처럼 시스템 효율을 극대화해 준다. 멀티태스킹은 프로세스 단위로 여 러 프로세스가 동시에 실행되는 것처럼, 멀티스레드는 한 프로세스 내에서 여러 개의 스레드가 동시에 실행되므로 시스템의 효율성을 극대화해 준다.

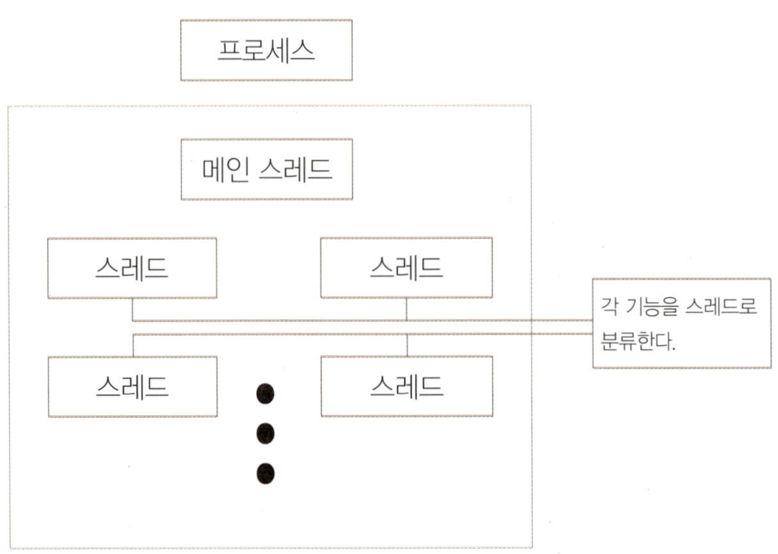

예를 들어, MS 워드 프로그램을 보면, 문서 작성 중에 사용자로부터 입력을 받음과 동시에 맞춤법 검사도 하고 있다. 만약 이러한 기능을 하나의 프로세스에서 구현한다면, 입력받는 동안에는 맞춤법 검사가 잠시 중단되고, 입력이 끝나야 그제서야 다시 맞춤법 검사를 하게 된다. 도스 시절의 구조적 프로그램의 전형이다. 또한 작성한 문서를 출력하는 경우를 보아도, 한 프로세스에서 구현한다면, 인쇄 기능이 실행되는 동안에 워드는 다른 기능을 실행하지 못할 것이다.

정리하면 프로그램에서 한 가지 이상의 기능을 구현할 때에는 단일 프로세스로 구현하는 것보다는 각 기능별로 스레드로 분리하여 멀티스레드로 구현하는 것이 프로그램의 효율성 측면에서 유리하다.

3 스레드의 장점

스레드의 필요성에 대해서 개념적으로 이해하였으리라 생각한다. 컴퓨팅 관점에서 멀티스레드가 갖는 장점이 무엇인지 살펴보도록 하자.

■ 처리 속도가 향상된다.

하나의 스레드로 프로그램을 구현한다면, 작업은 매우 순차적으로 진행될 것이다. 앞에서 멀티스레드를 왜 사용하는지 이유를 밝혔듯이, 한 프로세스에서 하나의 스레드만 사용한다면, 다음과 같이 총 작업 시간이 길어진다.

〈단일 스레드 작업 구성〉

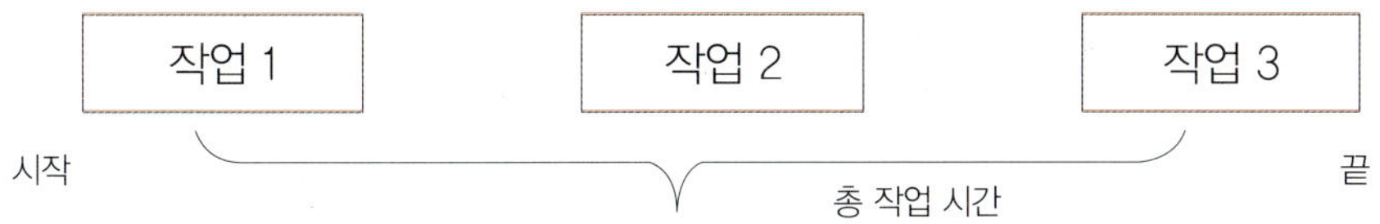

그러나 멀티스레드를 이용한다면 여러 작업을 동시에 처리하는 경우 처리 시간이 가장 긴 작업이 전체 작업의 총 소요 시간이 된다. 그러므로 단일 스레드에 비해 처리 속도가 향상된다. 다음 그림의 작업 구성을 보면 [작업 2]의 처리 시간이 전체 작업의 총 소요 시간이 된다.

〈멀티스레드 작업 구성〉

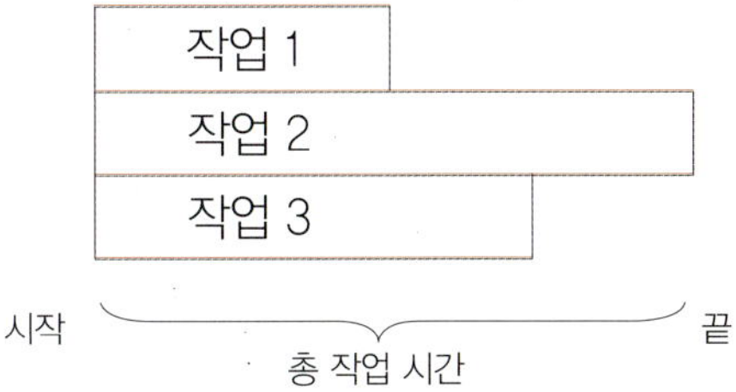

■ CPU 사용률이 높아진다.

PC의 사양이 높아지면서, CPU의 속도는 상상을 초월할 만큼 빨라졌다. 하지만 통신 포트나 하드웨어 기기들은 이러한 CPU 속도에 못미치는 경우가 대부분이다. 즉, CPU가 대기하는 시간이 길어지면 그만큼 컴퓨팅의 효율성은 떨어지는 것이다. 이러한 경우 멀티스레드를 이용하면 CPU가 대기하는 시간 없이 바로 다른 작업을 할 수 있기 때문에 매우 효율적이라 할 수 있다.

■ 안정성이 향상된다.

스레드별로 기능을 구현하면, 하나의 스레드가 멈추게 되더라도 다른 스레드에 영향을 미치지 않으므로, 전체 시스템의 관점에서 안정적이라 할 수 있다.

스레드 프로그래밍

스레드의 종류에 대해서 알아보고, 스레드 제어에 대해 알아 볼 것이다. 실제 스레드를 구현해 봄으로써 동작 방식을 정확하게 이해할 수 있을 것이다.

앞서 스레드의 필요성을 설명하면서 MFC에서 지원하는 스레드 함수에 대해 알아보았는데, 다음과 같이 두 가지로 구분할 수 있다.

– 작업자 스레드(Worker Thread)
– 사용자 인터페이스 스레드(User Interface Thread)

작업자 스레드는 사용자로부터의 입력과 관련이 없는 작업을 처리하는 용도로 사용하고, 사용자 인터페이스 스레드는 일반적으로 사용자로부터의 입력을 처리하고 사용자가 생성한 이벤트와 메시지에 응답하는데 사용된다. 이 두 가지의 사용법에 대해서 구체적으로 알아보자.

1 ········ 작업자 스레드

작업자 스레드(Worker Thread)는 특정 작업을 처리하기 위해 구동되는 함수이다. 단지, 함수가 스레드 메커니즘(Mechanism)에 의해서 구동되기 때문에 독립적이라는 장점이 있다. 스타크래프트라는 게임에서 보면 종족마다 반드시 일꾼이 있다. 그 일꾼들은 미네랄을 캐낼 장소만 정해 주면 스스로 알아서 스레드처럼 독립적으로 일을 한다. 작업자 스레드의 개념을 마치 스타크래프트의 일꾼처럼 서로간에 영향을 주지 않고 독립적으로 동작하는 형태라고 생각하면 된다.

작업자 스레드를 생성하려면 다음과 같이 AfxBeginThread( ) 함수를 호출하면 된다. 이 함수로 작업자 스레드에게 실행할 함수와 매개 변수를 넘겨주었다.

```
CWinThread *pThread = ::AfxBeginThread(ThreadWorker, &lpParameter);
```

그렇다면 작업자 스레드가 실행할 함수는 어떤 형태로 구동되는지 보도록 하겠다.

```cpp
UINT ThreadWorker(LPVOID pParam)
{
        UINT nWorkTime = (UINT)pParam;
        for(int i = 0; i < nWorkTime; i++)
        {
                [작업할 내용]

        }
}
```

이렇게 해주면 ThreadWorker ( )는 주 프로세스와 함께 구동되고, pParam 매개 변수로부터 필요한 정보를 받을 수 있다. 보통 스레드를 이용한 작업들은 단발성 작업보다는 오래 걸리는 작업들이다. 그래서 for 문이나 while 문과 같은 루프문을 이용하여 장시간의 작업들을 수행한다.

여기서 인수 pParam은 LPVOID형이다. 즉, 임의로 타입을 사용자가 캐스팅(Casting)하여 넘기되, 4바이트 변수이다. 만약에 스레드에 한 개의 인수가 아닌 두 개 이상의 인수를 넘겨야 하는 경우에는 어떻게 해야 할까? 쉽게 생각할 수 있는 것은 구조체를 이용하는 것이다. 앞에서는 잠깐 언급만 하고 넘어갔지만, 구조체를 이용하여 어떻게 매개 변수를 넘겨주는지 보도록 하겠다.

```cpp
typedef struct tagTHREADPARAMS
{
                [여기에 필요한 변수들을 선언한다.]
예) INT a, b, c;

}THREADPARAMS;
```

필요한 변수를 구조체 내에 선언하고, 이 구조체의 포인터를 스레드의 인수로 넘겨주면 된다.

```cpp
THREADPARAMS *pThreadParams = new THREADPARAMS;
CWinThread *pThread = ::AfxBeginThread(ThreadWorker, pThreadParams);
```

ThreadWorker( )를 스레드 함수로 실행하고, pThreadParams 매개 변수를 넘겨주었다. ThreadWorker ( )는 다음과 같이 인수를 받는다.

```cpp
UINT ThreadWorker (LPVOID pParam)
{
        THREADPARAMS *pThreadParams = (THREADPARAMS *)pParam;
        pThreadParam->a;
        pThreadParam->b;
        pThreadParam->c;


        ......................
        return 0;
}
```

다음과 같이 필요한 값을 구조체 포인터를 캐스팅하여 사용하면 된다. 이렇게 하면 작업자 스레드에 어떠한 자료형의 정보라도 넘겨줄 수 있다.

2   사용자 인터페이스 스레드

사용자 인터페이스 스레드는 작업자 스레드와 다른 성격을 가지고 있다. 작업자 스레드는 무형의 백그라운드 작업이나 장시간 반복되는 작업의 경우에 사용되고, 프로세스에 매우 종속적이라고 할 수 있다. 그러나 사용자 인터페이스 스레드의 경우에는 자체의 윈도우와 메시지 루프를 가지고, 메시지 처리를 하는 독립적인 형태라고 볼 수 있다. 대표적인 예로는 윈도우 탐색기를 들 수 있는데, 왼쪽과 오른쪽 뷰가 분할되어 트리와 리스트를 보여주며 모든 윈도우 메시지에 대해서 반응한다.

사용자 인터페이스 스레드를 만드는 경우 먼저 CWinThread 클래스에서 상속받아서 클래스를 파생해야 한다.

```cpp
class CUserInterface : public CWinThread
{
        DECLARE_DYNCREATE(CUserInterface)
        public:
        virtual BOOL InitInstance( );
        virtual int ExitInstance( );
}
```

사용자 인터페이스 스레드는 주 프로세스와는 별도로 수행되며 눈에 보이는 인터페이스를 갖기 때문에 다음과 같이 CFrameWnd 클래스를 상속받은 CUIFrame 클래스를 통해서 인터페이스를 생성한다.

```cpp
BOOL CUserInterface::InitInstance( )
{
        CUIFrame *pFrame = new CUIFrame;
        m_pMainWnd = pFrame;

        pFrame->LoadFrame(IDR_MAINFRAME, WS_OVERLAPPEDWINDOW | FWS_ADDTOTITLE,
NULL, NULL);

        pFrame->ShowWindow(SW_SHOW);
        pFrame->UpdateWindow( );

        return TRUE;
}

int CUserInterface::ExitInstance( )
```

```
{
        return CWinThread::ExitInstance( );
}
```

다음은 CFrameWnd 클래스를 상속받은 CUIFrame 클래스이다.

```
class CUIFrame : public CFrameWnd
{
        DECLARE_DYNCREATE(CUIFrame)
        afx_msg void OnLButtonDown(UINT nFlags, CPoint point);
}
```

마우스 왼쪽 버튼 클릭에 대한 메시지 처리기를 선언하였다. 버튼이 클릭되면, 사용자 인터페이스 스레드는 주 프로세스와는 독립적으로 메시지를 받아 처리한다. 사용자 인터페이스 스레드를 실행할 때도 작업자 스레드와 마찬가지로 AfxBeginThread( ) 함수를 사용하는데, 앞서 설명했던 바와 같이 오버로딩(Overloading)된 함수이므로 매개 변수의 쓰임이 다르다. 사용자 인터페이스 스레드를 생성하는 코드는 다음과 같다.

```
CWinThread m_pUIThread = (CUserInterface *)AfxBeginThread(RUNTIME_CLASS(CUserInterface));
```

작업자 스레드와는 달리 첫 번째 인자로 주어지는 것이 CRuntimeclass 의 포인터로써 RUNTIME_CLASS 매크로를 사용하였다.

3 스레드 실행 제어

AfxBeginThread( ) 함수를 사용하여 스레드를 생성한다고 하였다. 이때 반환되는 값은 CWinThread의 포인터이다. 즉, 현재 실행한 스레드의 핸들을 반환한다는 의미이다. 이 핸들을 이용하여 스레드를 동작하게 할 수도 멈추게 할 수도 있다. 제어가 가능하다는 말이다.

1) 스레드 제어하기

스레드를 생성할 때 ::AfxBeginThread( ) 함수의 인수 중에 dwCreateFlags가 있었다. 디폴트(0)로 설정하면 스레드가 생성되는 동시에 실행이 되는데, 스레드가 실행되는 동안 ::SuspendThread( ) 함수를 호출하면 스레드 동작을 멈출 수 있다. 아니면 처음부터 스레드를 생성할 때 인수 dwCreateFlags 값을 CREATE_SUSPENDED로 설정하면 스레드가 멈추어 있는 상태로 생성된다. 다음은 스레드의 실행이 멈추어진 상태로 생성되는 예이다.

```
CWinThread *pThread = ::AfxBeginThread(ThreadWorker, pThreadParams, THREAD_PRIORITY_NORMAL, 0,
CREATE_SUSPENDED, NULL);
```

다음은 디폴트로 설정하여 스레드를 생성함과 동시에 실행이 되는 경우이다. 이때 스레드를 멈추려면 다음과 같이 SuspendThread( ) 함수를 이용한다.

```
CWinThread *pThread = ::AfxBeginThread(ThreadWorker, pThreadParams);
pThread->SuspendThread( );
```

동작이 멈춘 스레드를 다시 시작하려면 멈추기와 마찬가지로 CWinThread 클래스의 포인터를 이용하여 다음과 같이 ResumeThread( ) 함수를 호출하면 된다.

pThread->ResumeThread( );

스레드가 멈춰 있다는 말은 CPU를 전혀 점유하지 못한다는 말이다. 그래서 어떤 처리를 해야 함에도 불구하고 전혀 작업을 하지 못하는 상황이 되는 것이다.

일정 시간 동안 프로세스 및 스레드를 멈추는 함수로 Sleep( ) 함수가 있다. 단위는 1,000분의 1초로 설정한다. 예를 들어 1초 동안 스레드 동작을 멈추려면 다음과 같이 한다.

Sleep(1000);

이 시간 동안은 CPU를 점유하지 않고, 다른 CPU에게 사용권을 넘겨주게 된다. 행여나 계속 모니터링을 해야 하는 프로그램의 경우 루프문을 계속 돌아야 하는 경우가 있다. 이런 경우에 CPU의 점유를 독식할 수 있기 때문에 시스템의 마비가 올 수도 있다. 이때 루프 한 번 돌 때마다 Sleep(10)과 같은 코드를 넣어 주면 CPU를 독식하지 않고 프로세스가 원활하게 동작할 것이다.

2) 스레드 종료하기

제어 함수가 끝나거나 스레드 실행을 완료할 수 없는 경우 스레드는 정상적으로 종료한다. 만약 MS 워드에서 인쇄를 할 때 스레드를 사용했다면, 인쇄가 끝나면 제어 함수도 정상적으로 종료된다. 하지만 중간에 인쇄 작업을 취소하면 백그라운드로 실행되던 인쇄 작업이 완전 종료해야 한다. 스레드 종료에 대해서 그리고 스레드 종료 후 종료 코드를 가져오는 방법에 대해서 알아 보도록 하자.

■ 정상 종료의 경우

작업자 스레드의 경우 스레드를 정상 종료하는 것은 매우 간단하다. 제어 함수를 끝내고 종료 이유를 알리는 값만 반환하면 된다. AfxEndThread( ) 함수나 return 문을 사용하여 스레드를 종료할 수 있는데, 대개는 return 문을 사용한다.

사용자 인터페이스 스레드의 경우도 간단하다. 사용자 인터페이스 스레드 내에서 PostQuitMessage( ) 함수를 호출하거나, PostThreadMessage( ) 함수를 이용하여 해당 스레드의 메시지 큐에 WM_QUIT 메시지를 보내면 된다.

〈함수의 정의〉

```
void PostQuitMessage(int nExitCode);
```

- nExitCode : 종료 코드

■ 완전 종료의 경우

스레드를 완전히 종료하려면 스레드 내에서 AfxEndThread( ) 함수를 호출하면 된다. 매개 변수에는 원하는 종료 코드를 전달한다. 이 함수를 호출함으로써 스레드 실행의 중단, 스택의 할당 해제, 스레드에 링크된 모든 DLL의 분리 및 스레드 객체가 메모리에서 삭제된다.

〈함수의 정의〉

```
void AFXAPI AfxEndThread(
        UINT nExitCode,
        BOOL bDelete = TRUE
);
```

- nExitCode : 종료 코드
- bDelete : 스레드 객체 삭제 여부 결정

인수 bDelete는 메모리의 스레드 객체를 삭제하겠다는 뜻으로 디폴트 값은 TRUE이다.

■ 종료 코드 검색

스레드의 종료 코드를 알고 싶을 때 사용하는 함수가 GetExitCodeThread( ) 함수이다.

```
BOOL GetExitCodeThread(
        HANDLE hThread,
        LPDWORD lpExitCode
);


- hThread : 스레드 핸들
- lpExitCode : 스레드 종료 코드 포인터
```

첫 번째 인수 hThread는 스레드 핸들을 나타낸다. 사용하는 스레드 핸들 값을 넣는다. 두 번째 인수 lpExitCode는 스레드 종료 코드를 받는 포인터로써 여기에 값이 입력된다. 종료하려는 특정 스레드가 종료되지 않는다면 STILL_ACTIVE가 반환된다.

■ WaitForSingleObject( ) 함수

스레드를 종료할 때 특정 플래그를 이용하여 값이 TRUE인 동안에만 while 문을 돌면서 실행하도록 하고, FALSE인 경우에는 while 문을 빠져나와서 스레드를 스스로 종료하게 할 수 있다. 이때 주의할 점이 있다. 스레드는 주 프로세스(Primary Thread)와 별개로 수행되기 때문에 플래그를 설정하자 마자, 스레드가 바로 종료되는 것은 아니다. 주 프로세스가 CPU를 다 쓰고 나서, 스레드가 CPU를 점유하게 된 후 while 문에서 조건을 판별하여 루프를 빠져나와, 스레드 함수의 나머지 부분을 실행하기까지는 약간의 시간이 더 걸릴 수 있다. 그래서 사용되는 함수가 WaitForSingleObject() 함수이다.

스레드를 종료하도록 값을 설정한 후 스레드가 완전히 종료된 것을 확인한 후에 특정 작업을 처리하는 과정으로 다음과 같이 할 수 있다.

```
If(::WaitForSingleObject(pThread->m_hThread, INFINITE))
{
        스레드 종료 후 수행할 작업들

}
```

이와 같이 WaitForSingleObject( ) 함수를 호출하면 스레드 객체 포인터 pThread가 가리키는 스레드가 종료되기까지 프로세스의 실행이 멈추게 된다. 만약 어떤 오류가 생겨서 스레드가 종료되지 않는 경우에는 프로세스가 먹통이 되어버릴 수 있는데, 어느 정도 기다리다가 스레드의 종료와 상관없이 프로그램을 진행하게 하려면 다음과 같이 해준다.

```
DWORD dwRetCode;
dwRetCode = ::WaitSingleObject(pThread->m_hThread, 2000);
if(dwRetCode == WAIT_OBJECT_0)
{

}
else if(dwRetCode == WAIT_TIMEOUT)
{

}
```


WaitForSingleObject( ) 함수의 두 번째 인수는 얼마 동안 기다릴 것인지 설정할 수 있는데, INFINITE로 설정하면 무한정 기다리고, 그렇지 않으면 1,000분의 1초 단위로 설정하여 설정 시간만큼 기다려도 스레드가 종료하지 않으면 반환된다.

4 우선순위

CPU는 한 번에 한 가지 작업밖에 할 수 없다. 멀티태스킹이나 멀티스레드와 같은 경우에는 여러 개의 작업(Task)과 스레드가 짧은 시간 동안 CPU 사용권을 나눠서 쓰고 있기 때문에 우리가 느끼기에는 동시에 실행되는 것으로 느껴진다.

어떤 프로세스의 어떤 스레드에 CPU 사용권을 줄 것인지는 운영체제가 결정한다. 스케줄러(Scheduler)는 우선순위를 정하여 각 스레드마다 설정된 우선순위에 의하여 우선순위가 높은 스레드에 우선적으로 CPU를 사용할 권한을 부여한다. 스레드는 0부터 31까지 총 32단계의 우선순위를 갖는다.

1) 프로세스의 우선순위

::SetPriorityClass( ) 함수는 프로세스의 우선순위를 지정하는데 사용된다.

〈함수의 정의〉

```
BOOL SetPriorityClass(
        HANDLE hProcess,
        DWORD dwPriorityClass
);
```

- hProcess : 프로세스의 핸들이다.
- dwPriorityClass : 프로세스의 우선순위이다.

프로세스의 핸들은 AfxGetInstanceHandle( ) 함수를 통해서 얻을 수 있다.

〈프로세스의 우선순위 설정 값〉

값	내용
ABOVE_NORMAL_PRIORITY_CLASS 0x00008000	NORMAL_PRIORITY_CLASS보다 우선순위가 높고 HIGH_ PRIORITY_CLASS보다 우선순위가 낮다. 윈도우 NT와 윈도우 Me/98/95는 지원하지 않는다.
BELOW_NORMAL_PRIORITY_CLASS 0x00004000	IDLE_PRIORITY_CLASS보다 우선순위가 높고 NORMAL_ PRIORITY_CLASS보다 우선순위가 낮다. 윈도우 NT와 윈도우 Me/98/95는 지원하지 않는다.
HIGH_PRIORITY_CLASS 0x00000080	NORMAL_PRIORITY_CLASS에 비해 우선순위가 높다.
IDLE_PRIORITY_CLASS 0x00000040	시스템이 유휴(Idle) 상태일때만 CPU 사용권을 갖는다.
NORMAL_PRIORITY_CLASS 0x00000020	보통의 우선순위이다.
REALTIME_PRIORITY_CLASS 0x00000100	우선순위가 제일 높다.

2) 스레드의 우선순위

스레드의 우선순위는 스레드를 생성할 때, AfxBeginThread( ) 함수의 인수인 nPriority를 이
용하여 설정하거나, 스레드를 생성한 후 ::SetThreadPriority( ) 함수를 이용하여 설정할 수 있
다. 스레드의 우선순위는 스레드를 생성한 주 프로세스의 상대 값으로 설정하며, 기본적으로 주
프로세스와 같은 우선순위를 갖는 THREAD_PRIORITY_NORMAL로 설정된다.

〈함수의 정의〉

```
BOOL SetThreadPriority(
        HANDLE hThread,
        int nPriority
);
```

- hThread : 스레드 핸들이다.
- nPriority : 우선 순위 설정값이다.

값	설명
THREAD_PRIORITY_ABOVE_NORMAL 1	프로세스의 우선순위보다 1단계 높은 우선순위를 갖는다.
HREAD_PRIORITY_BELOW_NORMAL −1	프로세스의 우선순위보다 1단계 낮은 우선순위를 갖는다.
THREAD_PRIORITY_HIGHEST 2	프로세스의 우선순위보다 2단계 높은 우선순위를 갖는다.
THREAD_PRIORITY_IDLE −15	프로세스가 REALTIME_PRIORITY_CLASS 우선순위를 가질때는 우선순위 16을 갖고, 그 외의 경우에는 1을 갖는다.
THREAD_PRIORITY_LOWEST −2	프로세스의 우선순위보다 2단계 낮은 우선순위를 갖는다.
THREAD_PRIORITY_NORMAL 0	프로세스의 우선순위와 같은 우선순위를 갖는다.
THREAD_PRIORITY_TIME_CRITICAL 15	프로세스가 REALTIME_PRIORITY_CLASS 우선순위를 가질 때는 우선순위 31을 갖고, 그 외에는 우선순위 16을 갖는다.

5 스레드 예제

이쯤해서 지금까지 설명한 내용을 토대로 스레드 예제를 하나 만들어 보도록 하겠다. 이번 예제에서는 작업자 스레드 두 개와 사용자 인터페이스 스레드 모두 만들어 볼 것인데, 작업자 스레드 하나만의 기본 동작 원리와 사용자 인터페이스의 생성 및 동작 원리, 그리고 윈도우 메시지 이벤트 활용 등을 보고, 작업자 스레드 간의 자원(CPU) 공유 관계 등에 촛점을 맞춰 이해하면 될 것이다.

프로젝트 명은 [ThreadEx]로 정하고, 응용 프로그램 종류는 [대화 상자 기반]으로 하자. 나머지는 디폴트로 하고 [마침] 버튼을 눌러 프로젝트를 생성하자. 그리고 대화 상자를 열어서 컨트롤들을 다음과 같이 배치하자.

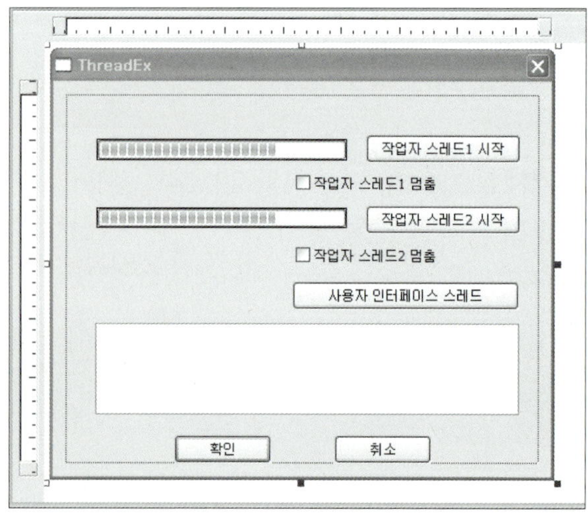

다음은 배치된 컨트롤의 ID와 속성이다.

〈대화 상자 컨트롤의 설정 값〉

컨트롤	ID	속성(값)
Progress Control	IDC_PROGRESS1	
Progress Control	IDC_PROGRESS2	
Button Control	IDC_BTN_WORKER1	Caption(작업자 스레드1 시작)
Button Control	IDC_BTN_WORKER2	Caption(작업자 스레드2 시작)
Button Control	IDC_BTN_UITHREAD	Caption(사용자 인터페이스 스레드)
Check Box Control	IDC_CHECK_PAUSE1	Caption(작업자 스레드 멈춤)
Check Box Control	IDC_CHECK_PAUSE2	Caption(작업자 스레드 멈춤)
List Box	IDC_LIST_THREADID	
Button Control	IDOK	Caption(확인)
Button Control	IDCANCEL	Caption(취소)

배치가 모두 끝났다면 다음과 같이 멤버 변수 선언 및 이벤트 처리기를 작성하도록 한다.
멤버 변수의 선언과 이벤트 처리기의 생성은 앞 단원에서 계속 해온 작업이므로 과정 설명은 생략하도록 하겠다. 큰 줄기로 보면 작업자 스레드와 사용자 인터페이스 스레드로 나눌 수 있는데, 우선 작업자 스레드에 관련된 코드를 먼저 작성하도록 하겠다.

〈ThreadExDlg.h〉

```cpp
public:
class CThreadExDlg : public CDialog
{
----------- 중간 생략 -------------
public:
        CWinThread *m_pWorkerThread1;          스레드 포인터 객체
        CWinThread *m_pWorkerThread2;
        CWinThread *m_pUIThread;

        CButton m_ctlbtnWorker1;               스레드 버튼 컨트롤 멤버 변수 선언
        CButton m_ctlbtnWorker2;
        CButton m_ctlbtnUI;
        BOOL m_bWorkerPause1;                  체크 박스 컨트롤 멤버 변수 선언
        BOOL m_bWorkerPause2;
        CProgressCtrl m_ctlProgressWorker1;    프로그래스바 컨트롤 멤버 변수 선언
        CProgressCtrl m_ctlProgressWorker2;
        CListBox m_ctlListThreadID;

                                               리스트 박스 컨트롤 멤버 변수 선언
        //{{AFX_MSG(CThreadExDlg)
        virtual BOOL OnInitDialog( );
        afx_msg void OnSysCommand(UINT nID, LPARAM lParam);
```

```cpp
    afx_msg void OnPaint( );
    afx_msg HCURSOR OnQueryDragIcon( );
    afx_msg void OnBnClickedBtnWorker1( );
    afx_msg void OnBnClickedBtnWorker2( );
    afx_msg void OnBnClickedBtnUithread( );
    afx_msg void OnBnClickedCheckPause1( );
    afx_msg void OnBnClickedCheckPause2( );
    //}}AFX_MSG
    DECLARE_MESSAGE_MAP( )

    static UINT ThreadWorker1(LPVOID pParam);
    static UINT ThreadWorker2(LPVOID pParam);
};
```


스레드를 실행한 후에 제어하려면 AfxBeginThread( ) 함수의 반환 값을 CWinThread 형 포인터로 가지고 있어야 하므로 CWinThread 포인터 객체 m_pWorkerThread1, m_pWorkerThread2를 선언하였다. m_bWorkerPause1와 m_bWorkerPause1는 각각 작업자 스레드를 멈추고자 할 때 체크 박스를 설정하기 위한 멤버 변수이다. 선언한 스레드 포인터 및 체크 박스에 대해서는 다음과 같이 반드시 초기화를 해 주어야 한다. 그렇지 않으면 초기에 각 객체에 쓰레기 값이 들어가게 되면 오류가 생길 위험이 크기 때문에 초기 값을 설정해 주는 것이 안정적이다.

〈ThreadExDlg.cpp〉

```cpp
CThreadExDlg::CThreadExDlg(CWnd* pParent /*=NULL*/)
        : CDialog(CThreadExDlg::IDD, pParent)
        , m_bWorkerPause1(FALSE)
        , m_bWorkerPause2(FALSE)
{
    m_pWorkerThread1= NULL;
    m_pWorkerThread2= NULL;
    m_pUIThread = NULL;

    m_hIcon = AfxGetApp()->LoadIcon(IDR_MAINFRAME);
}
```


예제에서 고려해야 할 것은 스레드의 매개 변수이다. 현재 컨트롤들의 상태와 스레드 간의 통신을 위해서는 스레드의 매개 변수가 필수적인 요소로 작용하는데, 예제에서는 매개 변수로 현재 대화 상자 자신을 포인터로 넘겨줄 것이고, 스레드는 넘겨받은 대화 상자 포인터로 대화 상자의 각 컨트롤들을 제어하게 된다.

[작업자 스레드1 시작], [작업자 스레드2 시작] 버튼을 클릭하면 각각의 스레드가 작동하고, 버튼은 [작업자 스레드1 종료], [작업자 스레드2 종료] 버튼으로 텍스트가 바뀌게 되어 마찬가지로 각각의 버튼을 누르게 되면 동작하던 스레드가 종료된다. 각 버튼은 토글 형태를 취한다.

CThreadExDlg.cpp 파일에 다음과 같이 작성하자.

〈ThreadExDlg.cpp〉

```cpp
void CThreadExDlg::OnBnClickedBtnWorker1()
{
        if(!m_pWorkerThread1)                    첫번째 작업자 스레드 시작
        {
                m_pWorkerThread1 = AfxBeginThread(ThreadWorker1, this);
                CString strTemp = _T("");
                strTemp.Format(_T("작업자스레드ID : %d"), m_pWorkerThread1->m_nThreadID);

                m_ctlListThreadID.AddString(strTemp);
                m_ctlbtnWorker1.SetWindowText(_T("작업자스레드종료"));

        }
        else                                     첫번째 작업자 스레드 종료
        {
                HANDLE hThread1 = m_pWorkerThread1->m_hThread;
                if(::WaitForSingleObject(hThread1,1000))
                {
                m_ctlListThreadID.AddString(_T("작업자스레드가종료되었습니다."));
                        m_pWorkerThread1 = NULL;
                }
                else
                {
                        m_ctlListThreadID.AddString(_T("스레드가아직..."));
                }
                m_ctlbtnWorker1.SetWindowText(_T("작업자스레드실행"));
        }

}

void CThreadExDlg::OnBnClickedBtnWorker2()
{
        if(!m_pWorkerThread2)                    두번째 작업자 스레드 시작
        {
                m_pWorkerThread2 = AfxBeginThread(ThreadWorker2, this);
                CString strTemp = _T("");
                strTemp.Format(_T("작업자스레드ID : %d"), m_pWorkerThread2->m_nThreadID);

                m_ctlListThreadID.AddString(strTemp);
                m_ctlbtnWorker2.SetWindowText(_T("작업자스레드종료"));

        }
        else                                     두번째 작업자 스레드 종료
        {
                HANDLE hThread2 = m_pWorkerThread2->m_hThread;
                if(::WaitForSingleObject(hThread2, 1000))
                {
                m_ctlListThreadID.AddString(_T("작업자스레드가종료되었습니다."));
```

```cpp
                m_pWorkerThread2 = NULL;
        }
        else
        {
                m_ctlListThreadID.AddString(_T("스레드가아직..."));
        }
        m_ctlbtnWorker2.SetWindowText(_T("작업자스레드실행"));
    }
}
```

우선 현재 스레드의 생성 여부를 검사하고, 스레드가 생성되어 있지 않다면, AfxBeginThread( ) 함수를 통해 스레드를 실행한다. 이때 스레드가 실행되면 리스트 박스에 스레드 ID를 나타내고 버튼의 텍스트를 변경한다. 만약 스레드가 현재 진행 중인 상태에서 버튼이 눌려졌다면, 스레드를 종료하라는 의미이므로 else 안의 코드를 실행하게 된다. 스레드를 종료시에는 가장 안전하게 종료하는 코드로써 앞서 살펴본 WaitForSingleObject( ) 함수를 사용하였다.

각각의 실행할 스레드 함수를 정의하자. ThreadWorker1( )과 ThreadWorker2( ) 함수의 내용은 사용하는 변수만 다를 뿐 내용은 같다.

〈ThreadExDlg.cpp〉

```cpp
UINT CThreadExDlg::ThreadWorker1(LPVOID pParam)
{
        int nPos = 0;
        CThreadExDlg *pWnd = (CThreadExDlg *)pParam;

        while(pWnd->m_pWorkerThread1)
        {
                if(nPos >= 0 && nPos < 100)
                {
                        nPos += 10;
                        pWnd->m_ctlProgressWorker1.SetPos(nPos);
                }
                else if(nPos == 100)
                {
                        nPos = 0;
                        pWnd->m_ctlProgressWorker1.SetPos(nPos);
                }
                Sleep(1);
        }
        return 0;
}

UINT CThreadExDlg::ThreadWorker2(LPVOID pParam)
{
```

```cpp
                int nPos = 0;
                CThreadExDlg *pWnd = (CThreadExDlg *)pParam;

                while(pWnd->m_pWorkerThread2)
                {
                        if(nPos >= 0 && nPos < 100)
                        {
                                nPos += 10;
                                pWnd-> m_ctlProgressWorker2.SetPos(nPos);
                        }
                        else if(nPos == 100)
                        {
                                nPos = 0;
                                pWnd-> m_ctlProgressWorker2.SetPos(nPos);
                        }

                        Sleep(1);
                }
        return 0;
}
```

스레드를 생성하면서 반환한 스레드 포인터 값이 TRUE인 동안에 계속 while 루프를 실행하도
록 하였다. 스레드는 넘겨받은 매개 변수 pParam을 통해서 현재 주 프로세스의 윈도우 포인터
를 넘겨받고, 이를 통해서 주 프로세스의 컨트롤들을 제어할 수 있다. 앞의 스레드 코드에서는
넘겨받은 포인터를 이용하여 주 프로세스의 프로그레스 컨트롤을 제어하는 기능을 수행한다.
스레드의 동작 여부를 알리기 위함이다.

이제 실행 중인 스레드를 멈추게 하고, 다시 실행하게 하는 코드를 보자. 앞의 스레드 제어
에서 배운 바와 같이 멈춤 시에는 SuspendThread( ) 함수를 사용하고, 다시 실행할 때에는
ResumeThread( ) 함수를 사용한다.

〈ThreadExDlg.cpp〉

```cpp
void CThreadExDlg::OnBnClickedCheckPause1()
{
        if(m_bWorkerPause1 == FALSE)
        {                                       // 첫 번째 스레드 멈춤
                m_bWorkerPause1 = TRUE;
                m_pWorkerThread1->SuspendThread();
        }
        else
        {                                       // 첫 번째 스레드 다시 시작
                m_bWorkerPause1 = FALSE;
                m_pWorkerThread1->ResumeThread();
        }
}
```

```cpp
void CThreadExDlg::OnBnClickedCheckPause2()
{
        if(m_bWorkerPause2 == FALSE)
        {
                m_bWorkerPause2 = TRUE;
                m_pWorkerThread2->SuspendThread();        // 두 번째 스레드 멈춤
        }
        else
        {
                m_bWorkerPause2 = FALSE;
                m_pWorkerThread2->ResumeThread();         // 두 번째 스레드 다시 시작
        }
}
```

여기까지 작업자 스레드에 관한 기능은 모두 구현되었다. 중간 점검을 위해서 빌드 및 실행을 하여 작업자 스레드가 제대로 동작하는지 확인해 보도록 하자.

사용자 인터페이스 스레드 실행 버튼에 대한 이벤트 처리기에 다음과 같이 코드를 작성하자. 사용자 인터페이스 스레드가 생성되었는지 검사하고, 생성되지 않았다면 AfxBeginThread( ) 함수를 통해 스레드를 생성한다. 만약 이미 사용자 인터페이스 스레드가 실행 중에 버튼이 눌려졌다면, 스레드를 종료하라는 의미이므로 else 내부의 코드를 실행하게 되는데, 앞서 스레드 종료에서 살펴보았듯이, 사용자 인터페이스 스레드 종료 함수로 PostThreadMessage( ) 함수를 사용하여 WM_QUIT 메시지를 보내도록 하였다.

〈ThreadExDlg.cpp〉

```cpp
void CThreadExDlg::OnBnClickedBtnUithread()
{
        if(!m_pUIThread)
        {
                m_pUIThread = (CUserInterface                 // 사용자 인터페이스 스레드 시작
*)AfxBeginThread(RUNTIME_CLASS(CUserInterface));

                CString strTemp = _T("");
                strTemp.Format(_T("사용자인터페이스스레드ID : %d"), m_pUIThread->m_nThreadID);

                m_ctlListThreadID.AddString(strTemp);
                m_ctlbtnUI.SetWindowText(_T("사용자인터페이스스레드종료"));

        }
        else
        {
                PostThreadMessage(m_pUIThread->m_nThreadID, WM_QUIT, 0, 0);
                m_ctlbtnUI.SetWindowText(_T("사용자인터페이스스레드실행"));

                m_pUIThread = NULL;                           // 사용자 인터페이스 스레드 종료
        }
}
```

「AfxBeginThread(RUNTIME_CLASS(CUserInterface));」에서 CUserInterface는 우리가 사용할 사용자 인터페이스 스레드의 클래스이다. 이 클래스를 다음과 같이 추가해 보도록 하자.

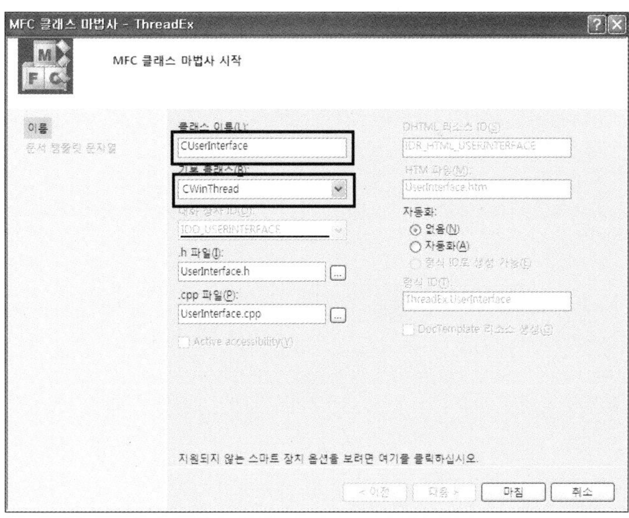

기본 클래스를 CWinThread 클래스로 상속받아서 생성하였다. CWinThread 클래스는 CWinApp 클래스로부터 상속받은 클래스이므로 구조적으로 독립적인 윈도우 및 메시지 루프를 통해 메시지를 받을 수도 있다.

〈UserInterface.h〉

```cpp
#include "ThreadExDlg.h"
class CUserInterface : public CWinThread
{
        DECLARE_DYNCREATE(CUserInterface)
protected:
        CUserInterface( );

public:
        //{{AFX_VIRTUAL(CUserInterface)
        public:
        virtual BOOL InitInstance( );
        virtual int ExitInstance( );
        //}}AFX_VIRTUAL
// Implementation
protected:
        virtual ~CUserInterface( );
};
```

〈UserInterface.cpp〉

```
#include "UIFrame.h"

BOOL CUserInterface::InitInstance( )
{
        CUIFrame *pFrame = new CUIFrame;          │  프레임 객체를 동적으로 할당
        m_pMainWnd = pFrame;

        pFrame->LoadFrame(IDR_MAINFRAME, WS_OVERLAPPEDWINDOW | FWS_ADDTOTITLE,
NULL, NULL);
                                                   │  프레임을 로드한다.

        pFrame->ShowWindow(SW_SHOW);
        pFrame->UpdateWindow( );                   │  프레임 윈도우를 보여준다.

        return TRUE;
}

int CUserInterface::ExitInstance( )
{
        return CWinThread::ExitInstance( );
}
```

리소스 IDR_MAINFRAME는 메뉴, 도구모음, 아이콘 이 세가지가 공유한다. 이 프로젝트는 대
화상자 기반이므로 기본적으로 메뉴를 생성하지 않았다. 다음과 같이 메뉴 리소스를 추가하도
록 하자.

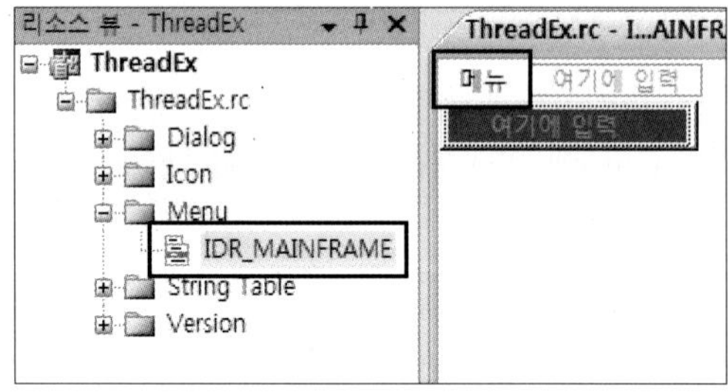

Initinstance( ) 함수를 보면 CFrmaeWnd 클래스를 상속받은 CUIFrame 클래스을 생성하여
프레임 윈도우를 생성한다. 즉, 일반적으로 CWinApp와 CMainFrame 클래스와의 관계와 같
다고 볼 수 있는데, 사용자 인터페이스 스레드를 윈도우 타입으로 보여주고 메시지를 받아 처리
할 수 있도록 하기 위함이다. CUIFrame 클래스를 다음과 같이 생성한다.

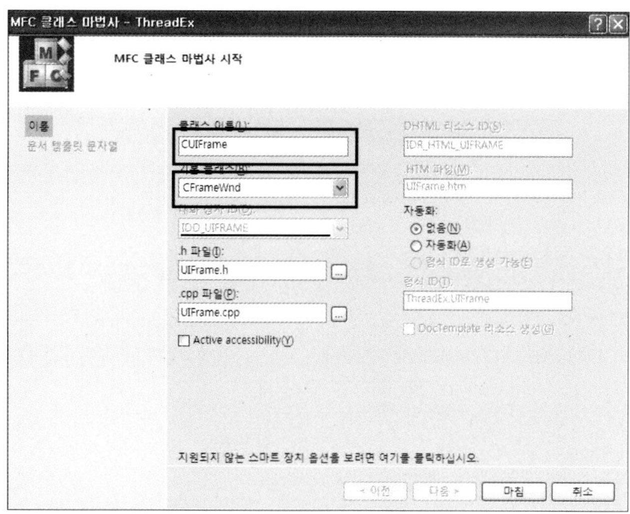

CFrameWnd를 기본 클래스로 하여 생성한다. 그리고 마우스 왼쪽 버튼을 클릭했을 때, 즉 메시지가 발생하였을 때 메시지를 처리할 수 있도록 마우스 왼쪽 버튼 클릭에 대한 메시지 처리기를 추가한다.

〈UIFrame.h〉

```cpp
class CUIFrame : public CFrameWnd
{
        DECLARE_DYNCREATE(CUIFrame)
public:
        CUIFrame( );

protected:
        virtual ~CUIFrame( );
        // {{AFX_MSG(CUIFrame)
        afx_msg void OnLButtonDown(UINT nFlags, CPoint point);
        //}}AFX_MSG
        DECLARE_MESSAGE_MAP( )
};
```

사용자 인터페이스 스레드에서 사용자로부터 메시지를 받을 수 있다는 것을 보여주기 위함이므로 메시지 처리도 다음과 같이 간단한 메시지 박스 하나만 보여주도록 하겠다.

〈UIFrame.h〉

```cpp
void CUIFrame::OnLButtonDown(UINT nFlags, CPoint point)
{
        AfxMessageBox(_T("사용자 인터페이스 스레드가 실행중입니다."));
        CFrameWnd::OnLButtonDown(nFlags, point);
}
```

이제 모든 코드가 끝났다. 빌드 및 실행을 해보자. 정상적으로 실행이 되었다면, 작업자 스레드와 사용자 인터페이스 스레드를 각각 실행해 보도록 하자.

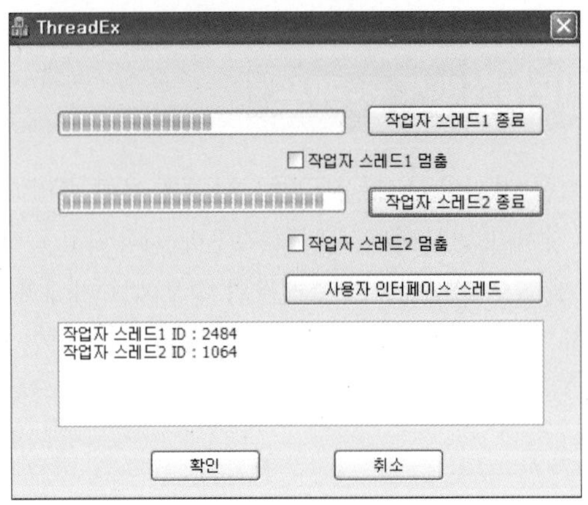

각 스레드는 주 스레드를 비롯해서 고유한 ID를 가지고 있으며, 실행, 종료, 멈춤 등의 제어가 가능하다. 사용자 인터페이스 스레드는 자신의 윈도우를 가지고 실행되므로 실행 중 다음과 같이 프레임 윈도우가 생성되며, 사용자로부터 메시지 입력을 받아 처리할 수도 있다.

마우스 왼쪽 버튼을 클릭했을 때 다음과 같이 메시지 박스가 나타남으로 메시지 처리가 된다.

스레드를 동작시키는데 있어서 동기화는 필수적이다. 동기화에는 어떤 종류들이 있는지 알아보고, 직접 동기화 예제를 구현해보도록 하자.

프로그래밍을 하면서 각 코드끼리 자원을 공유하기도 하고 코드의 질서를 지켜야 하는 경우도 있다. 이를 어기면 문제가 초래된다. "가끔 프로그램이 꼬였다."라는 표현을 쓰는데, 대부분 코드의 질서를 어겼을 경우 이런 문제가 생긴다. 이것을 유식한(?) 말로 동기화라고 한다. 스레드 상에서의 동기화란 무엇이고, 그 방법에는 어떤 것들이 있는지 살펴보자.

1 스레드의 동기화

두 개 이상의 스레드가 동일한 객체에 접근(Access)해야 하는 경우에는 특별히 주의해야 한다. 크기와 성능상의 이유로 MFC 객체는 객체 수준이 아니라 클래스 수준에서만 스레드 안전을 보장한다. 이것은 두 개의 스레드가 두 개의 다른 CString 객체를 조작할 수는 있지만, 동일한 CString 객체를 조작할 수는 없음을 의미한다. 여러 스레드에서 동일한 객체를 조작해야 하는 경우 적절한 동기화 메커니즘(Mechanism)을 사용하여 이러한 접근에 대해 보호가 이루어져야 한다.

예를 들어보자. 네트워크로 패킷을 받아서 화면에 뿌려 주는 모듈이 있다고 가정해 보자. 이때 패킷이 버퍼에 들어와서 버퍼의 내용을 화면에 뿌려 준다고 보장할 수 없다. 즉, 어떤 경우에는 잘 맞을 수 있겠지만, 버퍼에 패킷이 들어오기 전에 화면에 뿌려 주는 기능이 먼저 수행될 수 있기 때문이다. 이와 같이 동시에 수행되더라도 순서를 정하는 일을 스레드 동기화라고 한다.

동시에 수행되는 일들을 교통정리 하는 동기화 역할을 어떻게 해주어야 할까? MFC에서는 이러한 일을 쉽게 해결할 수 있도록 클래스를 제공한다. 이를 동기화 객체(Object)라고 하는데, 상황에 따라서 네 가지 동기화 객체를 골라서 사용할 수 있다.

1) 이벤트

순차적으로 수행해야 하는 작업을 두 개 이상의 스레드로 나누어 수행할 때 이벤트를 사용한다. 예를 들어 데이터를 복사하는 일을 하는 스레드와 복사된 데이터를 처리하는 스레드가 있다고 가정해 보자. 이벤트의 경우 데이터를 처리하는 스레드는 데이터가 복사되기를 기다리고 있다가 복사하는 스레드가 데이터 복사를 다 마치고 이벤트를 발생시키면 복사된 데이터를 처리하는 스레드는 잠에서 깨어나 복사된 데이터를 처리하게 된다. 이벤트를 어떻게 코드에 적용할 수 있을지 사용법에 대해서 구체적으로 더 알아보자.

단일 스레드가 동작하는 코드 구조를 보자.

먼저 이벤트 객체를 선언하되 전역 변수로 선언한다.

```
CEvent g_Event;      |   전역 변수
```

주 프로세스에서 작업자 스레드를 생성한다.

```
AfxBeginThread(ThreadFunction, &buffer);
```

작업자 스레드는 다음과 같이 작성한다.

```
UINT ThreadFunction(LPVOID pParam)
{
        while(TRUE)
        {
                g_Event.Lock( );
                                        |   이벤트가 발생할 때까지 대기한다.
------------ 중간 생략 -------------

        }
}
```

CEvent 클래스의 멤버 함수인 Lock( ) 함수를 호출하면 이벤트가 발생할 때까지 이 함수에서 스레드의 실행을 멈추고 기다리게 된다. 기다리는 동안 스레드는 CPU를 전혀 사용하지 못한다. Lock( ) 함수에 의해 잠자고 있는 스레드를 깨우기 위해서는 CEvent 클래스의 SetEvent( ) 함수를 호출하면 된다.

```
g_Event.SetEvent( );
```

이 함수가 호출되면 Lock( ) 함수에서 실행이 중단된 스레드가 다음 코드를 실행할 수 있게 된다. while 문이 끝까지 실행되고 다시 Lock( ) 함수를 만나는데, 여기서 다시 수행이 중단되고 다음 이벤트를 기다리게 된다. 따라서 ThreadFuction( ) 함수는 이벤트가 발생할 때마다 while 문을 한번씩 실행한다.

한 번의 이벤트를 발생하게 해서 두 개 이상의 스레드를 구동시키려면 다음과 같이 하면 된다.

CEvent 클래스형 객체를 선언할 때 디폴트 인수를 사용하지 않고 다음과 같이 인수를 넣는다.

```
CEvent g_Event(FALSE, TRUE);
```

주 프로세스에서 여러 개의 작업자 스레드를 생성한다.

```
AfxBeginThread(ThreadFunction1, &buf);
AfxBeginThread(ThreadFunction2, &buf);
```

작업자 스레드는 다음과 같이 작성한다.

```
UINT ThreadFunction1(LPVOID pParam)
{
        while(TRUE)
{
                g_Event.Lock( );            │ 이벤트가 발생할 때까지 대기한다.

------------ 중간 생략 -------------
        }
}

UINT ThreadFunction2(LPVOID pParam)
{
        while(TRUE)
{
                g_Event.Lock( );      │ 이벤트가 발생할 때까지 대기한다.
        ------------ 중간 생략 -------------
        }
}
```

다음과 같이 해주면 모든 작업자 스레드가 잠김(Lock) 상태에서 풀려나 실행이 된다.

```
g_Event.SetEvent( );
g_Event.ResetEvent( );
```

2) 크리티컬 섹션

크리티컬 섹션은 반복적으로 동작하는 두 개 이상의 스레드가 하나의 리소스를 공유할 때 동시에 리소스에 접근하지 못하도록 제어한다. 하나의 스레드가 네트워크로부터 데이터를 전송받아 버퍼에 저장하고, 다른 스레드가 버퍼에 있는 전송받은 데이터를 화면에 보여주는 경우의 프로그램이 가장 좋은 예이다.

데이터를 전송받은 스레드는 계속해서 데이터를 받아 버퍼에 저장하는 작업을 반복해서 수행해야 하고, 데이터를 화면에 보여주는 스레드는 새로 전송받은 데이터를 계속해서 화면으로 뿌려주어야 한다. 그러나 두 스레드가 동시에 버퍼에 접근하여 쓰기와 읽기 작업이 동시에 일어나게 된다면 프로그램의 동작이 엉켜 버릴 것이다. 이럴 때 크리티컬 섹션을 사용하여 한 스레드가 버퍼를 참조하는 동안 다른 스레드의 동작이 멈춰지게 함으로써 절대로 두 스레드가 한 버퍼에 동시 접근할 수 없도록 한 것이다.

그러면 크리티컬 섹션이 코드상에서 어떤 방법으로 구현되는지 알아보자. 스레드에서 모두 참조할 수 있도록 다음과 같이 전역 변수로 CCriticalSection형의 객체를 선언한다.

```
CCriticalSection g_CriticalSection;
```

동시에 구동되는 스레드들에서 동시에 수행되어서는 안 되는 부분을 다음과 같이 Lock( )과 Unlock( ) 함수로 감싸 준다.

```
UINT ThreadFunction1(LPVOID pParam)
{
        while(TRUE)
        {
                g_CriticalSection.Lock( );
                ..............................        ──→   동시에 수행되어서는 안 되는 작업 영역
                g_CriticalSection.Unlock( );
        }
}

UINT ThreadFunction2(LPVOID pParam)
{
        while(TRUE)
        {
                g_CriticalSection.Lock( );
                ..............................        ──┤   동시에 수행되어서는 안 되는 작업 영역
                g_CriticalSection.Unlock( );
        }
}
```

이와 같이 해주면 Lock( )과 Unlock( ) 함수로 감싸 준 부분은 절대로 동시에 수행되지 않는다. ThreadFuncton1의 Lock( )과 Unlock( ) 함수로 감싸진 부분이 실행되고 있을 때 ThreadFunction2가 Lock( ) 함수를 만나면 ThreadFuncton1가 작업을 마칠 때까지 ThreadFuncton2는 Lock( ) 함수에 걸려 대기하고 있어야 한다. ThreadFuncton1이 작업을 마치면 비로소 ThreadFuncton2가 대기 상태에서 풀리고 다음 코드를 진행할 수 있다.

3) 뮤텍스

뮤텍스는 상호 배타적으로 동작한다는 뜻이다. 여기서 다루는 동기화 객체들은 개념상 거의 비슷하다. 뮤텍스 또한 크리티컬 섹션과 개념상으로는 크게 다르지 않다. 크리티컬 섹션과의 차이점이라면 크리티컬 섹션은 단일 프로세스의 스레드에 대해서만 동작을 하는데, 뮤텍스는 여러 프로세스에 대해 동작을 한다는 것이다.

예를 들어 프로세스가 3개의 스레드로 이루어져 있다고 할 때, 이 프로그램을 실행시키면 3개의 스레드가 생성이 된다. 이들 세 개의 스레드가 동시에 하나의 리소스에 접근하지 못하도록 하려면 크리티컬 섹션을 사용하면 된다. 그런데 같은 프로세스를 하나 더 실행했다고 해보자. 두 프로세스가 실행되고 스레드는 총 6개가 돌아가고 있다. 이들 6개의 스레드가 하나의 리소스에 동시에 접근하는 것을 막으려면 뮤텍스를 사용해야 한다.

4) 세마포어

크리티컬 섹션은 하나의 리소스에 오직 하나의 스레드만 접근할 수 있도록 하는 것에 비해, 세마포어는 하나의 리소스에 동시에 접근할 수 있는 스레드의 개수를 설정할 수 있다. 세마포어는 내부에 카운터라는 것을 두고 스레드가 세마포어로 둘러싸인 부분에 진입할 때마다 리소스의 카운터를 증가시키고, 세마포어로 둘러싸인 부분을 빠져나갈 때마다 리소스 카운터를 줄여 줌으로써 현재 세마포어로 둘러싸인 부분을 실행하고 있는 스레드의 개수를 기억한다.

리소스 카운터가 최대값을 넘지 않을 때까지는 계속 스레드의 진입을 허가하다가 리소스 카운터가 최대값을 넘으면 다음에 세마포어로 진입하는 스레드를 Lock( ) 함수가 호출되는 부분에서 대기하게 한다. 세마포어는 두 개의 인수를 받는데, 첫 번째 인수는 리소스 카운터의 초기 값이고, 두 번째 인수는 리소스 카운터의 최대값이다.

```cpp
CSemaphore g_semaphore(2, 2);

UINT ThreadFunction(LPVOID pParam)
{
        while(TRUE)
        {
                g_semaphore.Lock( );
                …………………..
                g_semaphore.Unlock( );
        }
}
```


2 스레드의 동기화 예제

네 가지의 동기화 방법 중에 이벤트를 이용한 예제를 만들어 보겠다. 현재 하나의 프로세스가 동작하고 있고, 스레드 또한 동작하고 있는 가운데, 임의로 이벤트가 발생하게 해서 스레드를 실행하도록 하는 예제를 만들어 보도록 하자.

[프로젝트 명]은 ThreadSync라고 하고, [응용 프로그램 종류]는 대화 상자 기반으로 한다. 대화 상자를 다음과 같이 구성한다. 프로그레스 컨트롤 5개와 버튼 1개를 생성한다. 프로그레스 컨트롤은 스레드의 동작을 보여주기 위함이고, 데이터 발생 버튼은 이벤트의 발생을 보여주기 위함이다.

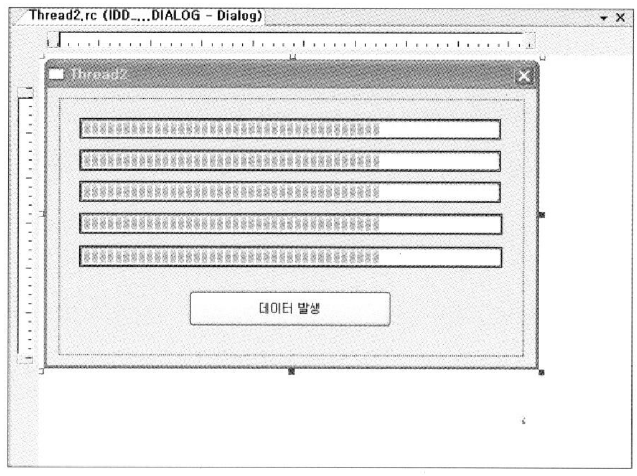

다음은 배치된 컨트롤의 ID이다.

〈컨트롤 설정 값〉

컨트롤	ID
Progress Control	IDC_PROGRESS1
Progress Control	IDC_PROGRESS2
Progress Control	IDC_PROGRESS3
Progress Control	IDC_PROGRESS4
Progress Control	IDC_PROGRESS5
Button	IDC_CREATE_DATA

참고

동기화 객체(CEvent, CCriticalSection, CSemaphore, CMutex) 등을 사용하려면 선행 작업이 필요한데, 바로 #include 〈afxmt.h〉를 선언해야 한다. 이 선언은 StdAfx.h 파일에 인클루드해 주도록 한다.

그 다음 멤버 변수를 선언하도록 한다. 프로그레스 컨트롤이 5개이므로 각각 프로그레스 컨트롤에 대한 변수를 선언하는 것이 맞지만, 프로그레스 컨트롤의 컨트롤 변수를 배열을 사용하도록 하겠다.

```
public:
        CProgressCtrl m_ctlProgress[5];
```

여기서 주의할 점은 컨트롤 변수를 자동으로 추가할 때는 배열이 지원되지 않는다. 그래서 일종의 트릭(?)을 발휘해서 선언하도록 하자. 컨트롤 변수를 임의로 m_ctlProgress라고 추가하고 나서 [5]는 수작업으로 붙여 주도록 하자. 그렇다면 컨트롤 변수 5개가 선언된 것과 같은 효과를 볼 수 있다. 물론 Thread2Dlg.cpp 파일에서 다음과 같이 수정해야 한다.

```
void CThread2Dlg::DoDataExchange(CDataExchange *pDX)
{
        CDialog::DoDataExchange(pDX);
        DDX_Control(pDX, IDC_PROGRESS1, m_ctlProgress[0]);
        DDX_Control(pDX, IDC_PROGRESS2, m_ctlProgress[1]);
        DDX_Control(pDX, IDC_PROGRESS3, m_ctlProgress[2]);
        DDX_Control(pDX, IDC_PROGRESS4, m_ctlProgress[3]);
        DDX_Control(pDX, IDC_PROGRESS5, m_ctlProgress[4]);
}
```

컨트롤과 컨트롤 변수와의 연결 부분을 추가로 조정하였다.

그리고 스레드 동기화를 위해서 다음과 같이 CEvent 클래스형 변수를 전역 변수로 선언한다.

CEvent g_event;

계속해서 스레드와 주 프로세스가 데이터를 공유하기 위해서 다음과 같이 전역 변수를 선언한다.

Int g_nData[5];

OnInitDialog( ) 함수에서 AfxBeginThread( ) 함수를 호출하여 스레드를 구동하도록 한다. 코드는 다음과 같다.

```
BOOL CThread2Dlg::OnInitDialog( )
{
        CDialog::OnInitDialog( );

----------- 중간 생략 -------------


        AfxBeginThread(ThreadFunc, this);
        return TRUE;

}
```

작업자 스레드를 다음과 같이 작성한다. 이 함수는 전역 변수인 g_Data[5]에 저장되어 있는 데이터를 5회 반복하여 10%씩 감소하게 해주는 작업을 수행한다. while 문의 맨 앞에 g_Event.Lock( ) 함수를 호출하고, 끝에 g_event.Unlock( ) 함수를 호출한 것에 주목하자. while 문의 바로 아래 잠김(Lock)이 걸려 있기 때문에 스레드가 생성되어도 이 함수에 걸려 실행이 대기 상태에 있다가 이벤트가 발생할 때마다 while 문이 한 번씩 수행된다.

```
UINT ThreadFunc(LPVOID pParam)
{
        CThread2Dlg *pWnd = (CThread2Dlg *)pParam;

        while(1)
        {
                g_event.Lock( );
                for(int j=0; j<5; j++)
                {
                        for(int i = 0; i<5; i++)
                        {
                                g_nData[i] = g_nData[i] * 9/10;
                                pWnd->m_ctlProgress[i].SetPos(g_nData[i]);
                        }
                        Sleep(100);
                }
```

```
            g_event.Unlock( );
        }
        return 0;
}
```

사용자가 데이터 발생 버튼을 누르면 OnBnClickedCreateData( ) 함수가 호출되도록 하고, 이
함수에서는 rand( ) 함수를 이용하여 무작위로 데이터를 발생해서, SetEvent( ) 함수로 하여금
이벤트를 발생하게 한다.

```
void CThread2Dlg::OnBnClickedCreateData( )
{
        for(int i = 0; i <5; i++)
                g_nData[i] = rand( )%50+50;

        g_event.SetEvent( );
}
```

이제 실행해 보도록 하자. 데이터 발생 버튼을 누르면 실행 대기 상태에 있던 스레드가 이벤트
발생과 함께 실행된다. 임의의 데이터 발생으로 프로그레스 컨트롤이 움직인다. 실행이 끝나면
스레드는 다시 잠김(Lock) 상태로 돌아가고 데이터 발생 버튼을 누르면 다시 이벤트가 발생한다.

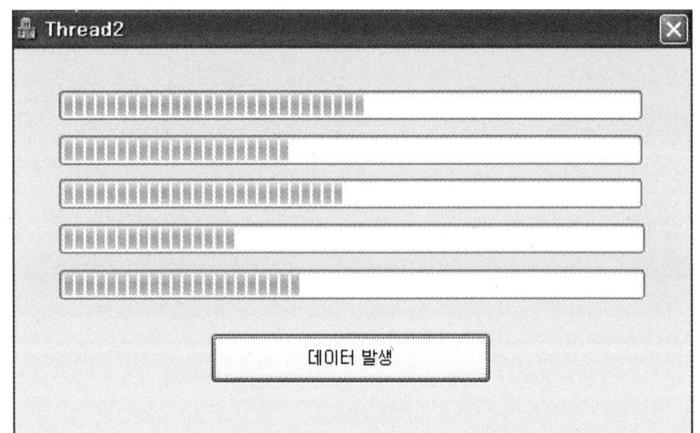

마치면서

MFC 기반에서 스레드를 어떻게 생성하고 구현하는지와, 스레드를 어떻게 동기화하는지에 대해서 중점적으로 정리하기 바란다. MFC 기반에서 멀티스레드를 자유 자재로 구현할 정도로 스레드의 코드를 많이 짜보도록 하자.

1 스레드란 하나의 프로세스 내에서 각각의 기능이 서로 간섭 없이 독립적으로 수행하는 메커니즘이다.

2 스레드의 종류
– 작업자 스레드
– 사용자 인터페이스 스레드

3 스레드의 동기화
– 이벤트
– 크리티컬 섹션
– 세마포어
– 뮤텍스

PART 13

프로세스 간의 통신 (IPC)

이번 장은 프로세스 간의 통신(IPC)에 대해서 알아보도록 하겠다. 윈도우 운영 체제는 멀티태스킹 환경이다. 즉, 여러 개의 프로세스를 동시에 실행할 수 있는 구조이다. 그런데 때로는 프로세스 간에 정보를 공유해야 할 경우가 발생하기도 하는데, Win32 기반에서는 메모리 구조상 프로세스 별로 사용되는 메모리가 독립적이므로 프로세스 간의 정보 공유는 간단하지만은 않다. 그래서 프로세스 간의 통신을 위해 몇 가지 기법을 제공하는데 어떤 것들이 있는지 알아보도록 하자.

IPC(InterProcess Communication)의 개념

IPC(프로세스간의 통신) 개념에 대해서 알아보고, IPC의 종류에는 어떤 것들이 있는지 살펴 보도록 하자.

시스템이 커지고 프로그램도 무거워지면서 프로그램의 기능을 쪼개야 할 필요가 생기고, 하나의 프로젝트를 진행함에 있어서도 혼자가 아니라 여러 사람이 같이 수행하는 체제가 보편화되었다. 이러한 경우 하나의 프로젝트가 완성되기 위해서는 여러 개의 분산 모듈들이 실행되면서 서로 통신해야 하는 경우가 생기는데, 이때 프로세스끼리 통신하는 것을 IPC(InterProcess Communication)라고 한다. 정리하면, 일반적으로 운영체제상에서 실행되고 있는 여러 프로세스들 간의 정보 교환에 사용되는 여러 가지 방법이다.

예를 들어 보도록 하겠다. 필자가 진행했던 프로젝트 중에 하나다. 프로젝트 내에 기능들이 다양하나 대표적으로 모바일 서비스 기능과 유해 차단 기능이 있다고 가정하자.

〈IPC 사용 예〉

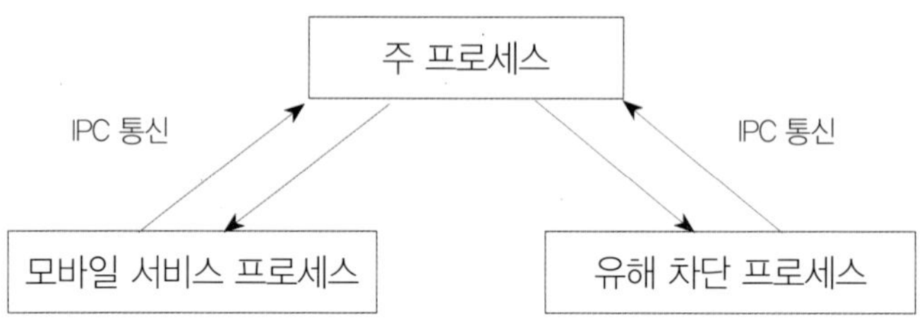

모바일 서비스는 사용자에게 모바일 단말기를 통해 내 PC에 접속할 수 있도록 하는 기능을 제공하고, 유해 차단 기능은 로컬 시스템에서 사용자가 접속한 웹 사이트의 로그를 자동 기록하고, 그 중에서 유해한 사이트는 차단하는 기능을 갖는다. 주 프로세스 내에서 이러한 기능들을 포괄하여 처리할 수도 있으나, 따로 분리하여 독립적인 프로세스로 동작하도록 하였다. 각 프로세스는 독립적인 메모리 구조를 갖는다고 하였으므로, 각각의 실행 프로그램이 독립적인 메모리를 할당 받아 실행되고 있는 것이다. 그리고 주 프로세스를 중심으로 나머지 두 프로세스 간의 IPC(프로세스 간 통신) 방식을 채택한 통신 구조이다. 하지만, 프로세스마다 IPC 통신이 필요한 것은 아니다. 오히려 IPC를 사용하는 경우가 드물다고 할 수 있다. 그러나 예에서처럼 기능을 쪼개어 전문적으로 분업화된 프로세스 여러 개가 실행되는 경우 데이터를 공유할 필요가 있다면 IPC를 이용하면 효율적이다.

– 사용자 정의 메시지
– 메모리 맵 파일
– WM_COPYDATA
– 파이프
– 메일 슬롯
– 클립보드
– 파일 매핑
– 소켓
– DDE

참고

IPC는 열거한 방법으로만 국한되지 않는다. 어떤 방법이던지 프로세스 간에 통신만 되면 IPC라고 할 수 있다. 예를 들어 A 프로세스와 B 프로세스 사이에 test.txt라는 파일을 공유하여 데이터를 읽기/쓰기를 하여도 IPC라고 할 수 있고, 레지스트리 값을 공유하여도 IPC라고 할 수 있겠다. 물론 파일을 열어서 읽고 쓰기 때문에 효율성이 떨어지는 단점은 있다.

사용자 정의 메시지

가장 많이 쓰이는 IPC 방식이다. 메시지 전달 방식으로 SendMessage와
PostMessage의 차이점을 파악하고, 실습을 통해 사용자 정의 메시지를 구현해 보자.

프로세스 간의 통신 방법 중 가장 간단한 방법으로, 두 프로세스의 윈도우 핸들만 알고 있다면
사용자 메시지 전달을 통해 정보를 교환할 수 있다. 앞서 윈도우 메시지 처리 방식에 대해 배우
면서 메시지를 직접 전달하는 두 가지 방식인 PostMessage와 SendMessage( ) 함수에 대해서
언급한 적이 있다. 당시에는 추상적인 개념으로 받아들였다면, 예제를 통해서 개념을 다져 보도
록 하자.

■ 메시지 전달 함수

– SendMessage( ) 함수 : 메시지 큐를 거치지 않고 응용 프로그램에 직접 메시지를 전달한다.
전달한 메시지를 처리하는 동안 반환하지 않고 차단(Block) 상태가 되며, 메시지가 처리된 후에
반환한다.

– PostMessage( ) 함수 : 전달할 메시지를 응용 프로그램의 메시지 큐에 넣고 바로 반환한다.

사용자 정의 메시지 전달 방식을 통해 프로세스끼리 통신하는 예제를 만들어 보도록 하겠다. 프
로젝트를 생성하되, 서버와 클라이언트 두 개를 만들 것이므로 하나의 솔루션에 프로젝트 두 개
를 생성할 것이다. 우선 솔루션을 만들도록 하자.

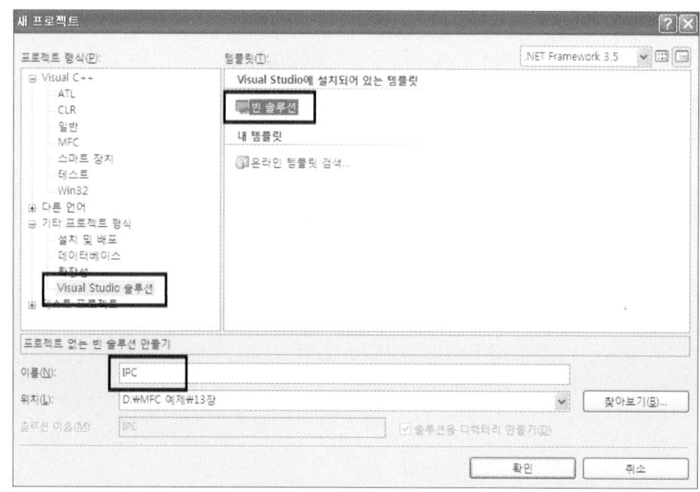

새 프로젝트 창에서 프로젝트 형식은 [Visual Studio 솔루션], 템플릿은 [빈 솔루션] 항목을 각
각 선택하고 솔루션의 이름을 [IPC]라고 정하도록 하겠다. 솔루션이 만들어지면 [솔루션 탐색
기]로 가서 현재 솔루션에 다음과 같이 두 개의 프로젝트를 생성하도록 하자.

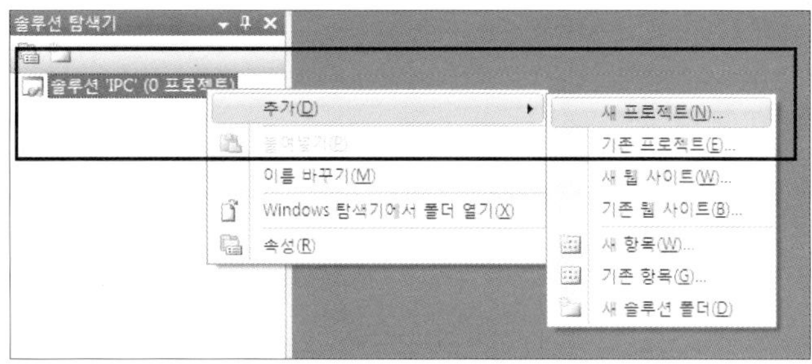

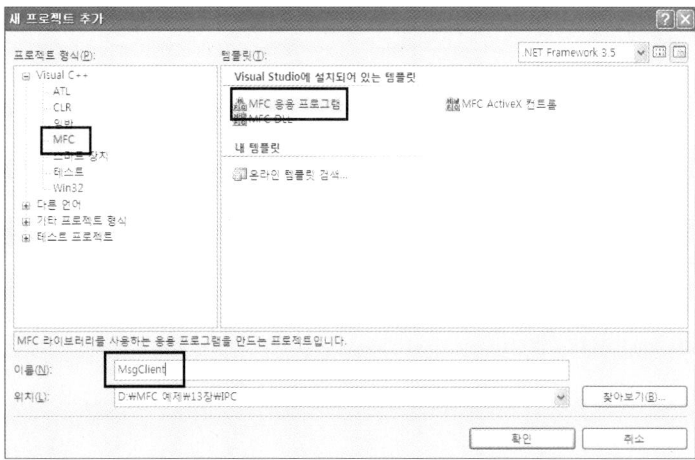

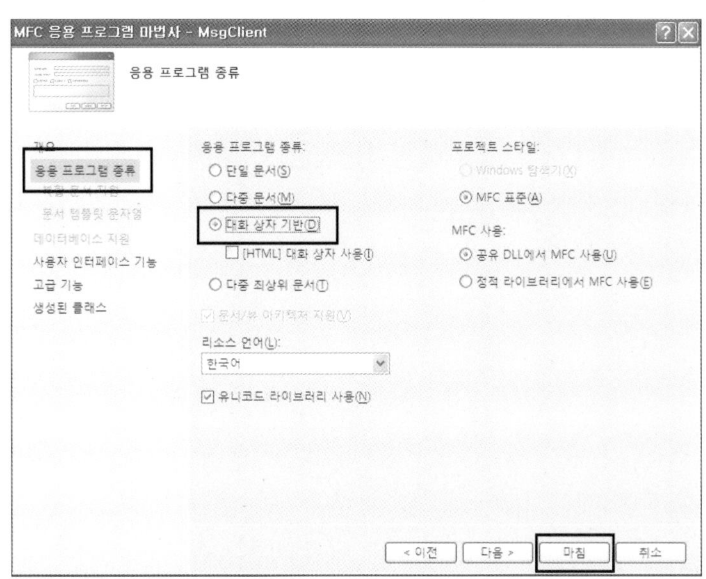

[솔루션 탐색기] 창에서 IPC 솔루션에 추가된 프로젝트 명은 각각 [MsgServer]와 [MsgClient]로 하고, 응용 프로그램 종류도 각각 [대화 상자 기반]으로 하자. 나머지 옵션은 디폴트로 설정하도록 하자.

다음으로 서버와 클라이언트의 리소스를 구성하자. 두 프로젝트가 제대로 만들어졌다면, 각 프로젝트의 [리소스 뷰]를 열고 서버(MsgServer)와 클라이언트(MsgClient) 대화 상자 리소스를 다음과 같이 구성하도록 하자.

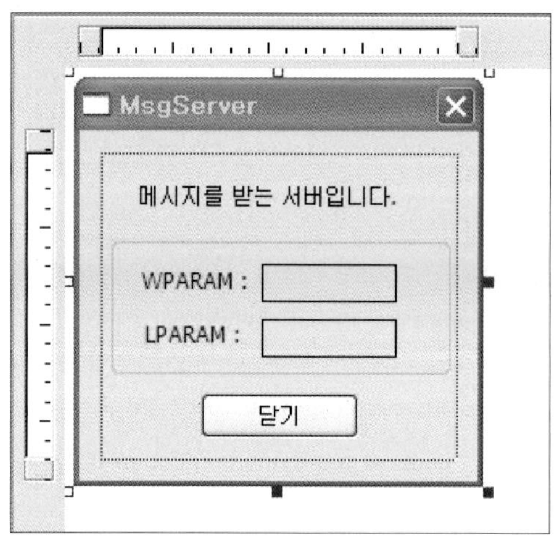

컨트롤	ID	Caption	컨트롤 변수/이벤트 처리기
Dialog	IDD_MSGSERVER_DIALOG	MsgServer	
Static Text	IDC_STATIC	메시지를 받는 서버입니다.	
Static Text	IDC_STATIC	WPARAM	
Static Text	IDC_STATIC	LPARAM	
Static Text	IDC_STATIC_WPARAM		(UINT)m_wParam
Static Text	IDC_STATIC_LPARAM		(UINT)m_lParam
Group Box	IDC_STATIC		
Button	IDC_CLOSE		OnBnClickedClose( )

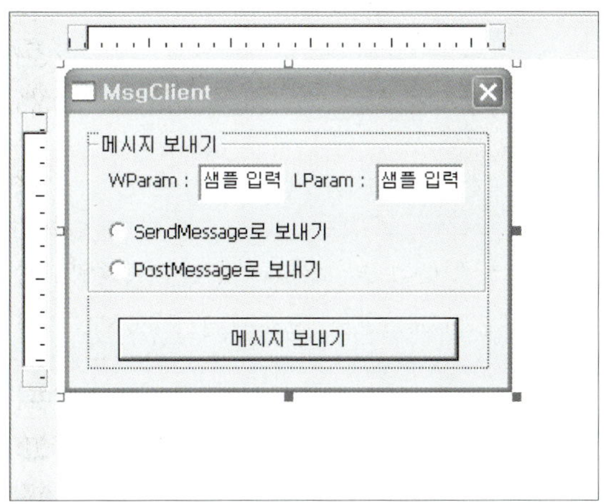

〈MsgClient 리소스 속성 설정 값〉

컨트롤	ID	Caption	컨트롤 변수/이벤트 처리기
Dialog	IDD_MSGCLIENT_DIALOG	MsgClient	
Group Box	IDC_STATIC	메시지 보내기	
Static Text	IDC_STATIC	wParam	
Static Text	IDC_STATIC	lParam	
Edit	IDC_EDIT_WPARAM		(UINT)m_wParam
Edit	IDC_EDIT_LPARAM		(UINT)m_lParam
Button	IDC_RADIO_SENDMESSAGE	SendMessage로 보내기	OnBnClickedRadioSendmessage( )
Button	IDC_RADIO_POSTMESSAGE	PostMessage로 보내기	OnBnClickedRadioPostmessage( )
Button	IDC_BTN_MSGSEND	메시지 보내기	OnBnClickedSend( )

리소스 구성과 멤버 변수 추가 및 이벤트 처리기 추가 작업이 끝났으면, 이제 각 서버와 클라이언트에 코딩 작업을 해보자. 프로젝트의 기능은 클라이언트에서 입력한 메시지 wParam과 lParam을 사용자 메시지 기법을 통해 서버로 전송하는 것이다. 그러므로 우선 필요한 것은 서버와 클라이언트가 통신하기 위한 사용자 메시지를 먼저 정의하는 것이다. 사용자 메시지는

WM_IPC_MSG라고 정의하겠다. 먼저 서버인 MsgServer 프로젝트를 보자. MsgServerDlg.h 파일을 열고 다음과 같이 작성하자.

〈MsgServerDlg.h〉

```
#define WM_IPC_MSG            WM_USER +1

class CMsgServerDlg : public CDialog
{
            ----------- 중간 생략 -------------



        afx_msg LRESULT OnReceiveMessage(WPARAM wParam, LPARAM lParam);

}
```

사용자 메시지를 WM_IPC_MSG 로 정의하였다.

사용자 메시지 처리기를 OnReceiveMessage()로 정의하였다.

사용자 메시지는 WM_IPC_MSG로 정의하였고, 사용자 메시지 처리기는 OnReceiveMssage( )라는 이름으로 정의하였다. 이 처리기는 클라이언트로부터 사용자 메시지를 받았을 때 동작하는 것으로 각각 인수 wParam과 lParam을 참조한다. 다음과 같이 구현 파일을 작성하자.

〈MsgServerDlg.cpp〉

```
BEGIN_MESSAGE_MAP(CMsgServerDlg, CDialog)
        ON_WM_SYSCOMMAND( )
        ON_WM_PAINT( )
        ON_WM_QUERYDRAGICON( )
        //}}AFX_MSG_MAP
        ON_MESSAGE(WM_IPC_MSG, OnReceiveMessage)
END_MESSAGE_MAP( )

----------- 중간 생략 -------------

LRESULT CMsgServerDlg::OnReceiveMessage(WPARAM wParam, LPARAM lParam)
{
        m_wParam = wParam;
        m_lParam = lParam;
        UpdateData(FALSE);

AfxMessageBox(_T("SendMessage는 메시지 처리가 끝날때까지 반환하지 못합니다."));
return 0L;
}


void CMsgServerDlg::OnBnClickedClose( )
{
        PostQuitMessage(-1);
}
```

사용자 메시지와 이벤트 처리기를 연결해 주는 역할을 한다.

사용자 메시지에 대한 메시지 맵을 정의하였다. 즉, 사용자 메시지와 메시지 처리기를 연결하는 작업이다. WM_IPC_MSG라는 메시지가 들어왔을 때 OnReceiveMessage() 메시지 처리기를 실행하겠다는 의미이다. OnReceiveMessage()의 내용을 보면 매개 변수로 받은 wParam과 lParam의 값을 컨트롤 멤버 변수인 m_wParam과 m_lParam으로 넘겨주고 있다. 그리고 메시지 박스를 하나 출력하는데, SendMessage() 함수는 현재의 메시지 처리가 끝나기 전까지 반환하지 못하므로, 반환하지 않은 상태에서 클라이언트는 다른 동작을 할 수 없게 된다. 이는 실제 클라이언트를 작성하여 테스트해 보면 확인이 된다.

그러면 사용자 메시지를 이용하여 클라이언트를 만들자. 서버와 마찬가지로 서로 통신하기 위한 사용자 메시지 WM_IPC_MSG를 다음과 같이 정의한다. 그리고 각 컨트롤에 대한 멤버 변수 및 이벤트 처리기를 추가한다. m_nSelect 변수는 두 개의 라디오 버튼 선택에 따른 상태를 나타내기 위해 선언한 변수이다.

〈MsgClientDlg.h〉

```cpp
#define WM_IPC_MSG          WM_USER + 1

class CMsgClientDlg : public CDialog
{
------------ 중간 생략 -------------
public:
        UINT m_wParam;
        UINT m_lParam;
        UINT m_nSelect;

        afx_msg void OnBnClickedSend( );
        afx_msg void OnBnClickedRadioSendmessage( );
        afx_msg void OnBnClickedRadioPostmessage( );
};
```

〈MsgClientDlg.cpp〉

```cpp
void CMsgClientDlg::OnBnClickedBtnMsgsend ()
{
        HWND hWnd;
        UpdateData(TRUE);                       // 프로세스를 찾아서 핸들을 반환한다.

        hWnd = ::FindWindowW(NULL, _T("MsgServer"));
        if(hWnd != NULL)
        {
                switch(m_nSelect)
                {
                case 1:
                        ::SendMessage(hWnd, WM_IPC_MSG, m_wParam, m_lParam);
TRACE("SendMessage는메시지 처리가 끝날 때 까지 반환 하지 못합니다.");
```

```
                            break;
                case 2:
                            ::PostMessage(hWnd, WM_IPC_MSG, m_wParam, m_lParam);
TRACE ("PostMessage는 메시지만 메시지 큐에 전달하고 바로 반환합니다.");
                            break;
                default:
                            AfxMessageBox(_T("메시지 방식을 선택하지 않았습니다."));
                }
        }
        else
        {
                AfxMessageBox(_T("MsgSever 프로세스를 찾을 수 없습니다."));
        }
}


void CMsgClientDlg::OnBnClickedRadioSendmessage( )
{
        m_nSelect = 1;
}


void CMsgClientDlg::OnBnClickedRadioPostmessage( )
{
        m_nSelect = 2;
}
```


라디오 버튼의 선택으로 m_nSelect 변수 값의 변화에 따라 메시지 전송 방식이 달라진다. 이
방식이 구현된 함수는 OnBnClickedSend() 이벤트 처리기에 구현되어 있다. FindWindowW(
) 함수로 서버 프로세스를 찾아보고, 서버 프로세스가 현재 메모리에 있으면 그 때 메시지 전송
방식을 선택해서 메시지를 보내는데, switch(m_nSelect) 문 아래의 구현이 그에 대한 내용들
이다.

구현이 끝났으면 메시지를 보내도록 하자. 먼저 MsgServer.exe 프로세스를 실행하고,
그 다음에 MsgClient.exe 프로세스를 실행하자. wParam에는 1, lParam에는 2 값을 넣
고, PostMessage() 방식으로 메시지를 보내 보자. 서버의 스태틱 텍스트로 각각 보내어진
wParam과 lParam 값이 전달 되어 출력될 것이다.

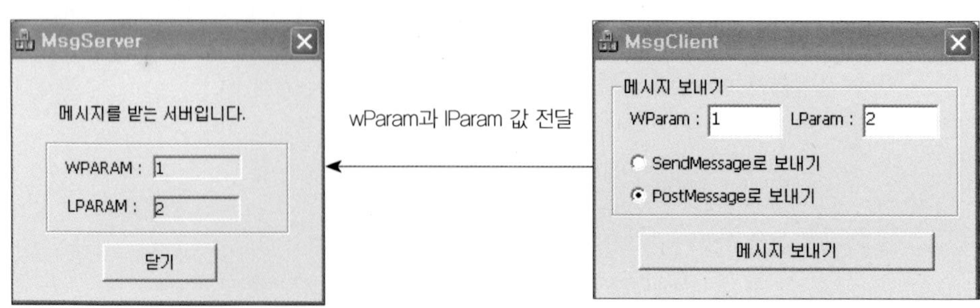

이번엔 SendMessage() 방식으로 전송해 보자. 앞에서 언급했던 대로 이 방식으로 보내면 메시지가 다 처리되기 전에 반환하지 않는다고 하였다. 즉, 메시지 처리기 내에서 메시지 박스를 출력하고 있기 때문에 메시지 박스 출력은 현재의 메시지를 처리 중인 것이다. 아직 반환되지 못했으므로 클라이언트는 활성화될 수 없고, 메시지 박스의 확인 버튼을 눌러야 메시지 처리가 완료된 것이므로 클라이언트가 활성화될 수 있다. PostMessage( ) 함수 방식은 메시지를 응용 프로그램의 큐에 넣어 놓고 바로 반환하기 때문에 메시지 박스가 떠 있어도, 클라이언트는 활성화된다.

사용자 메시지 방식은 IPC 사용법으로 비교적 많이 쓰인다. 정리하지 않으면 헷갈릴 수 있으므로 한번 정리하고 넘어가도록 하겠다.

① 사용자 메시지를 정의한다.
WM_USER 메시지는 MFC에서 사용자가 직접 메시지를 만들어 쓸 수 있도록 정의한 영역이다. 즉 WM_USER 매크로 이후로는 시스템 메시지가 수정하지 않으므로 WM_USER + 1, WM_USER + 2 식으로 사용자가 메시지를 늘려나가며 정의할 수 있다. 예제에서처럼 사용자 정의 메시지는 코드상에 다음과 같이 정의한다.

#define WM_IPC_MSG WM_USER+1

② 사용자 메시지의 선언 및 정의를 하고, 헤더에 메시지 처리기를 등록한다.
즉, 함수를 사용시 헤더에 선언하는 것과 같은 원리이다.

afx_msg LRESULT OnReceiveMessage(WPARAM wParam, LPARAM lParam);

③ 구현 파일에 함수를 정의한다. 이 또한 함수를 정의하는 것과 같은 원리이다.

LRESULT OnReceiveMessage(WPARAM wParam, LPARAM lParam);
{
}

④ 사용자 메시지를 메시지 처리기와 연결한다.

ON_MESSAGE (WM_IPC_MSG , OnReceiveMessage)

⑤ 사용자 메시지를 호출해서 메시지를 전달한다.

::SendMessage(hWnd, WM_IPC_MSG, m_wParam, m_lParam);

SECTION 03

메모리 맵 파일

사용자 정의 메시지 방식에 비해 어떤 장점이 있는지 통신 구조를 파악하고, 실습을 통해 메모리 맵 파일을 구현해 보자.

사용자 메시지를 이용한 IPC 방식은 대용량 데이터를 교환하기에는 부적합하다. 이를 보완한 IPC 방식이 메모리 맵 방식인데, 10장 메모리에서 다루었으므로 복습하는 차원에서 다시 한번 살펴보고, IPC 관점에서 어떤 식으로 동작하는지 알아보자.

메모리 맵을 이용한 예제는 앞의 IPC 프로젝트 예제를 조금 수정한 형태가 될 것이다. 그러므로 시간상 예제를 처음부터 작성하는 것보다는 앞의 예제를 복사해서 다시 재구성하는 것이 효과적이다. 그래도 굳이 처음부터 다시 만들겠다는 독자분들이 있다면 말리지 않겠다. 기존 솔루션에 프로젝트를 생성하되, [프로젝트 명]을 서버와 클라이언트 각각 MemServer, MemClient라고 정하고, [응용 프로그램 종류]는 대화 상자 기반으로 생성하자.

먼저 서버의 리소스를 구성해 보자. 기존 예제의 리소스에서 뺄 것은 없이 텍스트 컨트롤의 개수만 조금 늘어났다. MsgServer의 IDD_MSGSERVER_DIALOG를 열고 배치된 컨트롤들을 복사해서 MemServer의 IDD_MEMSERVER_DIALOG에 복사한다. 그리고 이를 바탕으로 추가된 컨트롤들을 다음과 같이 확장하여 재구성하자.

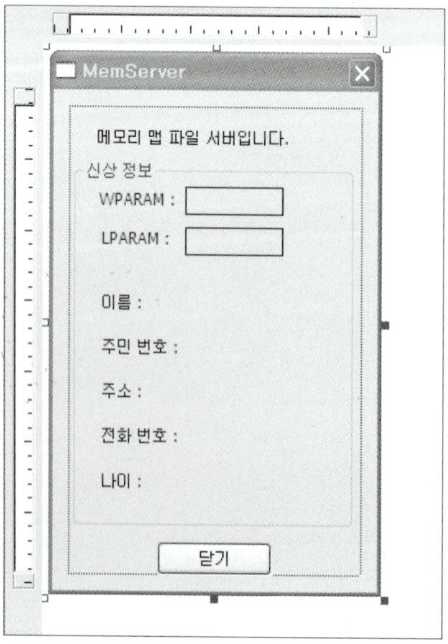

컨트롤	ID	Caption	컨트롤 변수/이벤트 처리기
Dialog	IDD_MEMSERVER_DIALOG	MemServer	
Static Text	IDC_STATIC	메모리 맵 파일 서버입니다.	
Static Text	IDC_STATIC	WPARAM	
Static Text	IDC_STATIC	LPARAM	
Static Text	IDC_STATIC_WPARAM		(UINT)m_wParam
Static Text	IDC_STATIC_LPARAM		(UINT)m_lParam
Group Box	IDC_STATIC		
Button	IDC_CLOSE		OnBnClickedClose( )
Static Text	IDC_STATIC	이름	
Static Text	IDC_STATIC	주민번호	
Static Text	IDC_STATIC	주소	
Static Text	IDC_STATIC	나이	
Static Text	IDC_STATIC	전화번호	
Static Text	IDC_STATIC_NAME		(CString)m_strName
Static Text	IDC_STATIC_NUMBER		(CString)m_strNumber
Static Text	IDC_STATIC_ADDRESS		(CString)m_strAddress
Static Text	IDC_STATIC_PHONE		(CString)m_strPhone
Static Text	IDC_STATIC_AGE		(CString)m_strAge

클라이언트 또한 서버와 마찬가지로, MsgClient의 IDD_MSGCLIENT_DIALOG를 열고 배치된 컨트롤들을 복사해서 MemClient의 IDD_MEMCLIENT_DIALOG에 복사한다. 그리고 이를 바탕으로 추가된 컨트롤들을 다음과 같이 확장하여 재구성하자.

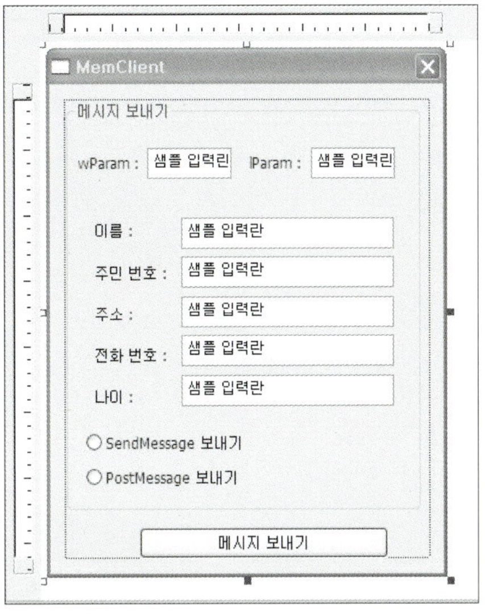

<MemClient 클라이언트 리소스 속성 설정 값>

컨트롤	ID	Caption	컨트롤 변수/이벤트 처리기
Dialog	IDD_MEMCLIENT_DIALOG	MemClient	
Group Box	IDC_STATIC	메시지 보내기	
Static Text	IDC_STATIC	WParam	
Static Text	IDC_STATIC	LParam	
Edit	IDC_EDIT_WPARAM		(UINT)m_wParam
Edit	IDC_EDIT_LPARAM		(UINT)m_lParam
Button	IDC_RADIO_SENDMESSAGE	SendMessage로 보내기	OnBnClickedRadioSendmessage( )
Button	IDC_RADIO_POSTMESSAGE	PostMessage로 보내기	OnBnClickedRadioPostmessage( )
Button	IDC_SEND	메시지 보내기	OnBnClickedSend( )
Static Text	IDC_STATIC	이름	
Static Text	IDC_STATIC	주민번호	
Static Text	IDC_STATIC	주소	
Static Text	IDC_STATIC	나이	
Static Text	IDC_STATIC	전화번호	
Edit	IDC_EDIT_NAME		(CString)m_strName
Edit	IDC_EDIT_NUMBER		(CString)m_strNumber
Edit	IDC_EDIT_ADDRESS		(CString)m_strAddress
Edit	IDC_EDIT_AGE		(CString)m_strAge
Edit	IDC_EDIT_PHONE		(CString)m_strPhone

배치 및 속성 설정이 끝났으면 메모리 맵 파일을 이용하여 먼저 서버부터 만들자. 서버는 메모리 맵 파일을 이용하여 클라이언트로부터 데이터를 받아 출력해 주는 기능을 한다. 앞서 구성한 사용자 메시지 프로젝트 코드를 참고하여, 각각 MemSeverDlg.h와 MemServerDlg.cpp 파일에 코딩하자.

앞의 사용자 메시지만을 사용한 IPC 방식에서는 8바이트(Byte) 데이터만을 보낼 수 있었다. 그러나 메모리 맵 방식을 쓰면 더 큰 데이터를 보낼 수 있다. 여기서는 구조체를 통해 총 250바이트의 데이터를 정의하고, 이 데이터를 보내고 받을 수 있게 하였다. MemServerDlg.h 헤더 파일에 다음과 같이 REPORT라는 이름으로 구조체를 정의한다. 그리고 대화 상자 위의 텍스트 컨트롤 멤버 변수를 각각 선언한다.

〈MemServerDlg.h〉

```
#define WM_IPC_MSG          WM_USER + 1
typedef struct _REPORT
{
        TCHAR szName[50];
        TCHAR szNumber[50];
        TCHAR szAddress[50];
        TCHAR szAge[50];
        TCHAR szPhone[50];
}REPORT, *PREPORT;

class CMemServerDlg : public CDialog
{
------------ 중간 생략 ------------

        CString m_strName;
        CString m_strNumber;
        CString m_strAddress;
        CString m_strAge;
        CString m_strPhone;

        HANDLE m_hFileMapping;

        afx_msg LRESULT OnReceiveMessage(WPARAM wParam, LPARAM lParam);
------------ 중간 생략 ------------

}
```

같은 타입의 여러 데이터를 관리하기 위해 구조체를 사용

멤버 변수 추가 마법사를 이용하여 각 텍스트 컨트롤 멤버 변수 추가

파일 매핑 오브젝트 핸들

메모리 맵 파일을 생성할 때 핸들이 반환되는데, 반환되는 핸들 값을 받기 위해 m_hFileMapping을 선언하였다.

MemServerDlg.cpp 파일에 다음과 같이 코드를 추가한다.

〈MemServerDlg.cpp〉

```
BOOL CMemServerDlg::OnInitDialog( )
{
------------ 중간 생략 ------------
m_hFileMapping = CreateFileMappingW((HANDLE)0xFFFFFFFF, NULL, PAGE_READWRITE, 0, 1024, _
T("MyFileMapping"));

        return TRUE;
}

BEGIN_MESSAGE_MAP(CMemServerDlg, CDialog)
        ON_WM_SYSCOMMAND()
        ON_WM_PAINT()
```

메모리 맵 파일을 생성한다.

```
        ON_WM_QUERYDRAGICON()
        //}}AFX_MSG_MAP
        ON_MESSAGE(WM_IPC_MSG, OnReceiveMessage)
END_MESSAGE_MAP()

LRESULT CMemServerDlg::OnReceiveMessage(WPARAM wParam, LPARAM lParam)
{
        PREPORT pReport;

        m_wParam = wParam;
        m_lParam = lParam;

        pReport = (PREPORT)MapViewOfFile(m_hFileMapping, FILE_MAP_READ, 0, 0, 1024);
        if(pReport != 0)                   ┌─────────────────────────┐
        {                                  │ 메모리와 파일을 연결한다. │
                m_strName = pReport->szName;
                m_strNumber = pReport->szNumber;
                m_strAddress = pReport->szAddress;
                m_strAge = pReport->szAge;
                m_strPhone = pReport->szPhone;
        }

        UnmapViewOfFile((LPVOID)pReport);   ┌─────────────────────────┐
                                            │ 메모리와 파일을 해제한다. │
        UpdateData(FALSE);

        AfxMessageBox(_T("SendMessage는 메시지 처리가 끝날때까지 반환하지 못합니다."));
        return 0L;
}
void CMemServerDlg::OnBnClickedClose( )
{
        PostQuitMessage(-1);
}
```

대화 상자가 생성되는 초기에 데이터 공유를 위한 파일 매핑 객체를 생성하였는데,
CreateFileMappingW( ) 함수를 사용하였다. 이전 10장 메모리에서 이 함수에 대한 API를 정
의한 바 있으나 복습 차원에서 다시 한번 정의하고 넘어가겠다.

〈함수의 정의〉

```
HANDLE WINAPI CreateFileMappingW(
        HANDLE hFile,
        LPSECURITY_ATTRIBUTES lpFileMappingAttributes,
        DWORD flProtect,
        DWORD dwMaximumSizeHigh,
        DWORD dwMaximumSizeLow,
        LPCTSTR lpName);
```

- hFile : 메모리에 매핑할 대상 파일의 핸들을 대입한다. (0xFFFFFFFF이면 페이징 파일을 사용한다.)
- lpFileMappingAttributes : 보안 속성을 대입한다. 일반적으로 NULL 값을 대입한다.
- flProtect : 메모리 페이지 접근 속성을 대입한다.
- dwMaximumSizeHigh : 파일 매핑 객체가 관리할 메모리 길이 중 상위 32비트이다.
- dwMaximumSizeLow : 파일 매핑 객체가 관리할 메모리 길이 중 하위 32비트이다.
- lpName : 파일 매핑 객체의 이름이다. 필요하지 않을 경우에 NULL 값을 주면 된다.

이 예제는 데이터 전송에 WM_IPC_MSG 메시지를 통해 전달되므로 서버에서 사용자 메시지를 처리하는 루틴은 이전 사용자 메시지 예제와 동일하다. 다만, 메시지를 전달 받았을 때, 메모리 맵상에 있는 데이터 구조체를 표현하는 코드가 추가되었다. 추가된 코드는 강조하였으며, 파일을 메모리상에 매핑하는 함수로 MapViewOfFile()를 사용하였다. 이 함수의 반환된 값을 통해 현재 메모리에 매핑되어 있는 구조체 파일의 값을 얻어 올 수 있고, 각각의 값들을 멤버 변수에 넘겨주었다.

〈함수의 정의〉

```
LPVOID WINAPI MapViewOfFile(
        HANDLE hFileMappingObject,
        DWORD dwDesiredAccess,
        DWORD dwFileOffsetHigh,
        DWORDdwFileOffsetLow,
        DWORD dwNumberOfBytesToMap          );
```

- hFileMappingObject : 파일 맵 오브젝트 핸들이다. CreateFileMappingW( ) 함수의 반환 값이다.
- dwDesiredAccess : 값이 FILE_MAP_WRITE이면 쓰기 모드, FILE_MAP_READ이면 읽기 모드, FILE_MAP_COPY이면 새로운 복사본을 만들고 읽고 쓰기 모드이다.
- dwFileOffsetHigh : 메모리 시작 번지로부터 떨어진 값의 상위 32비트이다.
- dwFileOffsetLow : 메모리 시작 번지로부터 떨어진 값의 하위 32비트이다.
- dwNumberOfBytesToMap : 사용할 메모리 크기이다.. 0을 지정하면 지정한 메모리 블록 전체를 사용할 수 있다.

어떤 메모리든지 사용 후에는 해제해 주어야 한다. 메모리 매핑에 사용했던 구조체 주소 값을 반환하기 위해 UnmapViewOfFile( ) 함수를 사용하였다.

```
BOOL WINAPI UnmapViewOfFile(LPCVOID lpBaseAddress );
```

다음으로 서버와 통신할 메모리 맵 파일 클라이언트를 만들어 보자. 클라이언트 또한 이전 사용자 메시지 예제에서 메모리 맵 파일에 관련된 코드만 추가하면 된다. 다음과 같이 MemClientDlg.h 파일에 코드를 작성하도록 한다.

〈MemClientDlg.h〉

```
#define WM_IPC_MSG          WM_USER + 1

typedef struct _REPORT
{
        TCHAR szName[50];
        TCHAR szNumber[50];
        TCHAR szAddress[50];
        TCHAR szAge[50];
        TCHAR szPhone[50];
}REPORT, *PREPORT;

class CMemClientDlg : public CDialog
{
----------- 중간 생략 -------------
        CString m_strName;
        CString m_strNumber;
        CString m_strAddress;
        CString m_strAge;
        CString m_strPhone;
}
```

같은 타입의 여러 데이터를 관리하기 위해 구조체를 사용

멤버 변수 추가 마법사를 이용하여 각 에디트 컨트롤 멤버 변수 추가

서버와 마찬가지로 동일하게 REPORT 구조체를 선언하였고, 에디트 컨트롤들의 멤버 변수들을 추가하였다. 이 멤버 변수들에 입력된 문자열이 메모리 맵 파일 기법을 통해 서버로 전달될 것이다. MemClientDlg.cpp 구현 파일을 다음과 같이 작성한다.

〈MemClientDlg.cpp〉

```
void CMemClientDlg::OnBnClickedSend( )
{
        HWND hWnd;
        HANDLE hFileMapping;
        REPORT report;
        UpdateData(TRUE);

        lstrcpyW(report.szName, m_strName);
        lstrcpyW (report.szNumber, m_strNumber);
        lstrcpyW (report.szAddress, m_strAddress);
        lstrcpyW (report.szAge, m_strAge);
        lstrcpyW (report.szPhone, m_strPhone);


        hFileMapping = OpenFileMappingW(FILE_MAP_WRITE, FALSE, _T("MyFileMapping"));
        if(hFileMapping != NULL)
        {
                LPVOID lpBase = MapViewOfFile(hFileMapping, FILE_MAP_WRITE, 0,0,
```

파일 매핑 오브젝트 핸들

구조체 변수

멤버 변수를 구조체 멤버 변수로 복사

서버에서 생성했던 메모리에 매핑된 파일을 연다.

메모리와 파일을 연결한다.

```
sizeof(report));
                CopyMemory(lpBase, &report, sizeof(report));
                UnmapViewOfFile(lpBase);       메모리와 파일을 해제한다.
        }

        hWnd = ::FindWindowW(NULL, _T("MsgServer"));
        if(hWnd != NULL)
        {
                switch(m_nSelect)
                {
                case 1:
                        ::SendMessage(hWnd, WM_IPC_MSG, m_wParam, m_lParam);
                        TRACE("SendMessage는메시지처리가끝날때까지반환하지못합니다.");
                        break;
                case 2:
                        ::PostMessage(hWnd, WM_IPC_MSG, m_wParam, m_lParam);
                        TRACE("PostMessage는메시지만메시지큐에전달하고바로반환합니다.");
                        break;
                default:
                        AfxMessageBox(_T("메시지방식을선택하지않았습니다."));
                }
        }
        else
        {
                AfxMessageBox(_T("MemSever 프로세스를찾을수없습니다."));
        }
}
```

굵은 글씨체의 코드가 새로 추가된 것이다. 사용자로부터 입력 받은 데이터를 구조체에 입력하고, 서버에서 생성한 메모리 맵 파일을 쓰기 모드로 열어서, 입력 받은 구조체 데이터를 메모리 매핑을 통해 서버로 전달하는 코드이다. 메모리 맵 파일을 열고, MapViewOfFile() 함수를 통해 반환된 포인터 lpBase에 report 구조체 주소 값을 복사한다. 복사하는 함수로는 CopyMemory() 함수를 사용하였다. 여기까지의 과정을 요약하면 서버에서 메모리 맵 파일을 생성하고, 생성한 메모리 맵 파일을 클라이언트가 쓰기 모드로 열어서 데이터를 썼다. 그 이후에는 서버에서 그 데이터를 가져와서 출력만 해주면 되는데 출력해주는 루틴을 기존 사용자 메시지 처리기(OnReceiveMessage())에서 하므로 사용자 메시지의 방식대로 서버 프로세스 이름을 찾아서 서버로 메시지를 보낸다.

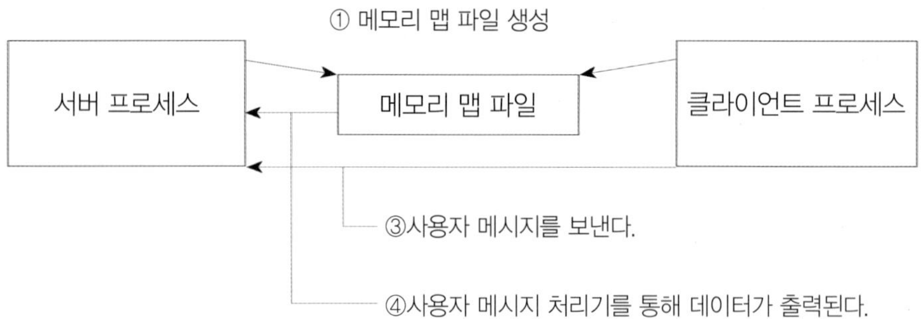

참고 lstrcpy( )

문자열을 복사하는데 strcpy() 함수를 사용하지 않고, lstrcpy() 함수를 사용하였는데, strcpy( ) 함수는 C 런타임 라이브러리에 등록되어 있고, lstrcpy() 함수는 윈도우 커널에 등록되어 있기 때문에 네트워크 프로그래밍을 할 때는 lstrcpy() 함수가 유리한 점이 있다. 그리고 lstrcpy() 함수는 DBCS(Double Byte Character Set) 기반으로 되어 있어서 문자(Character)를 표현할 때 2바이트 단위로 나타낸다. 일반적으로 사용에 있어서 두 함수가 거의 동일하다고 보면 된다.

구현이 끝났으면 각각 서버와 클라이언트를 실행해 보자. 클라이언트에 wParam, lParam,이름, 주민번호, 주소, 나이, 전화번호를 각각 입력하고, 메시지를 전송해 보자. 그대로 서버에 전달되어 출력될 것이다.

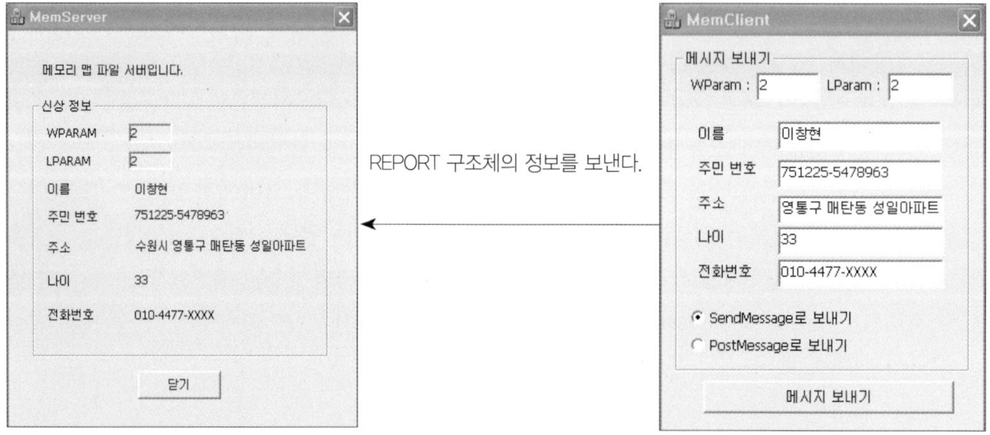

여기까지 메모리 맵 파일을 이용하여 두 프로세스 간(서버와 클라이언트)의 통신하는 구조에 대해서 알아 보았다. 아마 큰 그림은 머리 속에 그려질 것이라고 생각한다. 그러나, 코드 상으로 작성하려면 아직도 헷갈리는 부분들이 있을 것이다. 메모리 맵 파일을 마치기 전에 코드 상의 순서를 정리하고 넘어가도록 하겠다. 이 순서는 서버와 클라이언트 각각 모두 해당되는 내용이다.

① 먼저 파일 매핑 객체를 생성하거나 연다.

이때 사용하는 API 함수는 파일 매핑 객체 생성에는 CreateFileMappingW(), 열 때는 OpenFileMappingW()를 사용한다.

② 파일을 메모리와 연결한다.

즉, 파일을 메모리에 매핑한다. 이때 사용하는 API 함수는 MapViewOfFile()로 서버와 클라이언트에 각각 적용된다.

③ 매핑한 메모리 주소를 참조한다.

④ 메모리와 파일을 분리한다.

즉, 매핑을 해제한다. 이때 사용하는 API 함수는 UnmapViewOfFile( )이다.

⑤ 파일 매핑 객체를 닫는다.

통상 생성된 핸들은 반드시 닫아야 하는 것이 기본이다. 이때 사용하는 API 함수는 CloseHandle( )이다.

WM_COPYDATA

이 방식 또한 앞의 사용자 정의 메시지와 메모리 맵 파일을 보완한 발전된 방식일 것이다. 어떤 장점이 있는지 통신 구조를 파악하고, 실습을 통해 WM_COPYDATA을 구현해 보자.

앞서 배웠던 메모리 맵 파일의 경우에 많은 데이터를 한 번에 전송할 수 있었지만, 아쉬운 점이 있었다면, 사용자 메시지도 전송해야 한다는 점이다. 이러한 문제를 보완한 또 다른 IPC 방식이 WM_COPYDATA 방식인데, 메시지와 데이터를 동시에 같이 전송할 수 있다.

이 방식은 앞서 사용하였던 사용자 메시지 대신 WM_COPYDATA를 사용하고, 메시지 전송 방식도 SendMessage()로 보내야 한다. PostMessage()를 사용하지 않고, SendMessage() 를 사용하는 이유는 서버 측에서 메시지를 처리하기 전에 다른 요청에 의해 데이터가 수정되는 것을 방지하기 위해서이다.

다음은 코드상에서 WM_COPYDATA 방식으로 메시지를 보내는 코드이다. COPYDATASTRUCT 구조체 변수를 선언하고, SendMessage() 함수에서 WM_COPYDATA 메시지를 전송하되, 첫 번째 인수 wParam에는 윈도우 핸들 값이 들어가고, 두 번째 인수 lParam에는 ©data 구조체 포인터 값이 들어간다. 다음과 같은 형태로 사용한다.

```
COPYDATASTRUCT copydata;
------------ 중간 생략 -------------
SendMessage(hWnd, WM_COPYDATA, m_hWnd, &copydata);
```

두 번째 인수 lParam에 들어가는 COPYDATASTRUCT 구조체의 구조는 다음과 같다.

〈COPYDATASTRUCT 구조체 정의〉

```
typedef struct tagCOPYDATASTRUCT {
        ULONG_PTR dwData;
        DWORD cbData;
        PVOID lpData;
} COPYDATASTRUCT, *PCOPYDATASTRUCT;
```

– dwData : 전달될 숫자 값으로 보통 명령 값을 나타낸다.

– cbData : 전달할 데이터 크기이다.

– lpData : 전달할 데이터의 메모리 주소이다.

WM_COPYDATA를 이용한 예제를 다루어 보자. 먼저 기존의 IPC 솔루션에 앞선 예제들과 마찬가지로 서버와 클라이언트 2개의 프로젝트를 생성하자. 서버의 프로젝트명은 [CopyDataServer]로 정하고, 응용 프로그램 종류로는 [대화 상자 기반]으로 생성한다. 클라이언트 프로젝트 명은 [CopyDataClient]로 정하고, 응용 프로그램 종류로는 마찬가지로 [대화 상자 기반]으로 생성한다.

대화 상자 구성은 서버와 클라이언트 모두 앞의 메모리 맵 파일의 구성을 이용할 것이므로 대화 상자에 배치된 컨트롤들을 복사해서 붙여 넣기 하자.
여기서 한가지 수정할 부분은 인수 wParam과 lParam 부분은 전처럼 사용자 메시지를 사용하여 전송하는 것이 아니므로 사용자 입력이 무의미하다. 그러므로 서버와 클라이언트에서 인수 wParam과 lParam의 입력 및 출력 컨트롤을 삭제하거나, 아니면 이들 각 컨트롤 속성 중에 Visible을 기본 TRUE에서 FALSE로 수정한다.

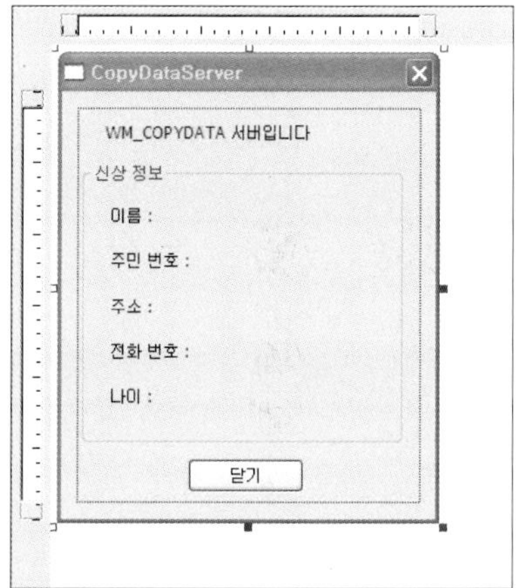

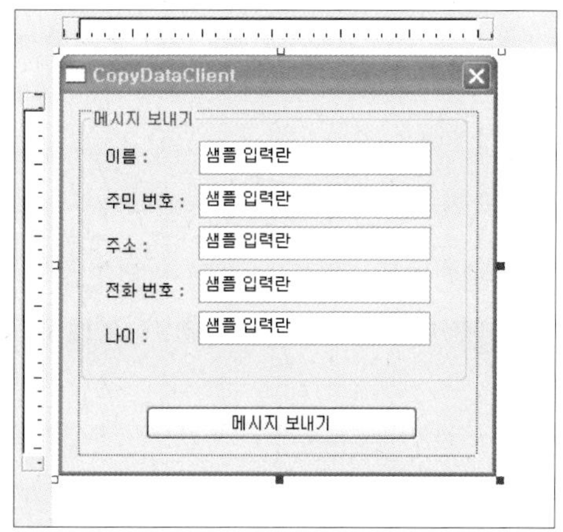

리소스 컨트롤 배치가 끝났으면 각 컨트롤의 속성을 다음과 같이 설정하고, 멤버 변수 및 이벤트 처리기를 작성하자. 앞의 예제에서 반복적으로 했던 작업이므로 어렵지 않을 것이다.

<CopyDataServer 리소스 속성 설정 값>

컨트롤	ID	Caption	컨트롤 변수/이벤트 처리기
Dialog	IDD_MEMSERVER_DIALOG	CopyDataServer	
Static Text	IDC_STATIC	WM_COPYDATA 서버입니다.	
Group Box	IDC_STATIC		
Button	IDC_CLOSE		OnBnClickedClose( )
Static Text	IDC_STATIC	이름	
Static Text	IDC_STATIC	주민번호	
Static Text	IDC_STATIC	주소	
Static Text	IDC_STATIC	전화번호	
Static Text	IDC_STATIC	나이	
Static Text	IDC_STATIC_NAME		(CString)m_strName
Static Text	IDC_STATIC_NUMBER		(CString)m_strNumber
Static Text	IDC_STATIC_ADDRESS		(CString)m_strAddress
Static Text	IDC_STATIC_PHONE		(CString)m_strPhone
Static Text	IDC_STATIC_AGE		(CString)m_strAge

<CopyDataClient 리소스 속성 설정 값>

컨트롤	ID	Caption	컨트롤 변수/이벤트 처리기
Dialog	IDD_MEMCLIENT_DIALOG	CopyDataClient	
Group Box	IDC_STATIC	메시지 보내기	
Button	IDC_SEND	메시지 보내기	OnBnClickedSend( )
Static Text	IDC_STATIC	이름	
Static Text	IDC_STATIC	주민번호	
Static Text	IDC_STATIC	주소	
Static Text	IDC_STATIC	전화번호	
Static Text	IDC_STATIC	나이	
Edit	IDC_EDIT_NAME		(CString)m_strName
Edit	IDC_EDIT_NUMBER		(CString)m_strNumber
Edit	IDC_EDIT_ADDRESS		(CString)m_strAddress
Edit	IDC_EDIT_PHONE		(CString)m_strPhone
Edit	IDC_EDIT_AGE		(CString)m_strAge

리소스 구성이 끝났으면 서버를 먼저 만들어 보자. 앞의 메모리 맵 파일의 서버와 다른 점이 있다면, 사용자 메시지 대신 WM_COPYDATA 메시지를 사용하겠다는 것과, 메모리 매핑과 같은 데이터에 대한 별도 작업이 필요 없다는 점이다. 서버의 헤더 파일을 열고 다음과 같이 코드를 작성하자.

〈CopyDataServerDlg.h〉

```cpp
typedef struct _REPORT
{
        TCHAR szName[50];
        TCHAR szNumber[50];
        TCHAR szAddress[50];
        TCHAR szAge[50];
        TCHAR szPhone[50];
}REPORT, *PREPORT;

class CopyDataServerDlg: public CDialog
{
        CString m_strName;
        CString m_strNumber;
        CString m_strAddress;
        CString m_strAge;
        CString m_strPhone;

afx_msg BOOL OnCopyData(CWnd* pWnd,COPYDATASTRUCT *pCopyDataStruct);
};
```

기존의 사용자 메시지를 사용하는 대신 WM_COPYDATA 메시지를 이용하여 처리하므로 WM_COPYDATA에 대한 메시지 처리기를 추가로 선언하였다. 선언 코드만 보더라도 메모리 맵 파일 기법보다 간단한 느낌이 든다. 구현 파일도 다음과 같이 작성하자.

〈CopyDataServerDlg.cpp〉

```cpp
BEGIN_MESSAGE_MAP(CCopyDataServerDlg, CDialog)
        ON_WM_SYSCOMMAND( )
        ON_WM_PAINT( )
        ON_WM_QUERYDRAGICON( )
        //}}AFX_MSG_MAP
        ON_WM_COPYDATA( )
ON_BN_CLICKED(IDC_CLOSE, OnBnClickedClose)
END_MESSAGE_MAP( )

BOOL CCopyDataServerDlg::OnCopyData(CWnd *pWnd, COPYDATASTRUCT *pCopyDataStruct)
{
        CString strReq;
        PREPORT pReport;

        switch(pCopyDataStruct->dwData)
        {
        case 1:
                pReport = (PREPORT)pCopyDataStruct->lpData;
                if(pReport != NULL)
```

```
                    {
                        m_strName = pReport->szName;
                        m_strNumber = pReport->szNumber;
                        m_strAddress = pReport->szAddress;
                        m_strAge = pReport->szAge;
                        m_strPhone = pReport->szPhone;
                        UpdateData(FALSE);
                    }
                    break;
            case 2:
                                                    dwData의 다른 유형에 따라 추가가 가능하다.

                    break;
            default:
                    AfxMessageBox(_T("잘못된 메시지 명령입니다."));
                    break;
            }
            return TRUE;
}
```

WM_COPYDATA에 대한 메시지 매핑 선언과, 이벤트 처리기 OnCopyData()를 정의하였다.
여기서 눈여겨 보아야 할 것은 이벤트 처리기의 두 번째 매개 변수 COPYDATASTRUCT이다.
이 구조체 포인터 변수를 매개 변수로 전달 받아 이벤트 처리기 내부에서 데이터를 처리하도록
되어 있다. pCopyDataStruct->dwData는 보통 데이터 종류를 구분하기 위해서인데, 예제에
서는 데이터의 구분이 의미가 없으므로 그냥 1이라는 값이 들어오면 REPORT 구조체의 값을
대화 상자에 뿌려 줄 수 있게 하였다.

다음으로 클라이언트를 만들어보자. 클라이언트 선언 부분은 REPORT 구조체 추가 외에는 특
별한 것은 없다. 다음과 같이 작성하자.

〈CopyDataClientDlg.h〉

```
typedef struct _REPORT
{
        TCHAR szName[50];
        TCHAR szNumber[50];
        TCHAR szAddress[50];
        TCHAR szAge[50];
        TCHAR szPhone[50];
}REPORT, *PREPORT;


class CopyDataServerDlg: public CDialog
{
------------ 중간 생략 -------------

}
```

구현 파일은 다음과 같이 작성하자.

〈CopyDataClientDlg.cpp〉

```cpp
void CCopyDataClientDlg::OnBnClickedSend( )
{
        HWND hWnd;
        REPORT report;
        UpdateData(TRUE);

        lstrcpyW (report.szName, m_strName);
        lstrcpyW (report.szNumber, m_strNumber);
        lstrcpyW (report.szAddress, m_strAddress);
        lstrcpyW (report.szAge, m_strAge);
        lstrcpyW (report.szPhone, m_strPhone);

        hWnd = ::FindWindowW(NULL, _T("CopyDataServer"));
        if(hWnd != NULL)
        {
                COPYDATASTRUCT copydata;
                copydata.dwData = 1;
                copydata.cbData = sizeof(report);
                copydata.lpData = &report;

                switch(copydata.dwData)
                {
                case 1:
                        ::SendMessage(hWnd, WM_COPYDATA, (WPARAM)m_hWnd,
(LPARAM)&copydata);
                        break;
                case 2:                    ┌─ dwData의 다른 유형에 따라 추가가 가능하다.
                        break;
                default:
                        AfxMessageBox(_T("메시지 방식을 선택하지 않았습니다."));
                }
        }
        else
        {

                AfxMessageBox(_T("CopyDataSever 프로세스를 찾을 수 없습니다."));

        }
}
```

여기서 주목할 부분은 COPYDATASTRUCT 구조체의 값을 설정하는 부분과 WM_
COPYDATA 메시지를 보내며 부가 정보로 m_hWnd와 ©data를 보내는 부분이다.
「copydata.dwData = 1」의 값을 주었는데, 이것은 주로 데이터 방식을 구분하기 위해서이지만,
예제에서는 의미가 없으므로 1이라 지정하였다. 이것은 서버가 메시지를 전달 받아서 데이터의
종류를 구분할 때 이 값을 사용한다. 그리고 「copydata.lpData = &report」는 현재 REPORT
구조체로 선언된 구조체 변수들을 포인터 변수로 넘겨주는 것이다.

지금까지 구현이 끝났다면 실행하여 메시지가 잘 전달되는지 확인해 보도록 하자.

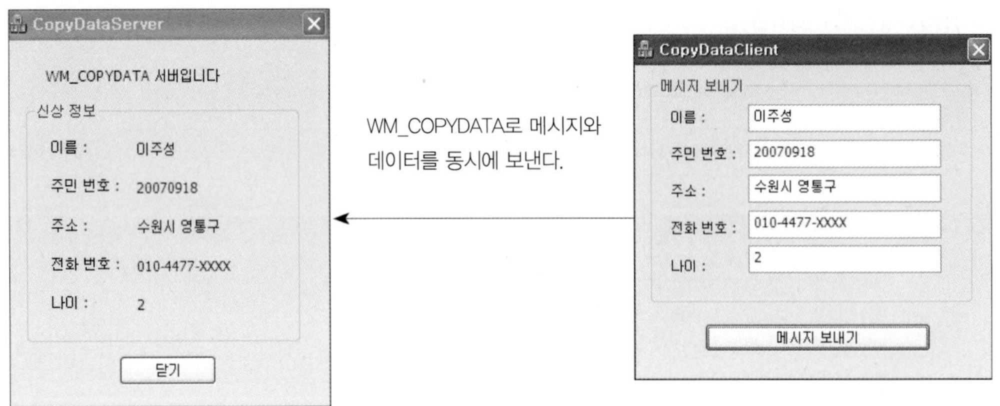

이상으로 WM_COPYDATA 방식의 IPC에 대해서 알아보았다. 이 방식은 사용자 메시지와 메모리 맵 파일 방식의 단점을 잘 보완한 방법으로 유용하지만, 실무에서는 잘 사용하지 않는다.

파이프(Pipes)

파이프에는 어떤 장점과 종류들이 있는지 살펴보고, 실습을 통해 파이프를 구현해 보도록 하자.

앞서 세 가지 IPC 기법에 대해서 알아보았다. 모두 메시지 전달이나 메모리 공유와 같은 방법으로 두 프로세스가 서로 데이터를 주고받을 수 있었다. 지금 배울 파이프도 쌍방 간의 버퍼를 통해 데이터를 주고받는 방식이다. 기존 IPC 방식과 차이가 있다면, 파이프 방식에서는 파일을 컨트롤 하는 API 함수를 윈도우 파일 시스템에서 제공한다는 점이다. 즉, ReadFile( )나 WriteFile( )와 같은 API 함수를 사용할 수 있다는 것이다.

기본적으로 파일에서 읽고 쓰는 메커니즘은 네트워크 구조에도 동일하게 적용된다. 예를 들면 RS-232c 와 같은 직렬화 통신의 API 함수는 윈도우 파일 시스템을 기반으로 하기 때문이다. 그러므로 파이프 방식은 로컬 시스템에 국한되지 않고 네트워크로 범위가 확장될 수 있다는 말이다.

파이프에는 익명 파이프(Anonymous Pipe)와 네임드 파이프(Named Pipe)가 있는데, 각 특징에 대해서 알아보도록 하자.

■ 익명 파이프(Anonymous Pipe)

익명 파이프는 프로세스 간에 파이프 하나로 데이터가 오고 갈 수 없고, 한쪽 방향으로만 데이터의 이동이 가능하다. 즉, 양방향성이 아닌 단방향성이라는 말이다. 그래서 두 프로세스 간에 데이터를 교환한다면, 두 개의 파이프가 필요하다. 구조를 보면 다음과 같다.

〈익명 파이프 구조〉

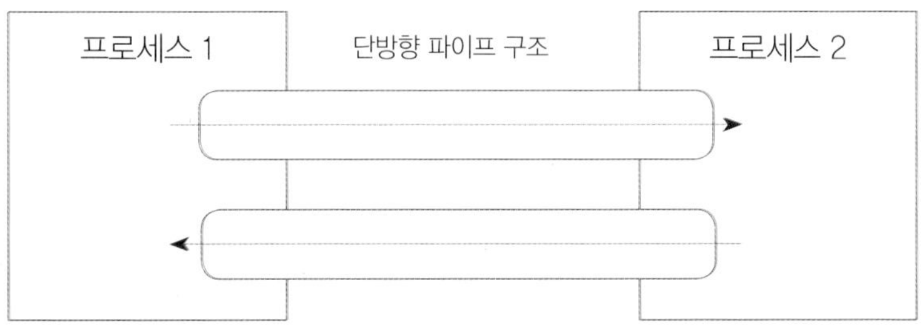

익명 파이프는 단방향성이므로, 주로 로컬에서의 통신 방법에 사용되며, 사용 빈도가 그리 높지 않다.

■ 네임드 파이프(Named Pipe)

네임드 파이프는 파이프 하나로 양방향 통신이 가능하다. 그리고 이름에서도 느껴지듯이 네임드 파이프는 프로세스 간에 문자열 고유 이름으로 식별 가능할 것이라고 추측할 수 있다. 그러므로 TCP/IP와 같은 복잡한 프로토콜을 사용하지 않고 문자열 고유 이름으로 네트워크상에서 식별이 가능하므로 네트워크 통신을 구현할 수 있다.

〈네임드 파이프 구조〉

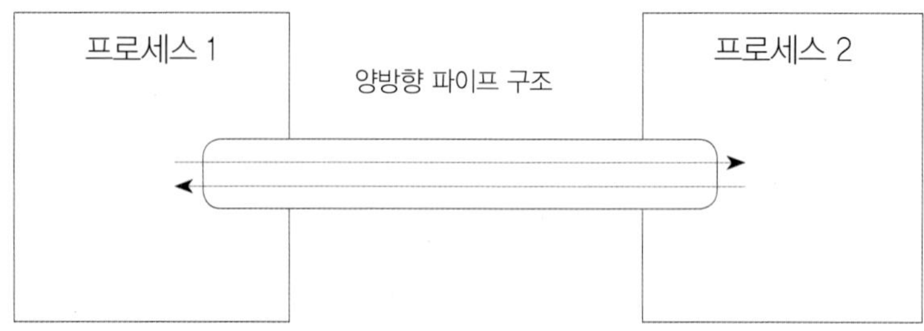

네트워크 상에서 식별이 가능한 파이프 이름을 사용하는 형식은 다음과 같다.

〈네임드 파이프 사용 형식〉

```
LPCWSTR lpName = \\\\.\\pipe\\MyNamedPipe;
```

파이프 방식에서는 로컬에서만 동작하는 익명 파이프보다는 네트워크에서 동작하는 네임드 파이프가 주로 사용된다. 그래서 앞으로 파이프의 설명이나 예제는 네임드 파이프 방식에 초점을 맞출 것이다.

파이프를 이용한 예제를 다루어 보자. 파이프 프로젝트 또한 마찬가지로 앞의 예제를 활용하도록 하겠다. 파이프의 사용법에 초점을 두었으므로 이해하는데 어려움은 없을 것이다. 기존 IPC 솔루션에 서버와 클라이언트 프로젝트 2개를 추가하자. 서버의 [프로젝트 명]은 PipeServer, 클라이언트의 [프로젝트 명]은 PipeClient라고 정하고, 마찬가지로 두 프로젝트 모두 [응용 프로그램 종류]는 대화 상자 기반으로 하자.

다음으로 파이프 서버와 파이프 클라이언트의 리소스를 구성하자. 앞의 두 프로젝트 CopyDataServer와 CopyDataClient의 리소스 구성을 그대로 복사하여 붙여 넣기 하고, 컨트롤의 멤버 변수 및 이벤트 처리기 또한 생성한다. 파이프 서버 및 클라이언트의 리소스 구성 화면은 다음과 같다.

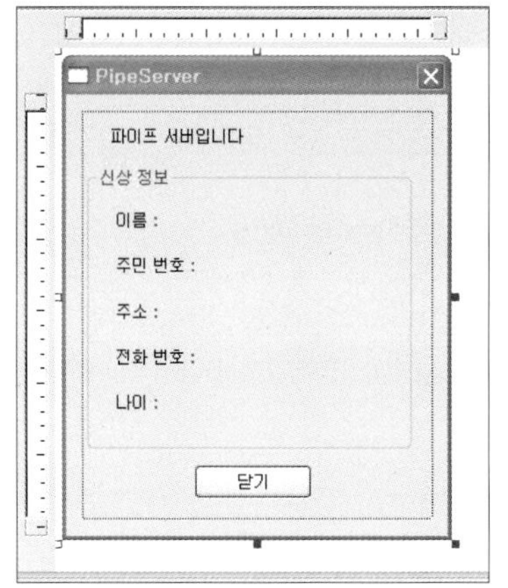

기존 예제의 리소스 구성 중 그룹 박스의 제목이 변경 된 것 외에는 특별히 변경 사항은 없다. 각 컨트롤에 대한 속성 또한 기존 예제와 달라진 점이 거의 없고, 계속 반복적인 내용이므로 따로 언급하지 않겠다.

먼저 네임드 파이프 서버를 만들자. 파이프 서버를 작성하기 위해서 스레드를 하나 생성하도록 할 것이다. 이미 소켓 통신을 공부하셨던 분들은 왜 스레드를 사용하는지 짐작할 것이다. 보통 서버에서 소켓을 생성하고, 클라이언트에서 접속을 하기 전까지 스레드가 동작하면서 대기하게 되는데, 이 때 클라이언트에서 접속 요청을 하면 그때 서버에서 접속 요청을 승인(Accept)하고 연결이 완성되는 것이다.

마찬가지로 파이프 또한 파이프를 생성하고(CreateNamedPipe()), 클라이언트에서 접속 요청을 할 때까지 기다리다가(ConnectNamedPipe()) 연결이 되면 데이터를 송수신할 수 있다. 그런데 클라이언트에서 언제 접속 요청이 올지는 모른다. 그러므로 서버에서는 스레드를 동작하여 항시 클라이언트에서 접속 요청이 오기를 기다리고 있어야 한다. 이런 이유로 서버에서는 접속 대기를 스레드 안에서 처리해야 한다.

〈PipeServerDlg.cpp〉

```
BOOL CPipeServerDlg::OnInitDialog( )
{
------------ 중간 생략 -------------

        CWinThread *pThread = ::AfxBeginThread(ThreadFunction, this);
        return TRUE;
}


UINT ThreadFunction(LPVOID pParam)
{
        CPipeServerDlg *        hWnd = (CPipeServerDlg *)pParam;

        HANDLE hNamedPipe;
        BOOL bConnected;
```

```cpp
    BOOL bSuccess;
    CHAR chBufRead[4096];
    DWORD cbBytesRead;
```



```cpp
    LPCWSTR lpszPipeName = _T("\\\\.\\pipe\\MyNamedPipe");

    while(1)
    {
```



```cpp
        hNamedPipe = CreateNamedPipeW(
            lpszPipeName,
            PIPE_ACCESS_DUPLEX,
            PIPE_TYPE_MESSAGE|
            PIPE_READMODE_MESSAGE|
            PIPE_WAIT,
            PIPE_UNLIMITED_INSTANCES,
            4096,
            4096,
            3000,
            NULL
            );

        if(hNamedPipe == INVALID_HANDLE_VALUE)
        {
            AfxMessageBox(_T("네임드 파이프 생성 실패"));
            return -1;
        }
```



```cpp
        bConnected = ConnectNamedPipe(hNamedPipe, NULL)?
TRUE:(GetLastError( ) == ERROR_PIPE_CONNECTED);

        if(bConnected)
        {
            bSuccess = ReadFile(
                hNamedPipe,
                chBufRead,
                4096,
                &cbBytesRead,
                NULL
                );
```



```cpp
            if(!bSuccess || cbBytesRead == 0)
                    break;

            PREPORT pReport = (PREPORT)chBufRead;

            hWnd->m_strName = pReport->szName;
            hWnd->m_strNumber = pReport->szNumber;
            hWnd->m_strAddress = pReport->szAddress;
            hWnd->m_strAge = pReport->szAge;
```

```cpp
                              hWnd->m_strPhone = pReport->szPhone;
                              hWnd->SendMessage(WM_PAINT);          화면 갱신
                    }
                    else
                    {
                              CloseHandle(hNamedPipe);
                              break;
                    }                                      버퍼의 데이터를 모두 비운다.

                    FlushFileBuffers(hNamedPipe);
                    DisconnectNamedPipe(hNamedPipe);        클라이언트와  접속을
                    CloseHandle(hNamedPipe);                해제한다.
          }
          return 0;
}

void CPipeServerDlg::OnPaint()
{
----------- 중간 생략 ------------
          UpdateData(FALSE);
}
```

여기서 눈여겨 보아야 할 부분은 서버와 클라이언트 간을 연결할 파이프를 서버에서 생성한다
는 점과, 파이프를 생성한 서버는 클라이언트로부터의 접속을 기다린다는 점이다. 만약 접속이
성공적으로 이루어졌다면, ReadFile( ) 함수로 버퍼의 데이터를 읽어 들이고, 화면에 출력한다.
각각의 기능에 해당하는 API 함수만 잘 알면 서버에서 전체적인 코드 구조는 그다지 난해한 부
분은 없다.

먼저 네임드 파이프를 생성하는 CreateNamedPipeW( ) 함수에 대해서 알아보자. 네임드 파이
프 생성 함수의 정의는 다음과 같다.

〈함수의 정의〉

```cpp
HANDLE CreateNamedPipeW(
          LPCSTR lpName,
          DWORD dwOpenMode,
          DWORD dwPipeMode,
          DWORD nMaxInstances,
          DWORD nOutBufferSize,
          DWORD nInBufferSize,
          DWORD nDefaultTimeOut,
          LPSECURITY_ATTRIBUTES lpSecurityAttributes);
```

- lpName : 파이프 이름으로 대소문자를 가리지 않는 문자열이다.
- dwOpenMode : 파이프를 열 때 열기 속성을 지정한다. 엑세스 모드, 입출력 모드, 권한 설정 모드가 있다.
- dwPipeMode : 파이프 모드를 설정한다. 전송 모드와 읽기 모드가 있다.

- nMaxInstances : 해당 네임드 파이프에 대하여 생성할 수 있는 인스턴스의 최대 수이다.
- nOutBufferSize, nInBufferSize : 입출력 버퍼의 크기이다.
- nDefaultTimeOut : 타임 아웃되는 시간이다.
- lpSecurityAttributes : 보안 속성이다.

인수 lpName의 네임드 파이프의 이름 지정은 형식이 정해져 있다.

WWWW.WWpipeWWpipe_name

그리고 인수 nMaxInstances이 PIPE_UNLIMITED_INSTANCES로 설정되면 시스템이 가능한 최대의 인스턴스를 생성한다.

다음은 파이프를 열 때 열기 속성 모드를 종류별로 나타내었다.

〈인수 dwOpenMode의 파이프 엑세스 모드〉

모드	내용
PIPE_ACCESS_DUPLEX	양방향 통신 모드이다. 양쪽 응용 프로그램이 서버와 클라이언트 역할을 모두 할 수 있다.
PIPE_ACCESS_INBOUND	클라이언트에서 서버로만 데이터의 전송이 가능하다.
PIPE_ACCESS_OUTBOUND	서버에서 클라이언트로만 데이터의 전송이 가능하다.

〈dwOpenMode 입출력 모드〉

모드	내용
FILE_FLAG_WRITE_THROUGH	데이터를 상대 프로세스의 버퍼에 안전하게 모두 전송한 이후에 반환한다. 이 모드는 클라이언트와 서버가 네트워크상에서 통신할 때만 동작한다.
FILE_FLAG_OVERLAPPED	중첩 입출력 방식의 네임드 파이프를 생성한다.

〈dwOpenMode 권한 설정 모드〉

모드	내용
WRITE_DAC	호출한 쪽에서 네임드 파이프의 읽기에 대하여 DAC 권한을 갖는다.
WRITE_OWNER	호출한 스레드가 파이프를 소유한다.
ACCESS_SYSTEM_SECURITY	호출한 스레드가 SACL에 관한 권한을 갖는다.

다음은 파이프 모드 속성 모드를 종류별로 나타내었다.

〈dwPipeMode의 전송 모드〉

모드	내용
PIPE_TYPE_BYTE	바이트 단위로 데이터를 전송한다.
PIPE_TYPE_MESSAGE	메시지 스트림 단위로 데이터를 전송한다.

〈dwPipeMode의 읽기 모드〉

모드	내용
PIPE_READMODE_BYTE	바이트 타입으로 데이터를 읽는다.
PIPE_READMODE_MESSAGE	메시지 스트림 단위로 데이터를 읽는다.

CreateNamedPipeW()로 데이터를 주고받을 파이프가 만들어졌다. 이제 다음으로 클라이언트로부터 접속을 기다리는 작업을 하게 되는데, 이때 사용되는 API 함수가 바로 ConnectNamedPipe()이다. 네임드 파이프 접속 대기 함수의 정의는 다음과 같다.

〈함수의 정의〉

```
BOOL ConnectNamedPipe(
        HANDLE hNamedPipe,
        LPOVERLAPPED lpOverlapped);
```

- hNamedPipe : 네임드 파이프 핸들이다.
- lpOverlapped : OVERLAPPED 구조체에 대한 포인터이다.

클라이언트와의 접속이 완료되면, 이때부터 데이터 교환이 가능하고(ReadFile, WriteFile), 작업을 끝나서 접속을 종료하려면, DisconnectNamedPipe() 함수를 통해 접속 해제하고, CloseHandle( ) 함수로 핸들을 반환하여 파이프 통신을 종료한다.

마지막으로 네임드 파이프를 이용한 클라이언트를 작성해 보자. 수정할 부분은 앞선 예제에서 [데이터 보내기] 버튼의 이벤트 처리기이다. 클라이언트 부분에서도 개념상 두 가지만 짚고 넘어가면 된다.

우선 파이프가 연결되려면 현재 서버에서 파이프를 생성해야 하고, 클라이언트로부터의 접속을 받아들이기 위한 대기 상태로 되어 있어야 한다. 그래서 클라이언트는 WaitNamedPipe()라는 API 함수를 통해 대기하게 되고, 서버가 접속을 받아들일 상태가 되면 이 함수는 바로 반환한다.

클라이언트에서 서버에 접속할 때, 사용하는 함수가 CreateFile( ) 함수이다. 접속이 완료되면 클라이언트와 서버 간에 ReadFile(), WriteFile()를 통해 데이터를 서로 주고받을 수 있다. 작업이 모두 완료되면, 파이프 핸들을 반환한다. 이에 대한 내용의 코드는 다음과 같다.

```cpp
void CPipeClientDlg::OnBnClickedSend( )
{
        HANDLE hNamedPipe;
        DWORD NumberOfBytesWritten;
        REPORT report;
        UpdateData(TRUE);
```



```cpp
        LPCWSTR lpszPipename = _T("WWWW.WWpipeWWMyNamedPipe");

        lstrcpyW(report.szName, m_strName);
        lstrcpyW(report.szNumber, m_strNumber);
        lstrcpyW(report.szAddress, m_strAddress);
        lstrcpyW(report.szAge, m_strAge);
        lstrcpyW(report.szPhone, m_strPhone);
        UpdateData(FALSE);
```



```cpp
        if(WaitNamedPipe(lpszPipename, 3000)==0)
        {
                AfxMessageBox(_T("WaitNameddPipe 실패"));
                return;
        }
        else
        {
```



```cpp
                hNamedPipe = CreateFile(lpszPipename,
GENERIC_WRITE|GENERIC_READ, 0, NULL, OPEN_EXISTING, FILE_ATTRIBUTE_NORMAL,
(HANDLE)NULL);
                if(hNamedPipe == INVALID_HANDLE_VALUE)
                {
                        AfxMessageBox(_T("CreateFile 실패"));
                        return;
                }
                if(WriteFile(hNamedPipe, &report, sizeof(report), &NumberOfBytesWritten, NULL)==0)
                {
                        AfxMessageBox(_T("WriteFile 실패"));
                        return;
                }
                CloseHandle(hNamedPipe);
        }
}
```

강조한 코드가 핵심 포인트이다. 접속 대기 상태가 되면 접속하고, 파이프를 통해 데이터를 주고받다가 작업이 완료되면 파이프 핸들을 닫는다. 접속 대기하는 WaitNamedPipe( ) 함수의 정의를 보자.

〈WaitNamedPipe( )〉

```
BOOL WaitNamedPipe(
        LPCWSTR lpNamedPipeName,
        DWORD nTimeOut);
```

– lpNamedPipeName : 파이프 이름이다.
– nTimeOut : 1/1000초 단위로 타임아웃 시간을 설정한다.

이 함수가 반환되었다는 것은 파이프 시스템을 사용할 수 있는 환경이 갖추어졌다는 뜻이다.

지금까지 코드를 모두 작성하였다면 빌드 및 실행을 해보자.

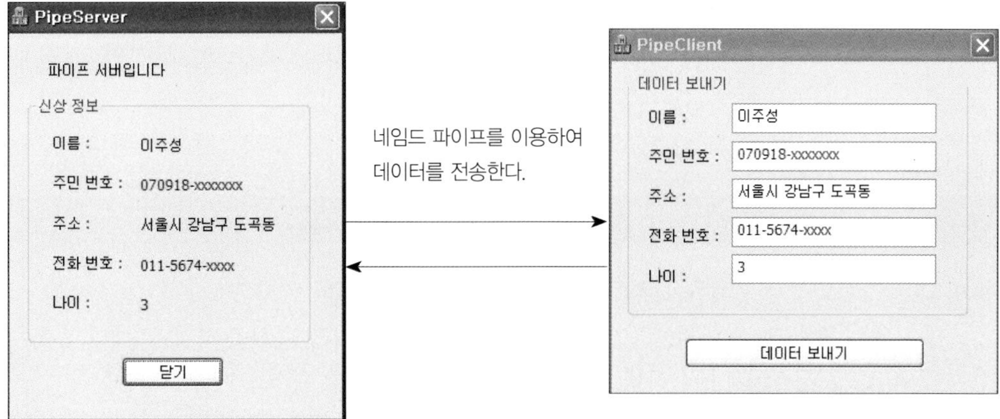

기타 IPC 방법들

대체로 사용하지 않는 IPC 방식들은 별도의 실습 없이 개략적인 설명만으로 마치도록 할텐데, 궁금한 독자분들은 MSDN을 찾아보길 바란다.

지금까지 네 가지 IPC 방법에 대해서 공부하였다. 이외에도 여러 가지가 더 있는데, 방법만 다를 뿐 개념은 모두 비슷하다. 앞에서 IPC 개념을 말하면서 어떤 방법을 통해서든지 프로세스 간 통신이 이루어지면 그것이 IPC라고 하였다. 나머지 IPC들은 이런 것들도 있다는 정도만 알고 넘기자.

■ 메일 슬롯(Mail Slot)

메일 슬롯은 단방향 통신에만 사용되며, 네트워크 전송이 가능한 방식이다. 언뜻 파이프와 비슷하게 보일 수 있는데, 차이점이라면 파이프는 양방향으로 일대일 통신을 하지만, 메일 슬롯은 동시에 여러 프로세스에게 메시지를 보낼 수 있는 브로드(Broad) 캐스트 기법을 사용한다.

■ 클립보드

클립보드 방식은 이미 우리 자신도 보편적으로 사용하고 있는 것이다. 즉, 복사(Ctrl + C), 붙여넣기(Ctrl + V) 등과 같은 작업은 윈도우 시스템 내에 클립보드 방식에 의해 데이터가 이동되는 것이다. 이 방식은 점차 발전하여, 그림, 음성까지도 모두 호환이 되며, 타사의 응용 프로그램까지로 지원이 확장되는 추세이다. 현재는 OLE, COM, ActiveX를 거쳐서 OCX로 제공되고 있다.

■ DDE

동적 데이터 교환(Dynamic Data Exchange)의 뜻으로 윈도우 프로그램 끼리 동기적 혹은 비동기적으로 서로 다른 두 부분 사이에서 데이터를 원활하게 주고 받게 한다. 예를 들어 데이터베이스 프로그램에서 폼을 변경하거나 스프레드시트 프로그램에서 자료 항목을 변경할 때 다른 어떤 프로그램에서 동시에 사용하고 있을지 모르는 그 폼이나 항목들을 함께 바뀌도록 설정될 수 있다.

마치면서

다음은 IPC의 여러 가지 방법 중 대표적인 IPC 방식이다. 정리해보자.

1) 사용자 정의 메시지 - 사용자 정의 메시지로 정보 교환은 8바이트까지만 전송된다.
2) 메모리 맵 파일 - 메모리를 공유함으로써 용량이 큰 데이터를 주고받을 수 있다.
3) WM_COPYDATA - 핸들과 구조체의 포인터를 넣어서 전송한다. 메시지와 데이터를 한꺼번에 보낼 수 있다.
4) 파이프 - 주로 연속적인 스트림을 전송할 때 사용한다. 네트워크 통신으로 이용할 수 있다.

IPC의 방법은 다양하다. 그렇다면 다양한 IPC 방법 중 어떤 것을 선택해서 사용해야 하는가? 답은 현재 IPC를 사용하는 상황을 잘 이해해야 하고, 각 IPC의 특징 또한 이해하고 있어야 가장 적절한 IPC 기법을 선택할 수 있다. 예를 들면 8바이트 이내의 사용자 메시지만들 보낼 것인지, 데이터의 크기는 어느 정도인지, 네트워크 기반으로 사용할 것인지 등등에 대한 조건들을 따져 보고, 메시지를 보낼 것인지, 공유 메모리를 사용할 것인지, 파이프를 사용할 것인지 등등에 대해 적절한 판단을 하여 IPC 방법을 선택할 수 있다.

PART 14
예외 처리

이번 장은 예외 처리에 관하여 배워 보도록 하겠다. 어떤 프로그램도 완벽하지 못하기 때문에 아무리 안정적이라고 확신 해도 다수의 사용자가 사용하다 보면, 예외적인 상황이 발생한다. 이는 개발자가 미처 발견하지 못한 버그이거나 하드웨어적인 결함에 의한 예외일 수도 있다. 프로그램에 좀더 신뢰성과 안정성을 주려면 이번 장에서 다룰 예외 처리를 반드시 숙지하도록 하자.

예외(Exception)란 프로그램의 코드가 오동작을 일으켜 프로그램이 다운되는 에러와는 달리 프
로그램은 제대로 실행되나 외부적인 환경에 의해서 프로그램이 동작하지 못하는 상황을 말한
다. 다음은 예외가 발생하는 경우 나타나는 메시지들이다.

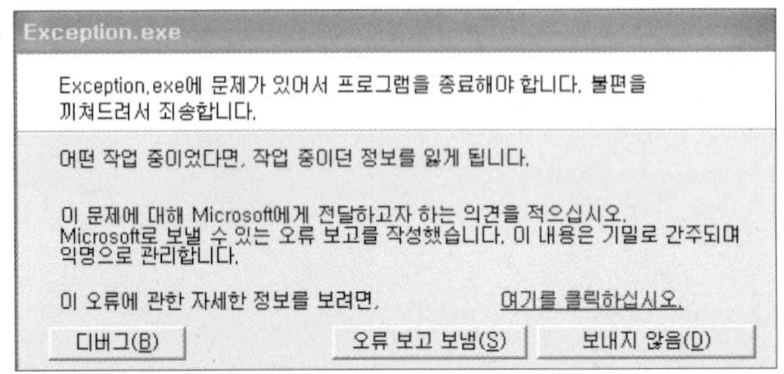

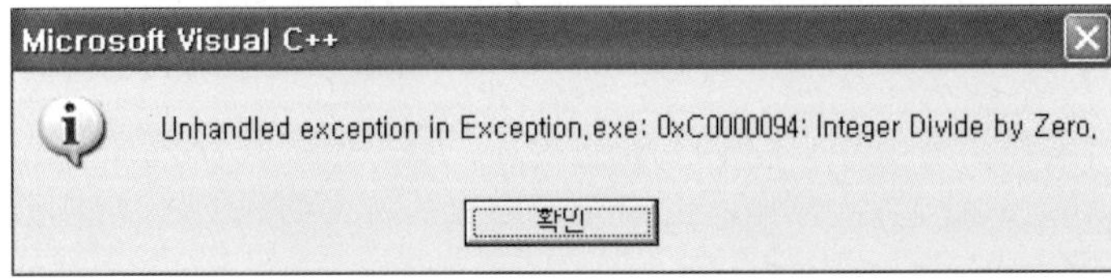

이러한 예외가 발생하면 프로그램을 종료할 것인지 아니면 디버깅을 할 것인지 물어 본다. 이런
예외 메시지는 운영체제에서 내어 주는 것으로 만약 이런 메시지조차 없다면 프로그램의 예외
상황에서 원인을 찾기도 힘들 것이고, 처리 또한 힘들 것이다.

프로그램 코딩을 완벽하게 하더라도 예외는 발생할 수 있다. 네트워크의 접속 불량이나, 하드디
스크 섹터 불량과 같은 하드웨어적인 예외 상황이나, 코드상의 유효하지 않은 메모리 접근과 같
은 소프트웨어적인 예외 상황에 모두 대비해야 한다. 윈도우에서는 소스 코드상에서 예외를 처
리할 수 있도록 예외 처리 메커니즘을 제공하는데, 콘솔 기반의 C++에서 예외 처리하는 기법
과 Win32 기반 API 함수나 클래스를 사용하는 기법 등, 약간씩 차이가 있다. 물론 개념적으로
는 거의 동일하다.

예외 처리의 기본 구조

예외 처리의 가장 기본 구조는 분기문일 것이다. 가장 원시적인 예외처리의 구조를 통해서 예외 처리의 기본을 파악하도록 하자.

일반적으로 조건문을 사용한다면 if 문을 가장 많이 사용할 것이다. 참과 거짓을 나누는 것은 정상과 비정상을 나누는 이분법적인 것이므로 일맥 상통한다. 즉, 에러 처리에 대해서 예전부터 가장 많이 사용하였던 것이 if 문이다. 어떤 변수에 대해서 조건을 주고, 그 조건에 합당하면 정상이고, 그 조건에 벗어나면 에러로 처리할 수 있기 때문이다.

일반적으로 예외 처리에 많이 사용하는 예가 정수를 0으로 나누는 경우이다. 간단하고 이해하기 쉬우므로 이것을 예로 들어 보겠다. 먼저 프로젝트 하나를 생성하자. 프로젝트 형식은 [Win32]를 선택하고, 템플릿은 [Win32 콘솔 응용 프로그램]을 선택한다. 그리고 프로젝트 명은 [Exception]으로 하고 응용 프로그램 종류는 [콘솔 응용 프로그램]을 선택 하자. 그리고 추가 옵션에 [빈 프로젝트] 체크 박스에 체크한다.

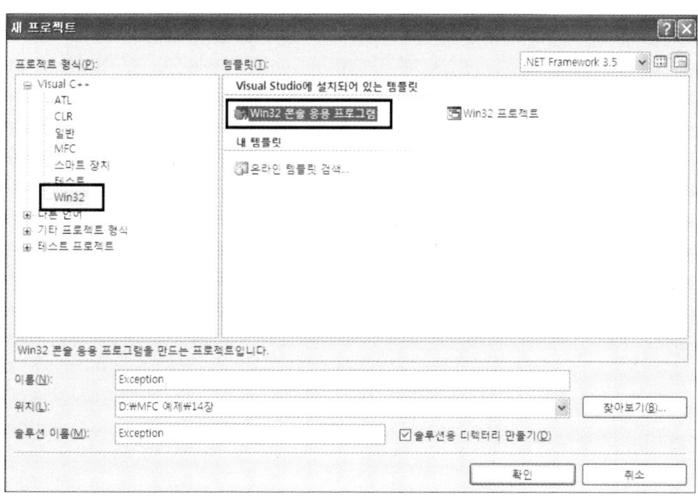

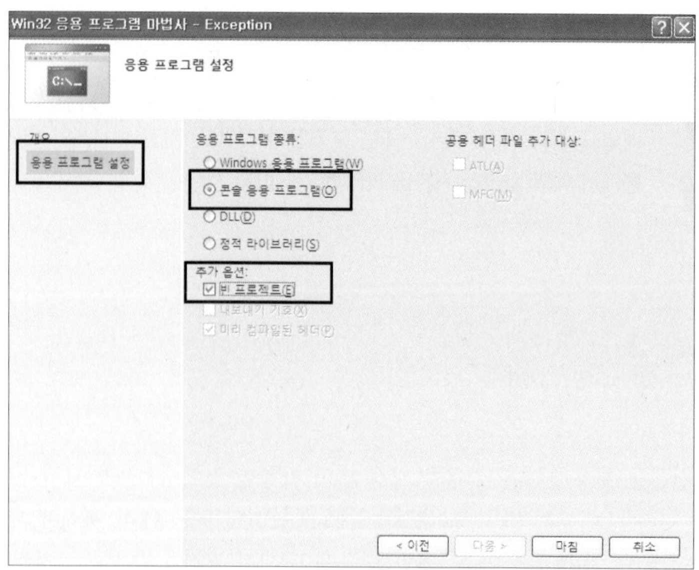

설정이 끝났으면 [마침] 버튼을 누르자. Exception이라는 이름의 프로젝트를 생성하였다. [빈 프로젝트]로 생성하였으므로 프로젝트만 생성되고, 실제 구현 파일은 생성되지 않았으므로 다음과 같이 Exception.cpp라는 이름으로 소스 구현 파일을 생성하고, 코딩하자.

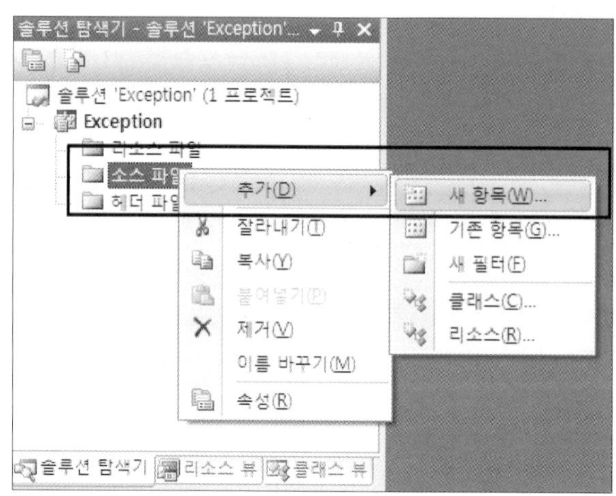

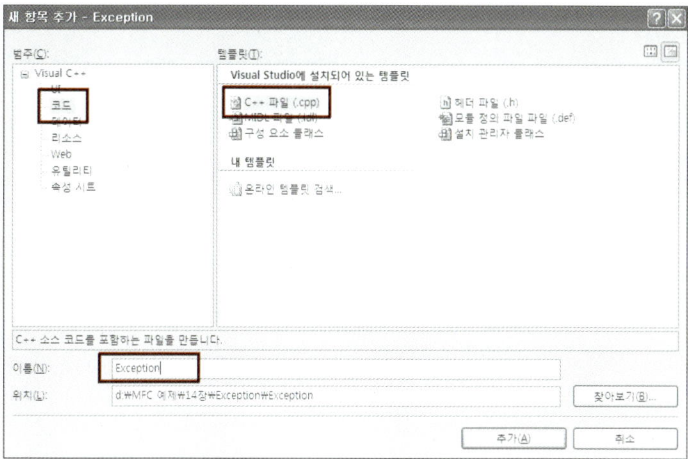

〈Exception.cpp〉

```c
#include <stdio.h>

void main( )
{
        int a, b;
        printf("나누어질 수를 입력 : ");

        scanf("%d",&a);
        printf("나누는 수를 입력 : ");

        scanf("%d",&b);
        printf("나누기 결과 : %d\n",a/b);

}
```

각각의 수를 scanf( ) 함수를 이용하여 입력해 보자. 변수 a, b는 int형으로 선언하였으므로 어떤 정수가 들어가도 무방하나, 나누기 연산을 하는 경우 각 변수에 음수가 입력되면 안 되고, 나누는 수에 0이 입력되면 안된다. 나누는 수에 0을 입력하는 것은 수학 연산에 위배되므로 프로그램은 예외 발생을 일으키게 된다. 즉, 이러한 경우에 나누는 수가 0 이 들어오면 예외 처리를 해주는 루틴이 있어야 한다. 그래서 이 코드에 고전적인 방법으로 다음과 같이 예외 처리 루틴을 추가하였다.

〈Exception.cpp〉

```c
#include <stdio.h>

void main( )
{
        int a,b;
        printf("나누어질 수 입력: ");
        scanf("%d", &a);

        if(a < 0)
        {
                printf("%d는 음수\n",a);
        }
        else
        {
                printf("나누는 수 입력: ");
                scanf("%d",&b);
                if(b == 0)
                {
                        puts("나누는 수가 0 입력됨.");
                }
                else if(b < 0)
                {
                        printf("나누는 수에 %d이 입력됨.\n", b);
                }
                else
                {
                        printf("나누기 결과 %d.\n", a/b);
                }
        }
}
```

실행해 보면 앞에서 처리하지 않은 코드처럼 운영체제에서 내어주는 예외 메시지가 발생하거나 프로그램이 다운되지 않고 실행된다. 물론 나누기에 유효하지 않은 값이 각 변수에 입력되면 if 문에 의해서 검사를 하여 조건에 만족하지 않으면 나누기를 실행하지 않도록 처리 하였다.

이런 식으로 예외를 처리할 수 있지만, 그다지 좋은 방법은 아니다. 예제는 단지 변수 2개이기 때문에 그다지 흉물스럽게 보이진 않지만, 만약 검사해야 할 변수가 5개 이상이 되면 지금의 코드보다 훨씬 더 복잡하게 될 것이다. 코드의 가독성을 위해서라도 예외 처리를 하는데 있어서 if 문의 사용을 가급적 줄여 보도록 하자. 그리고 C++과 Win32 API에서 예외 처리를 위한 메커니즘이 제공하므로 굳이 if 문을 이용한 비효율적인 노동을 하지 않아도 된다.

구조화된 예외 처리(Structured Exception Handling, SEH)

C 기반에서 지원되는 예외 처리 키워드 및 표현식들에 대해서 알아보도록 하자.

구조화된 예외 처리(Structured Exception Handling, SEH)는 윈도우 운영체제에서 구현되어 있는 기능이다. 보통 잘못된 메모리 참조나 시스템 오버플로우(Overflow)와 같은 시스템 단의 예외를 처리한다. 구조화된 키워드로는 try ~ except, try ~finally가 사용되며, 각각 예외 처리 함수(Excepion Handler), 종료 처리 함수(Termination Handler)로 구분된다.

1 ⋯⋯⋯ 구조화된 예외 처리의 기본 구조

구조화된 예외 처리의 기본 구조는 다음과 같다.

```
__try
{
        // 예외 가능성이 있는 코드 영역
}
__except ( 표현식 )
{
        // 예외 발생 시 처리할 영역
}
__finally
{
        // __try문 종료 시 처리 영역
}
```

키워드 __try ~ __except와 __try ~ __finally는 한 쌍으로 사용된다. 코드상에서 예외가 발생할 것 같은 부분은 __try 문으로 묶고, 만약 예외가 발생하였다면 바로 __except 문으로 넘겨서 예외 상황을 처리한다. 예외가 발생하지 않으면 코드는 __try 문을 실행하고, __except 문은 무시하고 넘어간다. 그리고 __try 문이 예기치 못하게 종료될 경우 __finally 문을 실행하게 된다.

키워드 __except에는 표현식(Expression)이 들어갈 수 있는데, 예외가 발생했을 때, 사용자 예외 처리 영역으로 이동할 것인지, 아니면 예외 상황이 유지되도록 메시지를 보여줄 것인지 구분하여 선택할 수 있다.

〈키워드 _except의 표현식〉

매크로	내용
EXCEPTION_CONTINUE_EXECUTION(-1)	예외 상황이 유지된다.
EXCEPTION_CONTINUE_SEARCH(0)	예외를 무시하고 다음 상위 예외 핸들러를 찾는다.
EXCEPTION_EXECUTE_HANDLER (1)	예외를 인식하고 예외 핸들러를 실행한다.

2 __try ~ __ except

고전적인 에러 처리 방법을 수정하여 다음과 같이 구조화된 예 외 처리가 가능하도록 만들어 보자.

〈Exception.cpp〉

```c
#include <stdio.h>
#include <windows.h>

void main( )
{
------------ 중간 생략 -------------

        printf("나누어질 수 입력: ");
        scanf("%d", &a);
        printf("나누는 수 입력: ");
        scanf("%d", &b);

        __try
        {
                printf("나누기 결과 %d.\n", a/b);
        }
        __except((GetExceptionCode()==EXCEPTION_INT_DIVIDE_BY_ZERO)? EXCEPTION_
EXECUTE_HANDLER : EXCEPTION_CONTINUE_SEARCH)
        {
                printf("나누어야 할 수가 0 이므로 연산을 수행할 수 없습니다.\n");
        }
}
```

a/b 연산은 항상 정상적으로 성립하는 것이 아니기 때문에 예외의 가능성이 있으므로 __try 문으로 처리하였다. 만약 예외가 발생한다면 __except 문으로 넘어가고, 표현식에 의거하여 예외 처리를 실행할 수도 있고 무시할 수도 있다. 이 코드에서 GetExceptionCode( ) 함수를 볼

수 있는데, 예외가 발생했을 때 발생한 예외를 확인하는 함수이다. 반환 값은 발생한 예외의 매크로 값이다. EXCEPTION_INT_DIVIDE_BY_ZERO는 0으로 나누었을 경우 해당 예외 타입인데, 예제에서는 발생하는 예외를 GetExceptionCode( )로 비교하여, 즉 나누는 수가 0이 들어왔을 경우 예외를 처리하도록 한다. 예외로 간주되면 EXCEPTION_EXECUTE_HANDLER가 실행되어서 예외 처리를 하고, 그렇지 않으면 EXCEPTION_CONTINUE_SEARCH이 실행되어서 예외를 무시하고 상위 예외 핸들러를 찾는다. 예제를 실행하여 보고, 나누는 수를 0으로 하여 확인해 보자.

3 __try ~ __finally

__try ~ __ except 구문의 경우 __try 문에서 반드시 예외가 발생해야만 __except 문을 수행할 수 있었다. 하지만 __try 문 안의 코드가 그 외 다른 연유로 종료되었다면, 미처 __except 문을 처리하지 못하고 종료하는 수가 있다. 예를 들어서 __try 문에서 메모리를 할당했다고 하자. 그런데 어떤 연유로 __try 문이 종료되면 할당된 메모리는 그대로 잡혀 있게 되고, 나중에 메모리 누수로 문제가 될 수도 있다. 이런 경우에 __try ~ __ finally 문으로 해결할 수 있다.

키워드 finally만으로도 종료 때 처리하는 것임을 직관적으로 알 수 있을 것이다. __finally는 종료 처리(Termination Handling)를 한다. 그리고 __try ~ __ except 문에서는 반드시 예외가 생겨야 __except 문이 실행되었으나 __finally는 예외가 발생하지 않아도 반드시 실행이 된다. 사용 예를 들어 보도록 하겠다.

```
        char *pbuf1;
        char *pbuf2 = new char[128];
        __try
        {
                *pbuf1 = 1;
        }
        __finally
        {
                delete[ ] pbuf2;
                printf("할당된 pbuf2 메모리가 해제되었습니다.\n");

        }
```

예제의 pbuf1과 pbuf2는 각각 포인터 변수로 선언하였다. pbuf1은 메모리 할당을 하지 않았고, pbuf2는 메모리 할당을 char형으로 128바이트를 할당하였다. 메모리를 할당하지 않은 pbuf1에 1이라는 상수를 대입하였을 경우 Access Violation 에러가 발생한다. 사용할 수 없는 메모리를 침범하였으므로 프로그램은 바로 다운되어 버린다. 이때 프로그램은 종료되더라도 __finally 문은 반드시 실행하고 종료한다. 이 경우에 그냥 종료해 버린다면 pbuf2에 할당된 128바이트는 그대로 해제되지 않고 남아 있으므로 메모리의 낭비가 생긴다. 하지만 프로그램이 다운되더라도 __finally 문을 처리함으로써 「delete[ ] pbuf2;」이 실행되므로 메모리를 해제하고 종료한다.

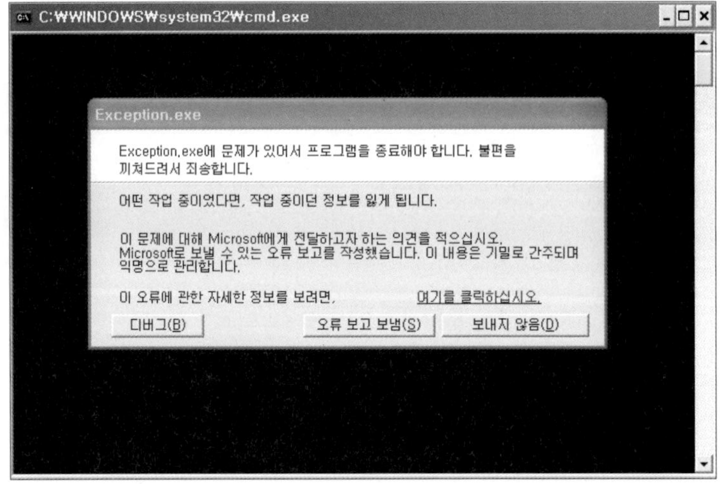

C:\WINDOWS\system32\cmd.exe
할당된 pbuf2 메모리가 해제되었습니다.
계속하려면 아무 키나 누르십시오 . . .

C++ 언어를 이용한 예외 처리

C++ 기반에서 지원되는 예외 처리 키워드 및 표현식들에 대해서 알아보도록 하자.

구조화된 예외 처리가 운영체제 차원에서 지원하는 기법이라면, C++ 예외 처리는 언어 차원에서 지원하는 기법이다. 언어 자체가 제공하므로 구조화된 예외 처리에 비해 좀더 유연하고 융통성이 있다. C++의 예외 처리 키워드는 구조화된 예외 처리 키워드와 이름과 기능이 거의 흡사하다. 각 키워드와 구조를 보도록 하자. try 문은 예외 가능성이 있는 코드 영역을 처리하는데, 이 블록에서 예외가 발생하면 throw 명령으로 예외를 넘긴다. 키워드는 구조화된 예외 처리의 __try 문과 흡사하다. 예외 조건이 try 문 안에서 생겼을 경우 예외를 처리 하도록 예외 처리 블록으로 보내는 키워드가 throw이다. 그리고 예외 처리 블록 키워드는 catch이며, 구조화된 예외 처리의 __except 문과 같은 역할을 한다.

1 ········ C++ 예외 처리의 기본 구조

C++ 예외 처리에 대한 기본 구조는 다음과 같다.

```
try
{
        // 예외 가능성이 있는 코드 영역
        If(예외_조건) throw 예외_객체;
}
catch(예외_객체)
{
        // 예외 발생에 처리할 영역
}
```

구조를 보면 try 문 안에서 예외 상황이 발생하면 그 예외를 검사하여 예외 조건에 맞게throw 라는 키워드를 통해 catch 문으로 넘긴다. catch 문은 받은 예외를 처리한다.

C++ 예외 처리에서는 catch 문의 표현식으로 예외 객체를 사용할 수 있다. 객체가 존재한다는 것은 클래스를 사용한다는 의미이므로 클래스를 이용한 예외 처리임을 알 수 있다. 그러므로 먼

저 예외를 처리하는 클래스를 만들고, 예외 상황이 발생할 때마다 예외 객체를 생성하여 예외 상황을 처리한다. C++의 예외 처리는 클래스 구조로 작성되어 있기 때문에 다른 프로젝트에서의 예외 처리에 있어 재사용의 장점이 있다.

이제 프로젝트를 하나 생성하여, 예외 처리 클래스를 하나 만들고, 그 클래스를 이용하여 예외 발생시 예외를 처리되도록 하자. [프로젝트 형식]은 Win32를 선택하고, [템플릿]은 Win32 콘솔 응용 프로그램을 선택하자. [프로젝트 명]은 ClassException으로 정하고, [응용 프로그램 종류]는 Win32 콘솔 응용 프로그램을 선택한 후 추가 옵션에 [빈 프로젝트]에 체크한다. 그리고 [마침] 버튼을 누르면 프로젝트가 생성된다.

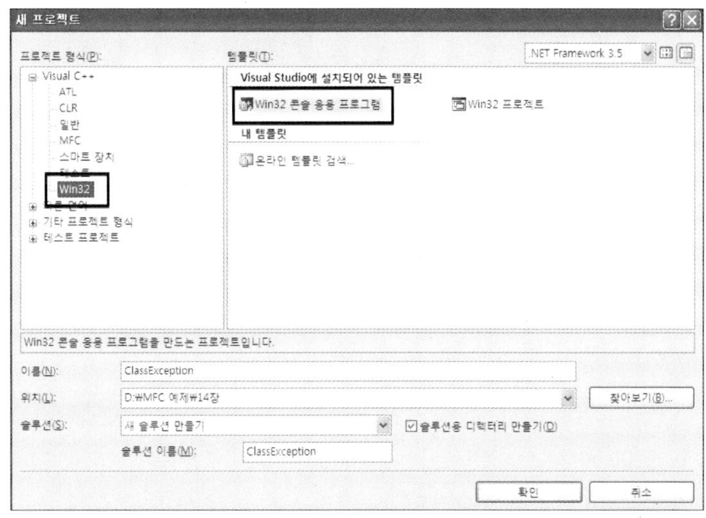

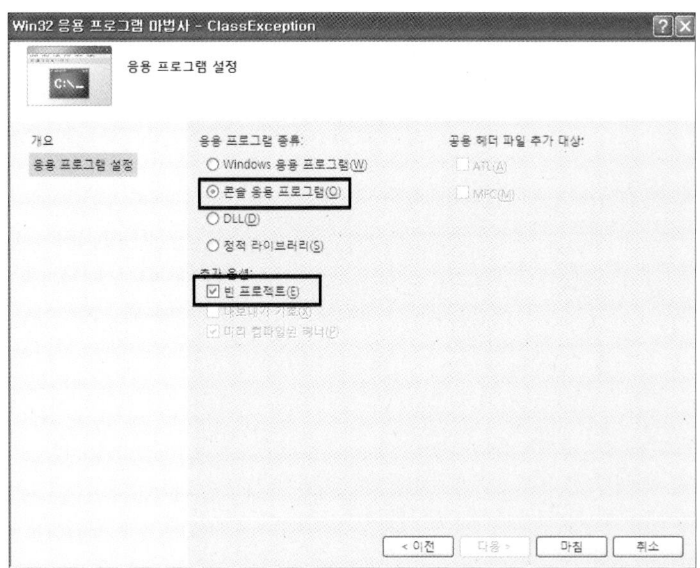

예외 발생 시나리오를 먼저 정하고 예외 객체 생성을 위한 클래스를 작성해 보도록 하겠다. 예외 발생은 세 가지 경우로만 하겠다. 메모리가 부족할 경우, 하드디스크가 꽉 찼을 경우, 연산이 잘못되었을 경우이고, 각각 에러 코드 입력 값에 따라서 선택 되어진다. 다음과 같이 클래스를 생성하고 코드를 작성하자. 추가하는 클래스 명은 CMyException이라고 정하자.

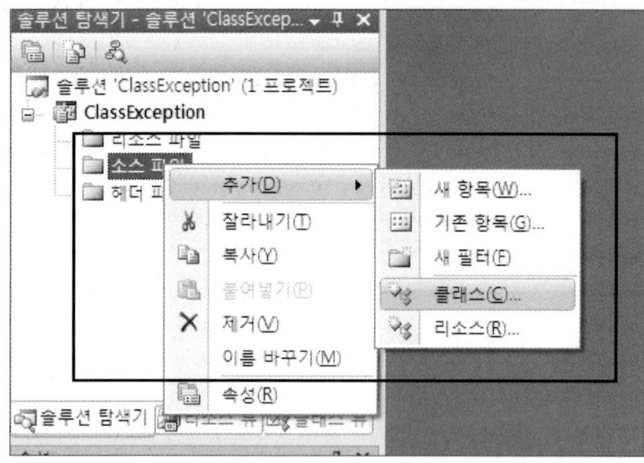

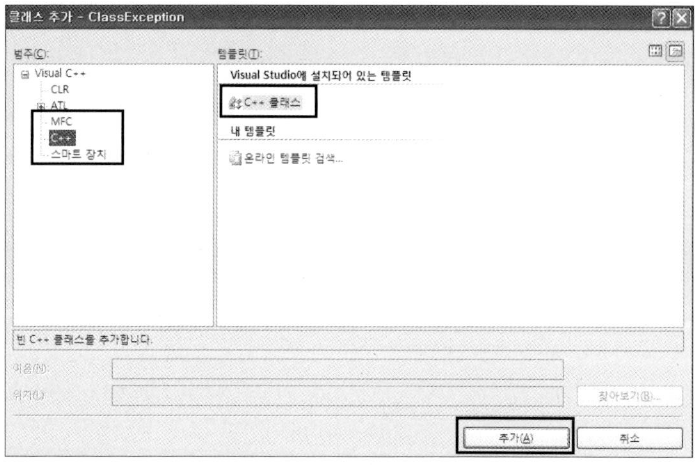

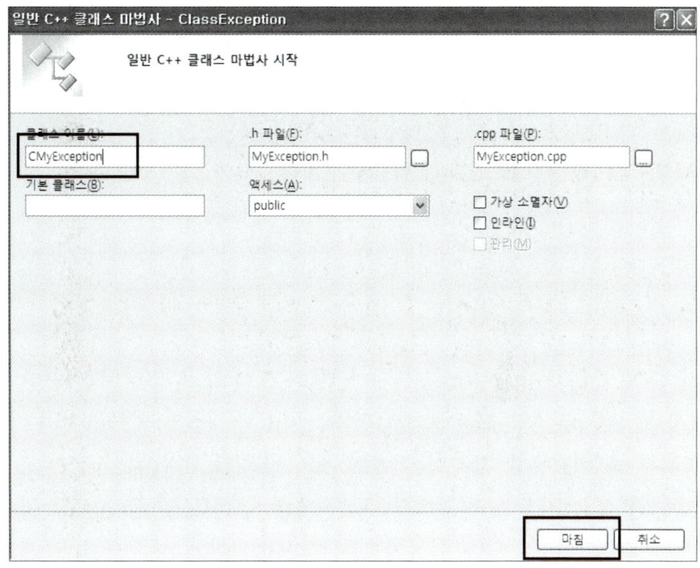

〈MyException.h〉

```cpp
class CMyException
{
private:
        int ExceptionCode;              예외 처리 변수
public:
        CMyException(int);              생성자 및 소멸자 선언
        ~CMyException();
        int GetExceptionCode( ) {return ExceptionCode;}
};                                      예외 처리 코드 반환 함수
```

〈MyException.cpp〉

```cpp
#include "MyException.h"
#include <iostream>

using namespace std;

CMyException::CMyException(int Exception)        생성자 에러 처리 구현
{
        ExceptionCode = Exception;
        switch(ExceptionCode)
        {
                case 1:
                        std::cout<<"메모리가부족합니다."<<std::endl;
                        break;
                case 2:
                        std::cout<<"하드디스크가꽉찼습니다."<<std::endl;
                        break;
```

```cpp
                    case 3:
                            std::cout<<"연산이잘못되었습니다."<<std::endl;
                            break;
        }
}

CMyException::~CMyException(void)
{
}
```

생성자를 다음과 같이 CMyException(int) 로 선언하고 예외 처리를 구현하였다. 이 클래스의
코드를 보면 크게 세 가지로 구분되는데, 첫 번째는 int ExceptionCode 변수이다. 이 변수는
객체 생성 시 생성자 함수를 통해 입력되는 예외 처리 값을 넘겨받아 GetExceptionCode( ) 함
수를 통해 예외 처리값을 반환하는 변수이다. 두 번째는 CMyException(int) 생성자 함수이다.
코드를 보면 예외 처리에 관한 코드는 실질적으로 이 생성자에서 이루어진다. 매개 변수로 입력
된 예외 처리 변수를 받아서 switch 문으로 분류하여 각각의 경우 예외 처리하도록 되어 있다.
세 번째는 GetErrorCode( ) 함수로써 생성자로부터 입력 받았던 예외 처리 값을 반환하는 함수
이다.

3   C++ 언어를 이용한 예외 처리 예제

이제 앞서 만든 클래스를 이용하여 C++ 예외 처리를 구현해 보도록 하자. 다음과 같이 코드를
추가 작성하자.

〈MyException.cpp〉

```cpp
#include "MyException.h"
#include <iostream>

using namespace std;

CMyException::CMyException(int Exception)
{
        ExceptionCode = Exception;
        switch(ExceptionCode)
        {
                case 1:
                        std::cout<<"메모리가부족합니다."<<std::endl;
                        break;
                case 2:
                        std::cout<<"하드디스크가꽉찼습니다."<<std::endl;
                        break;
                case 3:
```

```cpp
                    std::cout<<"연산이잘못되었습니다."<<std::endl;
                    break;
        }
}

CMyException::~CMyException(void)
{
}

void Calc( )
{
        if (1) throw CMyException(2);
}

void main( )
{
        try
        {
                Calc( );
                cout<<"작업을완료했습니다."<<endl;
        }
        catch(CMyException &e)
        {
                cout<<"예외 처리 코드= "<<e.GetExceptionCode()<<endl;
        }
}
```


main( ) 함수부를 보면 Calc( )이라는 함수를 실행해서, 예외 발생 시 try ~ catch 문을 처리한 것 외에는 별다른 것이 없다. 예외가 발생할 가능성이 있는 Calc() 함수에 try문으로 블록을 걸어놓고, 예외 처리를 하는 부분은 catch문으로 블록을 걸어놓았다. catch문의 매개변수에는 클래스를 통해 생성된 예외 객체 CMyException &e가 들어간다. 예외 객체는 Calc( ) 함수를 통해서 받게 된다.

이 함수의 내부를 보면 if(1)로써 항상 조건이 참이다. 현재 예제는 테스트용이므로 단순하게 조건을 항상 참으로 주었다. 항상 참이므로 무조건 throw 키워드를 만나서 CMyException(2)를 실행하므로 객체를 생성한다. 이는 임시 객체이므로 굳이 new CMyException으로 동적 생성할 필요가 없다. 물론 동적으로 받아도 동작하는데 문제는 없지만, 객체 자체가 용량이 크므로 불필요하게 동적으로 생성하면 동작하는데 느리다는 단점이 있기 때문이다.

예제에서는 2를 선택했으므로 하드디스크 에러가 발생한다. 객체 생성에 있어 ExceptionCode가 2 이므로 CMyException 코드의 case2가 처리되고, GetExceptionCode( ) 함수를 통해서 에러 코드 번호가 출력된다.

C:\WINDOWS\system32\cmd.exe
하드디스크가 꽉 찼습니다.
에러 코드 = 2
계속하려면 아무 키나 누르십시오 . . .

MFC 클래스를 이용한 예외 처리

MFC 기반에서 지원되는 예외 처리 키워드 및 표현식들에 대해서 알아보고, MFC에서 제공하는 예외 처리 클래스와 예외 유발 함수들에 대해서도 알아보도록 하자.

MFC에서는 예외 처리 메커니즘을 예외 처리 관련 클래스로 제공한다. C++에서 사용했던 키워드와 같으며, 대신 MFC를 이용한 키워드는 대문자를 사용한다. TRY, CATCH, THROW 키워드가 있고, 기능적으로는 C++과 동일하다.

1 MFC 예외 처리 기본 구조

MFC에서 제공하는 예외 처리 관련 클래스를 이용하여 예외 처리 하는 기본 구조를 살펴 보자. 실제 구현한 예제 코드를 가지고 살펴 보도록 하겠다. 다음 소스 코드는 TRY ~ CATCH 구문을 사용하여 예외 처리를 한 경우이다.

```
CFile *pFile = NULL;

TRY
{
        pFile = new CFile(_T("C:\\WINDOWS\\SYSTEM.INI"), CFile::modeRead | CFile::shareDenyNone);
        ULONGLONG dwLength = pFile->GetLength( );
        CString str;
        str.Format( _T( "Your SYSTEM.INI file is %I64u bytes long.") , dwLength );
        AfxMessageBox(str);
}
CATCH(CFileException, pEx)
{
        pEx->ReportError( );
}
AND_CATCH(CMemoryException, pEx)
{
        AfxAbort( );
}
END_CATCH

if (pFile != NULL)
{
```

```
                pFile->Close( );
                delete pFile;
}
```

CFile 클래스를 이용하여 Windows 폴더 밑에 SYSTEM.INI 파일을 열었다. 만약 제대로 열리지 않았다면 예외 처리를 위해 CATCH 블록으로 넘긴다. 넘겨받은 CFileException 클래스의 포인터 pEx에 의해서 정보를 알 수 있다. MFC의 모든 예외 처리 클래스는 부모 클래스가 CException이다. CATCH 블록 예외가 아닌 경우 두 번째 블록인 AND_CATCH로 넘어 오는데, 여기에는 메모리와 관련된 예외가 발생하였을 경우 처리하도록 하였고, 응용 프로그램 종료를 위해 AfxAbort( ) 함수를 호출한다. 예외 처리가 모두 끝나면 pFile 객체를 소멸시킨다.

2 ─── MFC 예외 처리 클래스

MFC에서는 CException 클래스로부터 파생된 CFileException이나 CMemoryException 클래스와 같은 예외 처리 관련 클래스들을 제공한다. 계층도는 다음과 같다.

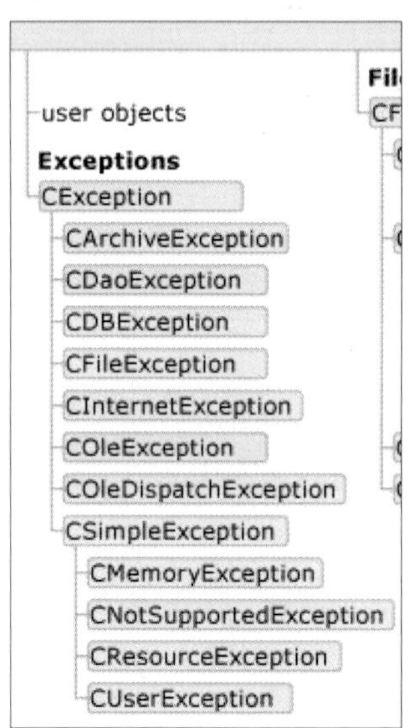

다음은 예외 처리 클래스들의 종류와 기능을 정리한 것이다.

예외 처리 클래스	내용
CArchiveException	직렬화 처리 중 발생하는 예외를 처리한다.
CDaoException	DAO 관련 처리 중 발생하는 예외를 처리한다.
CDBException	ODBC 관련 처리 중 발생하는 예외를 처리한다.
CFileException	파일 입출력 중 발생하는 예외를 처리한다.
CInternetException	인터넷 관련 클래스 처리 중 발생하는 예외를 처리한다.
COleDispatchException	OLE 자동화 수행 중 발생하는 예외를 처리한다.
CMemoryException	메모리와 관련된 예외를 처리한다.
CNotSupportedException	지원되지 않는 기능을 요구할 때 발생하는 예외를 처리한다.
CResourceException	리소스 할당 중 발생하는 예외를 처리한다.
CUserException	사용자가 정의한 예외를 처리한다.

MFC에서 제공되는 예외 처리 클래스들을 숙지하고, 예외 처리 시에 용도에 맞게 CATCH 에서 예외 처리 클래스를 선택하여 사용하도록 하자.

3 MFC 예외 유발 전역 함수

MFC에서는 예외 처리 클래스 외에도 다음과 같이 예외를 만드는 함수들도 제공한다. 만약 특정 예외를 만들고 싶다면 다음과 같은 예외 유발 함수를 사용하면 된다.

〈MFC의 예외 유발 전역 함수〉

예외 유발 함수	내용
AfxThrowArchiveException( )	직렬화에 관련된 예외를 유발한다.
AfxThrowFileException( )	파일과 관련된 예외를 유발한다.
AfxThrowMemoryException( )	메모리와 관련된 예외를 유발한다.
AfxThrowNotSupportedException( )	지원되지 않는 기능을 요구할 때 예외를 유발한다.
AfxThrowResourceException( )	리소스와 관련된 예외를 유발한다.
AfxThrowUserException( )	사용자 정의 예외를 유발한다.
AfxThrowOleDispatchException( )	OLE 디스패치(Disaptch)와 관련된 예외를 유발한다.
AfxThrowOleException( )	OLE와 관련된 예외를 유발한다.
AfxThrowDaoException( )	DAO 관련 예외를 유발한다.
AfxThrowDBException( )	ODBC와 관련된 예외를 유발한다.
AfxAbort( )	응용 프로그램을 중단 및 종료한다.

앞의 예제를 다음과 같이 수정해 보도록 하겠다.

```
pFile = new CFile(_T("C:\\WINDOWS\\SYSTEM.INI"), CFile::modeRead | CFile::shareDenyNone);

if(pFile == NULL)
        AfxThrowFileException( );
```

CFile 클래스로 생성한 파일이 생성 중에 문제가 발생하여 파일이 제대로 생성되지 않
으면 예외 유발 전역 함수에 의해 예외를 유발하는 코드이다. 파일에 관련된 예외이므로
AfxThrowFileException( ) 함수를 호출하였다.

MFC 클래스를 이용한 예외 처리 예제

MFC 클래스를 이용하여 예외 처리를 해보도록 하자. MFC라고 해서 예외 처리 방법이 특별하
거나 간단하지는 않다. 단지, 예외 처리 클래스가 분류되어 있다는 점과 MFC를 통해 예외를 강
제로 유발하는 함수가 제공된다는 점이 눈여겨볼 만하다. 이러한 점에 중점을 두고 간단한 예제
를 만들어 보자.

먼저 MFC 기반의 프로젝트를 생성하자. 프로젝트 명은 [MFCException]이라고 하고, 응용 프
로그램 종류는 [대화 상자 기반]으로 설정한다. 나머지는 디폴트로 한다. 그리고 대화 상자에 다
음과 같이 컨트롤을 배치해 보자.

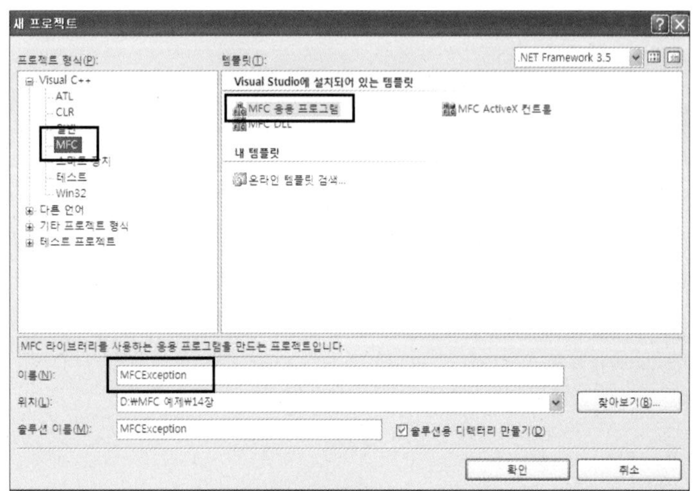

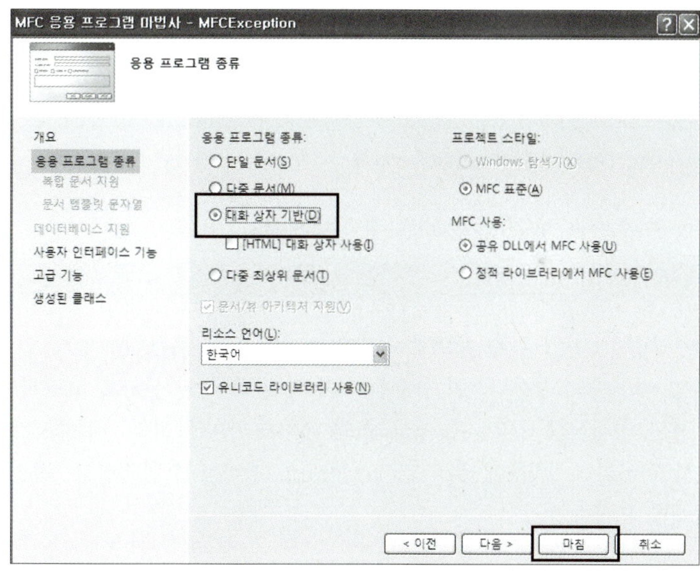

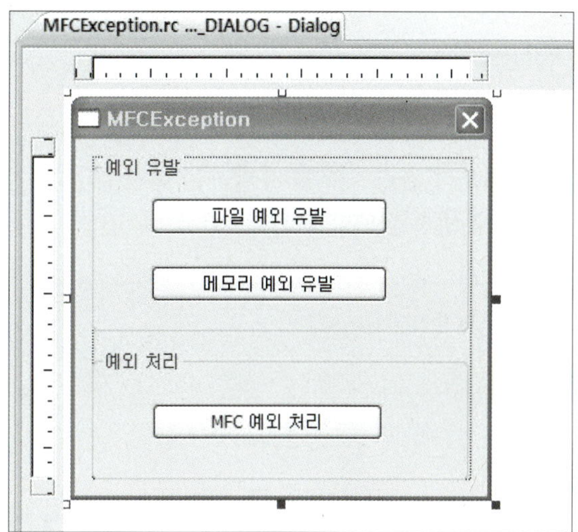

〈대화 상자 컨트롤 속성 설정 값〉

ID	Caption
ID_BTN_FILE_EXCEPTION	파일 예외 유발
ID_BTN_MEM_EXCEPTION	메모리 예외 유발
ID_BTN_MFC_EXCEPTION	MFC 예외 처리
ID_STATIC	예외 유발
ID_STATIC	예외 처리

컨트롤을 배치한 후에 ID와 캡션을 변경하였으면 각 버튼에 대한 이벤트 처리기를 만들어 준다.
각각의 이벤트 처리기에 다음과 같은 코드를 작성한다.

```
void CMFCExceptionDlg:: OnBnClickedBtnFileException ( )
{
        AfxThrowFileException(CFileException::fileNotFound);
}
```

[파일 예외 유발] 버튼은 파일 관련 예외를 유발하는 버튼이다. AfxThrowFileException( ) 함
수를 통해서 파일 예외를 유발한다. 이 함수는 파일의 여러 예외 상황을 고려하여 세부적인 예
외 상황 메시지를 보여주는데, CFileException의 데이터 멤버들이다. 데이터 멤버에 대해서는
MSDN을 참고하기 바란다. 예제에서는 fileNotFound 멤버를 선택하였고, 파일을 찾을 수 없
다는 예외를 강제로 유발한다.

```
void CMFCExceptionDlg:: OnBnClickedBtnMemException ( )
{
        AfxThrowMemoryException( );
}
```

[메모리 예외 유발] 버튼은 메모리 관련 예외를 유발하는 함수이다. 이 함수는 인수가 없으며,
메모리가 부족할 경우 예외가 유발하는 역할을 한다.

```
void CMFCExceptionDlg:: OnBnClickedBtnMfcException ( )
{
        CFile *pFile = NULL;

        TRY
        {
                pFile = new CFile(_T("C:\\WINDOWS\\SYSTEM.INI"), CFile::modeRead |
CFile::shareDenyNone);
                ULONGLONG dwLength = pFile->GetLength( );
                CString str;
                str.Format(_T("Your SYSTEM.INI file is %I64u bytes long."), dwLength);
                AfxMessageBox(str);
        }
        CATCH(CFileException, pEx)
        {
                pEx->ReportError( );
        }
        AND_CATCH(CMemoryException, pEx)
        {
                AfxAbort( );
        }
        END_CATCH
```

```
        if (pFile != NULL)
        {
                pFile->Close( );
                delete pFile;
        }
}
```

[MFC 예외 처리] 버튼에는 다음과 같이 작성하였다. MSDN에서 제공하는 소스 코드이므로 이보다 예를 들기에 더 좋은 코드가 없어서 다시 활용하였다. 예외가 발생하면 CATCH의 CFileException나 AND_CATCH의 CMemoryException를 통해 예외 처리한다. 예외 상황이 없다면 SYSTEM.INI 파일 내의 문자열 개수를 출력해 준다. 소스 코드가 완성되었으면 실행해 보자.

각각의 버튼을 눌러서 실행해 보자. 다음과 같은 결과를 보여줄 것이다.

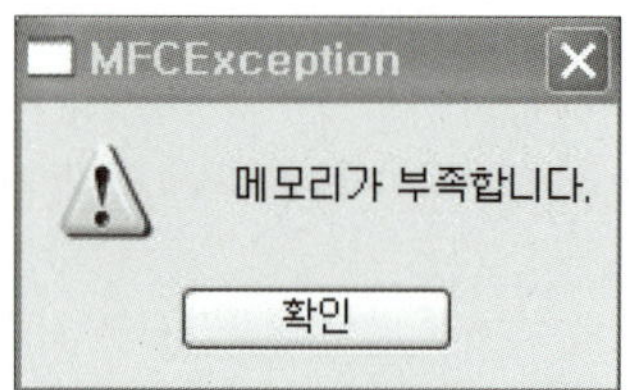

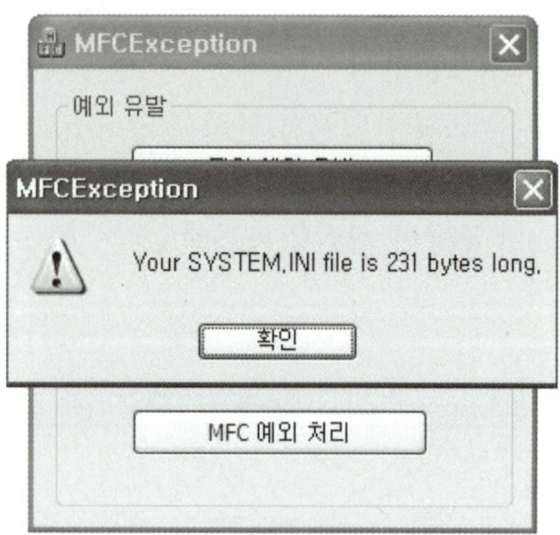

마치면서

지금까지 예외 처리에 관하여 배웠다. 예외 처리 방법에는 세 가지가 있는데, 구조화된 예외 처리 방법, C++ 언어를 이용한 예외 처리 방법, MFC 클래스를 이용한 예외 처리 방법이다. 보통 프로그램을 빌드 및 실행하다가 에러나 예외 상황이 발생하면 그때 그때 그 부분만 땜빵하는데 급급했다. 아시다시피 매사에 땜빵으로 이루어진 사물은 금방 허물어지기 마련이다. 부실 공사한 건축물들이 대표적이다. 코드도 마찬가지로 예외 상황에 대한 설계를 사전 기획 단계에서 고려하지 않으면 안 된다. 그렇지 못한 코드들은 쉽게 허물어질 수 있기 때문이다. 예외 처리에 대한 각각의 구조를 잘 숙지하면 지금보다 훨씬 안정적이고 신뢰도 높은 프로그램이 나올 것이라 기대한다.

PART 15

프로젝트 실습

지금까지 윈도우 프로그래밍의 기반 닦기와 윈도우 시스템을 이해하기 위한 긴 여정을 일단락지을 때가 왔다. 당연히 여러분은 여기가 끝이 아니다. 이제 전초전에 불과할 뿐이다. 이 책에서는 이 정도로 마무리를 짓고, 재미있는 프로젝트를 하나 만들고 마치려고 한다. 이 프로젝트에는 앞서 배웠던 부분도 있고, 생소한 부분도 있는데, 배운 내용에 한정하려고 나름대로 노력하였다. 그리고 이 프로젝트는 필자가 이전에 진행했던 프로젝트의 일부 기능만 가져온 것이므로 실전 코드의 감각을 느낄 수 있을 것이다. 실제로 따라하면서 나름대로 코드를 분석해 보기 바란다.

프로젝트 기획

01

어떤 프로젝트를 기획시에는 가장 먼저 목표가 있어야 한다. 그 다음에는 어떤 제품을 만드는데 있어서 그 제품이 있어야 할 필연성과 시장성등이 기본으로 수반되어야 하고, 그에 따른 기술력과 구성 인력, 기능 정의 등등에 대해 고려해보아야 한다. 개발자 혼자서 이 모든 것을 다 고려한다는 것은 어불성설이고, 기술력과 기능 정의 정도 한해서 생각해 볼 수 있을 것이다. 이번 섹션에서는 자녀 PC 유해 차단 기능 프로젝트에 대해서 기획하도록 해보겠다.

오늘날 PC가 대중화되면서 남녀노소 누구에게나 쉽게 접할 수 있는 필수품이 되었다. 컴퓨터는 현대 사회를 정보화 사회로 다시 한번 변모하게 만들었고, 네트워크의 발달로 인해 컴퓨터의 용도는 무궁무진하게 발전하고 있다. PC의 유용성과 더불어 오락성의 용도로도 사용되어, 성인용 도박과 같은 사회적인 부작용도 만만치 않게 초래되고 있다.

그런데 무엇보다도 사회적으로 심각한 부분이 아이들의 인터넷 중독과 게임 중독이다. IMF 이후 PC방의 급증과 스타크래프트 등의 베스트셀러 게임들이 등장하면서 PC 게임으로 시간을 보내는 초등학생들 및 청소년들이 급증하였다. 그리고 하루라도 인터넷을 하지 않으면 불안해 하는 청소년들이 늘어나고 있다. 특히나 음란물이 아이들과 청소년들에게 무방비하게 노출되고 있다.

따라서 아이들의 PC 중독을 막기 위해서 부모들이 시간 이상의 PC 사용을 규제하고, PC를 무슨 용도로 사용하고 있는지 알아야 할 필요가 있다. 그러나 PC 사용을 무작정 규제하기도 어렵고, 또 늘 아이의 PC를 부모가 감시하고 있을 수도 없다. 이를 위한 대안으로 자녀의 PC를 관리하는 프로그램이 필요하다.

이와 같이 기획 의도를 간단하게 언급하였는데, 혹자는 불필요하게 주저리 주저리 썼냐고 불평할 수도 있겠으나, 기업에서 프로젝트를 진행하려면 필요성과 시장성을 먼저 조사하고 프로젝트에 대한 착수 여부를 결정한다. 이 자료는 기획 단계에서 거치는 과정을 보여주기 위함이다.

그리고 앞서서도 언급했지만 이 프로젝트는 필자가 전에 진행했던 프로젝트에서 두 가지 기능만 발췌하였다. 따라서 완벽한 프로젝트는 아니다. 완벽하지 않다는 의미는 코드가 허술하다는 얘기가 아니라, 여러 다양한 기술들을 다 보여주지 못하는 한계에서 비롯된 것이다.

■ 프로젝트 기능 정의 및 구성 모식도

- 하루 한 시간 단위로 PC의 시간을 관리(사용 시간 설정표를 모두 볼 수 있어야 함)
- 분 단위로 화면을 캡처하여 저장
- 모니터 잠금 기능을 적용(데스크 톱 제어 모듈)
- 탭 대화 상자 기능을 적용

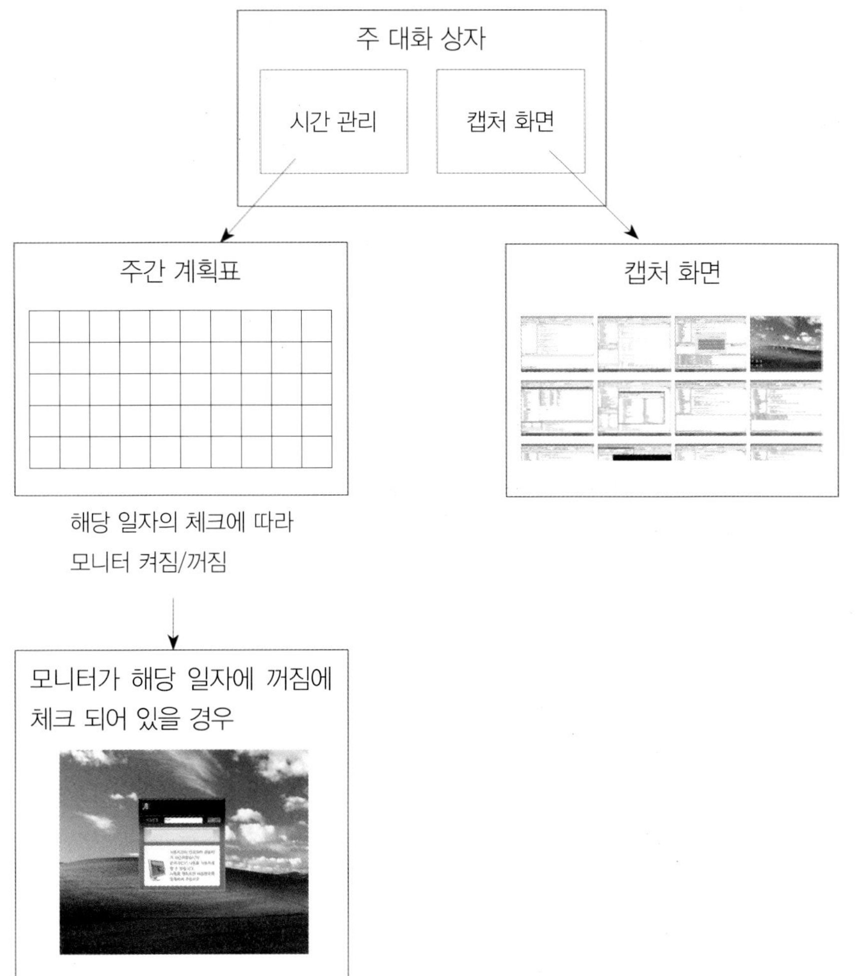

프로젝트 모식도를 보면, 폼은 대화 상자 기반으로 가되, 탭 대화 상자 기능을 이용하도록 한다. 기능은 크게 사용 시간 관리와 화면 캡처로 구분되고, 사용 시간 설정표에 의해 현재 시간이 모니터 차단에 걸리면 모니터 차단 모드로 들어간다. 구성이나 기능에 대해 간략하게 설명하였는데, 어렵지 않을 것이다. 구성이 워낙 간단하기 때문이다. 하지만, 사용자 인터페이스가 간단하다고 코드 구현까지 쉽지는 않다.

이제 프로젝트 개발에 들어 갈텐데, 다음과 같은 사항을 상기하면서 구현에 대해 고민해 보도록 하자.
– 대화 상자 탭을 보이지 않고 어떻게 탭 대화 상자를 구현할 것인가?
– 사용 시간 설정표는 어떻게 만들 것인가?
– 모니터 잠금은 어떻게 구현할 것인가?
– 화면 캡처 모듈은 어떻게 구현할 것인가?
– 모니터를 잠글 때 잠금을 뚫고 들어올 백도어에는 어떤 것들이 있는가?

프로젝트 개발

02

프로젝트를 생성하고, 대화상자 배치, 화면 캡쳐, 사용 시간 설정, 트레이 아이콘, 모니터 잠금, 스킨 입히기 등 이 프로젝트의 핵심 기능들에 대해서 구현해 볼 것이다.

1 ········ 프로젝트 생성

새 프로젝트를 선택하고, MFC 기반에서 프로젝트를 생성하도록 하자. 프로젝트명은 CControl 이라고 정하고, 대화 상자 기반에서 프로젝트 생성을 한다. 대화 상자 기반이므로 주(Main) 대화 상자를 꾸며 보자.

1) 주 대화 상자 꾸미기

우선 짚고 넘어가야 할 것이 있는데, 만들려는 대화 상자는 탭 기반에서 동작하는 것이다. 즉, 하나의 영역에 여러 개의 대화 상자를 보여줄 수 있다. 대화 상자 공통 컨트롤에서 탭 컨트롤을 기본적으로 제공하지만, 프로젝트에서는 제공되는 탭 컨트롤을 사용하지 않을 것이고, 자체적으로 제작한 탭 대화 상자 클래스를 사용할 것이다. 사실 탭이라고 해봐야 프로젝트에서는 주 대화 상자와 사용 시간 설정표 두 개밖에 되지 않는다. 다음과 같이 주 대화 상자를 구성하였다.

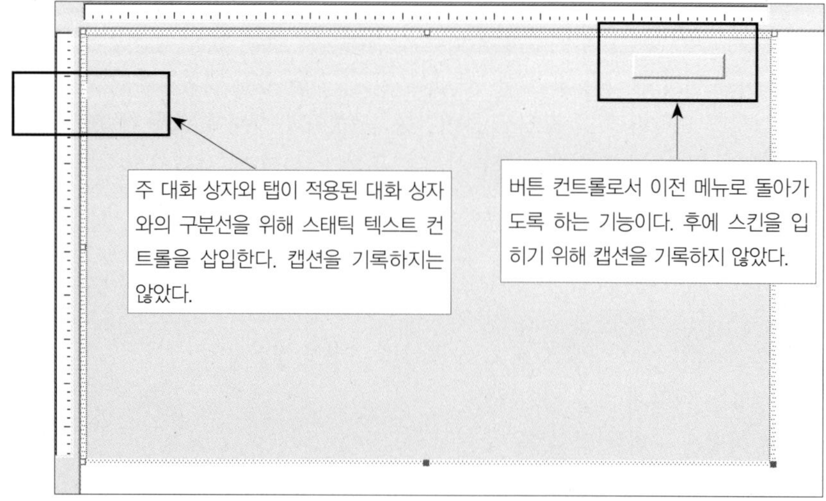

각각의 컨트롤의 속성을 다음과 같이 설정한다.

〈주 대화 상자 컨트롤 속성 설정 값〉

컨트롤 ID	스타일	보더	캡션
IDD_PCCONTROL_DIALOG	Popup	None	
IDC_CLOSE			없음
IDC_DLGPOS			없음

나머지 속성은 디폴트로 한다.

2) 탭 대화 상자 클래스 생성

CTabDialog라는 이름으로 클래스를 하나 생성한다. 어차피 탭 대화 상자의 속성을 이용하고자 이 클래스를 이용하는 것뿐이지, 프로젝트의 주제에 탭 대화 상자가 비중이 있는 것은 아니다. 때문에 자세한 설명은 생략하도록 하겠다.

군이 CTabDialog 클래스를 작성하기 싫은 분들은 제공되는 프로젝트 예제에서 TabDialog.h와 TabDialog.cpp 파일을 복사해서 독자의 프로젝트에 붙여넣기를 하고, 프로젝트에 이 파일들을 추가하도록 한다.

다음은 TabDialog.h와 TabDialog.cpp 파일의 소스이다.

〈TabDialog.h〉

```cpp
#include <afxtempl.h>

class CTabDialog : public CDialog
{
public:
        CTabDialog(UINT nID, CWnd *pParent /*= NULL*/);   // standard constructor

-------------------- 중간 생략 -----------------------
public:
        BOOL AddPage(int intDlg, CDialog *pDialog);
        void InitPagesShow( );
        BOOL ActiveWin(int intChoice);
        int m_mCurrPage;

private:
        void InitDialogShow( );
        void HideAllPages( );
        void HideAllPages(int except);
private:
```

```cpp
            int m_nTotalPage;
            CMap<int, int&, CDialog*, CDialog*> m_DialogMap;
};
```

〈TabDialog.cpp〉

```cpp
CTabDialog::CTabDialog(UINT nID, CWnd *pParent /*=NULL*/) : CDialog(nID, pParent)
{
        //{{AFX_DATA_INIT(CTabDialog)
                // NOTE: the ClassWizard will add member initialization here
        //}}AFX_DATA_INIT

        m_nTotalPage = 2;  //8 Paage

        for(int i = 0; i <= m_nTotalPage; i ++)
        {
                m_DialogMap.SetAt(i, NULL);
        }
}

BOOL CTabDialog::AddPage(int intDlg, CDialog *pDialog)
{
        ASSERT(pDialog != NULL);
        m_DialogMap.SetAt(intDlg, pDialog);
        return TRUE;
}

void CTabDialog::InitPagesShow( )
{
        InitDialogShow( );
}

void CTabDialog::InitDialogShow( )
{
        for(int i = 0; i <= m_nTotalPage; i ++)
        {
                CDialog *pDialog;

                m_DialogMap.Lookup(i, pDialog);
                if(pDialog != NULL)
                {
                        if(i==0)
                        {
                        pDialog->SetWindowPos(NULL, 0, 0, 600, 400, SWP_NOZORDER );
                        pDialog->ShowWindow(SW_SHOW);
                        }
                        else
                        {
                        pDialog->SetWindowPos(NULL, 0, 0, 600, 400, SWP_NOZORDER );
```

```cpp
                                    }
                            }
                    }
}

//Hide all the pages
void CTabDialog::HideAllPages( )
{
        for(int i = 0; i <= m_nTotalPage; i++)
        {
                CDialog *pDialog;
                m_DialogMap.Lookup(i, pDialog);
                if (pDialog != NULL) pDialog->ShowWindow(SW_HIDE);
        }
}
void CTabDialog::HideAllPages(int except)
{
        for(int i = 0; i <= m_nTotalPage; i++)
        {
                CDialog *pDialog;
                m_DialogMap.Lookup(i, pDialog);

                if (pDialog != NULL)
                {
                        if(i == except)
                                continue;
                        pDialog->ShowWindow(SW_HIDE);
                }
        }
}


BOOL CTabDialog::ActiveWin(int intChoice)
{
        HideAllPages( );
        CDialog *pDialog;
        if(m_DialogMap.Lookup(intChoice, pDialog))
        {
                pDialog->ShowWindow(SW_SHOW);
                return TRUE;
        }
        return FALSE;
}
```

탭 대화 상자를 이용하려면 좀더 준비해야 할 것이 있는데, 탭 대화 상자의 밑바탕이 되는 대화 상자이다. 즉, 여러 개의 탭 대화 상자를 놓으려면 놓을 수 있는 영역이 필요하다. 리소스 뷰에서 새로운 대화 상자를 하나 추가하도록 하자.

단지 영역으로만 사용할 대화 상자이므로 모든 컨트롤은 제거하고, 다음과 같이 대화 상자 컨트롤 설정을 한다.

〈탭 백그라운드 영역 대화 상자 컨트롤 속성 설정 값〉

컨트롤 ID	스타일	보더
IDD_PAGE_AREA	Child	None

이렇게 해서 탭 컨트롤에 대한 준비는 끝났다. 이제 실제로 CTabDialog 클래스를 이용하여 원하는 탭 기반으로 코딩을 해야 할 차례다. 하지만 그 전에 해야 할 것이 있는데, 탭을 테스트해 보려면 최소한 두 개 이상의 대화 상자가 필요하다. 그래서 메뉴 대화 상자와 사용 시간 설정표 대화 상자 및 해당 클래스를 미리 만들어 놓기로 하겠다. 물론 형태만 보고자 함이므로 사용 시간 설정표 대화 상자의 코딩에 대해서는 뒤에서 자세하게 다룰 것이다.

3) 메뉴 대화 상자 생성하기

리소스 편집기에서 대화 상자를 하나 추가한 후 다음과 같이 대화 상자 속성을 변경하고, 두 개의 버튼을 배치한 후 다음과 같이 ID와 속성을 부여한다.

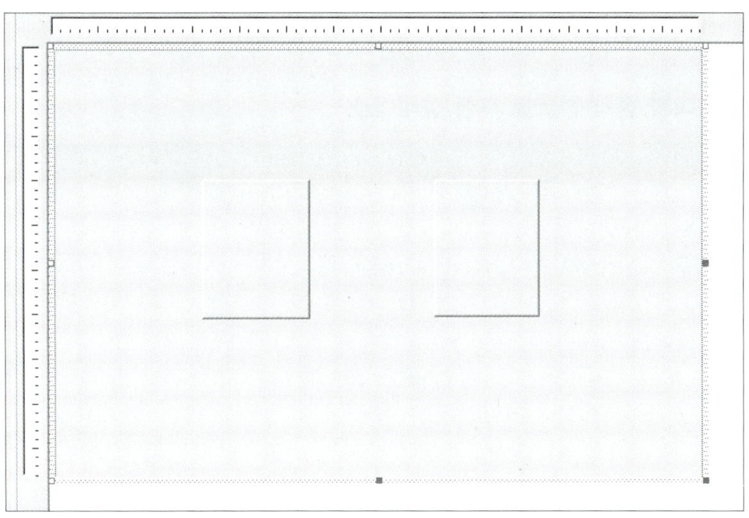

컨트롤 ID	스타일	보더	캡션
IDD_PAGE_MENU	Child	None	
IDC_TIMECTL			없음
IDC_PLAYBACK			없음

대화 상자에 해당하는 클래스를 CPageMenuDlg 클래스로 정하고 추가한다. 지금은 대화 상자를 생성하는 것으로 만족하도록 하자. 일단 탭 대화 상자를 만들기 위해 당분간은 껍데기만 필요하기 때문이다. 이 클래스에 대한 자세한 코딩은 나중에 자세히 할 것이다.

4) 사용 시간 설정표 대화 상자 생성하기

리소스 편집기에서 대화 상자를 하나 더 추가하고 각각의 컨트롤들을 다음과 같이 배치한다.

각 컨트롤들의 ID와 속성들을 다음과 같이 추가하도록 하자.

〈사용 시간 설정표 대화 상자 컨트롤 속성 설정 값〉

컨트롤 ID	스타일	보더	캡션
IDD_PAGE_TIMECTL	Child	None	
IDC_MT_ON			없음
IDC_MT_OFF			없음
IDOK			없음
IDCANCEL			없음
IDC_DRAW1			
IDC_DRAW2			
IDC_DRAW3			
IDC_DRAW4			
IDC_DRAW5			
IDC_DRAW6			
IDC_DRAW7			

메뉴 대화 상자와 마찬가지로 클래스만 생성하고, 그에 해당하는 자세한 코딩은 뒤에서 다루도
록 하겠다. 앞에서도 언급했지만 우선 탭 대화 상자의 기능만 구현해 보려는 것이기 때문이다.
클래스명은 CPageTimeCtlDlg로 하자.

5) 탭 기반 대화 상자 코딩하기

탭 대화 상자를 만들기 위한 준비가 다 되었다. 이제 모든 재료가 준비되었으니 각각의 대화 상
자를 연결하기 위한 코드를 작성하면 된다. 먼저 PCControlDlg.h 파일을 다음과 같이 작성하자.

〈PCControlDlg.h 파일〉

```
#include "TabDialog.h"
#include "PageMenuDlg.h"
#include "PageTimeCtlDlg.h"

class CPCControlDlg : public CDialog
{
//Construction
public:
        CPCControlDlg(CWnd *pParent = NULL);  // standard constructor
//Dialog Data
        //{{AFX_DATA(CPCControlCopyDlg)
        enum {IDD = IDD_PCCONTROLCOPY_DIALOG};
        CStatic m_dlgPos;                // 메인 메뉴와 탭 메뉴를 구분하기 위해 생성
```

```
        //}}AFX_DATA

-------------------- 중간 생략 --------------------

public:
        BOOL ShowMainMenu( );       //탭 대화 상자 주 메뉴를 생성한다.
        BOOL ShowTimeCtl( );        //탭 대화 상자 사용 시간 설정표 메뉴를 생성한다.
        void  OnShowDialog( );      //전체 대화 상자를 보여준다.
        BOOL InitTabDialog( );      //탭 대화 상자를 초기화 한다.
        BOOL AddPagesToTabDialog( );        //탭 대화 상자를 추가한다.

        enum ePageName {            //각 탭 페이지 리소스를 열거형으로 관리
                IDD_PMENU = 0,
                IDD_PTIMECTL
                };

        CTabDialog              *m_pTabDialog;          //탭 대화 상자 클래스 객체
        CPageMenuDlg            *m_pPageMenu;           //메뉴 대화 상자 클래스 객체
        CPageTimeCtlDlg         *m_pTimeCtl; //사용 시간 설정표 대화 상자 클래스 객체
```

〈PCControlDlg.cpp 파일〉

```
CPCControlDlg::CPCControlDlg(CWnd *pParent /*=NULL*/) : CDialog(CPCControlDlg::IDD, pParent)
{
------------------ 중간 생략 ------------------
        m_hIcon = AfxGetApp( )->LoadIcon(IDR_MAINFRAME);
        //각 클래스 객체의 초기화
        m_pTabDialog            = NULL;
        m_pPageMenu             = NULL;
        m_pTimeCtl              = NULL;
}
void CPCControlDlg::DoDataExchange(CDataExchange *pDX)
{
        CDialog::DoDataExchange(pDX);
        //{{AFX_DATA_MAP(CPCControlCopyDlg)
        DDX_Control(pDX, IDC_DLGPOS, m_dlgPos);
        //}}AFX_DATA_MAP
}
BOOL CPCControlDlg::OnInitDialog( )
{
        ------------------ 중간 생략 ------------------
        InitTabDialog( );
}
BOOL CPCControlDlg::InitTabDialog( )
{
        //탭 대화 상자의 객체를 생성한다.
```

```cpp
        m_pTabDialog = new CTabDialog(IDD_PAGE_AREA, this);
        if (m_pTabDialog->Create(IDD_PAGE_AREA, this) == FALSE)
        {
                delete m_pTabDialog;
                return FALSE;
        }
        //탭 대화 상자의 밑바탕이 제대로 생성되었다면 각 페이지 메뉴들을 추가한다.
        if(!AddPagesToTabDialog( ))
                return FALSE;

        CRect rect;
        m_dlgPos.GetWindowRect(&rect);

        m_pTabDialog->SetWindowPos(this, rect.left, rect.top, 0, 0, SWP_NOSIZE | SWP_NOZORDER |
SWP_SHOWWINDOW);
        this->CenterWindow( );

        //각각의 페이지 초기화
        m_pTabDialog->InitPagesShow( );

        return TRUE;
}
BOOL CPCControlDlg::AddPagesToTabDialog( )
{
        ShowMainMenu( );                //주 메뉴 생성
        Sleep(100);

        ShowTimeCtl( );                         //사용 시간 설정표 메뉴 생성
        Sleep(100);

        //초기 메뉴는 주 메뉴를 보여준다.
        m_pTabDialog->ActiveWin(IDD_PMENU);

        return TRUE;
}
void CPCControlDlg::OnShowDialog( )
{
        ShowWindow(SW_NORMAL);
        m_dlgPos.ShowWindow(SW_SHOW);
        m_pTabDialog->ShowWindow(SW_SHOW);
        ShowMainMenu( );
}

BOOL CPCControlDlg::ShowMainMenu( )
{
        if (m_pPageMenu == NULL)
        {
                // 주 메뉴 생성
                m_pPageMenu = new CPageMenuDlg(m_pTabDialog);
```

```cpp
            if(m_pPageMenu->Create(IDD_PAGE_MENU, m_pTabDialog) == FALSE)
            {
                    delete m_pPageMenu;
                    return FALSE;
            }
            // 텝 대화 상자의 서브 윈도우로 등록한다.

            m_pTabDialog->AddPage(IDD_PMENU, m_pPageMenu);

    }
    // 주 메뉴를 활성화한다.

    m_pTabDialog->ActiveWin(IDD_PMENU);

    return TRUE;
}
BOOL CPCControlDlg::ShowTimeCtl( )
{
        this->m_dlgPos.ShowWindow(SW_HIDE);
        if (m_pTimeCtl == NULL)
        {
                // 사용 시간 설정표 대화 상자를 생성

                m_pTimeCtl = new CPageTimeCtlDlg(m_pTabDialog);
                if(m_pTimeCtl->Create(IDD_PAGE_TIMECTL, m_pTabDialog) == FALSE)
                {
                        delete m_pTimeCtl;
                        return FALSE;
                }
                //텝 대화 상자의 서브 윈도우로 등록한다.

                m_pTabDialog->AddPage(IDD_PTIMECTL, m_pTimeCtl);
        }
        // 사용 시간 설정표 대화 상자를 활성화한다.

        m_pTabDialog->ActiveWin(IDD_PTIMECTL);

        return TRUE;
}

void CPCControlDlg::OnClose( )
{
        PostMessage(WM_QUIT); // 임시로 종료 버튼으로 사용한다.

}
```

전체 코드는 이렇다. 먼저 탭 대화 상자를 구현하기 위해 대화 상자 기반으로 프로젝트를 생성하였고, 생성된 프로젝트의 대화 상자 클래스인 CPCControlDlg는 CTabDialog 클래스를 사용하여 탭 대화 상자의 구조를 이용할 수 있다. 그리고 서브 윈도우로 사용하기 위한 대화 상자를 생성하고 그에 해당하는 클래스로 CPageMenuDlg와 CPageTimeCtl 클래스를 통해서 탭 대화 상자에 서브 윈도우를 인클루드(Include)하도록 하였다.

어렵지는 않지만 약간 헷갈릴 수 있다. 코드 전체를 포괄하는 함수는 InitTabDialog( )이고, 이 함수 안에서 「m_pTabDialog = new CTabDialog(IDD_PAGE_AREA, this);」를 통해 탭 대화 상자의 기반을 마련한다. 그리고 AddPagesToTabDialog( ) 함수를 통해서 각각 서브 윈도우로 사용할 클래스 객체를 생성하고, 생성된 각각의 서브 윈도우를 탭 방식으로 보여주게 된다. 서브 윈도우로 등록하는 함수는 주 메뉴 대화 상자와 사용 시간 설정표 대화 상자 각각 ShowMainMenu( ) 함수와 ShowTimeCtl( ) 함수를 이용하였다. 탭 대화 상자 생성 및 등록하는 내부 코드는 비슷비슷하기 때문에 주석을 바탕으로 각자 분석해 보길 바란다.

주 메뉴의 IDC_TIMECTL 버튼에 대한 이벤트 핸들러를 다음과 같이 추가하도록 한다. 즉, 버튼을 눌렀을 때 사용 시간 설정표 대화 상자로 이동하도록 하는 코드이다.

〈PageMenuDlg.h 파일〉

```
#include "resource.h"
class CPageMenuDlg : public CDialog
{
                중간 생략....
protected:
        // Generated message map functions
        //{{AFX_MSG(CPageMenuDlg)
        afx_msg void OnTimectl( );
        //}}AFX_MSG
}
```

〈PageMenuDlg.cpp 파일〉

```
void CPageMenuDlg::OnTimectl( )
{
        ((CPCControlCopyDlg* )AfxGetApp( )->GetMainWnd( ))->ShowTimeCtl( );
}
```

6) 실행하기

이제 탭 대화 상자가 제대로 동작하는지 중간 테스트를 해보도록 하자. 컴파일을 하고 실행해 보자. 대화 상자의 모습이 다음과 같이 나타난다. 즉, IDD_PCCONTROL_DIALOG 대화 상자를 배경으로 IDD_PAGE_MENU 페이지가 얹어져 있는 형태이다. 경계선은 m_dlgPos 컨트롤에 의해 구분된다.

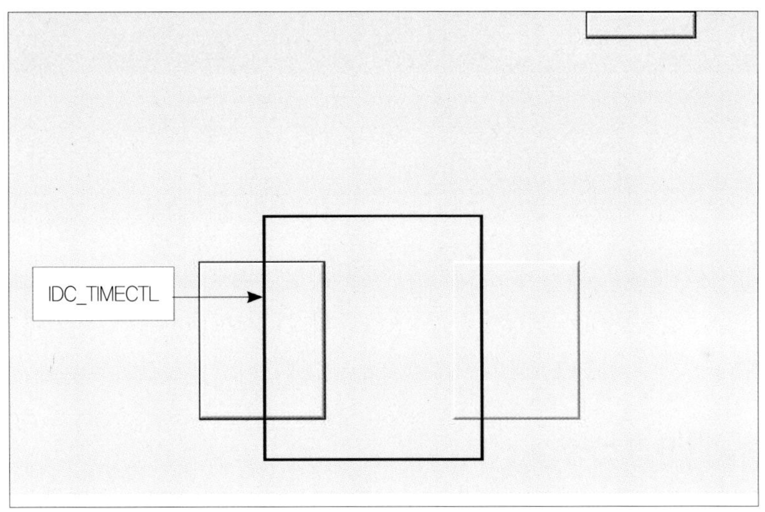

IDC_TIMECTL 버튼을 클릭하면 다음과 같이 사용 시간 설정표 대화 상자로 넘어간다. 대신 대화 상자가 팝업 형태가 아니라 탭 기반으로 현재 대화 상자에 내용만 바뀌게 된다.

버튼에 아무런 글자가 없어서 썰렁하게 느껴질 것이다. 이후에 이미지 스킨을 입히기 위해 아무런 캡션을 달지 않았다. 보기 좀 민망하더라도 스킨을 입힐 때까지 참고 봐 주길 바란다. 일단 여기까지 성공적으로 컴파일이 되었다면, 기본적인 탭 대화 상자는 갖추어진 셈이다. 이제 각각 페이지 단위의 기능들(사용 시간 설정표, 화면 캡처)에 대해서 자세하게 알아보도록 하겠다.

먼저 사용 시간 설정표 코드를 살펴보도록 하겠다. 일단 이 기능에 대한 요지는 사용자로 하여금 사용 가능 시간과 사용 불가 시간을 정해서 사용 시간을 관리하는 것이다. 픽쳐 컨트롤 한 줄을 하루로 잡고, 1시간 단위로 23칸을 나눈다. 픽쳐 컨트롤이 총 7줄이므로 보여지는 화면은 일주일 분량이 된다.

앞서 사용 시간 설정표를 위해 생성한 클래스는 CPageTimeCtlDlg이므로 여기에 다음과 같이 코딩을 하자.

〈PageTimeCtlDlg.h 파일〉

```cpp
#include <afxtempl.h>
#include "resource.h"
#include "RegKeyEx.h"
#include "GBSettingMng.h"

class CFOCellObj : public CObject
{
protected:
        DECLARE_SERIAL(CFOCellObj);
public:
        CFOCellObj( );                                  // Constructor
        virtual ~CFOCellObj( );                         // Destructor
        virtual void Draw(CDC *pDC);           // Draw the object.
public:
        BOOL bSelect;                   // 선택한 버튼의 상태 0, 1
        int intRows;            // 행을 나타내는데, 한 행은 한 요일을 나타낸다.
        CRect rcPosition;       // 한 행 중에 한 시간 단위로 l, t, r, b 좌표 값을 갖는다.
        COLORREF crLSelect;                     // 모니터를 끌때 선택한 색깔
        COLORREF crUnLSelect;                   // 모니터를 켤때 선택한 색깔
};

class CPageTimeCtlDlg : public CDialog
{
// Construction
public:
        CPageTimeCtlDlg (CWnd *pParent = NULL);   // standard constructor
        BOOL m_OnMouse;                 // 마우스 눌림 여부. TRUE 눌림.
        int m_MouseShadow;              // 이전 마우스 눌림 상태의 이전 위치 값
        int m_currday;                          // 선택되어진 요일.. ^^
        int m_cntRoom;                          // 방의 수. 24 * 7 * 2 = 336 개
        BOOL bSelect;                           // 선택이 되었는지 안 되었는지 여부

protected:
```

```cpp
        virtual void DoDataExchange(CDataExchange *pDX);    // DDX/DDV support
public:
        void GetTimeTable( );                //현재 시간 테이블 설정 값을 얻어 온다.


// Implementation
protected:
        CFOCellObj cells[168]; // 24 * ( 7 * 2 )  [24시간] * [7주] * [2 중 1은 간격용]
        CFOCellObj Color;                // 선택 되어진 색깔


        // Generated message map functions
        //{{AFX_MSG(CTimeCtl)
        afx_msg void OnMtOn( );          //사용 가능 시간 버튼

        afx_msg void OnMtOff( );         //사용 불가 시간 버튼

        virtual BOOL OnInitDialog( );//사용 시간 설정표 대화 상자의 초기화

        afx_msg void OnLButtonDown(UINT nFlags, CPoint point);
        afx_msg void OnLButtonUp(UINT nFlags, CPoint point);
        afx_msg void OnMouseMove(UINT nFlags, CPoint point);
        virtual void OnOK( ); //확인 버튼 눌렀을 경우

        afx_msg void OnPaint( );
        //}}AFX_MSG
        DECLARE_MESSAGE_MAP( )
};
```

헤더 파일에서 주목해야 할 것은 CFOCellObj 클래스인데, 이 클래스는 사용 시간 설정표의 셀 단위 분할과 테이블의 선택의 유무에 따른 색깔에 대해서만 관할하도록 따로 떼어 놓은 클래스이다. 이 클래스는 CPageTimeCtlDlg에서 위의 코드에 나타난 바와 같이 「CFOCellObj cells[168];」과 「CFOCellObj Color;」처럼 이용될 것이고, 전반적인 사용 시간 설정표의 컨트롤 관련 코드는 CPageTimeCtlDlg 클래스에서 관할하게 된다. 이 코드의 관건은 현재 사용 가능 시간 버튼이 눌려졌는가, 사용 불가 시간 버튼이 눌려졌는가이고, 그렇다면 현재 눌려진 버튼을 알고 있다면, 어떻게 사용 시간 설정표를 셀 단위로 나눠서 눌려진 버튼에 해당하는 색깔을 해당 시간에 맞게 표현할 수 있느냐이다.

그러면 실제 구현 코드를 보도록 하자. 다음은 사용 시간 설정표에 관한 클래스의 구현 코드이다. 코드가 좀 길어서 보는 순간 질릴 수도 있겠지만, 앞의 헤더 파일에서 선언한 함수와 이벤트 핸들러에 관한 내용이므로 기능에 대해 음미하면서 분석해 보도록 해보자.

〈PageTimeCtlDlg.cpp 파일〉

```cpp
#include "stdafx.h"
#include "PCControl.h"
#include "PageTimeCtlDlg.h"
#include <math.h>

IMPLEMENT_SERIAL(CFOCellObj,CObject, VERSIONABLE_SCHEMA | 1)
```

```cpp
CFOCellObj::CFOCellObj( )
{
        bSelect = 0;
        intRows = 0;
        rcPosition.SetRectEmpty( );        //CRect의 좌표를 모두 zero로 설정한다.

        crMSelect = RGB(255, 0, 0);
        crUnSelect = RGB(20, 117, 185);//모니터 사용 허용 색

}


CFOCellObj::~CFOCellObj( )
{
}


void CFOCellObj::Draw(CDC *pDC)
{
        int nMode = pDC->SetBkMode(TRANSPARENT);

        //모두 허용
        if(bSelect == 0)
        {
                CRect rcItem = rcPosition;
                rcItem.DeflateRect(1, 1, 1, 1);      //사각형 영역을 약간 축소시키는 역할,
                //Deflat 해주지 않으면 영역을 약간 넘어가게 되서 보기 안 좋음
                pDC->FillSolidRect(rcItem, crUnSelect);
        }
        //사용 금지, 모니터 Off
        else if(bSelect == 1)
        {
                CRect rcItem = rcPosition;
                rcItem.DeflateRect(1, 1, 1, 1);
                pDC->FillSolidRect(rcItem, crMSelect);
        }
}


CPageTimeCtlDlg::CPageTimeCtlDlg(CWnd *pParent /*=NULL*/) : CDialog(CPageTimeCtlDlg::IDD, pParent)
{
        //{{AFX_DATA_INIT(CPageTimeCtlDlg)
        //}}AFX_DATA_INIT
        m_currWeek = -1;                   //현재 선택 되어진 주도 -1

        bSelect = FALSE;                   //선택은 디폴트로 FALSE

        Color.bSelect = 0;                 //선택된 색상 값은 0

}


void CPageTimeCtlDlg::OnBnClickedMtOn( )
{
        bSelect = FALSE;                   //디폴트로는 모두 사용 허용

        Color.bSelect = 0;                 //선택된 색상 값은 0
```

```cpp
}

void CPageTimeCtlDlg::OnBnClickedMtOff( )
{
        bSelect = TRUE;                                  //버튼 선택이 되었을 때 TRUE
        Color.bSelect = 1;                  //선택된 색상 값은 1
}

void CPageTimeCtlDlg::OnBnClickedOk( )
{
        CString strSaveData = "";                        //레지스트리에 입력할 문자열
        for(int i = 0; i < 168; i++)
        {
                if(cells[i].bSelect == 1)                //게임 차단 시간 테이블 선택
                {
                        strSaveData += "10";
                }
                else                                     //모니터 사용 시간 테이블 선택
                {
                        strSaveData += "00";
                }
        }
```

//strSaveData가 2비트씩 저장되었기 때문에 실제 길이는 168 * 2

```cpp
        CString strTemp;
        if (strSaveData.GetLength( ) == (m_cntRoom*2)) //strSaveData "0101010101..." == 168*2
        {               /*************************************************************
*****/          /*****************************************************************/
                // Save Data...
                INT Day = 0;
                INT Time = 0;
                INT CellIndex = 0;
                TimeTable Schedule;             //TimeTable [7][3] 한 줄 표현...

                INT nCnt = 0;

                ZeroMemory(&Schedule, sizeof(TimeTable)); //Zero로 TimeTable 초기화

                //한줄은 하루를 나타내므로 7일 즉, 일주일을 표시

                for(Day = 0; Day < 7; Day++)
                {
                        //하루를 8시간씩 3부분으로 쪼갬

                        for(Time = 0; Time < 3; Time++)
                        {
```

//3부분중 한 부분인 8시간을 2비트로 읽어들임. 그래서 총 16비트를 2비트 단위로 읽는다.

```cpp
                                for(INT bit = 0; bit < 16; bit += 2)
                                {
                                        CellIndex = ((Day * 24) + (Time * 8)) + (bit)/2;
```

```cpp
                                                // 0, 1, 2, 3, 4, ... 168
                                                //CellIndex 값은 0부터 167까지이다.

                                                if(CellIndex < 168)
                                                {
                                                //TimeTable에 값을 cell 값을 왼쪽으로 각 비트만큼
                                                //밀고 | 연산
                                                        schedule.Table[0][0]= schedule.Table[0][0]|
                                                        cells[0].nSelect << bit
                                                //cells[0].nSelect 값은 0, 1, 2 중에 한 값이 될 것이다.
                                        //즉, 0x00, 0x01, 0x10이 값을 bit (0, 2, 4, ...14)만큼
                                                //왼쪽으로 민다.
                                                        Schedule.Table[Day][Time]|= cells[CellIndex].
bSelect << bit;
                                                }
                                        }
                                }
                        }

                        //레지스트리 생성 및 세팅 값 설정 함수
                        g_pSetupData->SetTimeSchedule(&Schedule);
                        AfxMessageBox("변경이 완료 되었습니다.");
                }
                else
                {
                        MessageBox("설정 저장중 오류가 발생했습니다. 잠시후에 다시 시도해 주십시요.", NULL,
MB_OK);
                }
                OnOK( );
}

BOOL CPageTimeCtlDlg::OnInitDialog( )
{
        CDialog::OnInitDialog( );

        m_OnMouse = FALSE;                              // 마우스 풀림 상태
        m_cntRoom = 168;     // 2 * 7 * 24 = 168 , 16비트를 사용하기 위해서 2를 곱함
        int m_ncols = 24;                               // 한 행을 24로 나누기 위함
        int m_nrows = 1;                                // 열
        int nTotalWidth = 0;                            // 한 행의 넓이
        int nTotalHeight = 0;                           // 한 행의 높이
        int nRows;                                      // 열
        int nCols;                                      // 행
        int intThisCell = -1;                           //현재 셀 위치

        CRect rcPosition;
```

```cpp
        // 영역 구분하기
        for(int i = 0; i < 7; i++)
        {
                //각 picture control의 리소스를 얻음
                if (i == 0)GetDlgItem(IDC_DRAW1)->GetWindowRect(&rcPosition);
                //첫번째 리소스의 어느 위치를 얻어올 것인가
                else if (i == 1)GetDlgItem(IDC_DRAW2)->GetWindowRect(&rcPosition);
                else if (i == 2)GetDlgItem(IDC_DRAW3)->GetWindowRect(&rcPosition);
                else if (i == 3)GetDlgItem(IDC_DRAW4)->GetWindowRect(&rcPosition);
                else if (i == 4)GetDlgItem(IDC_DRAW5)->GetWindowRect(&rcPosition);
                else if (i == 5)GetDlgItem(IDC_DRAW6)->GetWindowRect(&rcPosition);
                else if (i == 6)GetDlgItem(IDC_DRAW7)->GetWindowRect(&rcPosition);
                ScreenToClient(&rcPosition);

                nTotalWidth = rcPosition.Width( );
                nTotalHeight = rcPosition.Height( );

                //같은 라인에서 총 24개의 영역으로 구분한다.
                for(int j = 0; j < m_ncols; j++) //m_ncols =  24
                {
                        nRows = i;
                        nCols = int(fmod((double)j, (double)m_ncols));

                        CRect rcNew = rcPosition;
                        rcNew.left = rcPosition.left + (int)((double)nCols * nTotalWidth/(double)m_ncols);
                        rcNew.top = rcPosition.top;
                        rcNew.right = rcPosition.left + (int)((double)(nCols +1) * nTotalWidth/(double)m_ncols);

                        rcNew.bottom= rcPosition.top + nTotalHeight;

                        intThisCell++;                          //배열 설정을 위해 증가되는 값
                        cells[intThisCell].rcPosition = rcNew; // 현재 한 행에서 하나의 사각 영역을 배열
로 저장한다.
                        cells[intThisCell].intRows = i;     //한 행의 값을 나타낸다.
                        //cells[168] 정보 중에 rcPosition(각각의 작은 사각 영역의 l, t, r,
                //b)의 값과 intRow 즉, 현재
                        //몇 행에 있는지를 나타낸다. intRow의 범위 값 (0 ~ 6)
                }
        }
        return TRUE;
}

void CPageTimeCtlDlg::OnLButtonDown(UINT nFlags, CPoint point)
{
//만약에 bSelect 가 TRUE라면 그것은 게임차단이나 사용금지 버튼이 눌려진것이다.
        if(bSelect)
        {
```

```cpp
			CRect picturerect;
			POINT p;			//포인트의 x, y 좌표로 구성된다.
			for(int i=0;i<7;i++)
			{
				if(i==0)GetDlgItem(IDC_DRAW1)->GetWindowRect(&picturerect);
				elseif(i==1)GetDlgItem(IDC_DRAW2)->GetWindowRect(&picturerect);
				elseif(i==2)GetDlgItem(IDC_DRAW3)->GetWindowRect(&picturerect);
				elseif(i==3)GetDlgItem(IDC_DRAW4)->GetWindowRect(&picturerect);
				elseif(i==4)GetDlgItem(IDC_DRAW5)->GetWindowRect(&picturerect);
				elseif(i==5)GetDlgItem(IDC_DRAW6)->GetWindowRect(&picturerect);
				elseif(i==6)GetDlgItem(IDC_DRAW7)->GetWindowRect(&picturerect);
				ScreenToClient(&picturerect);

				p.x=point.x;			//왼쪽 마우스로 찍은 x 좌표를 p.x에 저장한다.
				p.y=point.y;			//왼쪽 마우스로 찍은 y 좌표를 p.y에 저장한다.

				if(PtInRect(&picturerect,p)) //p 좌표가 picturerect 영역 안에 있다면...
				{
					for(int i=0;i<m_cntRoom;i++)
					// 168번을 돌면서 모든 영역을 표시
					{
						if(cells[i].rcPosition.PtInRect(p))
						//rcPosition 영역 내에 p가 있다면
						{
							if(Color.bSelect)
							// nSelect = 1이면 게임 차단
							// nSelect = 2이면 사용 금지
							{
								cells[i].bSelect = Color.bSelect;
							// 선택되어지는 값이 들어간다.
							}

							//cells[i].rcPosition 영역을 무효화시킨다.
							InvalidateRect(&cells[i].rcPosition,TRUE);
							//마우스 눌린 위치 값 0, 1, ....167
							m_MouseShadow = i;
							break;
						}
					}
				}
			}
			m_OnMouse = TRUE;			//현재 마우스가 눌려져 있는 상태를 나타낸다.

	}
	else // bSelect가 FALSE일때 즉, 모두 허용이 될때
	{
		CRect picturerect;
		POINT p;
```

```cpp
                    for(int i=0;i<7;i++)
                    {
                            if (i==0)GetDlgItem(IDC_DRAW1)->GetWindowRect(&picturerect);
                            elseif(i==1)GetDlgItem(IDC_DRAW2)->GetWindowRect(&picturerect);
                            elseif(i==2)GetDlgItem(IDC_DRAW3)->GetWindowRect(&picturerect);
                            elseif(i==3)GetDlgItem(IDC_DRAW4)->GetWindowRect(&picturerect);
                            elseif(i==4)GetDlgItem(IDC_DRAW5)->GetWindowRect(&picturerect);
                            elseif(i==5)GetDlgItem(IDC_DRAW6)->GetWindowRect(&picturerect);
                            elseif(i==6)GetDlgItem(IDC_DRAW7)->GetWindowRect(&picturerect);
                            ScreenToClient(&picturerect);
                            p.x=point.x;
                            p.y=point.y;
                            //마우스 잡을 영역 안에서라면
                            if(PtInRect(&picturerect,p))
                            {
                                    //마구 돌린다.
                                    for(int i=0;i<m_cntRoom;i++)
                                    {
                                    //마우스 영역인 놈만 솎아내서 처리한다.
                                            if(cells[i].rcPosition.PtInRect(p))
                                            {
                                                    // 0 값이 들어가게 된다.
                                                    cells[i].bSelect = Color.bSelect;
                                                    // 영역을 무효화 시킨다.
                                                    InvalidateRect(&cells[i].rcPosition,TRUE);
                                                    m_MouseShadow = i;
                                                    break;
                                            }
                                    }
                            }
                    }
            m_OnMouse = TRUE;                       //현재 마우스가 눌려져 있는 상태를 나타낸다.
    }
    CDialog::OnLButtonDown(nFlags, point);
}

void CPageTimeCtlDlg::OnLButtonUp(UINT nFlags, CPoint point)
{
        m_OnMouse = FALSE;                      //마우스 풀림 설정 ^^
        m_MouseShadow = -1;                     //마우스 눌린 위치 값
        CDialog::OnLButtonUp(nFlags, point);
}

void CPageTimeCtlDlg::OnMouseMove(UINT nFlags, CPoint point)
{
        CRect picturerect;
        POINT p;
        for (int i=0;i<7;i++)
```

```cpp
	{
		if(i==0)GetDlgItem(IDC_DRAW1)->GetWindowRect(&picturerect);
		elseif (i==1)GetDlgItem(IDC_DRAW2)->GetWindowRect(&picturerect);
		elseif (i==2)GetDlgItem(IDC_DRAW3)->GetWindowRect(&picturerect);
		elseif (i==3)GetDlgItem(IDC_DRAW4)->GetWindowRect(&picturerect);
		elseif (i==4)GetDlgItem(IDC_DRAW5)->GetWindowRect(&picturerect);
		elseif (i==5)GetDlgItem(IDC_DRAW6)->GetWindowRect(&picturerect);
		 elseif (i==6)GetDlgItem(IDC_DRAW7)->GetWindowRect(&picturerect);
		ScreenToClient(&picturerect);

		p.x=point.x;
		p.y=point.y;

	if(m_OnMouse)                 //마우스가 눌렸을 때
	{
		if(PtInRect(&picturerect,p)) //현재 picturerect 내에 p 좌표가 들어가 있다면
		{
			for(int i=0;i<m_cntRoom;i++) //i가 168번을 돈다.
			{
				if(cells[i].rcPosition.PtInRect(p))
				{                       //현재 마우스 영역인놈을 찾아서.
					if (i != m_MouseShadow)
					{//아직 같은 영역에서의 이동일때에는 무시한다.
						cells[i].bSelect = Color.bSelect;
						InvalidateRect(&cells[i].rcPosition,TRUE);
						m_MouseShadow = i;  //마우스 눌린 위치 값
						break;
					}
				}
			}
		}
	}
	CDialog::OnMouseMove(nFlags, point);
}

void CPageTimeCtlDlg::OnPaint( )
{
	CPaintDC dc(this);
	for(int i = 0; i < m_cntRoom; i++) //m_cntRoom = 168
	{
		cells[i].Draw(&dc);    // 색상을 Time Table에 표현한다.
		                                // Draw는 Time Table의 사각 영역 안에
		                                // 색상에 맞게 그리기 기능만 하도록 되어 있다.
	}
}
```

코드의 내용에서 핵심은 일주일(7일)의 시간을 하루 단위, 한 시간 단위로 구분하여 마우스 왼쪽 버튼을 클릭했을 때, 버튼을 누른 상태에서 마우스를 움직일 때, 버튼을 떼었을 때의 처리를 중심으로 사용자 인터페이스가 어떻게 구현되는지를 보여준다.

각각의 하루치 라인은 픽처 컨트롤을 사용하였으며, 한 라인의 영역을 23칸으로 구분하였다. 즉, 1칸에 1시간의 영역으로 사용하기 위함이다. OnLButtonDown( ), OnLButtonUp( ), OnMouseMove( ) 이벤트 핸들러를 통해서 구현되는 코드의 내용들을 분석해 보기 바란다. C 문법의 지식만 있다면 각 이벤트 핸들러의 셀을 구분하는 코드를 분석하는데 무리가 없을 것이다. 코드에 주석도 달아 놓았으니 참고하기 바란다.

한가지 간과하고 넘어갈 뻔한 부분이 있다. 아마 이 상태로 컴파일을 하면 에러가 발생할 것이다. 헤더 파일에 보면 「#include "RegKeyEx.h"」와 「#include "GBSettingMng.h"」파일이 인클루드되어 있는데, RegKeyEx.h, RegKeyEx.cpp, GBSettingMng.h, GBSettingMng.cpp 파일을 프로젝트에 인클루드해 준다.

CRegKeyEx 클래스는 레지스트리 값을 가져오거나 설정하기 위한 기능들을 클래스로 만들어 놓은 것이고, CGBSettingMng 클래스는 프로젝트 전체의 설정 값들을(예를 들면 윈도우 시간 가져오기 등) 설정하고, 가져오는 작업을 위해 만들어 놓은 클래스이다. 이 코드는 이 프로젝트에 이용하기 위해 필자가 사용한 클래스이므로 따로 내부 코드에 대해서는 언급하지 않겠다. 궁금하다면 각자 개인적으로 코드를 분석해 보기 바란다.

3 트래이 아이콘

프로젝트의 프로그램은 백그라운드에서 동작하도록 해야 한다. 즉, 감시 프로그램이기 때문에 늘 메뉴 대화 상자가 화면에 떠 있을 수 없고, 그러면서도 동작하고 있어야 한다. 그러나 보이지 않는다면 메뉴를 볼 수 없기 때문에, 이런 경우 트래이 아이콘을 사용하여 현재 프로그램을 최소화하여 보여주면, 트래이 아이콘을 통해 메뉴를 불러올 수 있다.

다음은 트래이 아이콘에 사용하는 클래스이다. 트래이 아이콘 클래스는 범용적으로 만든 것이므로, 프로젝트에서 사용하지 않는 기능들도 많다. 후에 다른 프로젝트에서 트래이 아이콘을 사용할 때 사용하면 유용할 것이다.

〈TrayIcon.h 파일〉

```
class CTrayIcon : public CObject
{
// Construction/destruction
public:
        CTrayIcon( );
        CTrayIcon(CWnd *pWnd, UINT uCallbackMessage, LPCTSTR szTip, HICON icon, UINT uID);
        virtual ~CTrayIcon( );
```

```cpp
// Operations
public:
        BOOL Enabled( ) { return m_bEnabled; }
        BOOL Visible( ) { return !m_bHidden; }

        //Create the tray icon
        BOOL Create(CWnd *pWnd, UINT uCallbackMessage, LPCTSTR szTip, HICON icon, UINT uID);

        //Change or retrieve the Tooltip text
        BOOL SetTooltipText(LPCTSTR pszTooltipText);
        BOOL SetTooltipText(UINT nID);
        CString GetTooltipText( ) const;

        //Change or retrieve the icon displayed
        BOOL SetIcon(HICON hIcon);
        BOOL SetIcon(LPCTSTR lpIconName);
        BOOL SetIcon(UINT nIDResource);
        BOOL SetStandardIcon(LPCTSTR lpIconName);
        BOOL SetStandardIcon(UINT nIDResource);
        HICON GetIcon( ) const;
        void HideIcon( );
        void ShowIcon( );
        void RemoveIcon( );
        void MoveToRight( );

        //Change or retrieve the window to send notification messages to
        BOOL SetNotificationWnd(CWnd *pNotifyWnd);
        CWnd *GetNotificationWnd( ) const;

        //Default handler for tray notification message
        virtual LRESULT OnTrayNotification(UINT wParam, LONG lParam);

// Overrides
        // ClassWizard generated virtual function overrides
        //{{AFX_VIRTUAL(CTrayIcon)
        //}}AFX_VIRTUAL

//protected:
public:
        BOOL m_bEnabled;
        BOOL m_bHidden;
        NOTIFYICONDATA m_tnd;

        DECLARE_DYNAMIC(CTrayIcon)
};
```

〈TrayIcon.cpp 파일〉

```cpp
#include "stdafx.h"
#include "TrayIcon.h"
#include "PCControlDlg.h"
#include "PassDlg.h"

#ifdef _DEBUG
#define new DEBUG_NEW
#undef THIS_FILE
static char THIS_FILE[ ] = __FILE__;
#endif

IMPLEMENT_DYNAMIC(CTrayIcon, CObject)

/////////////////////////////////////////////////////////////////////////////
// CTrayIcon construction/creation/destruction

CTrayIcon::CTrayIcon( )
{
        memset(&m_tnd, 0, sizeof(m_tnd));
        m_bEnabled = FALSE;
        m_bHidden  = FALSE;
}

CTrayIcon::CTrayIcon(CWnd *pWnd, UINT uCallbackMessage, LPCTSTR szToolTip, HICON icon, UINT uID)
{
        Create(pWnd, uCallbackMessage, szToolTip, icon, uID);
        m_bHidden = FALSE;
}

BOOL CTrayIcon::Create(CWnd *pWnd, UINT uCallbackMessage, LPCTSTR szToolTip, HICON icon, UINT uID)
{
        VERIFY(m_bEnabled = ( GetVersion( ) & 0xff ) >= 4);
        if(!m_bEnabled) return FALSE;

        VERIFY(m_bEnabled = (pWnd && ::IsWindow(pWnd->GetSafeHwnd( ))));
        if(!m_bEnabled) return FALSE;

        ASSERT(uCallbackMessage >= WM_USER);

        ASSERT(_tcslen(szToolTip) <= 64);

        m_tnd.cbSize = sizeof(NOTIFYICONDATA);
        m_tnd.hWnd = pWnd->GetSafeHwnd( );
        m_tnd.uID = uID;
        m_tnd.hIcon = icon;
        m_tnd.uFlags = NIF_MESSAGE | NIF_ICON | NIF_TIP;
        m_tnd.uCallbackMessage = uCallbackMessage;
        strcpy(m_tnd.szTip, szToolTip);
```

```cpp
                VERIFY(m_bEnabled = Shell_NotifyIcon(NIM_ADD, &m_tnd));
                return m_bEnabled;
}

CTrayIcon::~CTrayIcon( )
{
                RemoveIcon( );
}

void CTrayIcon::MoveToRight( )
{
                HideIcon( );
                ShowIcon( );
}

void CTrayIcon::RemoveIcon( )
{
                if(!m_bEnabled) return;
                m_tnd.uFlags = 0;
                Shell_NotifyIcon(NIM_DELETE, &m_tnd);
                m_bEnabled = FALSE;
}

void CTrayIcon::HideIcon( )
{
                if(m_bEnabled && !m_bHidden)
                {
                        m_tnd.uFlags = NIF_ICON;
                        Shell_NotifyIcon(NIM_DELETE, &m_tnd);
                        m_bHidden = TRUE;
                }
}

void CTrayIcon::ShowIcon( )
{
                if(m_bEnabled && m_bHidden)
                {
                        m_tnd.uFlags = NIF_MESSAGE | NIF_ICON | NIF_TIP;
                        Shell_NotifyIcon(NIM_ADD, &m_tnd);
                        m_bHidden = FALSE;
                }
}

BOOL CTrayIcon::SetIcon(HICON hIcon)
{
                if(!m_bEnabled) return FALSE;
                m_tnd.uFlags = NIF_ICON;
                m_tnd.hIcon = hIcon;
                return Shell_NotifyIcon(NIM_MODIFY, &m_tnd);
```

```cpp
}

BOOL CTrayIcon::SetIcon(LPCTSTR lpszIconName)
{
        HICON hIcon = AfxGetApp( )->LoadIcon(lpszIconName);
        return SetIcon(hIcon);
}

BOOL CTrayIcon::SetIcon(UINT nIDResource)
{
        HICON hIcon = AfxGetApp( )->LoadIcon(nIDResource);
        return SetIcon(hIcon);
}

BOOL CTrayIcon::SetStandardIcon(LPCTSTR lpIconName)
{
        HICON hIcon = LoadIcon(NULL, lpIconName);
        return SetIcon(hIcon);
}

BOOL CTrayIcon::SetStandardIcon(UINT nIDResource)
{
        HICON hIcon = LoadIcon(NULL, MAKEINTRESOURCE(nIDResource));
        return SetIcon(hIcon);
}

HICON CTrayIcon::GetIcon( ) const
{
        HICON hIcon = NULL;
        if(m_bEnabled)
        hIcon = m_tnd.hIcon;
        return hIcon;
}

BOOL CTrayIcon::SetTooltipText(LPCTSTR pszTip)
{
        if(!m_bEnabled) return FALSE;
        m_tnd.uFlags = NIF_TIP;
        _tcscpy(m_tnd.szTip, pszTip);
        return Shell_NotifyIcon(NIM_MODIFY, &m_tnd);
}

BOOL CTrayIcon::SetTooltipText(UINT nID)
{
        CString strText;
        VERIFY(strText.LoadString(nID));
        return SetTooltipText(strText);
}

CString CTrayIcon::GetTooltipText( ) const
```

```cpp
{
        CString strText;
        if(m_bEnabled)
        strText = m_tnd.szTip;
        return strText;
}

BOOL CTrayIcon::SetNotificationWnd(CWnd *pWnd)
{
        if(!m_bEnabled) return FALSE;
        ASSERT(pWnd && ::IsWindow(pWnd->GetSafeHwnd( )));
        m_tnd.hWnd = pWnd->GetSafeHwnd( );
        m_tnd.uFlags = 0;

        return Shell_NotifyIcon(NIM_MODIFY, &m_tnd);
}

CWnd *CTrayIcon::GetNotificationWnd( ) const
{
        return CWnd::FromHandle(m_tnd.hWnd);
}

///////////////////////////////////////////////////////////////////
// CTrayIcon implentation of OnTrayNotification

LRESULT CTrayIcon::OnTrayNotification(UINT wParam, LONG lParam)
{
        if(wParam != m_tnd.uID)
                return 0L;

        if(LOWORD(lParam) == WM_LBUTTONDBLCLK)
        {
                CPassDlg dlg;
                dlg.DoModal( );
        }
        return 1;
}
```

이 클래스에서 트래이 아이콘의 여러 기능들에 대한 함수를 구현했으나 실제로 사용하는 기능
은 트래이 아이콘을 생성하고 더블 클릭 때 비밀번호 창만 보여주면 된다. 더블 클릭 메시지를
유발하면 그 메시지를 OnTrayNotification( ) 함수를 통해 비밀번호 창을 실행하게 만든다.

보안을 위해 트레이 아이콘을 더블 클릭했을 경우에 바로 메뉴가 뜨는 것이 아니라 비밀번호 창
이 나타나도록 하였다. 그래서 비밀번호 창을 하나 만들어 보도록 하겠다. 다음과 같이 프로젝
트에 대화 상자를 추가한다.

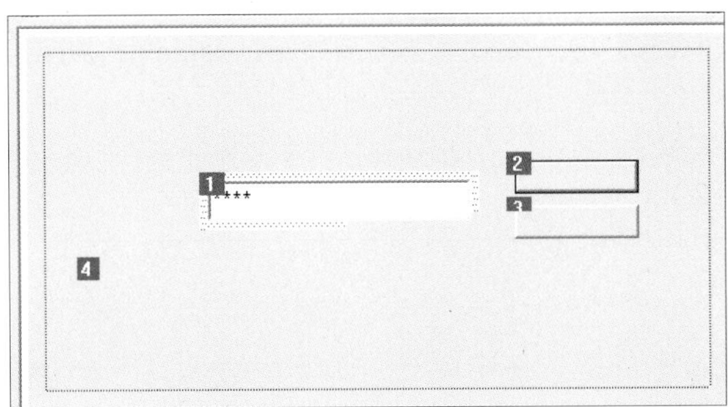

〈비밀번호 창 대화 상자 속성 설정 값〉

컨트롤 ID	스타일	보더	패스워드	캡션
IDD_PASS	Popup	None		
IDC_EDIT_PASS			TRUE	
IDC_MSG				없음
IDOK				없음
IDCANCEL				없음

대화 상자를 추가하고 컨트롤의 속성을 지정하였으면 대화 상자 기반의 클래스를 생성한다. 클
래스 이름은 CPassDlg라고 하자. 다음은 PassDlg.h 파일의 코드이다.

〈PassDlg.h 파일〉

```
class CPassDlg : public CDialog
{
// Dialog Data
        //{{AFX_DATA(CPassDlg)
        enum {IDD = IDD_PASS};
        CString m_strPassword;
        CString m_strMsg;
        //}}AFX_DATA
......... 중간 생략............

protected:

        // Generated message map functions
        //{{AFX_MSG(CPassDlg)
```

```cpp
        virtual void OnOK( );
        virtual BOOL OnInitDialog( );
        afx_msg void OnPaint( );
        //}}AFX_MSG
        DECLARE_MESSAGE_MAP( )
};
```

IDC_EDIT_PASS 컨트롤과 IDC_MSG 컨트롤 각각에 CString형 멤버를 추가하였다. 다음은 PassDlg.cpp 파일의 코드이다.

〈PassDlg.cpp 파일〉

```cpp
#include "stdafx.h"
#include "PCControl.h"
#include "PassDlg.h"
#include "PCControlDlg.h"

extern BOOL g_bShow;
extern CPCControlDlg *pDlg;

CPassDlg::CPassDlg(CWnd *pParent /*=NULL*/) : CDialog(CPassDlg::IDD, pParent)
{
        //{{AFX_DATA_INIT(CPassDlg)
        m_strPassword = _T("");
        m_strMsg = _T("");
        //}}AFX_DATA_INIT
}
void CPassDlg::DoDataExchange(CDataExchange *pDX)
{
        CDialog::DoDataExchange(pDX);
        //{{AFX_DATA_MAP(CPassDlg)
        DDX_Text(pDX, IDC_EDIT_PASS, m_strPassword);
        DDX_Text(pDX, IDC_MSG, m_strMsg);
        //}}AFX_DATA_MAP
}

BEGIN_MESSAGE_MAP(CPassDlg, CDialog)
        //{{AFX_MSG_MAP(CPassDlg)
        ON_WM_PAINT( )
        //}}AFX_MSG_MAP
END_MESSAGE_MAP( )

void CPassDlg::OnOK( )
{
        UpdateData(TRUE);
        if(m_strPassword == "1234")
        {
                g_bShow = TRUE;              //현재 메뉴가 떠 있는 상태
```

```
                CDialog::•nOK( );
                pDlg->OnShowDialog( );                        //주 메뉴를 띄운다.
        }
        else if(m_strPassword == "")
        {
                m_strMsg =              "비밀번호를 입력하지 않았습니다.";
                UpdateData(FALSE);
        }
        else
        {
                m_strMsg =              "비밀번호가 틀렸습니다.";
                UpdateData(FALSE);
        }
}

BOOL CPassDlg::OnInitDialog( )
{
        CDialog::OnInitDialog( );
        CenterWindow( );                        //항상 이 대화 상자는 화면의 중앙에 위치한다
        return TRUE;
}

void CPassDlg::OnPaint( )
{
        CPaintDC dc(this); // device context for painting
}
```

에디트 컨트롤을 통해서 비밀번호를 입력받은 후 비밀번호가 맞으면(1234이면) 주 메뉴를 띄우는 기능을 하는 대화 상자이다.

5 모니터 잠금

모니터 잠금이란 현재 내 데스크톱의 모든 기능을 정지하는 기능이다. 키보드의 숫자 키 외에는 일반 키 및 특수 키를 모두 잠금 상태로 만든다. 그리고 비밀번호를 통해서만 내 데스크톱의 잠금 상태를 풀 수 있게 된다. 약간의 흥미가 유발되지 않는가? 먼저 리소스 뷰로 가서 대화 상자를 추가한 후 다음과 같이 컨트롤을 구성하도록 하자.

<비밀번호 창 대화 상자 속성 설정 값>

컨트롤 ID	스타일	보더	패스워드	캡션
IDD_LOCK	Popup	None		
IDC_EDIT_PASS			TRUE	
IDC_MSG				없음
IDOK				없음

대화 상자의 구성이 일반 비밀번호 대화 상자와 별반 차이가 없어 보이나 코드 또한 차이가 없다. 단지 비밀번호를 입력하고 확인 버튼만 있으면 되는 것이다. 그러나 중요한 것은 모니터 잠금을 거는 기능이 이 클래스에서 주요 관건이다. 모니터 잠금을 걸고 푸는 부분을 중점으로 하여 어떠한 코드들이 추가되고 필요한지 살펴보도록 하자.

<Lock.h 파일>

```
class CLock : public CDialog
{
// Construction
public:
        CLock(CWnd *pParent = NULL);   // standard constructor

// Dialog Data
        //{{AFX_DATA(CLock)
        enum {IDD = IDD_LOCK};
        CString                 m_strPassword;
        CString                 m_strMsg;
        //}}AFX_DATA
        void Unlock( ); // 모니터 잠금을 해제하는 코드 함수
```

```cpp
        void Lock( ); // 모니터 잠금을 설정하는 코드 함수

protected:

        // Generated message map functions
        //{{AFX_MSG(CLock)
        virtual void OnOK( );
        afx_msg void OnTimer(UINT nIDEvent); // 모니터 잠금의 설정/해제 1초마다 감시
        afx_msg int OnCreate(LPCREATESTRUCT lpCreateStruct);
        virtual BOOL OnInitDialog( );
        afx_msg void OnPaint( );
        //}}AFX_MSG
        DECLARE_MESSAGE_MAP( )
};
```

눈여겨 봐야 할 함수는 Unlock( )과 Lock( ) 함수이고, 각각의 함수는 모니터를 잠그고 해제하는 기능을 한다. 그리고 OnTimer( )라는 함수가 있어서 매초마다 모니터 잠금/해제를 감시한다는 것을 추측할 수 있다.

〈Lock.cpp 파일〉

```cpp
#include "stdafx.h"
#include "PCControl.h"
#include "Lock.h"
#include "GBSettingMng.h"
#include "PCControlDlg.h"

extern BOOL g_bShow;
extern CPCControlDlg *pDlg;
extern CGBSettingMng *g_pSetupData;

extern time_t osBinaryTime; //시간을 초 단위로
extern tm *pWeekTime;

//모니터 잠금 설정을 위한 스레드
DWORD WINAPI AuthThread(LPVOID lpParameter);

CLock::CLock(CWnd *pParent /*=NULL*/) : CDialog(CLock::IDD, pParent)
{
        //{{AFX_DATA_INIT(CLock)
        m_strPassword = _T("");
        m_strMsg = _T("");
        //}}AFX_DATA_INIT
}
void CLock::DoDataExchange(CDataExchange *pDX)
{
        CDialog::DoDataExchange(pDX);
```

```cpp
        //{{AFX_DATA_MAP(CLock)
        DDX_Text(pDX, IDC_EDIT_PASS, m_strPassword);
        DDX_Text(pDX, IDC_MSG, m_strMsg);
        //}}AFX_DATA_MAP
}
BEGIN_MESSAGE_MAP(CLock, CDialog)
        //{{AFX_MSG_MAP(CLock)
        ON_WM_TIMER( )
        ON_WM_CREATE( )
        ON_WM_PAINT( )
        //}}AFX_MSG_MAP
END_MESSAGE_MAP( )

void CLock::OnOK( )
{
        UpdateData(TRUE);
        if(m_strPassword == "1234")
        {
                Unlock( );
                g_bShow = TRUE;
                CDialog::OnOK( );
        }
        else if(m_strPassword == "")
        {
                m_strMsg = "비밀번호를 입력하지 않았습니다.";
                UpdateData(FALSE);
        }
        else
        {
                m_strMsg = "비밀번호가 틀렸습니다.";
                UpdateData(FALSE);
        }
}

void CLock::OnTimer(UINT nIDEvent)
{
        pWeekTime = g_pSetupData->GetCurTime(1);
        if(FALSE == IsScheduleEnableFromTime(osBinaryTime)) //TRUE일 때 모니터 끔FALSE일때 모니
터 켬
        {
                Unlock( );
                return;
        }
        else
        {
                Lock( );
                return;
        }
}
```

```cpp
int CLock::OnCreate(LPCREATESTRUCT lpCreateStruct)
{
        if(CDialog::OnCreate(lpCreateStruct) == -1)
                return -1;

        SetTimer(1000, 1000, NULL);
        CenterWindow( );  //윈도우 정렬

        return 0;
}
//잠금 상태의 모니터를 해제한다.
void CLock::Unlock( )
{
        CDialog::OnOK( );
        KillTimer(1000);
}
// 현재의 데스크 탑을 잠금 상태로 만든다.
void CLock::Lock( )
{
        strcpy((((THREAD_DATA *)&td)->szDesktopName, DESKTOPNAME);
        strcpy(td.szMsg, "ADC Lock Desktop !");
        Thread_Desktop(AuthThread, (THREAD_DATA *)&td);
}

BOOL CLock::OnInitDialog( )
{
        CDialog::OnInitDialog( );
        return TRUE;
}

void CLock::OnPaint( )
{
        CPaintDC dc(this);
}
```

이 클래스에서 눈여겨 보아야 할 부분은 IsScheduleEnableFromTime(osBinaryTime) 함수의
반환 값(TRUE/FALSE)에 따라 잠금 상태에 있어야 할지 해제 상태에 있어야 할지를 결정한
다. 이것은 OnTimer( ) 함수에 의해 1초마다 검사를 하고 있으며, 잠금 상태에 들어 갈 때에는
Lock( ) 함수 내의 Thread_Desktop의 AuthThread( ) 함수에 의해 잠금 상태로 들어갈 수 있
다. 이 함수에 대해 알기 위해서는 CPCControlApp 클래스 코드를 알아야 한다. 왜냐하면 이
코드는 CPCControlDlg 클래스와 현재 분석하고 있는 CLock 클래스가 공유해야 하기 때문에
CPCControlApp 클래스에 전역 함수로 빼놓았다. 다음은 PCControl.h 헤더 파일의 내용이다.

〈PCControl.h 파일〉

```cpp
#include "resource.h"
#include "WinLockDll.h"

class CPCControlApp : public CWinApp
{
public:
        CPCControlApp( );
}
..............중간 생략..............
#define DESKTOPNAME "MyDesktop2"

typedef struct _MY_THREAD_DATA
{
        struct _THREAD_DATA;
        char szMsg[100];
}MY_THREAD_DATA;

extern MY_THREAD_DATA td;
```

여기서 눈여겨 봐야 할 부분은 WinLockDll.h 파일이다. 프로젝트는 모니터 잠금을 위해서 WinLock.lib와 WinLock.dll을 이용한다. 그러기 위해서 WinLockDll.h 파일을 인클루드했다. WinLock.dll을 이용하려면 [프로젝트 속성 〉 구성 속성 〉 링커 〉 입력] 메뉴에 WinLock.lib 파일을 추가하도록 하자. 그리고 구조체 MY_THREAD_DATA를 위와 같이 선언한다. PCControl.cpp 파일의 코드는 다음과 같다.

〈PCControl.cpp 파일〉

```cpp
#include "stdafx.h"
#include "PCControl.h"
#include "PCControlDlg.h"
#include "lock.h"
#include "GBHdd.h"

CGBSettingMng *g_pSetupData;
CPCControlDlg *pDlg = NULL;
CGBFileSystem *g_pGBFSHdd = NULL;

BOOL g_bGinaDlgCount = FALSE;

CPCControlApp theApp;
MY_THREAD_DATA td;                 //구조체 변수 선언

//StartThread가 실행되는 시점이다.
DWORD WINAPI AuthThread(LPVOID lpParameter)
```

```cpp
{
        SetThreadDesktop(((THREAD_DATA *)lpParameter)->hDesk);
        CtrlAltDel_Enable_Disable(FALSE);
        Desktop_Show_Hide(FALSE);
        StartButton_Show_Hide(FALSE);
        Taskbar_Show_Hide(FALSE);
        Clock_Show_Hide(FALSE);
        AltTab1_Enable_Disable(FALSE);
        AltTab2_Enable_Disable(NULL, FALSE);
        TaskSwitching_Enable_Disable(FALSE);
        TaskManager_Enable_Disable(FALSE);

        if(g_bGinaDlgCount == FALSE)
        {
                g_bGinaDlgCount = TRUE;
                CLock *dlg = new CLock;
                CWnd *tmpApp = theApp.m_pMainWnd;
                theApp.m_pMainWnd = dlg;
                int nReturn = dlg->DoModal( );
                if(nReturn == 1)
                {
                        g_bGinaDlgCount = FALSE;
                }

                theApp.m_pMainWnd = tmpApp;
                delete dlg;
        }
        Desktop_Show_Hide(TRUE);
        StartButton_Show_Hide(TRUE);
        Taskbar_Show_Hide(TRUE);
        Clock_Show_Hide(TRUE);
        Keys_Enable_Disable(TRUE);
        AltTab1_Enable_Disable(TRUE);
        AltTab2_Enable_Disable(NULL, TRUE);
        TaskSwitching_Enable_Disable(TRUE);
        TaskManager_Enable_Disable(TRUE);
        CtrlAltDel_Enable_Disable(TRUE);

        return 0;
}

BOOL CPCControlApp::InitInstance( )
{
        AfxEnableControlContainer( );
        g_pSetupData = new CGBSettingMng;
        pDlg = new CPCControlDlg;
        g_pGBFSHdd = new CGBHdd( );
        g_pSetupData->LoadConfFromRegistry( );

#ifdef _AFXDLL
```

```cpp
            Enable3dControls( );
#else
            Enable3dControlsStatic( );
#endif
            int nResponse = pDlg->DoModal( );
            return FALSE;
}

int CPCControlApp::ExitInstance( )
{
        if(pDlg)
        {
                delete pDlg;
                pDlg = NULL;
        }
        return CWinApp::ExitInstance( );
}
```

AuthThread( ) 함수의 스레드 동작으로 인해서 키보드의 거의 모든 키와 아이콘 및 작업 표시
줄 등을 모두 사라지게 하였다. 이러한 모니터 잠금 동작은 WinLock.dll에 코드가 되어 있고,
여기서는 이 모듈을 이용한 것이다.

6 화면 캡처

캡처한 화면을 16개 단위로 보여주는 뷰(Viewer)를 만들어 보도록 하겠다. 실제로 화면 캡처를
하는 모듈은 필자가 사용하는 모듈을 바이너리와 소스 코드로 모두 배포한다. 하지만 지면 관계
상 캡처 내부 코드에 대해서는 따로 설명하지 않겠다. 단지 캡처 화면을 프로젝트에서는 읽어서
보여주기만 할 뿐이다. 배포 파일은 DesktopCapture.exe이고, 이 프로젝트가 실행되기 전에
이 프로세스가 먼저 실행되어 있어야 한다. 자, 그럼 프로젝트의 화면 캡처 뷰 대화 상자를 다음
과 같이 추가하고 구성한다.

〈화면 캡처 뷰 대화 상자 속성 설정 값〉

컨트롤 ID	스타일	보더	타입	방향	뷰	캡션
IDD_PAGE_PLAYBACK	Popup	None				
IDC_CAPLIST					Icon	
IDC_STATIC(Pictur Control)			Bitmap			없음
IDOK						닫기
IDC_PLAYSLIDER				Horizontal		없음

다양한 컨트롤들이 배치되어있다. 픽처 컨트롤, 리스트 컨트롤, 슬라이더 컨트롤, 버튼, 4가지로 구성된다.

〈PagePlayDlg.h 파일〉

```cpp
#include "BitSlider.h"
#include "ListImageCtrl.h"

class CPagePlayDlg : public CDialog
{
// Construction
public:
        CPagePlayDlg(CWnd *pParent = NULL);   // standard constructor

// Dialog Data
        //{{AFX_DATA(CPagePlayDlg)
        enum {IDD = IDD_PAGE_PLAYBACK};
        CSliderCtrl m_ctlSlider;
        //}}AFX_DATA

public:
        int m_MaxPos;
        BOOL m_bFirst;
        CString m_sImagePath;

        CStringArray m_strFiles;          //File List
        int m_iCurrent;        //현재 위치

        int m_iStartPos;
        int m_iDisplayType; //1,16
        CListImageCtrl m_List;
        CProgressCtrl m_oProgress;

        CString m_sOldFile;

        afx_msg void OnCmdPlayReload( );
        void        DisplayImage(int intStart);
        void        Refresh( );
protected:
```

```cpp
        //{{AFX_MSG(CPagePlayDlg)
        virtual BOOL OnInitDialog( );
        afx_msg void OnPaint( );
        afx_msg void OnHScroll(UINT nSBCode, UINT nPos, CScrollBar *pScrollBar);
        //}}AFX_MSG
        DECLARE_MESSAGE_MAP( )
};
```

〈PagePlayDlg.cpp 파일〉

```cpp
#include "stdafx.h"
#include "PCControl.h"
#include "PagePlayDlg.h"

BOOL bReload = FALSE;
CPagePlayDlg::CPagePlayDlg(CWnd *pParent /*=NULL*/) : CDialog(CPagePlayDlg::IDD, pParent)
{
        //{{AFX_DATA_INIT(CPagePlayDlg)
                // NOTE: the ClassWizard will add member initialization here
        //}}AFX_DATA_INIT
        m_iStartPos = 0;
        bReload = FALSE;
        m_bFirst = TRUE;
}

void CPagePlayDlg::DoDataExchange(CDataExchange *pDX)
{
        CDialog::DoDataExchange(pDX);
        //{{AFX_DATA_MAP(CPagePlayDlg)
        DDX_Control(pDX, IDC_PLAYSLIDER, m_ctlSlider);
        DDX_Control(pDX, IDC_CAPLIST, m_List);
        //}}AFX_DATA_MAP
}
BEGIN_MESSAGE_MAP(CPagePlayDlg, CDialog)
        //{{AFX_MSG_MAP(CPagePlayDlg)
        ON_WM_PAINT( )
        ON_WM_HSCROLL( )
        //}}AFX_MSG_MAP
END_MESSAGE_MAP( )

BOOL CPagePlayDlg::OnInitDialog( )
{
        CDialog::OnInitDialog( );
        m_List.CreateColumn( ); //리스트 생성

        return TRUE;
}

void CPagePlayDlg::OnPaint( )
```

```cpp
{
        CPaintDC dc(this); // device context for painting
        RECT rect;
        GetClientRect(&rect);
        SetWindowPos(NULL, 0, 0, rect.right, rect.bottom-rect.top, SWP_SHOWWINDOW | SWP_NOMOVE);
        CenterWindow( );
        if(m_bFirst == TRUE)
        {
                m_bFirst = FALSE;
                OnCmdPlayReload( ); // 이미지 불러오기.
                bReload = true;
        }
}

void CPagePlayDlg::OnCmdPlayReload( )
{
        m_iDisplayType = 16;
        m_List.CreateImageList(186, 140);
        m_List.SetIconSpacing(196, 160); //간격 조절

        Refresh( );
        CString tmp = m_sOldFile;
        DisplayImage(m_iStartPos);
        m_sOldFile = tmp;
}

void CPagePlayDlg::Refresh( )
{
        g_pGBFSHdd->ReLoad( );
        m_strFiles.RemoveAll( );

        //small, big jpg파일만 추출
        int EntryIndex, nFTcount;
        const LPGBFILE *lpEntryList = g_pGBFSHdd->GetEntryList( );
        for(EntryIndex = 0; EntryIndex < MAX_ENTRY_LIST; EntryIndex++)
        {
                for(nFTcount = 0; nFTcount < MAX_FILES_ENTRY; nFTcount++)
                {
                        if(lpEntryList[EntryIndex][nFTcount].type != NO_EXIST_GBFILE)
                        {
                                if(lpEntryList[EntryIndex][nFTcount].type & DEL_GBFILE)
                                {
                                if(nFTcount%2 == 0) //작은 이미지와 큰 이미지 중 작은 이미지의 경우
만 선택되도록

                                        m_strFiles.Add("DeleteJpgFile");
                                }
                                else if(lpEntryList[EntryIndex][nFTcount].lpFileName[0] == 'A' &&
lpEntryList[EntryIndex][nFTcount].lpFileName[1] == 'S')
                                {
```

```cpp
                                                CString filename;
                                                filename= lpEntryList[EntryIndex][nFTcount].lpFileName;
                                                if(m_iDisplayType == 16)
                                                {
                                                        if(filename.Find("small") != -1)
                                        m_strFiles.Add(lpEntryList[EntryIndex][nFTcount].lpFileName);
                                                }
                                                else if(m_iDisplayType == 1)
                                                {
                                                        if(filename.Find("big") != -1)
                                        m_strFiles.Add(lpEntryList[EntryIndex][nFTcount].
lpFileName);
                                                }
                                        }
                                }
                        }
                        m_List.SetFocus( );
}

void CPagePlayDlg::DisplayImage(int intStart)
{
        m_List.RemoveAllItem( );

        CFileFind pFind;
        CString strFileName;

        //m_iStartPos값부터 m_iDisplayType수 만큼 읽는다.
        for(int i = intStart ; i < intStart + m_iDisplayType ; i++)
        {
                if(i < m_strFiles.GetSize( ))
                {
                        this->m_List.AddList(m_sOldFile = m_strFiles.GetAt(i));
                }
                else
                        break;
        }

        if(m_strFiles.GetSize( ) > 0)
        {
                if(m_iDisplayType == 16)
                        m_sOldFile = _T("");
                else
                        m_sOldFile = m_strFiles.GetAt(0);
        }
}

void CPagePlayDlg::OnHScroll(UINT nSBCode, UINT nPos, CScrollBar *pScrollBar)
{
        if(!::IsWindow(m_ctlSlider.m_hWnd)) return;
```

```cpp
    if(pScrollBar == (CScrollBar *)&m_ctlSlider)
    {
            switch(nSBCode)
            {
                    case SB_PAGEDOWN:
                    case SB_PAGEUP:
                    case SB_THUMBPOSITION:
                    m_iCurrent = m_ctlSlider.GetPos( );
                    m_iStartPos = m_iCurrent - m_iCurrent%m_iDisplayType;
                    Refresh( );
                    DisplayImage(m_iStartPos);
                    break;
                    default:
                    return;
            }
    }
}
```

7 스킨 입히기

이제 주요 동작에 대한 코딩은 끝났다. 컴파일하여 실행해 보면 동작은 될 것이다. 그러나 문제
는 사용자 인터페이스가 초라하다는 것이다. 어차피 스킨을 입히기 위해서 처음부터 캡션을 입
력하지 않아 그런 것이지만, 그래도 윈도우 컨트롤에 스킨을 입혀 보도록 하겠다.

실제로 스킨을 입히는 작업은 스킬이라고 말하기는 좀 민망하긴 하지만, 그래도 해보지 않은 독
자들에게는 나름대로 흥미로울 것이라고 생각한다. 사실 필자가 초보일 때 스킨 입히는 문제로
고민했던 적이 있었다. 어차피 스킨 입히는 코드 자체를 우리가 작성하는 것이 아니라 이용만
할 것이므로 그다지 어려움은 없을 것이다.

먼저 CDialogSK.h, CDialogSK.cpp, xSkinButton.h, xSkinButton.cpp, 네 개의 파일을 프
로젝트 폴더에 복사하고, 프로젝트에 인클루드한다. 그리고 리소스 뷰 탭을 열고, 스킨으로 사
용할 이미지들을 임포트(Import)하도록 한다. 사용할 스킨은 프로젝트 내에 Skin이라는 폴더
내에 모아 놓았다.

가져온 비트맵 각각에 비트맵 ID를 설정한다. ID는 독자 마음대로 해도 상관 없지만, 필자가 설정한 ID를 표로 작성하였으니 참고하기 바란다.

〈비트맵 ID 리스트〉

비트맵 ID	파일명
IDB_BACK_1	IDB_BACK_1.bmp
IDB_BACKGROUND	clk.bmp
IDB_CANCELDOWN	BtnCancelDown.bmp
IDB_CNACELOVER	BtnCancelOver.bmp
IDB_CONFIRMDOWN	BtnConfirmDown.bmp
IDB_CONFIRMOVER	BtnConfirmOver.bmp
IDB_MONITOROFF	MonitorOff.bmp
IDB_MTOFFDOWN	MonitorOffDown.bmp
IDB_MTOFFOVER	MonitorOffOver.bmp
IDB_MTONDOWN	MonitorOnDown.bmp
IDB_MTONOVER	MonitorOnOver.bmp
IDB_PASSWORD	password.bmp
IDB_PLAYDOWN	MenuPagePlayDown.bmp
IDB_PLAYOVER	MenuPagePlayOver.bmp
IDB_PLAYTITLE	PlayTitle.bmp
IDB_QUITDOWN	MainQuitDown.bmp
IDB_QUITOVER	MainQuitOver.bmp
IDB_TIMECTL	TimeCtl.bmp
IDB_TIMESEETDOWN	TimeSetDown.bmp
IDB_TIMESETOVER	TimeSetOver.bmp

비트맵 이미지가 리소스에 등록되었다면 이제 스킨을 입혀 보도록 하겠다. 우선 스킨을 입히는 순서는 다음과 같다.

① 비밀번호 대화 상자
② 모니터 잠금 대화 상자
③ 주 메뉴 대화 상자
④ 사용 시간 설정표 대화 상자

■ 비밀번호 대화 상자

비밀번호 대화 상자의 확인, 취소 버튼의 컨트롤 멤버 변수를 추가한다. 그리고 스킨을 입히는 CxSkinButton 클래스의 컨트롤 변수로 변경한다.

〈PassDlg.h 파일〉

```cpp
#include "xSkinButton.h"
class CPassDlg : public CDialog
{
// Construction
public:
        CPassDlg(CWnd *pParent = NULL);   // standard constructor
// Dialog Data
        //{{AFX_DATA(CPassDlg)
        enum {IDD = IDD_PASS};
        CxSkinButton m_btnCancel;
        CxSkinButton m_btnOk;
        CString m_strPassword;
        CString m_strMsg;
        //}}AFX_DATA
        CBitmap m_bmpBackGround;
```

CBitmap 클래스에 관해서는 7장 그래픽의 기본을 참고하기 바란다.

〈PassDlg.cpp 파일〉

```cpp
BOOL CPassDlg::OnInitDialog( )
{
        CDialog::OnInitDialog( );
        m_bmpBackGround.LoadBitmap(IDB_PASSWORD);
        BITMAP bmpInfo;
        m_bmpBackGround.GetBitmap(&bmpInfo);
        SetWindowPos(&wndTopMost, 0, 0, bmpInfo.bmWidth, bmpInfo.bmHeight,
SWP_SHOWWINDOW | SWP_NOMOVE);
```

```
            m_btnOk.SetSkin(IDB_CONFIRMDOWN,IDB_CONFIRMDOWN,IDB_CONFIRMOVER,IDB_
CONFIRMDOWN,0,0,0,0,0);
            m_btnCancel.SetSkin(IDB_CANCELDOWN,IDB_CANCELDOWN,IDB_CANCELOVER,IDB_
CANCELDOWN,0,0,0,0,0);

            CenterWindow( );
            return TRUE;
}


void CPassDlg::OnPaint( )
{
            CPaintDC dc(this);
            CRect rc;
            GetClientRect(&rc);

            CDC MemDC;
            MemDC.CreateCompatibleDC(&dc);

            CBitmap *pbmpOld = MemDC.SelectObject( &m_bmpBackGround );
            dc.BitBlt(0, 0, rc.right, rc.bottom, &MemDC, 0, 0, SRCCOPY);

            dc.SelectObject(pbmpOld);
            MemDC.DeleteDC( );
}
```

OnintiDialog( ) 함수에서 배경 이미지 비트맵을 불러오기 위해 LoadBitmap( ) 함수를 사용하
였고, 각각의 버튼들은 CxSkinButton 클래스에서 제공하는 SetSkin( ) 멤버 함수를 통해서 스
킨이 적용된다. OnPaint( ) 함수에서는 메모리 DC를 이용하여 이미지를 보여준다. 메모리 DC
에 관하여서는 7장 그래픽의 기본을 참고하기 바란다.

스킨 적용 소스 코드는 이후에 나오는 다른 대화 상자들도 거의 다 비슷한 패턴으로 적용되므로
이외에 특별한 것은 없다. 강조한 코드가 스킨 적용 때문에 추가한 코드이므로 참고하여 이후의
모든 대화 상자에도 동일하게 적용해 보자.

■ 모니터 잠금 대화 상자

〈Lock.h 파일〉

```
#include "xSkinButton.h"
class CLock : public CDialog
{
// Construction
public:
            CLock(CWnd *pParent = NULL);   // standard constructor
```

```cpp
// Dialog Data
        //{{AFX_DATA(CLock)
        enum {IDD = IDD_LOCK};
        CxSkinButton m_btnOk;
        CString m_strPassword;
        CString m_strMsg;
        //}}AFX_DATA
        void Unlock( );
        void Lock( );
        CBitmap m_bmpBackGround;
```

〈Lock.cpp 파일〉

```cpp
BOOL CLock::OnInitDialog( )
{
        CDialog::OnInitDialog( );
        m_bmpBackGround.LoadBitmap( IDB_MONITOROFF );
        BITMAP bmpInfo;
        m_bmpBackGround.GetBitmap(&bmpInfo);
        SetWindowPos(&wndTopMost, 0, 0, bmpInfo.bmWidth, bmpInfo.bmHeight,
SWP_SHOWWINDOW | SWP_NOMOVE);
        m_btnOk.SetSkin(IDB_CONFIRMDOWN,IDB_CONFIRMDOWN,IDB_CONFIRMOVER,I
DB_CONFIRMDOWN,0,0,0,0,0);
        return TRUE;
}

void CLock::OnPaint( )
{
        CPaintDC dc(this);
        CRect rc;
        GetClientRect(&rc);

        CDC MemDC;
        MemDC.CreateCompatibleDC(&dc);

        CBitmap* pbmpOld = MemDC.SelectObject(&m_bmpBackGround);
        dc.BitBlt(0, 0, rc.right, rc.bottom, &MemDC, 0, 0, SRCCOPY);
        dc.SelectObject(pbmpOld);
        MemDC.DeleteDC( );
}
```

〈PCControlDlg.h 파일〉

```cpp
#include "CDialogSK.h"
#include "xSkinButton.h"
#define WM_ICON_NOTIFY WM_USER + 30

BOOL IsScheduleEnableFromTimeGame(time_t osBinaryTime);
BOOL IsScheduleEnableFromTime(time_t osBinaryTime);
class CPCControlDlg : public CDialogSK
{
// Construction
public:
        CPCControlDlg(CWnd *pParent = NULL);  // standard constructor

// Dialog Data
        //{{AFX_DATA(CPCControlDlg)
        enum {IDD = IDD_PCCONTROL_DIALOG};
        CxSkinButton m_btnQuit;
        //}}AFX_DATA
        CBitmap m_bmpBackGround;
```

〈PCControlDlg.cpp 파일〉

```cpp
BOOL CPCControlDlg::OnInitDialog( )
{
        CDialogSK::OnInitDialog( );

        m_bmpBackGround.LoadBitmap(IDB_BACKGROUND);
        BITMAP bmpInfo;
        m_bmpBackGround.GetBitmap(&bmpInfo);
        SetWindowPos(&wndTopMost, 0, 0, bmpInfo.bmWidth, bmpInfo.bmHeight,
SWP_SHOWWINDOW | SWP_NOMOVE);

        m_btnQuit.SetSkin(IDB_QUITDOWN, IDB_QUITDOWN, IDB_QUITOVER, IDB_QUITDOWN,
0, 0, 0, 0, 0);

        SetIcon(m_hIcon, TRUE);                        // Set big icon
        SetIcon(m_hIcon, FALSE);               // Set small icon

        ............ 이하 생략............
        return TRUE;
}

void CPCControlDlg::OnPaint( )
{
        CPaintDC dc(this);
```

```cpp
        CRect rc;
        GetClientRect(&rc);

        CDC MemDC;
        MemDC.CreateCompatibleDC(&dc);
        CBitmap* pbmpOld = MemDC.SelectObject(&m_bmpBackGround);
        dc.BitBlt(0, 0, rc.right, rc.bottom, &MemDC, 0, 0, SRCCOPY);
        dc.SelectObject(pbmpOld);
        MemDC.DeleteDC( );

        ............ 이하 생략 ............
}
```

■ 시간 테이블 대화 상자

〈PageTimeCtlDlg.h 파일〉

```cpp
#include "xSkinButton.h"
class PageTimeCtlDlg: public CDialog
{
public:
        CPageTimeCtlDlg (CWnd *pParent = NULL);   // standard constructor
        .......... 중간 생략.................

        CBitmap m_bmpBackGround;
// Dialog Data
        //{{AFX_DATA(CPageTimeCtlDlg)
        enum {IDD = IDD_TIMECTL};
        CxSkinButton m_btnCancel;
        CxSkinButton m_btnConfirm;
        CxSkinButton m_btnMonitorX;
        CxSkinButton m_btnMonitorO;
        //}}AFX_DATA
```

〈PageTimeCtlDlg.cpp 파일〉

```cpp
void CPageTimeCtlDlg::OnMtOn( )
{
        bSelect = FALSE;              //디폴트로는 모두 사용 허용
        Color.nSelect = 0;           //선택된 색상 값은 0
        m_btnMonitorX.Invalidate( );
}

void CPageTimeCtlDlg::OnMtOff( )
{
        bSelect = TRUE;                     //버튼 선택이 되었을 때 TRUE
```

```cpp
        Color.nSelect = 2;                    //선택된 색상 값은 2
        m_btnMonitorO.Invalidate( );
}

BOOL CPageTimeCtlDlg::OnInitDialog( )
{
        CDialog::OnInitDialog( );

        m_bmpBackGround.LoadBitmap(IDB_TIMECTL);
        BITMAP bmpInfo;
        m_bmpBackGround.GetBitmap(&bmpInfo);
        SetWindowPos(NULL, 0, 0, bmpInfo.bmWidth, bmpInfo.bmHeight, SWP_NOZORDER | SWP_
SHOWWINDOW);
        m_btnConfirm.SetSkin(IDB_CONFIRMDOWN, IDB_CONFIRMDOWN, IDB_CONFIRMOVER,
IDB_CONFIRMDOWN, 0, 0, 0, 0, 0);
        m_btnCancel.SetSkin(IDB_CANCELDOWN, IDB_CANCELDOWN, IDB_CANCELOVER, IDB_
CANCELDOWN, 0, 0, 0, 0, 0);
        m_btnMonitorO.SetSkin(IDB_MTONDOWN, IDB_MTONDOWN, IDB_MTONOVER, IDB_
MTONDOWN, 0, 0, 0, 0, 0);
        m_btnMonitorX.SetSkin(IDB_MTOFFDOWN, IDB_MTOFFDOWN, IDB_MTOFFOVER, IDB_
MTOFFDOWN, 0, 0, 0, 0, 0);

        ............... 이하 생략 ..................
        return TRUE;
}

void CPageTimeCtlDlg::OnPaint( )
{
        CPaintDC dc(this);
        CRect rc;
        GetClientRect(&rc);

        CDC MemDC;
        MemDC.CreateCompatibleDC(&dc);

        CBitmap *pbmpOld = MemDC.SelectObject(&m_bmpBackGround);
        dc.BitBlt(0, 0, rc.right, rc.bottom, &MemDC, 0, 0, SRCCOPY);

        dc.SelectObject(pbmpOld);
        MemDC.DeleteDC( );
        ............ 이하 생략..............
}
```

코딩 작업은 이제 이것으로 끝났다. 프로젝트를 실행해서 결과를 보도록 하자. 프로그램을 실행하면 가장 먼저 주 메뉴가 화면에 나타난다. 실제로 이 프로그램은 처음 실행 때부터 트래이 아이콘만 나타나고 백그라운드로 돌아가면서 비밀번호를 입력해야만 주 메뉴에 접근할 수 있도록하는 것이 정상이지만, 결과를 확인하는 차원에서 처음에 실행하면 주 메뉴가 나타나도록 일부러 이렇게 설정하였다.

메뉴에는 사용 시간 설정표와 화면 재생 메뉴가 있고, 각각의 메뉴를 선택하면 해당 창으로 이동하게 된다. 닫기 버튼은 이전 단계로 이동하는 역할을 하며, 주 메뉴에서 닫기 버튼을 누르면 메뉴는 내려가고, 트래이 아이콘이 남게 된다.

주 메뉴에서 닫기 버튼을 눌렀다면 다음과 같이 프로그램은 트래이 아이콘으로 남게 되고, 시스템의 백그라운드에서 동작하게 된다. 만약 주 메뉴를 띄워서 캡처된 화면을 보고 싶다던지, 아니면 사용 시간을 설정하고 싶을 때 다음의 트래이 아이콘을 더블 클릭하도록 한다.

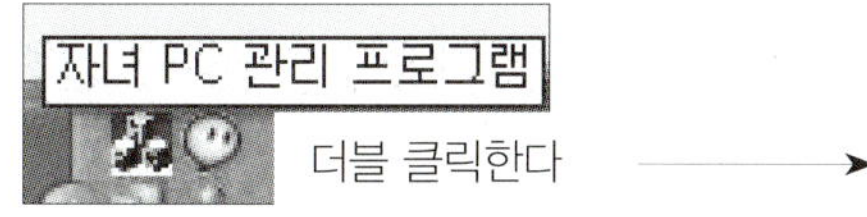

다음과 같은 비밀번호 창이 나오는데, 앞서 코드에서도 언급했듯이 비밀번호는 디폴트로 1234이다. 비밀번호는 직접 코드 안에 작성하였으며, 비밀번호 관리 부분은 여러분의 몫으로 남겨두겠다. 비밀번호를 레지스트리로 관리하거나 파일로 관리할 수 있고, 간단한 암호화 알고리즘을 이용하여 비밀번호를 암호화해서 저장할 수도 있다.

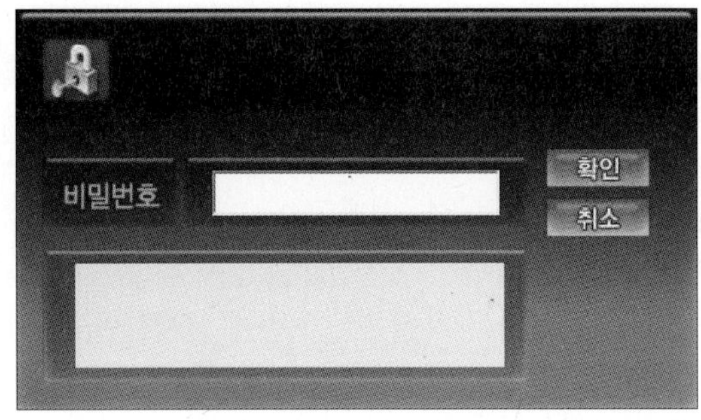

사용 시간 설정표는 한 주를 하루 한 시간 단위로 셀을 쪼개어 놓은 형태이다. 버튼으로는 사용 가능 시간과 사용 불가 시간이 있고, 각각의 버튼을 선택하여 사용 시간 설정표를 설정할 수 있다. 원하는 시간대에 사용 불가 시간을 체크해 놓으면, 그 시간대에 모니터 잠금 상태가 된다.

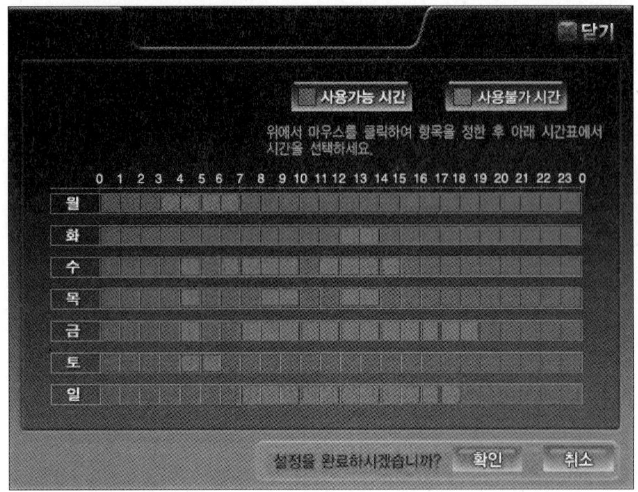

현재 시간이 사용 불가 시간이라면 모니터는 다음과 같이 모니터 잠금 상태로 들어가게 된다. 키보드의 숫자 키를 제외한 모든 키와 특수키를 사용할 수 없고, 오직 비밀번호로만 모니터 잠금 상태를 해제할 수 있다. 현재 디폴트 비밀번호는 1234이다.

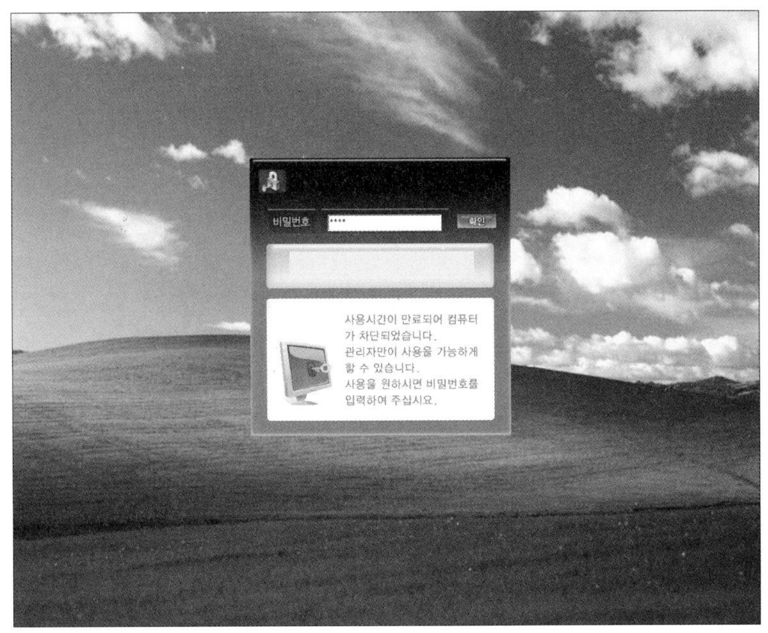

분 단위로 윈도우 데스크톱을 캡처한 화면을 리스트 컨트롤에 16개 화면 단위로 보여주고 있다. 실제로 PC를 사용한 이력이 화면으로 보여지기 때문에 매우 적나라하다. 이러한 프로그램이 악용된다면, 프라이버시 침해의 우려도 낳을 수 있다. 세상에는 야누스의 양면성을 가진 것들이 참 많다. 좋은 의도로 개발되었던 프로그램이 악용되는 경우에는 문제가 될 수도 있다.

마치면서

작은 프로젝트 하나가 끝났다. 상업적 프로젝트가 아니라 단지 학습용으로 꾸민 작은 프로젝트라서 허접해 보일 수도 있었겠지만 나름대로 완성된 프로그램으로 마무리 지을 수 있었다는 데에 의의를 갖자. 개발자에게 있어서 프로젝트의 중요성은 얼마나 큰 프로젝트냐 작은 프로젝트냐 혹은 돈이 되는 프로젝트냐 아니냐를 떠나서 어떤 이유를 막론하고, 중요한 것은 끝까지 했느냐 안 했느냐이다. 아무리 좋은 아이템에 큰 프로젝트라 하더라도 중도에 포기하면 안 하느니만 못한 결과를 낳게 된다. 반대로 작은 프로젝트를 하더라도 개발자의 혼을 담아서 자신의 프로젝트를 완성한다면 진정 값진 프로젝트로 남을 수 있는 것이다.

예전에 가수겸 텔런트로 활동하고 있는 김창환씨의 인터뷰가 생각난다. 사회자가 "진정한 프로는 무엇이라고 생각합니까?" 라고 물어보았다. 이에 김창환씨는 "진정한 프로는 포기하지 않고 끝까지 가 보는 것"이라고 답했다.

무슨 일을 하던지 포기하지 않고 끝까지 가 볼 수 있다면 그것이야 말로 진정한 프로의 정신이라 할 수 있겠다. 독자들도 작은 프로젝트 하나를 마쳤으니 이로 인해 작게 나마 진정한 프로의 세계로 입문하는 초석이 되길 간절히 바란다.

INDEX

Visual C++ 2008
MFC System Programming

Visual C++ 2008
MFC System Programming

Visual C++ 2008
MFC System Programming

Visual C++ 2008
MFC System Programming